Genossenschaftliche Zeit- und Streitfragen.

Begründet von
Ludolf Parisius und Dr. Hans Crüger,
fortgeführt von
Dr. Hans Crüger.

Heft 8. Heft 8.

# Kritische Bemerkungen
zu
# Entwickelungstendenzen
im
# deutschen Genossenschaftswesen.

Von

Dr. Hans Crüger,
Anwalt des Allgemeinen Verbandes der auf Selbsthilfe beruhenden deutschen Erwerbs- und Wirtschaftsgenossenschaften, e. V.

Berlin 1909.
J. Guttentag, Verlagsbuchhandlung,
G. m. b. H.

Der Stand des deutschen Genossenschaftswesens kommt äußerlich in der Zahl der bestehenden Genossenschaften, in der Zahl der Mitglieder, in dem Geschäftsumfang zum Ausdruck. — Aber auch nur äußerlich. Nur wer die Eigenart der Genossenschaften kennt, vermag die Zahlen und ihre Bedeutung zu würdigen; er freilich wird bestrebt sein, die Zahlen zu zerlegen und zwar nicht nur nach den verschiedenen Genossenschaftsarten, sondern er wird auch versuchen, ihren tatsächlichen inneren wirtschaftlichen Wert zu erkennen.

Die Genossenschaft als Gesellschaftsform ist in Zweck und Ziel wie in ihrem Wesen grundverschieden von jeder anderen Gesellschaftsart. Eine Statistik der geschäftlichen Resultate der Aktiengesellschaften z. B. ist daher nach anderen Gesichtspunkten zu untersuchen wie eine Statistik der Genossenschaften. Die einen wie die anderen zeigen wohl wirtschaftliche Werte, aber sie sind in ihrer Entstehung und ihrer Wirkung grundverschieden. Freilich gibt es Genossenschaften, die nicht anders zu beurteilen sind wie Aktiengesellschaften, denn die „Genossenschaft" ist vielleicht für den Betrieb nur die Gesellschaftsform, für die ebensogut oder sogar besser die Aktiengesellschaft oder die Gesellschaft mit beschränkter Haftung hätte gewählt werden können. Aber andererseits wird nicht so leicht der Fall zu finden sein, daß man ebensogut die Genossenschaft hätte wählen können, wo die Aktiengesellschaftsform zugrunde gelegt ist. Die Genossenschaft ist im Wirtschaftsleben eine Spezialität. Nachstehend einige Beweise hierfür.

Für geschäftliche Unternehmungen gilt der Grundsatz, daß sie in der Regel aus einem Bedürfnis heraus entstehen, daß sie eine mit der kaufmännischen und technischen Seite des Betriebes vertraute Leitung erhalten. Die Genossenschaft ist zwar auch ein geschäftliches Unternehmen, das aus einem Bedürfnis hervorgehen sollte; aber Tausende sind entstanden durch Anregung von außen oder von oben; staatlicherseits wird die Gründung systematisch durch finanzielle Beihilfen aller Art gefördert, und die Leitung, die die Genossenschaft erhält, muß erst die technische und kaufmännische Geschäftsführung lernen.

Geschäftliche Unternehmungen müssen sich das notwendige Betriebskapital beschaffen, in dem ihre Leitung Kapitalisten zu gewinnen sucht, die, sei es direkt mit Kapital, sei es indirekt durch Kredit, das Unternehmen unterstützen, nachdem sie Lebensfähigkeit und Rentabilität untersucht haben. Die Genossenschaft findet Organisationen, die ihr Kredit zur Verfügung stellen, ohne daß die Rentabilität und Lebensfähigkeit des Unternehmens geprüft wird, ohne daß die Beteiligten ihrerseits irgendwelche besonderen Aufwendungen zu machen haben; die Kreditgewähr hängt im wesentlichen von einer gewissen Vermögensfähigkeit der an der Genossenschaft beteiligten Mitglieder ab, die nach einem bestimmten Schema zugunsten der Genossenschaft bewertet wird.

Ein geschäftliches Unternehmen erfordert, daß die unmittelbar Beteiligten mit einem gewissen Kapital eintreten, und dieses Kapital muß im richtigen Verhältnis zu dem beabsichtigten Betrieb stehen, soll das Unternehmen Anspruch auf Vertrauen haben. Die Genossenschaft kann ohne jedes eigene Kapital ins Leben treten, ohne daß deswegen ihr Mißtrauen entgegengebracht zu werden braucht. Damit sind wir zu einem wesentlichen Moment in der Eigenart der Genossenschaft gekommen, ohne dessen vollste Würdigung ein Verstehen der Genossenschaftsbewegung nicht denkbar ist.

Das Genossenschaftswesen hat sich in einer — im eigentlichen Sinne des Wortes — außerordentlichen Weise entwickelt, es haben sich dabei geschäftliche Verhältnisse ergeben, die bei jeder anderen Gesellschaftsform das größte Aufsehen erregt hätten, ohne daß sie hier die gebührende Beachtung fanden; kritische Bemerkungen wurden sogar als Nörgelei betrachtet.

* * *

Das Genossenschaftswesen wird als die Wirtschaftsform — sagen wir der kleinen Leute und des Mittelstandes betrachtet. Obgleich die 28173 Genossenschaften, die in Deutschland am 1. Januar 1909 bestanden, rund 4 310 000 Mitglieder zählten, werden sie doch in den Kreisen der Geschäftswelt, insoweit diese nicht unmittelbar berührt ist, und in den Kreisen der Volkswirte, insoweit sie nicht im Genossenschaftswesen stehen, nur als eins der kleinen Mittelchen angesehen, das bestimmt ist, die wirtschaftliche Lage der Arbeiter und der kleinen Gewerbtreibenden in Stadt und Land zu bessern. Von den vielfachen Problemen, die sich bei den verschiedenen Genossenschaftsarten herausgebildet, von den außerordentlichen Schwierigkeiten der Gesetzgebung macht man sich im allgemeinen kaum eine klare Vorstellung. Im Preußischen Abgeordnetenhaus wurde kürzlich angeregt, daß auf den Universitäten dem Genossenschaftswesen größere Aufmerksamkeit geschenkt werden sollte. Man sprach sogar von besonderen Lehrstühlen. Der Wunsch dürfte nicht ganz unberechtigt sein. Es wäre für die Entwickelung des Genossenschaftswesens zweifellos gut gewesen, wenn die wissenschaftliche Erforschung der genossenschaftlichen Probleme nicht erst in dem jetzigen Zeitpunkt hätte als Aufgabe der Zukunft hingestellt werden müssen. Selbst führende volkswirtschaftliche Kreise erblickten in den Genossenschaften nichts anderes als kleine geschäftliche Unternehmungen gemeinnützigen Charakters, deren Wesen ihnen fremd war und blieb, das zu prüfen sie auch keine Neigung zeigten, selbst wenn die Veranlassung dazu gegeben wurde. In der Generalversammlung des Vereins für Sozialpolitik in Köln (1897) stand auf der Tagesordnung: „Der ländliche Personalkredit". Von einem der Referenten wurde damals die „Preußenkasse" — die Preußische Zentral-Genossenschafts-Kasse — die zwei Jahre vorher gegründet war, und ihre segensreiche Wirkung gerühmt. Dr. Thieß wandte sich dagegen, daß „die beispiellos schnelle Vermehrung der ländlichen Darlehnskassen als ungesund und bedenklich hingestellt" würde. Er führte aus: „Der Außenstehende macht sich kaum eine Vorstellung von der elementaren Begeisterung, mit der die Genossenschaften auf dem Lande aufgenommen und gepflegt werden. Mir ist vor kurzem ein sehr bezeichnender Fall bekannt geworden. Als im letzten Sommer die Überschwemmungen ganze Gebiete Deutschlands verheerten, da war im Überschwemmungsgebiet eine Genossenschaft in Vorbereitung. Mit Rücksicht auf die Überschwemmung des Dorfes wollte der Landesverband die orientierende Versammlung absetzen. Aber die Bauern telegraphierten sofort, es möchte dabei bleiben. Der Beamte mußte sich zu Fuß unter Lebensgefahr aufmachen, denn die Bahndämme waren weggerissen und die Wege eigentlich ungangbar . . . . Beispiele von solcher Energie und Begeisterung der Landbevölkerung für ihre Genossenschaften können Sie in jeder einzelnen Landschaft des ganzen Deutschen Reiches sammeln. Und darin liegt das ganze Geheimnis der großen Erfolge." Ich entgegnete Dr. Thieß damals: „Ich sehe da prosaischer: die Leute haben Geld gebraucht und angenommen, wenn eine solche Kasse gegründet würde, müsse ihnen das Geld in großen Summen zufließen. Das ist fast ausnahmlos die Ursache, aus der derartige Darlehnskassen ohne viel Vorbereitung gegründet werden, man glaubt nun, daß die Darlehnskasse das Mittel ist, um vom Staat Geld zu erhalten." Wenn heute die damaligen Referenten, Regierungsrat Dr. Seidel und Dr. Thieß und die anderen im wesentlichen auf dem gleichen Standpunkt stehenden Redner Faßbender und Heiligenstadt ihre Ausführungen nachlesen, dürften sie finden, daß die wirtschaftliche Entwickelung der Genossenschaften eine wesentlich andere geworden, als sie es damals gedacht. Ihr Gedankengang war durch eine merkwürdige Unkenntnis der Menschennatur beeinflußt. Faßbender könnte sich freilich darauf berufen, daß in der Zwischenzeit der Generalverband ländlicher Genossenschaften für Deutschland (Neuwied) die von ihm vorgeschlagenen und von ihm als unumgänglich notwendig bezeichneten Reorganisationsgrundsätze abgelehnt und damit die Bewegung auf bedenkliche Bahnen geraten. Thieß kann auf seinen Aufsatz: „Die Zukunft des landwirtschaftlichen Genossenschaftswesens in Deutschland“ in dem 6. Heft der Wolfschen Zeitschrift für Sozialwissenschaft (1906) hinweisen, in dem er vor den genossenschaftlichen Übertreibungen warnt. In jener Kölner Versammlung war es aber eine undankbare Aufgabe, als Warner aufzutreten, die „genossenschaftliche Begeisterung“ als das zu bezeichnen, was sie in Wirklichkeit war, als den Drang zur Staatskrippe.

Wer heute kritisch zurückblickt auf die Geschichte des Genossenschaftswesens der letzten 20 Jahre, der wird finden, daß der in den verschiedenen Bundesstaaten unter der Protektion der Regierungen betriebenen Förderung des Genossenschaftswesens sowohl die wissenschaftliche wie die geschäftskundige Basis vollkommen gefehlt hat. Das Urteil klingt hart, aber wir werden sehen, daß es auf Tatsachen beruht. Um nur eins hier vorweg zu nehmen. Wie haben die sämtlichen Referenten sich doch damals in der Kölner Versammlung über die Forderung nach geeigneten Persönlichkeiten für die Verwaltung der Genossenschaften als einer Lebensbedingung hinweggesetzt! Wie haben sie damals unberücksichtigt gelassen die aus der Zentralgenossenschaftsbewegung sich ergebenden Gefahren! Der erste Referent Dr. Hecht sprach aus: „Wenn bei der Gründung dieser Kasse (der Preußischen Zentral-Genossenschafts-Kasse) anscheinend gewichtige Bedenken prinzipieller Natur geäußert worden sind, so darf heute, trotz der erst kurzen Wirksamkeit dieses Institutes bereits gesagt werden, daß diese Bedenken sich als unstichhaltig erwiesen haben.“ Und weiter: „Als einen großen Fortschritt erachte ich es, wenn durch die Preußische Zentral-Genossenschafts-Kasse eine Vereinfachung des Kassenwesens bei den Zentralkassen und durch die Wirksamkeit der Zentralkassen bei den einzelnen Darlehnskassen allmählich hergestellt wird, wenn also die Zentralkassen zu Buchkassen werden.“ Keiner der eifrigen Vertreter dieser Bewegung erkannte auch nur im entferntesten, daß diese Zentralgenossenschaften auf einer Rechtsform beruhten, die für ihren Betrieb so ungeeignet wie möglich war. Unbeachtet blieb mein Hinweis darauf: „Die Erfahrung hat gezeigt, daß die Zentralkassen die sich aus der berufsständischen Kreditorganisation ergebenden Gefahren nicht beseitigen, sondern zum Teil noch potenzieren. Von einem Geldausgleich ist da keine Rede, und deshalb ist es falsch, schematisch solche Zentralkassen ins Leben zu rufen. Es gilt auch hier, die geschäftlichen und wirtschaftlichen Grundsätze zu beobachten. Glaube man doch nicht, daß man bei genossenschaftlichen Gründungen ungestraft könne die geschäftlichen Grundsätze außer acht lassen. Im Gegenteil, hier, wo wir es z. B. bei den Zentralkassen mit Instituten zu tun haben, die in die weitesten Kreise eingreifen, ist doppelte Vorsicht geboten, hier rächt sich früher oder später schwer jeder Verstoß gegen die geschäftlichen Grundsätze.“ Die Entwickelung hat gezeigt, wie berechtigt die Warnung war.

Der Grundgedanke der Genossenschaft soll die „Selbsthilfe“ sein. Die „Förderung“ aber wurde betrieben nach dem Grundsatz „Selbsthilfe ergänzt durch Staatshilfe“. Ein Schlagwort. In Wirklichkeit wird dabei die Genossenschaft, die Trägerin der Selbsthilfe, nur als Mittel gebraucht, um die Staatshilfe zu erlangen. Man denke an den Fall genossenschaftlicher Begeisterung, den Dr. Thieß in Köln aus dem Überschwemmungsgebiet mitteilte. Die genossenschaftliche Begeisterung bekommt einen metallischen Beigeschmack, und die Gründung von Genossenschaften erfolgt meist unter dem Gesichtspunkt der Annäherung an die Staatskrippe.

In dem gleichen Jahr, im Jahre 1897, erklärte der damalige Vertreter der preußischen Staatsregierung, Ministerialdirektor Dr. Hermes auf dem Allgemeinen Genossenschaftstag zu Rostock, daß die Staatshilfe ein notwendiges Übel sei, und daß die Genossenschaften sich später von ihr freimachen müßten. Es ist aber gekommen, wie es bei Unterstützungen und finanziellen Förderungen immer geht. Statt die Freiheit zu erlangen, ist die Unfreiheit immer größer geworden, und die Preußische Zentral-Genossenschafts-Kasse hat ihr Kapital inzwischen verfünfzehnfachen müssen.

* * *

Aber ehe wir diesen Weg weiter verfolgen, wollen wir das Wesen der Genossenschaften genauer betrachten. Wir werden dann um so klarer die Lage erkennen. Wir müssen auf die gesetzliche Definition der Genossenschaft zurückgreifen. Die Genossenschaft ist eine Gesellschaft von nicht geschlossener Mitgliederzahl, welche die Förderung des Erwerbes oder der Wirtschaft ihrer Mitglieder mittelst gemeinschaftlichen Geschäftsbetriebes bezweckt. Also drei Merkmale: nicht geschlossene Mitgliederzahl — Förderung von Erwerb oder Wirtschaft der Mitglieder — gemeinschaftlicher Geschäftsbetrieb. Das letzte Moment ist für die Beurteilung des Wesens der Genossenschaft nebensächlich, denn die Genossenschaft hat Rechtspersönlichkeit, und der Geschäftsbetrieb ruht rechtlich und tatsächlich nicht bei den Mitgliedern, sondern bei der Genossenschaft. Von entscheidender Bedeutung sind die beiden ersten Momente, in denen die rechtliche und wirtschaftliche Natur der Genossenschaft scharf hervortritt. Es ist, nebenbei bemerkt, immer die eingetragene Genossenschaft, die den Gegenstand der Untersuchung hier bildet, d. h. die in das Genossenschaftsregister eingetragene Genossenschaft. Kennt auch das Genossenschaftsgesetz, abweichend von dem österreichischen Genossenschaftsgesetz, keinen Eintragungszwang, so kann doch die Eintragung als die Norm gelten, denn die nicht eingetragene Genossenschaft untersteht dem

BGB. und hat keine Rechtspersönlichkeit. Diese Form ist daher für alle die Betriebe, bei denen die Rechtspersönlichkeit nicht gut zu entbehren ist, wertlos, z. B. dann, wenn die Genossenschaft Grundbesitz erwerben will, wenn sie Wechsel auszustellen hat usw.

Die zuerst erwähnten beiden Momente geben der Genossenschaft den Charakter als Personalgesellschaft. Obgleich die Genossenschaft Rechtspersönlichkeit hat, ist ihr eigenes Vermögen keineswegs ein feststehendes und gesichertes. „Nicht geschlossene Mitgliederzahl" bedeutet ein nur durch Gesetz und Statut beschränktes und bedingtes Ein- und Austrittsrecht der Mitglieder. Die für die Aufnahme geltenden Bedingungen können allerdings tatsächlich zur geschlossenen Mitgliederzahl führen, wenn die, die die Genossenschaft bilden, sich entschließen, keine neuen Mitglieder aufzunehmen. Die nicht geschlossene Mitgliederzahl ergibt sich dann aber doch aus dem Austrittsrecht der Mitglieder. Einmal ist es der Tod, der das Ende der Mitgliedschaft stets herbeiführt, dann kann das freie Austrittsrecht nicht weiter als mit der Bindung an eine zweijährige Kündigungsfrist beschränkt werden. Der Austritt der Mitglieder führt zu einer Auseinandersetzung, d. h. das Mitglied erhält sein Geschäftsguthaben ausbezahlt. Die Auseinandersetzung erfolgt auf Grund der Bilanz, sie bestimmt sich nach der Vermögenslage der Genossenschaft und dem Bestand der Mitglieder zur Zeit des Ausscheidens. Das sich hierbei ergebende Geschäftsguthaben des Genossen ist auszuzahlen. So kann der Genossenschaft durch Austritt zahlreicher Mitglieder ein Teil, vielleicht ein sehr erheblicher, ihres „eigenen Vermögens" entzogen werden.

Klar tritt hier der Unterschied zwischen Genossenschaft und Aktiengesellschaft hervor. Die Aktiengesellschaft entsteht mit einem im voraus bestimmten Aktienkapital, dessen Höhe nach oben und unten nur unter Einhaltung gewisser gesetzlicher Bestimmungen abgeändert werden kann. Auch für die Genossenschaft sieht das Gesetz die Herabsetzung und Erhöhung des „Geschäftsanteils" vor, aber der Geschäftsanteil ist nur der Betrag, bis zu dem sich ein Mitglied mit Einlagen nach Maßgabe der näheren Bestimmungen des Statuts beteiligen kann. Die Aktiengesellschaft hat in ihrer Bilanz unter Passiven das ganze Aktienkapital zu führen. Die Genossenschaft führt aber nicht auf der Passivseite den Betrag auf, der sich ergibt aus Zahl der Mitglieder und Höhe des Geschäftsanteils, sondern nur den Betrag, der sich aus der effektiven Kapitalbeteiligung der Mitglieder durch Einzahlungen auf den Geschäftsanteil und zugeschriebene Dividenden ergibt. Und dies mit Recht. Der Aktionär bleibt verpflichtet, den etwa nicht gleich eingeforderten Betrag auf die Aktie nachzuzahlen. Das sich hieraus ergebende Recht der Gesellschaft ist ein dauerndes und bleibendes. Auch das Mitglied der Genossenschaft ist zwar verpflichtet, nach Maßgabe des Statuts Einzahlungen auf den Geschäftsanteil zu leisten. Aber einmal braucht diese Verpflichtung nicht bis zum vollen Betrag des Geschäftsanteils zu gehen, sondern die Einzahlungen auf den Geschäftsanteil, zu welchen jeder Genosse verpflichtet ist, müssen nur bis zu einem Gesamtbetrag von mindestens 10% des Geschäftsanteils nach Betrag und Zeit bestimmt sein und dann besteht diese Verpflichtung nur während der Mitgliedschaft, deren Beendigung sogar zu einem Anspruch auf Auszahlung der geleisteten Einzahlungen nach Maßgabe des § 73 des GG. führt. Würde die Genossenschaft also eine Summe in die Bilanz als ihr Vermögen einsetzen, die der Zahl der Mitglieder und der Höhe des Geschäftsanteils entspricht, so würde sie möglicherweise einen Betrag angeben, zu dessen Leistung für die Mitglieder in Wirklichkeit gar keine „Verpflichtung" besteht, trotz der Bestimmungen des Statuts über die Bildung des Geschäftsanteils, die durch den Austritt der Mitglieder illusorisch gemacht werden kann — nur ein Recht der Mitglieder ist schließlich vorhanden, ein Recht, das den Gläubigern natürlich nichts nützt. Der Aktionär kann sich der Verpflichtung auf Vollzahlung der Aktie nicht entziehen —, wohl aber der Genossenschafter der Bildung des Geschäftsguthabens durch Kündigung und Austritt. Und damit endet, wie erwähnt, nicht bloß seine weitere Verpflichtung zu Einzahlungen auf Geschäftsanteil, sondern er kann das, was er auf Geschäftsanteil eingezahlt hat, herausverlangen, vorausgesetzt, daß nicht nach der Bilanz der Genossenschaft das Geschäftsguthaben zur Deckung von Verlusten in Anspruch zu nehmen ist.

* * *

Aus dem Merkmal der nicht geschlossenen Mitgliederzahl ergibt sich eine scharfe Grenze für die Anwendungsmöglichkeit der genossenschaftlichen Organisation. Die Genossenschaft ist z. B. ungeeignet für Betriebe, die mit einem festen, nicht entziehbaren Grundkapital rechnen müssen — die Genossenschaft kann ohne Verstoß gegen ihre Natur nicht Verträge eingehen, die sie auf Zeiten hinaus binden, in denen sie mit Sicherheit nicht mehr über „Vermögen", über die, die es bildeten, die Mitglieder, verfügt. Man mag hierin Schwächen der genossenschaftlichen Organisation sehen, in ihnen kommt aber das Wesen der Genossenschaft zum Ausdruck, und sie haben der Genossenschaft die weitgehende Anpassungsfähigkeit gewahrt, durch sie ist die Genossenschaft die Gesellschaftsform der wirtschaftlich schwächeren Klassen geworden. Diese „Schwäche" schließt die sozialen Vorzüge der genossenschaftlichen Organisation in sich. Aber für den Ausbau des geschäftlichen Betriebes, für die Anwendung der Genossenschaftsform dürfen die Schwächen nicht aus dem Auge verloren werden. Ein alter geschäftlicher Grundsatz des Bankverkehrs ist, daß niemand auf längere Frist Kredit gewähren kann als er selbst von seinen Gläubigern erhält. Dies angewendet auf die Genossenschaft ergibt, daß sie ungeeignet ist für geschäftliche Unternehmungen, die der Genossenschaft weitergehende Verpflichtungen auferlegen, als diese mit Rücksicht auf die Kündigungsmöglichkeit der Mitgliedschaft ihrer Genossen eingehen kann. Das braucht nun natürlich nicht wörtlich ausgelegt zu werden, aber klar sollte sein, daß z. B. eine Genossenschaft, die nur eine kleine Anzahl Mitglieder hat, die mit dreimonatiger Kündigungsfrist ausscheiden und damit den Bestand der Genossenschaft erschüttern können, nicht imstande ist, etwa eine unkündbare Bürgschaft auf 15 Jahre oder länger zu übernehmen. Und doch mutet die Kgl. Preußische Ansiedelungskommission in Posen und Westpreußen derartige Geschäfte den Genossenschaften zu, indem sie sie in den Dienst der Entschuldung des ländlichen Besitzes hineinbeziehen will. Unvereinbar mit der rechtlichen Natur der Genossenschaft ist es, wenn diese als Baugenossenschaft auf 60 Jahre einen Erbbauvertrag abschließt, denn die Genossenschaft müßte zwei Generationen von Mitgliedern erleben, wenn der Erbbauvertrag zu Ende geführt werden soll. Es ist unmöglich, der Genossenschaft einen so langen Bestand zu sichern, wie er sich aus dem Eingehen einer derartigen Verpflichtung ergeben kann. Man sage nicht, daß dies schließlich für alle geschäftlichen Unternehmungen gilt. Selbstredend kann niemand in die Zukunft sehen. Hier handelt es sich aber um einen klaren einfachen Tatbestand, aus dem die wirtschaftlichen Konsequenzen zu ziehen sind. Weswegen hat denn das Hypothekenbankgesetz und das Privatversicherungsgesetz die Genossenschaften von dem Hypothekenbankbetrieb und dem Versicherungsbetrieb ausgeschlossen? Weil die Genossenschaften nach ihrer Rechtsnatur nicht imstande sind, derartige langfristige Verträge abzuschließen, wie sie der Hypothekenbankbetrieb und das Versicherungsunternehmen erfordern.

So sehen wir, wie eine Beschränkung des Tätigkeitsfeldes der Genossenschaft sich aus der gesetzlichen Materie, aus dem gesetzlichen Begriffsmerkmale der „nicht geschlossenen Mitgliederzahl“ ergibt. In der Praxis aber wird, wie z. B. der eben erwähnte Fall der Ansiedelungskommission beweist, ganz systematisch dagegen verstoßen und nicht etwa durch Spekulanten oder Personen, die ihren eigenen Vorteil suchen, sondern auf Grund eines Systems, das sich sogar der staatlichen Förderung zu erfreuen hat.

* * *

Das zweite wichtige Begriffsmerkmal liegt in der Förderung von Erwerb und Wirtschaft der Mitglieder. Es entspricht dies dem Wesen und Sinn der Genossenschaft. Es ist für die Beurteilung des Geschäftsbetriebes zu unterscheiden zwischen dem Zweck des Geschäftsbetriebes und den Geschäften, die erforderlich sind, um es der Genossenschaft zu ermöglichen, den Zweck zu verfolgen. In letzterer Beziehung ist selbstverständlich eine Ausdehnung des Geschäftsbetriebes auf Nichtmitglieder zulässig.

Grundsätzlich ist auch die Genossenschaft berechtigt, Nichtmitglieder an ihren Zwecken teilnehmen zu lassen. Das Gesetz sieht eine Beschränkung nur vor für Kreditgenossenschaften und für Konsumvereine. Es läßt sich nun selbstverständlich dort, wo nach Gesetz und Statut der Geschäftsbetrieb auf Nichtmitglieder ausgedehnt werden kann, keine Grenze dafür angeben, wie weit eine solche Ausdehnung gehen kann, ohne daß die Genossenschaft nur noch die Form der Genossenschaft für das in ihr liegende wirtschaftliche Unternehmen behält. Es kann im konkreten Fall zweifellos die Ausdehnung so weit gegangen sein, daß die Genossenschaft nur noch Handelsgesellschaft ist. Als im Jahre 1889 das Genossenschaftsgesetz für die Kreditgenossenschaften die Beschränkung der Darlehnsgewährung auf Mitglieder brachte, zogen eine Anzahl Kreditgenossenschaften, die in erheblichem Umfange die Kreditgewährung an Nichtmitglieder zugelassen hatten, es vor, die Form der Genossenschaft durch die der Aktiengesellschaft zu ersetzen. Der Geschäftsbetrieb hatte in der Ausdehnung auf Nichtmitglieder eine Entwickelung angenommen, daß eine Beschränkung nicht mehr durchführbar erschien. Diese Genossenschaften unterschieden sich von anderen Kreditinstituten meist wohl nur durch die Gesellschaftsform. Seit Jahr und Tag haben anscheinend verschiedene Zweige des landwirtschaftlichen Genossenschaftswesens eine Entwickelung genommen, daß höchstens nur noch mit Mühe die genossenschaftliche Wurzel festzustellen ist, denn das Schwergewicht des Betriebes liegt im Geschäft mit Nichtmitgliedern. Die Förderung von Erwerb und Wirtschaft der Mitglieder ist nicht mehr Selbst- und Hauptzweck, sondern war nur der Ausgangspunkt des Unternehmens.

Wer die Gestaltung der Dinge bei den landwirtschaftlichen Genossenschaften im letzten Jahrzehnt verfolgt hat, wird folgende auffällige Beobachtung gemacht haben. Die Verluste treten nicht bei jenen Genossenschaften ein, die für die Befriedigung des Kreditbedürfnisses der Mitglieder bestimmt sind, sondern bei den Genossenschaften, die mit landwirtschaftlichen Artikeln Handel treiben, bei den sogenannten Betriebsgenossenschaften. Und weiter: die den Einzelgenossenschaften den Kredit vermittelnden Zentralen erleiden Verluste nicht bei den Kreditgenossenschaften, sondern bei den eben erwähnten Betriebsgenossenschaften. Es scheint auf den ersten Blick diese Gestaltung der Dinge auffällig, denn man ist geneigt, anzunehmen, daß das Kreditgeschäft riskanter als das Warengeschäft ist. Nun hat sich aber auf dem Lande bei den Genossenschaften das Warengeschäft mit dem Kreditgeschäft eng verbunden, und dazu ist eine außerordentliche und vielseitige Ausdehnung des Warengeschäfts gekommen. Es ist wichtig, die Anzeigen solcher Genossenschaften in Tagesblättern zu verfolgen — sie könnten ebensogut von einem beliebigen aktiengesellschaftlichen Handelsbetrieb ausgehen. Die Genossenschaft dient nur noch als Mäntelchen, sie ist die Form, die man gern beibehält, weil sie die Möglichkeit bietet, teil am Kredit zu nehmen, den der Staat z. B. in Preußen durch die Preußische Zentral-Genossenschafts-Kasse den landwirtschaftlichen Genossenschaften zur Verfügung stellt.

Wenn auf derartige Übertreibungen hier hingewiesen wird, so soll damit nicht etwa ausgesprochen werden, daß es Bestimmung der Genossenschaft ist, sich als Zwergbetrieb zu erhalten. Auf das Wesen des Betriebes kommt es bei dieser Kennzeichnung der Verhältnisse an. Es kann ein großes Unternehmen in der Form der Genossenschaft eine Genossenschaft im wahren Sinne sein, während ein kleines Unternehmen aufgehört hat, Genossenschaft zu sein. Getrost kann ausgesprochen werden, daß die genossenschaftliche Organisation sich sogar den wirtschaftlichen Verhältnissen anpassen muß, soll sie imstande sein, ihre Aufgaben zu erfüllen. Die an die Kreditgenossenschaften gestellte Forderung: „Entwickelt euch bankmäßig" entspringt gerade dieser Erwägung. Eine Kreditgenossenschaft, die nicht den heutigen wirtschaftlichen Verhältnissen sich anpaßt, wird die Konkurrenz anderer Kreditinstitute nicht aushalten und dadurch an ihrer Leistungsfähigkeit Einbuße erleiden und so schließlich nicht mehr imstande sein, den genossenschaftlichen Aufgaben gerecht zu werden. Die Genossenschaft bleibt Genossenschaft. Einer Kreditgenossenschaft aber, die sich dem Börsenspiel zuwenden will, wird man freilich den Rat geben, die Genossenschaft durch eine andere Gesellschaftsform zu ersetzen. Ebenso liegen die Dinge bei Handelsgenossenschaften, die die Wege der Spekulation betreten haben.

Nicht an der Hand einer schematischen Formel ist festzustellen, wo die Grenze liegt. Nur an der Hand der tatsächlichen Verhältnisse ist das Problem zu behandeln und zu lösen. Für die, die aber z. B. die Entwickelung der landwirtschaftlichen Betriebsgenossenschaften betrieben und gefördert haben, hat es offenbar ein solches Problem gar nicht gegeben. Für sie war die Form alles und der Inhalt nichts. Die vorstehenden Ausführungen zeigen das Problem.

In dem Wunsche, „Erwerb und Wirtschaft der Mitglieder" zu fördern, hat man auf allen nur denkbaren Gebieten die genossenschaftliche Organisation versucht und den Genossenschaften die schwierigsten geschäftlichen Aufgaben gestellt. Wer die Geschäftsberichte der Zentralgenossenschaften von Betriebsgenossenschaften vergleicht, wird manchem Beteiligungskonto begegnen, das aus Geschäften stammt, von denen man nur mit Erstaunen vernehmen kann, daß sie überhaupt von einer Genossenschaft versucht sind. Dahin gehören auch die Bestrebungen, den Getreidehandel zu organisieren mit Hilfe der Kornhausgenossenschaften, dahin gehören jene unsinnigen Geschäfte der Winzervereine, die schließlich zum Zusammenbruch der Eltviller Zentralverkaufsgesellschaft Deutscher Winzervereine, G. m. b. H., geführt haben und damit in weiten Gebieten den Winzervereinen ein ähnliches Ende bereiten, wie es die Kornhausgenossenschaften in Norddeutschland gefunden. Keineswegs hat sich diese Entwickelung nun aber immer nur als das Ergebnis des geringen Verständnisses der Leitungen von Einzelgenossenschaften gezeigt, sondern es hat an Anregungen von oben her leider nicht gefehlt. Und wer nun die Begründung für die letzte Erhöhung des Grundkapitals der Preußischen Zentral-Genossenschafts-Kasse nachliest, wird nicht ohne Erstaunen finden, daß auch hier wieder neue Aufgaben zur Förderung von Erwerb und Wirtschaft der Mitglieder gestellt werden, und zwar Aufgaben, die sowohl an die Leistungsfähigkeit des Kreditinstitutes wie an die Geschäftsgewandtheit des Vorstandes desselben erhebliche Ansprüche stellen. So werden neuerdings z. B. die ländlichen Darlehnskassen ganz systematisch dazu getrieben, den Handel mit Gütern aufzunehmen.

Was hier für die Einzelgenossenschaft gesagt ist, gilt um so mehr noch für die Zentralgenossenschaft, bei der dann häufig die Beteiligungskonten aus den verfehlten Geschäften der Einzelgenossenschaften zusammenlaufen.

Es ist klar, daß der „genossenschaftliche Charakter“ Genossenschaften, die sich auf derartige Unternehmungen einlassen, vollkommen verloren geht und daß der Betrieb außer Verhältnis steht zu dem Fundament, auf dem die Genossenschaft beruht.

* * *

Von den eben besprochenen gesetzlichen Merkmalen, die die Wege zeigen, auf denen sich die Genossenschaft bewegen muß, wenn sie der Tendenz des Gesetzes nach Genossenschaft bleiben will, kommen wir zu einem anderen bereits berührten Moment, das freilich nicht zu den gesetzlichen Begriffsmerkmalen der Genossenschaft gehört, aber gleichfalls der Genossenschaft das Gepräge gibt: es ist die *Vermögensbildung* und *Haftpflicht* der Mitglieder.

Über die Vermögensbildung sprachen wir bereits, wir wiesen darauf hin, daß das Vermögen — um mit dem französischen Gesetz zu sprechen — variable ist. Das wichtigste und bedeutungsvollste Moment für die Genossenschaft ist, daß sie *ohne jedes Vermögen entstehen* kann. Das Reichsgericht fordert wohl für die Genossenschaft eine Eröffnungsbilanz, sie dürfte aber meist sehr dürftig ausfallen, denn in den meisten Fällen ist bei Begründung der Genossenschaft kein Vermögen vorhanden. Hierin zeigt sich eben ganz besonders scharf der bereits erwähnte Unterschied zwischen Genossenschaft und Aktiengesellschaft; letztere tritt mit einem entsprechenden Kapital versehen, ins Leben, der Genossenschaft fehlt bei der Gründung jegliches eigene Vermögen.

Das *Betriebskapital* der Genossenschaft setzt sich zusammen aus eigenem und fremdem Kapital. Zu dem eigenen Kapital gehören die Geschäftsguthaben und die Reserven. Die Reserven entstehen durch Rücklagen aus erzielten Gewinnen. Die Geschäftsguthaben kommen zustande durch Einzahlungen auf den Geschäftsanteil und zugeschriebene Gewinnanteile. Die Genossenschaft mit unbeschränkter Haftpflicht hat nur einen Geschäftsanteil; bei der Genossenschaft mit beschränkter Haftpflicht ist der Erwerb mehrerer Geschäftsanteile gestattet. Über die Bildung des Geschäftsanteils hat das Gesetz nur die ebenfalls bereits angezogene Bestimmung, nach der das Statut nach Betrag und Zeit die Einzahlungen auf den Geschäftsanteil bis zu 10% desselben festsetzen muß. Die Genossenschaft kann den Geschäftsanteil so niedrig wie sie will normieren. Sie kann ihn auf zehn Pfennig festsetzen, dann genügt im Statut eine Bestimmung, wonach die Mitglieder verpflichtet sind, einen Pfennig einzuzahlen

Worauf beruht nun der Kredit der Genossenschaft? Wir sehen hier natürlich ab von der Vertrauenswürdigkeit der Verwaltung, sondern denken nur an die Kreditbasis. Hat die Genossenschaft bereits eigenes Vermögen erworben, so dient dies selbstredend als Kreditfaktor, wobei erfahrungsgemäß der Umstand, daß der wesentlichste Teil des eigenen Vermögens, die Geschäftsguthaben, dadurch wieder verloren gehen kann, daß die Mitglieder ausscheiden und ihr Geschäftsguthaben herausgezahlt verlangen — in der Praxis keine besondere Berücksichtigung findet. Wer einen Blick in die Statistik der Genossenschaften wirft, wird finden, daß auch Genossenschaften Kredit erhalten, bei denen das eigene Vermögen gleich Null ist. Die neue Genossenschaft braucht Kredit und hat doch in der Regel kein eigenes Grundkapital. Es ist die persönliche Haftpflicht der Mitglieder, die der Genossenschaft die Kreditbasis gibt.

Ursprünglich, d. h. seit dem Beginn der Entwickelung der Erwerbs- und Wirtschaftsgenossenschaften, die mit der Mitte des vorigen Jahrhunderts einsetzt, war die unbeschränkte Haftpflicht die allein zulässige. Die Gründe hierfür liegen zum Teil auf rechtlichem, zum Teil auf wirtschaftlichem Gebiet. Vielleicht mehr auf letzterem, denn, wie neuere Forschungen ergeben haben, hat Schulze-Delitzsch dem Delitzscher Vorschußverein zunächst die beschränkte Haftpflicht der Mitglieder zugrunde gelegt, obgleich er bei anderen älteren Genossenschaften die unbeschränkte Haftpflicht angewandt hatte. Die Erfahrungen mit der unbeschränkten Haftpflicht waren aber so ausgezeichnete, daß Schulze-Delitzsch sie dann den Genossenschaften als die allein zulässige Haftart zugrunde gelegt sehen wollte. So wurde sie die Norm für das preußische Gesetz von 1867. Das sächsische und das bayerische Gesetz ließen wohl Ausnahmen zu, jedoch das norddeutsche Gesetz vom 4. Juli 1868, das später Reichsgesetz wurde, kannte nur die unbeschränkte Haftpflicht der Mitglieder. Durch die gesetzliche Anerkennung der Genossenschaft als Rechtsperson hatte die unbeschränkte Haftpflicht nur insoweit eine Änderung erfahren, als vorher die unbeschränkte Haftpflicht der Mitglieder für den Gläubiger eine direkte war, da der Genossenschaft die Rechtspersönlichkeit mangelte, während nun infolge der Rechtspersönlichkeit der

Genossenschaft die persönliche Haftpflicht einen bürgschaftsartigen Charakter erhielt, es durfte auf sie erst zurückgegriffen werden, wenn der Gläubiger aus dem Vermögen der Genossenschaft keine Befriedigung finden konnte. Dieser Rechtszustand blieb bis zum Genossenschaftsgesetz von 1889, das drei Haftarten gebracht hat: die unbeschränkte Haftpflicht, die unbeschränkte Nachschußpflicht, die beschränkte Haftpflicht. Die unbeschränkte Haftpflicht und die unbeschränkte Nachschußpflicht unterscheiden sich untereinander nicht durch den Umfang der persönlichen Haftpflicht, die bei beiden die unbeschränkte ist, sondern durch den Haftvollzug.

Schulze-Delitzsch selbst hatte infolge der Entwickelung des Genossenschaftswesens schließlich Vorschläge für die gesetzliche Regelung und Zulassung der beschränkten neben der unbeschränkten Haftpflicht gemacht. Deren Zulassung wurde erforderlich einmal für jene Genossenschaftsarten, die keinen erheblichen Kredit brauchen, dann ferner für jene Genossenschaften, die in ihrem eigenen Vermögen eine ausreichende Kreditbasis finden.

Was ist unter der persönlichen Haftpflicht der Mitglieder zu verstehen? Bei der unbeschränkten Haftpflicht haben die Mitglieder erforderlichenfalls mit ihrem ganzen Vermögen für die Verpflichtungen der Genossenschaft einzustehen — bei der beschränkten Haftpflicht ist dieses persönliche Einstehen beschränkt durch die im Statut bestimmte Haftsumme. Die persönliche Haftpflicht der Mitglieder kommt nicht in der Bilanz zum Ausdruck, denn sie ist kein Vermögensbestandteil der Genossenschaft, obgleich sie schließlich, wenn die Mitglieder aus ihr in Anspruch genommen werden, zugunsten der Genossenschaft geltend gemacht wird. Die Genossenschaft gibt nur in der Firma die Haftart zu erkennen. Für die Genossenschaft mit beschränkter Haftpflicht enthält das Gesetz in § 139 die Bestimmung, daß mit der Bilanz eines jeden Geschäftsjahres zu veröffentlichen ist: der Gesamtbetrag, um welchen in diesem Jahr die Geschäftsguthaben, sowie die Haftsummen der Genossen sich vermehrt oder vermindert haben, und der Betrag der Haftsummen, für welche am Jahresschluß alle Genossen zusammen aufzukommen haben. Nebenbei bemerkt, eine Bestimmung von recht zweifelhaftem Werte, da der „Betrag der Haftsummen" der Mitglieder sehr hoch sein kann und doch möglicherweise sehr wenig bedeutet, wenn nämlich die Mitglieder eintretendenfalls nicht imstande sind, bis zur Höhe der Haftsummen auch Leistungen aufzubringen.

Wann wird das Mitglied aus der persönlichen Haftpflicht in Anspruch genommen? Nur in zwei Fällen: im Konkurse der Genossenschaft und im Fall des Ausscheidens aus der Genossenschaft dann, wenn infolge von Verlusten das eigene Vermögen der Genossenschaft verloren ist und der Ausgeschiedene von dem Fehlbetrag den ihn treffenden Anteil an die Genossenschaft zu zahlen hat. Wird das Mitglied aus seiner persönlichen Haftpflicht in Anspruch genommen, so ist bei der Genossenschaft mit unbeschränkter Haftpflicht (und unbeschränkter Nachschußpflicht) die Haftpflicht eine „unbeschränkte“ — bei der Genossenschaft mit beschränkter Haftpflicht ist sie durch die statutarisch festgesetzte Haftsumme beschränkt.

Welches ist nun die Entwickelung der Genossenschaften mit Bezug auf die Haftarten gewesen? Bei Erlaß des Genossenschaftsgesetzes war man sich darüber einig, daß von allen den Genossenschaften, die nur geringen Kredit brauchen, die beschränkte Haftpflicht angenommen werden würde. Man dachte an die Konsumvereine, landwirtschaftlichen Einkaufsgenossenschaften, Handwerkerrohstoffgenossenschaften usw. Tatsächlich haben auch fast alle diese Genossenschaften die beschränkte Haftpflicht gewählt oder sind zu ihr übergegangen. Keineswegs aber haben diese Genossenschaften immer auch sich mit geringem Kredit begnügt. Haben doch insbesondere landwirtschaftliche Einkaufsgenossenschaften sich zu Handelsgesellschaften entwickelt, die große Kredite geben und große Kredite in Anspruch nehmen. Wie dies möglich wurde, wird sofort gezeigt werden.

Werfen wir aber zunächst noch einen Blick auf die Höhe des Geschäftsanteils und das Verhältnis des Geschäftsanteils zur Haftsumme. Das Gesetz enthält darüber keinerlei Bestimmungen, ebensowenig wie über die Höhe des Geschäftsanteils, und sagt nur, daß die Haftsumme nicht niedriger sein darf als der Geschäftsanteil.

Nach oben hin ergibt sich für den Geschäftsanteil die Grenze von selbst, denn eine Genossenschaft, die den Geschäftsanteil übermäßig hoch normiert, wird nicht darauf rechnen können, daß sie Mitglieder findet; gleichwohl finden sich Geschäftsanteile von 5000 Mk. Nachteile aus dieser durch das Gesetz gewährten Freiheit haben sich kaum ergeben. Das Fehlen einer Grenze nach unten hin aber hat zu Bildungen geführt, die schon mehr als Mißbildungen angesprochen werden können.

Die „Mitteilungen zur deutschen Genossenschaftsstatistik für 1906“ der Preußischen Zentral-Genossenschafts-Kasse enthalten eine Statistik über die Genossenschaften, gruppiert nach der Höhe des Geschäftsanteils. Das Ergebnis ist folgendes: 57 % der Kreditgenossenschaften mit unbeschränkter Haftpflicht und 43 % der Kreditgenossenschaften mit beschränkter Haftpflicht haben einen Geschäftsanteil unter 20 Mk., 46 % aller Genossenschaften beruhen auf einem Geschäftsanteil unter 10 Mk., 2½ % aller bestehenden Genossenschaften beruhen auf einem Geschäftsanteil unter 1 Mk.

Diese Gestaltung wird man nicht als eine gesunde betrachten können. Sie wäre undenkbar, wenn nicht auch derartigen Genossenschaften durch staatliche Maßregeln zu einem Kredit verholfen würde. Hierin ist eins der Momente zu finden, aus denen sich eine solche Entwickelung erklärt, das andere liegt in der Mißachtung des „kaufmännischen Sinns“ in den beteiligten Kreisen.

Wie verhält sich nun die Haftsumme zum Geschäftsanteil? Hier finden wir das entgegengesetzte Bild. Charakteristisch ist, was die Verbandskasse deutscher Beamtenwohnungsvereine, e. G. m. b. H., in einem Rundschreiben vom 17. November 1908, mit dem sie ihre Gründung anzeigt, ausführt: „Durch den Beitritt erwächst der Genossenschaft neben der Zahlung eines Eintrittsgeldes nur die Verpflichtung, einen Geschäftsanteil von 100 Mk. zu erwerben. Dem Geschäftsanteil entspricht eine Haftsumme von 1000 Mk.; dieser Betrag ist gewählt, um der einzelnen Genossenschaft einen möglichst umfangreichen Kredit eröffnen zu können; denn das gewährte Darlehen muß sich bestimmungsgemäß in einem gewissen Verhältnis zu der Haftsumme halten. Im übrigen hat auch wohl die Beamtenschaft, die zu Baugenossenschaften zusammengetreten ist, sich längst davon überzeugt, daß die Haftbarkeit bei Genossenschaften, die in unbeweglichem Vermögen ihr Vermögen anlegen, eigentlich nur auf dem Papier steht und daß wohl kaum an sie die Notwendigkeit eines Rückgriffes herantreten kann. Und was von der einzelnen Baugenossenschaft gilt, das trifft in noch höherem Maße bei einer Verbandskasse zu, die nur mit Baugenossenschaften von Beamten geschäftlich verkehren will, die von im Genossenschaftswesen wohl erfahrenen Beamten geleitet und beaufsichtigt wird und die endlich ihren ganzen Geschäftsverkehr unter der Kontrolle der Preußischen Zentral-Genossenschafts-Kasse abwickelt. Darf danach angenommen werden, daß wegen der Haftpflicht sich keine Genossenschaft von dem Beitritte zur Verbandskasse abhalten lassen wird, so soll auch nicht unbemerkt bleiben, daß durch den Beitritt der Genossenschaft irgendwelche Betriebsmittel nicht entzogen werden brauchen, da der Betrag des Eintrittgeldes und des Geschäftsanteils ihr als Darlehen in laufender Rechnung gewährt werden kann.“

Die Gründungskosten für diese Kasse sind, wie in dem gleichen Rundschreiben hervorgehoben wird, durch den Verband Deutscher Beamtenvereine gedeckt worden, der sich auch die weitere Förderung der Kasse angelegen sein läßt. Entscheidenden Einfluß auf diese Organisationen übt auffallenderweise das Reichsamt des Innern aus.

Nicht drastischer kann in wenigen Zeilen zum Ausdruck gebracht werden, wie wenig die Gründer dieser Kasse, die sich noch überdies als im Genossenschaftsleben erfahrene Männer bezeichnen, das Wesen der Haftsumme erkannt haben. Kein Zweifel, daß alles, was zum Ausdruck gebracht wird, auch bona fide geäußert wird. Man betrachte diese Ausführungen aber vom geschäftlichen Standpunkt, und man wird finden, daß sie geradezu Ungeheuerlichkeiten enthalten. Die Haftsumme steht angeblich nur auf dem Papier und in demselben Atemzug wird ausgesprochen, daß sie die Grundlage für die Kreditbemessung ist! Daher wird sie auch recht hoch festgesetzt und steht in keinem normalen Verhältnis zu der von der Genossenschaft als Mitglied der Verbandskasse zu leistenden Bareinlage. Diese nun aber, die nach dem Gesetz weder ausgezahlt noch verpfändet werden soll, sie wird der Mitgliedgenossenschaft als Darlehen wieder zur Verfügung gestellt! Wer die Verbandskassenfrage ironisieren wollte, hätte es nicht besser machen können wie die Verfasser jenes Rundschreibens, die sich überdies auf die Förderung eines hohen Beamten berufen.

Steht die Haftsumme tatsächlich bei einer Verbandskasse immer auf dem Papier? Allerdings, wenn nur Geschäfte gemacht werden, die jedes Risiko ausschließen, kann eine solche Behauptung aufgestellt werden. Auch bei dem ehrlichsten Willen dürfte es zweifelhaft sein, ob bei allen Geschäften ein Risiko vermieden wird. An dem ehrlichen Willen auch der Verfasser des Rundschreibens dieser Verbandskasse soll selbstverständlich nicht gezweifelt werden. Ob es ihnen gelingen wird, allezeit das Risiko zu vermeiden? Und wenn die Verbandskasse sich doch in der Beurteilung einer der angeschlossenen Genossenschaften irrt, sollte dann auch nur die Haftsumme auf dem Papier stehen? Und die Haftsumme wird für die Mitglieder, die einen größeren Kredit bei der Verbandskasse in Anspruch nehmen, zu einer recht erheblichen Höhe steigen. Freilich, der Fall, daß die Haftsumme schließlich auf eine Garantie von einer Million herauskommt, dürfte hier nicht eintreten. Auch solche Fälle aber liegen vor und gehören vielleicht nicht einmal zu den Ausnahmen. Welch merkwürdigen Zusammenstellungen man dabei begegnet, lehrt die Verbandskasse des Bundes der Landwirte, e. G. m. b. H., zu Berlin.

Dieser Genossenschaft gehörten Ende 1907 168 Mitglieder an mit einer Gesamthaftsumme von rund 10 Millionen Mk. Davon entfallen etwa 5 Millionen Mk. auf fünf Mitglieder, nämlich 1499000 Mk. auf die Grunderwerbsgesellschaft mit beschränkter Haftung in Dortmund (hervorgegangen aus der in Konkurs geratenen Dortmunder Ein- und Verkaufsgenossenschaft), 1300000 Mk. auf die Zentrale für Milchverwertung, e. G. m. b. H., in Berlin (seit 1907 in Liquidation), die nicht allzu lange vor der Liquidation eine Bilanz bekannt gegeben mit einem Verlust von ca. 7 Millionen Mk., 1284000 Mk. auf die Zentrale für Viehverwertung, e. G. m. b. H., in Berlin, 599000 Mk. auf den Pfälzischen Genossenschaftsverband Wachenheim für Geld- und Warenverkehr, e. G. m. b. H., in Neustadt a. H. (hat im Jahre 1908 infolge erheblicher Verluste die Liquidation beschlossen), — 183000 Mk auf die Mrotschener Dampfmühle, Gesellschaft mit beschränkter Haftung (hervorgegangen aus der zusammengebrochenen Mrotschener Dampfmühlengenossenschaft). — Für das Jahr 1908 hat die Haftsumme noch eine Steigerung um 1273000 Mk. erfahren; die Zahl der Mitglieder ist von 168 auf 226 gestiegen. Darunter befinden sich nun wieder 68 neu errichtete Genossenschaften, darunter Molkereigenossenschaften mit 40, 50, 66 Geschäftsanteilen, das sind 40000, 50000 bzw. 66000 Mk. Haftsumme. Eine Dampfpfluggenossenschaft hat sogar 75 Geschäftsanteile (= 75000 Mk. Haftsumme) übernommen. Hierin liegen Beteiligungen in außerordentlicher Höhe, und niemand wird behaupten, daß die Haftsumme „nur auf dem Papier" steht. Ein Brand bei der Zentrale müßte mit unheimlicher Schnelligkeit zur Zerstörung des ganzen Gebäudes führen.

Hier stehen wir vor dem Ergebnis von Mängeln des Genossenschaftsgesetzes, die freilich nicht so fühlbar wären, wenn die für die staatliche Förderung des Genossenschaftswesens maßgebenden Grundsätze nicht dazu verleitet hätten, die gesetzliche Freiheit zu mißbrauchen. Ein Fehler des Gesetzes ist, daß für die Genossenschaften mit beschränkter Haftpflicht keinerlei Normen gegeben werden über das Mindestmaß des Geschäftsanteils und über das Verhältnis des Geschäftsanteils zur Haftsumme.

Es hätte die Haftsumme in der Entwickelung des Genossenschaftswesens in den letzten 20 Jahren nicht die Rolle spielen können, die ihr zugefallen ist, wenn die Gesetzgebung einem Mißbrauch mit der Festsetzung der Haftsumme vorgebeugt hätte.

Die Preußische Zentral-Genossenschafts-Kasse hat angeblich die Bewertung der persönlichen Haftpflicht für die Kreditzumessung erfunden. In dieser Allgemeinheit ist es nicht richtig, denn der Kredit der Genossenschaft beruht ja von Anbeginn zum erheblichen Teil auf der persönlichen Haftpflicht der Mitglieder, und in Erkenntnis dieses Umstandes hat Schulze-Delitzsch jahrzehntelang an der unbeschränkten Haftpflicht als der alleinigen Haftart festgehalten. Ein neues Moment ist allerdings durch die Preußische Zentral-Genossenschafts-Kasse hinzugetreten: die Bewertung der persönlichen Haftpflicht nach bestimmten Grundsätzen, die Festsetzung der sogenannten Vertretbarkeit der Haftsummen. Letztere erfolgt nach den sehr spezialisierten Geschäftsbedingungen der Preußischen Zentral-Genossenschafts-Kasse, ihr liegen in der Regel die Steuererklärungen der Mitglieder zugrunde. Mit der automatischen Kreditgewährung an die Genossenschaften unter Berücksichtigung der Höhe der vertretbaren Haftsummen der Mitglieder war die Anregung gegeben, die Haftsumme im Statut möglichst hoch festzusetzen. Auf die Höhe des Geschäftsanteils brauchte man keinen großen Wert zu legen, denn die Höhe der Haftsumme brachte guten Ersatz, man hatte dann vom Standpunkt der Genossenschaften aus noch den Vorteil, daß den Mitgliedern gesagt werden konnte, „die Haftsumme stände ja nur auf dem Papier", während man bei entsprechender Festsetzung der Höhe des Geschäftsanteils auch schließlich hätte die Einzahlungen auf den Geschäftsanteil einziehen müssen; man wäre wahrscheinlich nicht überall auf den guten Gedanken gekommen, wie ihn die Verbandskasse der Beamtenwohnungsgenossenschaften ausgesprochen: die Einzahlungen auf Geschäftsanteil sind den Mitgliedern als Darlehen zurückzugewähren!

Zum schweren Schaden für die Entwickelung des Genossenschaftswesens ist das System der Preußischen Zentral-Genossenschafts-Kasse geworden, nach dem die vertretbaren Haftsummen als Grundlage für die Kreditbemessung der Genossenschaften zugrunde gelegt werden.

Interessante Angaben hierüber entnehmen wir den „Mitteilungen zur deutschen Genossenschaftsstatistik für 1906“ (Berlin 1908), S. 86 ff. Dort wird festgestellt, daß in den letzten Jahren die Neigung bestanden hat, die Haftsumme für den Geschäftsanteil zu steigern. Für die Kreditgenossenschaften ergibt sich folgendes Resultat: Das Hundertfache und darüber vom Geschäftsanteile findet sich für die Haftsumme bei 130 Vereinen (7,51 v. H.) mit 7315 Mitgliedern (1,77 v. H.), die 44594 weitere Geschäftsanteile erworben und insgesamt mit 13571150 Mk. zu haften hatten. Die durchschnittliche Haftsumme für den Geschäftsanteil betrug 261 Mk., für den Genossen 1855 Mk., aber der durchschnittliche Geschäftsanteil berechnet sich auf nur 1,66 Mk.; die Haftsumme ist hier also im Durchschnitt das 157fache des Geschäftsanteils. Der Durchschnitt des letzteren ist so niedrig, weil alle diese 130 Kreditvereine nur kleine Geschäftsanteile von 0,50 bis 10 Mk. festgesetzt haben. Im einzelnen verteilen sie sich wie folgt:

| Geschäftsanteil zu Haftsumme | Kreditgenossenschaften | Mitglieder | Weitere Geschäftsanteile | Gesamthaftsumme | Durchschnittliche Haftsumme für den Geschäftsanteil |
|---|---|---|---|---|---|
| 0,50 zu 200— 300 Mk. | 2 | 177 | 308 | 104 800 | 216 |
| 1,— „ 100— 500 „ | 48 | 2321 | 25 353 | 5 451 250 | 197 |
| 1,50 „ 150 „ | 1 | 30 | 224 | 38 100 | 150 |
| 2,— „ 200— 500 „ | 54 | 3086 | 13 436 | 4 162 150 | 252 |
| 2,50 „ 250 „ | 1 | 47 | 446 | 123 250 | 250 |
| 3,— „ 300— 750 „ | 15 | 921 | 3 524 | 2 293 400 | 516 |
| 4,— „ 400— 500 „ | 3 | 185 | 694 | 384 700 | 438 |
| 5,— „ 500—1000 „ | 4 | 385 | 609 | 805 500 | 810 |
| 10,— „ 1000—6000 „ | 2 | 163 | — | 208 000 | 1276 |
| Zusammen | 130 | 7315 | 44 594 | 13 571 150 | 261 |

Auch die landwirtschaftlichen Produktivgenossenschaften steigern zuweilen außerordentlich die Haftsumme. Eine Genossenschaftsart, von der man annehmen müßte, daß sie mit geringem Kredit auskommt, die landwirtschaftliche Rohstoffgenossenschaft, wandelt in den gleichen Spuren. Von 751 landwirtschaftlichen Rohstoffgenossenschaften haben 238 die Haftsumme auf das Hundertfache des Geschäftsanteils und darüber festgesetzt!

„Beschränkt" ist die Haftsumme trotz der Höhe, aber nur vereinzelt dürfte es der Fall sein, daß die Mitglieder der Beschränkung der Haftpflicht entsprechend vermögensfähig sind.

Noch krasser stellt sich der Fall bei den Zentralgenossenschaften. Wir greifen aus dem Jahr- und Adreßbuch der Erwerbs- und Wirtschaftsgenossenschaften für das Deutsche Reich (1908) einige Ergebnisse heraus: Die genossenschaftliche Zentralkasse des Bundes der Landwirte e. G. m. b. H. hat 100 Mk. Geschäftsanteil, 1000 Mk. Haftsumme; 156 Mitglieder haften infolge der Übernahme weiterer Geschäftsanteile mit 8499000 Mk. — Die Landwirtschaftliche Provinzialgenossenschaftskasse für die Mark Brandenburg und die Niederlausitz zu Berlin, e. G. m. b. H., hat 20 Mk. Geschäftsanteil, 1500 Mk. Haftsumme; 458 Mitglieder haften mit 20625000 Mk. — Die Provinzialgenossenschaftskasse für Schlesien in Breslau, e. G. m. b. H. hat 50 Mk. Geschäftsanteil, 1000 Mk. Haftsumme; 760 Mitglieder haften mit 27856000 Mk. — Die Verbandskasse für schlesische Hausbesitzer- und Handwerkergenossenschaften in Breslau, e. G. m. b. H. hat 300 Mk. Geschäftsanteil, 3000 Mk. Haftsumme; 22 Mitglieder haften mit 738000 Mk. — Die Rheinische Bauerngenossenschaftskasse in Köln, e. G. m. b. H. hat 1000 Mk. Geschäftsanteil, 6000 Mk. Haftsumme; 699 Mitglieder haften mit 10776000 Mk. — Die Handwerkergenossenschaftsbank für das Königreich Sachsen in Dresden, e. G. m. b. H. hat 100 Mk. Geschäftsanteil, 2000 Mk. Haftsumme; 78 Mitglieder haften mit 202000 Mk. — Die Genossenschaftsbank Halle a. S., e. G. m. b. H. hat 300 Mk. Geschäftsanteil, 6000 Mk. Haftsumme; 780 Mitglieder haften mit 24504000 Mk. — Die Schleswig-Holsteinische Landesgenossenschaftskasse in Kiel, e. G. m. b. H. hat 500 Mk. Geschäftsanteil, 4000 Mk. Haftsumme; 337 Mitglieder haften mit 12792000 Mk. — Die Zentralgenossenschaftskasse des schlesischen Bauernvereins in Neiße, e. G. m. b. H. hat 1000 Mk. Geschäftsanteil, 10000 Mk. Haftsumme; 340 Mitglieder haften mit 11960000 Mk. — Die Provinzialgenossenschaftskasse für Posen, e. G. m. b. H. hat 50 Mk. Geschäftsanteil, 500 Mk. Haftsumme; 361 Mitglieder haften mit 14227000 Mk. — Die Pommersche Landesgenossenschaftskasse in Stettin, e. G. m. b. H. hat 300 Mk. Geschäftsanteil, 4000 Mk. Haftsumme; 430 Mitglieder haften mit 17452000 Mk.

Diese Zahlen beziehen sich nur auf Zentralkreditgenossenschaften. Bei den Zentralgenossenschaften für Rohstoffvereine herrschen zum Teil ähnliche Verhältnisse. *Dazu kommen dann noch die vielfachen gegenseitigen Mitgliedschaften* sowohl zwischen Zentralgenossenschaften wie infolge der mehrfachen Mitgliedschaft von Einzelgenossenschaften bei verschiedenen Zentralgenossenschaften. Für einen großen Teil der Mitglieder dürfte die Beschränkung der Haftpflicht auf diese Weise ganz illusorisch geworden sein.

Das Genossenschaftsgesetz, das so viele zwingende Bestimmungen enthält, ist auffallend frei gerade in den Vorschriften über die Vermögensbildung und die Vermögensveränderung. Freilich enthält es in § 22 und § 133 gewisse Kautelen für die Herabsetzung des Geschäftsanteils und der Haftsumme, die unter normalen Verhältnissen gewiß ausreichen. Für die Erhöhung des Geschäftsanteils und die Erhöhung der Haftsumme ist in § 6 und § 132 eine qualifizierte Mehrheit vorgeschrieben. Genügen diese Bestimmungen, um einem Mißbrauch vorzubeugen? Kaum. Interessante Vorgänge sind bekannt geworden. Man veranschaulicht sie am besten mit Zahlen. Da ist eine Verbandskasse, bei der der Geschäftsanteil auf 5000 Mk. für jede Mitgliedgenossenschaft festgesetzt ist und ebenfalls die Haftsumme auf 5000 Mk. Nun kann unter Beobachtung des § 22 des Gesetzes der Geschäftsanteil von 5000 Mk. auf 500 Mk. herabgesetzt werden, und man läßt die Haftsumme auf 5000 Mk. Gleichzeitig empfiehlt man den Mitgliedern, die vielleicht drei Geschäftsanteile à 5000 Mk. erworben haben, nun soviel Geschäftsanteile à 500 Mk. zu erwerben, wie dem Betrag ihres bisherigen Geschäftsguthabens entspricht. Das würde 30 Geschäftsanteile ergeben. Gehen die Mitglieder nun von dem Grundsatz aus, daß die Haftsumme nur auf dem Papier steht, so kümmern sie sich nicht darum, daß gleichzeitig ihre Haftsumme sich erhöht hat auf $30 \times 5000 = 150000$ Mk. Und die Gründe dafür? Die Verbandskasse befand sich in schwierigen Verhältnissen, in denen man doch nach allgemeinen geschäftlichen Grundsätzen nicht das Kapital herabsetzt! Hier aber bot die Herabsetzung einen bequemen Weg zur Erhöhung der persönlichen Haftpflicht.

*   *
*

Damit kommen wir zu einer weiteren Entwickelungstendenz, auf deren große Gefahren ich bereits 1897 in Köln hinwies, zu dem Zentralgenossenschaftssystem.

Nach Schulze-Delitzsch' Ansicht sollten Mitglieder einer Genossenschaft nur physische Personen sein. Als Raiffeisen in den einzelnen Bezirken die Genossenschaften zu Zentralgenossenschaften vereinigte und diese wiederum zu einer weiteren Zentralgenossenschaft zusammenschloß, brachte Schulze-Delitzsch eine Interpellation im Reichstage ein, in der er auf die Gesetzwidrigkeit dieses Vorgehens hinwies. Der Erfolg blieb nicht aus. Die Reichsregierung erkannte Schulze-Delitzsch's Bedenken als zutreffend an. Die Zentralgenossenschaften mußten gelöscht werden. Raiffeisen gründete nun eine Aktiengesellschaft. Schulze-Delitzsch hat an der Ansicht festgehalten, daß juristische Personen und vor allem Genossenschaften nicht die Mitgliedschaft bei einer Genossenschaft erwerben dürften, er brachte dies noch zum Ausdruck in der Novelle zum Genossenschaftsgesetz, die er gewissermaßen als sein Testament hinterließ. Das Genossenschaftsgesetz von 1889 hat sich auf einen anderen Standpunkt gestellt. Auffallenderweise ist kaum von irgendeiner Seite an dieser Neuerung Kritik geübt. Das Genossenschaftsgesetz von 1889 gestattet, daß die Genossenschaft die Mitgliedschaft bei der Genossenschaft erwirbt. Was erwartete der Gesetzgeber von dieser Neuerung? Daß Konsumvereine und Einkaufsgenossenschaften sich vereinigen würden, um ihrerseits den gemeinschaftlichen Wareneinkauf zu pflegen. Das war wohl wesentlich alles, was dem Gesetzgeber vorschwebte. Wie haben sich die Dinge entwickelt? Gerade für die hier erwähnten Zwecke ist die genossenschaftliche Organisation ohne wesentliche Bedeutung geblieben. Insbesondere die Konsumvereine haben die Form der Gesellschaft mit beschränkter Haftung für das dem gemeinschaftlichen Wareneinkauf dienende Unternehmen gewählt. Dagegen haben die Zentralgenossenschaften weiteste Verbreitung gefunden unter den Kreditgenossenschaften und für die Kreditzwecke der Betriebsgenossenschaften. „Verbandskasse" ist zum Schlagwort geworden. Wo eine Anzahl Genossenschaften besteht, die ihr Kreditbedürfnis ohne besondere eigene Leistungsfähigkeit befriedigen wollen, gründen sie eine Verbandskasse. Der Grund liegt allerdings sehr nahe. — Dieses ist der Weg, auf dem die Genossenschaften sich den Kredit der Preußischen Zentral-Genossenschafts-Kasse beschaffen können, die nach dem Gesetz von 1895 verpflichtet ist, in der Regel nur an Verbandskassen Kredite zu gewähren. Es dürfte freilich für sie auch unmöglich sein, den direkten Verkehr mit allen Einzelgenossenschaften zu pflegen, sie ist dabei auf ein Mittelglied angewiesen. Eine offene Frage aber freilich ist es, ob dieses Mittelglied gerade eine Genossenschaft sein muß. In den beteiligten Kreisen wählt man nun allerdings die Genossenschaft und zieht sie der Aktiengesellschaft vor, weil letztere bei der Gründung Kapital erfordert, während erstere, wie wir an dem Beispiel der Verbandskasse oben gesehen haben, glaubt den Kredit erhalten zu können auf Grund von Haftsummen, „die auf dem Papier stehen."

Das Gesetz zieht keinerlei Schranken der Bildung derartiger Zentralgenossenschaften, d. h. es enthält keine direkten Bestimmungen, die die Schaffung von Zentralgenossenschaften unmöglich machen. Wohl aber kann behauptet werden, daß solche Bildungen im direkten Widerspruch stehen zur Aufgabe und zur Tendenz des Genossenschaftsgesetzes. Die eingetragene Genossenschaft hat nun einmal nach ihrer ganzen Zweckbestimmung ihre Aufgabe zu suchen in der Erfüllung der Ansprüche des Mittelstandes in Stadt und Land oder, wenn es sich um Konsumvereine und Baugenossenschaften handelt, der Arbeiter, der kleinen Beamten usw., je nach der betreffenden Genossenschaftsart. Schon in diese Aufgaben paßt die Zentralgenossenschaft als Genossenschaft nicht hinein. Aber etwas anderes ist von noch viel größerer Bedeutung: die Genossenschaft ist nach ihrer ganzen Konstruktion ein wirtschaftliches Unternehmen lokaler Natur. Darauf weist, abgesehen von manchem anderen, mit zwingender Notwendigkeit jene gesetzliche Bestimmung hin, nach der jeder Genosse eine Stimme hat — und nur eine Stimme. Nur in ganz besonderen, im Gesetz vorgesehenen Fällen ist die Stimme übertragbar, sie ist ein persönliches Recht des Mitgliedes und muß von ihm persönlich ausgeübt werden. Hier haben wir den weiteren tiefgehenden Unterschied zwischen der Genossenschaft und der Aktiengesellschaft; allerdings einen Unterschied, der sich ohne weiteres aus der verschiedenen Natur der beiden Gesellschaftsarten ergibt. Die Aktiengesellschaft beruht auf den Aktien, und die Aktien sind übertragbar, es kann in der Generalversammlung der Aktiengesellschaft ein Aktionär erscheinen und allein mit den Stimmen, über die er verfügt, die Beschlüsse der Generalversammlung diktieren. Ganz anders in der Genossenschaft: jedes Mitglied hat eine Stimme — und nur eine Stimme, wer nicht erscheint, kann sich — immer abgesehen von den wenigen Ausnahmefällen im § 43 des Gesetzes — nicht vertreten lassen. Hieraus ergibt sich, daß das Gesetz bei der Genossenschaft an ein Unternehmen denkt, dessen Mitglieder auch tatsächlich imstande sind, die Rechte als Mitglieder auszuüben. Dazu kommt überdies noch, daß die Generalversammlung der Genossenschaft vielfach weitergehende Rechte hat als die Generalversammlung der Aktiengesellschaft. Eine Genossenschaft, die sich über einen Bezirk erstreckt so weit, daß es für die Mitglieder einfach unmöglich wird, an der Generalversammlung teilzunehmen, steht im Widerspruch mit Zweck, Ziel und Wesen des Genossenschaftsgesetzes. Eine Zentralgenossenschaft ist in der Regel natürlich nicht auf einen engen lokalen Bezirk beschränkt. Wenn nicht alle, so doch viele der bestehenden Zentralgenossenschaften haben ihre Mitglieder in den verschiedensten Teilen des Landes. Es gibt Zentralgenossenschaften, die ihre Mitgliedergenossenschaften im ganzen Deutschen Reich suchen. Nicht minder wie die Einzelgenossenschaft, die ihren Wirkungskreis so weit erstreckt hat, daß sie in Wirklichkeit aufgehört hat, Genossenschaft im Sinne des Gesetzes zu sein, kann die Zentralgenossenschaft den Anspruch darauf erheben, als eine Genossenschaft im Sinne des Gesetzes angesprochen zu werden. Die Gründung derartiger Zentral-Genossenschafts-Kassen ist zulässig — mit dem Wesen des Genossenschaftsgesetzes ist sie unvereinbar.

Und noch ein bedenklicher Umstand tritt in die Erscheinung. Es bleibt nicht bei der einzelnen Zentralgenossenschaft, sondern diese Zentralgenossenschaft tritt einer anderen bei und letztere wieder der ersteren. So haben sich genossenschaftliche Gebilde entwickelt, deren Entwirrung kaum mehr möglich erscheint. Der Grund hierfür liegt darin, daß es überall nur das Streben ist, neue Mitglieder zu gewinnen, um die Haftsumme zu steigern und dadurch auf hohen Kredit Anspruch erheben zu können. Zentralgenossenschaft A erwirbt die Mitgliedschaft bei der Zentralgenossenschaft B mit einer Anzahl Geschäftsanteilen, um deren Haftsummenkredit zu erhöhen, und umgekehrt erweist B den gleichen Dienst A.

So kumuliert sich eine Haftsumme, die ihrer Höhe nach eine ganz außerordentlich große Garantiepflicht in sich schließt, mit dem geschäftlichen Risiko, das sich daraus ergibt, daß eine Genossenschaft gebildet ist, die einmal auf ungeeigneter Organisation beruht, dann auch Kredite gewährt, die außer Verhältnis zu ihrer eigenen Leistungsfähigkeit stehen, denn den Maßstab für die Kreditgewährung bildet einmal die Haftsumme der kreditsuchenden Genossenschaft, andererseits der Kredit, den man selbst bei der Preußischen Zentral-Genossenschafts-Kasse auf Grund der Haftsumme genießt. Tritt bei einer solchen Zentralgenossenschaft ein Verlust ein, so reicht das eigene Vermögen zur Deckung nicht aus und eine Krisis ist in unheimliche Nähe gerückt. Der Präsident der Preußischen Zentral-Genossenschafts-Kasse hat freilich die Behauptung aufgestellt, daß es sich bei den Zentralgenossenschaften eigentlich nur um eine „Verlustversicherung“ handelt, d. h. um eine Verteilung des Verlustes auf eine größere Anzahl Schultern — die Theorie ist aber hier in ihrer Anwendung vollkommen verfehlt. Wird von einer Verlustversicherung gesprochen, so kann sie nur anerkannt werden zugunsten des Gläubigers, hier also der Preußischen Zentral-Genossenschafts-Kasse. Für die beteiligten Genossenschaften bedeutet die Mitgliedschaft bei der Zentralgenossenschaft nicht eine Verlustversicherung, sondern die Übernahme eines außerordentlichen Risikos. Ich habe einmal im Abgeordnetenhaus die Zentralgenossenschaft mit einem Feuerherd verglichen, von dem aus mit Leichtigkeit sich das Feuer in ferne Bezirke fortsetzen kann. Die Zentralgenossenschaft ist vom Standpunkt der Mitglieder aus gerade das Gegenteil einer Verlustversicherung — die Praxis liefert nur allzu reiches Material für die Richtigkeit dieser Ansicht.

Die Entwickelung der Zentralgenossenschaften ist ein Produkt der staatlichen Förderung. In Preußen ist die Preußische Zentral-Genossenschafts-Kasse die Geldgeberin der Genossenschaften, sie gewährt, wie wir gesehen haben, Kredit nur an Verbandskassen. Bayern hat allerdings kein besonderes staatliches Kreditinstitut, aber die Millionen, die Bayern für die Förderung des Genossenschaftswesens aufwendet, fließen zwei Verbandskassen zu: der Bayerischen Zentraldarlehnskasse, e. G. m. b. H., und der Bayerischen Zentralhandwerkergenossenschaftskasse, e. G. m. b. H. Auch Sachsen befolgt ein ähnliches System.

Diese Entwickelungstendenzen, für die ich aus der Praxis über reiches Material verfüge, sind die naturnotwendigen Ergebnisse eines verfehlten genossenschaftlichen Systems, für das z. B. in Preußen Ende der 90er Jahre der Boden geschaffen wurde durch Wanderredner, die auf Veranlassung der Regierung als Genossenschaftsapostel den genossenschaftlichen Gedanken in das Volk hinaustragen sollten. So erscheint nun die genossenschaftliche Begeisterung, die angeblich Ende der 90er Jahre nach der Gründung der Preußischen Zentral-Genossenschafts-Kasse geherrscht haben soll, in einem klareren Lichte. Jene genossenschaftliche Begeisterung wurde überdies noch dadurch angefacht, daß es bei einzelnen Verbänden zum Sport wurde, Genossenschaften zu gründen und daß man mit Genugtuung hervorhob, wie hier oder dort der neueste Rekord festgestellt worden war.

Es ist Streit darüber gewesen, ob aus dieser Gründerei sich eine treibhausartige Entwickelung ergeben hat. Heute dürfte der Streit darüber müßig sein. Man braucht nur einen Blick in die Auflösungsliste zu werfen und man muß erkennen, daß ganz zweifellos eine große Anzahl jener Genossenschaften gegründet wurde ohne Rücksicht auf ein wirkliches Bedürfnis, auf Lebensfähigkeit und Rentabilität. Weiter braucht man nur die Bilanzen zu betrachten und man findet nicht wenige, nach deren Zahlenreihen man sich fragt, ob das Ergebnis im richtigen Verhältnis zu dem Apparat steht. Ein anderes Resultat wäre auch naturwidrig.

Im preußischen Abgeordnetenhause meinte kürzlich der Abgeordnete Kreth, er könne mit einer Leporelloliste Schulze-Delitzsch'scher Genossenschaften aufwarten, die im Laufe der Jahre zusammengebrochen sind. Wollte er damit behaupten, daß die Schulze-Delitzsch'schen Genossenschaften nicht gegen Zusammenbruch gesichert sind, so rannte er offene Türen ein. Niemals ist eine derartige Behauptung aufgestellt. Haben sich doch im Gegenteil die Schulze-Delitzsch'schen Genossenschaften gegen die von Neuwied aufgestellte Behauptung oftmals wehren müssen, daß das Neuwieder System absoluten Schutz böte gegen Verluste bei den Kassen. Auch in der Kölner Generalversammlung des Vereins für Sozialpolitik ist dies behauptet. In dem Buch von Dr. Theodor Schäfer „Leitfaden der inneren Mission" ist zu lesen: „Die Vorschußvereine und Volksbanken nach den Vorschlägen von Schulze-Delitzsch haben, wie die Geschichte derselben beweist, nicht die Sicherheit wie die Raiffeisensche Darlehnskasse, ihnen fehlt eben deren geistige Grundlage."

Nicht darum handelt es sich, ob die eine oder andere Genossenschaft zusammenbrechen kann infolge von Mißwirtschaft, sondern ob und inwieweit das System verantwortlich zu machen ist für genossenschaftliche Gebilde, die für die Entwickelung des Genossenschaftswesens große Gefahren in sich schließen.

* * *

Diese Entwickelung des Genossenschaftswesens hat ihre Grundursache in der staatlichen Förderung, gegen die sich bereits im Jahre 1865 der Allgemeine Vereinstag zu Stettin aussprach, als es sich darum handelte, Stellung zu nehmen zu der Frage, was könne geschehen, um das Genossenschaftswesen zu fördern, eine Frage, die damals die Koalitionskommission beschäftigte. Im Jahre 1867 brachte im Herrenhause bei der Beratung des Genossenschaftsgesetzes Freiherr v. Kleist-Retzow einen Antrag ein, mit dem er zwei Millionen Taler für die Errichtung einer Staatsbank begehrte. Von seiten der Regierung wurde der Gedanke als „kommunistisch" bezeichnet. Dreißig Jahre später wurde dann auf dem gleichen Grundgedanken die Preußische Zentral-Genossenschafts-Kasse errichtet.

Die staatliche Förderung begann mit der Schaffung eines neuen Systems, des sozialreformatorischen Genossenschaftswesens. Ueber die Entstehung desselben und seine Grundzüge habe ich mich in meiner „Einführung" (S. 140) wie folgt ausgelassen:

„Am 9. Juni 1888 verschickte der Geheime Regierungsrat und vortragende Rat im Staatsministerium, früherer Landrat des Kreises Hanau, Freiherr v. Broich, an seine „Vertrauensmänner" ein Programm, in dem er für die Begründung eines sozialreformatorischen Genossenschaftswesens eintrat und sich dafür auf die Kaiserliche Botschaft vom 17. November 1881 berief. Es folgte eine große Anzahl vertraulicher Druckschriften. Erst im September 1889 trat v. Broich mit seinem Programm an die Öffentlichkeit, indem er betonte: „Durch die ausgesprochene Parteistellung des verstorbenen Schulze-Delitzsch, sowie auch durch die Zugehörigkeit der Leiter des Schulzeschen Genossenschaftsverbandes zur politischen Opposition, hat das Genossenschaftswesen einen politischen Beigeschmack erhalten. Tatsache ist wenigstens, daß das Genossenschaftswesen von der Zeitungspresse als eine Art Domäne der Fortschrittspartei aufgefaßt wird." v. Broich polemisierte dagegen, daß das Genossenschaftswesen in den Zeitungen als eine „freisinnige Schöpfung" angesprochen sei, und in einem an die Zeitungsredaktionen verschickten Aufsatz heißt es: „Gerade die Anhänger der Kaiserlichen Wirtschafts- und Sozialreform sind aus hundert Gründen besonders verpflichtet, dafür zu sorgen, daß das Genossenschaftswesen einen ausgesprochen sozialreformatorischen Charakter annimmt; sie haben dafür zu sorgen, daß die Wirkungen der sozialpolitischen Gesetzgebung, der Staatshilfe durch Vermehrung der bürgerlichen Selbsthilfe, der genossenschaftlichen Arbeitsfelder gestärkt und die sozialreformatorische Zeitbewegung von den besitzenden und nicht besitzenden oder in ihrem Besitz bedrohten Volksklassen immer mehr auch als Erwerbsform empfunden, aufgefaßt und gehandhabt wird." v. Broich zeichnete die Schriftstücke als Geheimer Regierungsrat und vortragender Rat im Staatsministerium, Vorsitzender der Kommission zur Vorbereitung eines sozialreformatorischen Genossenschaftswesens. Ob und inwieweit v. Broich damals auf Veranlassung oder im Auftrage höherer Stellen vorgegangen, ist heute noch nicht völlig geklärt, es liegt jedoch die Annahme nahe, daß v. Broich, wenn auch keinen offiziellen Auftrag, so doch immerhin eine höhere Anregung erhalten hatte. In der

Durchführung derselben hat er sein großes Vermögen verloren, sich mit seiner Familie wirtschaftlich ruiniert; und die von ihm ins Leben gerufenen Genossenschaften sind bis auf einzelne, die sich später gesunden wirtschaftlichen Grundsätzen anpaßten, inzwischen wieder eingegangen. Seine Absicht — vor allem das Schulze-Delitzsch'sche Genossenschaftswesen aus seiner dominierenden Stellung zu beseitigen — hat v. Broich nicht verwirklichen können, er hat aber immerhin die Genugtuung gehabt, zu sehen, daß der Grundgedanke seines Systems vom Staat aufgenommen und durchgeführt ist. „Zentralisation der Genossenschaften unter einer Zentralbank, von der aus das Land mit einem Netz von Genossenschaften überzogen werden sollte" — „Selbsthilfe ergänzt durch Staatshilfe" bildeten die Grundgedanken des Broichschen sozialreformatorischen Genossenschaftswesens, und auf ihnen beruht das System der Preußischen Zentral-Genossenschafts-Kasse. Schon hieraus ergibt sich, daß die Schöpfer des sozialreformatorischen Genossenschaftswesens wohl an höherer Stelle zu suchen sind. Der Umstand, daß Schulze-Delitzsch in Opposition zur Regierung gestanden, hat stets einen bequemen Angriffspunkt geboten, wenn der Versuch gemacht wurde, Genossenschaften ins Leben zu rufen, auf die die Regierung oder die konservative Partei sich einen entscheidenden Einfluß sichern wollte. Zuweilen gewinnt man die Gelegenheit, einen Blick hinter die Kulissen zu werfen. Das war bei der Verhandlung des Etats der Preußischen Zentral-Genossenschafts-Kasse am 3. Februar 1906 der Fall. Der Berichterstatter, Abg. Meyenschein, begründete die Notwendigkeit des Eingreifens des Staates in das Genossenschaftswesen mit den Worten: „Die Gefahren, die dem Staat daraus entstehen könnten, daß sich hier Hunderttausende seiner Bürger nicht nur persönlich zusammenschließen, sondern auch wirtschaftlich zusammentun und dadurch eine nach Milliarden zählende Geldmacht darstellen, sind eben dadurch verhütet, daß der Staat selbst in der Preußischen Zentral-Genossenschafts-Kasse sich in die Reihe dieser Genossenschaften gestellt hat, und daß er sich selbst als der größte Geldgeber daran beteiligt." Es ist also immer noch das alte Mißtrauen gegen die Schulze-Delitzsch'schen Genossenschaften. Das gab die Veranlassung zum sozialreformatorischen Genossenschaftswesen und später zur Gründung der Preußischen Zentral-Genossenschafts-Kasse!"

Das sozialreformatorische Genossenschaftswesen und seine Schöpfungen sind vollständig zusammengebrochen, insoweit diese nicht rechtzeitig mit tiefgehenden Reformen auf den richtigen Weg gebracht wurden. Fast will es wie eine Ironie des Schicksals erscheinen, daß die Zentrale des sozialreformatorischen Genossenschaftswesens, die Deutsche Zentralgenossenschaft, e. G. m. b. H., nach verschiedenen Wandlungen sich dem Allgemeinen deutschen Genossenschaftsverband angeschlossen hat, den sie nach ihrer ursprünglichen Bestimmung ersetzen sollte.

Die Grundgedanken des sozialreformatorischen Genossenschaftswesens sind wiederzufinden in der Preußischen Zentral-Genossenschafts-Kasse. Hugenberg[1]) gibt in seinem Buch: „Bank- und Kreditwirtschaft des deutschen Mittelstandes" eine Schilderung von Zweck und Ziel der Preußischen Zentral-Genossenschafts-Kasse. Er zeigt den genossenschaftlichen Aufbau, der gipfeln soll in einer „obersten genossenschaftlichen Geldausgleichstelle" (S. 77). Als solche ist die Preußische Zentral-Genossenschafts-Kasse gedacht. Mit erfreulicher Offenheit stellt Hugenberg die Entwickelung dar, die dahin führen müsse, daß — anscheinend zunächst für das landwirtschaftliche Genossenschaftswesen — alle Kreditinstitute, die bestimmt sind, den Verkehr zwischen der Einzelgenossenschaft und dem Geldmarkt zu vermitteln, weichen sollen der Preußischen Zentral-Genossenschafts-Kasse. Sie soll das einzige und alleinige Kreditinstitut der Genossenschaften sein. Und Hugenberg schreibt (S. 107): „Wenn aus diesem Eingreifen eine besondere Verantwortlichkeit des Staates für die Entwickelung des landwirtschaftlichen Genossenschaftswesens hergeleitet wird, so kann er sich dies nur zur Ehre anrechnen." Damit verbindet Hugenberg die eigenartige Auffassung: „Darum ist aber das landwirtschaftliche Genossenschaftswesen nicht minder eine Einrichtung der Selbsthilfe. Denn jene Verantwortlichkeit ist, bis heute wenigstens, lediglich eine politische oder wirtschaftspolitische — nicht aber eine solche, die das wirtschaftliche Verantwortlichkeits- und Selbständigkeitsgefühl der Nächstbeteiligten irgendwie abschwächt oder einschläfert. Sollte die Preußische Zentral-Genossenschafts-Kasse letzteres einmal tun — sollte sie Mißstände im landwirtschaftlichen Genossenschaftswesen — die hier ebenso wie im gesamten übrigen wirtschaftlichen Leben vorhanden sind und sein werden — vertuschen helfen und den Beteiligten die Folgen abnehmen, statt rücksichtslos den Finger in die Wunde zu legen, dann mag man davon sprechen, daß eine falsch angewandte Staatshilfe die Grundlagen einer gesunden Selbsthilfe untergrabe." Eine eigentümliche Auffassung von Selbsthilfe und Staatshilfe. Halten wir aber einmal an dieser Schlußfolgerung fest, die Hugenberg zieht. Wie ist dann vom Hugenbergschen Standpunkt aus der Fall zu beurteilen, daß aus dem Fonds zur Förderung des Deutschtums 160000 Mk. an die ostpreußische Provinzial-Genossenschafts-Kasse, e. G. m. b. H., zur Deckung von Verlusten abgeführt werden? Müßte nicht Hugenberg selbst hier den Fall für ge-

---

[1]) Während der Zeit, als er Regierungsrat bei der Regierung in Posen war, fungierte er als Direktor des Verbandes ländlicher Genossenschaften Raiffeisenscher Organisation für Posen, kam dann ins Finanzministerium, wo er u. a. das Dezernat für Genossenschaftswesen erhielt. Nach einigen Jahren trat Hugenberg zur Privatindustrie über.

geben erachten, den er immerhin als möglich, wenn auch nicht wahrscheinlich voraussetzt?

Eine eigene Sache ist es mit dem „sich zur Ehre anrechnen" wenn es gilt, eine besondere Verantwortlichkeit des Staates für die Entwickelung des Genossenschaftswesens zu übernehmen! Wie weit die Verdunkelung der klaren Grundlinien schon gegangen, zeigte sich bei den Verhandlungen über die Erhöhung des Grundkapitals der Preußischen Zentral-Genossenschafts-Kasse im Abgeordnetenhaus, als der Vertreter der Regierung erklärte, es sei Aufgabe der Regierung, die „Garantie" zu übernehmen für die Aufrechterhaltung der Liquidität der Genossenschaften. Er führte wörtlich aus:

„Wenn aber die Genossenschaften diesen Weg (nämlich den Weg der Beteiligung an der Entschuldung des ländlichen Besitzes) beschreiten — und sie haben ihn schon beschritten —, so ist es Sache der staatlichen Kreditanstalt, bei ihrer Kreditgewährung tunlichst darauf hinzuwirken, daß die Liquidität der ihr angeschlossenen Genossenschaften nicht dabei verloren geht."

Sucht man eine wissenschaftliche Grundlage für derartige Ansichten, so kann es nur die staatssozialistische sein. Dem entsprechen dann auch die weiteren Aufgaben, die die Preußische Zentral-Genossenschafts-Kasse sich und den Genossenschaften mit der Erhöhung des Grundkapitals stellt. Es handelt sich dabei vor allem um eine Teilnahme der Genossenschaften an der Durchführung der Entschuldung ländlichen Besitzes.

Als im Jahre 1906 im preußischen Abgeordnetenhaus das Gesetz betreffend die Zulassung einer Verschuldungsgrenze für land- oder forstwirtschaftlich genutzte Grundstücke verabschiedet wurde, faßte das Haus gleichzeitig den Beschluß:

> „Die Königliche Staatsregierung zu ersuchen, bei den Versuchen zur Durchführung der Entschuldung des Grundbesitzes auch auf geeignete Maßnahmen Bedacht zu nehmen, welche eine Beteiligung der Erwerbs- und Wirtschaftsgenossenschaften an diesen Versuchen unter Wahrung der Liquidität der ersteren ermöglichen."

Es war ein Verlegenheitsbeschluß, weil auch die Freunde der Entschuldung keinen Weg zur Durchführung sahen und der Minister es abgelehnt hatte, staatliche Mittel zur Verfügung zu stellen.

Angeblich in Ausführung dieses Beschlusses werden nun Mittel und Wege gesucht, die Genossenschaften in den Dienst der Entschuldung zu stellen. Zunächst in Posen und Westpreußen. Und zwar ist es die Kgl. Ansiedelungskommission, die dort mit Hilfe der Genossenschaften die Entschuldung durchzuführen sucht, indem sie die Genossenschaften für den zu entschuldenden Besitzer eine vor 15 Jahren nicht kündbare Bürgschaft übernehmen läßt. Die Genossenschaft erhält dafür $3^{1}/_{2}\%$ des Ablösungsvertrages zur Anlegung einer Bürgschaftssicherheit!

Im preußischen Abgeordnetenhaus haben allerdings fast alle Redner einmütig sich dagegen erklärt, daß eine derartige Heranziehung der Genossenschaften im Sinne jenes Beschlusses des Abgeordnetenhauses liegt, weil eine solche Übernahme der Bürgschaft unvereinbar sei mit den Bilanzgrundsätzen und der rechtlichen und wirtschaftlichen Natur der Genossenschaft — gleichwohl hält die Regierung an dem Gedanken fest. Es sind überhaupt recht eigenartige Erwägungen, die hier Platz greifen. Einmal wird erklärt, daß sich an der Entschuldung nur liquide Genossenschaften beteiligen dürfen, dann wird gleichzeitig hervorgehoben, daß die Genossenschaften heute schon in weitestem Umfange Hypothekarkredit gewähren und daß es sich bei der Teilnahme der Genossenschaften an der Entschuldung darum handle, diesen „ungesunden" Hypothekarkredit in Personalkredit umzuwandeln. Unklarheiten über Unklarheiten. Die Preußische Zentral-Genossenschafts-Kasse stellt sich zur Wahrung der Aufrechterhaltung der Liquidität hinter die Genossenschaften, die sich an der Entschuldungsaktion beteiligen sollen. Sie soll also, um mit dem Vertreter der Staatsregierung zu sprechen, die „Sorge" für die Aufrechterhaltung der Liquidität übernehmen. Selbstverständlich ist dies nur denkbar, wenn sie sich einen weitgehenden Einfluß auf die Verwaltung der Kasse vorbehält. Und damit haben wir den schwerwiegenden Verstoß gegen die Selbstverwaltung der Genossenschaften, der allerdings als eine natürliche Konsequenz der staatlichen Förderung erscheinen kann. So rüttelt diese an dem Fundament des Genossenschaftswesens.

Wie sehr dies auch in den Kreisen der staatlicherseits geförderten Genossenschaften empfunden wird — auf Einzelheiten soll hier nicht eingegangen werden — beweist zwingend die im Jahre 1902 erfolgte Gründung der Landwirtschaftlichen Reichsgenossenschaftsbank, e. G. m. b. H. zu Darmstadt, zu dem Zweck, den ländlichen Genossenschaften die Freiheit wieder zurückzuerobern. Die Kräfte dieser Genossenschaft reichten, wie vorauszusehen war, dazu nicht aus, und das Ergebnis war, daß die Preußische Zentral-Genossenschafts-Kasse ihre Maschen immer enger zusammenzog. Die Verbandskassen in Preußen wurden vor die Wahl gestellt, mit der Reichsgenossenschaftsbank oder mit der Preußischen Zentral-Genossenschafts-Kasse zu arbeiten. Es kann vielleicht zugegeben werden, daß die eigenartige Kreditbemessung nach den Haftsummen zur Folge haben muß, daß die betreffenden Genossenschaften auch nur an einer Stelle ihr Kreditbedürfnis befriedigen. Wird dies aber zur zwingenden Bedingung gemacht, wird die betreffende Verbandskasse und Genossenschaft gezwungen, mit jedem anderen Kreditinstitut zu brechen, ihren ganzen Geschäftsverkehr auf die Preußische Zentral-Genossenschafts-

Kasse zu konzentrieren, so liegt hierin natürlich eine wirtschaftliche Fessel, die unter Umständen recht drückend werden wird und die auch leicht dahin führen kann, daß die Vorteile des sogenannten „Vorzugskredits" der Preußischen Zentral-Genossenschafts-Kasse reichlich aufgewogen werden durch die Nachteile, die sich aus der „Ausschließlichkeitserklärung" ergeben, die abgegeben werden muß. Wie man übrigens in den Kreisen der unterstützten Genossenschaften auch neuerdings über die angeblichen Vorteile denkt, darüber habe ich mich ausführlich in der Sitzung des preußischen Abgeordnetenhauses vom 5. Februar d. Js. ausgesprochen. Ich wies auf die Beurteilung hin, die die Tätigkeit der Preußischen Zentral-Genossenschafts-Kasse durch den Sekretär der Handwerkskammer in Koblenz, Köpper, erfahren hat, der derzeit gerade mit Rücksicht auf die Erwartungen, die er an die Tätigkeit der Preußischen Zentral-Genossenschafts-Kasse knüpfte, eine Kreditgenossenschaft in Koblenz ins Leben gerufen hat — er urteilt heute folgendermaßen:

„Die Kreditgenossenschaften, deren Geschäftsbetrieb nicht zur Herauswirtschaftung hoher Gewinne bestimmt ist, hätten gern ihren Mitgliedern günstigere Bedingungen gewährt, aber die Verbandskassen, die selbst für ihren Wechselkredit den Reichsbanksatz nahmen, machten dies unmöglich. Ältere Kreditinstitute Raiffeisenscher und namentlich Schulze-Delitzsch'scher Richtung, die seit Jahrzehnten größere Reservefonds und Sparkapitalien ansammeln konnten, vermochten den Stoß schon leichter zu ertragen."

Ähnlich urteilte der frühere Sekretär des Hauptverbandes deutscher gewerblicher Genossenschaften, Dr. Lindecke. Ich wies auch hin auf den letzten Kongreßbericht über den Hauptverband deutscher gewerblicher Genossenschaften, nach dem das Vorstandsmitglied dieses Verbandes, Korthaus, gegenüber einem an den Verhandlungen teilnehmenden Direktor der Preußischen Zentral-Genossenschafts-Kasse eine recht scharfe Kritik übte.

* * *

Der Umstand, daß der Staat den Genossenschaften Geld zur Verfügung stellt, veranlaßt diese nur zu oft, recht unbesorgt über den Kredit zu verfügen, dann aber liegt darin auch ein starkes Reizmittel, die Genossenschaft überall als Mittel zu gebrauchen, wo man Staatskredit gewinnen will, ohne Rücksicht darauf, ob die Genossenschaft für das Unternehmen paßt oder nicht. Nur so ist es zu verstehen, daß selbst bei der Gründung der Elektrizitätszentralen die genossenschaftliche Organisation herhalten muß, obgleich sie ganz und gar nicht für derartige Betriebe geeignet ist. Es ist dies vielleicht der einzige Fall, in dem von seiten der preußischen Regierung durch den Mund des Finanzministers vor der Anwendung der Genossenschaften gewarnt ist. Das Preußische Landesökonomiekollegium hatte gleichwohl die Gründung von Genossenschaften für Elektrizitätszentralen empfohlen

— natürlich nur um auf diesem Wege den Kredit der Preußischen Zentral-Genossenschafts-Kasse zu erlangen.

Bei einer derartigen Gestaltung der Dinge erinnert man sich eines Urteils, das der frühere Generalsekretär des Reichsverbandes der deutschen landwirtschaftlichen Genossenschaften, der jetzige Professor an der Technischen Hochschule zu Danzig, Thieß, in seinem bereits erwähnten Aufsatz über „Die Zukunft des landwirtschaftlichen Genossenschaftswesens in Deutschland" in der Zeitschrift für Sozialwissenschaft 1906, S. 356, abgegeben hat. Thieß schreibt: „Es haben die bisherigen schönen Erfolge Genossenschaftsenthusiasten großgezogen, die der Meinung sind, man könne schlechterdings alles auf genossenschaftlichem Wege durchsetzen und erreichen, jedes Gewerbe und jeden Handel betreiben und so allmählich alle Reichtümer der Welt anderen aus den Händen nehmen und den genossenschaftlich verbundenen Landwirten zu Füßen legen. Vor solchen Übertreibungen muß man sich hüten, ob sie in dieser schroffsten, ob sie auch nur in eingeschränkter und abgeschwächter Form, nur dem Handel gegenüber, auftreten. Solche groben Fehler macht die Kulturentwickelung nicht, daß sie eine fein durchgeführte Arbeitsteilung zwischen Landwirtschaft, Gewerbe und Handel schafft, während im Grunde die genossenschaftliche Produktion der Landwirte das Richtige wäre. Dessen muß man sich bewußt bleiben, daß diese überall konsequent durchgeführte Arbeitsteilung nach Berufen nur der Ausdruck einer großen weltwirtschaftlichen Zweckmäßigkeit ist, daß das Übergreifen der Landwirte auf andere Gebiete nicht die Regel, sondern die Ausnahme ist." Der Grund für alle die Übertreibungen, die wir heute erleben, liegt nun wohl freilich weniger in einem „Genossenschaftsenthusiasmus" als in dem Verlangen, mit Hilfe der Genossenschaften billigen Staatskredit zu bekommen.

* * *

Steht im Mittelpunkt der vorstehenden Ausführungen auch das landwirtschaftliche Genossenschaftswesen, so zeigen sich doch ähnliche Entwickelungstendenzen auch im Handwerkergenossenschaftswesen, weil hier die gleichen treibenden Kräfte walten. Auch hier begegnen wir der Gründung von Zentralgenossenschaften und der überaus gefährlichen Bemessung der Haftsumme, um einen möglichst hohen Kredit von der Preußischen Zentral-Genossenschafts-Kasse zu erlangen.

Um so bedauerlicher sind hier derartige Bestrebungen, als zweifellos bei den Handwerkern nun endlich die Erkenntnis von der wirtschaftlichen Bedeutung der Genossenschaften mehr und mehr durchbricht, besonders nachdem die Regierung die verfehlte Agitation von Ende der neunziger Jahre selbst aufgegeben hat und bestrebt ist, das Genossenschaftswesen in ruhigen Bahnen zu erhalten. Die Entwickelung des Handwerkergenossenschaftswesens ist nicht zu verstehen ohne eine gleichzeitige Darstellung der Handwerkerorganisationsbewegung. Es ist hier aber nicht der Platz, näher darauf einzugehen.

So einfach die Gründung landwirtschaftlicher Genossenschaften an sich — so schwierig ist in der Regel die der Handwerkergenossenschaften, weil hier Organisation und Betrieb nicht nach einer Schablone zu handhaben sind. Kann man noch unter Umständen von der landwirtschaftlichen Genossenschaft sprechen als der Genossenschaft, die tatsächlich im Dienst der Landwirtschaft als Gesamtheit steht, so muß das Handwerkergenossenschaftswesen unter ganz anderen Gesichtspunkten betrachtet werden. Die Schwierigkeiten, die sich der Entwickelung der Handwerkergenossenschaften entgegenstellen: Konkurrenzneid der Mitglieder, geschäftliches Risiko sowohl bei der Einkaufs- wie bei der Verkaufsgenossenschaft fehlen fast gänzlich bei den entsprechenden landwirtschaftlichen Genossenschaften, wenn diese sich innerhalb der natürlichen Grenzen halten.

Verfrüht wäre es, heute über die Gesamtheit der aus der letzten Entwickelungsperiode entstandenen Handwerkergenossenschaften ein Urteil abzugeben. Soviel läßt sich aber auch jetzt wohl schon erkennen, daß anscheinend auch hier wie bei dem landwirtschaftlichen Genossenschaftswesen zum Teil recht zweifelhafte Gebilde entstanden sind, die neue Risiken mit sich bringen und ihre Entstehung einer planlosen Agitation zur Gründung von Handwerkergenossenschaften zu verdanken haben. Leicht kann von ihnen aus eine nachteilige Wirkung auf die guten Genossenschaften überspringen, denn sie alle, die mit der Preußischen Zentral-Genossenschafts-Kasse arbeiten, sind zu einer Zentralgenossenschaft verbunden. Auf Gedeih und Verderb! Wir begegnen ähnlichen Entwickelungstendenzen wie bei dem landwirtschaftlichen Genossenschaftswesen.

Dazu kommen neue nicht immer unbedenkliche Experimente. So hat das Großherzogtum Hessen seine „Genossenschaftliche Aktiengesellschaft". An und für sich schon ein merkwürdig Ding. In Wirklichkeit handelt es sich dabei um eine Gesellschaft, die bestimmt ist, einerseits den Gewerbetreibenden in technischen Fragen Rat und Auskunft zu erteilen, andererseits aber auch gemeinschaftliche Bezüge usw. zu vermitteln. Eine derartige Gesellschaft läßt lokale Genossenschaften nicht aufkommen; sie ist wohl nach ihrem Statut dazu gegründet, das Genossenschaftswesen zu fördern, — nach ihrer Tendenz hat sie die gegenteilige Wirkung. Eine Nachbildung dieser hessischen Gesellschaft ist nunmehr auch für die Rheinprovinz von der Behörde geplant. Ganz abgesehen davon, daß, wie nicht anders zu erwarten war, eine derartige Förderung — natürlich auch mit Staatsmitteln gedacht — insbesondere für den gemeinschaftlichen Einkauf der Rohmaterialien den lebhaftesten Widerspruch des Handels hervorgerufen hat, ist auch klar, daß in dem Gebiet, das im Bereich einer solchen Gesellschaft steht, das Handwerkergenossenschaftswesen keine Entwickelung finden kann, jede selbständige genossenschaftliche Bewegung wird im Keime erstickt. Es ist das auch ein Stück staatssozialistisch-genossenschaftlicher Entwickelung.

Je geringer aber bei einer Genossenschaft die Möglichkeit, daß es nach der soeben erwähnten Richtung hin zu Konkurrenzkonflikten unter den Mitgliedern kommt, desto größer die Wahrscheinlichkeit, daß die Genossenschaft ihre Aufgabe erfüllen wird. Daher arbeiten die ländlichen Einkaufsgenossenschaften so leicht. Die als Mitglieder beteiligten Landwirte stehen in keinem Konkurrenzverhältnis zueinander. Dagegen ergeben sich erhebliche Schwierigkeiten bei den Einkaufsgenossenschaften der Handwerker, weil diese sich auch in der Genossenschaft als Konkurrenten begegnen. Die landwirtschaftlichen Verkaufs- und Produktivgenossenschaften entwickeln sich in erfreulicher Weise, solange die Landwirte durch keine Konkurrenzrücksichten getrennt sind; in dem Augenblick, wo sich dies ändert, verschlechtern sich auch die Aussichten der Genossenschaften. Bei der gewerblichen Magazingenossenschaft liegt eins der größten Hemmnisse in dem Umstand, daß die Mitglieder untereinander und die Genossenschaft zu ihnen im Konkurrenzverhältnis stehen. Nicht in letzter Reihe ist die Handwerkerkreditgenossenschaft daran gescheitert, daß Konkurrenten einander in dieser Genossenschaft Kredit gewähren sollen. Baugenossenschaften und Konsumvereine haben mit keinerlei Konkurrenz unter den Mitgliedern zu rechnen, und dies vereinfacht außerordentlich den Betrieb.

Hierin liegt einer der wichtigsten Gründe, daß die Genossenschaften der Handwerker nicht im entferntesten die Verbreitung und Entwickelung gefunden haben wie die der Landwirte.

Eine Menge Probleme — nur einige können hier angedeutet werden — bringt der Geschäftsbetrieb der Genossenschaften mit sich. Man kann wohl behaupten, daß bei der staatlichen Förderung über sie mit souveräner Nichtachtung hinweggegangen ist.

Bei allen Handwerkergenossenschaftsarten liegt — von gewissen Organisationsfragen abgesehen — die größte Schwierigkeit für die Entwickelung in den Verhältnissen der Genossen zueinander und in dem Verhältnis des Geschäftsbetriebes der Genossenschaft zu den Geschäftsbetrieben der Genossen. Man geht durchaus fehl, wenn man die Finanzfrage in den Vordergrund stellt. Wählt nur die Genossenschaft die richtige Kreditbasis, so wird es an den notwendigen Betriebsmitteln nicht fehlen. Daher geht auch die heute übliche staatliche Förderung von falschen Voraussetzungen aus.

Nach dem Vorbild Preußens hat man in Sachsen versucht, Handwerkergenossenschaften ins Leben zu rufen. Trotz aller Bemühungen ist man aber über die Gründung eines Verbandes und einer Zentralkasse anscheinend bisher nicht weit hinausgekommen.

Auch Bayern hat eine Förderung des Handwerkergenossenschaftswesens in großem Stil versucht, d. h. hat einige Millionen der Bayerischen Zentral-Handwerker-Genossenschafts-Kasse, e. G. m. b. H., in München zur Verfügung gestellt. Man konnte auch hier wie überall die Beobachtung machen, daß finanzielle Subventionen das denkbar ungeeignetste Mittel sind, um lebensfähige Wirtschaftsgebilde zu schaffen. Der Geschäftsbericht der Bayerischen Zentral-Handwerker-Genossenschafts-Kasse für 1907 konnte als ein „Notschrei" bezeichnet werden. Mit anerkennenswerter Offenheit zeigte er das ganze Elend einer Kasse, von der sich die Gewerbetreibenden infolge der staatlichen Förderung unendlich viel versprachen, und die schließlich auch nicht im entferntesten das zu leisten imstande war, was man von ihr erwartete. Hier hat sich mit vollster Deutlichkeit gezeigt, wie die Staatshilfe nicht fördernd sondern lähmend wirkt, denn im Vertrauen auf weitgehendste staatliche Förderung hatten die Einzelgenossenschaften eine völlig ungenügende Kreditbasis gewählt. In der Not suchte man Anschluß bei einer anderen Zentralkasse, der Bayerischen Zentral-Darlehnskasse, e. G. m. b. H. Als diese dann ihr Geld zurückverlangte, appellierte man an den Staat. In der Sitzung der Bayerischen Kammer vom 9. November 1907 wurde der Kasse nachgerechnet, daß für die landwirtschaftliche Zentral-Darlehnskasse bereits 4000000 bis 5000000 Mk. aufgewendet worden seien und „was dem einen recht, ist dem andern billig"; d. h. man verlangt vom Staat, nun auch den Handwerkern den gleichen Betrag zu gewähren. Dann wurde festgestellt, daß die Zentral-Handwerker-Genossenschafts-Kasse 480000 Mk. nötig hätte, nur um ihren augenblicklichen Verpflichtungen nachzukommen, und jetzt ihr daher wenigstens 1000000 Mk. zur Verfügung gestellt werden müßten. Dementsprechend wurde beschlossen. Nur sehr allmählich, in Ratenzahlungen, bekam die Kasse die Zuschüsse. Und da ist es nun interessant, daß es in dem Geschäftsbericht der Kasse für 1907 heißt: „Die Staatsvorschüsse dürfen natürlich nur als Befruchtung der Selbsthilfe, als Vermehrung der Betriebsmittel der Zentralkasse betrachtet werden", während die Kasse bei einer Bilanzsumme von 1325454 Mk. ein Staatsvorschußkonto von 262625 Mk. aufweist, Bankkredite in Höhe von 629404 Mk. angibt, die sie doch auch wohl der staatlichen Vermittelung zu verdanken hat und endlich über eine weitere Gewährung von 400000 Mk. staatlicher Subvention quittiert! Eine merkwürdige Befruchtung der Selbsthilfe. So verwirren sich die Begriffe über Selbsthilfe und Staatshilfe.

* * *

Vollkommen unabhängig dagegen ist die Gestaltung des Konsumvereinswesens erfolgt. Hier war und ist keine Rede von einer staatlichen Förderung — wohl aber wäre man berechtigt, von den Versuchen einer staatlichen Hemmung zu sprechen. Auf dem Wege der Gesetzgebung ist der ernstliche

Versuch gemacht, die Entwickelung der Konsumvereine aufzuhalten. Mit der Steuergesetzgebung und der Gewerbeordnung sind den Konsumvereinen Sonderlasten und Sonderstrafen auferlegt. Heute stehen nun wenigstens die Staatsbehörden im großen und ganzen objektiv dem Zusammenschluß der Beamten und Arbeiter zu Konsumvereinen gegenüber, wie sich noch kürzlich aus den Äußerungen des preußischen Handelsministers und des preußischen Ministers der öffentlichen Arbeiten im Abgeordnetenhause ergab.

Die Bemühungen, mit Hilfe der Gesetzgebung die Entwickelung der Konsumvereine aufzuhalten, sind ergebnislos gewesen, man kann vielmehr sagen, daß sie das Gegenteil erreichten, was bezweckt wurde.

Lassalle stand bekanntlich den Konsumvereinen feindlich gegenüber. Er operierte mit dem ehernen Lohngesetz und behauptete, daß das, was der Arbeiter als Mitglied des Konsumvereins gewinne, ihm am Arbeitslohn abgezogen werden würde. Die Konsumvereine faßten gleichwohl gerade in den Industriegebieten Boden. Die Erfahrungen widerlegten am schlagendsten Lassalles Ansichten über die wirtschaftliche Bedeutung der Konsumvereine. Gefährlicher als Lassalle wurde den Konsumvereinen die Agitation der Händler, die jede weitere Entwickelung der Konsumvereine mit neuen verstärkten Forderungen auf gesetzliche Lahmlegung begleiteten. Dazu kam eine nicht zu verkennende einseitige Parteinahme der Regierung zugunsten der Händler, die in verschiedenen Gesetzesvorlagen zum Ausdruck gelangte. Die Gesetze haben die Konsumvereine nicht geschädigt, die feindselige Haltung hat aber zu einer Verschiebung der Berufsarten innerhalb der Konsumvereine und damit zu einer Verschiebung der Tendenz der Konsumvereine geführt. Die bürgerlichen Elemente zogen sich zurück. Die Arbeiter traten in den Vordergrund; das Bürgertum verschwand aus der Verwaltung der Konsumvereine, sein Platz wurde durch Arbeiter eingenommen. Je stärker der Einfluß der Arbeiter in einzelnen Konsumvereinen, desto mehr Aufmerksamkeit wurde in den Kreisen der Arbeiterwelt überhaupt den Konsumvereinen entgegengebracht. Besonders in Sachsen nahm das Konsumvereinswesen eine außerordentliche Verbreitung an.

Der gemeinschaftliche Wareneinkauf der Konsumvereine stand schon früh auf der Tagesordnung der Konsumvereine; verschiedene Versuche waren fehlgeschlagen. Nun nahmen die sächsischen Konsumvereine die Sache in die Hand und führten sie erfolgreich durch. Es kam zur Gründung der Hamburger Großeinkaufs-Gesellschaft. Früher war der gemeinschaftliche Wareneinkauf im wesentlichen gescheitert an Sonderbestrebungen und Sonderwünschen der einzelnen Konsumvereine. Jetzt trat der Organisationsgedanke schärfer in den Vordergrund. Die Konsumvereine und der gemeinschaftliche Wareneinkauf hörten mehr und mehr auf, einem Selbstzweck zu dienen. Sie wurden Glieder der Arbeiterorganisation. Offen wurde es ausgesprochen und zwar von einem der namhaftesten

Führer, daß Konsumvereine, Gewerkschaft und Sozialdemokratie zusammengehören in der Förderung der Arbeiterinteressen.

Die Stellung der sozialdemokratischen Partei zum Konsumvereinswesen ist eine sehr eigenartige gewesen. Die Genossenschaft paßt nicht in das sozialdemokratische Programm hinein, wenigstens nicht die unabhängige Genossenschaft, und Lassalles Gedanke von der Bildung der Produktivgenossenschaft mit Staatsmitteln könnte niemals auf Verwirklichung rechnen. Die sozialdemokratischen Parteitage nahmen, wenn es durchaus nicht anders sein konnte, in vorsichtiger Weise Stellung zu den Zielen der Genossenschaften. Nur die Revisionisten bekannten sich offen zu den Konsumvereinen. Sie nahmen den Gedanken einer Organisation der Gesamtheit der Konsumenten auf, sie erblickten in dieser Organisation die Möglichkeit, zur Organisation der Produktion zu gelangen. Immer lebhafter wurde auch das Interesse der Gewerkschaften für die Konsumvereine. Waren es doch vielfach die gleichen Männer, die an der Spitze der Konsumvereine und der Gewerkschaften standen. So ist schließlich das Konsumvereinswesen in zwei Lager geteilt. Für die einen ist der Konsumverein Selbstzweck — eine Handelsorganisation, die den Mitgliedern ermöglichen soll, Lebensmittel zu besonders günstigen Bedingungen zu beziehen und gleichzeitig infolge der Dividendenverteilung als Sparkasse zu dienen. Anders erscheint die Aufgabe jener Konsumvereine, die nach der Trennung vom Allgemeinen Genossenschaftsverband infolge der Kreuznacher Beschlüsse sich zum Zentralverband deutscher Konsumvereine zusammengeschlossen haben. Hier gilt die evolutionistische Tendenz: der Konsumverein hat aufgehört Selbstzweck zu sein, er tritt in den Dienst der Organisation. Äußerlich kommt dies mehr und mehr zum Ausdruck bei den Bestrebungen, die einzelnen Konsumvereine in Bezirkskonsumvereine aufgehen zu lassen. Mehr und mehr wird der Versuch gemacht, die Hamburger Großeinkaufs-Gesellschaft sich zum alleinigen wirtschaftlichen Mittelpunkt der Konsumvereine entwickeln zu lassen. Die Verwirklichung des Gedankens der Eigenproduktion wird mit Hochdruck betrieben. Es ist der Hamburger Großeinkaufs-Gesellschaft gelungen, hierfür eine Million bei den Konsumvereinen aufzunehmen. Mit einer gesunden wirtschaftlichen Entwickelung der Konsumvereine steht freilich eine derartige überhastete Verfolgung zweifelhafter Ziele nicht im Einklang, zumal wenn man beachtet, daß die Gesellschaft jetzt bereits unter einem verhältnismäßig sehr hohen Bankkredit arbeitet. Zum Überfluß will die Gesellschaft nach einem auf dem Mainzer Genossenschaftstag des Zentralverbandes deutscher Konsumvereine gefaßten Beschluß nun nach Schaffung der Bankabteilung den Konsumvereinen auch alle die Dienste leisten, die bisher die Hypothekenbanken leisteten! Und eine solche Wareneinkaufs-Gesellschaft soll als Sammelstelle für die Spareinlagen der Konsumvereine dienen! Vielleicht kann man als einen Typus dieser modernen Konsumvereinsbewegung die Hamburger „Produktion" betrachten, die sich auf allen wirtschaftlichen Gebieten zu betätigen sucht, und bei der die Verfolgung wirtschaftlicher Aufgaben in keinem richtigen Verhältnis steht zu der in ihr selbst ruhenden Leistungsfähigkeit.

Wie bei den staatlicherseits erfolgten Bemühungen um eine Förderung des Genossenschaftswesens finden wir also auch hier die Hinwegsetzung über nüchterne geschäftliche Grundsätze. Und wie die Preußische Zentral-Genossenschafts-Kasse bestrebt ist, die Spitze des landwirtschaftlichen und gewerblichen Genossenschaftswesens zu werden, so versucht die Hamburger Großeinkaufs-Gesellschaft die gleiche Stellung im Konsumvereinswesen zu erreichen.

* *
*

Ein kurzes Wort auch noch über die Baugenossenschaftsbewegung. Für die Entwickelung der Baugenossenschaften ist von großem Einfluß gewesen, daß den Versicherungsanstalten gestattet wurde, Gelder an Baugenossenschaften auszuleihen. Es standen an Geldern der 31 Versicherungsanstalten bei Baugenossenschaften im Jahre 1908 224112666 Mk. aus. Auch Reich, Staat und Kommune haben sich um die Entwickelung der Baugenossenschaften bemüht. Man kann den Gesamtbetrag der auf diese Weise den Baugenossenschaften zur Verfügung gestellten Kapitalien beziffern auf ca. 375 Millionen Mark. Auch hier hat natürlich die recht leichte Befriedigung des Kreditbedürfnisses große Gefahren zur Folge. Doch liegen die Dinge nicht so bedenklich wie bei den anderen Genossenschaftsarten, weil die Kapitalien in den Immobilien der Baugenossenschaft wieder erscheinen. Es ist überdies auch nicht zu verkennen, daß sich der genossenschaftliche Übereifer hier bald gelegt hatte, dank der von maßgebender Stelle aus erteilten Ratschläge. Während der 90er Jahre freilich glaubte man noch vielfach, in der Baugenossenschaft ein Mittel zur Lösung der Wohnungsfrage zu finden, insbesondere die Bodenreformer erwarteten viel von der Baugenossenschaft zumal in Verbindung mit dem Erbbaurecht. Man machte dann aber doch bald Erfahrungen, die zur Vorsicht mahnten. Es wurde insbesondere eine Statistik beachtet, die zeigte, daß der Prozentsatz der wieder aufgelösten Baugenossenschaften ein verhältnismäßig recht großer war. Die Stellen, die über die zur Verfügung stehenden Gelder zu bestimmen hatten, prüften vorsichtig die Verhältnisse, ehe sie Kapital gewährten. Bedürfnisfrage und Mietenkalkulation wurden der genauesten Untersuchung unterzogen. Hatte man früher die Billigkeit der Wohnungen in den Vordergrund gestellt, so hielt man sich mehr und mehr an die Qualität der Wohnungen und sah von der Gründung der Baugenossenschaft dann ab, wenn sich ergab, daß die Baugenossenschaft mit den von ihr herzustellenden Wohnungen auf die Dauer nicht konkurrenzfähig sein braucht.

Die jetzige Zeit der wirtschaftlichen Depression enthält eine wichtige Belastungsprobe für die Baugenossenschaften. Bei der Baugenossenschaft ähnlich wie bei dem Konsumverein schließt die Mitglieder nur ein lockeres Band. Verliert die Baugenossenschaft Mitglieder (wenn z. B. Arbeiter zur Abwanderung infolge schlechter Lage der Industrie gezwungen sind), so gehen ihr damit häufig auch Mieter verloren und sie muß überdies den entsprechenden Betrag an Geschäftsguthaben zur Auszahlung an die ausscheidenden Mitglieder frei bekommen. So wird die Baugenossenschaft unter Umständen doppelt und dreifach von einer ungünstigen Gestaltung der wirtschaftlichen Verhältnisse getroffen.

Ausgeglichen hat sich der Gegensatz zwischen Baugenossenschaften, die die Häuser zum Eigentumserwerb für die Mitglieder herstellen und Genossenschaften zur Herstellung von Mietswohnungen. Im Hochdruck der Bewegung in den 90er Jahren wurde in der letzteren alles Heil gesehen, man glaubte an die unkündbare und unsteigerbare Wohnung. Es hat sich gezeigt, daß eine derartige Festlegung für die Baugenossenschaft verhängnisvoll werden kann, und daß die Baugenossenschaft, die Häuser zum Eigentum herstellt, zweifellos ihre sehr großen Vorzüge hat — nur daß sie nicht überall Gelegenheit findet, sich zu betätigen, sei es, weil es an Mitgliedern fehlt, die von der Baugenossenschaft ein Haus erwerben können, sei es, daß es an Grund und Boden mangelt, der billig genug ist, um für Einfamilienhäuser Verwertung zu finden. Wo es hieran fehlt, da ist die Baugenossenschaft am Platz, die gesunde, preiswerte Mietswohnungen herstellen will.

* * *

Eine Skizzierung der Gestaltung des heutigen Genossenschaftswesens könnte keinen Anspruch auf Vollständigkeit erheben, wenn nicht wenigstens erwähnt würde, wie die Genossenschaft gebraucht oder vielmehr mißbraucht wird für die wunderlichsten *sozialen Experimente*. Zuweit würde es freilich hier führen, Einzelheiten anzugeben. Die Gründung der Genossenschaft ist außerordentlich leicht und einfach und fast kostenlos. Gutgläubige, die einem Unternehmen möglichst dann, wenn es unter großer Firma segelt, Geld zur Verfügung stellen, fehlen auch nicht. Der Firma „Genossenschaft" haftet überdies noch immer — erfreulicherweise — das soziale Moment an; man denkt dabei an ein Unternehmen, das gemeinnütziger Natur und der Allgemeinheit zu dienen bestimmt ist. Nur so erklärt sich, wie die Gründung von Genossenschaften möglich ist, denen der Kenner schon aus der Firma den Schwindel, der sich dahinter verbirgt, abliest.

* * *

Eine naheliegende Frage wäre es nun, wie sind derartige Vorgänge — wie ist überhaupt eine Abirrung vom richtigen Wege für die Genossenschaft denkbar, da doch das Genossenschaftsgesetz Bestimmungen enthält, die eine Art Superrevision sichern? § 53 des Gesetzes schreibt vor: „Die Einrichtungen der Genossenschaft und die Geschäftsführung derselben in allen Zweigen der Verwaltung sind mindestens in jedem zweiten Jahre der Prüfung durch einen der Genossenschaft nicht angehörigen sachverständigen Revisor zu unterwerfen." Das Gesetz ordnet sehr eingehend diese „Revision". Es sieht die Bildung von Revisionsverbänden vor, denen durch behördlichen Akt das Recht, einen Revisor zu bestellen, verliehen wird. Der Abschnitt ist neu in das Genossenschaftsgesetz hineingekommen. Er hat sein Vorbild in der freiwilligen Revision der Revisionsverbände von Genossenschaften, die aus der historischen Entwickelung der Genossenschaften zu erklären ist und vor allem aus der Eigenart der Genossenschaften, die darin besteht, daß an ihrer Spitze oftmals Personen stehen, die mit der Technik des Betriebes gar nicht oder wenig vertraut sind. Darin liegt, wie bereits ausgeführt, kein Vorwurf gegen die Genossenschaft als solche, denn das gehört einmal zur Genossenschaftsart. Es war daher nun der sachverständige Rat unentbehrlich. So entstanden die Revisionen der Genossenschaften und der Zusammenschluß der Genossenschaften zu Revisionsverbänden. Aber überall herrschte hier der Grundgedanke der Freiwilligkeit. Es kam das Genossenschaftsgesetz von 1889, das die Revision obligatorisch machte und sie regelte. Ob der Gesetzgeber überall dabei das Richtige getroffen, dürfte heute wohl allgemein angezweifelt werden. Eins hat der Gesetzgeber jedenfalls übersehen, daß er Unmögliches verlangt, wenn er allen Genossenschaften die Revision durch einen „sachverständigen" Revisor auferlegt. Freilich konnte der Gesetzgeber 1889 nicht wissen, daß Mitte der 90er Jahre die staatliche Förderung des Genossenschaftswesens einsetzen würde, die zur Gründung von 20000 Genossenschaften in einem Jahrzehnt führen sollte. Nichts leichter als Genossenschaften zu gründen — schon schwieriger ist es, die gegründeten Genossenschaften zu verwalten und die geeigneten Kräfte für die Verwaltung zu gewinnen — noch schwerer ist es, die „sachverständigen" Revisoren, die der § 53 des Genossenschaftsgesetzes vorsieht, für eine so große Anzahl von Genossenschaften zu finden. Noch etwas anderes kommt hinzu. Bei den landwirtschaftlichen Genossenschaften trat eine immer weitergehende Verquickung ein zwischen den idealen und genossenschaftlich-sozialen Aufgaben der Verbandsorganisation und den wirtschaftlichen Geschäftsaufgaben. Revisionsverband und Zentralgenossenschaft bestanden und bestehen meist in Personalunion. Der Revisor wird freilich von dem Revisionsverband geschickt, aber der Vorstand des Revisionsverbandes ist der Vorstand der Zentralgenossenschaft. Und so entstehen leicht Interessenkonflikte. Dazu kommt endlich, daß die zu revidierenden Genossenschaften sich wenigstens in der Landwirtschaft zum Teil zu überaus komplizierten Betrieben entwickelt haben, zu Genossenschaften, die auf den verschiedensten geschäftlichen Gebieten tätig sind. — Natürlich wird es „sachverständige" Revisoren geben, die auch solche Betriebe zu revidieren geeignet sind. Aber ob auch in den wenigen Jahren die Revisionsverbände imstande gewesen sind, die geeigneten Kräfte für die Revision solcher Betriebe heranzuziehen?

Das preußische Abgeordnetenhaus hat am 27. März 1909 über die Frage verhandelt. Professor Faßbender erkannte das Vorhandensein einer ganzen Reihe von Mißständen an und sprach dafür, „daß man für die einzelnen Landesteile aus den verschiedenen Organisationen, die dort bestehen, einfach die Molkereigenossenschaften, die Winzergenossenschaften usw., die verschiedenen Betriebsgenossenschaften herausnehmen und zu einheitlichen Fachverbänden zusammenfassen wollte". Nur so, meinte Faßbender, sei es möglich, daß den Betriebsgenossenschaften — das sind zurzeit die Schmerzenskinder des landwirtschaftlichen Genossenschaftswesens — die erforderliche sachverständige Pflege zuteil werde, denn heute „ist nicht oder nur in seltenen Fällen möglich, daß in gleicher Weise ein Revisor geeignet erscheint, die Revision einer solchen Betriebsgenossenschaft nach den beiden in Frage kommenden Richtungen, nämlich nach der kaufmännischen und zugleich nach der betriebstechnischen Seite, vorzunehmen". In dieser Ausführung ist ein drittes, sehr wichtiges Moment zu vermissen, daß der Revisor auch in genossenschaftlich-technischer und genossenschaftlich-rechtlicher Beziehung die Revision vorzunehmen hat. Und hier steht der Revisor vielleicht vor der schwierigsten Aufgabe. So scheint mir denn allein mit der Bildung von Fachverbänden wenig gedient. Man vergegenwärtige sich alle die Probleme, die in dieser Abhandlung gestreift sind. Welche Stellung soll der Revisor zu ihnen einnehmen? Man denke sich den Fall, daß die Zentralgenossenschaft die Einzelgenossenschaft veranlaßt hat, zu ihrer und der Zentralgenossenschaft Krediterhöhung eine größere Anzahl Geschäftsanteile zu erwerben, die vielleicht einige hunderttausend Mark Haftsumme repräsentieren. Ist es denkbar, daß der Revisor, der bei der Genossenschaft eine derartige Geschäftsverbindung findet, sie rügt? Vollkommen ausgeschlossen erscheint es nach den genossenschaftlichen und geschäftlichen Beziehungen, die bestehen zwischen Zentralgenossenschaft und Revisionsverband.

* * *

Fassen wir diese kritischen Bemerkungen zu einem Gesamtresultat zusammen, so bieten sich folgende Grundsätze:

Während die Neigung zur Gründung von Genossenschaften mit unbeschränkter Haftpflicht mehr und mehr im Schwinden ist, hat das der staatlichen Förderung bei der Kreditgewähr an Genossenschaften zugrunde liegende System dahin geführt, daß

Genossenschaften, sowie insbesondere Zentralgenossenschaften Haftsummen festgesetzt haben, die der Höhe nach ein Widersinn auf die beschränkte Haftpflicht sind.

Desgleichen ist in diesem System die Bildung von Zentralgenossenschaften begründet, die mit Recht die Bezeichnung „genossenschaftliche Rattenkönige" erhalten haben.

Die Genossenschaft hat lokalen Charakter — es steht im Widerspruch mit Sinn und Wesen der Gesetzgebung, wenn Genossenschaften und Zentralgenossenschaften gebildet werden, bei denen infolge der territorialen Ausdehnung den Mitgliedern die Ausübung ihrer Mitgliedschaftsrechte unmöglich ist.

Der Charakter der Genossenschaft als Personalgesellschaft macht sie ungeeignet für Unternehmungen, die nach Zweck und Ziel einer festen kapitalistischen Grundlage nicht entbehren können. Verbindung von Bankbetrieb mit Handel und Produktion in einer Genossenschaft ist entschieden zu verwerfen.

Druck von A. W. Hayn's Erben, Potsdam.

Genossenschaftliche Zeit- und Streitfragen.

Begründet von
Ludolf Parisius und Dr. Hans Crüger,
fortgeführt von
Heft 9. Dr. Hans Crüger. Heft 9.

# Die ersten fünfzig Vereins- und Genossenschaftstage

des

Allgemeinen Verbandes der auf Selbsthilfe beruhenden deutschen Erwerbs- und Wirtschaftsgenossenschaften, e. V.

herausgegeben

von dem

Anwalt Dr. Hans Crüger.

Berlin 1910.
J. Guttentag, Verlagsbuchhandlung,
G. m. b. H.

# Vorwort.

Das fünfzigjährige Jubiläum, das der Allgemeine Deutsche Genossenschaftsverband im Jahre 1909 in Freiburg i. Br. feiern konnte, bot die Veranlassung, eine „*Geschichte der Allgemeinen Genossenschaftstage*“ herauszugeben. Herr Dr. F. X. *Proebst* unterzog sich der Aufgabe in der „Festnummer der Blätter für Genossenschaftswesen zum 50. Allgemeinen Genossenschaftstag“ und bot damit einen Ersatz für die Fortführung und Neuherausgabe seiner in den Jahren 1875 und 1884 erschienenen „Grundlehren der deutschen Genossenschaften“, an der er durch anderweite Arbeiten leider verhindert war. Die „Geschichte der Allgemeinen Genossenschaftstage“ zeigt, welche Fülle von Material in den Beschlüssen der Allgemeinen Genossenschaftstage enthalten ist. Nur wenigen Genossenschaften stehen die über die Allgemeinen Genossenschaftstage herausgegebenen „Mitteilungen“ vollständig zur Verfügung. Eine Reihe von Vorträgen, die in den letzten Jahren auf den Unterverbandstagen über die „Beschlüsse der Allgemeinen nossenschaftstage“ von Herrn Justizrat Dr. *Alberti* und *mir* gehalten Ge- sind, hatten das lebhafteste Interesse der Besucher geweckt und vielfach wurde der Wunsch geäußert, die Vorträge durch den Druck weiteren Kreisen zugänglich zu machen. So ergab sich ganz von selbst der Gedanke, die „Geschichte der Allgemeinen Genossenschaftstage“ mit diesen Vorträgen zu verbinden. Sie bieten einen Ersatz für die „Grundlehren der deutschen Genossenschaften“. Natürlich mußten die Vorträge eine Neubearbeitung erfahren, weil es erwünscht schien, den „Grundlehren“ einen Abschluß mit dem 50. Allgemeinen Genossenschaftstag zu geben. An Form und Inhalt wurde nichts geändert.

Somit zerfällt das Buch in nachstehende Abschnitte:

Die ersten 50 Allgemeinen Vereins- und Genossenschaftstage.

Die Beschlüsse der Allgemeinen Genossenschaftstage und die Kreditgenossenschaften.

Die Beschlüsse der Allgemeinen Genossenschaftstage und die Konsumvereine.

Die Beschlüsse der Allgemeinen Genossenschaftstage und die Baugenossenschaften.

Die Beschlüsse der Allgemeinen Genossenschaftstage und die Handwerkergenossenschaften.

Die Beschlüsse, die in den Hauptversammlungen der Genossenschaftstage bei Gelegenheit der Behandlung der „Gemeinsamen Angelegenheiten aller Genossenschaften" gefaßt sind, sind bei den einzelnen Genossenschaftsarten behandelt. Nur von historischem Interesse und daher in diesen „Grundlehren" nicht weiter berücksichtigt sind die Beschlüsse, die sich auf die Stellungnahme des Allgemeinen Verbandes zur Genossenschaftsgesetzgebung 1867, 1868, 1889, 1896 bezogen, — ferner die Beschlüsse, die gefaßt wurden bei der Neugestaltung des Statuts des Allgemeinen Verbandes, — in Fortfall kommen konnten auch hier die Beschlüsse, die die „Verbandsrevision" betreffen. Unter den „Gemeinsamen Angelegenheiten" haben zu verschiedenen Zeiten eine besondere Bedeutung erlangt die Verhandlungen über: „Staatshilfe und Selbsthilfe" und die Zurückweisung der Angriffe, daß die Schulze-Delitzsch'schen Genossenschaften Politik trieben. Die Beschlüsse des Allgemeinen Vereinstages zu Stettin (1865), des Allgemeinen Genossenschaftstages zu Augsburg (1895) und des Allgemeinen Genossenschaftstages zu Leipzig (1907), die sich hierauf beziehen, sind in dem ersten Abschnitt: „Die ersten fünfzig Vereins- und Genossenschaftstage" besonders berücksichtigt. Hier dürfte der Hinweis auf diese Beschlüsse genügen.

Ein sehr ausführlich gehaltenes Inhaltsverzeichnis wird den Gebrauch des Buches in der Praxis den Genossenschaften wesentlich erleichtern.

**Dr. Hans Crüger.**

# Inhaltsverzeichnis.

# I.

# Die ersten 50 Allgemeinen Vereins- und Genossenschaftstage

---

## Erster Abschnitt, 1859—1882. (Anwalt Schulze.)

I. Zehn Jahre lang hatten die von Schulze-Delitzsch und seinen Freunden 1849 und in den folgenden Jahren erst in Delitzsch und Umgebung, dann in immer weiteren Kreisen ins Leben gerufenen Vorschußvereine und sonstigen Genossenschaften eifrig an der Vervollkommnung ihrer Einrichtungen und der Ausdehnung ihres Geschäftsbetriebes gearbeitet, mehr und mehr machte sich das Bedürfnis nach gemeinsamer Aussprache und Verständigung über eine Reihe schwieriger oder zweifelhafter Fragen und nach festerem Zusammenschlusse geltend, und zwar mit solcher Kraft, daß der Vorschußverein Luckau, als Schulze zögerte, den von verschiedenen Seiten an ihn gelangten Anträgen auf Einberufung einer größeren Versammlung zu diesem Zwecke stattzugeben, einfach erklärte, er werde den Plan auch ohne Schulze weiter verfolgen. Ausgesprochener Zweck war „Mitteilung der bei den verschiedenen Vereinen bestehenden Einrichtungen und gemachten Erfahrungen sowie Verständigung über manche gemeinsamen Interessen der jungen, bereits über einen großen Teil des gemeinsamen Vaterlandes verbreiteten Institute."

Man hatte Dresden als Ort der Versammlung in Aussicht genommen. Die Einladung war unterzeichnet von Schulze, Finanzprokurator Hallbauer-Meißen,

---

*) Die Grundlage der Arbeit bilden die gedruckten Mitteilungen über die allgemeinen Vereins- und Genossenschafts-Tage, die von Anfang ununterbrochen unter Aufsicht des Anwaltes erschienen, die Berichte in der „Innung der Zukunft" und später in den Blättern für Genossenschaftswesen sowie in dem Schulzeschen Werke: „Die Entwickelung des Genossenschaftswesens", die Zusammenstellungen von Dr. Fr. X. Proebst in seinem Buch: „Die Grundlehren der deutschen Genossenschaften" und (von 1871 ab) eigene persönliche Erfahrungen des Verfassers.

Direktor Schöne-Dresden, Kaufmann Sörgel-Eisleben (dem späteren Direktor der Deutschen Genossenschaftsbank) und Kaufmann Zapp-Luckau. Die sächsische Regierung machte jedoch Schwierigkeiten, die leitenden Kreise richteten ihr Augenmerk nach Berlin und Schulze veranlaßte dort Anfragen (durch Bensemann), doch ehe noch die Antwort eintraf, war für Weimar freundliche Aufnahme zugesichert, und dort fand tatsächlich vom 14. bis 16. Juni 1859 der erste „Vereinstag der Deutschen Vorschußvereine" stattfand. Von den Männern, die sich dauernd am genossenschaftlichen Leben beteiligten und schon beim ersten Vereinstage mitwirkten, nennen wir außer Schulze, Sörgel und Hallbauer*) insbesondere Regierungsrat Müller-Gotha, Stadtrat Kuntze-Meerane (später Bürgermeister in Plauen, vergl. XXVIII), Bauer-Chemnitz und Jul. Bichtler-Merseburg.**)

29 Vereine waren durch 38 Abgeordnete vertreten. Es bestanden 111 genossenschaftliche Vereinigungen nach Schulzes Lehren, von denen 51 auf Preußen, 22 auf Sachsen, 13 auf Hannover, 12 auf Thüringen und Anhalt, je 4 auf Baden und Bayern, je 2 auf Hessen und Mecklenburg, 1 auf Österreich trafen.

Am 14. Juni 1859 wurde in einer Vorversammlung die von Schulze vorgelegte Geschäftsordnung angenommen, am 15. und 16. tagten vormittags die in dieser Geschäftsordnung vorgesehenen Abteilungen, von mittags bis abends die Hauptversammlungen. Verhandelt wurde mit entsprechender Beschlußfassung über die tunlichste Sicherung bei Gewährung von Vorschüssen und insbesondere über das Bürgschaftswesen, die Diskontierung von Buchforderungen, die schon damals in Gotha geübt wurde, die Legitimation bei Rechtsgeschäften, den notwendigen Inhalt der Vereinsgesetze (Satzungen) mit besonderer Rücksicht auf die solidarische Haft der Mitglieder, die Bildung genügenden Stammvermögens (Mindestsatz 5 Proz. der Darlehen), die Veröffentlichung der Jahresbilanzen, über gegenseitiges Inkasso mit mäßiger Provision und sonstige unmittelbare Geschäftsverbindung der einzelnen Vereine und über Errichtung eines Zentralbureaus auf gemeinsame Kosten (1/2 Proz. des Reinertrages), um dessen Übernahme Assessor Schulze-Delitzsch ersucht wurde, und das die Beilage der Wieckschen Gewerbezeitung, die „Innung

---

*) Von ihm stammt eine Schrift: Über Vorschuß- und Kreditvereine. Meißen bei L. Wosche, 1857.

**) Die Namen dieser Männer werden hier und im folgenden in der Regel nur einmal genannt, insofern sie nicht als Berichterstatter, Antragsteller oder aus ganz besonderen Anlässen wiederholt zu erwähnen sind. Die meisten von ihnen nahmen auch an vielen späteren Vereins- und Genossenschafts-Tagen hochverdienstlichen Anteil, mancher (wie Schulze selbst) bis zu seinem Tode.

der Zukunft" als amtliches Organ der deutschen Vorschuß- und Kredit-Vereine benutzen sollte.*)

In Hannover mußte jede genossenschaftliche Vereinigung die besondere Konzession der Regierung einholen. Im übrigen anerkannte Schulze, daß die durch Entstehen der Vorschußvereine hervorgerufene Bewegung von den meisten deutschen Regierungen in liberaler Weise nicht gehemmt wurde. —

II. Die zweite Versammlung, die vom 31. Mai bis 2. Juni 1860 in Gotha stattfand, ist in dem Schulzeschen Werke „Die Entwicklung des Genossenschaftswesens in Deutschland" als „Vereinstag der auf Selbsthilfe der Kreditbedürftigen im genossenschaftlichen Wege beruhenden deutschen Vorschuß- und Kreditvereine" bezeichnet und nennt Schulze als „Vorsitzenden und mit Leitung des Zentralkorrespondenzbureaus beauftragt".

In der „Innung der Zukunft" heißt dagegen die Überschrift einfach „Der zweite Vereinstag deutscher Vorschuß- und Kreditvereine".

Ludolf Parisius war unter den Schriftführern, Bensemann-Berlin unter den Berichterstattern. 33 Vereine waren durch ebensoviele Abgeordnete vertreten, außerdem zahlreiche Gäste aus Halle und anderen benachbarten Städten anwesend. Von den Beschlüssen ist besonders bemerkenswert die Bildung eines Engeren Ausschusses von vierzehn Mitgliedern, die vom Zentralkorrespondenzbureau bei allen weitergreifenden, zur Vertretung der Gesamtinteressen nötig werdenden Maßregeln befragt werden sollten.

Schon damals hatte Schulze den Entwurf eines Gesetzes zur Erleichterung der Legitimation bei Rechtsgeschäften der Vereine vorgelegt, der vom Vereinstage gebilligt wurde und den einzelnen Landesregierungen zur Annahme empfohlen werden sollte (Genossenschaftsgesetz). Ebenso hatte Zapp-Luckau den Entwurf eines Statuts für eine Zentralhandwerkerbank vorgelegt.

Der organischen Verbindung von Vorschußvereinen mit Vereinen zu anderen Zwecken wurde widerraten, und das Herausziehen der Geschäftsanteile während der Dauer der Mitgliedschaft als unstatthaft bezeichnet, dagegen die Ausbedingung geraumer Stundungsfristen bei Aufnahme von Darlehen und insbesondere bei Spargeldern sowie das Festhalten an der dreimonatlichen Rückzahlfrist für die von den Vereinen gewährten Vorschüsse empfohlen. Das Zentralbureau wurde ermächtigt, für die Vermittlung des Geldverkehrs unter den einzelnen Vereinen zu sorgen und Kredite für sie bei namhaften Bankhäusern (zunächst in Berlin und Leipzig) eröffnen zu lassen (Vorläufer der Genossenschaftsbank).

*) Wir beschränken uns auf die Mitteilung der für die Geschichte des Verbandes wichtigsten Beschlüsse.

Beachtung verdient, daß einige Vereine den Reinertrag nicht Schulzes Empfehlung gemäß nach der Höhe des Geschäftsguthabens der einzelnen Mitglieder, sondern nach der Summe der von ihnen gezahlten Vorschußzinsen verteilten; der Vereinstag gab aber Schulzes Auffassung den Vorzug.

III. 1861 trat in Halle a. d. Saale der dritte Vereinstag „der auf dem Prinzip der Selbsthilfe beruhenden Vorschuß-, Kredit- und Rohstoff-Vereine" in der Zeit vom 21. bis 23. Mai zusammen. 49 Vorschuß- und Kreditvereine und 10 Rohstoff- und Produktivgenossenschaften waren durch 59 Abgeordnete vertreten. Vier Genossenschaften der Stadt Halle, und zwar die Vorschußkasse des Handwerksmeistervereins, der Vorschußverein, die Assoziation der vereinigten Schneidermeister und die der Weber hatten die Vorbereitungen aufs beste getroffen.*) Unter den Berichterstattern finden wir Advokat Nizze aus Rostock, unter den übrigen Teilnehmern Tischlermeister Troitzsch von Delitzsch.

Dem Korrespondenzbureau waren bereits 109 Vorschußvereine, 20 Rohstoff- und Magazingenossenschaften und ein Konsumverein (Sandow) beigetreten.

Von den Beschlüssen ist zu erwähnen die Empfehlung der doppelten Buchhaltung für größere Vorschußvereine, eine Änderung der Beiträge zu den Kosten des Zentralbureaus (2 Proz. des Zinsertrages mit 2 bis 30 Taler Begrenzung), Ratschläge für die nicht ganz zu vermeidende Kreditgewährung bei Rohstoffgenossenschaften und die Ermäßigung der Mitgliederzahl des Engeren Ausschusses von 14 auf fünf. Gewählt wurden Schulte-Potsdam, Sörgel-Eisleben, Parisius-Gardelegen, Schilling-Dresden, Gerlach-Luckenwalde.

Die Mitteilungen über diesen Vereinstag erschienen als gesondertes Heft (59 Oktavseiten, herausgegeben von Schulze-Delitzsch, Eigentum des Herausgebers, in Kommission bei Gustav Mayer in Leipzig, gedruckt von B. Metzener in Delitzsch).**) Sie erwähnen ausdrücklich das heitere Festmahl vom 22. Mai und die fruchtbaren persönlichen Beziehungen, die als Folge des Austausches der Meinungen die Teilnehmer anknüpften.

IV. Die vierte Jahresversammlung, die vom 10. bis 12. Juni 1862 in Potsdam abgehalten wurde, wohin im gleichen Jahre Schulze von Delitzsch aus seinen Wohnsitz verlegte, um seinen Aufgaben auf genossenschaftlichem Gebiete leichter genügen zu können, trägt zum ersten Male die Bezeichnung „Allgemeiner Vereinstag", die dann bis 1891 beibehalten wurde.

---

*) Wir geben solche Einzelheiten nur ausnahmsweise, um einen Einblick in die damaligen Verhältnisse zu ermöglichen.

**) Die Druckerei wechselte in den folgenden Jahren wiederholt, den Kommissionsverlag besorgt seit Jahren J. Guttentag in Berlin.

73 Vorschußvereine und 12 Rohstoffgenossenschaften waren vertreten, unter den Schriftführern begegnen wir Kaufmann Liersch-Guben, unter den Berichterstattern Prokurator Schenck-Wiesbaden (den unmittelbaren Nachfolger Schulzes im Anwaltsamte); zur Aufzeichnung der Verhandlungen war Student Schneider (später viele Jahre hindurch Sekretär des Anwaltes) zugezogen. Unter den Teilnehmern befanden sich sieben Mitglieder des preußischen Abgeordnetenhauses. Das Zentralkorrespondenzbureau war in die Anwaltschaft umgewandelt, Schulze als Anwalt bestellt. Die Bildung von Landes- oder Provinzial-Unterverbänden wurde empfohlen, am Mittelrhein hatte sich ein solcher unter Schencks Führung bereits zusammengeschlossen, andere waren in Sachsen, den preußischen Rheinlanden, Westfalen und Schlesien in Vorbereitung. Die Zahl der Mitglieder des Engeren Ausschusses wurde um zwei erhöht und Müller-Gotha sowie Schenck zugewählt. Außerdem traten Nizze-Rostock und Fröhner-Wechselburg an Stelle von Schilling und Gerlach ein.

Die Solidarhaft wurde neuerdings als die einzige wirtschaftlich wirksame und rechtliche Kreditgrundlage der Vereine anerkannt, und als Sicherung gegen die Gefahr dieser Haftart ein ausgiebiger Reservefonds (mindestens 10 Proz., allmählich auf 50 Proz. des Geschäftsguthabens zu erhöhen) und die gesetzliche Regelung eines Umlageverfahrens empfohlen, wie es in Sachsen bereits auf Grund des ersten Schulzeschen Entwurfes (vergl. II.) zugestanden worden war. Weitere gesetzliche Regelung der rechtlichen Verhältnisse wurde als dringend notwendig erklärt. Dr Enyrim-Frankfurt hatte zu der desfallsigen Vorlage Schulzes einen Gesetzentwurf in Form einer Novelle zum Handelsgesetzbuche vorgelegt. — Schulzes Buch „Vorschußvereine als Volksbanken" war eben in dritter Auflage erschienen.

V. 1863 versammelten sich zum fünften Allgemeinen Vereinstage der „auf Selbsthilfe beruhenden deutschen Erwerbs- und Wirtschaftsgenossenschaften" (die Bezeichnung der einzelnen Genossenschaftsarten blieb fortan weg) vom 26. bis 28. Mai in Görlitz die Vertreter von 94 Vorschußvereinen, 9 Rohstoffgenossenschaften und 1 Konsumverein (Kotzenau) sowie von 3 Unterverbänden (Mittelrheinische, Norddeutsche und Rheinisch-Westfälische Genossenschaften). Schulze hatte im preußischen Abgeordnetenhause seinen Gesetzentwurf betreffs der privatrechtlichen Stellung der Genossenschaften eingebracht, der dort von einer Kommission vorberaten wurde, aber wegen Schluß der Sitzung nicht mehr zur Vorbescheidung gelangte. Parisius, der schon im Abgeordnetenhause mit Laßwitz-Breslau Berichterstatter über den Entwurf war, berichtete auch am Vereinstage darüber. Das provisionsfreie gegenseitige Inkasso wurde empfohlen, die künftige Abhaltung der Allgemeinen Vereinstage im Juli oder August beschlossen, die Grundgedanken des organischen

Statuts des Allgemeinen Vereinstages und der Unterverbände (tatsächlich des später gebildeten Allgemeinen Verbandes) festgestellt, die Beratung des Statuts selbst aber dem nächsten Vereinstage vorbehalten. Bezüglich des Engeren Ausschusses wurde beschlossen, daß er künftig bestehen solle a) aus den Vorsitzenden der sämtlichen Unterverbände, b) aus drei jedesmal auf ein Jahr zu wählenden Deputierten, von denen mindestens einer den Rohstoff- oder Magazingenossenschaften angehören mußte.

Die Angelegenheiten der Konsumvereine und die Erbauung von Arbeiterwohnungen auf genossenschaftlichem Wege kamen zur Sprache.

Der Anwalt konnte erklären, daß man beginne, den Genossenschaften eine geachtete Stellung im Verkehre einzuräumen.

Im Oktober dieses Jahres wurde Schulze ein silberner Humpen überreicht, gestiftet von mehr als zweihundert Genossenschaften, deren Namen auf dem mächtigen und prächtigen Geschirre verzeichnet sind. Schulze überwies das schöne Geschenk sofort wieder in das Eigentum des Allgemeinen Verbandes mit der Bestimmung, daß es Jahr um Jahr beim Festmahle des Allgemeinen Vereinstages, mit edlem deutschen Wein gefüllt, die Runde an der Tafel der Genossen mache. Und in der Tat wird der herrliche Becher in jedem Jahre mit neuer Freude begrüßt und geleert. —

VI. Daß das, was Schulze in Görlitz (V) im allgemeinen von der Stellung der Genossenschaften sagte, nicht von den Staatsbehörden galt, zeigte sich am nächsten Vereinstage, der in Mainz vom 14. bis 17. August 1864 stattfand, denn hier fügte er der Mitteilung, daß für die Lösung der sozialen Frage die Bahn gebrochen sei, die Bemerkung an, daß die Staatsbehörden allenthalben der Bewegung mit mißgünstigen Augen zusahen. 13 Provinzial- und Landesverbände, außerdem 58 Vorschuß- und 5 Konsumvereine sowie 6 Rohstoff- und Produktivgenossenschaften waren vertreten. Der Anwaltschaft gehörten insgesamt 292 Vereine an. Unter den Schriftführern finden wir Dr. Max Hirsch-Magdeburg; unter den Antragstellern Eugen Richter-Düsseldorf, der sich insbesondere bei den Angelegenheiten der Konsumvereine lebhaft beteiligte, unter den Vertretern der Verbände Laßwitz-Breslau, unter den übrigen Rednern Naeser-Leipzig und Sonnemann-Frankfurt. Dr. Schneider wird als Sekretär des Anwalts erwähnt.

Die Geschäftsordnung wurde geändert, das organische Statut sehr gründlich beraten und damit das Grundgesetz des Allgemeinen Verbandes geschaffen, das bis 1891 im wesentlichen unverändert blieb, und wodurch die Mitgliedschaft im Engeren Ausschlusse auf die Direktoren der Unterverbände beschränkt wurde, — der Rechnungsdienst geregelt. Die Deutsche Genossenschaftsbank in Berlin trat eben ins Leben, weshalb den Genossenschaften die Beteiligung durch Zeichnung von Aktien warm empfohlen wurde, — den Angelegenheiten der Konsumvereine sowie der Rohstoff-, Magazin- und Produktivgenossenschaften wurde viel Fleiß und Zeit gewidmet, insbesondere die Errichtung und Benutzung gemeinsamer Werkstätten mit Triebkräften und Maschinengeräten besprochen, — bei den Vorschußvereinen namentlich auch die Frage des Ausscheidens von Mitgliedern sorgfältig behandelt.

VII. Vom 21. bis 23. August 1865 war der siebente Vereinstag in Stettin versammelt. 18 Unterverbände und 62 einzelne Genossenschaften waren vertreten, darunter zum ersten Male eigentliche Süddeutsche. Rechtskonsulent Oesterlen-Stuttgart wurde zum Stellvertreter Schulzes im Vorsitze gewählt. Unter den Schriftführern treffen wir Senator (jetzt Bürgermeister) Dr. Schultze-Greifswald, unter den Berichterstattern Limbarth-Wiesbaden, unter den übrigen Teilnehmern Astroth-Brandenburg und von der Nahmer-Stettin.

Aus Italien und Frankreich waren Nachrichten eingetroffen, wonach der Gedanke der Volksbanken auch dort Anklang fand und zur Verwirklichung gelangte. Der Rechnungsdienst des Allgemeinen Verbandes wurde von dem der Unterverbände getrennt und selbständig geregelt. Alwin Sörgel war an die Spitze der Deutschen Genossenschaftsbank in Berlin getreten, bei der sich bereits das Bedürfnis nach einer Filiale für Süddeutschland in Frankfurt a. M. erkennen ließ. Wünsche in Bezug auf die Geschäftsführung dieser Bank wurden mannigfach laut.

Den Vorschußvereinen wurde die Unterstützung anderer Genossenschaften, Konsumvereine, Produktivgenossenschaften usw. durch Kreditgewährung bei genügender Sicherheit empfohlen, den verschiedenen Angelegenheiten dieser Genossenschaften, insbesondere der Baugenossenschaften manche Stunde ernster Beratung gewidmet. Allgemein wurde der Abschluß des Geschäftsjahres mit dem Kalenderjahre als empfehlenswert erkannt.

Ein dauerndes Merkmal prägte diesem Vereinstag ein von Parisius beantragter Beschluß auf. Die preußische Regierung hatte einer zur Besprechung der Arbeiterverhältnisse nach Berlin einberufenen Kommission die Frage vorgelegt, was geschehen könne, um die auf Selbsthilfe beruhenden Genossenschaften zu fördern, welche von ihnen auch unter Fabrikarbeitern, und auf welchem Wege, Eingang finden können. Die von der Regierung nicht begehrte, aber gewiß gerade hier von der zuständigsten Stelle gegebene Antwort des Vereinstages lautete:

„1. Die einzige Förderung, welche die Genossenschaften von der Preußischen wie von jeder anderen Staatsregierung beanspruchen, ist a) daß sie sich aller Versuche, die Genossenschaften unter die der polizeilichen Kontrolle unterliegenden Vereine zu stellen, fernerhin enthalte, b) daß sie dem Gesetzentwurfe über die Regelung der privatrechtlichen Stellung der Genossenschaften, welcher im Preußischen Abgeordnetenhause in der Session von 1863 von dem Anwalte der Genossenschaften eingebracht ist, nicht länger entgegenstehe, sondern dahin wirke, daß derselbe zum Gesetz erhoben werde.

2. Von den auf Selbsthilfe beruhenden Genossenschaften haben namentlich die Konsumvereine unter den Fabrikarbeitern längst Eingang gefunden. Auch die Vorschuß- und Kreditvereine und die Produktivgenossenschaften erfreuen sich einer wachsenden Beteiligung derselben: ihrer Entwickelung stehen nur die vorher bezeichneten Hindernisse entgegen.

Alle Versuche der Staatsregierungen, die auf Selbsthilfe beruhenden Erwerbs- und Wirtschaftsgenossenschaften im allgemeinen oder innerhalb einer einzelnen Berufsklasse durch positive Einmischung fördern zu wollen, müssen als ihnen schädlich zurückgewiesen werden."

Der Antrag wurde ohne Debatte einstimmig zum Beschlusse erhoben, ein Zusatzantrag, der dem Bedauern darüber Ausdruck geben sollte, daß die Regierung den Schöpfer und Anwalt der Genossenschaften zu der erwähnten Kommission nicht zuzog, auf ausdrücklichen Wunsch Schulzes abgelehnt.

Der denkwürdige Beschluß wurde inzwischen wiederholt als ein stolzes vollberechtigtes Manneswort, das sich stets als unerschütterliche Wahrheit erprobte, innerhalb und außerhalb der Allgemeinen Vereins- und Genossenschaftstage wiederholt und in einer Reihe genossenschaftlicher Schriften abgedruckt; seiner Bedeutung gemäß mußte er aber auch hier wieder aufgenommen werden.

— Ein zweiter Vereinstag in Stettin, der 34. Allgemeine Genossenschaftstag, fand 1893 statt. Vgl. XXXIV. —

VIII. 1866 zogen die Vertreter der Verbände und Vereine zum Vereinstag des Allgemeinen Verbandes der Deutschen Erwerbs- und Wirtschaftsgenossenschaften, wie er fortan hieß, nach Cassel, unmittelbar nach der Einverleibung des Kurfürstentums in den preußischen Staat. Um den Anwalt zu entlasten und ihm freiere Bewegung hinsichtlich des immer lebhafter sich entwickelnden Austausches der Meinungen zu schaffen, wurde der Vorsitz in den Versammlungen an Bürgermeister Nizze-Ribnitz übertragen, der dies Amt dann bis 1895 (vgl. XXXVI) getreulich verwaltete. Stellvertretende Vorsitzende waren Schenck-Wiesbaden und Dr. Weigel-Cassel, unter den Schriftführern finden wir Obergerichtsanwalt Hupfeld, Literat Hahndorf, die Kaufleute Diehls und Preußner, sämtlich aus Cassel, unter den Berichterstattern Sommer-Halberstadt, unter den übrigen Teilnehmern Brück-Wiesbaden, Meißner-Frankfurt und Lammers-Bremen. Den Hannoverschen Vereinen war infolge von Verwaltungsmaßregeln die Beteiligung erschwert; die Geschäftsordnung gestattete glücklicherweise, sie als Gäste zur Beratung ohne Stimmrecht zuzulassen, was geschah.

Dem Allgemeinen Verbande gehörten bereits 21 Unterverbände mit 484 Vereinen und außerhalb der Unterverbände noch weitere 131 Vereine an.

Schulze, der wie immer die Verhandlungen mit einem geistvollen Überblick über den Stand der genossenschaftlichen Verhältnisse eröffnete, bezeichnete als Zweck dieses Überblickes, „uns den rechten Geist für die Beratungen anzueignen."

Eine Reihe wichtiger, insbesondere für jene Zeit der Entwicklung notwendiger Beschlüsse, die wir nicht im einzelnen hier verfolgen können, wurde gefaßt, wovon nur die Frage der Doppelmitgliedschaft und des Reservefonds in Konsumvereinen erwähnt sein soll; bei dieser letzterwähnten Verhandlung tauchten insbesondere Meinungsverschiedenheiten zwischen Eugen Richter und Ludolf Parisius auf, die für den Sachkenner von Interesse sind.

Engelbert Keßler in Wien, der Genossenschaftsreferent des österreichisch-ungarischen Beamtenvereins, hatte schriftlich über die Verhältnisse der österreichischen Genossenschaften Bericht erstattet. In Belgien, Frankreich, Italien, in Alexandrien, Odessa, Algier, und im Orient waren Vorschußvereine nach deutschem Vorbild entstanden.

— Ein zweiter Vereinstag fand in Cassel 1881, ein dritter, der 47. Allgemeine Genossenschaftstag, 1906 statt. Vgl. XXII und XXXXVII. —

IX. Der neunte Vereinstag (wie wir ihn der Kürze wegen fortan nennen, da ein Wechsel in der Bezeichnung zunächst nicht eintrat) fand bei sehr reger Beteiligung 1867 in Quedlinburg statt. Neben Nizze führten Laßwitz-Breslau und Bürgermeister Stromeyer-Konstanz als Stellvertreter den Vorsitz, ein sinniges Zeichen von der Ausdehnung, die der Verband bereits gewonnen hatte, dem nun 25 Unterverbände und 666 Genossenschaften angehörten. Unter den Berichterstattern begegnet uns Baumeister Guttmann-Insterburg.

Sein eigenartiges Gepräge erhielt dieser Tag durch die Erklärung Schulzes gegen die französische Regierung, den sogenannten Protest. Nach Paris war für Mitte August ein internationaler Genossenschaftstag einberufen, dem Schulze als Anwalt und Vertreter der deutschen Genossenschaften anwohnen sollte und wollte. Auf der Reise dahin ereilte ihn das Verbot, mit dem die französische Regierung die Versammlung verhinderte. Schulze kehrte zurück, berichtete dem Vereinstag in voller Entrüstung über den Vorgang, legte den Entwurf eines flammenden Protestes vor und beantragte die Zustimmung zur Veröffentlichung in seiner Eigenschaft als erwählter Anwalt des Allgemeinen Verbandes, was einstimmig ohne jede weitere Erörterung gebilligt wurde. Der Protest ist eines der wichtigsten Aktenstücke aus dem ersten Jahrzehnt des Allgemeinen Vereinstages, der unbedingt hier abgedruckt werden müßte, wenn nicht räumliche Rücksichten das verhinderten. Er ist jedoch in der genossenschaftlichen Literatur zur Genüge verbreitet, insbesondere auch in dem aus Anlaß der Feier des 50. Genossenschaftstages erscheinenden Werke,*)

*) Hermann Schulze-Delitzschs Schriften und Reden. Berlin 1909. Guttentag.

und wir können uns deshalb auf Mitteilung des vielleicht denkwürdigsten Satzes beschränken, der lautet:

„Das Kaiserreich ist nichts als die Fortsetzung der durch das rote Gespenst, das die französische Gesellschaft der Staatsrettung um jeden Preis in die Arme trieb, entstandenen Diktatur, die die selbstbewußte Initiative scheuen muß, die in den Bildungs-, Wirtschafts- und Erwerbsgenossenschaften mehr und mehr erstarkt."

Der Schlußsatz aber lautete: „Die französische Regierung, die sich einst mit dem Ausspruche „Das Kaisertum ist der Friede" inaugurierte, hat durch ihre Achterklärung eines der wertvollsten Elemente für den inneren und äußeren Frieden der Völker von sich gewiesen. Die Genossenschaften nehmen davon Akt." Es kam die Zeit, in der Schulze mit ganz anderem Rechte sagen konnte: „Die Genossenschaft ist der Friede!" (XVI.)

Der Protest wurde in tausenden von Abdrücken verbreitet und fand überall, namentlich auch in der französischen Presse die verdiente Würdigung.

Von Seiten des Verbandes der damals noch zusammengehörigen württembergischen und badischen Vereine war ein Antrag eingebracht, der eine Änderung des organischen Statuts dahin verlangte, daß Vereine den Unterverbänden angehören könnten, ohne Mitglieder des Allgemeinen Verbandes zu sein. Schulze wendete sich scharf und mit selbstverständlichem Erfolge gegen diesen Einbruch in die wohldurchdachte Organisation des Verbandes. „Wir sind stolz darauf", sagte er, als ein Redner den Allgemeinen Verband als norddeutschen bezeichnen wollte, — „unsere Genossenschaftsbewegung als eine allgemeine deutsche aufrecht zu erhalten und die traurige Spaltung zwischen Nord und Süd bei uns nicht aufkommen zu lassen." Leider kam es später (vgl. XXXV) doch zum Ausscheiden des württembergischen Verbandes. Daß die badischen Vereine mit dem hier verhandelten Antrage nicht einverstanden waren, erklärte ihr Vertreter Stromeyer ausdrücklich.

In Preußen war endlich (März 1867) das langersehnte G e n o s s e n - s c h a f t s g e s e t z Tatsache geworden. Der Vorsitzende drückte dem in dieser Angelegenheit unermüdlich tätigen Anwalte den Dank der deutschen Genossenschaften aus. Der Anschluß an die gesetzlichen Bestimmungen wurde allen preußischen Vereinen dringend empfohlen, und für die Vorschußvereine sofort ein dem Gesetze entsprechendes Musterstatut in Beratung genommen.

Unter den Verhandlungen der Konsumvereine verdient insbesondere ein eingehender Vortrag von Direktor Siegmann-Berlin über die dortige Genossenschaftsbäckerei Erwähnung. Der Verbindung von Darlehnskassen mit den Konsumvereinen wurde ernstlich widerraten.

Der Anwalt wurde verpflichtet, in jedem Jahre mindestens die Hälfte der Unterverbandstage zu besuchen, wobei jedoch Stellvertretung durch Parisius oder Dr. Schneider für zulässig erklärt wurde. —

X. Zum zehnten Vereinstage wanderten am 23. August 1868 die Vertreter von 23 Unterverbänden und 9 Vereinen, zusammen 160 Abgeordnete in L e i p - z i g ein. Bürgermeister K o ch begrüßte sie in besonders warmer Ansprache, in der er die Wahlverwandtschaft zwischen Genossenschaft und Gemeinde kräftig betonte.

Unter den Rednern bei den Verhandlungen treten neu entgegen Weber-Bruchsal, Sieburger-Königsberg, Himmelheber-Karlsruhe, Matthies-Stralsund, unter den übrigen Teilnehmern Schönke-Stettin, Bertram-Görlitz und Germann-Leipzig.

Das Preußische Genossenschaftsgesetz war mit wesentlichen Verbesserungen Gesetz des Norddeutschen Bundes geworden. Vorsitzender N i z z e sprach dem Anwalt für seine unablässigen Bemühungen für das Gesetz den Dank des Verbandes in feierlicher Weise aus.

Zahlreiche wichtige Tagesfragen wurden durch Beschlußfassung erledigt, andere mußten der vorgerückten Zeit wegen aufs Nachjahr überwiesen werden. Das führte unter anderem zu der Anregung, künftig für die Konsumvereine, die einen immer wachsenden Raum in der Tagung beanspruchen, obschon die Zahl der anwesenden Vertreter solcher Vereine recht bescheiden war, einen eigenen Vereinstag einzuberufen, wogegen sich zunächst Schulze, Parisius und verschiedene andere Fachmänner erklärten. Gleichwohl kam es im nächsten Jahre dazu.

Die Genossenschaften hatten sich auch außerhalb ihrer unmittelbaren Geschäftsaufgaben bereits hilfreich bewährt. In Ostpreußen war infolge von Elementarereignissen ein großer Notstand ausgebrochen, zu dessen Linderung die Vereine aus allen Teilen Deutschlands namhafte Beträge beisteuerten und sonstige Unterstützung (in Naturalien) gewährten. Schulze anerkannte diesen Gemeinsinn öffentlich, und Sieburger-Königsberg sprach im Namen seiner Heimat innigen Dank aus.

— Ein zweiter Vereinstag, der 48. Allgemeine Genossenschaftstag fand 1907 in Leipzig statt. Vgl. XXXXVIII. —

XI. Tatsächlich trat 1869 zum ersten Male (und bisher nie wieder) eine Trennung des Allgemeinen Vereinstages für Konsumvereine von jenem für die übrigen Genossenschaften ein, indem diese ihre Vertreter für den 23. und 24. August nach N e u st a d t a. H a a r d t schickten, während die der Konsumvereine vom 2. bis 4. Oktober in Magdeburg sich versammelten.

In Neustadt waren 21 Verbände und 66 Vereine vertreten. Unter den Schriftführern sind Dr Knecht und Morsch von Neustadt, unter den übrigen Teilnehmern Holtbuer-Bonn, Schirmeister-Konstanz, Dr. Herz-Mannheim, Trabert-Melrichstadt, Maucher-Neustadt, Levinger-Speyer, Neumann-Tangermünde, Oppermann-Magdeburg verzeichnet. Ehrengäste waren aus Belgien und Rußland zugegen und Schulze konnte berichten, daß sein System in England,

Spanien, Italien und Griechenland neuerdings tatsächliche Nacheiferung fand Er empfahl insbesondere die fleißige Beteiligung am Giroverbande der Genossenschaftsbank und am provisionsfreien Inkasso, im Innern die Trennung der Verwaltung von der Kontrolle. Ludolf Parisius, der sich in vielen Fällen als Stellvertreter des Anwalts und verlässiger, treuer Ratgeber der Genossenschaften bewährt hatte, wurde ermächtigt, allen Vereinstagen auf Kosten des Verbandes beizuwohnen.

Bei den Angelegenheiten der Vorschußvereine kamen auch die Raiffeisenschen Darlehnskassen zur Sprache, deren langfristige Kreditgewährung unter Vorbehalt der etwa nötigen plötzlichen Kündigung seitens der Kassen als durchaus unwirtschaftlich bezeichnet werden mußte. Die Abschaffung der Guthabenbelehnung wurde dringend empfohlen, im allgemeinen die Zuständigkeit des Vorstandes und Ausschusses (Aufsichtsrates) sowie der Generalversammlung besprochen, und zu jeder dieser Fragen sachgemäßer Beschluß gefaßt. — Auch in Neustadt fand bereits ein zweiter Vereinstag statt, der Allgemeine Genossenschaftstag von 1898. Vgl. XXXIX. —

XIa. Anwalt Schulze hatte rechtzeitig vor dem Neustadter Vereinstage Anfrage an die Konsumvereine des Allgemeinen Verbandes gerichtet, ob sie die Neustadter Versammlung besuchen werden, worauf nur ganz wenig Zusagen erfolgten, was sich hauptsächlich daraus erklärt, daß damals noch ein von Dr Pfeifer in Stuttgart gegründeter und geleiteter besonderer Süddeutscher Konsumvereinsverband bestand. Das veranlaßte die Einberufung des besonderen Konsumvereinstages nach M a g d e b u r g (2. bis 4. Oktober).

Hier führte Verbandsdirektor Oppermann den Vorsitz und waren drei Verbände und 35 Vereine, darunter eine Rohstoff- und zwei Produktiv-Genossenschaften vertreten. Unter den Teilnehmern nennen wir Schulze-Neustadt, Brandt-Burg (später München), Feldheim-Magdeburg. Die Verhandlungen erstreckten sich auf eine Reihe von wichtigen Gegenständen, insbesondere auch auf die Fragen der Unterstellung unter das Genossenschaftsgesetz, der Gewinnverteilung, der Annahme von Spareinlagen, der Mankovergütung und der Großeinkaufsgenossenschaften. Der Gesamtverlauf war nicht so befriedigend, daß der Versuch der Absonderung in dieser Form je wiederholt worden wäre. Schulze sprach sich entschieden gegen eine solche Wiederholung aus. —

XII. Im Jahre 1870 konnte des Krieges wegen ein Allgemeiner Vereinstag nicht einberufen werden, die einzige Pause bisher; dagegen geschah dies 1871 für den 21. und 22. August nach N ü r n b e r g, wo sich die Vertreter von 29 Verbänden und 81 Vereinen einfanden. Schulze hatte Wert darauf gelegt, in Süddeutschland und namentlich in Bayern festeren Fuß zu fassen, war deshalb kurz vorher anläßlich des Fränkischen Unterverbandstages in München gewesen und hoffte, in Nürnberg die Gründung eines Bayerischen

Unterverbandes erzielen zu können. Da nur sieben bayerische Vereine, abgesehen von denen des Pfälzischen und des Fränkischen Verbandes, in Nürnberg vertreten waren, mußte die Sache einstweilen ruhen. Dagegen vermittelte der Vorstand des bislang selbständigen, seinerzeit von Dr Pfeifer-Stuttgart gegründeten, aber dem Allgemeinen Verbande nicht angegliederten Süddeutschen Konsumvereinsverbandes, dem Vereine aus Bayern, Württemberg und Baden angehörten, Pröbst-München, dessen Eintritt und Aufnahme in den Allgemeinen Verband.

Von den Teilnehmern am Allgemeinen Vereinstag nennen wir außer dem eben erwähnten Pröbst-München, Bauer-Potsdam, Hopf-Insterburg, Schwanitz-Apolda (später Ilmenau), Bernhardt und Ohly-Darmstadt, Keil-Havelberg, Reinhardt-Mainz, Kremser-München, Carl Crämer-Nürnberg, Strauch-Schweinitz (später Guben), Kranz-Wüstegiersdorf.

Bayern hatte ein eigenes Genossenschaftsgesetz bekommen, dessen zweiter Teil unter dem Titel „registrierte Gesellschaften" auch Genossenschaften mit beschränkter Haftpflicht zuließ; es gab zu eingehender Besprechung und scharfer Kritik Anlaß.

Im allgemeinen hatte das Kriegsjahr die deutschen Genossenschaften nicht geschädigt. Der Anwalt konnte von einem erfreulichen Aufschwunge der Mitgliederzahl, des Umsatzes, der Leistungen und des eigenen Vermögens berichten. Er warnte ausdrücklich vor der übereilten Gründung von Produktivgenossenschaften.

Das organische Statut des Verbandes wurde vervollständigt, den Vorschußvereinen neuerdings der Giroverkehr mit der Genossenschaftsbank und die Verwendung eines Teils ihrer Erübrigungen für Bildungszwecke empfohlen, und sonst eine Reihe von zeitgemäßen Fragen durch entsprechende Beschlußfassung erledigt. —

XIII. Der Vereinstag des Jahres 1872 führte uns für die Zeit vom 18. bis 21. August nach B r e s l a u . Dort waren die Vertreter von 25 Verbänden und 145 Vereinen versammelt, darunter Grundke-Naumburg, Pohl und Stelter-Königsberg, Rudolf-Halle, Schreiber-Görlitz, Ölsner-Breslau, Peters-Neviges, Schwedler-Wüstegiersdorf.

Der freie, stolze Hauch des Sieges und des Friedens zog durch die deutschen Lande. Schulze betonte den glänzenden Aufschwung des geschäftlichen Lebens, warnte aber auch vor den großen Gefahren überreichen Angebotes von Mitteln.

Schon war die Zahl der bekannten genossenschaftlichen Vereinigungen in Deutschland auf rund 3300 gestiegen. Zum ersten Male beteiligten sich an den Verhandlungen praktisch erfahrene Leiter von Baugenossenschaften aus verschiedenen Gegenden, wodurch sich die Beratungen dieser Abteilung sehr anregend gestalteten; insbesondere wurde die Beschaffung von Baugeldern gründlich erörtert. Bei den Konsumvereinen bildeten die Börsentage und der gemeinsame Wareneinkauf sowie die Stellung der Lagerhalter die wichtigsten Fragen. Bei den Vorschußvereinen kamen die Zweigvereine von Kreditgenossenschaften zu besonders gründlicher Besprechung,

Der Anwalt wurde ermächtigt, die würdige Vertretung der genossenschaftlichen Interessen bei der Wiener Weltausstellung wahrzunehmen.

XIV. 1873 sollte der Vereinstag nach München kommen. Dort waren alle Vorbereitungen getroffen, als plötzlich die Cholera ihren verheerenden Einzug hielt, und deshalb die Polizei alle größeren Versammlungen verbot. Rasch öffnete die Stadt Konstanz die gastlichen Tore, deren Bürgermeister Stromeyer schon wiederholt dringend eingeladen hatte, und wo nun vom 31. August bis 3. September eifrig getagt wurde. Die Vertreter von 27 Verbänden und 98 Vereinen und Gäste aus der Schweiz, aus Österreich und Ungarn hatten sich eingefunden. Unter den Teilnehmern finden wir Beckmann-Altona, Deichmann-Brandenburg, Kopisch-Breslau, Basler-Eigeltingen, Geffers-Insterburg, Zelle-Leipzig, Huch-Quedlinburg, Augustin-Rostock, Dr. Landgraf, Karl Meyer, Feierabend und Hahn-München.

Den bayerischen Genossenschaften wurde eine besondere Anerkennung zuteil, da es ihren Bemühungen vor allem zu danken war, daß das deutsche Genossenschaftsgesetz auch in Bayern anstelle des bisher bayerischen Sondergesetzes Eingang fand und so in Wahrheit zum Reichsgesetz wurde.

Schulze brandmarkte in seinem einleitenden Berichte mehrere schwindelhafte Unternehmungen unter genossenschaftlicher Firma, denen glücklicherweise rasch ein Ende bereitet werden konnte. — Mit Rücksicht auf den großen Geldandrang zu den Kassen der Genossenschaften wurde zur Vorsicht in Ausdehnung der Geschäfte gemahnt und vor jeder Spekulation nachdrücklich gewarnt. — Zum ersten Male wurde hier die Fürsorge für erwerbsunfähig gewordene genossenschaftliche Beamte und für die Hinterbliebenen genossenschaftlicher Beamten in Anregung gebracht, und die weitere Beratung der Frage einer Kommission in Verbindung mit dem Anwalte überwiesen, der gegen die Gründung einer eigenen Kasse für diesen Zweck ernste Bedenken äußerte.

Sonst wurden die Angelegenheiten der verschiedenen Arten von Genossenschaften, insbesondere auch der Baugenossenschaften sehr gründlich behandelt.

XV. Vom 29. bis 31. August 1874 tagten wir in Bremen. 29 Verbände und 116 Vereine waren vertreten. Am Vorsitze beteiligte sich der um den Vereinstag überhaupt hochverdiente Senator Dr. Gröning -Bremen. Unter den Teilnehmern sind Thorwart-Bremen (später Frankfurt), Reinhardt-Doberan, Knorr-Sommerfeld und Thorade-Oldenburg zu erwähnen. Dem Allgemeinen Verbande gehörten bereits 1112 Vereine an.

Sowohl der Vorsitzende Nizze als auch Anwalt Schulze, der von der Universität Heidelberg zum juristischen Ehrendoktor ernannt worden war, beklagten in ihren Ansprachen den unheilvollen Gründungsschwindel des vergangenen

Jahres, der auch an den Genossenschaften nicht spurlos vorüberging. — Die vom Anwalte veranstaltete Umfrage wegen Pensionsversicherung genossenschaftlicher Beamten hatte so wenig Anklang gefunden, daß zu weiterer Verfolgung der Sache vorerst kein Anlaß vorlag. — Genossenschaften, die sich zu Aktiengesellschaften umbilden, wurde das Verbleiben im Allgemeinen Verbande mit beratender Stimme zugestanden, — den Vorschußvereinen die ausreichende Besoldung ihrer Vorstandsmitglieder und deren Ausschluß von der Kreditgewährung empfohlen, die Vermittelung von Zeitgeschäften an der Börse widerraten.

Oppermann-Magdeburg war zum ersten Male (und seitdem mit Ausnahme der unmittelbar folgenden Jahre ununterbrochen) Berichterstatter über die Rechnung und den Haushaltvoranschlag des Allgemeinen Verbandes. — Dem Anwalte wurde zur Agitation für weitere Ausbreitung des Genossenschaftswesens ein Betrag von 900 Mk. zur Verfügung gestellt, dessen Verstärkung durch Zuweisung aus ihren Erübrigungen den Genossenschaften empfohlen wurde. — Die Gründung eines Deutschen Baugenossenschaftsverbandes wurde angebahnt.*)

Der Anwalt wurde ersucht, mit allen geeigneten Mitteln für den baldigen Erlaß eines Reichsgesetzes über Realkreditgenossenschaften einzutreten. Schulze hielt über diese Frage noch außerhalb der Tagesordnung einen besonderen eingehenden Abendvortrag und erörterte sie bald nach dem Vereinstage in seiner Schrift über die Raiffeisenschen Darlehnskassen unter Verwertung des ganzen aufgesammelten Materials. Im Reichstage hatte er schon früher einen Gesetzentwurf eingebracht. —

XVI. Was 1873 unmöglich geworden, vollzog sich 1875 (29. bis 31. August). Der Allgemeine Vereinstag hielt seinen Einzug in München, und zwar mit dem stärksten bis dahin erreichten Besuche (227 Abgeordnete), wozu der Umstand viel beitrug, daß es galt, das 25 jährige Bestehen der ältesten, von Schulze gegründeten Genossenschaften zu feiern, und daß der Engere Ausschuß einen namhaften Betrag zur Deckung der Reisekosten für besondere Abgeordnete aus jedem Unterverbande bewilligt hatte.

Unter den Teilnehmern sind besonders zu erwähnen Konrad Barth-München, Protze-Chemnitz, Hütt-Berlin, Klinkert-Breslau, Schippel-Meiningen, Fleischhauer-Waltershausen (später Gotha), Sachs-Breslau, Kühne-Hohenmölsen, Stahel-Immenstadt, Krummel-Karlsruhe, Nier-Meiningen, Flach-Augsburg (später Edenkoben). Als Gäste waren ein Vertreter des bayerischen Staatsministeriums, der Präsident der Regierung von Oberbayern sowie Abgeordnete aus Prag und Wien, darunter Engelbert Keßler (vgl. VIII)

*) Der Schreiber dieser Zeilen hatte bald nach dem Vereinstage die Freude, als Gast des Hauses Schulze in Potsdam den ersten Entwurf der Satzungen für diesen Verband zu bearbeiten.

anwesend, ebenso Bürgermeister Dr Widenmayer, der den Vereinstag namens der Stadt freundlichst begrüßte.

Schulze beendete seinen Jahresbericht mit einem Rückblick auf die 25-jährige genossenschaftliche Tätigkeit, einer kurzen, aber inhaltsvollen Rede, die verdient, immer wieder nachgelesen zu werden, und die er mit den Worten schloß: „Da tritt mir lebhaft ein großes Wort des gestürzten Kaisers in unserem Nachbarlande vor die Seele, das zugleich eine seiner großen Lügen war: „Das Kaisertum ist der Friede". Mit bessern Rechte sprechen wir es heute aus: Die Genossenschaft ist der Friede! Dies die Losung des Tages!" (Vgl. VII.)

Ein deutscher Baugenossenschaftsverband war unter Führung von Karl Mayer-München, allerdings mit nur schwacher Beteiligung zustande gekommen, aber leider nicht von langer Dauer (XVIII).

Über Verwendung des im Vorjahre bewilligten Kredits zur weiteren Förderung des genossenschaftlichen Gedankens wurde Rechenschaft gegeben, — der Mindestbeitrag der Vereine zu den Kosten des Allgemeinen Verbandes auf 10 Mk. erhöht, wobei es bisher sein Bewenden hatte, — den Vorschußvereinen empfohlen, das Eintrittsgeld niedrig, keinesfalls über 6 Mk., zu halten, — den Produktivgenossenschaften, ihre Mitgliedschaft nicht engherzig auf ihre Gewerbegenossen zu beschränken. — Unter Führung des früheren (sächsischen) Verbandsdirektors Neumeister-Schedewitz hatten sieben Konsumvereine im Verdrusse über einen Beschluß des Bremer Vereinstages sich zu einem besonderen „Deutschen Konsumvereinsverband" zusammengetan, worüber freimütige Kritik geübt wurde. Die Idee scheint nicht zur praktischen Ausgestaltung gelangt zu sein.

Zum Festmahle des Vereinstages hatten Pfälzer Genossenschaften und der Rüdesheimer liberale Wahlverein (Schulzes Wahlkreis) Ehrenwein als Jubelfestgabe gesendet, wofür Laßwitz-Breslau als stellvertretender Vorsitzender dankte. Dem Anwalte war zur Erinnerung an die Jubelfeier zu seinem Geburtstage (29. August) eine Ehrengabe in Form von silbernen Tafelgeräten überreicht worden, wofür er ebenfalls öffentlich dankte.

— Zum zweiten Male beherbergte München die deutschen Genossenschaften im Jahre 1892 (XXXIII). —

XVII. Vom 21. bis 23. August 1876 waren wir in Danzig vereint, Vertreter von 31 Verbänden und 134 Vereinen, zusammen 272 Abgeordnete nebst zahlreichen Gästen aus der Stadt und dem übrigen West- und Ost-Preußen. In den Vorsitz war neben Nizze und Schenck, Pröbst-München eingetreten; unter den übrigen Teilnehmern sind zu erwähnen Rickert-Danzig, Conrad-Speyer, Finckh-Karlsruhe, Wischmann-Heide, Moras-Ruhrort, Maul-Insterburg.

In zündender Rede begrüßte Oberbürgermeister von Winter*) namens der Stadt die Versammlung. Der Vorsitzende gedachte rühmend der großen Verdienste, die sich Alwin Sörgel, der als Direktor der Deutschen Genossenschaftsbank im Laufe des Jahres gestorben war, von Anbeginn um die deutschen Genossenschaften erworben hatte. Schulze war im Reichstag mit Erfolg gegen einige Mißstände im Raiffeisenschen Lager vorgegangen, die das ganze Genossenschaftswesen bedrohten, trat aber auch mit vollem Freimut warnend und rügend vereinzelten Mißständen im eigenen Lager entgegen. — Er sprach seine Freude darüber aus, zum ersten Male Vertreter landwirtschaftlicher Genossenschaften am Allgemeinen Vereinstage begrüßen zu können und bezeichnete die damalige Lage als das zweite Stadium in der Entwicklung der deutschen Genossenschaften, als deren Losung er ihnen „Maßhalten", Einschränken auf den eigentlichen Wirkungskreis der Genossenschaften dringend ans Herz legte. Die vielfach aufgetauchte Behauptung, die Genossenschaften könnten und wollten dem Arbeiterstande nicht helfen, wies Schulze mit einfachen Zahlen und kräftigen Worten zurück. — Beklagt wurde, daß die Beschlüsse der Allgemeinen Vereinstage von vielen Genossenschaften nicht genügend beachtet wurden, weshalb der Anwalt den Auftrag übernahm, die wichtigsten dieser Beschlüsse für die einzelnen Gattungen der Genossenschaften zum Gebrauch der Vereine zusammenzustellen.**)

Die Konsumvereine traten tatkräftig der um sich greifenden Fälschung der Lebensmittel entgegen, wobei insbesondere Dr. Landgraf-Stuttgart belebend einwirkte. — Bei den Vorschußvereinen wurde hauptsächlich der Akzeptkredit beraten, aber auch sonst nach allen Richtungen Vervollkommnung und Festigung angestrebt.

Am Heimwege folgten viele Teilnehmer des Vereinstages der Einladung Schulzes zu einem Besuche in seinem trauten Heim zu Potsdam, wo er ihnen in gemütlichem Familienkreise in Haus und Garten unvergeßlich schöne Stunden bereitete.

— Zum zweiten Male begrüßte Danzig die Deutschen Genossenschafter im Jahre 1903 (XXXXIV). —

XVIII. Vom 2. bis 5. September 1877 in **Wiesbaden**, wo 32 Unterverbände und 161 Vereine vertreten waren. Unter den Teilnehmern finden wir Stöckel-Stobingen (später Insterburg), Weinreis-Kreuznach, Braun-Königsberg, Schwarzhaupt-Lüdenscheid.

Der Kongreß für Gesundheitspflege und Rettungswesen in Brüssel hatte dem Anwalt den ersten Preis in Form einer goldenen Medaille zuerkannt,

*) Bürgermeister Stromeyer-Konstanz wohnte in seinem Hause (Nord und Süd!).

**) Zur Ausführung kam dieser Beschluß nicht; teilweisen Ersatz bietet das Buch „Die Grundlehren der Deutschen Genossenschaften" von F. X. Pröbst. Berlin. J. Guttentag 1875 und 1884.

— die italienischen Volksbanken die deutsche Organisation als mustergültig anerkannt und diesen Beschluß feierlich beurkundet, — eine Anzahl von Raiffeisenkassen dagegen Verwahrung beim Reichstage eingelegt, daß Schulze im Namen der Deutschen Genossenschaften einige ihrer Einrichtungen beanstandete. Hierauf antwortete der Vereinstag, wie es schon der Engere Ausschuß getan hatte, durch ausdrückliche Zustimmung zu dem Vorgehen des Anwaltes.

Ungeachtet der schwerbedrängten wirtschaftlichen Lage zeigte sich doch im Gebiete der genossenschaftlichen Tätigkeit überall gesunder Fortschritt, so daß die mannigfaltigen Angriffe, an denen sich besonders die neue konservative Partei beteiligte, ruhig zurückgewiesen werden konnten. Der Anwalt erinnerte an die Schustersche Gewerbebank, die 1863 gegründet worden war, um die „armen Handwerker gegen die Ausbeutung durch die Genossenschaften zu schützen", aber bald ein ruhmloses Ende nahm. Jetzt befanden sich in 702 Vorschußvereinen allein 117 000 selbständige Handwerker.

Beraten wurde über eine lange Reihe von Anträgen, namentlich über langfristige Anleihen, Kreditbedürfnis der Landwirte, strenge Kontrolle seitens des Aufsichtsrates, den Entwurf einer Novelle zum Genossenschaftsgesetze, den Schulze vorgelegt hatte, — die Steuerpflicht der Konsumvereine und deren Unkostenstatistik.

Drei neue Verbände wurden aufgenommen, darunter der endlich zustande gekommene Bayerische Verband und der Verband landwirtschaftlicher Genossenschaften in Ost- und Westpreußen. Dagegen hatte sich der Deutsche Baugenossenschaftsverband nicht als lebensfähig erwiesen und deshalb wieder aufgelöst (XVI).

— Zum zweiten Male vereinten sich in schwerer Stunde die deutschen Genossenschafter in Wiesbaden im Jahre 1896 (XXXVII). —

XIX. 22. bis 25. August 1878 in Eisenach. Schulze war rechtzeitig eingetroffen, aber sofort erkrankt, so daß er an den Sitzungen nicht teilnehmen konnte und im Geleite von Schenck-Wiesbaden alsbald die Heimreise antreten mußte. An seine Stelle trat für die Anwaltschaft der erste Sekretär Dr. Schneider, an Stelle Schencks als stellvertretender Vorsitzender Justizamtmann Schwanitz-Ilmenau ein, während die Aufzeichnung der Verhandlungen für die gedruckten Mitteilungen an Stelle von Dr. Schneider Studiosus Max Pröbst-München*) besorgte. 31 Verbände und 196 Vereine waren vertreten. Unter den Teilnehmern finden wir Schäfer-Baden, Lichtwer-Weimar, Hederer-Augsburg, Parrisius-Berlin, Direktor der Genossenschaftsbank, Gebhart-Zweibrücken, Lüdenscheid, Morgenstern-Breslau, Stadler-Konstanz (später Jnstetten), von Probst-Immenstadt, Rohreck-Karlsruhe, Sitzler-München, Dietrich-Rüdersdorf,

*) Als Staatsrat und Ministerialdirektor 1906 in München gestorben, bis zu seinem Tode ein treuer Freund der Deutschen Genossenschaften.

Balz-Stuttgart, — unter den Gästen den Sekretär des landwirtschaftlichen Zentralvereins in Cassel Dr Kraus, den Oberbürgermeister Röse-Eisenach und viele Bürger dieser Stadt. Die großherzogliche Regierung begrüßte den Vereinstag durch den Bezirksdirektor Cudray, die Stadt Eisenach durch ihren Bürgermeister Elle.

Eingehend beschäftigte sich der Vereinstag auf Antrag des Anwaltes mit der Frage der Verbandsrevision zu der damals noch keine gesetzliche Nötigung vorlag, die aber dringend empfohlen wurde — noch gründlicher mit der Anweisung zur Ausübung der Kontrolle des Aufsichtsrates in Konsumvereinen.

In Österreich hatte sich unter Leitung von Hermann Ziller ein eigener Genossenschaftsverband gebildet, weshalb fortan die Jahresberichte*) des Anwaltes sich nicht mehr auf die dortigen Vereine erstreckten.

XX. 24. bis 27. August 1879 in Stuttgart. Schulze war gesund und mit stählener Kraft wieder an seinem Platze. Vertreten waren 31 Verbände und 159 Vereine. Unter den Teilnehmern sind zu erwähnen Nölle-Lüdenscheid, Morgenstern-Breslau, Stadler-Konstanz, (später Jestetten) von Renz-Freiburg, Landauer-Gerabronn, Limmer-Kulmbach, Dr Oßwald-Ulm, Hild-Wiesbaden, Kringel-Breslau, Scheuermann und Mayer-Freiburg, Sommer und Auer-Stuttgart.

Der Vorsitzende gedachte mit ehrenden Worten der beiden verstorbenen, um die deutschen Genossenschaften hochverdienten Männer, Guttmann-Insterburg und Laßwitz-Breslau.

Die Staatsregierung wie die Stadtverwaltung ließen die Versammlung begrüßen.

Ein einstimmig zum Beschluß erhobener Antrag des Anwaltes verzeichnet die Grundforderungen bei der Geschäftsführung der Vorschußvereine, — auf Antrag des Engeren Ausschusses wurde ein Bilanzmuster festgestellt, die Beschaffung eines festen Betriebsfonds dringend empfohlen und Mittel und Wege hierfür beraten. — Einem Antrage gegenüber, bei Revision des Genossenschaftsgesetzes die Zulassung der beschränkten Haftpflicht anzustreben, wurde mit großer Stimmenmehrheit die Beibehaltung der unbeschränkten Solidarhaft als richtig anerkannt.

Gegen die Konsumvereine waren an vielen Orten wieder heftige Angriffe erfolgt, denen gegenüber der Vereinstag eine würdige Erklärung beschloß, in der alle ungerechten Vorwürfe zurückgewiesen, aber auch den Vereinen streng geordnete Geschäftsführung dringend zur Pflicht gemacht wurde.

*) Statistische Jahresberichte hatte Schulze schon sehr früh herausgegeben und dann regelmäßig fortgesetzt; der Direktor des preußischen statistischen Bureaus, Ernst Engel, anerkannte sie als unerreichte Musterleistungen freiwilliger (nichtamtlicher) Statistik.

Zum 70. Geburtstage des Anwaltes war mit Unterstützung des Allgemeinen Verbandes das Buch von A. Bernstein „Schulze-Delitzsch, sein Leben und Wirken" erschienen, das überall mit großer Freude begrüßt wurde. —

XXI. 22. bis 25. August 1880 in Altona. Zum ersten Male waren über 300 (325) Abgeordnete als Vertreter von 32 Verbänden und 147 Vereinen anwesend, darunter Trotter-Miltenberg, Gurlitt-Husum, Wiglow-Wittenberge, Puschmann-Hohenlohehütte.

In vortrefflicher, gedankenreicher Rede begrüßte Bürgermeister Hell namens der Stadt die Versammlung. Schulze konnte mit Befriedigung erhebliche Fortschritte im soliden Ausbau und in der zweckmäßigen Verfassung der Vereine sowie beachtenswerte Verwertung des vorjährigen Beschlusses in Bezug auf die Verbandsrevision hervorheben und berichten, daß es ihm gelang, mit mehreren Führern Raiffeisenscher Kassen ein freundschaftliches Verhältnis anzubahnen, so daß die Vertretung der genossenschaftlichen Interessen bei der Gesetzgebung ihm (dem Redner) überwiesen wurde. — Namhafte Beträge hatten die Genossenschaften zur Linderung der Notstände in Thüringen und Oberschlesien aufgebracht, für jene in der Lausitz wurden weitere aus Mitteln, die dem Allgemeinen Verbande zu Gebote standen, bewilligt.

Die Zeichen der Anerkennung, die Schulzes Tätigkeit und ihre Erfolge im Auslande fanden, mehrten sich, — das kennzeichnende Merkmal des Altonaer Vereinstages aber war der Antrag des Anwalts, wenn bei der Revision des Genossenschaftsgesetzes Änderungen in Bezug auf die Haftpflicht nicht zu vermeiden wären, neben der bisherigen unbeschränkten Solidarhaft eine beschränkte, gleichfalls solidare, persönliche Haftpflicht zuzulassen, aber nur eine solche, die nicht auf den Geschäftsanteil beschränkt, wohl aber über diesen hinaus auf eine bestimmte Summe für jeden Genossen begrenzt werden sollte. Schulze hatte weitblickend die Sachlage ganz richtig beurteilt, fand aber nicht sofort allseitige Zustimmung. Der Vereinstag sprach vielmehr seinem Anwalte das Vertrauen aus, daß er dem gesamten deutschen Genossenschaftswesen die bewährten Grundlagen mit aller Kraft wahren werde.

Gegen die aufgetauchten Bestrebungen auf Beschränkung der allgemeinen Wechselfähigkeit wurde ernstlich Stellung genommen, die bei den Unterverbandstagen üblich gewordenen Umfragen als sehr zweckmäßig anerkannt, und sonst sowohl für Vorschuß- wie für Konsumvereine eine Reihe anregender Verhandlungen gepflogen. —

XXII. Zum zweiten Male zogen die deutschen Genossenschafter am 25. August 1881 in Cassel ein (vgl. VIII). Die mächtig aufstrebende Stadt bot jetzt ein ganz anderes Bild. Vertreten waren 31 Verbände und 154 Vereine. Unter den Teilnehmern befanden sich als Gäste Dr. Glackemeyer-Hannover, zwei Beamte der Reichsbank und drei Vertreter landwirtschaftlicher

Genossenschaften Raiffeisenscher Richtung, Haas-Darmstadt, Dr Weidenhammer von dort und Märklin-Karlsruhe.

Der Vorsitzende gedachte eines treuen, durch den Tod abgerufenen Gefährten, Bensemann-Berlin, der vom 1. bis zum 20. allen Vereinstagen beigewohnt hatte. Bürgermeister Klöffter begrüßte den Vereinstag in herzlichen Worten und anerkannte dankbar die vorzügliche, der ganzen Bürgerschaft nutzbringende Tätigkeit des dortigen Kreditvereins. Schulzes einleitender Bericht ist eine der vortrefflichsten Ansprachen, die er je an den Allgemeinen Vereinstag richtete, und verdient immer wieder nachgelesen zu werden, eine meisterhafte Umschau über das ganze genossenschaftliche Gebiet vom höheren Standpunkte aus. Haas-Darmstadt erklärte als Vertreter der landwirtschaftlichen Genossenschaften: „Wir halten fest an dem Grundsatze der Selbsthilfe und perhorreszieren Staatshilfe und Staatsaufsicht!"

Der Entwurf einer Geschäftsanweisung für den Vorstand von Kreditgenossenschaften wurde durchberaten, — die Sorge für regelmäßige Revision der Vereine als Pflicht der Unterverbände erklärt, — der vom Anwalt im Reichstag eingebrachte Antrag auf Revision des Genossenschaftsgesetzes in seinen Einzelheiten durchgesprochen und gutgeheißen.

Schulze fühlte das Bedürfnis, seinen Geburtstag, den Schlußtag des Vereinstages, im Kreise seiner Familie zuzubringen und wurde deshalb an diesem letzten Tage wieder durch Dr. Schneider vertreten. —

— Zum dritten Male beherbergte Cassel die deutschen Genossenschafter im Jahre 1906 (XXXXVII). —

XXIII. 24. bis 26. August 1882 in Darmstadt. Unter den 216 Abgeordneten, die als Vertreter von 31 Verbänden und 139 Vereinen erschienen waren, sind zu erwähnen: Ebner-Ulm, Geminder-Darmstadt, Peter-Karlsruhe, A. Krüger-Berlin, Behrend-Weimar, unter den Gästen die drei schon im Vorjahre erschienenen Vertreter landwirtschaftlicher Vereinigungen aus Darmstadt und Karlsruhe.

Der Vorsitzende betonte, daß es sich nicht mehr darum handle, neue grundlegende Leitsätze aufzustellen, als vielmehr Sorge zu tragen, daß die Mahnungen der Allgemeinen Vereinstage nicht graue Theorie bleiben, sondern in Fleisch und Blut bei den Vereinen übergehen. In würdigen Worten gedachte er des verstorbenen Verbandsdirektors Oelsner-Breslau. Schulze konnte über durchaus befriedigende Ergebnisse der gemeinsamen Tätigkeit sowohl in den Vorschuß- wie in den Konsumvereinen berichten und begrüßte insbesondere den Eintritt der landwirtschaftlichen Bevölkerung in die genossenschaftliche Tätigkeit. Die freiwillige Verbandsrevision wurde neuerdings nachdrücklich empfohlen, war auch bei einzelnen Verbänden bereits eingeführt, bei verschiedenen anderen ernstlich angebahnt. Dabei stellten sich bedauerliche Meinungsverschiedenheiten zwischen der Leipziger Kreditbank, die sich mehr auf die Seite der staatlichen Revision stellte, und den übrigen am Vereinstage vertretenen Genossenschaften heraus, die zu einer zeitweisen, glücklicherweise bald wieder behobenen Entfremdung führten. — Der Revision des Genossenschaftsgesetzes und der weiteren Ausbildung der Einrichtungen der einzelnen Vereinsgattungen war der größte Teil der übrigen Verhandlungen gewidmet.

Schulze war schon vor Beginn des Vereinstages ins großherzogliche Schloß eingeladen und vom Großherzog empfangen worden, der ein reges Interesse für die ganze genossenschaftliche Wirksamkeit bekundete. An dem üblichen Festmahle nahm Staatsminister von Stark teil, der die besten Wünsche des Großherzogs für die gedeihliche Lösung der Aufgaben des Vereinstages überbrachte.

Nach den Wahrnehmungen, die man in Bezug auf die Tätigkeit Schulzes während des ganzen Vereinstages, seine lebendige Teilnahme an allen zur Verhandlung kommenden Fragen, seine Willenskraft und Geistesfrische zu machen Gelegenheit hatte, durfte man hoffen, ihn noch in gleich erfreulicher Rüstigkeit bei mancher späteren Tagung zu begrüßen und zu bewundern. Der Schreiber dieser Zeilen hatte nach Schluß der letzten Verhandlung im Vereine mit einem Münchener Freunde noch Gelegenheit zu einer kurzen Unterredung mit dem greisen Meister und durfte ihn aus dem bereits vollständig geräumten Saale geleiten. Ein treuherziges „Auf Wiedersehen!" und ein letzter Händedruck wurde gewechselt, — daß es wirklich der letzte fürs ganze Leben sein sollte, wer hätte das bei diesem Abschied geahnt! Im folgenden Winter warf tückische Krankheit den edlen Mann aufs Krankenlager, und am 29. April des nächsten Jahres schloß sich das treue Auge für immer. Die Sorge für seine Genossenschaften beschäftigte ihn bis zur Todesstunde. —

---

## Zweiter Abschnitt, 1883—1896. (Anwalt Schenck.)

XXIV. Als es sich in Darmstadt darum handelte, den Ort des nächstjährigen Vereinstages (1883) zu bestimmen, war Schulze kräftig für Halberstadt eingetreten, und seinem Vorschlage entsprechend wurde beschlossen. Niemand dachte daran, welche Bedeutung der dortige Vereinstag erlangen sollte. Zur Beerdigung des geliebten Toten waren die Mitglieder des Engeren Ausschusses am 2. Mai 1883 nach Potsdam geeilt, der Vorsitzende Nizze legte am Grabe namens der deutschen Genossenschaften das feierliche Gelöbnis ab, das geistige Erbe des Geschiedenen in seinem Sinne und nach seiner Lehre treu zu verwalten. Am selben Tage noch traf der Engere Ausschuß die nötigen Maßnahmen, betraute Dr Schneider mit der zeitweisen Verwaltung des Anwaltsamtes, bestellte zur Vorbereitung der Wahl des neuen Anwaltes einen Sonderausschuß (Hopf, Morgenstern, Nizze, Oppermann, Pröbst), über dessen

Vorschläge dann der Engere Ausschuß in einer außerordentlichen Sitzung am 12. und 13. August in Weimar Beschluß faßte, — und nun war der 24. Allgemeine Vereinstag auf den 29. August berufen. Den Verhandlungen ging eine würdige Trauerfeier voran, bei der Dr. Schneider die Gedächtnisrede hielt.

32 Verbände und 239 Vereine waren durch 343 Abgeordnete vertreten, von denen hier Weickert-Hildburghausen, Pendele-München, die Verbandsrevisoren Neußer (jetzt Höchst) und Michelmann zu nennen sind. Dem Allgemeinen Verbande gehörten 1043 Vereine an, darunter 821 Vorschuß- und 186 Konsumvereine.

Der bevorstehenden Wahl wegen wurde strenge Prüfung der Stimmberechtigung (Legitimation) vorgenommen.

Selbstverständlich standen die ganzen Verhandlungen unter dem Eindruck tiefer Trauer, die in den Ansprachen des Vorsitzenden wie in der Begrüßung durch Oberbürgermeister Bödcher und in dem von Dr. Schneider erstatteten Jahresberichte würdigen Ausdruck fand.

Der wichtigste Punkt der Tagesordnung war die Wahl des neuen Anwaltes. Sie fiel mit 222 von 249 abgegebenen Stimmen auf den bisherigen Direktor des mittelrheinischen Verbandes, Rechtsanwalt Friedrich Schenck aus Wiesbaden, der die Annahme der Wahl in kerniger Rede erklärte und sofort in die Aufgabe des Anwaltes am Vereinstage eintrat. Sein Gehalt wurde geregelt, als Wohnort Berlin oder einer der Vororte einschl. Potsdam festgestellt.

Der Engere Ausschuß hatte schon in seiner außerordentlichen Sitzung vom 2. Mai die nötigen Einladungen zur Errichtung eines würdigen Denkmals am Grabe Schulzes in Potsdam, außerdem aber auch zu einem Nationaldenkmal in Berlin beschlossen. Ein Aufruf zur Sammlung von Beiträgen war erlassen worden.

Der Vereinstag anerkannte, daß auch die Vaterstadt Schulzes, Delitzsch, ein Denkmal für ihren großen Mitbürger beanspruchen könne, und gab der sicheren Erwartung Ausdruck, daß die Sammlung genügende Mittel für beide Denkmäler aufbringen werde.

Schon im Jahre 1853 war Schulze als Ergebnis einer ganz im stillen von Freunden und Verehrern veranstalteten Sammlung die Summe von 47 000 Talern als Nationaldank für seine uneigennützige und aufopfernde Tätigkeit auf politischem und wirtschaftlichem Gebiete überreicht worden. Er lehnte die Bezeichnung „Nationaldank" entschieden ab, nahm auch nur einen bescheidenen Teil der Summe für sich in Anspruch als Beitrag zu den Kosten seines neuen Wohnsitzes in Potsdam und bestimmte den weitaus größeren Teil für eine Stiftung zu gunsten von Männern, die ihre Tätigkeit dem Volke widmen, und denen dafür ein Ehrensold gewährt werden sollte. Der Stiftungsrat, an dessen Spitze Rudolf von Bennigsen stand, wendete sich nun nach dem Tode Schulzes freiwillig an den Vereinstag, dem er das Recht einräumte, Vorschläge für die Gewährung solchen Ehrensoldes zu machen. Der Vereinstag sprach für das ehrende Entgegenkommen gebührenden Dank aus, hatte aber zu sofortigen Vorschlägen keinen Anlaß.

Zur Feier der silbernen Hochzeit des deutschen Kronprinzenpaares Friedrich Wilhelm-Viktoria, das im Laufe der Jahre vielfach Gelegenheit genommen hatte, den Bestrebungen Schulzes auf genossenschaftlichem Gebiete förderndes und wohlwollendes Interesse zu bekunden, war noch auf Schulzes persönliche Anregung eine Summe von 2000 Mk. aus Mitteln des Allgemeinen Verbandes bewilligt worden, über die das hohe Jubelpaar, wie über alle die reichen Gaben, die aus gleichem Anlasse aus allen Teilen Deutschlands einliefen, zu gunsten gemeinnütziger Anstalten und Unternehmungen verfügte, wovon der Vereinstag dankend Kenntnis nahm.

Ungeachtet der tiefgreifenden Beschlüsse, die in Halberstadt bezüglich der inneren Angelegenheiten des Verbandes gefaßt werden mußten, wurden die der einzelnen Vereinsgattungen nicht vernachlässigt. Insbesondere kamen die Konsumvereine ausgiebig zum Wort und wurde in Sachen der freien Verbandsrevision unter Verwertung der von Schulze hinterlassenen „Materialien zur Revision des Genossenschaftsgesetzes" ausführlich verhandelt.

In Hamburg war im Juli eine besondere Vereinigung landwirtschaftlicher Genossenschaften ins Leben getreten (der Vorläufer des inzwischen zu großer Entfaltung gelangten Reichsverbandes). Schulze hatte die Vorarbeiten zu dieser neuen Vereinigung wohlmeinend begrüßt, und der Vereinstag schloß sich dieser Auffassung an.

Die Aufzeichnung der Verhandlungen zum Zwecke der späteren Drucklegung, die bisher Dr. Schneider besorgt hatte, war diesmal dem zweiten Sekretär Häntschke übertragen. —

XXV. 10. bis 13. September 1884 in W e i m a r (vgl. I). 33 Verbände und 153 Vereine waren durch 255 Abgeordnete vertreten, darunter Föll-Eßlingen, Erbe-Stuttgart, Schulze-Gifhorn. Dazu kamen vier Revisoren und als Gäste wieder Haas-Darmstadt als Vorsitzender des Verwaltungsrates der Deutschen ländlichen Genossenschaften und zum ersten Male drei Abgeordnete des österreichischen Verbandes, der kurz vorher in Eger getagt hatte (Wrabetz, Drobitzsch und Makowski aus Wien).

Vorsitzender Nizze warf einen Rückblick auf das vergangene Vierteljahrhundert und begrüßte insbesondere die anwesenden Österreicher herzlich als liebe Bundesgenossen. An Stelle der 1859 bekannten 111 Genossenschaften waren jetzt 3700 zu verzeichnen mit mehr als einer Million Mitgliedern und mindestens zwei Milliarden Mark geschäftlicher Leistungen. Geh. Reg.-Rat Dr. Genast brachte den Gruß der großherzoglichen Staatsregierung, Oberbürgermeister Pabst den der Stadt Weimar. „Die beste Schule für die Selbstverwaltung der Gemeinde ist die Genossenschaft" sprach er unter dem Beifalle der Versammlung aus und fügte den Wunsch bei, daß seinerzeit auch der 50. Vereinstag in Weimar abgehalten werde (was beabsichtigt war, aber leider vereitelt wurde).

Anwalt Schenck erstattete seinen ersten Jahresbericht und konnte im allgemeinen einen bescheidenen, aber stetigen Fortschritt auf allen Gebieten nachweisen. Der Niedersächsische Verband (Hannover) hatte sich dem Allgemeinen Verbande angeschlossen (leider nur auf kurze Zeit, vgl. XXXII), — die freie Verbandsrevision war in durchaus erfreulicher Weise in vielen Verbänden bereits durchgeführt und hatte überall gute Früchte gezeitigt, eine Anweisung zur Vornahme dieser Revision wurde in den Grundzügen beraten und den Verbänden zur Beachtung empfohlen.

Die Fürsorge für dienstunfähig gewordene genossenschaftliche Beamte, die schon in Konstanz (XIV) behandelt worden war, wurde vom Bayerischen Genossenschaftsverbande wieder angeregt und vom Vereinstage dem Anwalte zur weiteren Verfolgung überwiesen. Auch sonst wurden für Vorschuß- wie für Konsumvereine wichtige Fragen eingehend behandelt, wozu einerseits der fortdauernde starke Geldandrang, anderseits die vielseitige Anfeindung der Konsumvereine nur zu viel Veranlassung bot.

Dr. Schneider war aus dem Dienste des Allgemeinen Verbandes ausgetreten. (Er widmete sich fortan vorzugsweise der Tätigkeit als Revisor in verschiedenen Verbänden und ist als solcher noch heute im Amte.)

XXVI. 19. bis 22. August 1885 in Karlsruhe. 33 Verbände und 178 Vereine waren durch 262 Abgeordnete, darunter Ruetz-Cassel, Hüfner-Chemnitz Billing-München, und 6 Revisoren vertreten. Der landwirtschaftliche Verband hatte 3 Mitglieder seiner Leitung als Gäste gesendet. An Stelle Dr. Schneiders als Sekretär des Verbandes war Regierungsassessor Schwiebs getreten. Staat und Stadt begrüßten den Vereinstag und seine Ziele.

Die Verbandsrevision hatte allgemein Eingang gefunden; nur zwei von den 33 Verbänden waren noch rückständig. Die regelmäßige Berichterstattung über die stattgehabten Revisionen auf den Unterverbandstagen wurde empfohlen; ebenso die Kontrolle über den Vollzug der von den Revisoren angeregten Maßnahmen in den einzelnen Vereinen durch die Verbandsleitungen.

Die im Vorjahre wieder angeregte Frage der Fürsorge für dienstunfähig gewordene Beamte war auf den Unterverbandstagen behandelt, so daß eine Reihe von Anträgen vorlagen. Zustimmung fand der Antrag des Anwalts auf Wahl einer besonderen Kommission zur weiteren Verfolgung in der Richtung, daß eine eigene Hilfskasse für erwerbsunfähig gewordene Vorstandsmitglieder und Beamte gegründet, und mit leistungsfähigen Lebensversicherungsgesellschaften Verträge zur Sicherung der Hinterbliebenen von Vorständen und Beamten der Verbände und Vereine abgeschlossen werden.

In diese Kommission wurden berufen Klinkert-Breslau, Dr Knecht-Neustadt, Pröbst-München, Schulze-Neustadt-Magdeburg und Dr Schultze-Greifswald.

Die Reservefondsfrage wurde bei Vorschuß- wie bei Konsumvereinen, bei diesen auch die Mankostatistik, bei den ersterwähnten die Frage der Sparkasseneinrichtungen, gründlich erörtert. —

XXVII. 25. bis 27. August 1886 in Kolberg. 32 Verbände und 165 Vereine waren durch 211 Abgeordnete und 12 Revisoren vertreten, darunter Lewinsohn-Bromberg (später Nakel), Weitzel-Darmstadt, Hild-Wiesbaden, Kletke-Breslau. Bürgermeister Kumert überbrachte den Willkommgruß der Stadt. Anwalt Schenck trat in scharfen Worten den Unwahrheiten gegenüber, mit denen nicht selten bei Gründung oder Befürwortung ländlicher Darlehenskassen die Wirksamkeit der Genossenschaften nach Schulzes Lehren herabgewürdigt wurde, und ebenso der fortdauernden unberechtigten Anfeindung der Konsumvereine, und erhob Widerspruch gegen den öfter gehörten Vorwurf, die Genossenschaften würden für politische Parteizwecke mißbraucht. Der Vereinstag beschloß, diesen Angriffen zunächst durch entsprechende Vorträge (Wanderredner) entgegenzutreten.

Die im Vorjahre bestellte Fürsorgekommission war im Mai in Berlin zusammengetreten, hatte mit mehreren großen Versicherungsgesellschaften vorläufige Verträge abgeschlossen und nach dem Entwurfe des Anwalts die Gründung der Hilfskasse angebahnt. Der Vereinstag gab seine Zustimmung, bestellte die Kommission auf ein weiteres Jahr und genehmigte den Beitritt des Allgemeinen Verbandes zur Hilfskasse.

Nach Schluß des Vereinstages fand die Generalversammlung statt, in der die Hilfskasse tatsächlich begründet wurde, was der Kolberger Tagung ihr eigenes Gepräge gab und dem Anwalt Schenck, der seine ganze Kraft dafür einsetzte, zum dauernden Verdienste gereicht. —

XXVIII. 25. bis 27. August 1887 in Plauen i. V. 32 Verbände und 163 Vereine waren durch 211 Abgeordnete, darunter Thomann, Enßlin und Müller*)-Stuttgart, Barnicol-Meiningen und 14 Revisoren vertreten. Assessor Dr. Crüger (der jetzige Anwalt) nahm als juristischer Hilfsarbeiter des Anwalts zum erstenmal an den Verhandlungen teil und wurde zum Schriftführeramt berufen.

Der Vorsitzende Nizze, der bereits 25 Jahre dem Engeren Ausschuß angehörte, und dem deshalb der Vereinstag seinen Glückwunsch darbrachte, konnte mitteilen, daß die genossenschaftliche Idee der Selbsthilfe auch in Amerika feste Wurzeln faßte, in New York und Baltimore die volkswirtschaftlichen Gesellschaften Ausschüsse bildeten, um genossenschaftliche Verbindungen mit anderen Ländern anzubahnen. Der gleiche Gedanke war auch von England aus angeregt. Redner verwies auf die Herrschaft des Schutzzolles und die

*) jetzt in Biberach.

zunehmende Interessenpolitik. — Oberbürgermeister Kunze, der selbst seinerzeit am ersten Vereinstag in Weimar teilgenommen hatte (I), begrüßte die Versammlung namens der Stadt mit besonders herzlichen Worten. Die Hilfskasse war ins Leben getreten und hatte durch die regelmäßigen Beiträge und freiwilligen Zuwendungen bereits ein Vermögen von über 11 000 Mk. aufgesammelt.

Äußerst eingehend wurden wieder die Fragen der Verbandsrevision und insbesondere der Wahl und Anstellung der Revisoren behandelt, ebenso die der Revision des Genossenschaftsgesetzes, wobei der Vereinstag anerkannte, daß der Zulassung einer gesetzlich geregelten beschränkten Haftpflicht neben der unbeschränkten Solidarhaft kein Bedenken im Wege stehe, den Vorschußvereinen aber auch, wenn eine solche eintreten sollte, das Verharren bei der unbeschränkten Haftpflicht empfohlen werden müsse. Bei den Konsumvereinen kam die Stellung der Lagerhalter und bei den übrigen Genossenschaften vor allem die Angelegenheiten der Rohstoff-, Magazin- und Produktivgenossenschaften zur Sprache.

XXIX. 30. August bis 1. September 1888 in Erfurt. 34 Verbände und 264 Vereine waren durch 264 Abgeordnete, darunter Lorenzen-Altona (jetzt St. Ingbert), Quassowsky-Gumbinnen, Plonz-Lichtenberg, Werner-Berlin, Keller-Ludwigshafen, und 9 Revisoren vertreten. An Gästen sind verzeichnet der Regierungspräsident von Brauchitsch-Erfurt, vier Mitglieder des geschäftsführenden Ausschusses der Vereinigung Deutscher landwirtschaftlicher Genossenschaften aus Offenbach, Oldenburg, Kiel und Soldin. Gerichtsassessor Dr. Crüger war als erster Sekretär des Anwaltes wieder anwesend und an der Schriftführung beteiligt. Er trat auch mit bestem Erfolg als Berichterstatter in Angelegenheiten der Verbandsrevision auf.

Der Vorsitzende gedachte der beiden seit dem letzten Vereinstage verstorbenen Kaiser des Deutschen Reiches und der Thronbesteigung des neuen jugendlichen Herrschers in würdigen Worten, insbesondere der Sympathien, die Kaiser Friedrich als Kronprinz dem Deutschen Genossenschaftswesen stets entgegenbrachte. Oberbürgermeister Geheimer Regierungsrat Breslau brachte den Gruß der Stadt Erfurt.

Anwalt Schenck besprach in seinem Bericht eingehend die Verhältnisse des landwirtschaftlichen Kredites und bedauerte, daß in amtlichen und außeramtlichen Veröffentlichungen die Leistungen unserer Kreditvereine auf diesem Gebiete oft mit vollem Schweigen übergangen, oft ungenügend gewürdigt oder völlig verkannt werden. — Auf seinen Wunsch erteilte der Vereinstag seine Zustimmung, daß im nächsten Jahre außer Ludolf Parisius auch Assessor Dr. Crüger als Vertreter des Anwaltes eine Anzahl Unterverbandstage besuchte. — Die Hilfskasse hatte bereits eine Unterstützung von 500 Mk. an die Witwe eines verdienten Vorstandes eines Konsumvereins gewährt.

Den wichtigsten Gegenstand der diesmaligen Verhandlungen bildete der von der Reichsregierung veröffentlichte Entwurf eines neuen Genossenschaftsgesetzes, der bereits im Reichsjustizamt von einer Kommission vorberaten worden war, zu der außer dem Anwalt noch eine Reihe im Genossenschaftswesen praktisch tätiger und erfahrener Männer beigezogen wurde.*) Die Besprechung des Entwurfs weckte in verschiedenen Punkten, ganz besonders aber in Bezug auf die Haftpflicht und den sogenannten Einzelangriff, zum Teil auch wegen der Vorschriften über die Revision große Meinungsverschiedenheiten, über die in lebhaftester Weise und so erregt verhandelt wurde, wie dies bis dahin noch kaum vorgekommen war. Die Auffassungen waren so verschieden, daß einzelne wichtige Abstimmungen nur mit einer Mehrheit von 78 gegen 71 Stimmen entschieden werden konnten. Die Beratungen nahmen die Zeit des Vereinstages auch derart in Anspruch, daß verschiedene wichtige Gegenstände der Tagesordnung unerledigt bleiben mußten. Es wurde angeregt und zugesagt, die gedruckten Mitteilungen über den Vereinstag allen Mitgliedern des Bundesrates und des Reichstages zu übersenden, damit die verschiedenen Anschauungen auch in diesen Kreisen Beachtung finden. Mit Rücksicht auf diese Verwertung waren die „Mitteilungen" dann, was bisher nie und seitdem nicht wieder der Fall war, mit einem kurzen Vorworte des Anwalts eingeleitet.

XXX. 27. bis 29. August 1889 in Königsberg i. Pr. Anwesend waren als Vertreter von 31 Verbänden und 145 Vereinen 196 Abgeordnete, darunter Wedermann-Bremen, Krug-Danzig, Haase-Gera, Anbuhl-Insterburg, Dr. Hindorf-Ruhrort, und 9 Revisoren.

Bürgermeister Hoffmann brachte den Gruß der Stadt.

Die Tätigkeit der Baugenossenschaften, die einige Jahre nahezu geruht hatte, war wieder reger geworden, die Konsumvereine wurden mehr und mehr überall zur Gewerbesteuer herangezogen. Das neue Genossenschaftsgesetz war verkündigt und trat mit dem 1. Oktober in Kraft. Die mancherlei Wünsche und Forderungen, die in den erregten Verhandlungen des Vorjahres laut geworden, wurden nur zum kleineren Teil befriedigt und zitterten deshalb in den Verhandlungen der diesmaligen Versammlung noch lebhaft nach, aber im allgemeinen wurde anerkannt, daß das Gesetz nach verschiedenen Richtungen hin Besserung gegen die früheren Zustände zu schaffen geeignet ist. Pröbst-München hatte ein Handbuch zum Vollzuge des Gesetzes geschrieben, dessen erste Exemplare bereits am Vereinstag zur Verteilung gelangen konnten. Von einem der Redner, die im Vorjahre besonders für Beseitigung des Ein-

*) Beteiligt waren außer Anwalt Schenck, Dr. Glackemeyer, Hopf, Pröbst, Schwanitz, Haas, Dr. Richarz-Unkel als Vertreter für den erkrankten Raiffeisen, Prof. Leemann-Stuttgart, die Universitätsprofessoren Dr. Goldschmidt und Dr. von Sicherer und der Reichstagsabgeordnete von Mirbach.

zelangriffes aufgetreten waren, wurde erklärt, daß er in den Genossenschaften mit beschränkter Nachschußpflicht die Genossenschaft der Zukunft erblicke, während andere, wie Ludolf Parisius, sie für unausführbar erkannten. (Der bisherige Verlauf hat gezeigt, daß die Vertreter der ersterwähnten Ansicht ganz gewiß Unrecht hatten.)

Zum großen Teil darf man es als eine wenigstens mittelbare Folge der in den letzten Jahren laut gewordenen Meinungsverschiedenheiten hinsichtlich der neuen Gesetzgebung bezeichnen, daß ein Antrag auf Änderung des organischen Statuts (vgl. VI) eingebracht, jedoch nach eingehender Verhandlung, die wieder zu sehr lebhaften Erörterungen führte, für dieses Jahr abgelehnt wurde. Der Anwalt wurde ersucht, in Verbindung mit dem Engeren Ausschuß zu prüfen, ob eine Änderung des Statuts notwendig erscheine, und gegebenenfalls diese Änderung für den nächsten Vereinstag vorzubereiten. Musterstatuten wurden für die Vorschuß- und Konsumvereine durchberaten, ebenso Geschäftsanweisungen für die Vorstände von Konsumvereinen, — den Genossenschaften verschiedener Art (abgesehen von den Vorschuß- und Konsumvereinen) empfohlen, sich zu besonderen Revisionsverbänden (Unterverbänden) zusammenzuschließen, — und hinsichtlich der Zeit des Allgemeinen Vereinstages bestimmt, daß er künftig auch in der ersten Hälfte des Monats September abgehalten werden kann. —

XXXI. 26. bis 28. August 1890 in Freiburg i. B. 32 Verbände und 136 Vereine waren durch 251 Abgeordnete und 14 Revisoren vertreten, darunter C. Scholz-Wiesbaden, Fischer-Freiburg, Stromenger-Immenstadt, Wohlgemuth-Berlin, Jäger-Ilmenau (jetzt Berlin). Als Gast war ein Vertreter des Allgemeinen Verbandes der landwirtschaftlichen Genossenschaften des Deutschen Reiches (Ihrig-Offenbach, jetzt Darmstadt) anwesend. Da Bürgermeister Nizze Familienverhältnisse halber nicht erschienen war, übertrug die Vorversammlung den Vorsitz an Justizrat Schwanitz-Ilmenau.

Namens der großherzoglichen Regierung begrüßte Ministerialrat Stoeßer die Versammlung, namens der Stadt Freiburg deren Oberbürgermeister Winterer mit besonderer Hervorhebung der großen Bedeutung des Grundsatzes der Selbsthilfe.

Das neue Genossenschaftsgesetz hatte zunächst die Folge, daß eine Anzahl von Vereinen, insbesondere Konsumvereine, den Übergang zur beschränkten Haftpflicht vorbereitete, anderseits, daß der Zugang von Vereinen verschiedener Art zum Verband infolge der gesetzlichen Revisionspflicht viel größer wurde. So hatte sich die Zahl der dem Allgemeinen Verband zugehörigen Genossenschaften bereits auf 1338 erhöht, obschon der Verband der landwirtschaftlichen Genossenschaften der Provinz Preußen ausschied und sich dem Allgemeinen Verband der landwirtschaftlichen Genossenschaften (Offenbach) anschloß. Der Anwalt erwähnte bei der Mitteilung hierüber rühmend die großen Verdienste, die sich der Direktor des genannten Verbandes, Ökonomierat Stoeckel-Insterburg, seit Jahren um den Allgemeinen Verband und um das ganze deutsche Genossenschaftswesen erworben hatte. Er wiederholte das schon am XXIX. Vereinstag ausgesprochene Bedauern darüber, daß insbesondere in amtlichen Veröffentlichungen, so in dem vom Preußischen Ministerium für Landwirtschaft herausgegebenen Werke „Preußens landwirtschaftliche Verwaltung" die Leistungen unserer Vorschußvereine für die Landwirtschaft nicht richtig gewürdigt wurden, obschon ziffernmäßig nachgewiesen werden konnte, daß diese Leistungen unserer Vereine viel größer waren als die der Raiffeisen-Vereine, die das genannte Werk mit besonderem Wohlwollen behandelte. — Zum ersten Male wurde auf diesem Vereinstag die genossenschaftliche Schöpfung des Herrn von Broich — das sozialreformatorische Genossenschaftswesen — erwähnt, das auf dem Grundgedanken der Staatshilfe, verbunden mit Selbsthilfe, beruhte, aber bald wieder von der Bildfläche verschwand.

Die im Vorjahre in Fluß gebrachte Frage der Änderung des organischen Statuts war im Laufe des Jahres weiter verfolgt, vor dem Zusammentreten des Engeren Ausschusses von einer besonders hierfür gewählten Kommission und dann vom Engeren Ausschuß selbst sorgfältig geprüft worden, kam dann auf dem Vereinstag zur Verhandlung, die wieder sehr lebhaft sich gestaltete und die Wahl eines Siebener-Ausschusses zur Folge hatte, der das ganze angesammelte Material behufs Ausarbeitung eines neuen Entwurfs in Gemeinsamkeit mit dem Anwalt überwiesen wurde. In die Kommission wurden gewählt: Enßlin-Stuttgart, Hopf-Insterburg, Matthies-Stralsund, Schwanitz-Ilmenau, Dr. Schultze-Greifswald, Schulze-Neustadt-Magdeburg und Morgenstern-Breslau.

Anwalt Schenck erstattete eingehend Bericht über die Einwirkungen des neuen Genossenschaftsgesetzes auf die Entwicklung der Genossenschaften. Über einige Anträge, auf Abänderung einzelner Bestimmungen des neuen Gesetzes hinzuwirken, sowie über die Revisionsangelegenheit berichtete der erste Sekretär Dr. Crüger. — Den Vereinen wurde zur Pflicht gemacht, jedem Versuche einer staatlichen Beaufsichtigung des Geschäftsbetriebes entgegenzutreten. — Der Höchstbetrag der Beiträge der einzelnen Genossenschaften zu den Kosten des Allgemeinen Verbandes wurde von 60 auf 100 Mk. erhöht, die weitere Regelung der Beitragsfrage dem eben erwähnten Siebener-Ausschuß überwiesen.

Bei den Konsumvereinen wurde die Frage des gemeinsamen Wareneinkaufs wieder aufgenommen, die Steuerpflicht dieser Vereine neuerdings gründlich besprochen. — Baumeister Wohlgemuth-Berlin erstattete einen vorzüglichen Bericht über Baugenossenschafts-Angelegenheiten.

Der Vereinstag sprach sein Bedauern darüber aus, daß Mitglieder von Kreditgenossenschaften in hervorragender Weise an der ungerechtfertigten Bewegung gegen die Konsumvereine sich beteiligten, statt sie in dem aufgedrungenen Kampfe zu unterstützen, wie dies dem Wesen und Zwecke des Allgemeinen Verbandes entspräche. —

XXXII. 10. bis 12. September 1891 zu Gera in Reuß. Anwesend waren als Vertreter von 32 Verbänden und 139 Vereinen 287 Abgeordnete, darunter Neugebauer-Breslau, Zademach-Guben, Kempf-München, und 18 Revisoren. Oberbürgermeister Ruick brachte die Grüße der Stadt Gera. Vom fürstlichen Kabinett traf schriftliche Begrüßung ein. Nizze führte wieder in gewohnter Rüstigkeit den Vorsitz. Dr. Crüger war zu militärischen Übungen einberufen und sandte Drahtgruß.

Der Niedersächsische Genossenschaftsverband, der nur wenige Jahre (seit 1884) dem Allgemeinen Verband angehörte, hatte seinen Austritt erklärt, was hauptsächlich darauf beruht, daß der Direktor dieses Verbandes, Dr. Glackemeyer, in den letzten Jahren und besonders bei den Vereinstagen in Erfurt und Freiburg mit eigenartigen Wünschen und Anträgen aufgetreten war, für die er wenig Anhänger, dagegen in Anwalt Schenck, Dr Crüger, Ludolf Parisius und anderen Männern der alten Schule entschiedenen Widerstand fand.

Dagegen hatte sich ein eigener Unterverband der Magazin-, Rohstoff-, Produktiv- und Baugenossenschaften in Norddeutschland gebildet (Verbandsdirektor Beckmann-Berlin, später Wohlgemuth-Berlin) und dem Allgemeinen Verbande angeschlossen; er hatte leider auch nur für wenige Jahre Bestand.

Auf der Weltausstellung 1889 in Paris war den deutschen Kreditgenossenschaften nach dem System von Schulze-Delitzsch der große Preis und dem Anwalt Schenck die goldene Medaille zuerkannt worden. Die Urkunden und Ehrenzeichen lagen dem Vereinstage zur Ansicht vor.

Die Hauptaufgabe der diesmaligen Versammlung bildete die Änderung des organischen Statuts. Der im Frühjahr gewählte Siebener-Ausschuß hatte noch in Freiburg Justizrat Schwanitz-Ilmenau zum Vorsitzenden gewählt und durch die Blätter für Genossenschaftswesen zur Einsendung von Abänderungsvorschlägen aufgefordert, was jedoch nahezu erfolglos blieb, dann im Februar und wiederholt im Mai in Berlin gemeinsam mit dem Anwalt auf Grund der von den Mitgliedern des Ausschusses ausgearbeiteten Entwürfe eine Vereinbarung getroffen, die durch die Blätter für Genossenschaftswesen bekannt gemacht und auf den einzelnen Unterverbandstagen besprochen wurde. Die dabei gemachten Erfahrungen gaben Anlaß zu einer dritten Sitzung des Ausschusses, die in Gera selbst unmittelbar vor dem Zusammentreten des Engeren Ausschusses stattfand. Die hier gefaßten Beschlüsse wurden dann im bisherigen Engeren Ausschuß, dem noch sämtliche Direktoren der Unterverbände angehörten, eingehend beraten, und über das Ergebnis all dieser Vorarbeiten erstattete nun Matthies-Stralsund namens des Siebener-Ausschusses und Scholz-Wiesbaden, dieser namens des Engeren Ausschusses, dem Vereinstage Bericht. Nach langem und schwerem Kampf war am Vorabend der ersten Hauptversammlung in Gera, man darf sagen in letzter Stunde noch eine Einigung zwischen dem Siebener-Ausschuß und dem Engeren Ausschuß zustande gekommen, so daß schließlich dem Allgemeinen Vereinstag ein von diesen beiden Ausschüssen gebilligter Entwurf unterbreitet werden konnte. Hier erfolgte einstimmige Annahme, ein Ergebnis, wie es wohl von den wenigsten Teilnehmern bei ihrer Ankunft in Gera erwartet wurde, und damit ein schönes Zeugnis für die Fähigkeit und Bereitwilligkeit aller Stimmberechtigten, ihre Einzelwünsche und Anschauungen dem großen Ganzen unterzuordnen. Die wichtigste Bestimmung im neuen Statut, das nicht mehr als „organisches" bezeichnet ist, verwandelte den bisherigen Engeren Ausschuß in den Gesamtausschuß und setzte als neue Körperschaft zur Unterstützung des Anwaltes und zur Überwachung seiner ganzen Geschäftsführung einen neuen Engeren Ausschuß ein, dessen sieben Mitglieder vom Allgemeinen Vereinstag aus der Mitte der Verbandsdirektoren oder ihrer Stellvertreter je auf drei Jahre gewählt werden. Zunächst fiel die Wahl auf: Hopf-Insterburg,*) Proebst-München, Scholz-Wiesbaden, Schwanitz-Ilmenau, Oppermann-Magdeburg, Nölle-Lüdenscheid, Morgenstern-Breslau. Zum Vorsitzenden wurde Schwanitz gewählt.

Sehr eingehend wurden wieder die Fragen der Verbandsrevision behandelt, die Rechnungsfragen des Allgemeinen Verbandes mit einer Genauigkeit, wie nie zuvor, erörtert, und das Geschäftsjahr mit dem Kalenderjahr in Einklang gebracht.

Bei den Konsumvereinen wurde die Frage gemeinsamen Wareneinkaufs und die Steuerfrage weiter verfolgt.

Nach Schluß des Allgemeinen Vereinstages, der entschieden wieder einen Markstein in der Geschichte dieser Vereinigungen bildet, pilgerten viele Teilnehmer nach Delitzsch, wo am 13. September die Enthüllung des von Bildhauer Weißenfels in München, einem geborenen Delitzscher, geschaffenen Standbildes Schulzes in würdiger Feier stattfand. Die Fest- und Weihe-Rede vor dem Denkmale hielt auf Ersuchen des Delitzscher Ortsausschusses, da Bürgermeister Nizze, der Nächstberufene, durch Heiserkeit verhindert war Pröbst-München. —

XXXIII. 24. bis 26. August 1892 wurde in München die 33. Jahresversammlung des Allgemeinen Genossenschaftsverbandes abgehalten, die erste nach Änderung des Verbandsstatuts und darum die erste, die nicht mehr als Vereinstag, sondern als Allgemeiner Genossenschaftstag

*) nach der erlangten Stimmenzahl geordnet.

bezeichnet wurde. Als Vertreter von 32 Verbänden und 131 Vereinen waren 291 Abgeordnete und 15 Revisoren anwesend, dann als Gäste der Anwalt des österreichischen Genossenschaftsverbandes Karl Wrabetz, der Direktor des Arbeiter-Spar- und Konsumvereins Fünfhaus, Drobitzsch aus Wien, und eine Anzahl von Mitgliedern des für den Genossenschaftstag gebildeten großen Ortsausschusses. Unter den Abgeordneten befanden sich Hoppe-Dresden, Wolski-Allenstein, Prippenow-Berlin, Siebert-Berlin, Spitz-Cosel, Kurz-Stettin, Brecht-Karlsruhe.

Vorsitzender Nizze gedachte in ehrenden Worten des im April verstorbenen Anwaltes der österreichischen Genossenschaften, Dr. Hermann Ziller. Ober-Regierungsrat Rasp grüßte im Namen der Staatsregierung, Bürgermeister von Borscht im Namen der Stadt, Wrabetz im Namen der österreichischen Brudervereine. Troitzsch-Delitzsch überbrachte den Dank des Denkmalkomitees und des Vorschußvereins Delitzsch für die Beisteuern der Genossenschaften zu dem schönen Denkmal, das Schulze in seiner Vaterstadt errichtet werden konnte, und für die zahlreiche Teilnahme bei der vorjährigen Enthüllungsfeier.

Anwalt Schenck erinnerte an die herrlichen Worte, die Schulze 1875 an der gleichen Stelle gesprochen (XVI).

Die im Vorjahre beschlossene Änderung des Statuts des Allgemeinen Verbandes machte auch eine durchgreifende Änderung der Geschäftsordnung für den Allgemeinen Genossenschaftstag notwendig, die hier beschlossen wurde.

Justizrat Scholz-Wiesbaden war schwer erkrankt, und es stand nicht zu hoffen, daß er der im Vorjahre übernommenen Aufgabe als Mitglied des Engeren Ausschusses fernerhin werde genügen können. An seine Stelle wurde deshalb Bürgermeister Nizze-Ribnitz gewählt, und dadurch ein Unrecht wieder gutgemacht, daß in der Aufregung des Vereinstages in Gera begangen worden war.

Zur Frage der Förderung der Rohstoff-, Produktiv- und sonstigen gewerblichen Genossenschaften hielt der erste Sekretär des Verbandes, Dr. Crüger einen ausgezeichneten Vortrag, wobei Troitzsch-Delitzsch Gelegenheit fand, Schulze gegen den am letzten Handwerkertag in Berlin laut gewordenen Vorwurf in Schutz zu nehmen er sei kein Freund des Handwerks gewesen. Nach sehr anregender Verhandlung wurde ein Antrag nahezu einstimmig angenommen, der die Unterstützung der auf Errichtung von industriellen Genossenschaften der gedachten Art zielenden Bestrebungen überall da, wo ein Bedürfnis vorliegt und die nötigen Kräfte vorhanden sind, empfiehlt und den bestehenden gewerblichen Genossenschaften den Anschluß an einen Unterverband nahelegt

Der württembergische Genossenschaftsverband stellte den Antrag, den Allgemeinen Genossenschaftstag fortan nur mehr in jedem zweiten Jahre abzuhalten, der schon früher einmal von Seite des süddeutschen Konsumvereinsverbandes aufgetaucht war, damals aber wegen vorgerückter Zeit nicht mehr zur Verhandlung kam und zurückgezogen wurde. Er veranlaßte jetzt eingehende Besprechung, fand aber nicht die Zustimmung der Mehrheit (vgl. XXXV).

Bei den Verhandlungen der Konsumvereine trat wieder die Frage des gemeinsamen Einkaufs in den Vordergrund. Fast jeder Redner brachte besondere Vorschläge. Auch Direktor Pabst aus Hamburg, der dort eine Einkaufsagentur der Deutschen Konsumvereine gegründet hatte, beteiligte sich. Eine endgültige Entscheidung wurde nicht herbeigeführt. — Bei jenen der Vorschußvereine kamen hauptsächlich die Kreditgewährung an Landwirte und die langfristigen Einlagen in Frage, ebenso die Sparkassenordnung der Vorschußvereine.

Bürgermeister Nizze hatte zum 25. Male den Vorsitz beim Allgemeinen Genossenschaftstag geführt weshalb ihm beim Festmahle ein Ehrengeschenk überreicht wurde wofür er am Schlusse der letzten Hauptversammlung herzlichen Dank aussprach.

Zur Aufnahme der Verhandlungen waren von nun an regelmäßig Reichstagsstenographen beigezogen. —

XXXIV. 24. bis 26. August 1893 in Stettin. (Vgl. VII.) Nach 28 Jahren zogen die Deutschen Genossenschafter wieder in Stettin ein. 32 Verbände und 127 Vereine waren durch 243 Abgeordnete und 14 Revisoren vertreten, darunter Dr Alberti-Wiesbaden, Sauer-Leipzig, Welck-Breslau, Vollborn-Ilmenau (jetzt Eisenach), außerdem als Ehrengäste Vertreter des Staates, der Gemeinde und verschiedener angesehener Körperschaften, namentlich auch der Anwalt des Verbandes polnischer Genossenschaften, Pfarrer Wawrzyniack aus Schrimm (jetzt Posen).

Der Vorsitzende Nizze erinnerte in seiner einleitenden freimütigen Ansprache an die bedeutsamen Beschlüsse, die der siebente Vereinstag 1865 in Stettin faßte und an den vieljährigen Kampf, den Schulze für das Zustandekommen des ersten Genossenschaftsgesetzes führen mußte, an die Gegnerschaft Lassalles und Bismarcks und an die Notwendigkeit, an dem Grundgedanken der Selbstverwaltung fest- und jede Einmischung staatlicher Beaufsichtigung fernzuhalten. Oberpräsident von Strantz und Regierungsrat von Somnitz brachten die Grüße der Staatsbehörden, Bürgermeister Giesecke die der Stadt Stettin und ihrer Einwohner, Geheimer Kommerzienrat Hacker noch besonders die der Stettiner Kaufmannschaft.

Anwalt Schenck hatte wegen Erkrankung den vorbereitenden Ausschußsitzungen nicht anwohnen können, war dort durch Dr Crüger vertreten, traf aber zu den Hauptversammlungen noch rechtzeitig ein. Der Vorsitzende sprach ihm für seine bisherige zehnjährige, verdienstvolle Tätigkeit als Anwalt dankbare Anerkennung aus. In seinem Jahresberichte bemerkte Schenck unter anderem, daß das Preußische Einkommensteuergesetz die Genossenschaften, die ihre Wirksamkeit auf den Kreis der Mitglieder beschränken, steuerfrei belassen habe, eine Bestimmung von der sich Redner (leider vergeblich) eine Besserung der bestehenden Verhältnisse versprach.

Sekretär Dr. Crüger erstattete einen ausführlichen und anregenden Bericht über die Verpflichtung des Aufsichtsrates zur Teilnahme an den Inventuren. Die Deutschen Gewerbevereine, deren Generalversammlung für September nach Wiesbaden einberufen war, hatten sich an den Anwalt gewendet, um sich einen Vortrag über gewerbliche Genossenschaften bei dieser Versammlung zu erbitten, mit dem Dr. Crüger beauftragt wurde.

Die Frage, ob Aktiengesellschaften, die früher Genossenschaften waren, in den Verband eintreten oder in ihm verbleiben können, gab zu lebhaften Erörterungen Anlaß und wurde in bejahendem Sinne entschieden.

Justizrat Schwanitz-Ilmenau berichtete als Vorsitzender des Engeren Ausschusses zum erstenmal über dessen Tätigkeit.

Wie schon bei XXXII bemerkt, wurden von Hannover (Dr. Glackemeyer) aus alle Hebel in Bewegung gesetzt, eine Trennung zwischen Vorschuß- und Konsumvereinen zu veranlassen. Der Genossenschaftstag nahm dagegen entschieden Stellung. Dr. Crüger hatte darüber einen ganz vorzüglichen Bericht erstattet, der fast alle Verhältnisse im Allgemeinen Verbande in wahrheitsgetreuer Schilderung streifte.

Für die Vorschußvereine wurde die schon wiederholt angeregte Sparkassenordnung beschlossen und über den Scheckverkehr von Direktor Thorwart-Frankfurt ein ungemein belehrender Vortrag erstattet. — Die Konsumvereine verhandelten eingehend über die in Bremen und Hamburg entstandenen großen Einkaufsgesellschaften, über die sogenannten Schnaps-Konsumvereine (Schankstellen) und über die Höhe der Geschäftsanteile bei beschränkter Haftpflicht. —

XXXV. 23. bis 25. August 1894 in G o t h a (vergl. II). Anwesend waren aus 32 Verbänden und 143 Vereinen 244 Abgeordnete und 16 Revisoren, dann drei Abgeordnete der E n g l i s c h e n Genossenschaften, Generalsekretär Gray-Manchester an der Spitze. Unter den Vertretern befanden sich Blell-Brandenburg, Herbst-Bützow, Mergler-Hachenburg, Fricke-Weimar, Arnold-Magdeburg, Gauß-Stuttgart, unter den Revisoren Seibert-Wiesbaden.

Bürgermeister Nizze war an der Teilnahme verhindert und schickte herzliche Drahtgrüße. Zum Vorsitzenden wurde Justizrat Schwanitz-Ilmenau gewählt. Er begrüßte die Versammlung herzlich, worauf Staatsrat Freiherr von Kettelhodt, selbst Ehrenmitglied des Vorschußvereins Rudolstadt, im Namen der herzoglichen Staatsregierung und Oberbürgermeister Liebetrau im Namen der Stadt Gotha die Versammlung willkommen hießen. Der Oberbürgermeister erinnerte an den bereits 1860 in Gotha versammelten Vereinstag und an die Tatsache, daß Thüringen die Wiege des Allgemeinen Verbandes war, worauf der Vorsitzende mit besonders ehrenden Worten der vieljährigen und hochverdienstlichen Tätigkeit des Regierungsrates Müller-Gotha gedachte, der dem Genossenschaftswesen in Thüringen die Wege bahnte und schon 1857 die Gewerbebank Gotha gründete, an deren Spitze er noch immer stand. Generalsekretär Gray-Manchester gab einen guten Überblick über die Verhältnisse im Englischen Genossenschaftswesen und entwickelte den Plan zu einer internationalen genossenschaftlichen Verbindung. Dr. Crüger war im Mai als Vertreter unseres Allgemeinen Verbandes beim Englischen Genossenschaftstage in Sunderland erschienen, was zunächst Anlaß zu diesem ersten Besuch Englischer Genossenschafter in Deutschland gab.

In würdiger Weise gedachte der Vorsitzende der drei Männer die seit dem letzten Genossenschaftstage der Tod uns entrissen hatte, der Verbandsdirektoren Ebner-Ulm und Basler-Eigeltingen und des Direktors der Deutschen Genossenschaftsbank, Meißner in Frankfurt a. M.

Anwalt Schenck hatte in seinem Jahresberichte zunächst des Ausscheidens des Württembergischen Unterverbands aus dem Allgemeinen Verbande zu gedenken, der hauptsächlich durch die Abneigung der dortigen Vorschußvereine (Gewerbebanken) gegen die Konsumvereine, Unzufriedenheit mit den Beschlüssen der letzten Genossenschaftstage in Hinsicht auf die Beiträge zum allgemeinen Verband und auf die von Württemberg beantragte Beschränkung der Allgemeinen Genossenschaftstage in zweijährigen Fristen — und zweifellos auch durch die von Hannover aus immer heftiger betriebene Hetze gegen den Allgemeinen Verband veranlaßt war. Der Anwalt hatte dabei von einem Württembergischen Sondergeist gesprochen, was später zu einem kräftigen Widerspruch von seiten eines Vertreters des Stuttgarter Konsumvereins (Gauß) Anlaß gab. Die Absplitterung des Württembergischen Kreditvereinsverbandes, der zurzeit noch ohne Anschluß an einen größeren Hauptverband besteht und sich jahrelang der tatkräftigen Führung des Rechtsanwalts Oßwald in Ulm als Verbandsdirektor erfreuen durfte, wurde allgemein beklagt. Man hoffte und bemühte sich eifrig, einen Wiederanschluß zustande zu bringen und zwischen den beiden Verbänden knüpften sich unter Oßwalds Leitung freundschaftliche Beziehungen wieder an.

Die lange Verzögerung in bezug auf Errichtung eines Denkmals für Schulze-Delitzsch in Berlin, die hauptsächlich darauf beruhte, daß es nicht gelang, einen Platz zur Aufstellung zu ermitteln, für den die Genehmigung der maßgebenden höchsten Stellen zu erreichen war, hatte den Schlesischen Verband zu dem Antrag veranlaßt, die für das Denkmal gesammelten Beträge der Hilfskasse zu überweisen, um damit den Grundstock zur Ruhegehaltskasse zu bilden. Der Antrag konnte die Zustimmung des Genossenschaftstages schon aus dem Grunde nicht erlangen, weil die gesammelten Mittel nicht ausschließlich aus genossenschaftlichen Kreisen herrührten und weil anderseits nicht daran zu zweifeln war, daß fortgesetzte Bemühungen doch endlich von dem gewünschten Erfolge begleitet sein werden, was ja glücklicherweise auch der Fall war.

Dr. Crüger erstattete einen eingehenden und belehrenden Bericht über die Grundsätze, Ziele und Erfolge der Genossenschaften nach Schulze-Delitzsch gegenüber den Bestrebungen und Leistungen der Genossenschaften nach dem System Raiffeisen, worauf nach lebhafter Besprechung die vielen Unwahrheiten, die bei Errichtung von Darlehnskassen über die Schulzeschen Vereine verbreitet wurden, mit Entrüstung zurückgewiesen wurden.

Dem Statut des Verbandes wurde ein Satz angefügt, durch den die Aufnahme von Gesellschaften mit beschränkter Haftung in den Allgemeinen Verband durch Beschluß des Allgemeinen Genossenschaftstages ermöglicht wird.

Die Beiträge der Kredit- und Baugenossenschaften zu den Kosten des Allgemeinen Verbandes wurden ermäßigt.

Den fortgesetzten Angriffen gegen die Konsumvereine trat Dr. Crüger durch einen ausgezeichneten Vortrag entgegen in dem auch die Mittel zur Abwehr behandelt sind. Der Genossenschaftstag beschloß die Drucklegung des Vortrags behufs Verbreitung seitens der einzelnen Vereine.

Vom Süddeutschen Konsumvereinsverband war der Antrag eingebracht, künftig die Verhandlungen über die besonderen Angelegenheiten der Vorschußvereine, der Konsumvereine und der übrigen Genossenschaften gleichzeitig in verschiedenen Räumen abzuhalten und so die Dauer des Allgemeinen Genossenschaftstages abzukürzen was nach eingehender und lebhafter Besprechung vorerst abgelehnt wurde. (Später fand die Anregung vorübergehend tatsächliche Verwirklichung, die aber bald wieder aufgegeben werden mußte, vgl. XXXIX.)

Bei den Vorschußvereinen wurde in eingehender Weise über Diskontkredit, über die Höchstkredite (die die Reserven nicht übersteigen sollen) und über das eigene Vermögen (das auf 50 Proz. der im Geschäft verwendeten fremden Gelder und ein Drittel des gesamten Betriebsfonds, vgl. I, gebracht werden soll) sowie über die Höhe der Geschäftsanteile verhandelt.

Vom Engeren und Gesamtausschuß war Anwalt Schenck ersucht worden, für die einzelnen Genossenschaftsgattungen, in erster Reihe für die Vorschußvereine zweckmäßige Handbücher herzustellen, die in ähnlicher Weise wie das Schulzesche Werk „Vorschuß- und Kreditvereine als Volksbanken" alles enthalten sollten, was für die praktische Verwirklichung der genossenschaftlichen Lehren in solchen Vereinen notwendig erscheint. Die Mahnung wurde in Gotha sehr nachdrücklich wiederholt, und die bestimmte Erwartung ausgesprochen, daß sie nunmehr alsbald Beachtung finden werde. —

XXXVI. 28. und 30. August 1895 in Augsburg. Anwesend als Vertreter von 31 Unterverbänden und 135 Vereinen 246 Abgeordnete, darunter Hartung-Merseburg, Weinmann, Samm und Chur-Augsburg, Jordan-Görlitz, dann 14 Revisoren, ein Abgesandter der Dänischen Staatsregierung, eine größere Anzahl von Mitgliedern des großen landwirtschaftlichen Kreditvereins Augsburg und sonstige Einwohner der Stadt und Umgebung.

Bürgermeister Nizze-Ribnitz war zwar zum Genossenschaftstag erschienen, hatte aber mit Hinweis auf seine vorgerückten Jahre den ihm wieder angebotenen Vorsitz auf das entschiedenste abgelehnt. Die Vorversammlung wählte deshalb zum Vorsitzenden den Direktor des Bayerischen Genossenschaftsverbandes, Probst-München, der schon wiederholt in Stellvertretung dieses Amtes gewaltet hatte. Er gedachte in seiner einleitenden Ansprache zunächst zweier hochverdienter Männer, die leider durch Krankheit und Alter am Erscheinen verhindert waren, Schwanitz-Ilmenau und Bichtler-Merseburg und würdigte eingehend die hohen Verdienste seines Vorgängers im Ehrenamte des Vorsitzes, Nizze. Am Beginn der zweiten Hauptversammlung (29. August) erinnerte der Vorsitzende an Schulzes Geburtstag. Den unvergeßlichen Meister zu ehren, erhob sich die Versammlung von den Sitzen. — Regierungsrat Koerte überbrachte die Grüße der Staatsregierung, Rechtsrat Bacher die der Stadt Augsburg. Bürgermeister von Fischer nahm, eben aus Urlaub zurückgekehrt, noch am Festmahle teil.

Anwalt Schenck konnte in seinem Jahresberichte mitteilen, daß endlich ein geeigneter Platz zur Aufstellung des Schulze-Delitzsch-Denkmals in Berlin gefunden wurde und die höchste Genehmigung erhielt, so daß fortan die Arbeiten für dieses Denkmal rüstig betrieben werden konnten, und erwähnte dann die Gründung und Eröffnung der Preußischen Zentral-Genossenschafts-Kasse, über deren Wirksamkeit im Laufe der Tagung mehrmals entgegengesetzte Anschauungen zutage traten.

Die in Kolberg (XXVII) gegründete Hilfskasse war bereits soweit herangereift, daß nunmehr die Gründung der Ruhegehaltskasse ernstlich in Aussicht genommen werden konnte, weshalb aus ihren Mitteln der Betrag von 100 000 Mk. als Stammkapital der Ruhegehaltskasse überwiesen wurde.

Professor Dr. Huber-Stuttgart hielt einen außerordentlich belehrenden Vortrag über die Währungsfrage, zu dem insbesondere Direktor Thorwart-Frankfurt willkommene Ergänzungen brachte, und dessen Drucklegung beschlossen wurde.

Über die Entwickelung der Verbandsrevision berichtete wie seit Jahren regelmäßig Anwalt Schenck in ausführlicher Weise. Durch Beschluß des Genossenschaftstages wurde den einzelnen Vereinen wie den Verbänden die zweckmäßige Ausbildung des Revisionsdienstes ans Herz gelegt. — Auf Grund eines vortrefflichen Vortrages von Dr. Crüger wurde ein Beschluß gefaßt, der die Aufgaben und Ziele der Genossenschaften in kurzen, kernigen Zügen kennzeichnet und ihnen das Festhalten an den ewig wahren wirtschaftlichen und sittlichen Grundsätzen der Selbsthilfe, Selbstverwaltung und Selbstverantwortung zur Pflicht macht.

Ein Vortrag von Dr. Alberti-Wiesbaden behandelte die Frage der Zentralkassen, wobei selbstverständlich in erster Reihe die neue Preußische Zentral-Genossenschafts-Kasse erwähnt wurde, und ein lebhafter Meinungskampf über deren Wert und Bedeutung entstand.

Die Förderung der Handwerkergenossenschaften und die Pflege genossenschaftlicher Verbindungen mit ihnen wurde neuerdings den übrigen Genossenschaften dringend empfohlen, — bei den Beratungen der Baugenossenschaften wurde die Höhe der Geschäftsanteile (in der Regel nicht unter 200 Mk.) eingehend behandelt, ebenso bei den Konsumvereinen der Verkauf an Nichtmitglieder.

Da Justizrat Schwanitz die Leitung des Thüringischen Genossenschaftsverbandes niedergelegt hatte und infolgedessen auch aus dem Engeren Ausschuß ausgeschieden war, wurde an seine Stelle Dr. Alberti-Wiesbaden in diesen Ausschuß gewählt.

Die Handbücher, um deren Herstellung der Anwalt schon früher wiederholt ersucht worden war (XXXII), waren immer noch nicht erschienen, was zu recht gereizten Äußerungen im Engeren und Gesamtausschusse Veranlassung bot. Die Mahnung vom Vorjahre wurde deshalb wiederholt.

Wiederholt hatten in den Vorjahren die anwesenden Verbandsrevisoren sich zur gemeinsamen Besprechung für ihre Tätigkeit besonders wichtiger Gegenstände und der gewonnenen Erfahrungen zu sogenannten Konferenzen versammelt, denen zumeist auch eine Anzahl von Verbandsdirektoren und sonstigen Teilnehmern am Allgemeinen Genossenschaftstage, sowie der Anwalt anwohnten. Die gedruckten Mitteilungen über den Augsburger Genossenschaftstag enthalten zum ersten Male auch kurze Aufzeichnungen über die bei dieser Konferenz behandelten Gegenstände. Daraus ist zu entnehmen, daß verhandelt wurde über die Vornahme der Inventuren, über die Buchführung in Kreditgenossenschaften, wobei insbesondere die amerikanische Buchführung Freunde und Gegner fand, und über die Abfassung der Revisionsberichte. Es wurde davor gewarnt, Gegenstände hier in Beratung zu ziehen, die ihrem Wesen nach nicht ausschließlich vor die Revisorenkonferenz gehören, sondern besser am Allgemeinen Genossenschaftstag selbst ausgetragen werden.

Auch die Vertreter der Konsumvereine hatten seit Jahren außerhalb der Sitzungen des Allgemeinen Vereins- oder Genossenschaftstages besondere Beratungen gepflogen, in denen in der Regel Gegenstände vorwiegend technischer Natur zur Verhandlung oder auch solche, die für den Allgemeinen Genossenschaftstag bestimmt waren, zur Vorberatung kamen. Auch über diese Beratungen bringen die gedruckten Mitteilungen für 1895 zum ersten Mal Berichte. Sie beschäftigten sich mit der Versicherung der Vereinsangestellten, mit der Mitgliedschaft von Frauen, mit der Unterscheidung zwischen städtischen und ländlichen Konsumvereinen, mit der Sicherstellung der Diensteskautionen und selbstverständlich mit der gegnerischen Agitation. —

XXXVII. 26. bis 28. August 1896 in Wiesbaden. Nicht so frohgemut wie im Jahre 1877 zogen diesmal die Genossenschafter in Wiesbaden ein, aber in einer Anzahl, wie bisher noch auf keinem der Genossenschaftstage, denn es galt, ernste und schwierige Aufgaben zu lösen. In den letzten Jahren hatte die Geschäftsführung des Anwaltes Schenck manches zu wünschen übrig gelassen, seine Kraft und sein Wille, die sich in den ersten Jahren seiner Anwaltschaft hoffnungsreich auf den verschiedensten Gebieten bewährten, schienen gebrochen, der frühe Tod seiner Gattin, einer vortrefflichen Frau, schien wie lähmend auf ihn zu wirken, er hatte mehr und mehr die Arbeiten seinen wackeren Sekretären, vor allem Dr Crüger überlassen, der sie auch mit jugendlichem Mute und bewunderswertem Verständnis übernahm und durchführte, — ganz besonders aber hatte der rechnerische Teil der Geschäftsführung Schencks dem Engeren Ausschusse zu ernsten Mahnungen und Forderungen Veranlassung gegeben, die sich derart zuspitzten, daß in der Frühjahrssitzung des Jahres 1896 eine außerordentliche Sitzung in Sicht genommen und dem Anwalt aufgetragen werden mußte, bis dahin die gerügten Mängel zu beseitigen. Die Frist wurde nicht eingehalten, die außerordentliche Tagung des Engeren Ausschusses kam zustande und endete damit, daß Schenck seine Stelle kündigte und sofort einen bis zum Ablauf der Kündigungsfrist währenden Urlaub antrat. Die Kasse des Verbandes hatte er vor dem Beginne der außerordentlichen Sitzung vollständig in Ordnung gebracht, der Gewährung der nachgesuchten Entlassung stand nichts im Wege. Und nun galt es, von allen diesen Vorgängen dem Gesamtausschusse der der Natur der Sache nach vorher nur schriftlich und ohne näheres Eingehen in die Einzelheiten verständigt werden konnte, und dem Allgemeinen Genossenschaftstage Bericht zu erstatten und die Wahl eines neuen Anwaltes vorzunehmen.

Anwesend waren als Vertreter von 32 Verbänden und 235 Vereinen 382 Abgeordnete, dann 19 Revisoren und unter den Ehrengästen wieder Generalsekretär Gray-Manchester sowie Professor Dufourmantelle-Paris, der Sekretär des Verbandes der französischen Kreditgenossenschaften.*)

*) Die italienischen Genossenschaften hatten im Frühjahr des Jahres einen herrlichen Bronzekranz für das Grab von Schulze-Delitzsch gestiftet, der gerade an dem Tage in Gegenwart der Mitglieder des Engeren Ausschusses, des Anwaltes Schenck sowie einiger persönlicher Freunde Schulzes im Friedhof zu Potsdam niedergelegt wurde, an dem der Zwiespalt zwischen Schenck und dem Engeren Ausschusse als Vertreter des Gesamtverbandes zum vollen Ausbruche kam.

Den Vorsitz führte wieder Pröbst-München, ihm zur Seite standen als Stellvertreter Klinkert-Breslau und Dr. Alberti-Wiesbaden, unter den Schriftführern befand sich Referendar Dr. Scholz, der spätere Sekretär der Anwaltschaft, ein Sohn des früheren Verbandsdirektors und Mitgliedes des Engeren Ausschusses, Justizrat Scholz-Wiesbaden.

Der Vorsitzende begrüßte die Versammlung, die Vertreter der Staats- und Gemeinde-Behörden und -Körperschaften, die auswärtigen Ehrengäste und alle übrigen Teilnehmer, insbesondere aber die beiden Veteranen der genossenschaftlichen Arbeit, Schwanitz-Ilmenau und Stoeckel-Insterburg, die nach mehrjähriger Abwesenheit wiedergekehrt waren, um an dem gemeinsamen Werke sich mit alter Liebe und Treue zu beteiligen, und beklagte den schweren Verlust, den die Deutschen Genossenschaften durch den Tod einer Reihe von hochverdienten Männern, Gurlitt-Husum, Hopf-Insterburg, Huch-Quedlinburg, Hütt-Berlin erlitten hatten.

Bürgermeister Heß überbrachte den Willkommengruß der Stadt Wiesbaden in besonders herzlicher Weise, an Schulzes Verdienst als Vertreter Wiesbadens im Reichstag erinnernd, — Buchhändler Limbarth den der Wiesbadener Handelskammer, Gray-Manchester den der englischen, Professor Dufourmantelle den der französischen Genossenschaften, der ganz besonders freundlich aufgenommen wurde.

Da selbstverständlich der bisherige Anwalt nicht zu dieser Tagung erschienen war, erstattete der erste Sekretär des Verbandes, Dr. Crüger, dem der Engere Ausschuß schon im Frühjahr die Stellvertretung des Anwaltes übertragen hatte, den Jahresbericht. Er erwähnte darin die Verschlimmerung des Genossenschaftsgesetzes durch die Novelle vom 12. August 1896, die insbesondere die Strafbestimmungen für Konsumvereine enthält, die entgegen der Vorschrift des § 8 des Gesetzes vom Jahre 1889 Waren auch an Nichtmitglieder abgeben. —

Der Redner entrollte außer der Geschichte des letzten Jahres erfreuliche und trübe Bilder hinsichtlich der Entwickelung des genossenschaftlichen Lebens, bedauerte das immer mehr um sich greifende Streben nach Staatshilfe und die Lässigkeit der Handwerker in Bildung und Ausbildung gewerblicher Genossenschaften, die doch ein vortreffliches Mittel bieten, den Stand zu kräftigen und wieder zur Blüte zu erheben. Er erntete lebhaften Beifall.

Dr. Crüger erstattete auch einen eingehenden Bericht über die beschränkte Haftpflicht, infolgedessen die Zulassung dieser Haftpflicht neben der unbeschränkten als ein Fortschritt in der Entwickelung des Deutschen Genossenschaftsrechtes anerkannt, als Voraussetzung des Übergangs zur beschränkten Haftpflicht aber bezeichnet wurde, daß die Genossenschaft nur in geringem Maße Kredit bedarf oder durch die Ansammlung eines reichlichen eigenen Vermögens in Geschäftsguthaben und Reserven sowie durch ihre Geschäftseinrichtungen die unentbehrliche Grundlage für größere Kredite sich geschaffen hat.

Bei Besprechung der durch die Gesetzesänderung notwendig gewordenen neuen Anweisungen, Ausweise und sonstigen Formulare wurde dem Bedauern über die geringe Würdigung, die die genossenschaftliche Tätigkeit bei der Abänderung des Gesetzes gefunden hatte, Ausdruck gegeben, und feierlich Verwahrung eingelegt gegen die bei diesem Anlasse zutage getretene Unterschätzung der genossenschaftlichen Grundsätze.

Die Hilfskasse konnte bereits über ein Vermögen von 168 000 Mk. verfügen und hatte schon in manchen Fällen schwerer Bedrängnis Unterstützungen gewährt, die viele Tränen trockneten und schwere Sorgen milderten.

Nun trat der Genossenschaftstag an seine Hauptaufgabe heran. Pröbst-München, der an Stelle von Schwanitz zum Vorsitzenden des Engeren Ausschusses gewählt war, erstattete sehr ausführlichen Bericht über die Tätigkeit dieses Ausschusses im letzten Jahr und insbesondere über die oben schon kurz erwähnten Vorgänge, die zum Rücktritte des Anwaltes Schenck geführt hatten. Die angestellten Erhebungen hatten ergeben, daß Schenck schon vor Jahren von einem heftigen Influenzaanfall heimgesucht worden war, von dem er sich nur schwer erholte, und daß solche Anfälle in gemindertem Grade sich wiederholten, so daß der Arzt der Familie gegenüber Bedenken über die Fortsetzung der geschäftlichen Tätigkeit Schencks äußerte, sein Gesundheitszustand also tatsächlich gefährdet war, was auch im Engeren Ausschusse schon 1894 in vertraulicher Weise zur Besprechung kam, — und daß Schenck selbst nur durch den Wunsch, bei der Enthüllung des Denkmals für Schulze-Delitzsch noch als dessen Nachfolger mit tätig zu sein, von früherer Rücktrittserklärung abgehalten worden war. Ein aus der Versammlung eingebrachter Antrag, dem Engeren Ausschusse wegen ungenügender Kontrolle Mißbilligung auszusprechen, wurde mit überwältigender Mehrheit abgelehnt, der Gegenantrag, sich durch die Ausführungen des Berichterstatters für befriedigt zu erklären und zur Tagesordnung überzugehen, mit großer Mehrheit angenommen. So schloß die erste Hauptversammlung mit Erledigung einer Angelegenheit, die man wohl wieder als einen Markstein in der Geschichte des Allgemeinen Verbandes und als die schwerste Heimsuchung bezeichnen darf, die diesen Verband — abgesehen vom Tode Schulzes — je getroffen hat.

Im Beginn der zweiten Hauptversammlung erstattete Oppermann-Magdeburg Bericht über den Rechnungsdienst des Verbandes, und dann leitete Proebst-München die Wahl des neuen Anwaltes durch einen erschöpfenden Vortrag über die Anforderungen ein, die dieses Amt an seinen Mann stellt, die deshalb auch der Allgemeine Genossenschaftstag mit aller Strenge stellen muß, worauf er die Wahl des früheren ersten Sekretärs und nunmehrigen stellvertretenden Anwaltes Dr. Crüger vorschlug, der als Bewerber aufgetreten war, während andere Bewerbungen nicht vorlagen, und der in seiner jahrelangen Tätigkeit als juristischer Mitarbeiter und Sekretär der Anwaltschaft im inneren Dienste, auf den Unterverbandstagen und Allgemeinen Genossenschaftstagen und durch seine literarischen Arbeiten sich die volle Anerkennung und das Vertrauen der Verbände und Vereine im hohen Maße errungen hatte. Nach lebhafter Erörterung aller einschlägigen Fragen wurde Dr. Crüger mit 216 von 249 abgegebenen Stimmen gewählt. Der stellvertretende Vorsitzende Klinkert-Breslau begrüßte ihn und ersuchte ihn, das neue Amt sofort anzutreten. In kurzer, markiger, wiederholt von allgemeinem Beifall unterbrochener Ansprache dankte der neue Anwalt für das ihm bewiesene Vertrauen und gab die Versicherung ab, seine ganze Kraft dem Amte im Geiste des unvergeßlichen Schulze-Delitzsch zu widmen.

An Stelle des verstorbenen Hopf wurde Verbandsdirektor Finckh-Karlsruhe in den Engeren Ausschuß gewählt, und nach Genehmigung des Voranschlages für das nächstfolgende Jahr die zweite Hauptversammlung geschlossen.

Am Abend fand das übliche Festmahl statt, bei dem dem Vorsitzenden Pröbst-München in Anerkennung seiner 25jährigen Tätigkeit im Engeren Ausschuß alter und neuer Ordnung ein großer silberner Pokal überreicht wurde, wofür er am Beginne der dritten Hauptversammlung seinen Dank aussprach. In dieser Versammlung wurde den Genossenschaften empfohlen, die Produktivgenossenschaften nach Möglichkeit durch Abnahme von Waren zu unterstützen, ebenso den Kreditgenossenschaften der Beitritt zum Giroverband der Genossenschaftsbank und die Ausbildung des Scheckverkehrs sowie die genügende Stärkung des eigenen Vermögens. — Bei den Verhandlungen der Baugenossenschaften wurde anerkannt, daß zwischen den Bau- und Sparvereinen, die in der Hauptsache nur Häuser zum Vermieten an ihre Mitglieder bauen, und den Baugenossenschaften, die in der Hauptsache die gebauten kleineren Häuser an ihre Mitglieder veräußern, kein wesentlicher Unterschied besteht, und ein inniges Zusammenwirken beider Arten in hohem Grade wünschenswert erscheint, ein Wunsch, der leider bisher nicht vollständig zur Erfüllung gelangte. — Bei den Konsumvereinen war die fortgesetzte heftige Gegnerschaft der Kolonialwarenhändler und anderer Gruppen des Gewerbe- und Handelsstandes Gegenstand eingehender Besprechung, infolgederen den Vereinen eine Reihe von Möglichkeiten empfohlen wurde, diesen unberechtigten Forderungen wirksam, insbesondere im Wege fortgesetzter, unermüdlicher Aufklärung entgegenzutreten.

Bei den Sonderverhandlungen der Konsumvereine (vgl. XXXVI) wurde in sehr anregender Weise über die Versicherung der Angestellten, die Legitimation beim Wareneinkauf, die besonderen Schwierigkeiten, die die Gesetzesnovelle geschaffen hatte, die Verbindung mit landwirtschaftlichen Produktivgenossenschaften, die in Bremen und in Hamburg gegründeten großen Einkaufsgesellschaften und die Beteiligung der Frauen an der genossenschaftlichen Arbeit verhandelt und Dr. Schneider-Potsdam der wohlverdiente Dank für seine Tätigkeit im Reichstage zugunsten der Konsumvereine ausgesprochen.

Die Verbandsrevisoren verhandelten über die Ermittelung der Mitgliederzahl am Jahresschluß und deren Bekanntgabe, über die rechnerischen Grundlagen der Revision, die Behandlung der Giroverbindlichkeiten, die Verpfändung von Hypotheken, die Prüfung von Sparbüchern während der Revision, die Abgabe der Revisionsberichte, die Gewährung größerer Kredite, die Drucklegung der für die Verbandstage bestimmten Generalberichte, die den Mitgliedern einzuräumenden Höchstkredite, die sogenannten Extrakredite, die Einzelfirmen als Mitglieder, die Vervollkommnung der Geschäftsberichte und das Depotgesetz, — eine Auswahl von Gegenständen, von denen selbstverständlich nur wenige zu eingehender Verhandlung gelangen konnten. —

---

## Dritter Abschnitt, 1897—1909. (Anwalt Dr. Crüger.)

XXXVIII. 25. bis 28. August 1897 in Rostock. Anwesend als Vertreter von 31 Verbänden und 150 Vereinen 247 Abgeordnete, darunter Heins-Bremen, Radestock-Dresden, Jakobskötter-Erfurt, Och-Gotha, nebst 19 Revisoren, darunter Kuckuck, dann als Ehrengäste Vertreter der Preußischen und der Mecklenburgischen Staatsregierung, der Rostocker Stadtverwaltung und verschiedener Körperschaften, sowie Generalsekretär Gray-Manchester. Unter den Schriftführern war der neue Sekretär des Verbandes Dr. Wernicke. Schwanitz-Ilmenau schickte Drahtgruß.

In seiner Begrüßung gedachte der Vorsitzende Pröbst ehrend der beiden seit dem letzten Genossenschaftstage verstorbenen verdienten Freunde, Justizrat Hupfeld-Cassel und Bürgermeister Strauch-Guben und feierte unter stürmischem Beifall die großen Verdienste des früheren Vorsitzenden, des mitanwesenden Bürgermeisters Nizze-Ribnitz, in dessen Heimatland der Genossenschaftstag zum ersten mal versammelt war. Geheimer Oberfinanzrat Balck begrüßte die Versammlung im Namen des Herzogs-Regenten und der herzoglichen Staatsregierung — Geheimer Ober-Regierungsrat Dr. Hermes-Berlin namens des Preußischen Ministeriums für Landwirtschaft, Domänen und Forsten, indem er besonders betonte, daß zum ersten male ein Vertreter der Preußischen Regierung dem Genossenschaftstage beiwohnte — Bürgermeister Maßmann namens der Stadt, Dr. Witte namens des Mecklenburgischen Handelsvereins.

Anwalt Dr. Crüger machte in seinem Berichte Mitteilung von einer Anregung von Ludolf Parisius auf Gründung eines Schulze-Delitzsch-Archivs und von dem erfolgten Anschlusse des Allgemeinen Verbandes an den internationalen Genossenschaftsverband (s. XXXXVI) und kam eingehend auf die Staatsunterstützung zu sprechen, die vielen Genossenschaften gewährt wurde und ihnen keineswegs immer zum Segen gereichte, während anderseits die Selbsthilfe von den urteilsfähigsten Männern, wie von dem Reichsbankpräsidenten Koch, in ihrem ganzen Werte anerkannt wurde. Geheimrat Dr. Hermes nahm Anlaß, kurz auf einige Äußerungen des Anwalts zu erwidern wobei er unter anderem betonte daß auch die Regierung die Staatshilfe nur als ein „notwendiges Übel" betrachte.

Bürgermeister Nizze lehnte mit Rücksicht auf sein Alter und seine schwankende Gesundheit eine Wiederwahl in den Engeren Ausschuß mit aller Bestimmtheit ab. An seine Stelle wurde Verbandsdirektor Wolski-Allenstein gewählt. — Unter Führung des Baumeisters Wohlgemuth-Berlin hatte sich ein neuer Deutscher Baugenossenschaftsverband gegründet der in den Allgemeinen Verband aufgenommen wurde.

Professor Bernhoeft-Rostock hielt einen äußerst belehrenden Vortrag über das Bürgerliche Gesetzbuch und das neue Handelsgesetzbuch und deren Bedeutung für die Genossenschaften. Solche Vorträge kehren in den folgenden Jahren in wachsender Zahl wieder; man darf sie als ein Zeichen der Zeit betrachten. Die praktischen Fragen sind zum großen Teile gelöst oder der Lösung nahe — der Drang nach geistiger Hebung wird immer kräftiger und Anwalt Dr. Crüger trägt ihm volle Rechnung.

Die Verhandlungen der gemeinsamen Angelegenheiten sowohl als jener der einzelnen Gattungen von Genossenschaften waren in diesem Jahre besonders lebhaft und verdienen fleißig nachgelesen zu werden. Ganz besonders gilt dies von dem Pfälzischen Antrag auf baldigen Erlaß eines Scheckgesetzes dem Thüringischen gegen die Umwandlung von Genossenschaften in Aktiengesellschaften, dem Mittelrheinischen gegen die staatliche Beaufsichtigung des Sparkassenbetriebs der Vorschußvereine, dem Schlesischen gegen übereilte Gründung von neuen Genossenschaften, namentlich auf dem Gebiete des landwirtschaftlichen Kreditwesens, dem Antrag des Engeren Ausschusses auf unablässige Weiterentwickelung und Vervollständigung der inneren genossenschaftlichen Einrichtungen, wobei sehr vorteilhaft die bisherigen Erfahrungen bei der Verbandsrevision verwertet wurden, — dem Berichte Wohlgemuths über die Beschaffung von Baugeldern und Hypotheken für Baugenossenschaften, dem Antrage des Anwalts über die gesunde Entwickelung der Konsumvereine sowie über Hausbesitz und Hausanteilscheine dieser Vereine.

Das in den letzten Jahren vielbegehrte Handbuch für Vorschußvereine, eine neue Auflage des Schulzeschen Werkes „Vorschuß- und Kreditvereine als Volksbanken" war durch die unermüdliche Tätigkeit des neuen Anwalts endlich erschienen.

Die Konsumvereine hielten auch in diesem Jahre wieder Sonderberatungen außerhalb der Versammlungen des Allgemeinen Genossenschaftstages ab, in denen die Lagerhalterfrage, die Warenprüfung, der Warenbezug von landwirtschaftlichen Genossenschaften, der Branntweinkleinhandel, wiederholt auch die Beteiligung der Frauen an der genossenschaftlichen Arbeit zur Sprache kamen.

Ebenso waren die Verbandsrevisoren in sehr gut besuchter Konferenz mit den Fragebogen für die Revisionen, der Prüfung der gewährten Kredite, den Dividenden- und sonstigen Spezial-Reserven, der Einsicht der statistischen Tabellen eingehend beschäftigt. —

XXXIX. Vom 25. bis 27. August 1898 in Neustadt a. d. Haardt, wo schon der XI. Vereinstag stattgefunden hatte.

Als Vertreter von 32 Verbänden und 186 Vereinen waren 339 Abgeordnete und 18 Revisoren erschienen, darunter Landrat Berthold-Blumenthal, Stüben-Berlin, Dr Harnier-Cassel, Dr med. Ulrich-Heidelberg, Geisler-Breslau, — dann als Ehrengäste Vertreter der Staatsregierung und der Stadtgemeinde, Reichsrat Eugen von Buhl, Pastor Bremer aus Labach als Kreisanwalt der Pfälzischen Darlehenskassen nach Raiffeisen und als Vertreter des internationalen Verbandes Henry W. Wolff-London. Im Laufe der Versammlungen trat auch der Regierungspräsident Frhr. von Welser mit vielen der Teilnehmer in persönlichen Verkehr.

Vorsitzender Pröbst begrüßte die Versammlung und ehrte das Andenken des wenige Wochen früher verstorbenen Fürsten Bismarck und des um das Deutsche Baugenossenschaftswesen hochverdienten, rasch aus dem Leben gerufenen Verbandsdirektors Wohlgemuth-Berlin, worauf Regierungsrat Landgraf-Speyer den Gruß der Staatsregierung, Bürgermeister Exter den der Stadt, Henry W. Wolff den der Englischen Genossenschaften überbrachte, woran er eine kurze Überschau über die Ziele des Internationalen Verbands knüpfte. Von den Männern, die schon 1869 dem Vereinstag in Neustadt anwohnten, waren nur vier wiedergekehrt, Diehls-Cassel, Oppermann-Magdeburg, Dr. Schneider-Potsdam und Schwanitz-Ilmenau.

Der Bericht des Anwalts Dr Crüger über die Vorgänge im genossenschaftlichen Leben war meisterhaft abgefaßt. Bereits bestanden im Deutschen Reich 16 000 Genossenschaften, Anlaß genug, davor zu warnen, daß man das Genossenschaftswesen als Modesache betrachte. Der Redner befaßte sich eingehend mit dem landwirtschaftlichen Kreditbedürfnis und den Handwerkergenossenschaften sowie mit den Verhältnissen des Kleinhandels und mit den sich mehrenden Zentralkassen. Dr Crüger hatte am vorjährigen internationalen Genossenschaftstag in Delft die Grundgedanken der Selbsthilfe (ohne Staatshilfe) vertreten und damit vielen Anklang bei den Englischen und Italienischen, nicht aber bei den Französischen Genossenschaftern gefunden. Er war auch im Vereine mit dem Vorsitzenden Pröbst beim 25 jährigen Jubelfeste des Österreichischen Genossenschaftsverbandes in Wien gewesen, wo die beiden Deutschen Vertreter die denkbar freundlichste Aufnahme fanden.

Der Verband der Norddeutschen Magazin- und Rohstoff-Produktiv- und Bau-Genossenschaften (vgl. XXXII) war wieder aufgelöst worden, nachdem er vergeblich versucht hatte, festen Boden zu gewinnen. Der seit Gründung des Allgemeinen Verbands regelmäßig erschienene statistische Jahresbericht des Anwalts war in ein „Jahrbuch" umgewandelt worden, weil der Umfang der Tabellen im Jahresberichte immer größer und unhandlicher geworden war.

Verbandsdirektor Morgenstern mußte aus Gesundheitsrücksichten auf die Mitgliedschaft im Engeren Ausschusse verzichten; an seine Stelle wurde Klinkert-Breslau berufen.

In Neustadt wurde die Ruhegehaltskasse gegründet. Der in Augsburg (XXXVI) gefaßte Beschluß, aus dem Vermögen der Hilfskasse der Ruhegehaltskasse ein Stammkapital von 100 000 Mk. zu überweisen, war durch die veränderten Grundlagen der Ruhegehaltskasse hinfällig geworden. Dagegen übernahm die Hilfskasse die Verpflichtung, daß den Teilnahmeberechtigten, die innerhalb gemessener Frist nach überschrittenem 40. Lebensjahr der Ruhegehaltskasse beitraten, ein Beitrag zur Prämienzahlung gewährt wurde, um solchen Männern den Beitritt zu erleichtern. In den Vorstand der Ruhegehaltskasse wurden außer Anwalt Dr. Crüger gewählt Plonz-Berlin, Jäger-Berlin, Pröbst-München, Puschmann-Hohenlohehütte, Stoeckel-Insterburg und Stüben-Berlin, den Vorsitz im Aufsichtsrat übernahm Blell-Brandenburg.

Über die Verstaatlichung der Reichsbank hielt der Direktor der Pfälzischen Hypothekenbank Wagner-Ludwigshafen einen äußerst inhaltsreichen und belehrenden Vortrag, auf Grund dessen und der daran geknüpften Erörterungen der Genossenschaftstag sich gegen die Verstaatlichung und für Verlängerung des Privilegiums der Reichsbank auf mindestens 20 Jahre aussprach.

Im übrigen wurde eingehend über Bilanzaufstellung (Brutto- oder Netto-Bilanz) verhandelt, die Gründung von Kreditgenossenschaften ausschließlich auf Bankkredit widerraten, tunlichste Aufklärung über die gesamte genossenschaftliche Organisation durch die Presse und in Versammlungen als bestes Mittel gegen ungerechtfertigte Angriffe angeraten, namentlich auch, um der Gründung besonderer Kreditvereine für einzelne Berufsstände entgegenzutreten, — den Konsumvereinen insbesondere strenge Prüfung aller Waren auf Reinheit und Preiswert nahegelegt und die Lagerhalterfrage neuerdings gründlich behandelt. Gegen die Bestrebungen, die Konsumvereine mit Sondersteuern zu belasten, sprach sich der Allgemeine Genossenschaftstag entschieden aus, zumal sie zu einer unmittelbaren oder mittelbaren Verteuerung der Lebensbedürfnisse für die minderbemittelte Bevölkerung führen müßten.

Bei dieser Tagung war zum erstenmal, um einem von verschiedenen Seiten geäußerten Wunsche zu entsprechen, der Versuch gemacht worden, die Verhandlungen der Angelegenheiten der Vorschußvereine und der Konsumvereine gleichzeitig in getrennten Räumen vorzunehmen. Bei den Vorschußvereinen führte den Vorsitz Klinkert-Breslau, bei den Konsumvereinen Barth-München, während Oppermann-Magdeburg in Verbindung mit dem Sekretär Häntschke hier die Vertretung des Anwalts übernahm. Die Befriedigung über die neue Einrichtung war keineswegs allgemein. Die sonst üblichen Sonderbesprechungen der Konsumvereine fielen fortan weg. Die neue Einteilung konnte nur wenig Jahre aufrecht erhalten werden (XXXXII).

In der Revisorenkonferenz wurde verhandelt über das Verfahren der Verbandsdirektoren, wenn die Revision bedenkliche Zustände zutage fördert, über das Depotgesetz, über Doppelmitgliedschaft, über die gemeinsamen Sitzungen von Vorstand und Aufsichtsrat zur Entgegennahme des Revisionsberichtes und über die Vornahme von Revisionen durch die Verbandsdirektoren.

Die Mitglieder des Gesamt-Ausschusses besuchten unter Teilnahme der Söhne des Verstorbenen und verschiedener Bürger Neustadts das Grab des seinerzeitigen Direktors des Pfälzischen Verbandes Dr. Knecht, an dem Vorsitzender Pröbst-München eine kurze Gedenkrede hielt. —

XXXX. 1. bis 3. August 1899 in Berlin. Anwesend als Vertreter von 32 Verbänden und 330 Vereinen neben 20 Revisoren 618 Abgeordnete, eine bisher noch nie erreichte Zahl, darunter Renke-Hannover, Luber-München, Schrader-Berlin, von Elm-Hamburg. Dazu kam eine große Zahl von Ehrengästen, Vertreter der höchsten Reichs- und Staatsbehörden, der Stadtverwaltungen von Berlin und Charlottenburg, der Berliner Kaufmannschaft und anderer hochangesehener Körperschaften, der Österreichischen, Englischen, Französischen und Schweizer Genossenschaften, der Deutschen landwirtschaftlichen Genossenschaften, des Württembergischen Verbandes und der Hamburger Großeinkaufsgesellschaft.

Der Vorsitzende Pröbst begrüßte die stattliche Versammlung und feierte selbstverständlich in würdiger Weise das Andenken Schulzes, der vor 50 Jahren die ersten Genossenschaften in Deutschland gegründet und vor 40 Jahren den ersten Vereinstag berufen und geleitet hatte, entrollte in kurzen Zügen die Geschichte des Allgemeinen Genossenschaftstages und begrüßte insbesondere den mitanwesenden Ludolf Parisius als einen der getreuesten Mitarbeiter Schulzes. Unter den Ansprachen der Vertreter der Reichs- und Staatsbehörden, der Gemeinden und Körperschaften fesselte insbesondere die des Geheimen Oberjustizrats Vierhaus-Berlin, der im Auftrage des Preußischen Justizministers und gleichzeitig im Namen der übrigen Ministerialvertreter sprach, die allgemeine Aufmerksamkeit, — nicht minder die des Stadtrats Marggraff als Vertreter der Stadt Berlin, des Generalsekretärs Thieß-Offenbach (jetzt Professor an der Hochschule in Danzig) und des Österreichischen Genossenschaftanwalts Wrabetz.

Anwalt Dr. Crüger erstattete wieder einen ganz vorzüglichen Bericht, von dem wir nur bedauern können, daß der Raum nicht gestattet, seinen Inhalt hier wiederzugeben. Neben einer Reihe hochinteressanter Rückblicke und Streiflichter auf die Gegenwart behandelte er namentlich die Frage der Handwerker- und Kleinhandels-Genossenschaften eingehend und schloß dann mit denselben Worten, die Schulze 25 Jahre früher ausgesprochen hatte: „Das eben, das ist es, was jeder sich fest einprägen soll, um sich mit dem echt genossenschaftlichen Geiste zu erfüllen: Mit vereinten Kräften im engen brüderlichen Zusammenschluß den großen Fragen und Interessen des Menschendaseins gegenübertreten."

Justizrat Gebhart-Zweibrücken hielt einen geistvollen und von Humor durchleuchteten Vortrag über „die Gesetzgebung und die Genossenschaften", in dem nicht allein das Genossenschaftsgesetz, sondern auch das Bürgerliche Gesetzbuch sowie die freiwillige Gerichtsbarkeit, das Gewerbe- und Handelsrecht und die Steuerfragen behandelt wurden, — Anwalt Dr. Crüger einen nicht minder geist- und lichtvollen „50 Jahre Deutscher Genossenschaftsgeschichte", den Troitzsch-Delitzsch in ergreifenden Worten mit Erinnerungen aus seinem unmittelbaren Verkehr mit Schulze ergänzte. Eugen Richter hatte in einer vielbegehrten Schrift ein schönes und getreues Lebensbild von Schulze-Delitzsch gezeichnet, Dr Crüger unter dem Titel „Aus Vergangenheit und Gegenwart der Deutschen Genossenschaften" eine herrliche Festschrift geliefert, Parisius kurz vorher mit „Schulze-Delitzsch und Alwin Sörgel" hochwillkommene Beiträge zur Geschichte der Deutschen Genossenschaften beigesteuert.

Die Ruhegehaltskasse war seit 1. Januar ins Leben getreten. Das versicherte Diensteinkommen betrug über 600 000 Mk. Die Fürsorge der Hilfskasse hatte sich auf 30 Familien ausgedehnt; ihr Vermögen berechnete sich auf 186 877 Mk.

Im übrigen wurde verhandelt bei den allgemeinen Angelegenheiten über die Anpassung der Verbandsstatuten an das Bürgerliche Gesetzbuch und über den Scheckverband, — bei den Kreditgenossenschaften über Einschätzungskommissionen für Kreditgewährung an Aufsichtsratsmitglieder, über die Kontrolle im Sparkassendienst der Vereine, über die Prolongationen und die dabei zu fordernden Abzahlungen, — bei den Konsumvereinen über den gemeinsamen Wareneinkauf, die Barzahlung, die Warenprüfung, die Taraberechnung und über einheitliche Grundsätze für die Geschäftsberichte.

Da sich eine größere Anzahl von Baugenossenschafts-Vertretern eingefunden hatte, wurden außerhalb der Tagesordnung auch für sie besondere Verhandlungen veranstaltet, bei denen Dr Alberti-Wiesbaden den Anwalt vertrat. Erörtert wurde hauptsächlich die Frage der Besteuerung; im übrigen beschränkte man sich fast durchweg auf Anfragen verschiedener Art und deren Beantwortung. Dabei kamen auch Äußerungen des Anwalts in seinem einleitenden Bericht der ersten Hauptversammlung (in seiner Abwesenheit) zur Erörterung, ein sicherer Beweis dafür, daß solche gleichzeitige Beratungen der verschiedenen Genossenschafts-Gattungen in getrennten Räumen nicht empfehlenswert sind.

Vorsitzender Pröbst schloß die dritte Hauptversammlung unter allgemeiner Zustimmung mit dem Gelöbnis der Treue, an den Lehren Schulzes festzuhalten und in seinem Sinn und Geist alle Kraft aufzuwenden, um sein Werk immer weiter auszugestalten und zu verbreiten.

Die Verbandsrevisoren verhandelten über die Liquidität und deren Beurteilung bei der Revision, die Zuziehung des Aufsichtsrats zur Revision, die Musterprotokolle für Inventur und Rechnung, die Verteilung des Reingewinnes, die Fragebogen für die Revision von Baugenossenschaften, die Warenprüfung und Wareninventur bei den Konsumvereinen und den Wechsel in der Person des Revisors.

Am 4. August, nach Abschluß des Allgemeinen Genossenschaftstages, fand die Enthüllung des Denkmals für Schulze-Delitzsch statt, das ihm die Dankbarkeit seiner Freunde und Schüler und der vereinigten Deutschen Genossenschaften gewidmet hatte. Es waren Weihestunden, die sicher keiner der Teilnehmer im Leben vergessen wird. Den Mitteilungen über den Allgemeinen Genossenschaftstag sind die Festreden angefügt, die Geheimer Medizinalrat Professor Dr. Rudolf Virchow als Vorsitzender des Denkmal-Komitees, Bürgermeister Kirschner bei Übernahme des Denkmals im Namen der Stadt, Anwalt Dr. Crüger als Vertreter des Allgemeinen Verbandes, Verbandsdirektor Plonz-Berlin namens der 32 Verbandsdirektoren, Anwalt Wrabetz-Wien namens der Österreichischen, Generalsekretär Gray-Manchester namens der Englischen, Professor Dufourmantelle-Paris namens der Französischen Genossenschaften, Troitzsch-Delitzsch namens der Heimatstadt des Gefeierten am Denkmal hielten und ebenso die vielen brieflichen und telegraphischen Glückwünsche und Begrüßungen, die zum Festtage an den Allgemeinen Verband oder das Denkmalkomitee ein trafen.*) Das Denkmal ist ein Meisterwerk des Bildhauers Hans Arnoldt in Berlin.

*) Auf den Stufen des Postaments ruhen zwei Kranz-Arrangements in Bronzeguß. Der Allgemeine Verband der auf Selbsthilfe beruhenden deutschen Erwerbs- und Wirtschaftsgenossenschaften in Österreich hatte einen Bronzekranz niedergelegt, auf dessen Schleife eingegraben ist: „Diesen Ehrenkranz dem unentwegten

XXXXI. 5. bis 8. September 1900 in Hannover. 30 Verbände und 225 Vereine waren durch 387 Abgeordnete und 20 Revisoren vertreten, darunter Schumacher-Tauberbischofsheim. Als Ehrengäste waren wieder zahlreiche Vertreter der höchsten Staatsbehörden, der Reichsbank, der Stadtgemeinden Hannover und Linden, der Versicherungsanstalten Hannover, Braunschweig und Hansestädte, der Englischen, Niederländischen und Schweizerischen Genossenschaften anwesend, darunter insbesondere Präsident Dr. Heiligenstadt von der Preußischen Zentral-Genossenschafts-Kasse und Landesversicherungsrat Hansen-Kiel.

Vorsitzender Pröbst gedachte in seiner einleitenden Ansprache des Todes zweier Männer, deren Namen mit der Geschichte des Deutschen Genossenschaftswesens innig verbunden sind, des früheren Anwalts Friedrich Schenck und des treuesten Mitarbeiters Schulzes in seiner genossenschaftlichen Tätigkeit, Ludolf Parisius. Präsident Heiligenstadt brachte die Grüße der Preußischen Staatsregierung, an die sich dann die der Städte Hannover und Linden und der Englischen Genossenschaften anreihten. Der neue Sekretär der Anwaltschaft, Dr. Scholz, war zu militärischen Übungen einberufen und schickte Drahtgrüße.

Anwalt Dr. Crüger erwähnte in seinem Jahresberichte, daß bereits verschiedene Vereine ihr 50 jähriges Jubiläum zu feiern Gelegenheit hatten, so insbesondere jene in Elbing und Delitzsch, und daß das sozialreformatorische Genossenschaftswesen des Herrn von Broich (vgl. XXXI), des Urhebers der viel mißbrauchten Lehre „Selbsthilfe, ergänzt durch Staatshilfe", bereits wieder zu Grabe getragen wurde, das vor einem Jahrzehnt mit großen Worten in Szene gesetzt worden war. Er erinnerte an die Geldknappheit des letzten Jahres, die auf dem ganzen wirtschaftlichen Leben Deutschlands lastete und noch viel schwerer empfunden worden wäre, wenn nicht die Schulze-Delitzsch'schen Kreditgenossenschaften mit ihren zwei Milliarden Umsatz eingesprungen wären, — begrüßte die erfreuliche Entwicklung der Baugenossenschaften und bedauerte die häufig wiederkehrende grundfalsche Auffassung der genossenschaftlichen Tätigkeit, die schon so weit führte, die Genossenschaft als Feind des Mittelstandes zu bezeichnen (während Päsident Heiligenstadt sie als einen Segen für den Mittelstand in Stadt und Land begrüßt hatte), ja die Baugenossenschaften sogar in einer Petition an das Preußische Abgeordnetenhaus eine „direkte Gefahr für Thron und Altar" zu nennen. Redner konnte mitteilen,

---

Verfechter der Selbsthilfe. Der Allgemeine Verband der deutschen Erwerbs- und Wirtschaftsgenossenschaften in Österreich." — Der andere bronzene Lorbeerkranz ist ein Geschenk der italienischen Genossenschaftsbanken, er trägt die Inschrift (in deutscher Übersetzung): „Im Namen der italienischen Volksbanken in ehrfurchtsvoller Dankbarkeit dem Apostel des deutschen Genossenschaftswesens gewidmet und dargebracht von Luigi Luzzatti im Jahre 1899."

daß auf der Pariser Weltausstellung, die er persönlich besuchte, der Allgemeine Verband wieder den großen Preis erhielt, und zwar als der einzige größere Deutsche Verband, dem eine solche Auszeichnung zuteil ward. Der Bericht, der sich über die ganze Lage des Deutschen Genossenschaftswesens in allen seinen Verzweigungen erstreckte, fand stürmischen Beifall. An ihn reihte sich ein lichtvoller Vortrag von Dr Alberti, das Genossenschaftswesen im 20. Jahrhundert, der mit kundiger Hand die großen Aufgaben zeichnete, die der Genossenschaften im neuen Jahrhunderte harren, gleichzeitig aber vor überspannten Erwartungen, insbesondere auf dem Gebiete der Produktivgenossenschaften warnte und vor allem zum Festhalten an dem Begriffe der Selbsthilfe mahnte, wie ihn Schulze gefaßt und wie er sich bisher in unserem Verbande entwickelt hat.

Landauer-Gerabronn berichtete sehr anregend über die Ansiedlung ländlicher Arbeiter zur Verhütung der Landflucht.

Der Vorsitzende des Engeren Ausschusses gab bekannt, daß der frühere Sekretär des Allgemeinen Verbandes, Dr Wernicke, wieder ausschied und durch Dr. Scholz (XXXVII) ersetzt wurde, daß aber auch der zweite Sekretär, Hermann Häntschke, im Begriff stehe, behufs Übernahme einer selbständigen Stellung im Genossenschaftsleben den unmittelbaren Dienst des Verbandes zu verlassen, in dem er unter drei Anwälten 22 Jahre lang treue Dienste mit Eifer und Geschick geleistet hatte, für die ihm Dank ausgesprochen wurde. — Das Schulze-Delitzsch-Archiv, mit dessen Ordnung Dr Brueß beschäftigt war, hatte sich bereits zu einer wertvollen Sammlung ausgebildet. — Über die Ruhegehaltskasse konnte ein erster Jahresbericht erstattet werden, der eine günstige Entwicklung voraussehen ließ. Die Hamburger Großeinkaufs-Gesellschaft wurde in den Allgemeinen Verband aufgenommen.

Bei den Kreditgenossenschaften wurde über den Scheck- und Kontokorrent-Verkehr, den Zinsfuß für Spareinlagen und deren Höchstgrenze sowie den Akzept-Kredit eingehend und mit sehr anregendem Meinungsaustausch, an dem sich auch Präsident Heiligenstadt beteiligte, verhandelt, — bei den Konsumvereinen über Taraberechnung, Warenprüfung, Verbindung mit landwirtschaftlichen Genossenschaften, die gewerberechtlichen Bestimmungen und die Ringbildungen in der Lebensmittelbranche, woran sich insbesondere auch von Elm-Hamburg und Müller-Basel beteiligten. Im ursprünglichen Antrag, den Mascher-Schwäbisch-Gmünd vertrat, war Zusammenschluß zum gemeinsamen Wareneinkauf und zu diesem Zwecke baldige Einigung mit der Hamburger Großeinkaufs-Gesellschaft oder wenn diese nicht zustande käme, Einberufung einer besonderen Versammlung der Konsumvereine befürwortet. Schon bei diesem Punkte wurden die Verhandlungen sehr lebhaft, da auch die Eigenproduktion mit in Frage kam, und insbesondere die Abwesenheit des Anwalts bedauert, der bei den Kreditvereinen beschäftigt war. Er trat später in die Verhandlungen ein und stellte schließlich den Antrag auf Herstellung einer Statistik über den Verbrauch in den wichtigsten Warengattungen, dem zugestimmt wurde.

In der letzten Hauptversammlung kam bei den allgemeinen Angelegenheiten ein Antrag des Engeren Ausschusses zur Beratung, der den Kleinkaufleuten den Anschluß an Kreditvereine und die Bildung von Einkaufsgenossenschaften empfahl. Er wurde von Barth-München und Dr Schneider-Potsdam sowie Anwalt Dr Crüger und Dr Alberti vertreten, von anderer Seite, besonders von Elm-Hamburg und Herbert-Stettin heftig bekämpft, und dann mit großer Mehrheit zum Beschluß erhoben. Man darf wohl annehmen, daß bei diesem Anlaß die Stimmung zum ersten Ausdruck gelangte, die später in Kreuznach (XXXXIII) zur Spaltung führte.

Wiederholt wurde durch ausdrücklichen Beschluß auf die hohe Bedeutung des Genossenschaftswesens für Förderung des Handwerks hingewiesen.

Bei den Verhandlungen der Baugenossenschaften, die ungewöhnlich stark besucht waren und zu denen sich insbesondere viele Ehrengäste einfanden, erstattete Verbandsrevisor Seibert-Wiesbaden einen Vortrag über „Vorstand und Aufsichtsrat nach Gesetz und Statut". Es wurde die Teilung des Deutschen Baugenossenschaftsverbandes in landschaftliche Gruppen als selbständige Unterverbände in Aussicht genommen, die Beschränkung des Geschäftsbetriebes auf Beschaffung von Wohnungen für die Mitglieder empfohlen, und gegen die ungerechtfertigten Angriffe von seiten der Hausbesitzervereine Einspruch erhoben.

Die Konferenz der Verbandsrevisoren verhandelte über die Beihilfe der Revisoren zum richtigen Verständnis der statistischen Tabellenarbeit, die Revisionen des Aufsichtsrates, die Anforderung, daß der Revisor Mitglied einer Genossenschaft des Allgemeinen Verbandes sein soll, die Verweigerung der Revisionsbestätigung, im Falle der Aufsichtsrat nicht an der Revision sich beteiligt, — die Prüfung der Liquidität und die Gegenbücher der Mitglieder in Kreditgenossenschaften. —

XXXXII. 4. bis 7 September 1901 in Baden-Baden. Anwesend als Vertreter von 32 Verbänden und 227 Vereinen 456 Abgeordnete, darunter Gleim-Melsungen, und 23 Revisoren, unter den Ehrengästen Vertreter der Preußischen und Badischen Ministerien, des Badischen Statistischen Landesamtes, der Stadt Baden-Baden und der Handwerkskammer Freiburg, der Präsident der Preußischen Zentral-Genossenschafts-Kasse, der Anwalt des Österreichischen Genossenschaftsverbandes und Henry W. Wolff-London als Vertreter des Internationalen und des Britischen Genossenschaftsverbandes.

Der Vorsitzende Pröbst konnte bei seiner Begrüßung der Versammlung mitteilen, daß aus dem großherzoglichen Zivilkabinett auf die Einladung zum Genossenschaftstage ein freundliches Dank- und Glückwunsch-Schreiben eintraf. Leider war auch wieder Anlaß gegeben, des schmerzlichen Verlustes zu gedenken, den die Deutschen Genossenschaften durch den Tod von fünf Männern erlitten hatten, die jahrzehntelang zu den treuesten und verdienstvollsten Freunden unserer gemeinsamen Sache zählten, Schoenke-Stettin, Bernhard-Darmstadt, Diehls-Cassel, Stoeckel-Insterburg und Liersch-Guben.

Ministerialrat Dueringer brachte den Gruß der Badischen Regierung in frohen Worten, die heiteren Anklang fanden, — Bürgermeister Fieser den der Badener Stadtverwaltung, Anwalt Wrabetz-Wien den der Österreichischen Genossenschaften und Henry W. Wolff den seiner beiden Verbände.

Der Jahresbericht des Anwaltes Dr. Crüger streifte wieder die gesamte Lage des Deutschen und außerdeutschen Genossenschaftswesens, legte insbesondere auch die Gründe dar, warum es geboten erscheint, auf die Verhältnisse in anderen genossenschaftlichen Lagern bei diesen Berichten näher einzugehen, besprach die Verhältnisse bei den Sächsischen Konsumvereinen, wo das Verlangen des Anwaltes und des Engeren Ausschusses, daß die Konsumvereine des Verbandes „Vorwärts", wenn sie sich zur Aufnahme in den Allgemeinen Verband melden, eine Erklärung abgeben, wonach sie weder unmittelbar noch mittelbar Politik treiben (den sogenannten Revers), wozu triftige Gründe vorlagen, viel Aufregung verursacht hatte. Infolgedessen knüpfte sich an den Bericht ein sehr erregter Redekampf, an dem einerseits von Elm, Lorenz, Kauffmann, von der anderen Seite neben dem Anwalte Dr Alberti teilnahmen, und der zu dem Schlusse führte, daß der Allgemeine Genossenschaftstag mit überwältigender Mehrheit seine Zustimmung zu den wirtschaftlichen Grundsätzen aussprach, die der Anwalt auf dem Gebiete des Deutschen Genossenschaftswesens bisher vertreten hatte und in seinen Berichten zum Ausdruck brachte.

Assessor Dr. Scholz, der sich als Mitarbeiter des Anwaltes ausgezeichnet bewährt hatte, stand am Schlusse seiner desfalsigen Tätigkeit wegen Übertritts in die Stadtverwaltung Wiesbaden (er ist jetzt Stadtkämmerer in Düsseldorf); an seine Stelle wurde Rechtsanwalt Marchand berufen.

Für die Verhandlungen des Allgemeinen Genossenschaftstages war wieder eine andere Zeiteinteilung getroffen worden, so daß nicht mehr zwei Gattungen von Genossenschaften gleichzeitig in getrennten Räumen nebeneinander tagten, und deshalb der Anwalt wieder an sämtlichen Verhandlungen persönlich teilnehmen konnte (XXXIX). Sie hat sich neuerdings bewährt und wurde deshalb dauernd beibehalten.

Das bisherige Mitglied des Engeren Ausschusses Noelle-Lüdenscheid lehnte aus Gesundheitsrücksichten eine Wiederwahl ab. Für seine vieljährige, erfolgreiche Mitwirkung wurde ihm der wohlverdiente Dank ausgesprochen, an seine Stelle Barth-München gewählt.

Justizrat Gebhart-Zweibrücken erstattete einen ebenso belehrenden wie humorgewürzten Vortrag über die praktischen Erfahrungen mit dem Bürgerlichen Gesetzbuch und dem Handelsgesetzbuch mit besonderer Berücksichtigung der Geschäftsführung der Genossenschaften.

Verhandelt wurde bei den gemeinsamen Angelegenheiten über die Verteilung des Vereinsvermögens und die Heranziehung der Mitglieder zur Verlustdeckung im Falle der Auflösung einer Genossenschaft mit beschränkter Haftpflicht (nach Verhältnis der Haftsummen), über das Ausscheiden der Mitglieder durch Übertragung des Geschäftsguthabens (Voraussetzung: Zustimmung des Aufsichtsrates), Protokollierung des Berichtes des Aufsichtsrates über die Ergebnisse der Verbandsrevision an die Generalversammlung, Anschluß der Verbandsvereine an die Ruhegehaltskasse, Verbreitung guter (Wiesbadener Volksbücher) und Unterdrückung schlechter Schriften, — dann bei den Kreditgenossenschaften über die Belastungsliste, den Akzeptkredit behufs Bestellung von Lieferungskautionen, Austausch der Mitgliederlisten mit den Nachbargenossenschaften, — bei den Baugenossenschaften über Amortisationshypotheken, Arbeiterwohnungsfrage und Erbbaurecht sowie über neuere Angriffe der Grund- und Hausbesitzervereine, — bei den Konsumvereinen über eine Reihe von Leitsätzen für die ganze Geschäftsführung. Diese Leitsätze, die Anwalt Dr. Crüger vorgelegt hatte, riefen wieder einen sehr lebhaften Kampf wach. Insbesondere wurde der Satz „Die Verfolgung politischer Zwecke — unmittelbar oder mittelbar — und die Unterstützung von Klassen- und Standes-Organisationen steht im Widerspruch mit den Aufgaben des Konsumvereins" heftig angegriffen, was den Ersatz des Wortes „politisch" durch „parteipolitisch" im Beschlusse zur Folge hatte. Über Eigenproduktion berichtete namens der im Vorjahre eingesetzten Kommission Oppermann-Magdeburg. Die sehr vorsichtig gefaßten Thesen dieser Kommission wurden angenommen. Wichtige Anträge mußten wegen Mangel an Zeit zurückgestellt werden.

Beim Festmahle wurde durch den Geheimen Regierungsrat Haape im Auftrage des Großherzogs dem Direktor des Vorschußvereins Baden und Vorstand des Ortsausschusses Schaefer eine Ordensauszeichnung überreicht, worüber die ganze Versammlung ihre aufrichtige Freude bekundete. Am Beginn der letzten Hauptversammlung sprach der Vorsitzende auch im Namen des Allgemeinen Genossenschaftstages herzliche Glückwünsche zu dieser Auszeichnung aus. Gleichzeitig konnte ein Drahtgruß von Geheimrat Schwanitz aus Jena, wo der alte Freund und Mitarbeiter krank lag, bekannt gegeben werden.

Am Schlusse der dritten Hauptversammlung sprach der stellvertretende Vorsitzende Klinkert-Breslau den Wunsch aus, daß die Verhandlungen dieser Tagung für die Deutschen Genossenschaften von reichem Segen begleitet sein mögen. Es waren die letzten Worte, die der wackere, scheinbar kraftstrotzende Mann an uns richtete. Wenige Monate später raffte ihn ein Herzschlag ganz plötzlich aus seinem arbeitsreichen Leben hinweg.

In der Konferenz der Verbandsrevisoren kamen zur Sprache: Die Pfänderverzeichnisse, die Kautionen der Geschäftsführer und Lagerhalter, die Revision in Vereinen außerhalb des Allgemeinen Verbandes, der Druck der Generalrevisionsberichte für die Unterverbände, die Behandlung der Effekten ohne Börsenkurs und die Teilung der Arbeiten unter den Vorstandsmitgliedern. —

XXXXIII. 3. bis 6. September 1902 in Kreuznach. Anwesend als Vertreter von 32 Verbänden und 148 Vereinen 599 Abgeordnete, darunter Parisius-Kreuznach, der Sohn des hochverdienten Ludolf Parisius-Berlin, Schuler-Zweibrücken, und 21 Revisoren, dann eine Zahl von Ehrengästen, darunter Präsident Dr. Heiligenstadt, Direktor Dr. Sarrazin vom Reichsversicherungsamt, Landesrat Dr. Schroeder-Cassel, Dr. von Mangold als Vertreter des Vereins Reichswohnunggesetz und Jakob Frisch-Budapest als Vertreter der selbständigen Kreditgenossenschaften Ungarns sowie mehrere Vertreter von Staatsbehörden, der Reichsbank, von Versicherungsanstalten, der Stadt und der Badeverwaltung Kreuznach sowie der Handelskammer Coblenz.

Über die Verhältnisse in der Deutschen Genossenschaftsbank waren infolge von empfindlichen Verlusten beunruhigende Gerüchte in die verschiedenen Genossenschaftskreise gedrungen, die eine gründliche Aufklärung nötig machten. Diese wurde in einer besonderen Verhandlung noch vor Beginn des Allgemeinen Genossenschaftstages vom Anwalt und den anwesenden Mitgliedern des Vorstandes der Genossenschaftsbank in befriedigender Weise gegeben.

In der ersten Hauptversammlung konnte der Vorsitzende Pröbst daran erinnern daß nunmehr die Anwaltschaft bereits 40 Jahre bestand, und daß von dem treuen alten Freunde des Verbandes Geheimrat Schwanitz in Weimar, ein herzliches Begrüßungsschreiben an den Anwalt eingetroffen war, ebenso später ein Drahtgruß von Bürgermeister Nizze-Ribnitz. Er mußte aber auch wieder den Tod gar wackerer Männer beklagen: Klinkert-Breslau, Fleischhauer-Gotha, Augustin-Rostock und Dietrich-Rüdersdorf waren dem Verbande und ihren Vereinen, für die sie treu besorgt waren, entrissen worden. Während der Verhandlungen lief auch noch die weitere Trauerbotschaft ein, daß Geheimrat Professor Dr. Virchow, der sich um die Errichtung des Schulze-Delitzsch-Denkmals in Berlin hochverdient gemacht hatte (vgl. XXXX.) gestorben war, der Vorsitzende widmete ihm gleichfalls würdige Worte der Teilnahme und des Dankes. Winkler-Kreuznach berichtete, daß vor 40 Jahren Schulze-Delitzsch von einer Versammlung des Nationalvereins in Heidelberg aus nach Kreuznach kam, und damals der Grund zur Kreuznacher Volksbank gelegt wurde.

Geheimer Regierungsrat Brümmer-Berlin brachte die Grüße der Preußischen Staatsregierung, Bürgermeister Kirschstein die der Stadtverwaltung, Jakob Frisch die der Ungarischen Kreditgenossenschaften.

Der Anwalt konnte in seinem Jahresberichte auf das Vorwort zum Statistischen Jahrbuch des Allgemeinen Verbandes verweisen, in dem ziffernmäßig die Geschäftsergebnisse von mehr als 14 000 Genossenschaften nachgewiesen waren, berichtete über die vergeblichen Bemühungen, in Bayern die Handwerkergenossenschaften dem Allgemeinen Verbande anzugliedern, wofür man es vorzog, einen eigenen Bayerischen Handwerkergenossenschaftsverband zu gründen. In Düsseldorf hatte ein internationaler Wohnungskongreß stattgefunden, dem der Anwalt im Namen des Allgemeinen Verbandes anwohnte. Sehr scharf und entschieden sprach er sich gegen die Angriffe auf Schulze-Delitzsch in dem Buche „Das Konsumvereinswesen in Deutschland" von Dr. Reinhold Riehn aus, das von dem ehrwürdigen Meister als einem „alten Philister" sprach, der nur „mit bombastischen Phrasen die Nacktheit seiner Genossenschaften verdeckte". Dr. Riehn, der selbst anwesend war, entgegnete heftig und wurde von v. Elm, Peus-Dessau, Katzenstein-Mannheim und Frau Steinbach-Hamburg (es war zum ersten- und bisher zum letztenmal, daß eine Frau am Genossenschaftstage das Wort ergriff) unterstützt und vom Anwalte mit ebenso schneidigen Worten widerlegt, wie die Gegner sie gebraucht hatten. So war der Kampf entfesselt, der diesen Genossenschaftstag kennzeichnete. Von seiten verschiedener Konsumvereine und ihrer Verbände waren Anträge auf Abänderung des Statuts des Allgemeinen Verbandes in dem Sinne eingebracht, daß die Zuständigkeit des Anwaltes wesentlich eingeschränkt werden sollte. Die Anträge wurden im Laufe der Verhandlungen bis auf einen zurückgezogen, und dieser dann mit großer Mehrheit abgelehnt. Nun kam der wichtigste Punkt der Tagesordnung zur Verhandlung, der Antrag des Gesamtausschusses auf Ausschluß einer größeren Reihe von Konsumvereinen, die einer Richtung huldigten, die den Bestand des Allgemeinen Verbandes gefährdete, indem sie offen auf Vernichtung des Mittelstandes ausging, den zu schützen und zu heben zu den ersten Aufgaben der Genossenschaften des Allgemeinen Verbandes gehört, und so wirtschaftlichen Zielen nachstrebt, die unvereinbar sind mit den Interessen des Verbandes. Die Wortführer der betreffenden Vereine waren Katzenstein, Lorenz, Herbert, Radestock und Markus. In namentlicher Abstimmung erfolgte der Ausschluß nach Antrag des Gesamtausschusses mit 268 gegen 84 Stimmen.

An Stelle des verstorbenen Klinkert-Breslau und des erst im Vorjahre gewählten Barth-München, der infolge des Zwiespalts bei den Konsumvereinen seinen Austritt erklärte, wurden neu in den Engeren Ausschuß gewählt Jordan-Görlitz und Conrad-Speyer.

Im übrigen wurde beraten: bei den allgemeinen Angelegenheiten über den Unterricht im Genossenschaftswesen in den gewerblichen Fortbildungsschulen, — bei den Kreditgenossenschaften über den allgemeinen Reservefonds, der mindestens auf 10 Proz. des gesamten Betriebskapitals gebracht werden soll, — bei den Konsumvereinen über die Verhältnisse der berufsmäßigen Vorstandsmitglieder, deren Anstellung auf Kündigung empfohlen wurde, über die Errichtung neuer Verkaufsstellen, wobei Vorsicht in bezug auf Rentabilität empfohlen wurde, und die Bestimmung keinesfalls der Generalversammlung überlassen werden soll, dann über Sparkassen in Konsumvereinen, die nicht empfehlenswert, — bei den Baugenossenschaften über die Buchführung und Bilanz und über Abschreibungen auf Grund- und Hausbesitz. Vorträge wurden gehalten bei den Kreditgenossenschaften von Justizrat Gebhart über die Rechtsverhältnisse der Vormundschaft unter besonderer Berücksichtigung des Geschäftsverkehrs in Genossenschaften und von Justizrat Dr. Alberti über die Anlegung von öffentlichen und Mündelgeldern bei Kreditvereinen — bei den Baugenossenschaften von Landrat Berthold über die Entwicklung des Deutschen Baugenossenschaftswesens im letzten Jahrzehnt — bei den Konsumvereinen von Verbandsdirektor Jordan-Görlitz über die Ergebnisse der angestellten Taraumfrage. Bei den Handwerkergenossenschaften begnügte man sich mit dem Austausch der gemachten Erfahrungen.

Beim Beginn der Verhandlungen über die Angelegenheiten der Konsumvereine gab Verbandsdirektor Radestock-Dresden namens seiner Gesinnungsgenossen die Erklärung ab, daß sie nach dem Ausschlusse von 98 Vereinen nicht mehr an den Verhandlungen teilnehmen können und deshalb den Saal verlassen, was auch geschah. Die Versammlung ging ruhig zur Tagesordnung über.

Am Schlusse der letzten Hauptversammlung sprach der Vorsitzende Pröbst namens des Genossenschaftstages dem Anwalt Dr. Crüger unter lauter Zustimmung der ganzen Versammlung innigen Dank aus für die unermüdliche Kraft, die er in den hier verhandelten wichtigen Angelegenheiten bewährte, — das volle Vertrauen des ganzen Verbandes und den aufrichtigen Wunsch, daß ihm seine jugendliche Frische und der heldenmütige Ton, mit dem er den Empfindungen der Mehrheit der Versammlung Ausdruck gab, stets erhalten bleibe. Mit einem dreimaligen Hochruf auf den Anwalt wurde der Genossenschaftstag würdig beendet.

In der Konferenz der Verbandsrevisoren beschäftigte man sich mit der Mietenberechnung bei Baugenossenschaften, mit den verschiedenen Arten von Revisionsberichten, mit den Maßnahmen gegen unverbesserliche

Vereine und mit der Verteilung der Haftung bei Diskontwechseln auf die an der Unterschrift beteiligten Mitglieder. —

XXXXIV. 26. bis 29. August 1903 in Danzig. (Vgl. XVII.) Anwesend als Vertreter von 27 Verbänden und 217 Vereinen 407 Abgeordnete, darunter Stech-Neustrelitz, Dr. Meng-Meiningen, Dr. Meißner-Berlin, Hopf-Eberswalde, Alteneder-Sonthofen, Soerensen-Berlin, Scheidt-Hannover, Kosahl-Holzminden, und 15 Revisoren, dann zahlreiche Mitglieder der Danziger Vereine und wie seit Jahren eine Reihe von Ehrengästen, Vertreter der Staatsbehörden, der Stadtverwaltungen von Danzig und Zoppot, der Reichsbank, der Kaufmannschaft sowie ein Vertreter der Russischen Genossenschaften, Weinstein-Petersburg. Unter den Schriftführern war der neue Sekretär der Anwaltschaft, Gerichtsassessor Hauß, der an Stelle des Rechtsanwaltes Marschand getreten war, tätig.

Vorsitzender Pröbst erwähnte in dankbarer Anerkennung ihrer Verdienste die im letzten Jahre verstorbenen Führer der genossenschaftlichen Bewegung, vor allem Bürgermeister Nizze-Ribnitz, der mit fester Hand von 1866 bis 1893 den Vorsitz im Allgemeinen Vereins- und Genossenschaftstage geführt hatte und viele Jahre das Ehrenamt des Vorsitzenden im Engeren Ausschusse älterer Ordnung und dann im Gesamtausschusse bekleidete, des Rechnungsrates Nier in Meiningen, Direktor des Thüringischen Konsumvereins-Verbandes, und des Geheimen Justizrates Schwanitz, früher Direktor des Thüringischen Vorschußvereins-Verbandes und hochverdientes Mitglied des Engeren Ausschusses neuerer Ordnung, in dem er auch mehrere Jahre das Ehrenamt des Vorsitzenden bekleidete.

Von den Männern, die schon vor 27 Jahren am Vereinstag in Danzig teilnahmen, waren sechs wieder erschienen, die besonders herzlich begrüßt wurden, Conrad-Speyer, Finckh-Karlsruhe, Oppermann-Magdeburg, Dr. Schneider-Potsdam, Wischmann-Heide und Pröbst-München.

Unter den verschiedenen Begrüßungsreden weckte ganz besonders die des Oberbürgermeisters Ehlers durch Wärme und heiteren Ton den Beifall der Versammlung.

Anwalt Dr. Crüger besprach in seinem Jahresberichte zunächst die Folgen der Kreuznacher Beschlüsse, die viel Aufsehen erregt hatten und sehr verschieden, mitunter auch ungerecht und ohne tieferes Verständnis beurteilt wurden. Die äußere Folge war der Abgang von fünf Unterverbänden und einer bedeutenden Zahl von Konsumvereinen aus dem Allgemeinen Verbande sowie die Gründung eines Zentralverbandes Deutscher Konsumvereine in Hamburg. Immerhin waren noch etwa 300 solcher Vereine im Allgemeinen Verbande geblieben, innerhalb dessen sich zwei neue Unterverbände bildeten. Die allgemeine wirtschaftliche Lage hatte sich selbstverständlich auch in den Genossenschaften fühlbar gemacht, insbesondere durch starken Geldandrang bei den

Kreditvereinen, den der Redner unter lauter Zustimmung für gefährlicher erklärte als das Gegenteil. Er warnte neuerdings vor übereilten Gründungen und namentlich vor den Zentralisationsbestrebungen, die in letzter Zeit geradezu bedrohend aufgetreten waren. Erfreulicherweise konnte der Anwalt mitteilen, daß die Ruhegehaltskasse sich in günstiger Entwicklung befand und die Witwen- und Waisenkasse begründet wurde. In Schlesien war durch Naturereignisse großer Notstand hervorgetreten, dem abzuhelfen die Deutschen Genossenschaften des Allgemeinen Verbandes dem Breslauer Vorschußvereine namhafte Summen zur Verfügung stellten. Der Schlußsatz der Ansprache des Anwaltes verdient hier wiederholt zu werden: „Die Schulze-Delitzsch'schen Genossenschaften waren die Pfadfinder auf dem Gebiete des Genossenschaftswesens, und heute sind sie die Verteidiger des genossenschaftlichen Gedankens, dessen Verwirklichung allen zugute kommen soll, die in der genossenschaftlichen Organisation ein Mittel sehen, im Rahmen der heutigen Wirtschaftsordnung den Ausgleich zwischen dem wirtschaftlich Starken und wirtschaftlich Schwachen zu bieten auf dem Boden der Selbsthilfe, im Vertrauen auf die eigene Kraft. Das ist unser Programm gewesen, und das soll unser Programm auch in Zukunft bleiben."

Der Anwalt erstattete ferner einen Vortrag über die Stellung des Allgemeinen Verbandes im Genossenschaftswesen, der volle Zustimmung fand und häufig durch laute Beifallskundgebungen unterbrochen wurde. Der Vertreter der Reichsbank, Bankassessor Hodurek, brachte ausdrücklich seine Übereinstimmung mit dem Gesagten zum Ausdruck und erinnerte dabei an das Wort Lincolns: „Wer Dir sagt, Du könntest anders reich werden als durch Fleiß und Sparsamkeit, von dem wende dich ab, der ist ein Narr", ein Ausspruch, der an einen ganz ähnlichen, viel älteren von Schulze-Delitzsch selbst erinnert und eigentlich auf Franklin zurückzuführen ist.

Der Genossenschaftstag sprach dem Anwalt auf Einladung des Vorsitzenden nicht allein für den herrlichen Vortrag sondern auch für seine ganze Haltung an der Spitze des Allgemeinen Verbandes in feierlicher Weise Dank und Anerkennung aus.

Justizrat Gebhart-Zweibrücken erstattete Vortrag über die Verpfändung von beweglichen Sachen, der sehr beifällig aufgenommen wurde.

Das Statut des Allgemeinen Verbandes wurde behufs der Eintragung ins Vereinsregister nach den Vorschriften des Bürgerlichen Gesetzbuches in einigen Punkten abgeändert. — Gegen die, insbesondere von Hamburg ausgegangenen Bestrebungen, den Kreditgenossenschaften das Recht auf Pflege des Sparkassenbetriebes zu schmälern, wurde Einspruch erhoben, — für die Inventuraufnahme und Revision besonders zusammengestellte Grundsätze und Protokolle zur Berücksichtigung empfohlen, — bei den Kreditgenossenschaften der Beschluß des Stuttgarter Vereinstages (XX) bezüglich des Bilanzschemas in Erinnerung gebracht, und dieses Schema in einigen Punkten vervollständigt, die Pflege des Effektenkommissionsgeschäftes unter bestimmten Voraussetzungen ebenso wie die strenge Einforderung fälliger Zinsen empfohlen. Auch wurde versucht, gegen zahlungsunfähige oder böswillige Schuldner den Verbandsvereinen Schutz durch bestimmte Maßnahmen im gegenseitigen Zusammenwirken zu sichern.

Bei den Baugenossenschaften, die ungewöhnlich zahlreich vertreten waren, erstattete Landrat Berthold Vortrag über die Geschäftslage der Baugenossenschaften, der von Anwalt Dr. Crüger ergänzt wurde und zu kurzen Erörterungen Anlaß gab. Außerdem wurde die Haftpflichtversicherung empfohlen und die Frage der Abschreibungen und Amortisationen an Hypotheken behandelt. — Bei den Konsumvereinen wurde einmütig Einspruch gegen ein etwaiges Verbot der Dividendenverteilung beschlossen, das im angeblichen Interesse des Kleinhandels von mehreren Seiten begehrt worden war, — vor Ausdehnung des Sparkassenverkehrs und insbesondere vor Verwendung von Sparkasseneinlagen zu Grundankauf gewarnt, und für die Geschäftsberichte ein allseitig zu beachtendes Muster empfohlen. Verbandsdirektor Jordan-Görlitz hielt einen Vortrag über die verschiedenen Markensysteme.

Die Konferenz der Verbandsrevisoren verhandelte über die Grundsätze und Protokolle für Inventur und Revision (Vorberatung für die schon erwähnten Verhandlungen des Allgemeinen Genossenschaftstages), über den weiteren Ausbau der Revisionen, die Entschädigungen der Revisoren, die Bedeutung der Giroverbindlichkeiten und die Feststellung der Bilanz-Passivsummen durch den Aufsichtsrat.

Am Schlusse der letzten Hauptversammlung sprach der Vorsitzende seine Freude darüber aus, daß man wieder einmal friedlich und ernstlich bei der genossenschaftlichen Arbeit bleiben konnte; er gab der Hoffnung Ausdruck, daß dem Deutschen Genossenschaftswesen eine neue Ära friedlicher Arbeit sich eröffnete, die Schulzes Werk der Zukunft rein und in voller Kraft überliefert. —

XXXXV. 24. bis 27. August 1904 in Breslau (vgl. XIII). Anwesend als Vertreter von 28 Verbänden und 259 Vereinen 622 Abgeordnete, darunter Stein-Darmstadt, Huber-Frankfurt und 19 Revisoren, dann zahlreiche Ehrengäste, Vertreter der höchsten Staatsbehörden, darunter besonders Exzellenz Staatsminister und Oberpräsident Graf von Zedlitz-Trützschler, — der Gemeinde und verschiedener angesehener Körperschaften und genossenschaftlicher Vereinigungen, insbesondere der Österreichischen und Englischen Genossenschaften und des internationalen Genossenschaftsverbandes.

In seiner Begrüßungsrede erwähnte der Vorsitzende Pröbst den frühen Tod der Verbandsdirektoren Moras-Ruhrort und Geminder-Darmstadt sowie des verdienten Vorsitzenden des vorjährigen Ortsausschusses Bernhard Krug-Danzig. Auch des schon im Vorjahre aus dem Leben geschiedenen früheren

Schlesischen Verbandsdirektors Klinkert-Breslau gedachte er nochmals in tiefer Trauer, dessen Grab von einer großen Anzahl von Freunden aus nah und fern besucht wurde. Dann erinnerte der Redner an den 13. Vereinstag, der im Jahre 1872 in der Schlesischen Hauptstadt tagte, und von dessen Teilnehmern nur Oppermann-Magdeburg, Dr. Schneider-Potsdam und der Redner selbst wieder anwesend waren.

Nach den üblichen Begrüßungen seitens der Ehrengäste, unter denen sich auch Baron von Steiger namens der Dresdner Bank befand, überreichte Stadtältester Kopisch namens der Breslauer Genossenschaften dem Vorsitzenden für den Allgemeinen Verband eine prachtvolle silberne Glocke als freundschaftliche Widmung mit dem Wunsche: „Freude dieser Stadt bedeute, Friede sei ihr erst Geläute.“

Anwalt Dr. Crüger bedauerte in seinem Jahresberichte, daß noch immer die Bestrebungen der Verbandsgenossenschaften auf falsche Auffassungen stoßen, insbesondere in Handwerkerkreisen, wofür er verschiedene Beweise beibrachte. Er trat entschieden den in einzelnen Fällen hervorgetretenen Bestrebungen entgegen, politische Fragen in die genossenschaftliche Bewegung hineinzutragen, beklagte die von Jahr zu Jahr wachsende Belastung der Genossenschaften mit Steuern, die in einem eigentümlichen Gegensatze zu dem von der Regierung immer betonten Wohlwollen für die Genossenschaften und die ihnen zuzuwendende Förderung stehen, erörterte die oft gehörten gegen den Allgemeinen Verband und seine Vereine gerichteten Angriffe, die von den verschiedensten Seiten herstammen, insbesondere auch vom Zentralverbande der Deutschen Konsumvereine in Hamburg, und das fortgesetzte Drängen nach Staatshilfe, warnte vor jeder Überschätzung, aber ebenso ernst auch vor Unterschätzung der Genossenschaften, die den Mittelstand erhalten sollen, dessen Tage durchaus nicht gezählt seien, wie vielfach behauptet werde, — gedachte der Vereinigung der Deutschen Genossenschaftsbank mit der Dresdner Bank in aufklärender Weise und konnte aufs neue einen erfreulichen Aufschwung auf den verschiedenen Gebieten der genossenschaftlichen Tätigkeit im Allgemeinen Verbande betonen. Zum Schluß fügte er der Mitteilung, daß alles in allem 2½ Millionen Bürger des Deutschen Reiches am Genossenschaftswesen beteiligt sind, die Mahnung bei: „So segensreich das Genossenschaftswesen an und für sich ist, so kann sich die Wirkung ins Gegenteil wenden, wenn die Gründungen der Genossenschaften unter Hurrastimmung mit Schlagwörtern und Strohfeuerbegeisterung erfolgen.“

Behufs Eintragung des Allgemeinen Verbandes in das gerichtliche Vereinsregister war die Wahl eines Vorstandes der Vereinigung notwendig, die selbstverständlich auf Dr. Crüger fiel.

Der bisherige Vorsitzende des Gesamtausschusses Pröbst war von der Leitung des Bayerischen Genossenschaftsverbandes hohen Alters wegen zurückgetreten, gehörte also dem Gesamtausschusse nicht mehr an. An seine Stelle wurde Justizrat Dr. Alberti-Wiesbaden zum Vorsitzenden, zu dessen Stellvertreter Neugebauer-Breslau gewählt. Im Engeren Ausschuß konnte Pröbst verbleiben, weil er im Bayerischen Genossenschaftsverband als Stellvertreter des Verbandsdirektors tätig blieb.

Den ersten Gegenstand der eigentlichen Tagesordnung bildete die vollzogene Vereinigung der Deutschen Genossenschaftsbank mit der Dresdner Bank, über die Verbandsdirektor Kurz-Stettin berichtete. Der Gegenstand war schon auf den Unterverbandstagen und selbstverständlich auch im Engeren und Gesamt-Ausschuß reiflich besprochen und durch die Ansprache des Barons von Steiger bei den Begrüßungen noch weiter geklärt, die Dresdner Bank hatte zur Behandlung der genossenschaftlichen Angelegenheiten besondere Abteilungen unter Leitung der bisherigen Direktoren der Genossenschaftsbank, Dr. Meißner-Berlin und Malz-Frankfurt gebildet, einen eigenen Beirat eingesetzt, in den verdiente Genossenschafter gewählt wurden, und sowohl den Anwalt des Allgemeinen Verbandes als auch den früheren Direktor der Genossenschaftsbank und bewährten Freund der Genossenschaften, Thorwart-Frankfurt, in ihren Aufsichtsrat aufgenommen, so daß alle Bürgschaften für jede tunliche Berücksichtigung der genossenschaftlichen Interessen geboten waren. So konnte der Allgemeine Genossenschaftstag mit vollem Vertrauen die Erwartung aussprechen, daß die Dresdner Bank die Aufgaben, die ihr als Nachfolgerin der Deutschen Genossenschaftsbank gestellt und von ihr übernommen wurden, dauernd erfüllen wird. — Gegenüber dem Scherlschen Sparsystem (wöchentliche Abholung der Spargelder nebst Prämienlotterie und unentgeltlicher Lieferung einer Zeitung), den schon im Vorjahre erörterten Bestrebungen, den Sparkassenbetrieb der Vorschußvereine einzuschränken oder unmöglich zu machen, die Spargelder durch die Postverwaltung einsammeln zu lassen, und der von Professor Warschauer angeregten Gründung einer Reichsdepositenbank legte der Allgemeine Genossenschaftstag auf eingehenden Vortrag von Dr. Alberti Verwahrung ein gegen alle Maßnahmen, die geeignet sind, den Kreditgenossenschaften die Annahme fremder Gelder zu erschweren oder gar unmöglich zu machen.

Neuerdings wurde den Genossenschaften des Allgemeinen Verbandes empfohlen, bei Gründung und Leitung von Rohstoff-, Werk- und Magazin-Genossenschaften mit Rat und Tat behilflich zu sein, vorausgesetzt, daß die Bedürfnisfrage und die Lebensfähigkeit solcher Vereinigungen genügend geprüft und anerkannt ist.

Im übrigen wurde verhandelt bei den allgemeinen Angelegenheiten über die Feststellung der Mitgliederzahl am Jahresschluß (die zu diesem Zeitpunkte ausscheidenden Mitglieder dürfen auf Grund Reichsgerichtserkenntnisses nicht mehr mitgezählt werden), über die Prüfung der Bedürfnisfrage bei Gründung der Genossenschaften durch andere Stellen und Personen als die Gründer selbst, wogegen Verwahrung eingelegt wurde, — bei den Baugenossenschaften über den Sparkassenbetrieb, der, soweit er eine größere Ausdehnung erreicht, entschieden widerraten wurde, über die Grundsätze, die beim Verkauf von Häusern an Mitglieder zu beachten sind, die einer Kommission überwiesen wurden, über die Ansiedelung von Arbeitern auf dem Lande durch den Bau von Arbeiterwohnungen, eine Frage, die vorerst offen blieb, über die Ansammlung eigenen Vermögens (mindestens 15 Proz. der fremden Betriebsmittel), die gleichfalls an eine Kommission überwiesen wurde, — bei den Kreditgenossenschaften, nachdem ein sehr belehrender Vortrag von Direktor Thorwart-Frankfurt über Zinspolitik entgegengenommen war, über Stellung von Lieferungskautionen durch die Vorschußvereine für ihre Mitglieder, über den Vertrieb von Kellerwechseln und die dagegen anzuwendenden Mittel (Schaffung einer Zentralstelle und Anschluß der einzelnen Vereine an diese), über die Festsetzung der Kreditgrenzen in richtigem Verhältnis zur Vermögenslage des Vereins (vgl. XXXV) und über die Beleihung von Wertpapieren ohne Börsenkurs, — bei den Konsumvereinen über Revision der Lagerbestände, über Volksversicherung und die Mankofrage. An die Verhandlungen der Konsumvereinsangelegenheiten schloß sich ein sehr eingehender und belehrender Vortrag von Direktor Welck-Breslau über rationelle Brotversorgung.

Die Konferenz der Verbandsrevisoren besprach die Giroverbindlichkeiten, die Verbuchung der Amortisations- und Abschreibungsquoten, den Zinsfuß für Spareinlagen bei den Baugenossenschaften, die Behandlung der empfangenen Kautionen in der Bilanz und den Begriff der einfachen Stimmenmehrheit (ob gleichbedeutend mit absoluter, was nicht bestimmt entschieden werden konnte). —

XXXXVI. 4. bis 8. September 1905 in Westerland-Sylt. Anwesend als Vertreter von 29 Verbänden und 287 Vereinen 610 Abgeordnete und 19 Revisoren, dann als Ehrengäste Vertreter der höchsten Staatsbehörden und angesehener Körperschaften sowie der Stadtgemeinde Westerland.

Wieder mußte der Vorsitzende Pröbst in seinem Willkommgruß einer Anzahl vortrefflicher Männer gedenken, die jahrelang im Genossenschaftsleben mit schönstem Erfolge tätig waren und nun durch den Tod dieser Tätigkeit entrissen wurden; so August Noelle-Lüdenscheid, Julius Kringel-Breslau, J. C. Matthies-Stralsund und Paul Bauer-Potsdam. — Geheimer Regierungsrat Franke-Berlin begrüßte die Versammlung im Namen des Preußischen Handelsministers mit sehr herzlichen Worten, ebenso Geheimer Regierungsrat Rüdlin im Namen des Ministers für öffentliche Arbeiten, und daran reihten sich die Begrüßungen seitens des Oberpräsidiums für Schleswig-Holstein, der Preußischen Zentral-Genossenschafts-Kasse und der Stadt Westerland.

An Stelle des ausgetretenen Assessors Hauß trat als Sekretär des Verbandes Gerichtsassessor Donath, der mitanwesend und alsSchriftführer tätig war.

Der Jahresbericht des Anwaltes Dr. Crüger beklagte die treibhausartige Entwickelung des Genossenschaftswesens auf verschiedenen Gebieten und das Anwachsen des staatlichen Einflusses, dem gegenüber es nicht immer ganz leicht war, die Genossenschaften auf dem Boden der Selbsthilfe und Selbstverwaltung zu erhalten. Der Bericht ist so umfang- und inhaltsreich, daß es nicht möglich ist, auch nur einen Teil der vielen vorzüglichen Gedanken, die er enthält und anregt, hier im Auszug wiederzugeben, aber andererseits auch so voll wertvoller Rück- und Ausblicke und tatsächlicher Nachweise, daß wir das öftere Nachlesen dieses wie aller anderen Jahresberichte des Anwaltes dringend empfehlen müssen. Er schließt mit den Worten: „Wenn wir auf der einen Seite nach keiner staatlichen Unterstützung verlangen, sie eher für schädlich als für nützlich halten, müssen wir doch auf der anderen Seite dringend wünschen: freie Bahn für die Betätigung unserer Genossenschaften, Beseitigung aller Schwierigkeiten, die ihrer Entwickelung entgegengestellt werden. Für die Schulze-Delitzschen Genossenschaften ist es Ehrensache, nicht bloß im Wappen das Wort „Selbsthilfe" zu führen, sondern in der gesamten Geschäftsführung sich dem anzupassen und sie auch wirklich zu betätigen. Das ist echter und gleichzeitig auch praktischer Idealismus, den wollen wir hochhalten zum Wohl unseres Vaterlandes."

Vorgänge bei dem internationalen Genossenschaftstage in Budapest (1904), dem der Anwalt als Vertreter unseres Verbandes anwohnte, hatten den Austritt des Allgemeinen Deutschen Genossenschaftsverbandes aus dem Internationalen Verbande zur Folge.

Direktor Thorwart-Frankfurt hatte die wichtigsten Grundsätze für eine gesetzliche Regelung des Scheckverkehrs aufgestellt, die vom Allgemeinen Genossenschaftstage zustimmend anerkannt wurden. Auf Vortrag des Verbandsdirektors Kurz-Stettin sprach sich die Versammlung gegen die Gründung von Sterbekassen für die Mitglieder von Genossenschaften aus. — Über die Auflösung verschiedener Genossenschaften zugunsten von Aktiengesellschaften, die die Fortsetzung der genossenschaftlichen Geschäfte übernehmen, wurde lebhaftes Bedauern ausgesprochen. — Direktor Malz-Frankfurt legte Grundsätze vor zur Neuregelung des Wechselprotestes, die Zustimmung fanden.

Den Baugenossenschaften wurde empfohlen, Kreditgeschäfte nicht in den Kreis ihrer Tätigkeit einzubeziehen, die Zahl der Vorstandsmitglieder auf drei zu beschränken, zur Erbauung von Wohnungen für gewerbliche Arbeiter nur da zu schreiten, wo offenbarer Mangel an Kleinwohnungen herrscht, eine Industrie vorhanden ist, die sich auf verschiedenen Gebieten bewegt, ebenso eine genügende Anzahl gut gelohnter Arbeiter und die nötige Zahl geeigneter Personen zur Besetzung der Vereinsorgane, — endlich zur Stärkung des Betriebskapitals auf Namen lautende, unkündbare Schuldverschreibungen auszugeben, als Mindestbetrag für den Geschäftsanteil 200 Mark festzustellen, diesen Betrag aber so zu regeln, daß der Anteil ungefähr den zehnten Teil der Herstellungskosten einer Wohnung erreicht.

Den Kreditgenossenschaften mit beschränkter Haftpflicht wurde empfohlen, den Geschäftsanteil nicht unter 500 Mark und die Haftsumme nicht über das dreifache des Geschäftsanteiles festzustellen, bei Gewährung von Baugeld-Kredit große Vorsicht und eine Reihe von Bedingungen zu beachten, die vom Allgemeinen Genossenschaftstage gebilligt wurden.

Bei den Konsumvereinen erstatteten Rechtsanwalt Schmittberger-München und Verbandsdirektor Nolte-Lüdenscheid Vortrag über die Behandlung der Konsumvereine in den Berichten der Handels- und Handwerkskammern. Für die Anstellung und Entlassung von Beamten, Handlungs- oder Gewerbegehilfen und Arbeitern wurden bestimmte Grundsätze vorgeschlagen und als richtig anerkannt, die Trennung des Lieferantengeschäftes vom eigenen Geschäfte für dringend geboten, und die Unterstützung der auf Verbreitung und Vertiefung der Volksbildung gerichteten Bestrebungen für Pflicht der Vereine erklärt.

Die Konferenz der Verbandsrevisoren beschäftigte sich mit der Auslegung der §§ 47 und 49 des Gen.Ges. betreffs der Einrechnung von Kontokorrent- und Scheck-Einlagen und Bankschulden, des Wechseldiskontkredites und der Giroverpflichtungen in die Gesamtbelastung, die kalkulatorische Nachprüfung der Bilanzen durch den Aufsichtsrat, den Erfahrungen mit den Einschätzungskommissionen, der Verpflichtung der Revisoren, die Geschäftsberichte nachzuprüfen, und dem Offenhalten der Kassenbücher (bei Baugenossenschaften) über den Jahresschluß hinaus. —

XXXXVII. 20. bis 24. August 1906 in Cassel.

Anwesend als Vertreter von 29 Verbänden und 299 Vereinen 614 Abgeordnete, darunter Scholtes-Boppard, und 24 Revisoren, außerdem als Ehrengäste eine Anzahl von Vertretern hoher Behörden des Reichs und Staates, der Gemeindeverwaltung und verschiedener Körperschaften und genossenschaftlicher, insbesondere landwirtschaftlicher Vereinigungen. Unter den Schriftführern befanden sich die beiden juristischen Sekretäre des Verbandes, Assessor Donath und Haubensack.

Vorsitzender Pröbst begrüßte die Teilnehmer mit dem Hinweis, daß der Allgemeine Genossenschaftstag bereits zum dritten Male in Cassel sich versammelte (VIII und XXII), und auf die mächtige Entwickelung, die das ganze Leben der Stadt bekundet, die nur möglich war unter der Herrschaft des Friedens, der seinen mächtigsten Schützer in unserem Kaiser fand, der zur Zeit im nahen Wilhelmshöhe Sommeraufenthalt genommen hatte. Ihm galt das jubelnde Hoch der Versammlung. Die Drahtmitteilung darüber wurde aus dem kaiserlichen Zivilkabinett alsbald in huldvoller Weise beantwortet. Mit Wehmut gedachte der Redner wieder der Männer, die der Tod seit unserem letzten Zusammensein hinweggeführt hatte, Verbandsdirektor Lewinsohn in Nakel und Stadtältesten Troitzsch-Delitzsch, der das Andenken seines Jugendgenossen Schulze in und fern der Heimat stets in hohen Ehren zu halten verstand und insbesondere um das Zustandekommen des schönen Denkmals in Delitzsch sich hohe Verdienste erworben hat. Regierungsassessor Römhild-Berlin als Vertreter des Preußischen Handelsministers und Oberpräsident von Windheim-Cassel brachten die Grüße der Staatsverwaltung, Bürgermeister Jochmus jene der Stadt Cassel und der ganzen Einwohnerschaft, Geheimer Kommerzienrat Pfeiffer die der Handelskammer, Geheimer Ober-Regierungsrat Weingärtner-Karlsruhe die der Badischen Regierung, Direktor Rexerodt die der ländlichen Genossenschaften im Regierungsbezirke Cassel.

Anwalt Dr Crüger beleuchtete in seinem Jahresberichte wieder in gewohnter weitblickender Weise die genossenschaftlichen Verhältnisse des In- und Auslandes, des eigenen und der fremden Systeme, führte auch eingehend die Gründe vor, die ihn seit Jahren veranlassen, sich nicht auf die Lage der Dinge im eigenen Verbande zu beschränken, sondern die der gleichstrebenden Vereinigungen heranzuziehen, wie das ja auch Schulze-Delitzsch schon oft getan. Er warnte eindringlich vor genossenschaftlichen Experimenten und genossenschaftlichem Fanatismus, die vielfach in der neueren Zeit hervortraten, als ob in den Genossenschaften eine Art von Allheilmittel gegeben wäre, und drückte seine Befriedigung aus, daß die Grundgedanken der Schulzeschen Lehre mehr und mehr überall zur tatsächlichen Anerkennung gelangen, wobei er sich auf Männer wie Hugenberg, Faßbender, Dr Thieß, Soetbeer und andere berufen konnte. Ernstlich beklagte er die in der neuern Zeit zutage tretenden Bestrebungen nach Absonderung einzelner Berufszweige, zum Beispiel der Eisenbahn-Beamten und Arbeiter bei den Kredit-, Konsum- und Bau-Genossenschaften. Die Frage der Entschuldung wurde gestreift und als einzig richtiger Programmpunkt aufgestellt: „Die wirtschaftlichen und nationalen Aufgaben sind nur durch ein ruhiges, vorwärts strebendes, sich von allen Übertreibungen fernhaltendes Genossenschaftswesen zu erfüllen, das nicht nach äußeren Erfolgen, sondern nach tatsächlicher Kräftigung des Deutschen Volkes, der arbeitenden Klassen im weitesten Sinne des Wortes strebt", — wie das schon im Jahre vorher von der Regierung der Reichslande in bezug auf den Bauernstand ausgesprochen worden war.

Vorsitzender Pröbst erinnerte am Schlusse des mit großem Beifall aufgenommenen Vortrages daran, daß Dr Crüger nun volle zehn Jahre im Anwaltsamt stehe, und dankte ihm namens des Allgemeinen Verbandes und der ganzen Versammlung unter derer lebhaften Zustimmung für seine aufopfernde und erfolgreiche Tätigkeit.

Der bisherige Direktor des Unterbadischen Verbandes, Wilhelm Finckh, war ernstlich erkrankt und hatte deshalb die Leitung seines Verbandes niedergelegt, was auch sein Ausscheiden aus dem Engeren Ausschusse zur Folge hatte. An seine Stelle wurde Verbandsdirektor Feldheim-Burg in diesen Ausschuß gewählt. (Erfreulicherweise konnte Finckh vollkommen genesen am XXXXIX. Genossenschaftstage in Frankfurt wieder teilnehmen.)

Justizrat Gebhart-Zweibrücken hielt einen äußerst beifällig aufgenommenen Vortrag über praktische Erfahrungen mit dem Genossenschaftsgesetze, den Anwalt Dr Crüger in lichtvoller Weise ergänzte, — der Sekretär des Allgemeinen Verbandes, Gerichtsassessor Donath, einen solchen über gewerberechtliche Bestimmungen (für die Konsumvereine), dessen Drucklegung und Verteilung an die Vereine beschlossen wurde, — Justizrat Dr Harnier-Cassel einen weiteren über Rechtsfragen aus dem Sparkassenverkehr.

Im übrigen wurde verhandelt bei den gemeinsamen Angelegenheiten über die Erleichterung des Wechselprotestes, die Anwendung der Bilanzgrundsätze des Handelsgesetzbuches und deren Aufnahme in die Vereinssatzungen, den Ausschluß von Zwangsmaßregeln in bezug auf die Verbandsrevision, — bei den Vorschußvereinen über die Behandlung von Giroverbindlichkeiten, wofür besondere leitende Grundsätze festgestellt wurden — über die Bestimmung der Höchstkreditgrenzen durch die Generalversammlung und über einige für die innere Geschäftsführung bedeutsame Einrichtungen, — bei den Konsumvereinen über die Art der Dividendenverteilung und die Arbeitsverhältnisse der Lagerhalter,— bei den Baugenossenschaften über die Maßregeln, um Spekulationen mit den an Mitglieder veräußerten Grundstücken zu vermeiden, und über das Bilanzschema.

Die Konferenz der Verbandsrevisoren beschäftigte sich mit der Frage der „losen Konten", der Trennung der Dividende in Konsumvereinen für Warengeschäft und Produktion, eine Geschäftsanweisung für die Einschätzungskommission der Vorschußvereine, die Berechnung von Verlusten bei Vorhandensein von Spezialreserven und die Veröffentlichung der Bilanzen. —

XXXVIII. 12. bis 15. August 1907 in Leipzig (vgl. X). Anwesend aus 29 Verbänden und 303 Vereinen 606 Abgeordnete und 16 Revisoren, dann eine Reihe von Vertretern der Preußischen und Sächsischen Staatsbehörden, der Stadtgemeinde, der Reichsbank, der Preußischen Zentral-Genossenschafts-Kasse, der Dresdner Bank und verschiedener sonstiger Körperschaften, Anstalten und Gesellschaften.

Der Vorsitzende Pröbst widmete dem seit dem letzten Allgemeinen Genossenschaftstag aus dem Leben geschiedenen früheren Direktor des Brandenburger Konsumverein-Verbandes August Krüger-Berlin Worte freundschaftlichen Gedenkens, erinnerte an den vor 38 Jahren in Leipzig abgehaltenen Vereinstag, von dessen Teilnehmern lediglich Dr. Schneider-Potsdam wieder anwesend war, der besonders freundlich begrüßt wurde, und an die herrliche Ansprache, mit der damals Bürgermeister Koch dem Vereinstag den Gruß der Stadt entbot. Dann begrüßten Ober-Regierungsrat Raschke im Namen der Sächsischen, Geheimer Regierungrsat Dr Franke sowie Geheimer Regierungsrat Altmann-Berlin im Namen der Preußischen Staatsregierung, Oberbürgermeister Tröndlin im Namen der Stadt Leipzig, Obermeister Grüner im Namen der Gewerbekammer, Generalsekretär Tews im Namen der Gesellschaft für Verbreitung von Volksbildung und Kammerältester Reuter im Namen der Handelskammer die Versammlung.

Assessor Donath war in den Staatsdienst übergetreten, seine Stelle hatte Assessor Dr Becker übernommen, der als Schriftführer mittätig war.

Anwalt Dr. Crüger erstattete seinen Jahresbericht in gewohnter, ausführlicher und geistreicher Weise, in freier Kritik das Wesen der Selbsthilfe und der Staatshilfe und die Ungenügsamkeit beleuchtend, die die Staatshilfe nur zu oft wachruft. Dabei sprach er den Grundsatz aus, die Genossenschaften sollten nur mit solchen Steuern belastet werden, die der wirtschaftlichen und rechtlichen Natur der Genossenschaften angepaßt und vor allen Dingen nicht ein Hindernis für die Durchführung ihrer segensreichen Bestrebungen sind. Den Vorschußvereinen empfahl er, bankmäßige Entwickelung anzustreben, aber niemals die genügende Vorsicht außer Acht zu lassen; vor allen Dingen strenge Beobachtung der Liquidität. Vorgänge in der Ostmark veranlaßten den Redner auf seinen Neujahrsaufsatz in den Blättern für Genossenschaftswesen zu verweisen, in dem er sagte: „Nicht nach politischen und nationalen Grundsätzen ist der Betrieb unserer Genossenschaften zu verwalten, sondern nach kaufmännischen, geschäftlichen und genossenschaftlichen.“ Mit Freude begrüßte er den Gedanken einer engeren Verbindung zwischen den verschiedenen größeren Verbänden zum Zweck gegenseitiger Verständigung mit dem Hinweis auf einen Ausspruch des Abgeordneten Meyenschein, eines Neuwieder Verbandsdirektors, im Preußischen Abgeordnetenhause: „Die Genossenschafts-Idee ist aus der Mitte des vorigen Jahrhunderts von Männern wie Schulze und Raiffeisen erneuert worden, ohne die Hilfe des Staates, sie ist teilweise sogar im Gegensatz zu staatlichen Organen ausgebreitet worden, und sie hat ihre schönsten Erfolge gezeitigt, ehe der Staat ihr seinen starken Arm lieh. Sie wird das Ziel, das ihr gesetzt ist, nämlich die Massen der für sich allein zu schwachen und deshalb den Wechselfällen des wirtschaftlichen Lebens auf Gnade oder Ungnade unterworfenen Glieder des gewerblichen Mittelstandes frei und selbständig zu machen, nur dann erreichen, wenn ihr möglichst viel Freiheit bleibt.“ Stürmischer Beifall folgte der zündenden Ansprache, die noch ein besonderes Interesse dadurch gewann, daß Präsident Dr Heiligenstadt ebenso wie Professor Dr Faßbender-Berlin, genaue Kenner des landwirtschaftlichen Genossenschaftswesens, an einige der wichtigsten Punkte des Vortrages anknüpften, meist, Faßbender fast ausschließlich, in zustimmendem Sinne, und Anwalt Dr. Crüger darauf kurz noch einmal erwiderte.

Weitere Vorträge hielten Vebandsdirektor Nolte-Lüdenscheid über „Genossenschaftsstaat oder Genossenschaftsbund", Direktor Peter-Karlsruhe über „Scheck- und Überweisungsverkehr und die Genossenschaften", Direktor Jäger-Berlin über die Erfahrungen mit den neuen Bilanzformularen der Baugenossenschaften, der Vorsitzende Pröbst über „Genossenschaften und Politik". Der letztere Vortrag hatte einen Beschluß zur Folge, in dem der Allgemeine Genossenschaftstag ernste Verwahrung einlegte gegen die immer wiederkehrende Behauptung, seine Genossenschaften stünden im Dienste parteipolitischer Bestrebungen. Auch dem Vortrag Noltes folgte ein Beschluß, wonach die Grundlage aller genossenschaftlichen Arbeit in der Tätigkeit der selbständigen Einzelgenossenschaften beruht, die nach einheitlichen Grundsätzen verwaltet und zu Verbänden zusammengeschlossen sein sollen, aber in der Betätigung persönlicher Initiative und individuellen Strebens ihrer Verwaltungen nicht beschränkt werden dürfen.

Im übrigen wurde verhandelt über das Verhalten der Behörden gegenüber den Genossenschaften, insbesondere bei Kautionsbestellung für gewerbetreibende Mitglieder und bei Geldanlagen von Gemeinden und öffentlichen Körperschaften in den Vorschußvereinen, über die Hilfs-, Ruhegehalts- und Witwen- und Waisenkasse, der als körperliches Mitgliedschaft beizutreten neuerdings als Pflicht der einzelnen Vereine erklärt wurde, — über besondere Effektenreserve, deren Bildung allen Vereinen empfohlen wurde, die zeitweise oder dauernd Bestände in Wertpapieren anlegen, — bei den Konsumvereinen über Liquidität, in welcher Hinsicht jedoch die Beschlußfassung der großen Meinungsverschiedenheiten wegen ausgesetzt werden mußte, über chemische Warenprüfung, über die Berechnung des Warenumschlages sowie über Barzahlung, Schulden- und Borgwirtschaft und die damit zusammenhängenden ideellen und materiellen Nachteile, — bei den Baugenossenschaften über die Hypothekarlebensversicherung, die nicht empfohlen werden konnte.

Einen Hauptgegenstand der Verhandlungen bildete die Entschuldungsfrage, über die Dr. Schneider-Potsdam berichtete und an deren Besprechung sich neben anderen Rednern insbesondere auch Präsident Heiligenstadt und Professor Faßbender sowie Anwalt Dr. Crüger lebhaft beteiligten. Auch hier konnte eine Beschlußfassung vorerst nicht erzielt werden, weil die Meinungen noch nicht genügend geklärt waren.

Zur Feier des hundertsten Geburtstages Schulzes im nächsten Jahre wurde die Herausgabe eines großen Werkes geplant, das Schulzes Leben und Wirken nach allen Richtungen hin quellenmäßig schildern soll, und für das aus Mitteln des Allgemeinen Verbandes 40 000 Mk. bewilligt wurden. (Die Zeit war zu kurz, um zum bestimmten Termine die Arbeit zu vollenden, die sich sehr umfangreich gestaltet. Die ersten Bände werden erst zum 50. Genossenschaftstag in Freiburg ausgegeben werden können.)

Die Hessen-Nassauischen Baugenossenschaften hatten sich unter Führung von Landesrat Dr. Schroeder zu einem eigenen Verband zusammengeschlossen, dessen Gründung und Eintritt in den Allgemeinen Verband lebhaft begrüßt wurde.

In der Konferenz der Verbandsrevisoren kamen zur Sprache: die schon wiederholt behandelte Geschäftsanweisung für die Einschätzungskommission, wofür diesmal ausgearbeitete Entwürfe vorlagen, — die gleichfalls schon früher behandelten „losen Konten", wofür eine Reihe von Gutachten vorlagen, — die Wechselaufnahme bei den Revisionen, — die Frage einer Unterweisung für die Buchführung in Konsumvereinen in Verbindung mit den Unterverbandstagen, — die Kontrolle der Doppelmitgliedschaft, die Heimsparkassen, schließlich noch ganz kurz die Musterformulare und die Büchersammlungen der Genossenschaften. —

XXXXIX. 24. bis 29. August in Frankfurt am Main. Anwesend 870 Abgeordnete, die höchste bisher erreichte Zahl, als Vertreter von 31 Verbänden und 375 Vereinen, darunter Verbandsdirektor Hansen-Kiel und Sepp-Freiburg, dann 19 Revisoren. Der ungewöhnlich starke Besuch erklärt sich aus dem Umstande, daß es in erster Reihe galt, den hundertsten Geburtstag Schulzes zu feiern. Diesem Feste entsprach auch die außergewöhnlich starke Teilnahme von Ehrengästen, von denen hier insbesondere der großherzoglich hessische Staatsminister, Exzellenz Dr. Braun, Präsident Dr. Heiligenstadt, Geheimer Oberregierungsrat Dr. Franke-Berlin, Regierungspräsident Dr. von Meister-Wiesbaden in Vertretung des Ministers für Landwirtschaft, Domänen und Forsten, Oberregierungsrat Dr. Gruenberg, als Vertreter des Ministers der öffentlichen Arbeiten, Oberamtmann Franz-Karlsruhe als Vertreter des Badischen Ministeriums des Innern, Regierungsrat Dr. Abele-Stuttgart als Vertreter des Württembergischen Ministeriums und Bankdirektor Beling als Vertreter der Reichsbank genannt sein sollen, neben denen zahlreiche Vertreter anderer Staatsbehörden, der Gemeindeverwaltung, der Handelshochschule, Deutsche Reichs- und Preußische Landtags-Abgeordnete, Geheimerat Haas-Darmstadt mit mehreren anderen Abgeordneten des Reichsverbandes der Deutschen landwirtschaftlichen Genossenschaften, der Rheinpreußischen und der Neuwieder landwirtschaftlichen genossenschaftlichen Organisationen und sonstiger hochangesehener Anstalten und Körperschaften, dann aus dem Auslande der Anwalt der Österreichischen Genossenschaften Karl Wrabetz, Engelbert Keßler-Wien als Abgeordneter des I. österreichisch-ungarischen Beamtenvereins, mehrere Mitglieder der Wiener Handelskammer, Henry W. Wolff aus London, Professor Dr. Dufourmontelle aus Paris, Staatsrat Beretti aus St. Petersburg, Generaldirektor Ochsner aus Bern auf den Ehrenplätzen teilnahmen.

Den Hauptversammlungen ging eine Gedenkfeier voraus, die außerordentlich stark besucht war und den großen Saal des Kaufmännischen Vereins in allen Räumen füllte. Nachdem Mozarts „Weihe des Gesanges" verklungen war, das der Neebsche Gesangverein meisterhaft vortrug, leitete der Vorsitzende Pröbst die Feier mit einer kurzen Ansprache ein, nach der Anwalt Dr. Crüger das Wort zur eigentlichen Festrede ergriff, die in großen Zügen ein herrliches Lebensbild des Gefeierten entrollte. Der Anwalt der Österreichischen Genossenschaften wies im Anschluß daran die Bedeutung Schulzes und seiner Lehren für die Österreichischen Genossenschaften und die enge Verbindung der beiden Nachbarvölker auf genossenschaftlichem Gebiete nach. Dann schloß der Vortrag von Beethovens „Die Himmel rühmen des Ewigen Ehre" die würdige, allen Teilnehmern unvergeßliche Feier.

Die erste Hauptversammlung eröffnete der Vorsitzende Pröbst mit der gewohnten, in diesem Jahre besonders freudigen Begrüßung. Er mußte leider wieder den Verlust treuer Freunde und Mitarbeiter des Allgemeinen Verbandes beklagen, die der Tod hinweggenommen hatte, so Stadtrat Kopisch-Breslau, Kommerzienrat Adolf Probst-Immenstadt, Rechtsanwalt Oßwald-Ulm, — gedachte der Feier des 40jährigen Bestehens der Landwirtschafts- und Gewerbebank in Gotha und des landwirtschaftlichen Kreditvereins in Augsburg, mit dem auch die 40jährige Tätigkeit des (in der Versammlung anwesenden) Direktors Arthur Hederer zusammentraf, des 80. Geburtstags des hochverdienten Verbandsdirektors und vieljährigen Finanzreferenten Oppermann-Magdeburg, des 70. Geburtstags des Verbandsdirektors Kommerzienrats Blell-Brandenburg und des ältesten Mitarbeiters Schulzes, nunmehrigen Verbandsrevisors Dr. Schneider-Potsdam. — Geheimer Oberregierungsrat Dr. Franke-Berlin begrüßte die Versammlung im Namen des Ministers für Handel und Gewerbe und zugleich im Namen der verschiedenen anderen Ministerien in Preußen, Württemberg, Baden und Hessen sowie der Preußischen Zentral-Genossenschafts-Kasse und sonstiger Behörden und überreichte am Schlusse seiner Rede mit hochehrenden Worten dem Vorsitzenden Pröbst den ihm vom Kaiser verliehenen Kronenorden III. Klasse mit dem ausdrücklichen Bemerken, daß in dieser Auszeichnung die Anerkennung Ausdruck finde, die die Preußische Staatsregierung dem im Allgemeinen Verbande vertretenen Grundsatze der Selbsthilfe und Selbstverantwortung zollt. „Das Genossenschaftswesen bildet einen Teil der Volkserziehung. Möge es Ihnen allzeit vergönnt sein, tüchtige Männer zu erziehen." So lauteten die letzten Worte der mit lautem Beifall begleiteten Ansprache.

Nun folgten die Festgrüße der Stadt Frankfurt durch Bürgermeister Grimm, der Frankfurter Justizbehörden durch Oberstaatsanwalt Geheimen

Justizrat Dr. Hupertz, der persönliche Erinnerungen an Schulze einflocht, der Handelskammer durch Geheimen Kommerzienrat Jean Andrae-Passavant, der Akademie für Sozial- und Handelswissenschaften durch Professor Dr Pohle, der Reichsbank durch Bankdirektor Beling, des Reichsverbandes Deutscher landwirtschaftlicher Genossenschaften durch Geheimerat Haas-Darmstadt, des Österreichisch-ungarischen Beamtenvereins und seiner Konsortien durch seinen Genossenschaftsreferenten Engelbert-Keßler-Wien, der Wiener Handelskammer durch Kammerrat Richter, des Zentralverbandes der Französischen Kreditgenossenschaften durch Professor Dr. Dufourmontelle-Paris, der Englischen Genossenschaften und des internationalen Verbands durch Henry W. Wolff-London, der Hirsch-Dunckerschen Gewerkvereine durch Stadtverordneten Goldschmidt-Berlin, der Gesellschaft für Verbreitung von Volksbildung durch Generalsekretär Tews-Berlin.

Anwalt Dr. Crüger begrüßte in seinem Jahresberichte die Tatsache, daß die Anschauungen im Hauptverbande der Deutschen gewerblichen Genossenschaften sich mehr und mehr den Schulzeschen Lehren nähern, und daß insbesondere der Generalanwalt des landwirtschaftlichen Reichsverbandes die Hand zum Frieden und zu einigem Vorgehen bot, die Redner namens des Allgemeinen Verbandes freudig ergriff. Redner hatte wenige Wochen vorher der festlichen Tagung des Reichsverbandes aus Anlaß seines 25 jährigen Bestehens in Mainz beigewohnt und dort den Eindruck gewonnen, daß ein Zusammengehen der großen Verbände in allen wichtigen Fragen zu ermöglichen ist. Leider gaben mancherlei Vorkommnisse, insbesondere in Sachsen, Anlaß zu entschiedener Verwahrung gegen Eingriffe der Staatsbehörden in den Geschäftsbetrieb einzelner Genossenschaften ohne gesetzliche Handhabe; ebenso hatten unangenehme Vorgänge neuerdings Anlaß gegeben, vor übereiltem Anschluß an Zentralkassen zu warnen. Erfreulicherweise konnte der Redner die selbstgestellte Frage, ob die Kreditgenossenschaften in den schwierigen Tagen des Wirtschaftsjahres 1907 ihre Aufgabe erfüllten, mit einem bestimmten Ja beantworten. Zu der im Laufe des Jahres vorgenommenen Reichsbankenquete waren verschiedene Genossenschafter zugezogen, worüber Redner, der selbst beteiligt war, seine Freude aussprach. Der Scheckverkehr hatte sich bei den Genossenschaften des Allgemeinen Verbandes im letzten Jahre bereits auf $1^1/_2$ Milliarden Mark gehoben. In Hamburg hatte eine gemeinsame Tagung des Verbandes der Deutschen Baugenossenschaften (Direktor Landrat Berthold) mit dem unter Leitung des Professors Dr. Albrecht-Berlin stehenden Verbande der auf der Grundlage des gemeinsamen Eigentums beruhenden Baugenossenschaften stattgefunden, die einen sehr befriedigenden Verlauf nahm. Der bisher unter Führung des Landesversicherungsrates Hansen-Kiel vereinzeilt stehende Baugenossenschaftsverband für Schleswig-Holstein hatte sich zum Anschluß an den Allgemeinen Verband angemeldet und wurde mit Freude begrüßt und aufgenommen. Dem Allgemeinen Verbande war auf der internationalen Kleingewerbe-Ausstellung zu Amsterdam die höchste Auszeichnung, der große Preis, zuerkannt worden. 27 000 Genossenschaften bestanden im Deutschen Reich mit 4,1 Millionen Mitgliedern. Das gab dem Redner Veranlassung mit folgenden Worten Schmollers zu schließen: „Die Genossenschaftsbewegung erstreckt sich mit ihren Folgen auf den ganzen Mittel- und Arbeiterstand, teilweise schon auf die höheren Schichten der Landwirte, der Konsumenten. Ihre allgemeine Bedeutung liegt in dem siegreichen Kampfe für ehrliche Geschäftsmaximen, für Barzahlung, für Sparsamkeit, in der Bekämpfung des Wuchers und der Warenfälschung, in der geschäftlichen und sittlichen Erziehung der unteren und mittleren Klassen, in der glücklichen Verbindung von Erwerbsbetrieb und sympathisch genossenschaftlichen Gefühlen, auf denen sie beruhen, die sie fördern. Sie können die Tausende von teilnehmenden Kleinbürgern und Arbeitern nicht plötzlich zu etwas anderem machen; aber sie heben technisch, geschäftlich, sozial empor; sie schaffen eine große Anzahl von neuen Organen, die modern wirtschaften, teilweise einen vollendeten Mittel- und Großbetrieb haben und doch in Leitung, Mitgliedschaft und Besitzanteilen bis in die untersten Kreise hinabreichen; sie erhalten die bestehenden kleineren und mittleren gesunden Betriebe und füllen die soziale Kluft zwischen den großen Privatunternehmen und kleineren Leuten aus. Sie sind im eminenten Sinne ein konservatives Element, das doch ausschließlich dem sozialen Fortschritt dient und noch eine große Zukunft hat." Stürmischer Beifall folgte dem ausgezeichneten Vortrage.

Regierungsdirektor Conrad-Speyer war durch die Anforderungen seines Dienstes veranlaßt, die Leitung des Pfälzischen Genossenschaftsverbandes niederzulegen und damit auch aus dem Engeren Ausschuß auszutreten, in den an seine Stelle Verbandsdirektor Neugebauer-Breslau gewählt wurde. Conrad wurde der wohlverdiente Dank für treue Mitwirkung ausgesprochen.

Professor Stein-Frankfurt hielt einen ausgezeichneten, klaren Vortrag über die grundsätzlichen Voraussetzungen für die soziale Tätigkeit der Genossenschaften, — Verbandsdirektor Landesrat Dr. Schroeder-Cassel einen solchen über die Kapitalbeschaffung der Baugenossenschaften. Im übrigen wurde verhandelt bei den allgemeinen Angelegenheiten über die in Aussicht stehende staatliche Zwangsversicherung der Privatbeamten, bei der der Ruhegehaltskasse und der Witwen- und Waisenkasse des Allgemeinen Verbandes die gebührende Stellung gewahrt werden soll, — bei den Handwerkergenossenschaften über die Grundsätze für gewerbliche Verkaufsgenossenschaften, — bei den Baugenossenschaften über Grundsätze für Berechnung der Wohnungsmieten, — bei den Konsumvereinen über Beisteuern zur Förderung der Wohlfahrts- und Volksbildungsbestrebungen und über Fleischversorgung, wobei der Schlächtereibetrieb auf eigene Rechnung entschieden widerraten wurde, — bei den

Vorschußvereinen über die Bedingungen bei Vermietung von Safes, über die Postscheckordnung und über die Kreditgewährung an industrielle Unternehmungen. Breiten Raum in den Verhandlungen nahm die schon im Vorjahre behandelte Frage der Entschuldigung ein, wobei es zu scharfen, geistvollen Auseinandersetzungen zwischen Anwalt Dr. Crüger und Präsident Dr. Heiligenstadt kam, an denen aber auch Dr. Alberti-Wiesbaden, Dr. Harnier-Cassel, Regierungsrat Hecht-Karlsruhe, Dirichlet-Darkehmen und Anwalt Wrabetz-Wien lebhaften Anteil nahmen, und die in Übereinstimmung mit dem Antrage des Gesamtausschusses zu dem Beschluß führten, daß für die Gewährung unkündbarer und nur durch Amortisationsraten tilgbarer Kredite zum Zwecke der Entschuldung des ländlichen Grundbesitzes sowie für die Übernahme von Bürgschaften für derartige Kredite die auf dem Gesetze von 1889 beruhenden Genossenschaften außer Betracht bleiben müssen.

In der Konferenz der Verbandsrevisoren wurde verhandelt über Hausesparkassen, die Erfahrungen bezüglich der Unkündbarkeit von Mietsverträgen in Baugenossenschaften, die materielle Prüfung der Bilanz durch den Verbandsrevisor, den Wertzuwachs an unbebauten Grundstücken und dessen Ausdruck in der Bilanz, die Benachrichtigung der Kontoinhaber über jede von ihrem Konto geleistete Auszahlung.

Am Schluß der letzten Hauptversammlung sprach der Vorsitzende Pröbst seine Freude darüber aus, daß so recht im Geiste Schulzes gearbeitet wurde und daß alle Gattungen von Genossenschaften bei dieser Tagung unverkürzt zum Worte gelangten und ihre Angelegenheiten verhandeln konnten.

Die Blätter für Genossenschaftswesen waren aus Anlaß der Gedenkfeier in einer besonderen Festnummer erschienen, zu der Pröbst-München, Direktor Thorwart-Frankfurt, Professor Stein-Frankfurt a. M. und Dr. Schneider-Potsdam Beiträge geliefert hatten.

L. Freiburg i. B. 9. bis 12. August 1909. (Vergl. XXXI.) Anwesend waren 763 Abgeordnete als Vertreter von 31 Verbänden, 269 Vorschuß- und Kreditvereinen, 33 Konsumvereinen, 15 Baugenossenschaften und 11 sonstigen genossenschaftlichen Vereinigungen einschl. 42 Ehrengästen und 31 Verbandsdirektoren. Unter den Ehrengästen stehen Unterstaatssekretär Dr. Richter-Berlin als Vertreter des Reichskanzlers, des Staatssekretärs des Innern und der preuß. Ministerien für Handel und Gewerbe sowie für Landwirtschaft, Domänen und Forsten — ferner Landeskommissär, Geh. Oberregierungsrat Pfisterer und Landgerichtspräsident Uibel aus Freiburg als Vertreter der Badischen Staatsregierung, verschiedene andere Vertreter badischer und württembergischer Staats- und Gemeindeverwaltungen (insbesondere der Stadt Freiburg), der Reichsbank, der Universität Freiburg, der Handelskammern von Freiburg und Wien, verschiedener befreundeter

Verbände, insbesondere des Verbandes der deutschen Genossenschaften in Österreich sowie der Schweizerischen Volksbank, einige Reichs- und Landtagsabgeordnete, frühere Verbandsdirektoren und Beamte des Allgemeinen Verbandes voran. Den Vorsitz führten unter Zuziehung von Direktor Sepp-Freiburg wie seit Jahren wieder Pröbst-München, Dr. Alberti-Wiesbaden, Wolski-Allenstein, Oppermann-Magdeburg und Berthold-Blumenthal.

Pröbst-München eröffnete die erste Hauptversammlung mit der gewohnten warmen Begrüßung aller Teilnehmer, an die er freundliche Erinnerungen an den gleichfalls in Freiburg abgehaltenen 31. Allgem. Vereinstag sowie an die vorausgegangenen und nachgefolgten Vereins- und Genossenschaftstage in Constanz, Karlsruhe und Baden-Baden reihte, und dem Badischen Fürstenhause ehrerbietige Huldigung darbrachte, — in bewegten Worten der im letzten Jahre durch den Tod abgerufenen, um das Genossenschaftswesen hochverdienten Männer, Regierungsrat Müller-Gotha und Geheimer Justizrat Gebhart-Zweibrücken gedachte und schließlich unter Bezugnahme auf Schulzes oft mißverstandenes Wort: „Die Genossenschaft ist der Friede" der Erwartung Ausdruck gab, daß der Geist der Eintracht und des Friedens auch den 50. Allgemeinen Genossenschaftstag beseelen möge. Im Anschlusse daran begrüßten Unterstaatssekretär Dr. Richter-Berlin, Landeskommissär Geh. Oberregierungsrat Pfisterer-Freiburg, Landgerichtspräsident Uibel-Freiburg, Oberbürgermeister Dr. Winterer von da, der Anwalt des Österreichischen Verbandes, Karl Wrabetz-Wien, Verbandsdirektor Dr. Vogler und Landtagsabgeordneter, Kammerrat Richter von dort sowie Landtagsabgeordneter Saenger-Diersheim, dieser namens des Reichsverbandes der Deutschen landwirtschaftlichen Genossenschaften, die Versammlung. Der festliche Charakter des 50. Genossenschaftstages fand insbesondere darin sein Eigengepräge, daß Unterstaatssekretär Dr. Richter dem Anwalt Justizrat Dr. Crüger als Anerkennung seiner Verdienste um die juristische und genossenschaftliche Wissenschaft die Ernennung zum Professor, Landeskommissär Pfisterer dem ersten Vorsitzenden Pröbst-München sowie den um die Entwicklung der Freiburger Gewerbebank hochverdienten Männern, Kaufmann Wilhelm Fischer und Direktor Berthold von Hermann, Badische Ordensauszeichnungen überbrachte.

Anwalt Professor Dr. Crüger kleidete seinen diesmaligen Jahresbericht unter Hinweis auf das Vorwort zum statistischen Jahrbuche des Verbandes, die alle Einzelnachweise enthält, in die Form einer Festrede, in der er die Bestrebungen und die Entwicklung des Allgemeinen Verbandes in den abgelaufenen 50 Jahren meisterhaft schilderte, daran erinnerte, daß mit dem Jubelfeste des Verbandes auch das 20jährige Bestehen des damaligen Genossenschaftsgesetzes zusammentraf, dessen Vorzüge und Mängel er kritisch beleuchtete — darauf hinwies, daß die wirtschaftliche Kraft den Genossenschaften des Allgemeinen Verbandes in geschäftlichen Leistungen für ihre Mitglieder während des letzten Jahres 12¹/₄ Milliarden Mark (60 Prozent der Gesamtleistung aller deutschen Genossenschaften) umfaßte, — und die unter Leitung von Thorwart-Frankfurt bereits ins Werk gesetzte Veröffentlichung der Reden und Aufsätze Schulzes als eine Dankespflicht gegenüber dem Manne bezeichnete, der Hunderttausende den Weg zur wirtschaftlichen Selbständigkeit gewiesen hat.

Verhandelt wurde in den sechs Hauptversammlungen in ganz besonders lebhafter und anregender Weise über eine Reihe von wichtigen Gegenständen. So bei den allgemeinen Angelegenheiten aller Genossenschaften über die Anlegung und Fortführung von Handbibliotheken in den einzelnen Genossenschaften als unentbehrliches Mittel für die sachgemäße Leitung der genossenschaftlichen Geschäfte, — über das Depositen- und Sparkassenwesen der Genossenschaften, wobei in entschiedenster Weise zum Ausdruck gelangte, daß der Geschäftsverkehr der Genossenschaften zum Erlaß gesetzlicher Bestimmungen in dieser Hinsicht keinen Anlaß bietet, — über die Grundsätze bei der bilanzmäßigen Behandlung rückständiger Einzahlungen auf Geschäftsanteil, wobei die Meinungen der verschiedenen Redner noch weit auseinander gingen, eine Einigung schließlich aber doch erzielt werden konnte, — bei den besonderen Angelegenheiten der Kreditvereine über die Diskontierung von Buchforderungen, wobei äußerste Vorsicht empfohlen und die vom Anwalt mit vorgelegten Bedingungen für diesen Geschäftszweig nicht in den Beschluß einbezogen, sondern einfach den Vereinen zur Kenntnisnahme mitgeteilt wurden, — über die Gründung besonderer Hausbesitzer-Kreditgenossenschaften die in eingehender Verhandlung widerraten wurde, — über die Führung von Belastungslisten, aus denen sich die gesamten Verbindlichkeiten eines jeden Kreditnehmers und Bürgen jederzeit ersehen lassen, die dringend empfohlen wurde, — über die Geschäftsführung von Vereinen, deren Wirksamkeit sich auf eine Mehrzahl von Gemeinden erstreckt, und die Verwendung von Vertrauensmännern sowie die Errichtung von Nebenstellen (Agenturen). Auch in dieser Hinsicht ergaben sich in der Besprechung noch sehr große Meinungsverschiedenheiten, die aber schließlich doch zu einem befriedigenden Beschluß zusammengefaßt werden konnten. Der Anwalt hatte auch dazu den Entwurf von Geschäftsbestimmungen für die Nebenstellen vorgelegt, die ebenfalls nicht in den Beschluß einbezogen, sondern lediglich zur Kenntnisnahme der Vereine mitgeteilt wurden. — Bei den Angelegenheiten der Konsumvereine war die Frage der Liquidität der Vereine wieder wie seit Jahren auf der Tagesordnung, nachdem sie auf den Unterverbandstagen eingehend vorberaten worden war. Sie fand ihre Erledigung durch einen geeigneten Beschluß, dem ein Bilanzmuster angefügt ist. Auch die Ausdehnung einzelner Konsumgenossenschaften über ihre natürliche Grenze hinaus zum Schaden an sich lebensfähiger kleinerer Einzelgenossenschaften wurde neuerdings behandelt und entschieden widerraten. Ein Vortrag des Anwaltes über die Beschlüsse der Allgemeinen Genossenschaftstage und die Lagerhalterfrage fand noch in letzter Stunde, nachdem die Hauptversammlungen bereits geschlossen waren, aufmerksame Zuhörer und ungeteilte Zustimmung. — Bei den besonderen Angelegenheiten der Baugenossenschaften wurde insbesondere die Frage der Mietverlust-Versicherung sehr eingehend behandelt und über die Zahl der in größeren Baugenossenschaften nötigen Vorstandsmitglieder lange lebhaft gestritten, schließlich aber doch die Vorschrift des Musterstatuts als allgemein zu beachtende Regel festgestellt, nachdem diese Zahl drei nicht überschreiten soll, insofern nicht ganz besondere Verhältnisse zu einer anderen Statutenbestimmung zwingen. Ein Vortrag von Assessor Crecelius, betreffend das Ergebnis der Erhebungen über leerstehende Wohnungen und über die geeigneten Maßregeln gegen mißbräuchliche Verwendung der sogenannten Erwerbshäuser (im Gegensatz zu Miethäusern), fand reichen Beifall. — Bei den besonderen Angelegenheiten der Handwerkergenossenschaften wurde über die Grundsätze für Errichtung und Organisation von Werkgenossenschaften beraten und beschlossen, und infolge eines sehr belehrenden Vortrages von Archivar Lohr-Karlsruhe über die Handwerkergenossenschaften in Baden eine Reihe von Leitsätzen genehmigt, die bei der Pflege dieser wichtigen genossenschaftlichen Vereinigungen beachtet werden müssen.

In der Konferenz der Verbandsrevisoren, die Justizrat Wolski leitete und die von 78 Teilnehmern besucht war, wurde zunächst über die Frage verhandelt, ob das Statut des Revisionsverbandes eine materielle Bilanzprüfung vorsehen soll, und unter welchen Bedingungen. Nach lebhafter Erörterung wurde anerkannt, daß es zweckmäßig erscheint, eine solche Vorschrift für den Fall des Bedarfs in das Verbandsstatut aufzunehmen. — Die Frage, ob für die Bilanzbewertung a) der Wertzuwachs der Immobilien, b) die Zinsen für das im unbebauten Grund und Boden steckende Kapital und c) die Zinsen für das zur Herrichtung der Bauten während der Bauzeit notwendige Kapital berücksichtigt werden dürfen, führte zu einer ungemein eingehenden und anregenden Erörterung, an deren Schluß Übereinstimmung dahin erzielt war, daß die Frage zu a in verneinendem, jene zu c in bejahendem Sinne zu beantworten ist, während es in bezug auf die Frage b nur bei solchen Genossenschaften unbedenklich erscheint, den Wert unbebauter Grundstücke durch den Zuschlag von laufendem Zins von dem im unbebauten Grund und Boden steckenden Kapital zu erhöhen, bei denen dadurch nicht etwa ein Gewinn zum Zweck der Dividendenverteilung erzielt werden soll. Die weitere Frage, ob Delkredere-Konten oder Spezial-Reserven unmittelbar zur Deckung von Verlusten verwendet werden dürfen, oder ein besonderer Beschluß der Generalversammlung bei der Beschlußfassung über Gewinn- oder Verlustverteilung notwendig ist, veranlaßte einen so eingehenden Meinungsaustausch, daß schließlich der Vorsitzende sich außerstande erklärte, der Auffassung der Versammlung einen ganz bestimmten Ausdruck zu geben, und sich mit der Erwartung begnügen mußte, daß jeder der Teilnehmer aus der Verhandlung etwas gelernt haben dürfte. Endlich kam die Berichterstattung des Verbandsrevisors an den Verbandsdirektor zur Behandlung, wobei sich hauptsächlich zwei Anschauungen gegenüberstanden, die eine dahin, daß schon der Bericht des Revisors an die revidierte Genossenschaft, der gegebenen Falls der Generalversammlung bekannt gegeben werden muß, alles Wesentliche, insbesondere bei bedenklichen Mißständen, enthalten soll, und darin nichts verschwiegen werden darf, — während andererseits behauptet wurde, dieser Bericht dürfe sich auf kennzeichnende Andeutungen beschränken, um möglicherweise schadenbringende Erregung der Mitglieder in der Generalversammlung zu vermeiden; dagegen müsse der Revisor in Fällen, wo ernste Mißstände vorgefunden wurden, in einem erläuternden Berichte an den Verbandsdirektor ohne jeden Rückhalt sich über seine Wahrnehmungen aussprechen. Schließlich konnte der Vorsitzende unter allgemeiner Zustimmung den Grundsatz aufstellen: Die Revisorenkonferenz empfiehlt, in die Anweisung des Revisors die Bestimmung aufzunehmen, daß der Revisor neben der Abschrift des schriftlichen Berichtes an die revidierte Genossenschaft dem Verbandsdirektor genau erläuternde Aufklärungen über alle bedenklichen Erscheinungen gibt.

Im Gesamtausschuß erstattete auf Wunsch des Engeren Ausschusses dessen Vorsitzender mit Rücksicht darauf, daß eine Anzahl von Verbandsdirektoren neu in den Gesamtausschuß eingetreten war, kurzen Vortrag über Rechte und Pflichten der Verbandsdirektoren, der in Nummer 3 der Blätter für Genossenschaftswesen Jahrgang 1910 zum Abdruck gelangte, weil seine Aufnahme in das Protokoll des Gesamtausschusses aus äußeren Gründen nicht möglich war. —

Der ganze Genossenschaftstag nahm einen außerordentlich schönen Verlauf. Unter den vielen geselligen Veranstaltungen der Freiburger Genossenschaften zu gunsten ihrer Gäste, verdient ganz besonders die wunderschöne, abendliche Wagenfahrt über die Waldstraßen rühmend hervorgehoben zu werden.

## II.

# Die Beschlüsse der Allgemeinen Genossenschaftstage und die Kreditgenossenschaften.

Bei der außerordentlich starken Vermehrung, die die Genossenschaften in Deutschland in den letzten Jahrzehnten erfahren haben, sind die Kreditgenossenschaften an der Spitze geblieben. Wäre man berechtigt, schon aus der Existenz einer bestehenden Genossenschaft den Schluß zu ziehen, daß ein Stück wirtschaftlicher und sozialer Arbeit ausgeführt ist, so müßte man annehmen, daß die große Aufgabe, die dem Genossenschaftswesen gestellt ist, im wesentlichen erfüllt sein dürfte. So richtig es nun aber auch ist, daß Zahlen eine sehr beredte Sprache führen, so kann man auch leicht durch große Zahlen zu unrichtigen Schlußfolgerungen geführt werden. Man legt heute — und zweifellos mit Recht — großen Wert auf die Veröffentlichung der Bilanzen, aber man darf doch nicht übersehen, daß die Bilanzen an und für sich nur tote Zahlen enthalten, und daß man schon hinter die Bilanz sehen muß, wenn man erkennen will, welches der innere Wert der Bilanz ist. Das gilt auch von den Zahlen, mit denen das deutsche Genossenschaftswesen an die Öffentlichkeit tritt. Wer die Entwicklung des Genossenschaftswesens in den letzten Jahrzehnten verfolgt hat, wird vielleicht geneigt sein, gewissen Zahlen Mißtrauen entgegenzubringen.

Es liegt die Zeit noch garnicht so lange hinter uns, daß Wanderredner agitatorisch für die Gründung von Kreditgenossenschaften zu wirken suchten. Zwischen landwirtschaftlichen Verbänden wurde ein förmlicher Wettbewerb veranstaltet, welcher Verband im Laufe einer gewissen Zeit die größte Zahl von Genossenschaften ins Leben gerufen hätte. Da wurde mit angeblich neuen Gedanken auf dem Gebiet des Kreditgenossenschaftswesens gearbeitet und zwar indem man die Ansicht verbreitete, daß die Schulze-Delitzsch'schen Kreditgenossenschaften veraltet, daß sie nicht leistungsfähig genug seien, zu hohe Zinsen und Provisionen berechneten usw. Diese Sturm- und Drangperiode, in die das Genossenschaftswesen eintrat, als es schon auf eine jahrzehntelange reiche Vergangenheit zurückblicken konnte, dürfte heute im großen und ganzen abgeschlossen sein, und man könnte in Ruhe die Ergebnisse feststellen. Da dürfte es sich denn vor allem zeigen, daß auch hier das Wort gilt: alles schon dagewesen. Solcher Perioden kann man verschiedene zählen, und sie haben stets einen merkwürdig gleichen Verlauf genommen: entweder sind die neuen Genossenschaften als Eintagsfliegen bald wieder verschwunden, oder die Führer der neuen Periode haben nichts besseres tun können, als die Grundsätze der Schulze-Delitzsch'schen Genossenschaften zu übernehmen.

Es wird heute viel für die Ausbreitung des Genossenschaftswesens getan. Millionen werden für seine Förderung aufgewendet. Es ist dabei eine Begleiterscheinung sehr erklärlich: daß nämlich die geeigneten Kräfte für die Leitung der Genossenschaften nicht ebensoschnell zu finden waren, wie die Neugründungen vor sich gingen. Nichts leichter nämlich als Genossenschaften gründen — recht schwierig dagegen, die Genossenschaften sachverständig zu leiten. Es soll nun aber hier nicht geprüft werden, ob die letzte Sturm- und Drangperiode notwendig war, ob die Vorteile den aufgewendeten Mitteln entsprechen — ob nicht vielleicht später sich größere Nachteile zeigen werden, als Vorteile erzielt werden konnten. Diese Ausführungen haben einen ganz anderen Zweck. Sie sollen zeigen, wie notwendig es ist, die Entwickelungsgeschichte der Genossenschaften zu kennen, und welche reiche Fülle von Material in den Beschlüssen der Allgemeinen Genossenschaftstage*) liegt. Man kann getrost behaupten, daß eine jede Frage, die für die Kreditgenossenschaften von aktueller Bedeutung werden könnte, in dem einen oder dem anderen Beschluß der AGT. ihre Beantwortung findet. Und man kann vor allem den Nachweis erbringen, daß die Geschichte stets die Richtigkeit der von den AGT. aufgestellten Grundsätze ergeben hat.

Man begegnet so häufig, wenn bestimmte Einrichtungen empfohlen werden, dem Einwand: das wäre Theorie, die für die gegebenen lokalen Verhältnisse nicht passe, die gegebenen Einrichtungen hätten sich in 25 Jahren bewährt, man denke nicht an eine Änderung. Wer von den Beschlüssen der AGT. Kenntnis nimmt, wird schwerlich weiter behaupten, daß in ihnen nur theoretische Betrachtungen verdichtet seien, — nein, sie beruhen gerade auf den Beobachtungen der Praxis. Und wenn bei einer verkehrten Einrichtung in 25 Jahren noch keine üblen Erfahrungen gemacht sind, so beweist dies nicht, daß nicht das 26. Jahr vielleicht die Probe aufs Exempel bringt.

So mancher „Erfinder" auf dem Gebiet des Genossenschaftswesens hätte vielleicht doch von dem Versuch, seine Ideen zu verwirklichen, Abstand genommen, wenn er mit der Geschichte der Genossenschaften vertraut gewesen wäre. Die Notwendigkeit einer gewissen Vertrautheit mit der Vergangenheit der

*) Die Tagungen der dem Allgemeinen deutschen Genossenschaftsverband angehörigen Genossenschaften wurden bis zum Jahre 1892 als Allgemeine Vereinstage und von da ab nach dem Statut des Allgemeinen Verbandes als Allgemeine Genossenschaftstage bezeichnet. Es ist entsprechend die Abkürzung gewählt AVT. — AGT. je nachdem es sich um Beschlüsse der Tagungen aus den Jahren 1859 bis 1892 oder später handelt.

Genossenschaften zeigt sich aber nicht nur an der Stelle, von der aus der Einfluß ausgeübt werden soll auf die Bewegung, sondern sie kann überall festgestellt werden. Es ist nicht gut, wenn der Leiter einer Kreditgenossenschaft gerade nur mit den Aufgaben seiner Kreditgenossenschaft vertraut ist. Die Kreditgenossenschaft ist ein Glied des gesamten Genossenschaftswesens, ist ein Glied der Wirtschaftsgestaltung. Wer an der Spitze einer Kreditgenossenschaft allen Aufgaben gerecht werden will, dessen Horizont muß weit hinaus gehen über das Arbeitsfeld seiner Kreditgenossenschaft. Es würde manche Kreditgenossenschaft nicht dem Rückgang verfallen sein, wenn die Leiter sich besser mit Zweck und Ziel der Genossenschaften vertraut gemacht hätten, sie haben aber nur den Aufgaben des Alltagslebens gedient. Zuweilen glaubt eine Kreditgenossenschaft schon sehr weit zu gehen, wenn sie für den Vorstand eine Persönlichkeit gewinnt, die banktechnisch geschult ist. Solche Kenntnisse müssen natürlich vorhanden sein, aber sie reichen für den Leiter einer Genossenschaft nicht aus. Wieder und immer wieder von neuem muß betont werden, daß vor allem Vorstand und Aufsichtsrat der Genossenschaften Kenntnis nehmen sollten von dem reichen literarischen Material, das zu ihrer Verfügung steht. Die Zeit, die sie darauf verwenden, wird keine verlorene sein. Man halte auch nicht entgegen, daß diese Männer meist nur im Nebenamte tätig sind und nicht über soviel freie Stunden verfügen, um auch noch „wissenschaftliche" Studien zu treiben. Nicht darum handelte es sich. Es genügt, wenn die Vorstands- und Aufsichtsratsmitglieder sich unterrichtet halten über die Vorgänge in unserm Verbande und jede sich hier bietende Gelegenheit benutzen, um die Kenntnisse zu erweitern.

Lassen wir einmal Revue passieren die Beschlüsse der AGT., die sich auf die Kreditgenossenschaften beziehen. Ein Jeder wird dann zu dem Ergebnis kommen, daß die AGT. von dem denkbar größten Wert für die Entwicklung der Kreditgenossenschaften geworden sind. Schulze-Delitzsch war ein hervorragender Organisator, doch besonders hat sein Talent sich gezeigt bei der Organisation des Allgemeinen Verbandes. Ohne diesen Verband — darüber dürfte heute kein Zweifel bestehen — würde das Genossenschaftswesen nicht zu der Entwicklung gelangt sein, deren es sich heute zu erfreuen hat.

Nur die Beschlüsse der AGT. sollen den weiteren Betrachtungen zugrunde gelegt werden, die auch heute noch aktuelle Bedeutung haben. Fortfallen aus der Betrachtung sollen jene Beschlüsse der ersten Jahre, die auf den Mangel eines Gesetzes zurückzuführen sind.

Die Beschlüsse der AGT. habe ich für die folgenden Ausführungen in gewisse Gruppen geteilt.

Ich beginne mit den Beschlüssen, die sich auf die Organisation beziehen.

Die Organisation der Genossenschaft beruht — abgesehen von den maßgebenden gesetzlichen Bestimmungen — auf dem Statut. Nicht immer ist den Genossenschaften die Aufstellung des Statuts oder die „Statutenrevision" so leicht geworden wie heute. In den ersten Jahrzehnten fehlte ja sogar die gesetzliche Grundlage. Wir können uns heute schwer auch in jene Zeit hinein versetzen, in der erst die richtige Organisation gefunden werden mußte. Es ist interessant, die alten mit den neuen Musterstatuten zu vergleichen; man gewinnt dabei einen lehrreichen Einblick in die Entwicklung und Gestaltung der Kreditgenossenschaften. Die AGT. haben sich nur zweimal mit dem Statut beschäftigt, in den Jahren 1867 und 1889 (auf den AVT. zu Quedlinburg und Königsberg). Es handelte sich um die Schlußfolgerung aus der neuen Genossenschaftsgesetzgebung für die Festsetzung der Statuten. Das Jahr 1867 war in der Beziehung vielleicht noch bedeutungsvoller wie das Jahr 1889, denn in jenem Jahr hatten die Genossenschaften die gesetzliche Anerkennung erreicht. Durch jene Vereinstage haben die Musterstatuten eine Art Sanktion erhalten. Heute ist die Entwicklung der Genossenschaften so im Fluß, daß bei jedem Neudruck des Musterstatuts eine Durchsicht notwendig ist. Das jetzt im Gebrauch befindliche Musterstatut weicht doch recht wesentlich von den früheren Auflagen ab. Es ist sehr vereinfacht, alle Einzelbestimmungen sind herausgelassen, da sie besser in Geschäftsbedingungen und Geschäftsanweisungen geregelt werden. Das Musterstatut enthält die Fundamentalgrundsätze, und daß in dem jetzt im Gebrauch befindlichen Musterstatut ein wirklich brauchbares Statut den Genossenschaften geboten wird, beweist der Umstand, daß wohl kaum noch eine Kreditgenossenschaft des Allgemeinen Verbandes eine Revision des Statuts vornimmt, ohne auf das Musterstatut zurückzugreifen. Und — was noch viel wichtiger ist — in den allermeisten Fällen hat die Genossenschaft nur nötig, einige wenige Bestimmungen den lokalen Verhältnissen anzupassen.

Für die Organisation der Genossenschaft ist neben dem Statut von großer Bedeutung die Geschäftsanweisung für Vorstand und Aufsichtsrat. Der AVT. zu Breslau (1872) hat sich mit den Geschäftsanweisungen befaßt; auf dem AVT. zu Wiesbaden (1877) hat man sich insbesondere mit der Geschäftsanweisung für den Aufsichtsrat beschäftigt. Dann haben die AVT. zu Altona (1880) und Cassel (1881), die Geschäftsanweisung für den Vorstand beraten und zwar hat insbesondere Cassel die Geschäftsanweisung für nicht bankmäßig entwickelte Vereine für notwendig erklärt. Wer Gelegenheit gehabt hat, mit Vorstand und Aufsichtsrat einer in ernste Krisis geratenen Kreditgenossenschaft zu verhandeln, wird in der Regel die Beobachtung gemacht haben, daß bei der Genossenschaft Geschäftsanweisungen fehlten, und daß insbesondere die Aufsichtsratsmitglieder jede Schuld mit dem Hinweis darauf von sich abzuwälzen suchten, daß sie eigentlich garnicht recht gewußt, welches denn ihre Obliegenheiten gewesen wären. Das beweist die Notwendigkeit einer Geschäftsanweisung, vor allem für den Aufsichtsrat, durch die seine Mitglieder mit den verschiedenartigen Obliegenheiten und mit der Art und Weise, wie die Obliegenheiten auszuführen sind, vertraut gemacht werden. Schon wiederholt ist der Fall vorgekommen, daß ein Aufsichtsratsmitglied, wenn es die Geschäftsanweisung unterschreiben sollte, dies mit der Erklärung ablehnte, daß es nicht die Wahl angenommen, wenn es gewußt, welche weitgehenden Pflichten sich aus der Wahl ergeben. Besser für die Genossenschaft und den betreffenden Herrn, wenn rechtzeitig diesem Gelegenheit gegeben wird, wieder von der Bildfläche zu verschwinden. Und in den meisten Fällen wird für den Vorstand die Geschäftsanweisung nicht minder notwendig sein wie für den Aufsichtsrat. Man muß eben immer berücksichtigen, daß die Genossenschaft doch vielfach an ihrer Spitze Personen hat, die der Sache ein starkes lebhaftes Interesse entgegenbringen, aber sich im Amte erst mit den Obliegenheiten und Pflichten des Amtes vertraut machen müssen.

Und nun zu den Organen selbst.

Die Wahl des Vorstandes hat vor allem den AVT. zu Weimar (1884) beschäftigt. Hier wurde den Genossenschaften empfohlen: Wahl der Vorstandsmitglieder auf Vorschlag des Aufsichtsrates. Heute wird dieser Wahlmodus ganz allgemein als der einzig richtige anerkannt, bei dem einmal die Generalversammlung ihr Recht behält, andererseits für sorgfältige Vorbereitung der Wahl gesorgt und den Gefahren eines Cliquenwesens entgegengewirkt wird. Bei aller Wahrung der Rechte der Generalversammlung muß man bestrebt sein, die Vorstandsmitglieder von unkontrollierbaren und unbestimmbaren Einflüssen möglichst fern zu halten. Daher ist auch in neuerer Zeit mehr und mehr die Anstellung der Vorstandsmitglieder auf Kündigung zur Anwendung gelangt.

Mit der Gehaltsfrage hat sich der AVT. zu Bremen (1874) befaßt. Man kann zuweilen in Kreisen, die den Schulze-Delitzsch'schen Kreditgenossenschaften nicht freundlich gesinnt sind, hören, daß hier Tantiemewirtschaft herrscht, und man weist gewissermaßen auf die ländlichen Darlehnskassen als ein Vorbild der Gemeinnützigkeit hin. Ganz mit Unrecht. Man übersieht dabei, daß die ländlichen Darlehnskassen einen besoldeten Rechner haben, und daß hier die Vorstände sich oftmals auf ein paar Sitzungen im Jahr beschränken. Die Schulze-Delitzsch'sche Kreditgenossenschaft läßt, selbst wenn sie geschäftlich schon stark entwickelt ist, sämtliche Arbeiten durch die Vorstandsmitglieder erledigen; garnicht so selten führt der Kassierer auch gleichzeitig die Arbeiten des Kassenboten aus. Und dabei begnügen sich die Vorstandsmitglieder mit der denkbar geringsten Entschädigung. Aber freilich, wenn die Lage der Genossenschaft es erst gestattet, dem für richtig erkannten Grundsatz: „Leistung gegen Leistung" auch durch die Praxis Anerkennung zu geben, geht man zu einer angemessenen Honorierung über und fährt dabei gut. Der AVT. zu Bremen (1874) hat den Kreditgenossenschaften empfohlen:

„sobald Charakter und Umfang der Vereinsgeschäfte zu bankmäßiger Entwicklung drängen, und Zeit und Kraft der bezeichneten bei der Verwaltung beteiligten Personen in einem Grade in Anspruch nehmen, welcher lohnende Nebenschäftigungen ausschließt, denselben ein auskömmliches, der Mühewaltung entsprechendes, festes Gehalt zu gewähren, dagegen die Tantièmen von Gewinn oder Umsatz zu beschränken".

Es ist dies der auch heute als richtig anerkannte und in der Praxis maßgebende Grundsatz. Ein gewisse Ergänzung hat dieser Beschluß erfahren durch den Beschluß des AGT. zu Leipzig (1907):

Mit Rücksicht darauf, daß die in der Ruhegehaltskasse und Witwen- und Waisen-Pensionskasse geschaffene Versicherung gegen die Folgen von Invalidität, Alter und Todesfall dem Interesse der Vorstandsmitglieder und Angestellten, wie dem Interesse der Genossenschaften in gleicher Weise dient;

in Erwägung ferner, daß die staatlichen Erhebungen für eine Zwangsversicherung der Privatangestellten den Vorstandsmitgliedern der Genossenschaften keinen Anlaß geben können, von jeder Eigenfürsorge für die Zukunft abzusehen, und daß daher selbst für den Fall des Inslebentretens dieser Zwangsversicherung durch Gesetz die Ruhegehaltskasse und die Witwen- und Waisen-Pensionskasse an Bedeutung für die Genossenschaften, deren Vorstandsmitglieder und Angestellten nichts verliert,

erklärt es der Allgemeine Genossenschaftstag als eine Pflicht der Genossenschaften, die korparative Mitgliedschaft in beiden Kassen zu erwerben, um den Vorstandsmitgliedern und Angestellten den persönlichen Beitritt zu erleichtern."

Es kann den Kreditgenossenschaften nicht dringend genug empfohlen werden, diesem Beschluß zu entsprechen, die Ausführung liegt keineswegs im ausschließlichen Interesse der Vorstandsmitglieder, sondern auch in dem der Genossenschaft. Die Zwangsversicherung der Privatbeamten wird kommen. Die Genossenschaften müßten ihre sozialen Aufgaben vergessen haben, wenn sie nicht freiwillig sich ihrer Pflicht erinnern würden, dafür Sorge zu tragen, daß Vorstandsmitglieder und Angestellte mit Ruhe der Zukunft entgegensehen können, indem sie wissen, daß für sie bei eintretender Invalidität und für ihre Familie, falls sie frühzeitig durch den Tod des Ernährers beraubt wird, gesorgt ist.

Mit der Kreditgewährung an Vorstandsmitglieder haben sich die AVT. zu Quedlinburg (1867), Bremen (1874), Berlin (1899) beschäftigt. Sie sind natürlich zu dem Resultat gekommen, den Kreditgenossenschaften die Kreditgewährung an Vorstandsmitglieder zu widerraten. Wenn heute das Gesetz zwar nicht die Kreditgewährung an Vorstandsmitglieder, wie es ursprünglich die Absicht des Gesetzgebers war, ausschließt, sondern nur der Beschränkung unterwirft, nach der jede Kreditgewährung an ein Vorstandsmitglied der besonderen Genehmigung des Aufsichtsrates bedarf, so muß doch den Kreditgenossenschaften aufs Dringendste empfohlen werden, wo es irgend angängig, jede Kreditgewähr an Vorstandsmitglieder zu unterlassen. Und läßt es sich durchaus nicht nach Lage der Verhältnisse durchführen, dann sollte man wenigstens zu dem Aushilfsmittel der Einschätzungskommission greifen.

Tägliche Geschäftsstunden hat den Kreditgenossenschaften bereits der AVT. zu Potsdam (1862) empfohlen. Leider ist dieser Beschluß von einer ganzen Anzahl Kreditgenossenschaften in der Weise ausgelegt, daß man einem Vorstandsmitglied allein die Erledigung der Geschäfte überträgt. Natürlich ist diese Auslegung eine verfehlte, denn wirkliche Kontrolle besteht doch nur bei den Kreditgenossenschaften, bei denen alle Geschäfte ausschließlich in Gegenwart von zwei Vorstandsmitgliedern stattfinden.

Der AGT. zu Cassel (1906) hat sich gezwungen gesehen, auf frühere Beschlüsse zurückzugreifen, indem er empfahl,

„unter Abhaltung regelmäßiger Geschäftsstunden alle Geldgeschäfte — auch bei den kleinsten Genossenschaften — in Gegenwart von zwei Vorstandsmitgliedern zu erledigen".

Und noch weiter ging der Genossenschaftstag, wenn er es den Genossenschaften ans Herz legte,

„für alle Einnahmen und Ausgaben Belege, und für alle Soll- und Habenvorträge Anerkennungen zu beschaffen, sowie für deren Prüfung zu sorgen".

Es ist ohne weiteres klar, daß eine wirkliche Kontrolle der Aktiven und Passiven durch den Aufsichtsrat nur möglich ist, wenn er die Eintragungen mit Belegen vergleichen kann. So geht dieser Beschluß zum Teil erheblich hinaus über den Beschluß des AGT. zu Berlin (1899) mit bezug auf die Sparkassenkontrolle.

Die doppelte Buchführung hat bereits der AVT. zu Halle (1861) den Kreditgenossenschaften angeraten.

Eine Anzahl AVT. haben Gelegenheit gehabt, der Tätigkeit des Aufsichtsrates ihre Aufmerksamkeit zuzulenken. Von historischem Interesse sind im wesentlichen jene Beschlüsse, in denen zum Ausdruck gebracht ist, daß der Aufsichtsrat nur Kontrollorgan sein soll, wie die Beschlüsse von Neustadt (1869), Eisenach (1878), Stuttgart (1879) darlegen. Die Beschlüsse erklären sich aus der Entstehungsgeschichte des Aufsichtsrates, der ursprünglich mit dem Vorstand ein Organ bildete, aus dem heraus sich dann später Vorstand und Aufsichtsrat entwickelten.

Ein sehr wichtiger Beschluß wurde im Jahre 1875 auf dem AVT. zu München gefaßt. Ob er heute auch überall zur Ausführung gelangt sein mag? Die Prüfung der monatlichen Abschlüsse und der Giroverbindlichkeiten wurde für eine Pflicht des Aufsichtsrates erklärt.

Der AGT. zu Stettin (1893) erklärte die Mitwirkung des Aufsichtsrates bei der Inventur zu seinen Pflichten gehörig. Damals war die Frage tatsächlich streitig, heute dürften wohl nicht viel Kreditgenossenschaften bestehen, bei denen der Aufsichtsrat sich der Anteilnahme an der Inventur entzieht. Häufiger, wie bemerkt, kommt es wohl noch vor, daß die monatlichen Abschlüsse nicht einer umfassenden Kontrolle unterworfen werden.

Die Kontrolle des Aufsichtsrates ist für die Entwicklung der Genossenschaft von der allergrößten Bedeutung. Sie ist auf manchen Gebieten recht schwer durchzuführen, weil es für den Aufsichtsrat nicht immer leicht ist, Ist- und Sollbestand auf die Übereinstimmung hin zu vergleichen. Das gilt z. B. für den Sparkassen- und Depositenverkehr. Der AGT. zu Berlin (1899) hat hierzu Stellung genommen. Es sollten die Aufsichtsratsmitglieder sich mit den damals gepflogenen Verhandlungen recht eingehend beschäftigen. Eine der dort empfohlenen und erörterten Einrichtungen wird jedenfalls Eingang finden können. Und wenn man auch wahrscheinlich mit Recht der Meinung ist, daß all diese Kontrollen keinen absoluten Schutz bieten, so sichern sie doch immerhin die Genossenschaft soweit dies möglich ist, und decken den Aufsichtsrat, falls sie ausgeführt sind, gegen Vorwürfe, wenn sich einmal Unregelmäßigkeiten zeigen sollten.

Wohl dienen die Geschäftsanweisungen als zweckmäßige Anleitung, doch soll man sich nicht allein hierauf verlassen. Eine entwickelte Kreditgenossenschaft wird schon bei der Wahl der Aufsichtsratsmitglieder darauf Bedacht nehmen müssen, daß sie Kräfte hineinbekommt, die auch imstande sind, sachgemäß die Obliegenheiten auszuführen. So hat denn der AGT. zu Cassel (1906) auf Grund gewisser Vorgänge erklärt, die Kreditgenossenschaften sollten darauf bedacht sein,

„daß nicht nur dem Vorstand, sondern auch dem Aufsichtsrat kaufmännisch geschulte Kräfte angehören".

Zu den Organisationsfragen gehört die Errichtung von Filialen. Es gab eine Zeit, in der bei den Kreditgenossenschaften eine gewisse Neigung vorhanden war, durch Filialen den Geschäftskreis auszudehnen. Von seiten der AVT. zu Potsdam (1862), Breslau (1872) wurde dringend vor einer derartigen Ausdehnung des Geschäftsbetriebes gewarnt. Nicht zu verwechseln mit den Filialen sind die Vertrauensmänner, die die Kreditgenossenschaft gebraucht, um der Kundschaft den Geschäftsverkehr mit der Zentrale zu erleichtern. Diese Vertrauensmännerorganisation hat seit Jahrzehnten bei den Genossenschaften Eingang gefunden und hat sich vielfach sehr gut bewährt. Sie kommt vor allem dort in Betracht, wo die Genossenschaft mit ländlicher Bevölkerung arbeitet, der man den weiten Weg nach der Kreisstadt, in der die Genossenschaft ihren Sitz hat, ersparen möchte. Ob heute noch mit dem gleichen Erfolg wie früher zu dieser Organisation gegriffen werden kann, steht dahin. Der AGT. zu Freiburg (1909) hat sich vorsichtig ausgedrückt, indem er aussprach:

„Der Allgemeine Genossenschaftstag empfiehlt denjenigen Kreditgenossenschaften, deren Wirkungskreis sich auf mehrere Gemeinden erstreckt, den Geschäftsverkehr der auswärtigen Kunden mit der Genossenschaft tunlichst zu fördern und zu erleichtern und zu diesem Zweck Vertrauensmänner einzusetzen, deren Aufgabe es ist, Kunden und Genossenschaft bei der Abwicklung des Geschäftsverkehrs zu unterstützen. Ferner ist auf die Errichtung von Nebenstellen (Agenturen) Bedacht zu nehmen, sofern nach den örtlichen Verhältnissen ein Bedürfnis dazu vorhanden ist und geeignete Personen für die Verwaltung gefunden werden können."

Oftmals kann man heute die Beobachtung machen, daß Fragen aufgeworfen und Einrichtungen empfohlen werden, die schon vor Jahrzehnten auf den AGT. ihre Erledigung gefunden haben. Dahin gehört z. B. der Modus der Verteilung der Dividende. So wird neuerdings in einzelnen Kreisen wieder ganz lebhaft die Frage erörtert, ob nicht der Überschuß bei der Kreditgenossenschaft am besten (nach dem Vorbild der Konsumvereine) nach Verhältnis der Inanspruchnahme der Genossenschaft durch die Mitglieder verteilt werden soll, d. h. also nach Verhältnis der von den Mitgliedern gezahlten Zinsen und Provisionen. Es ist zuzugeben, daß dieser Verteilungsmaßstab sehr natürlich und einfach erscheint, aber bei näherer Prüfung findet man, daß ihm in der Praxis unüberwindliche Schwierigkeiten entgegenstehen. Neuerdings hat man sogar die Sparkassen- und Scheckgläubiger Anteil nehmen lassen wollen am Reingewinn. Es sind dies alles mehr oder weniger Spielereien. Der AVT. zu Gotha (1860) hat den Kreditgenossenschaften den Rat gegeben, die Dividende nach Geschäftsguthaben und nicht nach den gezahlten Zinsen zur Verteilung zu bringen.

Der AVT. zu Darmstadt (1882) sah sich veranlaßt, vor Verteilung des Kursgewinns zu warnen. Erst etwa im letzten Jahrzehnt hat der Effektenverkehr bei den Kreditgenossenschaften eine weite Verbreitung gefunden, wohl in Ausführung des Beschlusses des AGT. zu Danzig (1903), durch den den Kreditgenossenschaften die Pflege des Effektenkommissionsgeschäftes empfohlen wurde. So hat sich denn der AGT. zu Leipzig (1907) veranlaßt gesehen,

„den Kreditgenossenschaften, die zeitweilig oder dauernd Bestände in Wertpapieren anlegen, die Bildung einer besonderen und ausreichenden Effektenreserve, aus der etwaige, durch Kursrückgänge entstehende Verluste Deckung finden können" zu empfehlen. Erwähnt mag hierbei auch gleich noch der Beschluß des AVT. zu Bremen (1874) werden, der von den Kreditgenossenschaften spezifizierte Angaben der Wertpapiere in den Geschäftsberichten fordert. Hiermit im Zusammenhang steht der Beschluß des AGT. zu Cassel (1906), der den Genossenschaften empfohlen hat, „die Anwendung der Bilanzgrundsätze des § 261 Nr. 1, 2, 3 HGB. statutarisch vorzusehen", womit vor allem erreicht werden soll, daß die gleichen Bestimmungen, die das HGB. für die Bewertung der Effekten bei Aktiengesellschaften vorsieht, auch ohne weiteres von den Genossenschaften angewendet werden sollen.

Das Reichsgericht hat übrigens wiederholt ausgesprochen, daß für die Aufstellung der Bilanz der Genossenschaften ohne weiteres die für die Aktiengesellschaften maßgebenden Grundsätze gelten (Entsch. d. RG. i. Strafs. Bd. 38 S. 1 ff.; Entsch. d. RG. i. Zivils. Bd. 43 S. 123 ff.). Mit der Frage hat sich eingehend die Revisorenkonferenz gelegentlich des AGT. zu Freiburg (1909) beschäftigt.

Auch mit der Höhe des Eintrittsgeldes hat sich ein AVT., nämlich der zu München (1875), befaßt, indem er aussprach:

> „Es ist den Vorschußvereinen zu empfehlen, das Eintrittsgeld für beitretende Mitglieder nicht in einer Höhe festzusetzen, welche den unbemittelten Klassen den Beitritt erschwert, in keinem Falle aber höher als 6 Mark anzusetzen.
>
> Jedenfalls ist es unrichtig, das Eintrittsgeld von der Höhe des Reservefonds oder der Geschäftsanteile abhängig machen zu wollen."

Wenden wir uns nun zu einzelnen Geschäftszweigen, und dabei wollen wir beginnen mit den Mitteln zum Zweck, d. h. mit den fremden Geldern.

Es ist charakteristisch für das weitgehende Vertrauen, dessen sich die Kreditgenossenschaften bald nach ihrer Einführung zu erfreuen hatten, daß der AVT. zu Mainz (1864) den Kreditgenossenschaften den Rat gab, durch die Generalversammlung eine Maximalgrenze für die Höhe der aufzunehmenden fremden Gelder festsetzen zu lassen. Es ist dies ein Zeichen von dem außerordentlich starken Geldzufluß. Die Maximalgrenze hat dann noch häufig auf den AGT. eine große Rolle gespielt. Der AVT. zu Erfurt (1888) hat sich mit ihr beschäftigt, und in den Verhandlungen späterer Genossenschaftstage ist man immer wieder auf die Frage zurückgekommen. Mit den „Gefahren des Geldzuflusses", aus denen sich die Forderungen auf Festsetzung von Maximalgrenzen durch die Generalversammlung ergibt, hatte sich schon der AVT. zu Potsdam (1862) beschäftigt, dann wurden auf dem AVT. zu Darmstadt (1882) Maßregeln gegen den Geldzufluß beschlossen: Herabsetzung des Zinses, Verlängerung der Kündigungsfristen; gleichzeitig wurden die Kreditgenossenschaften davor gewarnt, sich durch den Geldzufluß zu zuweitgehender Ausbreitung des eigenen Geschäftes verleiten zu lassen.

Auf die Angelegenheit kamen auch noch spätere Genossenschaftstage zu sprechen, auf deren Beschlüsse ich noch zurückkomme.

Übrigens hatte der gleiche Gegenstand auch schon früher Gotha (1860) und Wiesbaden (1877) beschäftigt, allerdings unter einem etwas anderen Gesichtspunkt. Es wurde hier wie später in München wieder (1892) den Kreditgenossenschaften geraten, längere Kündigungsfristen auszubedingen, um sich für längere Kreditfristen ihrerseits auszurüsten.

Mit einer Frage, die auch heute ebensowenig wie die vorhergehenden ihre Bedeutung verloren hat, hat sich Hannover (1900) befaßt, nämlich mit der Bemessung des Zinsfußes. Der AGT. empfahl, den Zinsfuß abzustufen nach der Kündigungsfrist. Und es scheint dies auch tatsächlich allein im Interesse der Kreditgenossenschaften gelegen.

Die Kreditgenossenschaften, die heute die Sparkassenbedingungen festsetzen, ahnen ganz gewiß nicht, welche Schwierigkeiten es bereitet hat, um zu den Sparkassenbedingungen zu gelangen, die wir heute als Normen betrachten. Die AVT. zu Bremen (1874), Altona (1880), Karlsruhe (1885), Colberg (1886), München (1892), Stettin (1893), — sie alle haben sich mit der Festsetzung der Sparkassenbedingungen befaßt. Der Sparkassenverkehr hat überhaupt vielfach den Gegenstand der Betrachtungen abgegeben, vor allem weil die Genossenschaften leider alle Veranlassung haben, Stellung zu nehmen gegen etwaige Beschränkungen ihres Geschäftsverkehrs, gegen die Versuche, ihnen das Recht zu nehmen, ihre Sparkasseneinrichtungen als solche zu bezeichnen. Da sind vor allem zu erwähnen die AGT. zu Rostock (1897) Danzig (1903) Breslau (1904). Zuletzt hat der AGT. zu Freiburg (1909) die Erklärung abgegeben:

„Zur Erlassung gesetzlicher Bestimmungen betreffend das Depositen- und Sparkassenwesen gibt der Geschäftsverkehr der Genossenschaften keinen Anlaß. Es würde dem öffentlichen Interesse zuwiderlaufen, wenn dem Sparkassenwesen und Depositenverkehr der Kreditgenossenschaften Beschränkungen auferlegt werden."

Verschiedene Vorgänge haben Veranlassung zu dieser Erklärung gegeben. Unter anderem auch die Frage die der Reichsbankenquete-Kommission vorgelegt ist, ob gesetzliche Beschränkungen des Depositen- und Sparkassenverkehrs wünschenswert erscheinen. Dazu kommen dann noch vielfache Betrachtungen in der Presse und in Zeitschriften in denen Untersuchungen über die Sicherheit der fremden Gelder bei den Kreditinstituten gegenüber der letzteren Liquidität angestellt werden. Es ist nicht zu verkennen, daß man in gewissen Kreisen einer gesetzlichen Regelung des Depositenverkehrs ganz sympathisch gegenübersteht. Die Gründe dafür sind sehr verschiedenartig. Bald ist es wirkliche Sorge um die Gläubiger bald auch nur scheinbare, hinter der sich das eine Mal Konkurrenzrücksichten verstecken, das andere Mal der Wunsch, neue

Anlagemärkte für Staatspapiere zu gewinnen. Für die Kreditgenossenschaften (in Stadt und Land) würde natürlich jede Beschränkung des Sparkassen- und Depositenverkehrs nachteilig sein, und von diesem Nachteil würde vor allem der gewerbliche Mittelstand in Stadt und Land schwer getroffen werden.

Zu den vielfachen Verdiensten der Kreditgenossenschaften gehört, daß sie den Scheckverkehr in die breiten Schichten des erwerbstätigen Volkes hineingeleitet haben. Die AGT. zu Stettin (1893), Hannover (1900) haben die Kreditgenossenschaften aufgefordert, den Scheckverkehr zu pflegen. Auch auf den Erlaß des Scheckgesetzes haben die Genossenschaften einen gewissen Einfluß ausgeübt. Der AGT. zu Rostock (1897) beauftragte den Anwalt,

„bei der Reichsregierung in geeigneter Weise auf Vorlage eines dem Wesen des modernen Verkehrs entsprechenden Gesetzentwurfes über den Scheckverkehr hinzuwirken".

Der AGT. zu Westerland (1905) stellte die Grundlagen eines zu erlassenden Scheckgesetzes fest; der AGT. zu Leipzig (1907) erblickte in dem vorläufigen Entwurf zum Scheckgesetz ein Mittel, welches geeignet ist, dem bisherigen Zustand der Rechtsunsicherheit auf dem Gebiet des Scheckverkehrs ein Ende zu machen und sprach die Hoffnung aus, daß der Entwurf bald Gesetz werde. Mit geteilten Gefühlen haben die Kreditgenossenschaften die Einführung des Postscheckverkehrs betrachtet. Nun, sie haben dann schließlich sich mit ihm einverstanden erklärt in der Form, die ihm gegeben wurde. Und der AGT. zu Frankfurt a. M. (1908) hat

„mit Genugtuung festgestellt, daß, wenn auch die Postscheckordnung in ihrer gegenwärtigen Gestalt Anlaß zu Einwendungen, insbesondere hinsichtlich der Gebührenfestsetzung bietet, sie es doch infolge der Unverzinslichkeit der Einlagen vermeidet, in den Sparkassen- und Depositenverkehr der Genossenschaften störend einzugreifen. Der Allgemeine Genossenschaftstag erachtet es daher für die Aufgabe und die Pflicht der Kreditgenossenschaften, den Postscheckverkehr im Kreise ihrer Mitglieder einzubürgern, um die Bestrebungen auf Verbesserung des Zahlungswesens auch nach dieser Richtung zu unterstützen".

So wollten die Kreditgenossenschaften staatliche Maßnahmen, gerichtet auf Verbesserung des Zahlungswesens, fördern, und da wurde ihnen nun das Leben sauer gemacht durch den Scheck- und Quittungsstempel, von dem die Postschecks befreit bleiben.

Gleichzeitig beschäftigte sich dieser Genossenschaftstag mit der Scheckvereinigung, die 1899 von den Genossenschaften des Allgemeinen Verbandes ins Leben gerufen wurde und den Zweck hat, dem Scheck die weiteste Zahlungsmöglichkeit zu eröffnen. Leider hat die Gesetzgebung die Bemühungen der Kreditgenossenschaften um eine Verbesserung der Zahlungsweise schlecht gelohnt, denn die Stempelpflichtigkeit der Schecks ist ganz gewiß nicht als ein Mittel zu betrachten, dem Scheckverkehr Freunde zu gewinnen.

Mit der Ausdehnung des Geschäftsverkehrs, mit der Heranziehung fremder Gelder hat Hand in Hand zu gehen die Sorge für die Liquidität. Bereits der AVT. zu Darmstadt (1882) ist der Prüfung der Frage nähergetreten, auf dem AGT. zu Baden-Baden (1901) sind die wichtigsten Grundsätze für die Erhaltung der Liquidität aufgestellt. Die Erörterungen führten schließlich zu dem allgemeinen Ergebnis:

„Für Kreditgenossenschaften, welche das Passivkreditgeschäft pflegen, nämlich kurzfällige Spareinlagen und Gelder im Kontokorrentverkehr annehmen, sowie Akzeptkredit gewähren, ist es geboten, stets eine möglichst große Summe jederzeit und ohne Verlust realisierbarer Aktiva zu unterhalten."

Es kann den Kreditgenossenschaften nur aufs Dringendste empfohlen werden, die außerordentlich wertvollen Verhandlungen des Baden-Badener Genossenschaftstages über dieses wichtige Thema nachzulesen.

Bei der Heranziehung fremder Gelder ist viel besprochen die Frage, ob und inwieweit Gemeinden, Kreise, Sparkassen, überhaupt Organisationen öffentlich-rechtlicher Natur ihre Gelder bei den Kreditgenossenschaften anzulegen berechtigt sind. Es bestehen hier eine Unmenge Einzelbestimmungen, überall sind die Verhältnisse verschieden. Auf dem AGT. zu Kreuznach (1902) ist über die Sache eingehend verhandelt.

Zu den fremden Geldern, die die Genossenschaft braucht, gehört auch der Bankkredit und eine Unterabteilung desselben sind die Giroverbindlichkeiten. Es mag schon hier darauf hingewiesen werden, daß bereits der AVT. zu München (1875) die Angabe der Giroverbindlichkeiten im Geschäftsbericht empfohlen hat. Ich komme darauf noch zurück bei der Besprechung von „Bilanz und Geschäftsbericht".

Über den Bankkredit will ich in einem besonderen Abschnitt sprechen.

Naturgemäß am meisten haben sich die AGT. zu beschäftigen gehabt mit der Kreditgewährung. Es wurde vorstehend erwähnt, daß schon einer der ersten Vereinstage die Kreditgenossenschaften veranlaßte, für die Aufnahme der fremden Gelder eine Maximalgrenze zu ziehen. Der gleiche Vereinstag zu Mainz (1864) empfahl auch die Maximalgrenze für die Kreditgewährung. Und das ist dann ein Gegenstand geworden, der eine ganze Anzahl Genossenschaftstage beschäftigt hat. Die Genossenschaft ist eine Personalgesellschaft; die Stellung der Mitglieder der Genossenschaft ist wesentlich verschieden von der der Aktionäre der Aktiengesellschaft. Es liegt im Wesen der Genossenschaft, daß den Mitgliedern weitergehende Rechte in der Bestimmung der Richtschnur der Geschäftsführung gegeben werden als den Aktionären einer Aktiengesellschaft. Den Mitgliedern soll die Möglichkeit geboten werden, indirekt eine Begrenzung ihres Risikos vorzunehmen, indem sie der Verwaltung die Weisung geben, in den Engagements über eine gewisse Grenze nicht hinauszugehen. Das Risiko entsteht aus der Kreditgewährung. Es scheint daher in der Sache selbst zu liegen, wenn den Mitgliedern das Recht eingeräumt wird, zu bestimmen, über welches Höchstengagement nicht hinausgegangen werden soll. Dem Beschluß der AVT. Mainz (1864) schließt sich der AVT. zu Erfurt (1888) an. Und die Frage hat schließlich ihre gesetzliche Regelung erfahren, indem der § 49 des GenGes. vorschreibt:

„Die Generalversammlung hat festzusetzen die Grenzen, welche bei Kreditgewährungen an Genossen eingehalten werden sollen."

Um den Genossenschaften auch einen Maßstab zu geben, beschloß der AGT zu Gotha (1894), jedenfalls die Maximalgrenze nicht über den Reservefonds hinaus festzusetzen, womit natürlich nicht gesagt werden sollte, daß Genossenschaften mit hohen Reserven nun auch in der Einzelkreditgewährung bis zum Betrage des Reservefonds gehen sollen. Wie nun aber sollen im einzelnen die Grenzen festgestellt werden? Was versteht das Gesetz im § 49 unter Kreditgewährung? Mit diesen Fragen haben sich verschiedene Genossenschaftstage befaßt, bis es dann schließlich auf dem AGT. zu Leipzig (1907) zu einer Verständigung dahin kam, daß unter § 49 Nr. 2 des GenGes. Kreditgewährungen jeder Art ohne Rücksicht auf die Art der Sicherstellungen fallen, daß dagegen Bürgschaftsübernahmen von § 49 Nr. 2 nicht betroffen werden, sondern nur bei der Beurteilung der Kreditfähigkeit des betreffenden Mitgliedes in Betracht zu ziehen sind. Wie im einzelnen die Grenzen gezogen werden sollen, überließ man der Entschließung der Genossenschaft.

Nicht gefehlt hat es an Warnungen vor einer Überschreitung der von der Generalversammlung gezogenen Kreditgrenze. Mit der Frage beschäftigte sich Stuttgart (1879); Breslau (1904) kam auf die Angelegenheit zurück und warnte „aufs Dringendste" vor einer Überschreitung der von der Generalversammlung gezogenen Kreditgrenze.

Auf dem AGT. zu Cassel (1906) wurde, wie derzeit in Stuttgart (1879) eine Art Rückschau auf die Krisen gehalten, und dabei wurde den Genossenschaften die Mahnung mit auf den Weg gegeben:

„sich durch die Geschäftshandhabung von Konkurrenzinstituten nicht bestimmen zu lassen, bei der Kreditgewährung von den durch die Allgemeinen Genossenschaftstage aufgestellten Grundsätzen abzuweichen, sowie auf ausreichende flüssige Mittel und Ausbedingung ausreichender Kündigungsfristen für Spareinlagen und Depositen bedacht zu sein".

Der AGT. zu Frankfurt a. M. (1908) verschärfte die Empfehlung noch dahin, bei Kreditgewährungen an industrielle Unternehmungen größte Vorsicht zu beachten und keine industriellen Etablissements zur Rettung gefährdeter Forderungen zu übernehmen!

Verschiedenartig sind die Kreditbedürfnisse und die Bedingungen, unter denen sie befriedigt werden können. Dabei handelt es sich vor allem um die Grundsätze des Personal- und des Realkredits. Unter Personalkredit ist der Kredit zu verstehen, der — sagen wir kurz — zur Aufrechterhaltung und Durchführung des Betriebes im eigentlichen Sinn des Wortes gebraucht wird. Zu dem Realkredit gehören die Mittel, die in Immobilien, in Grund und Boden, in Etablissements und Maschinen hineingesteckt werden. Freilich ist dieser Realkredit nicht überall gleich lang befristet. Der Landwirt braucht einen länger befristeten Kredit wie der Industrielle, der in möglichst kurzer Zeit z. B. die Maschinen abschreiben muß. Betrachten wir die Rechtsnatur der Genossenschaft, so finden wir, daß es ihr an einem dauernd gesicherten Grundkapital — wenn wir von den Reserven absehen — fehlt, denn die Mitglieder können ausscheiden durch Kündigung und sie scheiden aus durch Tod; die ausgeschiedenen Mitglieder ziehen das Geschäftsguthaben heraus, mit ihnen hat eine Auseinandersetzung stattzufinden. Charakteristisch für die Genossenschaft ist daher die schwankende Grundlage des Kapitals.

Hieraus sind nun gewisse Schlüsse auch in der Gesetzgebung gezogen. Wir finden sie z. B. im Hypothekenbankgesetz und im Gesetz zur Regelung des Privatversicherungswesens. Beide Gesetze schließen die Genossenschaften für die durch sie geregelten Geschäftsbetriebe aus ,und zwar weil die Genossenschaften über die für derartige Geschäftsbetriebe notwendigen, dauernd gesicherten Grundkapitalien nicht verfügen.

Vor Jahrzehnten wurde ein lebhafter Streit zwischen Raiffeisen und Schulze-Delitzsch darüber geführt, ob die Kreditgenossenschaft berufen ist, das Realkreditbedürfnis zu befriedigen. Heute kann es als communis opinio hingestellt werden, daß die Kreditgenossenschaften für die Befriedigung eines solchen Kreditbedürfnisses nicht geeignet sind. Das wird nicht nur im Lager der Schulze-Delitzsch'schen Genossenschaften, sondern bei allen Genossenschaftsverbänden anerkannt. So hat denn der AGT. zu Frankfurt a. M. in Konsequenz früherer Beschlüsse ausgesprochen:

„Die Schulze-Delitzsch'schen Kreditgenossenschaften haben es stets als ihre Aufgabe betrachtet, auf die Entschuldung des ländlichen Grundbesitzes hinzuarbeiten, indem sie ihren ländlichen Mitgliedern

Zwischenkredit einräumen, wodurch diesen die Konvertierung und Regelung der hypothekarischen Belastung ihres Besitzes ermöglicht oder mindestens erheblich erleichtert wird,

gegen hypothekarische Sicherheit zu mäßigem Zinsfuße und gegen entsprechende Abzahlungen Kredit gewähren.

Für die Gewährung unkündbarer und nur durch Amortisationsraten tilgbarer Kredite zum Zwecke der Entschuldung des ländlichen Grundbesitzes sowie für die Übernahme von Bürgschaften für derartige Kredite müssen die auf dem Genossenschaftsgesetze von 1889 beruhenden Genossenschaften außer Betracht bleiben."

Der Beschluß enthält die Konsequenz aus den Beschlüssen der AVT. zu Stuttgart (1879) und früher schon Gotha (1860), Mainz (1864), Neustadt (1869), Nürnberg (1871). Die AVT. zu Bremen (1874) und Danzig (1876) haben Schulze-Delitzsch aufgefordert, auf den Erlaß eines Gesetzes zur Schaffung von Realkreditgenossenschaften hinzuwirken.

Also kurzfristig ist grundsätzlich der Kredit, den die Kreditgenossenschaft geben kann. Damit ist nun aber nicht gesagt, daß etwa wie bei der Großbank nur Wechsel hereingenommen werden, auf deren Einlösung am Fälligkeitstage mit Sicherheit zu rechnen ist. Die Kreditgenossenschaft wird der Eigenart ihrer Kundschaft durchaus gerecht, indem sie zu dem Aushilfsmittel der *Prolongation* greift, d. h. sie gewährt den Kredit auf drei oder sechs Monate, aber das Mitglied weiß, daß, wenn es seine Zinsen pünktlich bezahlt, es gegen entsprechende Abschlagszahlung auf Prolongation zu rechnen hat. Und die Genossenschaften werden, wie in dem mitgeteilten *Frankfurter Entschuldungskreditbeschluß* ausgesprochen ist, auch weiter ihren Aufgaben gerecht, indem sie Zwischenkredit gewähren und den Mitgliedern bei der Abstoßung hochverzinslicher Hypotheken behilflich sind.

Die Prolongationsfrage ist schwierig und gehört zur Eigenart der Genossenschaften. Mit ihr hat sich noch vor einem Jahrzehnt der AGT. zu Berlin (1899) gründlich beschäftigt.

Soll die Eigenart der Schulze-Delitzsch'schen Kreditgenossenschaft hier hervorgehoben werden, so dürfte sie darin zu finden sein, daß diese Genossenschaft sich auf möglichst *alle Berufsarten* erstreckt. Und hierin liegt, was sorgfältige wissenschaftliche Untersuchungen ergeben haben, die Stärke dieser Genossenschaft. Das Zusammenarbeiten der verschiedenen Berufsarten in einer Kreditgenossenschaft steigert ihre Kraft und Leistungsfähigkeit, fördert die Liquidität. Man hat in den Kreisen, die den Schulze-Delitzsch'schen Genossenschaften nicht freundlich gesinnt sind, oftmals behauptet, sie eigneten sich nicht für die *Befriedigung des landwirtschaftlichen Kreditbedürfnisses*. Später wurde dann von Gegnern darzulegen gesucht, daß die *Handwerker* in Sonderkreditgenossenschaften ihr Heil suchen sollten. Alle diese Behauptungen, verbunden mit lebhaften Agitationen, haben die Entwicklung der Schulze-Delitzsch'schen Kreditgenossenschaften nicht aufzuhalten vermocht; und hierin liegt wohl der beste Beweis, daß jene Behauptungen unrichtig sind. Falsch ist es auch, wenn man gegen die Schulze-Delitzsch'schen Genossenschaften einwendet, daß Schulze-Delitzsch selbst sie nur auf den städtischen Betrieb zugeschnitten habe. Man lese die Verhandlungen des AVT. zu Potsdam (1862) nach. Dort hat Schulze-Delitzsch schon ausgesprochen, daß die Genossenschaften für die Befriedigung des Kreditbedürfnisses des gesamten Mitelstandes in Stadt und Land bestimmt seien. Und später dann, in Wiesbaden (1877), wurde den Kreditgenossenschaften der Rat erteilt, auf längere Befristung der fremden Gelder bedacht zu sein, damit sie ihrerseits imstande wären, länger befristeten Kredit zu gewähren. In Weimar (1884) wurde die Aufnahme einer ländlichen Statistik empfohlen; sie ist erfolgt und beweist, was freilich für die Schulze-Delitzsch'schen Genossenschafter nicht mehr zu beweisen nötig war, denn sie wußten es aus ihrer Praxis heraus, daß das Kreditbedürfnis der Landwirte ebenso seine Befriedigung findet, wie das der Gewerbetreibenden oder irgend eines anderen Berufsstandes.

Eine gewisse offizielle Anerkennung hat dies dann schließlich gefunden in dem Erlaß des preußischen Landwirtschaftsministers vom 7. Juli 1896, in dem es heißt: „Durch die . . . in einigen Landesteilen für die Landwirtschaft ebenfalls tätigen, besonderen Verbänden angehärigen Genossenschaften nach Schulze-Delitzsch'schem Muster ist dem Bedürfnis einer Auswahl unter den verschiedenen Organisationen in weitem Maße Rechnung getragen worden . . ."

Der AGT. zu Neustadt (1898) empfahl, der Agitation zur Gründung von Kreditgenossenschaften einzelner Berufsarten entgegenzutreten. Heute kann man feststellen, daß jene Lehren Allgemeingut geworden sind. Freilich, hier und da flackert noch eine Bewegung auf, die abzielt auf Gründung von Kreditgenossenschaften nach Berufsarten. So sucht man neuerdings Hausbesitzerkreditgenossenschaften zu gründen — ein unglaublich verkehrter Gedanke. Der AGT. zu Freiburg (1909) hat ganz mit Recht sich „gegen die Gründung von Hausbesitzerkreditgenossenschaften" ausgesprochen. Hoffentlich findet die Warnung in den Kreisen der Hausbesitzer Beachtung, ehe man durch schlechte Erfahrungen klug geworden ist.

Erwähnt muß an dieser Stelle werden, daß der AGT. in Rostock (1897), als er zur gesamten Entwickelung des Kreditgenossenschaftswesens Stellung nahm, sich zu der Frage der Berufsgliederung wie folgt aussprach:

„Die Beteiligung von Mitgliedern verschiedener Berufsarten — Landwirten, Gewerbetreibenden, Angehörigen der arbeitenden Klassen — an der Kreditgenossenschaft bietet die beste Gewähr für die dauernd billigste Befriedigung des Kreditbedürfnisses, sie wirkt ausgleichend auf die Befriedigung des Geldbedürfnisses der einzelnen Berufsstände, sie führt zur Verteilung des mit der Gewährung von Personalkredit verbundenen Risikos und schafft den möglichst großen Schutz für jeden einzelnen Berufsstand gegen die Folgen wirtschaftlicher Krisen.

Wo gleichwohl nach den örtlichen Verhältnissen die Errichtung von besonderen ländlichen Kreditgenossenschaften für notwendig erachtet wird, sollte sie jedenfalls nach streng wirtschaftlichen und genossenschaftlichen Grundsätzen auf dem Boden der Selbsthilfe erfolgen."

Die starke Entwicklung der Kreditgenossenschaften brachte es mit sich, daß von Zeit zu Zeit gebremst werden mußte, und so fehlte es nicht an Warnungen der AGT. Die erste Warnung allgemeiner Natur — abgesehen von jenen Warnungen, die z. B. in der Forderung nach einer Festsetzung der Maximalgrenze für die Kreditgewährung durch die Generalversammlung liegt — brachte der AGT. zu Stuttgart (1879), wo das Ergebnis aus den Erfahrungen der schweren Wirtschaftskrisis der 70 er Jahre gezogen wurde. Bei der großen Bedeutung des Beschlusses mag er im Wortlaut hier folgen:

„Der Allgemeine Vereinstag weist die Kreditgenossenschaften auf folgende, nach den neueren unliebsamen Erfahrungen noch vielfach nicht beachtete Grundforderungen bei der Geschäftsführung hin:

1. Zunächst sind es die schweren Verwicklungen, welche regelmäßig aus der Gewährung von Real- und Immobiliarkredit und überhaupt aus der Vorstreckung von Geldern zu festen Kapitalanlagen entstehen, was unseren Vereinen die ernste Pflicht auferlegt, sich aller derartigen Geschäfte zu enthalten, und sofern fortgesetzte Prolongationen zu deren Verdeckung dienen, auch diesen entschieden ein Ziel zu setzen, womit die Forderung entsprechender Abschlagszahlungen zu verbinden ist.

2. Wenn ferner in jedem soliden Bankgeschäft ein angemessenes Verhältnis des eigenen zum fremden Fonds erforderlich ist, so ist dies bei unseren Kreditgenossenschaften wegen der Solidarhaft der Mitglieder doppelt geboten. Es ist deshalb die auf dem Allgemeinen Vereinstage zu Potsdam (1862) gestellte Forderung: „daß die Vereine nach den ersten Jahren ihres Bestehens die Bestände an Geschäftsanteilen und Reserven auf die Hälfte der Anleihen zu bringen haben, die eigenen Mittel demnach 1/3 des gesamten Betriebsfonds bilden sollen", das Mindeste, was bei der Fortentwickelung des Kreditverkehrs der Genossenschaften jetzt gefordert werden muß.

3. Endlich wird noch vor den Gefahren gewarnt, welche das Hereinziehen von Kunden mit sich bringt, deren Kreditansprüche in den Bereich der Großbanken gehören und zu Bewilligungen drängen, welche außer Verhältnis zu den Vereinsmitteln stehen, so daß schon ein einziger Ausfall die Reserve- und Geschäftsanteile ganz oder teilweise verschlingt und den Bestand des Vereins auf das äußerste gefährdet."

Mit einer verwandten Materie beschäftigte sich der AVT. zu Darmstadt (1882). Veranlassung bot der außerordentliche Geldandrang zu den Vorschußvereinen, der bei vielen den Bedarf für ihren naturgemäßen Wirkungskreis dauernd überstieg. Der Vereinstag sprach dann aus:

„daß ein dauernd zu großes Betriebskapital die Vereine der Gefahr aussetzt, ihre Tätigkeit auf Geschäftsgebiete und Kundenkreise auszudehnen, von denen sie sich nach dem Umfange ihrer eigenen Mittel und der geschäftlichen Schulung der Mehrzahl ihrer Leiter fern halten sollten; und daß insbesondere auch das Verhältnis des eigenen zum fremedn Kapital durch die den Bedarf übersteigende Annahme fremder Gelder herabgemindert und dadurch die solide Entwickelung der Vereine beeinträchtigt wird." — So kam der AVT. zu dem Ergebnis, den Vereinen eine angemessene Beschränkung des Geldangebots zu empfehlen. Des Beschlusses ist bereits bei den Beschlüssen über „fremde Gelder" Erwähnung getan.

Wenn auch nicht dem Inhalt, so doch dem Sinne nach, deckt sich hiermit der Beschluß des AGT. zu Cassel (1906), der auch wieder als das Ergebnis der Beobachtungen während ernster Wirtschaftskrisen aufzufassen ist. Ich hatte bereits in den vorhergehenden Abschnitten Gelegenheit, dieses Beschlusses zu gedenken;

er empfiehlt den Kreditgenossenschaften, darauf bedacht zu sein, daß nicht nur dem Vorstand, sondern auch dem Aufsichtsrat kaufmännisch geschulte Kräfte angehören, er fordert die Führung einer „Belastungsliste" und endlich (damit kommt er auf den Stuttgarter Beschluß zurück), „sich durch die Geschäftshandhabung von Konkurrenzinstituten nicht bestimmen zu lassen, bei der Kreditgewährung von den durch die Allgemeinen Genossenschaftstage aufgestellten Grundsätzen abzuweichen, sowie auf ausreichende flüssige Mittel und Ausbedingung ausreichender Kündigungsfristen für Spareinlagen und Depositen bedacht zu sein."

Das sind allerdings sehr beachtenswerte Ratschläge, denn nur zu oft kann man leider beobachten, wie die Kreditgenossenschaft sich durch Konkurrenzrücksichten bestimmen läßt, den Geschäftsbetrieb über die eigene Kraft hinaus zu erweitern.

Auch noch eine andere Beobachtung mag hierbei gleich erwähnt werden. Die Kreditgenossenschaft kann sich nicht entschließen, rechtzeitig eine Geschäftsverbindung, die ihr gefährlich zu werden droht, abzubrechen. Sie läßt sich zu einer Erhöhung des Engagements drängen, das endlich weit über die eigene Leistungsfähigkeit hinausgeht. Nur zu oft wird vergessen, daß bei jeder Kreditgewähr nicht nur zu prüfen ist: die Sicherheit, sondern auch die eigene Leistungsfähigkeit.

Vor der Kreditgewährung an industrielle Unternehmungen hat der AGT. zu Frankfurt a. M. (1908) wie erwähnt gewarnt und vor allem in dringendster Weise sich gegen den Erwerb industrieller Etablissements seitens der Kreditgenossenschaften zur Rettung gefährdeter Forderungen ausgesprochen.

Zu den Warnungen möchte ich auch jenen Beschluß des AGT. zu Westerland (1905) rechnen, der sich auf die Gewährung von Baugeldkredit bezieht. Die Kreditgenossenschaften können und werden sich diesem Geschäftszweig nicht entziehen; sie müssen sich aber dabei immer vor Augen halten, daß dieser Geschäftszweig besondere Schwierigkeiten und besondere Risiken in sich schließt. Bei der großen Wichtigkeit und Bedeutung der Sache möchte ich die Bedingungen, die nach dem Westerländer Beschluß für die Gewährung von Baugeldkredit maßgebend sein sollen, hier im Wortlaut folgen lassen. Sie lauten:

„Die Gewährung von Baugeldkrediten erfordert die Beobachtung großer Vorsicht und kann nur dann für die Kreditgenossenschaften in Frage kommen, wenn folgenden Bedingungen genügt ist:

1. Die Höhe des eigenen Vermögens der Genossenschaft und der ihr auf längere Frist zur Verfügung stehenden fremden Gelder muß die Pflege dieses Geschäftszweiges unbedenklich erscheinen lassen.

2. Der Kreditnehmer muß mit Rücksicht auf seine Persönlichkeit und seine Vermögenslage die Gewähr bieten, daß das geliehene Geld auch tatsächlich zum Bau verwandt und dieser selbst in steter Förderung zu Ende geführt wird.

3. Die hypothekarische Beleihung des Grundstücks nach Vollendung des Baues darf nicht zweifelhaft sein.

4. Der Kredit muß innerhalb der für Hypothekenbanken festgesetzten Höchstbeleihungsgrenze liegen.

5. Der Kredit ist durch Hypothek und nötigenfalls auch noch in anderer Weise genügend sicher zu stellen.

6. Die Hingabe des Baugeldes hat entsprechend dem Fortschreiten des Baues in Raten zu erfolgen. Zu diesem Zweck ist die Förderung des Baues durch Sachverständige zu kontrollieren und von ihnen der Wert vor jeder Ratenzahlung abzuschätzen.

7. Das Gebäude ist gegen Feuersgefahr zu versichern und dauernd versichert zu halten."

Es ist beachtenswert, daß auf dem Westerländer Genossenschaftstag sich wohl noch eine gewisse Opposition bemerkbar machte, daß aber einer der Opponenten alsbald darauf in dem Geschäftsbericht seiner Kreditgenossenschaft sich ausdrücklich zu diesen Bedingungen bekannte.

Historisches Interesse haben heute nur noch jene Beschlüsse der AGT. zu Halle (1861), Nürnberg (1871), durch die die Kreditgenossenschaften gemahnt werden, die Kreditgewähr auf die Mitglieder zu beschränken. Heute sorgt dafür das Gesetz.

Vor der Zulassung mehrfacher Mitgliedschaft hat bereits der AGT. zu Cassel (1866) gewarnt. Allerdings muß zugegeben werden, daß diese Warnung bei den zahllosen Neugründungen von Kreditgenossenschaften immer schwieriger beobachtet werden kann. Jedenfalls muß aber der Vorstand möglichst bemüht sein, sich darüber Gewißheit zu verschaffen, ob und wo die Mitglieder noch Kreditverbindungen haben.

Die Zinspolitik hat naturgemäß schon frühzeitig die Genossenschaftstage beschäftigt, so die AVT. zu Gotha (1860), Potsdam (1862). Eingehend ist die Frage auf dem AGT. zu Breslau (1904) behandelt. Als das Ergebnis ist zu betrachten, daß es eine Sonderzinspolitik für die Kreditgenossenschaften im allgemeinen nicht geben kann, daß ihre eigene Zinspolitik nur Kreditgenossenschaften treiben können, die abseits von der großen Heerstraße ihre wirtschaftlichen Aufgaben zu lösen haben und die das Kreditbedürfnis ihrer Mitglieder allein mit billigen Spareinlagen zu befriedigen imstande sind. Durch alle Berichte und Verhandlungen aber zieht es sich wie ein roter Faden hin, daß es Aufgabe der Kreditgenossenschaften ist, billigst das Kreditbedürfnis der Mitglieder zu befriedigen. Das Jahr 1907 bedeutete für unsere Genossenschaften eine Kraftprobe, und in meinem Bericht auf dem AGT.wie in den Blättern für Genossenschaftswesen habe ich feststellen können, daß die Schulze-Delitzschen Kreditgenossenschaften in vollstem Umfange ihren schweren Aufgaben in ernster Zeit gerecht geworden sind. Dies ist auch vielfach anerkannt von Personen, die mit großen Erwartungen die Tätigkeit der Preußischen Zentral-Genossenschafts-Kasse beobachteten. Die Grundsätze, auf denen die Schulze-Delitzschen Kreditgenossenschaften beruhen, haben in dieser Zeit sich voll bewährt.

Ich brauche nur das Wort Zinsrückstände auszusprechen um daran zu erinnern, daß die Kreditgenossenschaften nicht bloß rein wirtschaftliche sondern auch erzieherische Aufgaben zu lösen haben. Eine Genossenschaft, die Zinsrückstände auflaufen läßt, handelt wirtschaftlich falsch, schädigt sich, schädigt die pünktlichen Mitglieder, schädigt aber auch die Mitglieder, denen gegenüber eine falsche Nachsicht geübt wird. Die AGT. zu Gotha(1894), Rostock (1897), Danzig (1903) haben dieses wichtige Thema behandelt. Die Statistik lehrt, daß dort noch verhältnismäßig am wenigsten Zinsrückstände anlaufen, wo mit dem Wechsel gearbeitet wird. Die Urkunde allein macht es aber nicht. Wir haben Genossenschaften, die auch für das einfache Vorschußgeschäft sich des Schuldscheins bedienen und bei denen Zinsrückstände zu den unbekannten Erscheinungen gehören.

Es ist überdies auch ohne weiters klar, daß Zinsrückstände meist zu Verlusten führen. Ein Mitglied, das nicht seine Zinsen pünktlich reguliert, wird wahrscheinlich auch nicht in der Lage sein, das Kapital zurückzuzahlen. Und einmal muß doch schließlich der Tag kommen, an dem die Geschäfte geregelt werden.

Um noch einmal auf die Kreditgewähr zurückzukommen: notwendig ist natürlich, daß nicht bloß der Vorstand, sondern auch der Aufsichtsrat jederzeit sich über die Belastung der einzelnen Mitglieder ein Bild machen kann. Dies ist nur denkbar, wo eine Belastungsliste geführt wird. Die AGT. zu Baden-Baden (1901) und Freiburg (1909) haben es für eine Pflicht der Kreditgenossenschaften erklärt, Belastungslisten zu führen. Es sollten schon die Aufsichtsräte in ihren eigenem Interesse darauf dringen, daß Belastungslisten vorhanden sind, denn tatsächlich können sie ja sonst gar nicht die Belastungen der einzelnen Mitglieder kennen. Der Hinweis darauf, daß die Konten Auskunft geben, ist verfehlt, denn es gibt Verpflichtungen, die man nicht den Konten entnehmen kann, z. B. Bürgschaften und Giroverpflichtungen.

Ich erwähnte bereits, daß der Wechsel vor dem Schuldschein den Vorzug hat, daß er eine pünktliche Erfüllung der Verbindlichkeiten des Schuldners sichert. So hat denn der AVT. zu Stettin (1865) den Genossenschaften den Wechsel statt des Schuldscheins empfohlen. Nebenbei bemerkt mag noch werden, daß der AVT. zu Altona (1880) sich gegen die Beschränkung der Wechselfähigkeit ausgesprochen hat. Es gab eine Zeit, in der man den Schulze-Delitzschen Genossenschaften förmlich einen Vorwurf daraus machte, daß sie mit dem Wechsel arbeiteten. Heute finden wir den Wechsel auch bei den ländlichen Genossenschaften. Und es ist dies wenigstens ein Verdienst der Preußischen Zentral-Genossenschafts-Kasse, daß sie auf den Gebrauch des Wechsels hingewirkt hat.

Natürlich haben die AGT. es für ihre Pflicht gehalten, die Kreditgenossenschaften mit den verschiedenen Geschäftszweigen vertraut zu machen und auf Vervollkommnung der geschäftlichen Einrichtungen hinzuwirken. Schon der AVT. zu Potsdam (1862) hat den Kreditgenossenschaften die Pflege des Kontokorrentverkehrs und des Wechseldiskontgeschäftes nahe gelegt. Die AVT. zu Leipzig (1868), Neustadt (1898), Hannover (1900) haben sich eingehend mit dem Kontokorrentgeschäft befaßt. In Gotha (1894) ist das Diskontgeschäft behandelt. Überall zielten die Verhandlungen darauf hin, den Kreditgenossenschaften dringend zu raten, diese Geschäftszweige aufzunehmen. Und die Erfahrung hat gezeigt, daß dort, wo die Kreditgenossenschaft „volksbankmäßig" entwickelt ist, sie getrost der Konkurrenz anderer Kreditinstitute entgegensehen kann. Nur dort schwinden die Kreditgenossenschaften dahin, wo man kein Verständnis für die heutige Zeit hat, wo man glaubt, das Geschäft noch ebenso führen zu können wie vor 50 Jahren. Die wirtschaftlichen Verhältnisse sind andere geworden, geändert haben sich die Wirtschaftsbedürfnisse des gewerblichen Mittelstandes in Stadt und Land. Dem muß die Kreditgenossenschaft Rechnung tragen.

Heute wird soviel von der Diskontierung von Buchforderungen gesprochen, und die beredten Befürworter wissen zum großen Teil offenbar garnicht, daß wir es hier mit einem Geschäftszweig zu tun haben, der den Kreditgenossenschaften durchaus nicht neu ist. Bereits der erste AVT.

zu Weimar (1859) hat die Kreditgenossenschaften auf diesen Geschäftszweig hingewiesen. In den verschiedensten Formen wird er betrieben. Grundsätzliche Stellung zu der Frage hat dann wieder der AGT. zu Freiburg (1909) genommen. Die Verhältnisse haben sich inzwischen vielfach geändert. Es handelt sich heute keineswegs nur um die Beleihung von Handwerkerforderungen, sondern — und dies steht eigentlich mehr im Mittelpunkt der Erörterung — um die Beleihung von Außenständen im Handelsverkehr.

Akzeptkredit war Gegenstand der Verhandlungen in Danzig (1876) und Hannover (1900). Die „Empfehlung" des AGT. zu Hannover enthält außerordentlich starke Einschränkungen, deren Beobachtung aufs Dringlichste empfohlen werden muß. Es wird den Kreditgenossenschaften die Gewährung von Akzeptkredit an die Mitglieder nur dann empfohlen, wenn die Genossenschaft unter fachmännischer Leitung steht — die Tratten nur zur Deckung von Warenverbindlichkeiten bestimmt sind — die Genossenschaft über reichliche liquide Mittel verfügt — die Akzepte in dem Rahmen bewilligter bezw. gedeckter Kredite geleistet werden.

Von außerordentlicher Bedeutung ist für die Kreditgenossenschaften die Pflege des Kautionskredits geworden. Zum ersten Mal hat der AGT. zu Baden-Baden (1901) weitere Kreise mit dem Geschäftszweig bekannt gemacht. Die Genossenschaften haben ihn vielfach aufgegriffen. Und dann galt es, die vielen Schwierigkeiten zu überwinden, die seitens der Behörden gemacht wurden. Es ist geradezu erstaunlich, welcher Engherzigkeit die Genossenschaften hierbei noch immer begegnen. Und doch handelt es sich gerade bei diesem Geschäftszweig in ganz hervorragendem Maße um eine Förderung des Mittelstandes. Der AGT. zu Breslau (1904) hat eine dringende Mahnung an die Behörden gerichtet, die Genossenschaften hierbei zu unterstützen. Der AGT. zu Leipzig (1907) äußerte sich in gleicher Weise. Und bei den oberen Instanzen findet man heute wohl auch durchweg volles Verständnis, aber die unteren Behörden machen immer noch vielfach Schwierigkeiten, die ihren Grund in starren bureaukratischen Einrichtungen haben. Freilich hat sich hierbei auch gezeigt, daß die Behörden den Versuch machen, Genossenschaften anderer Systeme zu bevorzugen und dabei insbesondere auch Genossenschaften, die an staatliche Kreditinstitute wegen eigener Schwäche sich anzulehnen gezwungen sind.

Die Schulze-Delitzschen Kreditgenossenschaften sollen keinen Blankokredit gewähren. Das ist wenigstens der ihnen stets erteilte Rat. Damit soll nicht ausgesprochen sein, daß der Rat auch überall befolgt ist. Und wenn die Blankokreditgewährung in den bescheidensten Grenzen sich hält, mag sie auch ungefährlich sein. Darin liegt aber gerade die Gefahr, daß sie sich nicht im engen Rahmen halten läßt, denn wenn die wohlhabenden Mitglieder hören, daß den Minderbegüterten Blankokredit gewährt wird, fordern sie dies für sich selbst. Dabei entwickeln sich dann jene wenig erfreulichen Fälle, in denen schließlich die Sicherheiten zu anderen Kreditinstituten hingetragen werden und wenn es mal zur Abrechnung kommt, stellt sich heraus, daß die Kreditgenossenschaft mit ihrer Blankokreditgewährung den Kürzeren zog. In erster Reihe spielt für die Kreditgenossenschaft die Bürgschaft eine große Rolle. Über diese Sicherstellung hat schon der erste AVT. zu Weimar (1859) verhandelt. Es muß wohl die einzige Sicherheit gewesen sein, die den Mitgliedern der Kreditgenossenschaften damals zu Verfügung stand, denn es heißt: „Andere Sicherheiten wie „Pfänder" sollen nicht ausgeschlossen sein". Die AVT. zu Gotha (1860), Mainz (1864) haben sich gegen die Guthabenbeleihung ausgesprochen. Der Grundsatz wurde schließlich von dem Gen.-Ges. übernommen. Nun: die Guthabenbeleihung ist verboten, aber die Blankokreditgewährung ist geblieben!

Eigentlich in den Rahmen jener Beschlüsse, die sich mit der Frage der lang- und kurzfristigen Kreditgewährung befassen, fällt der Beschluß des AVT. zu Gotha (1860), der den Kreditgenossenschaften als Sicherheit Spezialhypotheken zu vermeiden empfiehlt.

Und der AVT. zu Erfurt (1888) hat den Kreditgenossenschaften nochmals eingeschärft: „Nur an Mitglieder gegen entsprechende Sicherheit soll Kredit gewährt werden".

Mit der Beleihung von Effekten befaßte sich bereits der AVT. zu Potsdam (1862); er warnte vor der Beleihung von Effekten, welche keinen Börsenkurs haben. Der AGT. zu Breslau (1904) kam auf die Frage zurück, indem er die hierbei zu beobachtenden Grundsätze fixierte.

Ich habe bereits hervorgehoben, daß es Aufgabe der Kreditgenossenschaft ist, ihre geschäftlichen Verhältnisse den Ansprüchen der heutigen Zeit anzupassen. Zu den Geschäftszweigen, die heute aufgenommen werden müssen gehört auch das Effektenkommissionsgeschäft. Vernachlässigt es die Genossenschaft, so läuft sie Gefahr, gerade die Mitglieder an die „Konkurrenz" zu verlieren, die neben ihren regelmäßigen Kreditgeschäften auch Effektengeschäfte machen wollen. Das brauchen natürlich nicht immer die besten Mitglieder zu sein, es können sich darunter Spekulanten befinden. Aber selbstverständlich fallen darunter auch die zahlungsfähigsten Mitglieder, an deren Erhaltung der Genossenschaft viel gelegen sein muß. Natürlich ist nicht jede Kreditgenossenschaft imstande, Effektengeschäfte auszuführen, sondern eine geschäftskundige Verwaltung ist unbedingtes Erfordernis. Es hat ja aber auch der AGT. zu Cassel (1906) den Kreditgenossenschaften empfohlen, nicht nur für den Vorstand, sondern selbst für den Aufsichtsrat kaufmännische Kräfte zu gewinnen. Eine Richtschnur für die bei der Pflege des Effektenkommissionsgeschäftes zu beobachtenden Grundsätze gibt der AGT. zu Danzig (1903), sie mögen hier im Wortlaut folgen:

„Den Kreditgenossenschaften wird empfohlen, die Pflege des Effektenkommissionsgeschäfts bei Vorhandensein folgender Voraussetzungen in ihren Geschäftsbereich aufzunehmen:

1. Entsprechende bankmäßige Organisation des Vereins, insbesondere ausreichende Einrichtungen für die Aufbewahrung fremder und eigener Effekten

2. Unbedingter Ausschluß aller Spekulationsgeschäfte für eigene Rechnung.

3. Ausschluß aller Spekulationsgeschäfte dritter, insbesondere aller Ultimo- und Prämiengeschäfte.

4. Tunlichste Vorsicht bei der Kreditgewährung, wobei besonders darauf zu achten ist, daß solche nicht etwa als Mittel zur Heranziehung von Kunden dienen darf."

Eine Genossenschaft, die das Effektengeschäft pflegt, wird natürlich auch Effekten in Verwahrung nehmen, sowohl als offene wie als geschlossene Depots. Mehr und mehr schaffen sich die Genossenschaften Safesanlagen an. Die Vermietung dieser Safes ist ein rechtlich etwas kompliziertes Geschäft; es kann den Genossenschaften daher nur empfohlen werden, bei der Abfassung der Bedingungen sich an den entsprechenden Beschluß des AGT. zu Frankfurt a. M. (1908) zu halten.

Es braucht hier kaum hervorgehoben zu werden, daß die Kreditgenossenschaft auch nicht indirekt dem Spekulationstreiben zu dienen bestimmt ist.

Pflege gegenseitiger Geschäftsbeziehungen ist eine der Fragen, die vom ersten bis zum 50. Genossenschaftstag eine große Rolle spielten. Einrichtungen wie der Giroverband, die Scheckvereinigung, erscheinen den Kreditgenossenschaften heute als etwas selbstverständliches. Freilich, eine Anzahl hält sich immer noch fern, doch von Jahr zu Jahr vergrößert sich der Kreis der Girogenossen, weil die Erkenntnis immer lebhafter wird, daß man diese Geschäftsverbindung braucht, um die Genossenschaft auf der Höhe zu halten oder auf die Höhe zu bringen. Bereits der AVT. zu Weimar (1859) hat sich mit dem gegenseitigen Inkasso beschäftigt. Dann kam Görlitz (1863) auf die Angelegenheit zurück. Der AVT. zu Quedlinburg (1867) sah sich noch veranlaßt, darauf hinzuweisen, daß das Inkasso kein Privatgeschäft des Kassierers sein soll. Dabei wurde über die Provisionssätze verhandelt. Leipzig (1868) setzte die Verhandlungen fort. Auf dem AVT. zu Nürnberg (1871) wurde der Beitritt zum Giroverband empfohlen, ebenfalls zu Bremen (1874), München (1875), Wiesbaden (1896), Neustadt (1898). Inzwischen hatte Konstanz (1873) erklärt, die gegenseitige Besorgung des Wechselinkassos gehöre zu den Verpflichtungen, die die Vereine nach Maßgabe des Statuts des Allgemeinen Verbandes übernommen haben.

Der AGT. zu Wiesbaden (1896) ging dann zum gegenseitigen Scheckverkehr über, er empfahl die Benutzung der provisionsfreien Scheckeinlösung, und auf dem AGT. zu Berlin (1899) wurde die Bildung eines Scheckverbandes empfohlen.

Wir dürfen getrost behaupten, daß wir mit diesen Einrichtungen unübertroffen dastehen. Vergeblich haben bisher andere Verbände es versucht, gleiche Organisationen ins Leben zu rufen.

Die große geschäftliche Entwicklung, der rege Verkehr unter den Kreditgenossenschaften, legte die Frage nahe, ob nun nicht auch Schutzmaßregeln getroffen werden konnten. Ich denke hierbei nicht an die Schutzmaßregeln, die jede Genossenschaft haben muß, um sich gegen die bei jedem geschäftlichen Verkehr möglichen Schädigungen zu schützen. Das sind mehr oder weniger Organisationsfragen. Hier handelt es sich vielmehr darum, daß die Gesamtheit der Genossenschaften Vorteil zieht von Beobachtungen und Erfahrungen der Einzelgenossenschaften. Es kommt z. B. in Betracht der Austausch des Mitgliederverzeichnisses mit Nachbarvereinen, wie es die AVT. Danzig (1876), Baden-Baden (1901) empfohlen haben. Der AVT. zu Neustadt (1869) hatte es für eine Pflicht der Kreditgenossenschaften erklärt, gegenseitig sich über Kreditverhältnisse der Mitglieder Auskunft zu erteilen. Er warnte aber vor der Ausführung eines Gedankens, der damals vielfach besprochen wurde, Schutzgenossenschaften zu bilden. Mit der Einführung gemeinsamer Schutzmaßregeln hat sich dann der AGT. zu Danzig (1903) eingehend beschäftigt. Im folgenden Jahr zu Breslau (1904) wurde beschlossen:

„Da der Vertrieb von Kellerwechseln bei der gewerbsmäßigen großen Ausdehnung, die er in den letzten Jahren gewonnen, eine außerordentliche Gefahr für die Genossenschaften bedeutet und es notwendig erscheint, diesem gemeingefährlichen Treiben überall entgegenzutreten, um die Kreditvereine nach Möglichkeit vor Schaden zu bewahren, so erklärt der Allgemeine Genossenschaftstag:

1. Es ist dringend nötig, eine Zentralstelle zu schaffen, welche die Aufgabe hat, den Vertrieb von Kellerwechseln aufzudecken, diesem gemeingefährlichen Treiben entgegenzutreten und alle Nachrichten, die ihr über den Austausch und Bezug von Kellerwechseln bekannt werden, an die Interessenten weiter gelangen zu lassen.

2. Den Kreditgenossenschaften ist dringend zu empfehlen, Anschluß an diese Zentralstelle mit der Verpflichtung zu suchen, alle Nachrichten, die ihnen über den Austausch und Bezug von Kellerwechseln bekannt werden, der Zentralstelle mitzuteilen, und alle Anfragen der Zentralstelle nach dieser Richtung hin sofort und rückhaltlos zu beantworten.“

Es mag hier den Kreditgenossenschaften der dringende Rat erteilt werden, von den Kellerwechsellisten Gebrauch zu machen. Und wenn die

Verwaltung das Glück hat, selbst Jahre hindurch in den Listen keinen ihrer Kunden zu finden, so braucht dies noch durchaus keine Veranlassung zu sein, das Abonnement aufzugeben, denn schon die nächste Liste könnte möglicherweise eine dringend notwendige Aufklärung bringen. Oftmals habe ich beobachten können, daß die Kreditgenossenschaft sich erst zum Abonnement auf die Kellerwechsellisten entschließt, wenn sie üble Erfahrungen gemacht und sich von der Zweckmäßigkeit der Listen durch eigenen Schaden überzeugt hatte.

Und nun wende ich mich zu dem Vereinsvermögen. Selbstverständlich haben sich die Genossenschaftstage mit der Bildung des Vereinsvermögens wiederholt und eingehend befaßt. Es ist als ein Erfolg der Arbeit der AGT. zu betrachten, daß heute auch in jenen Genossenschaftslagern die große Bedeutung des eigenen Vermögens anerkannt wird, in denen man unter Raiffeisens Einfluß lange Zeit wenigstens von der Geschäftsanteilbildung durchaus nichts wissen wollte. Heute wird in allen Organen der Genossenschaftsverbände, wird auf allen Tagungen von Genossenschaften diesen aufs Dringendste geraten, für die Schaffung einer ausreichenden Kapitalgrundlage Sorge zu tragen.

Bei uns hat bereits der erste AVT., der zu Weimar (1859), die Bedeutung des eigenen Vereinsvermögens betont und ausgesprochen, daß auf Erhöhung der Geschäftsanteile Bedacht genommen werden soll.

Zwei Teile des eigenen Vermögens kennen wir: die Geschäftsguthaben und die Reserven. Beide sind gleich wichtig. Wir verlangen die Stärkung der Reserven, aber wir erkennen, daß diese zu langsam vor sich geht, um schließlich allein der Genossenschaft die notwendige Festigung zu bieten. Der AVT. zu Leipzig (1868) hat den Genossenschaften den Rat gegeben, den Reservefonds in ein Verhältnis zu den Geschäftsguthaben zu bringen. Der AGT. zu Kreuznach (1902) hat einen anderen Weg eingeschlagen; er empfahl, den Reservefonds auf mindestens 10 Proz. des Betriebskapitals zu bringen. Und dies ist wohl das richtigere, denn es ist in der Praxis wiederholt beobachtet, daß Genossenschaften, die statutarisch den Reservefonds in ein Verhältnis zu den Geschäftsguthaben setzten, dann gleichzeitig an zwei Übeln litten, nämlich wenn die Geschäftsguthaben zu niedrig waren, begnügten sie sich auch mit niedrigen Reserven mit dem Hinweis darauf, daß ja die statutarische Höhe erreicht war. Es ist daher besser, die Reserven in ein Verhältnis zum Betriebskapital zu setzen, nach dem sie sich ja schließlich auch tatsächlich richten müssen. Und als Betriebskapital nehme man dabei ruhig die Bilanzsumme.

Die AVT. zu Karlsruhe (1885), Gotha (1894) haben den Kreditgenossenschaften eine bessere Dotierung der Reserven empfohlen. Erwähnen möchte ich hier nochmals auch den Beschluß des AGT. zu Leipzig (1907), durch den den Kreditgenossenschaften, die zeitweilig oder dauernd Bestände in

Wertpapieren anlegen, „die Bildung einer besonderen und ausreichenden Effektenreserve, aus der etwaige, durch Kursrückgänge entstehende Verluste Deckung finden können," empfohlen wurde.

Auf die Höhe des Genossenschaftsanteils kamen die AGT. Wiesbaden (1896), Westerland (1905) zurück. Ersterer beschäftigte sich mit den Genossenschaften mit unbeschränkter Haftpflicht, letzterer mit den Genossenschaften mit beschränkter Haftpflicht. Jenen wird ein Geschäftsanteil nicht unter 300 Mk., diesen nicht unter 500 Mk. empfohlen und die Festsetzung einer Haftsumme, die zweckmäßigerweise nicht über das Dreifache des Geschäftsanteils hinausgehen soll. Es ist unglaublich, wie viel in der Bildung des eigenen Vermögens heute noch außerhalb des Allgemeinen Verbandes gesündigt wird. Vielleicht 50 Proz. der Kreditgenossenschaften haben einen Geschäftsanteil von noch nicht einmal 10 Mk. Andererseits werden Haftsummen festgesetzt, die die „beschränkte" Haftpflicht zu einer Illusion machen, begegnen wir doch Haftsummen, die in die Hunderttausende gehen, ja es gibt Haftsummen von einer Million Mark und mehr. Der Grund für diese Mißbildung liegt klar zu tage, er ist zu finden in dem von der Preußischen Zentral-Genossenschafts-Kasse geübten System der Beleihung der Haftsumme. Besonders in den ersten Jahren nach Gründung der Preußischen Zentral-Genossenschafts-Kasse war man in den Kreisen jener Genossenschaften, die erpicht auf den Staatskredit waren, der Meinung, man könne einfach durch die Höhe der Haftsummen sich den „notwendigen" Staatskredit verschaffen. Dann wurde die Preußenkasse doch vorsichtiger in der Beleihung der Haftsummen, sie dekretierte Abzüge über Abzüge, womit sie freilich auch wieder nur auf jene erwähnte Steigerung der Haftsummen hinwirkte.

Vorsichtige Kreditgewährung, ausreichendes eigenes Vermögen und vor allen Dingen genügende Bildung der Reserven sollten die Richtschnur für die Verwaltung einer jeden Kreditgenossenschaft sein.

Ich habe nun über das eigene Vermögen gesprochen und über die fremden Gelder — beides zusammen bildet das Betriebskapital. Hiermit sollte nun eigentlich die Genossenschaft reichen, d. h. wenn diese Quellen versiegt sind, sollen keine weiteren Geschäfte gemacht werden. Natürlich ist das in der Praxis undurchführbar. Die Genossenschaft braucht Bankkredit — aber freilich nicht als dauerndes Betriebskapital, sondern zur Deckung vorübergehender Bedürfnisse. Die Kreditgenossenschaft wird auch vor allem Bankkredit in der ersten Zeit ihrer Entwickelung nötig haben. Nur wenige Kreditgenossenschaften werden ganz ohne Bankkredit auskommen, es sind dies jene, von denen ich oben sagte, daß sie fernab von der Heerstraße des wirtschaftlichen Lebens arbeiten.

Nun aber braucht die Kreditgenossenschaft nicht nur eine Bankverbindung, um jederzeit Kredit zu erhalten, sondern sie hat den Geldmarkt auch nötig, um die von ihr vorübergehend nicht gebrauchten Kapitalien entsprechend unterzubringen. Heute regelt sich dieser Verkehr mit dem Geldmarkt in natürlicher Weise, und vielleicht kann sich die große Mehrheit der Kreditgenossenschafter kaum noch eine Vorstellung davon machen, welche Schwierigkeiten zu überwinden waren, um zu diesem Zustand zu gelangen. Dazu muß man sich in jene Zeit hineinversetzen, in der den Kreditgenossenschaften die Rechtspersönlichkeit mangelte und alle Verpflichtungen schließlich in erster Reihe auf den Kassierer gingen. Dazu kam noch, daß in den 50 er und 60 er Jahren in Preußen und den übrigen deutschen Staaten es ein nur mangelhaft ausgebildetes Bankwesen überhaupt gab. Das Bedürfnis der Genossenschaften nach dem Verkehr mit dem Geldmarkt zeigt aber schon der Beschluß des AVT. zu Gotha (1860), durch den Verbindungen „mit namhaften Bankhäusern gesucht" werden. Man blättere die ersten Jahrgänge der Blätter für Genossenschaftswesen durch und wird hierüber viel interessantes Material finden. Endlich, im Jahre 1864, wurde die Deutsche Genossenschaftsbank von Soergel, Parrisius u. Co. ins Leben gerufen. Nun zeigte sich aber, daß die Genossenschaften sich von dieser Bankverbindung eine schiefe Vorstellung gemacht; sie hatten geglaubt, daß es Pflicht der Bank sei, den Kredit den Genossenschaften zur Verfügung zu stellen, den diese für sich für erforderlich hielten. So kam es schon auf dem AVT. zu Stettin (1865) zu lebhaften Auseinandersetzungen. Schulze-Delitzsch trat damals den Ansprüchen der Genossenschaften entgegen und suchte sie darüber aufzuklären, daß der Bankkredit kein Betriebskapital der Genossenschaften sein dürfte. Der nächste AVT. zu Cassel (1866) stellte die Grundsätze auf, unter denen Bankkredit in Anspruch genommen werden soll. Es dürfte auch heute noch am Platze sein, diese Grundsätze zu Kenntnis der Genossenschaften zu bringen und sie mögen daher im Wortlaut folgen:

„Es ist den Vorschuß- und Kreditvereinen zu empfehlen, sich des Bankkredits einschließlich des bei anderen Vereinen ihrer Art nachzusuchenden nur mit äußerster Zurückhaltung und für Fölle außerordentlichen und vorübergehenden Bedürfnisses, nicht aber zur dauernden Verstärkung ihres Betriebsfonds zu bedienen, vielmehr ihren Geschäftsumfang im angemessenen Verhältnis mit der Kapitalansammlung der Mitglieder, sowie mit den ihnen aus ihrem nächsten Umkreise zu Gebote stehenden Zuflüssen an Anleihen und Spareinlagen von Privaten zu halten."

Natürlich sind die Allgemeinen Genossenschaftstage nicht vorübergegangen an der Frage der Zentralkassenbildung. Sie kann hier bei dieser Gelegenheit nur gestreift werden. Der AGT. zu Augsburg (1895) hat ausgesprochen, daß Zentralkassen zum Zweck des Verkehrs mit der Preußischen

Zentral-Genossenschaftskasse nicht zu gründen sind. Die AGT. haben es mit dieser einmaligen Stellungnahme bewenden lassen. Und wer die Gestaltung der Dinge in den letzten Jahren verfolgt hat, wird die Richtschnur billigen, die der Augsburger AGT. gegeben.

Der AGT. wäre über seine Zuständigkeit hinausgegangen, wenn er von den Kreditgenossenschaften gefordert hätte, überhaupt in keinen Geschäftsverkehr mit der Preußenkasse zu treten. Die Kreditgenossenschaften im Allgemeinen Deutschen Genossenschaftsverband sind frei in ihren geschäftlichen Dispositionen. Gewarnt mußte nur werden vor der Zentralkassenbildung zum Zweck der Verbindung mit der Preußenkasse, und zwar wegen der hierin liegenden Gefahr für die Einzelgenossenschaften. Auf dem AGT. zu Leipzig (1907) hat übrigens auch der Präsident der Preußischen Zentral-Genossenschaftskasse, Dr. Heiligenstadt, selbst ausgesprochen:

„Ich nehme gar keinen Anstand, in dieser Versammlung hier zu erklären, daß nach meiner Überzeugung für eine ganze Reihe Schulze-Delitzsch'scher Genossenschaften eine Vereinigung zu Verbandskassen keinen erheblichen Zweck hätte, sie kann eben nicht die wirtschaftlichen Vorteile bringen, die man erhofft, wenn auch die Vorteile, die man doch haben kann, nicht geringe sind."

Die Deutsche Genossenschaftsbank wurde im Jahre 1904 aufgelöst; sie fusionierte sich mit der Dresdner Bank, die zum Zweck des Verkehrs mit den Genossenschaften Genossenschaftsabteilungen schuf. Die Kreditwünsche aller Kreditgenossenschaften werden hier wahrscheinlich nicht ihre Erfüllung gefunden haben — auch die Kreditgenossenschaft selbst ist ja nicht imstande, allen Kreditwünschen ihrer Mitglieder zu entsprechen, denn der Kreditbedürftige ist in der Regel geneigt, seine Kreditfähigkeit erheblich zu überschätzen. Aus eigener Kenntnis der Verhältnisse heraus kann ich es aussprechen, daß gerade in den geldschweren Zeiten die Dresdner Bank in jeder Beziehung ihren schwierigen Aufgaben gerecht geworden ist. Dies wurde im Jahre 1908 auch ganz besonders noch in einem großen Verbande anerkannt, dessen Genossenschaften bis dahin nur verhältnismäßig sehr geringe Beziehungen zur Zentralstelle hatten. Die Reichsbank war in jenem Bezirk gerade in der geldschwersten Zeit mit umfangreichen Kündigungen vorgegangen. Hieraus entstanden den Genossenschaften zum Teil erhebliche Schwierigkeiten, über die sie dann mit weitgehendster Unterstützung der Genossenschaftsabteilungen der Dresdner Bank hinwegkamen.

Die bereits von mir erwähnte Beleihung der Haftsummen (vgl. S. 102) nach einem bestimmten Schema hat natürlich zu zahlreichen Gründungen von Genossenschaften geführt, die glaubten, allein mit diesem Kredit sich eine Existenz schaffen zu können. Mit Rücksicht hierauf hat der AGT. zu Neustadt (1898) Stellung genommen gegen das vielfach hervortretende Bestreben, Kreditgenossenschaften in der Hauptsache auf Bankkredit zu gründen.

Bilanz und Geschäftsbericht. Jedes geschäftliche Unternehmen, das überhaupt verpflichtet ist, Bilanzen zu veröffentlichen, muß dafür Sorge tragen, daß die Bilanzen, die es bekannt gibt, nicht nur richtig, sondern auch klar und übersichtlich geordnet sind und ihre Erläuterung in einem sachgemäßen Geschäftsbericht finden. Ganz besonders notwendig scheint dies aber für die Kreditgenossenschaften mit Rücksicht auf ihren Mitgliederkreis. Es besteht nun einmal bei der Genossenschaft ein gewisses Zusammenarbeiten der Mitglieder; die Mitglieder der Kreditgenossenschaft stehen zur Kreditgenossenschaft in einem anderen Verhältnis wie die Aktionäre und Kunden zur Aktiengesellschaft. Die Generalversammlung einer Genossenschaft hat weitergehende Rechte wie die Generalversammlung einer Aktiengesellschaft. Nicht nur die Selbsthilfe ist die Grundlage der Schulze-Delitzschen Genossenschaften, sondern dazu kommt die Selbstverantwortlichkeit, mit der Hand in Hand geht die Selbstverwaltung. Die Mitglieder sollen aufgeklärt werden über die Vorgänge. Es soll durch den Geschäftsbericht erzieherisch auf die Mitglieder eingewirkt werden. So ist denn der AVT. zu Stuttgart (1879) zur Aufstellung eines sorgfältig durchgearbeiteten Schemas für die Kreditgenossenschaften gekommen. Auf dem AGT. zu Kreuznach (1902) wurde über ein neues Schema verhandelt, die Verhandlungen fanden ihren Abschluß auf dem AGT. zu Danzig (1903). Jede Kreditgenossenschaft sollte dieses Schema als Muster für ihre Bilanz und ihren Geschäftsbericht nehmen.

Es muß anerkannt werden, daß die Kreditgenossenschaften in der Offenlegung ihrer Verhältnisse vielfach recht weit gehen. Es sei hier z. B. gedacht der Angabe der Giroverbindlichkeiten im Geschäftsbericht. Der AVT. zu München (1875) hat, wie erwähnt, sie verlangt, Der AGT. zu Cassel (1906) hat dann bestimmte Grundsätze über die Angabe der Giroverbindlichkeiten aufgestellt, indem er auch gleichzeitig zu der Frage Stellung nahm, ob und inwieweit denn die Giroverbindlichkeiten als Betriebskapital zu betrachten sind. Der Beschluß lautet:

„1. Die Giroverbindlichkeiten sind nicht in die Bilanz einzustellen, wohl aber im Geschäftsbericht und zwar getrennt nach Verbindlichkeiten

a) aus Geschäftswechseln,.

b) aus Primadiskonten,

aufzuführen.

2. Wird durch die Weiterbegebung von Geschäftswechseln für die Genossenschaft regelmäßig Betriebskapital geschafft, so sind die daraus entstehenden Giroverbindlichkeiten als Betriebskapital aufzufassen und als solches bei Berechnung des Verhältnisses der Reserven zum Betriebskapital in Ansatz zu bringen.“

Und heute wird diesem Verlangen in einem solchen Umfange stattgegeben, daß vielfach die Kreditgenossenschaften in der Beziehung für die Bankwelt als vorbildlich bezeichnet werden.

Es sei dann hier noch wiederholt der Vollständigkeit halber erwähnt der Beschluß des AVT. zu Bremen (1874), der eine spezifizierte Angabe der Wertpapiere in den Geschäftsberichten der Genossenschaften empfiehlt.

Auffallend mag es vielleicht erscheinen, wie wenig sich die AGT. mit den Gegnern der Schulze-Delitzsch'schen Kreditgenossenschaften beschäftigt haben. Man hat offenbar die segensreichen Wirkungen für die Kreditgenossenschaften sprechen lassen. Und man hat recht damit getan. Nur der AGT. zu Colberg (1886) nahm Stellung zu den „unbegründeten Angriffen", denen die Genossenschaften ausgesetzt sind und empfahl eine Reihe Abwehrmaßregeln.

Der AGT. in Rostock (1897) nahm Stellung zur Entwickelung des Kreditgenossenschaftswesens überhaupt und gelangte zu folgendem Beschluß:

„Die Genossenschaften können auf dauernde Erfolge nur rechnen, wenn sie aus einem inneren Bedürfnis heraus errichtet sind und dieses Bedürfnis in zweckmäßiger Weise befriedigen. Dagegen entspricht die Errichtung von Genossenschaften durch die neuerdings üblich gewordene Art der Agitation von außen her nicht dem Wesen und den Zwecken der Genossenschaften und kann zu dauernden genossenschaftlichen Erfolgen nicht führen.

Die Beteiligung von Mitgliedern verschiedener Berufsarten — Landwirten, Gewerbetreibenden, Angehörigen der arbeitenden Klassen — an der Kreditgenossenschaft bietet die beste Gewähr für die dauernd billigste Befriedigung des Kreditbedürfnisses, sie wirkt ausgleichend auf die Befriedigung des Geldbedürfnisses der einzelnen Berufsstände, sie führt zur Verteilung des mit der Gewährung von Personalkredit verbundenen Risikos und schafft den möglichst großen Schutz für jeden einzelnen Berufsstand gegen die Folgen wirtschaftlicher Krisen.

Wo gleichwohl nach den örtlichen Verhältnissen die Errichtung von besonderen ländlichen Kreditgenossenschaften für notwendig erachtet wird, sollte sie jedenfalls nach streng wirtschaftlichen und genossenschaftlichen Grundsätzen auf dem Boden der Selbsthilfe erfolgen."

Und schließlich mögen noch jene Beschlüsse hier erwähnt werden, die sich gegen die Umwandlung von Genossenschaften in Aktiengesellschaften aussprechen. Es kommen vor allem die Beschlüsse zu Rostock (1897), Westerland (1905) in Betracht, von denen der letztere hier im Wortlaut folgen mag:

„Der Allgemeine Genossenschaftstag nimmt mit lebhaftem Bedauern davon Kenntnis, daß einzelne Kreditgenossenschaften sich aufgelöst haben zugunsten von Aktiengesellschaften, denen die Fortführung des Geschäfts der Kreditgenossenschaft übertragen wurde.

Unter tatkräftiger Leitung, bei richtigem Verständnis für die großen wirtschaftlichen und sozialen Aufgaben einer Kreditgenossenschaft erscheint gerade bei der heutigen wirtschaftlichen Entwickelung eine Genossenschaft, die auf Schulze-Delitzsch'schen Grundsätzen beruht, in hervorragendem Maße geeignet, sich ein weites Arbeitsgebiet zu schaffen und zu sichern, auf dem sie als Volksbank befähigt ist, die Kreditbedürfnisse von Handel und Gewerbe, Landwirtschaft und Handwerk zu befriedigen.

Der Allgemeine Genossenschaftstag kann nicht anerkennen, daß Rücksichten auf die Mitglieder der Genossenschaft oder auf deren wirtschaftliche Entwickelung irgend wie bestimmend sein können, die Genossenschaft durch die Aktiengesellschaft zu ersetzen; vielmehr wird zugunsten einer kleinen Zahl Kapitalisten das Ergebnis langjähriger genossenschaftlicher Arbeit preisgegeben.

Je weitere Fortschritte der Zusammenschluß auf dem Gebiete des Bankwesens macht, umso größer ist das Bedürfnis nach leistungsfähigen Kreditgenossenschaften.

Die Eigenart der genossenschaftlichen Organisation gewährleistet, daß eine Kreditgenossenschaft auf die Dauer diese Aufgaben erfüllt.

Der Allgemeine Genossenschaftstag erwartet von den Schulze-Delitzsch'schen Genossenschaften, daß sie in Anpassung an die wirtschaftliche Entwickelung Volksbanken im wahren Sinne des Wortes werden, aber auch treu bleiben der Erfüllung jener Aufgaben, die in der Sammlung der Kreditbedürftigen liegt, um deren wirtschaftliche Kraft auf dem Wege der Selbsthilfe zu beleben, zu heben und zu festigen."

Und halten wir nun Rückschau, dann werden wir finden, daß die Beschlüsse der Allgemeinen Genossenschaftstage die Grundlehren für die Organisation und Geschäftsführung der Kreditgenossenschaften enthalten. Wer die Tätigkeit der Kreditgenossenschaften kennt, muß zugeben, daß alle in diesen Beschlüssen enthaltenen Ratschläge und Empfehlungen, Mahnungen und Warnungen aus der Fülle einer großen Praxis geschöpft sind. Ausgesprochen muß es werden, daß gegen die hierin liegenden Grundsätze niemand auf die Dauer ungestraft verstößt.

III.

# Die Beschlüsse der Allgemeinen Genossenschaftstage und die Konsumvereine.

Wer eine Geschichte des deutschen Genossenschaftswesens schreiben will, wird bei allen wichtigeren Angelegenheiten auf die Beschlüsse der Allgemeinen Genossenschaftstage des Allgemeinen Verbandes der auf Selbsthilfe beruhenden deutschen Erwerbs- und Wirtschaftsgenossenschaften zurückgreifen müssen, denn in diesen Beschlüssen finden wir für alle Genossenschaftsarten die für die Organisation maßgebenden Grundsätze niedergelegt, wie die Beschlüsse der AGT. auch für die gesetzliche Regelung des Genossenschaftsrechts die Richtschnur geboten haben.

In gewissen Kreisen der Konsumvereine pflegt man freilich heute die Arbeiten, die der Allgemeine deutsche Genossenschaftsverband auf dem Gebiete des Konsumvereinswesens vollbracht hat, totzuschweigen, ja man sucht es überhaupt in Zweifel zu ziehen, ob derartige Arbeiten vollführt sind — man stellt es so dar, als wenn wirkliche Arbeit zur Organisation und Vervollkommnung derselben für die Konsumvereine erst nach dem AGT. zu Kreuznach beginne. Es ist daher wohl angebracht, einmal die Beschlüsse der AGT. daraufhin näher anzusehen, was in diesen für die Organisation und die Entwicklung der Konsumvereine zu finden ist.

Beginnen wir mit der Organisation im eigentlichen Sinn, mit den Organen der Konsumvereine.

Die Organisation der Konsumvereine lehnt sich naturgemäß an die der Kreditvereine an. Es würde hier zu weit führen, die einzelnen Entwicklungsstadien in der Organisation zu verfolgen, da hierbei auch die übrigen Genossenschaftsarten hineinbezogen werden müßten. Selbständige Beschlüsse, die sich auf die Tätigkeit des Vorstandes des Konsumvereins beziehen, sind daher erklärlicherweise nur verhältnismäßig wenige vorhanden. Es sei erwähnt der Beschluß des AVT. zu Königsberg im Jahre 1889, durch den die für den Vorstand der Konsumvereine als Muster geltende Geschäftsanweisung einer Revision an der Hand des neuen Genossenschaftsgesetzes unterzogen wurde.

Sodann ist hervorzuheben der Beschluß des AGT. zu Kreuznach (1902), durch den den Konsumvereinen Anstellung der Vorstandsmitglieder auf Kündigung empfohlen wurde, der Beschluß lautet:

„Der Allgemeine Genossenschaftstag empfiehlt den Konsumvereinen, die berufsmäßigen Vorstandsmitglieder auf Kündigung anzustellen."

Auch mit dem Aufsichtsrat der Konsumvereine haben die AGT. nicht oft Gelegenheit gehabt sich zu beschäftigen, denn die gleichen Grundsätze, die für die Arbeiten des Aufsichtsrates einer Kreditgenossenschaft gelten, sind im allgemeinen auch maßgebend für die Tätigkeit des Aufsichtsrates eines Konsumvereins. Der eben erwähnte AVT. zu Königsberg im Jahre 1889 hat auch die Geschäftsanweisung für den Aufsichtsrat einer Revision unterzogen.

Häufiger haben die AGT. sich mit den Arbeiten der Generalversammlung befaßt. Vergleicht man die Beschlüsse, die im Laufe der Jahrzehnte mit Bezug auf die Obliegenheiten der Generalversammlung des Konsumvereins gefaßt sind, so kann man einen auffallenden Wechsel in den Anschauungen beobachten. Die Ansichten über die Tätigkeit der Generalversammlung im Rahmen der Organe der Genossenschaft sind heute zum erheblichen Teil andere wie vor etwa 30 Jahren. Früher schien es z. B. selbstverständlicher Grundsatz, daß der Ausschluß von Mitgliedern durch die Generalversammlung erfolgt, dann kam eine Zeit, in der das Recht zum Ausschluß der Mitglieder Vorstand und Aufsichtsrat eingeräumt und dem Ausgeschlossenen Berufung an die Generalversammlung zugebilligt wurde; heute ist bei vielen Genossenschaften in den Statuten das Recht der Berufung des ausgeschlossenen Mitgliedes gestrichen. — Früher war es selbstverständlicher Grundsatz, daß die Wahl der Vorstandsmitglieder in den Händen der Mitglieder, d. h. der Generalversammlung, liegt, während heute zuweilen die Ansicht zu hören ist, daß man die Wahl der Vorstandsmitglieder dem Aufsichtsrat überweisen soll.

Im Jahre 1869 beschäftigte sich der auf Beschluß des AVT. zu Neustadt (1869) einberufene Vereinstag deutscher Konsumvereine zu Magdeburg lebhaft mit der Tätigkeit der Generalversammlung und es wurde damals empfohlen, in die Generalversammlung mehr Leben hineinzubringen, es sollten Vorträge gehalten werden. Der hierüber gefaßte Beschluß lautet:

„Die Vorstände der Vereine haben die Verpflichtung, auch für die genossenschaftliche Ausbildung ihrer Mitglieder durch geeignete Vorträge in den Generalversammlungen und in regelmäßigen, zwangslosen Versammlungen zur Besprechung von Vereinsangelegenheiten zu wirken."

Die Magdeburger Verhandlungen zeigen, daß zu jener Zeit es noch notwendig erschien, Leben in die Generalversammlungen hineinzubringen, die vielleicht zu still verliefen. Dieses Moment wird heute vielerorts nicht mehr geltend gemacht werden, denn die Generalversammlungen der Konsumvereine sind häufig nur allzusehr belebt und bewegt. Die Gründe hierfür sind mannigfaltiger Natur, sie liegen durchaus nicht im Wesen des Konsumvereins, maßgebend sind vielmehr Tendenzen, die von außen her in die Genossenschaft hineingetragen sind und werden! Etwas anderes freilich ist es, Leben in die Generalversammlung hineinzubringen und erzieherisch auf die Mitglieder einzuwirken. Dem letzteren Zweck dient eine große Zahl der Konsumvereine des Allgemeinen Verbandes von Anbeginn ihrer Entstehung, indem sie durch regelmäßig wiederkehrende Veranstaltungen für Verbreitung von Volksbildung Sorge tragen und in gemeinnützigem Sinne wirken. Und dieser Aufgabe nachzustreben erscheint soziale Pflicht der Konsumvereine.

Der AGT. zu Westerland (1905) hat beschlossen:

„Der Allgemeine Genossenschaftstag erklärt es für eine Pflicht der Konsumvereine, den auf Verbreitung und Vertiefung der allgemeinen Volksbildung gerichteten Bestrebungen ihre volle Unterstützung zu gewähren."

Aus den gleichen Erwägungen heraus hat der AGT. zu Frankfurt (1908) den Konsumvereinen empfohlen „alljährlich gelegentlich der Ersparnisverteilung einen Beitrag zur Förderung der Wohlfahrts- und Volksbildungsbestrebungen zu bewilligen."

Der Magdeburger Vereinstag befaßte sich auch mit der Verteilung des Gewinns in den Konsumvereinen. Der Beschluß lautet:

„1. Die Gewinnverteilung an die Mitglieder bei Konsumvereinen, welche auf Dividende arbeiten, geschieht am füglichsten nach Verhältnis dessen, was die einzelnen während der betreffenden Rechnungsperiode für entnommene Waren in die Vereinskasse gezahlt haben.

2. Die den Mitgliedern hiernach zukommenden Dividenden werden jedem derselben bis zu einem bestimmten Normalbetrage gutgeschrieben und in der Vereinskasse zurückbehalten, auch darf während der Dauer der Mitgliedschaft von keinem Mitgliede in irgend einer Weise darüber verfügt werden; vielmehr dienen dieselben als Geschäftsanteile zur Übertragung etwaiger Geschäftsverluste, insoweit diese nicht aus einem dazu bestimmten Reservefonds gedeckt werden.

3. Außerdem empfiehlt es sich, so lange der Verein noch nicht genug Geschäftsanteile hat, in der Vereinskasse Spareinlagen anzunehmen, welche

jedoch weder bei der Gewinn- noch bei der Verlustverteilung in Anschlag kommen, sondern den Inhabern einfach verzinst werden."

Das war ein hochbedeutsamer Beschluß, der bestimmend wurde für die Richtung der Konsumvereine. In diesem Beschluß verkörpert sich die wirtschaftliche und soziale Tendenz der Konsumvereine — es ist das Rochdaler Prinzip, das auf dem Magdeburger Vereinstage zur Anerkennung gelangte: Barzahlung — Verkauf zu Tagespreisen — Ansammlung des Überschusses für die Mitglieder, um diese zur Sparsamkeit anzuhalten. Oft fand man, besonders früher, in der Firma des Konsumvereins das Wörtchen „Spar" enthalten, damit sollte zum Ausdruck gebracht werden, daß der Konsumverein gleichzeitig für die Mitglieder eine Sparkasse sein soll, indem diese angehalten werden, die Dividende stehen zu lassen, um dadurch ein kleines Kapital im Laufe der Jahre zu sparen. Der Schlußsatz des Beschlusses braucht uns nicht zu überraschen, es kann aus ihm nicht hergeleitet werden die Aufforderung, Sparkassen zur Aufnahme von Spareinlagen einzurichten — im Gegenteil, es liegt in diesem Teil des Beschlusses eine Mahnung zur Vorsicht; die Spareinlagen sollen nur ein notwendiges Hilfsmittel sein. Heute denkt man ja über alle diese Dinge, wenigstens in jenen Kreisen, die nicht schnell genug mit der Entwicklung der Konsumvereine vorwärts kommen, wesentlich anders. Es wird später hierauf zurückzukommen sein. Heute machen sich auch bereits Strömungen bemerkbar, die den Verkauf zu Tagespreisen nicht als unbedingt gültigen Grundsatz anerkennen wollen. Den Konsumvereinen würde ein schlechter Dienst erwiesen werden, wenn tatsächlich an diesem Grundsatz, dem Träger nicht nur des wirtschaftlichen, sondern auch des sozialen Moments des Konsumvereins, gerüttelt werden sollte.

Wie zutreffend diese Grundsätze sind und wie sehr sie sich in der Praxis bewährt haben, beweist am besten die Tatsache, daß der AGT., als er 37 Jahre nach jener Magdeburger Tagung sich im Jahre 1906 zu Cassel wiederum mit der Frage der Gewinnverteilung befaßte, im großen Ganzen dieselben Grundsätze empfehlen konnte. Der Beschluß lautet:

„a) Zunächst wird auf die Geschäftsguthaben, wie sie am Schlusse des Vorjahres ermittelt sind, höchstens eine den landesüblichen Zinsfuß nicht übersteigende, für volle Mark berechnete Kapitaldividende verteilt;

b) Der verbleibende Überschuß wird, wie schon der Vereinstag Deutscher Konsumvereine (1869) empfohlen hat, an die Mitglieder als Einkaufsdividende nach Verhältnis ihrer Warenentnahme aus dem Verein gewährt;

c) die Warenentnahme der Mitglieder wird nachgewiesen durch den am Schlusse der Rechnungsperiode bis zu dem vom Vorstande festgesetzten Tage abgelieferten Betrag an Dividendenmarken".

Über einen besonders eigenartigen Antrag verhandelte der AVT. zu Bremen im Jahre 1874. Es war von dem Konsumverein Neustadt-Magdeburg beantragt, dafür Sorge zu tragen, daß die oppositionelle Minderheit des Vorstandes und Aufsichtsrates in der Generalversammlung zum Worte kommt! Der Antrag lautete:

„a) Es ist unzweckmäßig und nicht zulässig, daß Vorstands- und Verwaltungsrats-Mitglieder in ihren Sitzungen bei Angelegenheiten, welche sie mit beraten haben, sich der Abstimmung enthalten, und sind die Statuten der Konsumvereine durch dahingehende Bestimmungen zu ergänzen;

b) wenn bei Vorberatungen von Vereinsangelegenheiten im Vorstand oder Verwaltungsrat eine oppositionelle Minorität vorhanden ist, so ist es zweckmäßig, daß man die Ansicht der Minorität durch einen besonderen Referenten derselben in der Generalversammlung zum Ausdruck gelangen läßt."

Man erhob den Antrag nicht zum Beschluß, sondern ging über ihn zur Tagesordnung über. Heute wird wohl von keiner Seite ernstlich ein Verlangen, wie es in dem Antrag zum Ausdruck kommt, gestellt werden, und dies ist erklärlich. Ich bin aber auch der Meinung, daß nicht einmal Billigkeitsgründe für das Verlangen maßgebend sein können. Die Frage, ob ein im Vorstand und Aufsichtsrat in der Minderheit gebliebenes Mitglied ein Recht darauf hat, in der Generalversammlung seine abweichende Ansicht zu vertreten, ist theoretisch außerordentlich leicht zu beantworten, denn selbstverständlich steht ihm ein derartiges Recht zu. Anders liegen die Dinge in der Praxis, und da muß wohl ausgesprochen werden, daß ein überstimmtes Mitglied des Vorstandes und Aufsichtsrates nur im äußersten Notfall zu der letzten Maßregel greifen soll, nämlich in der Generalversammlung gegen einen Mehrheitsbeschluß von Vorstand und Aufsichtsrat Stellung zu nehmen. Von dem Taktgefühl der überstimmten Vorstands- und Aufsichtsratsmitglieder wird erwartet werden dürfen, daß sie hiernach handeln.

Sehr wichtig ist der Beschluß des AVT. zu Eisenach im Jahre 1878, der Generalversammlung Kenntnis zu geben von den Beschlüssen der Verbandstage. Es soll die Generalversammlung teilnehmen an der Gesamtentwicklung des Genossenschaftswesens.

Wohl am meisten haben sich die AGT. mit der Stellung, den Rechten und Pflichten der Lagerhalter beschäftigt.

Bereits der AVT. zu Plauen im Jahre 1887 hat darauf hingewiesen, daß die Lagerhalter nicht Mitglieder des Vorstandes sein sollen. Der gleiche Vereinstag hat erklärt, daß unter keinen Umständen die Wahl der Lagerhalter durch die Generalversammlung stattfinden soll. Der Beschluß lautet:

„Den Konsumvereinen ist nicht zu empfehlen, die Lagerhalter durch die Generalversammlung wählen zu lassen.

Die Anstellung hat durch den Vorstand unter Genehmigung des Aufsichtsrates zu geschehen."

Der AGT. zu Westerland (1905) sprach sich in gleichem Sinne aus.

Auch heute noch werden eine ganze Anzahl Konsumvereine an jenen Beschluß zu erinnern sein, und es muß ihnen dringend empfohlen werden, demselben Folge zu leisten.

Und nicht minder wichtig erscheint der Beschluß des AGT. zu Rostock im Jahre 1897:

„Den Konsumvereinen ist im allgemeinen zu widerraten, im Hause eines Lagerhalters einen Laden zu mieten."

Der Beschluß erscheint so selbstverständlich, und doch wird so häufig dagegen verstoßen, freilich meist auch zum Schaden der Genossenschaft; denn der Konsumverein, der im Hause des Lagerhalters seinen Laden hat, gibt damit einen großen Teil seiner Selbständigkeit auf. Es wird freilich gesagt, daß, wenn man nicht auf das Haus des Lagerhalters zurückgreift, man füglich überhaupt keinen Laden bekommt. Das ist möglich, es ist ja aber auch nicht notwendig, daß in jedem kleinen Ort ein Konsumverein gegründet wird, denn der soll nach unsern Grundsätzen nur ins Leben gerufen werden, wo ein Bedürfnis vorhanden und die geeigneten Personen zur Leitung der Genossenschaft sich finden.

Unabänderlicher Grundsatz ist, daß der Lagerhalter in der Stellung eines Angestellten der Genossenschaft bleibt. Es ist mit den Interessen der Genossenschaft nicht vereinbar, dem Lagerhalter eine leitende Stellung zu gewähren, denn dies führt zur Kollision von Rechten und Pflichten. Die Stellung des Lagerhalters ist von großer Bedeutung; die Entwicklung des Konsumvereins ist ganz wesentlich beeinflußt durch Geschick, Treue und Ehrlichkeit des Lagerhalters. Und man soll dem Lagerhalter die Stellung so günstig wie möglich gestalten — aber man soll ihn unter allen Umständen in der Stellung des Verkäufers lassen. Daraus ergibt sich, daß es Sache des Vorstandes unter Zuziehung des Aufsichtsrats ist, den Lagerhalter auszuwählen. Wollte man die Wahl des Lagerhalters der Generalversammlung überweisen, so hieße dies Zank und Streit in die Generalversammlung tragen und den Lagerhalter förmlich veranlassen, sich gute Freunde unter den Mitgliedern zu erwerben, damit seine Stellung nicht erschüttert wird. Und das gleiche gilt für die Kündigung des Lagerhalters, die man wohl am besten dem Vorstand allein überläßt.

Völlig unabhängig muß die Genossenschaft von dem Lagerhalter sein, weil andernfalls die Gefahr besteht, daß sich der Lagerhalter als Herr des Geschäftes aufspielt, es womöglich auf einen Konflikt mit der Verwaltung ankommen läßt, um sich selbständig zu machen und dann einen Teil der Mitglieder als eigene Kundschaft mitzunehmen.

Der AGT. zu Neustadt im Jahre 1898 hat die maßgebenden Grundsätze für die Kontrolle der Marken und der Waren aufgestellt und in folgendem Beschluß niedergelegt:

„Die sorgfältige Marken- und Wareninventur im Lager des Konsumvereins gehört zu den wesentlichsten Obliegenheiten von Vorstand und Aufsichtsrat.

Die Marken- und Wareninventur muß auf den Schluß der Geschäftsperiode vorgenommen werden und hat außerdem bei den Genossenschaften, deren Geschäftsjahr mehr als ein halbes Jahr umfaßt, auch während des Geschäftsjahres zu erfolgen.

Für die Inventur gelten die in Nr. 32 der Blätter für Genossenschaftswesen von 1898 bekannt gegebenen Grundsätze."

Als Abschluß der langen Arbeit und Ergebnis der vieljährigen Erfahrung darf wohl der Beschluß des AGT. zu Cassel (1906) bezeichnet werden, der für das gesamte Arbeitsverhältnis des Lagerhalters die maßgebenden Grundsätze zusammenfaßt. Diese Grundsätze sind:

„1. Die Anstellung der Lagerhalter erfolgt durch den Vorstand, nachdem der Aufsichtsrat sich mit der Anstellung des betreffenden Lagerhalters einverstanden erklärt hat.

2. Die Entscheidung über die Entlassung erfolgt durch den Vorstand, der dem Aufsichtsrat von der Entlassung Kenntnis zu geben hat.

3. Die Entlohnung geschieht nach festen Grundsätzen; das Mindesteinkommen ist vertragsmäßig zu regeln. Die Entlohnung des Lagerhalters soll zum Teil in einem festen Gehalt, zum Teil in einer Tantieme bestehen, die nach der Höhe des Umsatzes berechnet wird.

4. Gehilfen oder Gehilfinnen des Lagerhalters werden durch den Vorstand nach vorheriger Verständigung mit dem Lagerhalter angestellt und entlassen.

5. Wird die Arbeitskraft der Frau oder der Kinder des Lagerhalters in Anspruch genommen, so gelten diese als Gehilfinnen im Sinne der Nr. 4, jedenfalls ist die Entschädigung für diese Personen selbständig zu bemessen.

6. Die Genossenschaft übernimmt die Zahlung für Kranken- und Invalidenversicherung, versichert die Lagerhalter gegen Unfall im Betriebe und tritt der Ruhegehaltskasse deutscher Erwerbs- und Wirtschaftsgenossenschaften und der Witwen- und Waisen-Pensionskasse deutscher Erwerbs- und Wirtschaftsgenossenschaften bei.

7. Die Verpflichtungen zu 6 erstrecken sich tunlichst auch auf die zu 4 und 5 bezeichneten Personen.

8. Für die Mankovergütung gilt:

a) Das zulässige Manko kann zwar nach den besonderen Verhältnissen der Vereine verschieden hoch sein, doch sollte dasselbe über 1 Prozent des mankoberechtigten Warenausganges, auch wenn auf Zählwaren kein Manko gewährt wird, in der Regel nicht hinausgehen.

b) Zu widerraten ist, durch höheres Gehalt die Mankogewährung zu ersetzen.

c) Der Lagerhalter hat keinen Anspruch auf Auszahlung des die Höhe des Mankos nicht erreichenden Betrages; auch soll ein erzielter Überschuß nicht auf ein späteres oder früheres Manko verrechnet werden.

9. Für die Kündigungsfrist gelten die handelsgesetzlichen Bestimmungen, wenn nicht vertraglich eine längere Kündigungsfrist vorgesehen ist.

10. Dem Lagerhalter ist auf Verlangen eine Abschrift der Jahresinventuraufnahme zu übergeben.

11. Es ist auf die Einführung des Geschäftsschlusses an Sonn- und gesetzlichen Feiertagen sowie auf die Einführung des Achtuhr-Ladenschlusses hinzuwirken. Dem Lagerhalter ist jährlich ein Urlaub von mindestens einer Woche zu gewähren. Nach Möglichkeit ist die Mittagspause auf 2 Stunden auszudehnen

12. Bare Kaution muß sicher und außerhalb des eigenen Geschäfts zinsbar angelegt werden."

Es ist gewiß nicht zuviel behauptet, wenn ich sage, daß die von den AGT. aufgestellten Grundsätze über die Stellung des Lagerhalters als die richtigen aufzufassen sind und als Richtschnur dienen müssen für die Lösung der außerordentlich schwierigen Lagerhalterfrage.

Über die Beschaffung des Betriebskapitals liegen verschiedene und zum Teil recht alte Beschlüsse vor. Einer der jüngsten Genossenschaftstage, der zu Danzig im Jahre 1903, hat als Grundsatz aufgestellt, daß der Konsumverein möglichst unabhängig von fremdem Kapital sein soll. Damit ist keine neue Lehre aufgestellt, sondern der Danziger Genossenschaftstag hat sich damit bekannt zu dem Beschluß des Potsdamer Vereinstages vom Jahre 1862, der den Vereinen „die Bildung eines ansehnlichen zu den aufgenommenen fremden Geldern im Verhältnis stehenden Vereinsfonds in Reservefonds und Geschäftsanteilen der Mitglieder, welcher anfänglich mindestens 10 Prozent betragen und allmählich auf 50 Prozent gebracht werden, und dessen Verhältnis die Generalversammlung fortwährend regeln und überwachen muß" anempfohlen hat.

Im Zusammenhang hiermit steht, daß im Jahre 1893 der AVT. zu Stettin den Konsumvereinen empfohlen hat, den Geschäftsanteil nicht unter 30 Mk. festzusetzen.

Wenn nun einerseits die Genossenschaftstage den Konsumvereinen den Rat gegeben haben, möglichst mit eigenem Kapital zu wirtschaften und darauf bedacht zu sein, soviel eigenes Kapital zu erlangen, um mit demselben den Geschäftsbetrieb durchführen zu können — so ist es nur logisch und konsequent, wenn die Genossenschaftstage nicht minder bestimmt sich dahin ausgesprochen haben, daß die Konsumvereine in der Ausdehnung ihres Betriebes sich im Rahmen ihres Könnens, d. h. ihres Betriebskapitals, halten sollen. Es hat der AGT. zu Kreuznach (1902) folgenden Beschluß gefaßt:

„Der Allgemeine Genossenschaftstag empfiehlt, neue Verkaufsstellen nur dann zu errichten, wenn die Rentabilität gesichert ist, und die Errichtung keinesfalls von der ausschließlichen Bestimmung der Generalversammlung abhängig zu machen."

Und die AGT. zu Baden-Baden (1901) und Danzig (1903) sprachen sich über die Einführung der Produktion wie folgt aus:

„Der Allgemeine Genossenschaftstag (1901) empfiehlt den Konsumvereinen als vorbereitende Schritte zum Übergang zu eigener Produktion:

I.

a) Die weitere kräftige Ausgestaltung der bereits bestehenden Einkaufsvereinigungen unter Leitung besonderer Vorstände.
b) Die Errichtung weiterer Einkaufsvereinigungen in allen geeigneten Bezirken Deutschlands.
c) Den anzustrebenden Anschluß sämtlicher Konsumvereine des betreffenden Bezirkes und den regelmäßigen Besuch der in bestimmten Zeiträumen abzuhaltenden Einkaufstage.
d) Den Zusammenabschluß der Käufe aller bedeutenden Artikel möglichst von einem Lieferanten.

II.

Der Allgemeine Genossenschaftstag erblickt die Ermöglichung zum Übergang zur eigenen Produktion in Stärkung der Betriebsmittel der einzelnen Genossenschaften, sowohl der Geschäftsanteile, als der Reserven.

III.

Der Allgemeine Genossenschaftstag erachtet die eigene Produktion ferner auch als aussichtsvoll, wenn diejenigen größeren Konsumvereine mit der Produktion solcher Artikel beginnen, in denen sie selbst den für die

Eigenproduktion nötigen Absatz haben. Voraussetzung hierzu ist jedoch genügendes eigenes Kapital."

„Der Allgemeine Genossenschaftstag (1903) beschließt:

Den Konsumvereinen ist dringend zu empfehlen, den Sparkassenverkehr nur zur Ergänzung des für das laufende Geschäft notwendigen Betriebskapitals zu benutzen.

Entschieden zu widerraten ist die Verwendung der Sparkassengelder zum Erwerb von Grundstücken und zur Einführung oder zur Erweiterung der eigenen Produktion.

Die möglichste Liquidität darf von den Konsumvereinen nicht außer acht gelassen werden; es muß ihr Streben sein, sich von fremdem Betriebskapital unabhängig zu machen."

Mit der Errichtung eigener Schlächtereien befaßte sich der AGT. zu Frankfurt a. M. (1908) und kam zu folgendem Beschluß:

„In Erwägung:

1. daß die Fleischversorgung eine der wichtigsten wirtschaftlichen Fragen ist, also auch die deutschen Konsumvereine auf das tiefste berührt;
2. daß die Praxis auf diesem Gebiete noch recht lückenhaft ist und sehr selten zu befriedigendem Resultat geführt hat;
3. daß die Durchführbarkeit der in dieser Hinsicht immer wiederkehrenden Wünsche mangels bisher stattgehabter grundsätzlicher Behandlung der Frage von den einzelnen Konsumvereinen schwer zu beurteilen ist;

beschließt der Allgemeine Genossenschaftstag:

a) den Konsumvereinen wird dringend widerraten, für eigene Rechnung Schlächtereibetrieb einzurichten;
b) bei Benutzung von Privatschlächtereien ist besondere Vorsicht zu empfehlen einmal in der Überwachung des gelieferten Fleischmaterials, dann aber auch bezüglich der Verrechnung und Verbuchung des dabei erzielten Umsatzes".

Der AGT. zu Rostock im Jahre 1897 hat über den Erwerb von Grundbesitz sich wie folgt geäußert:

„1. Der Erwerb eines eigenen Hauses ist den Konsumvereinen erst dann anzuraten, wenn das Vereinsvermögen, die Mitgliederzahl und der Geschäftsumfang so groß geworden sind, daß der Besitz eines Hauses nach allgemeinen geschäftlichen Grundsätzen für die Genossenschaft keine besondere Gefahr zur Folge hat;

2. bei dem Erwerb eines eigenen Hauses ist der Kaufpreis möglichst durch Ausgabe von unkündbaren Anteilscheinen aufzubringen."

Freilich, diese Grundsätze sind heute nicht unbestritten, es ist die neuere Richtung auf dem Gebiet des Konsumvereinswesens, von der aus den

Konsumvereinen geraten wird, möglichst viel fremdes Kapital heranzuziehen, um dann mittels desselben möglichst schnell zur Eigenproduktion, zum Erwerb von Grundbesitz übergehen zu können. Vertreter der neueren Richtung haben den Konsumvereinen den Rat erteilt, sich nicht auf die notwendigsten Verkaufsstellen zu beschränken, nicht mit den Verkaufsstellen der Entwicklung zu folgen, sondern mit der Vermehrung der Verkaufsstellen die Entwicklung zu fördern.

Fast hat es jedoch den Anschein, als wenn die Erfahrungen, die der Zentralverband gemacht hat, es dessen Leitung erforderlich erscheinen lassen, neuerdings den Konsumvereinen für die Entwicklung Vorsicht zu empfehlen. Der Stuttgarter Vereinstag des Zentralverbandes deutscher Konsumvereine beschloß, den Konsumvereinen zu raten, nur bei gesicherter Rentabilität zu Errichtung neuer Verkaufsstellen zu schreiten. In der „Konsumgenossenschaftlichen Rundschau" wird darauf hingewiesen, daß trotz allen Abratens Genossenschaften errichtet sind, die jeder Voraussicht nach nicht lebensfähig sind; es wird vor dem zu frühzeitigen Erwerb von Grundbesitz und Übergang zu eigner Produktion gewarnt. Wir nehmen gern Kenntnis von dieser Einkehr und hoffen nur, daß die Mahnungen und Warnungen nicht zu spät kommen und daß wie hier so auch in anderen Fragen die Erfahrung besserer Einsicht Platz machen wird.

Eins steht heute zweifellos fest, daß die Konsumvereine, die entsprechend den Ratschlägen der AGT. ihre Ausdehnung möglichst im Rahmen des eigenen Kapitals gehalten haben, dabei zur Blüte gelangt sind. Es ist ein allgemein gültiger wirtschaftlicher Grundsatz, daß eine im wesentlichen auf Kredit beruhende Entwicklung als ungesund zu betrachten ist. Gewiß, der Kredit ist unentbehrlich und unter Umständen wird auch der Kredit für die Erweiterung des Geschäftsbetriebes in Betracht zu ziehen sein. Hauptsächlich Kreditinstitute sind auf den Kredit angewiesen und müssen mit demselben rechnen, wenn sie ihren Aufgaben nachgehen wollen. Unternehmungen, die dem Handel, dem Gewerbe, der Industrie dienen — und dazu gehören Konsumvereine insbesondere dann, wenn sie Eigenproduktion haben — handeln leichtsinnig, wenn sie ohne festes Fundament einen großen Bau aufrichten.

In diesem Zusammenhange sind auch die Beschlüsse betreffend die Liquidität der Konsumvereine zu erwähnen. Die AGT. 1907, 1908 und 1909 haben sich mit dieser überaus schwierigen und heiklen Frage befaßt. Man bekannte sich auf dem AGT. zu Freiburg i. B. (1909) zu folgenden Grundsätzen:

„1. Das Wesen der Liquidität besteht darin, daß zur Deckung der täglich oder binnen kurzem fällig werdenden Verbindlichkeiten entweder bereits

Mittel vorhanden sind oder in entsprechend kurzer Frist flüssig gemacht werden können.

2. Es ist für die Konsumvereine im Interesse der Liquidität zu erstreben, daß die Summe der „bereiten Mittel" (bares Geld, Wertpapiere und kurzbefristete Bankguthaben) mindestens die Hälfte aller kurz befristeten Verbindlichkeiten einschließlich des Reingewinns beträgt.

3. Die Liquidität wird gefördert insbesondere durch die Befolgung der vom Allgemeinen Verbande empfohlenen Grundsätze:

a) Ansammlung genügender Geschäftsguthaben und Rücklagen;

b) Ein- und Verkauf der Waren nur gegen Barzahlung;

c) Einkauf nur guter Waren in Mengen, die verhältnismäßig häufigen Umschlag ermöglichen;

d) Ansammlung des Reinertrages während des Geschäftsjahres in bar und kurz befristeten Bankguthaben bis zur Höhe von mindestens fünf Sechsteln der auszuzahlenden Rückgewähr.

4. Um die Liquidität der Geschäftsgebarung zu fördern, muß jeder Konsumverein bestrebt sein, sich von fremdem Betriebskapital frei zu machen".

Von jeher war es — ich erwähnte dies bereits — eine ernste Mahnung, die an die deutschen Konsumvereine gerichtet war, das Prinzip der Barzahlung hochzuhalten. Und als sich dann zeigte, daß dieses Prinzip nicht überall mehr streng durchgeführt wurde, faßte der AGT. zu Berlin im Jahre 1899 folgenden Beschluß:

„Den Konsumvereinen wird empfohlen, an dem altbewährten Grundsatz der Barzahlung im volkswirtschaftlichen und erzieherischen Interesse festzuhalten und zur Beseitigung des schädlichen Borgsystems auch weiterhin beizutragen."

Allgemeine Grundsätze, deren Nichtbeachtung für die Konsumvereine sich stets als schädlich erwies, brachte der AGT. zu Leipzig (1907) in Erinnerung. Der Beschluß lautet:

„Der Allgemeine Genossenschaftstag erkennt im Interesse des Gemeinwohls die Notwendigkeit an,

1. Die Konsumvereine Deutschlands auf die ideellen und materiellen Nachteile hinzuweisen, welche ihnen erwachsen durch:

a) das Kontrahieren von Schulden und die Borgwirtschaft;

b) durch Vernachlässigung des Grundsatzes der Barzahlung;

c) durch Gründung und Ausdehnung von Konsumvereinen ohne Vorhandensein des Bedürfnisses und der nötigen Kräfte und Mittel;

d) durch Ausschaltung der Offerten leistungsfähiger Lieferanten;

e) durch leichte Herbeiführung von Konkursen infolge Nichtbeachtung bewährter genossenschaftlicher Grundsätze und Verquickung mit einseitigen wirtschaftspolitischen Bestrebungen.

2. Allen Konsumvereinen zu raten, die Schulze-Delitzsch'schen Lehren nicht zu verlassen und wo dies geschehen, zu ihnen zurückzukehren.

Mit den verschiedenen *Markensystemen* hat sich der AGT. zu Danzig (1903) befaßt.

Die *Trennung des Lieferantengeschäfts von dem eigenen Warengeschäft* ist eine heute vielfach erörterte Frage. Die *Besteuerung* der Konsumvereine hat die Veranlassung gegeben, daß die Frage lebhaft behandelt wird. Würden die Konsumvereine dem Rat des AVT. zu Plauen (1887) gefolgt sein, so würden sie heute sich über die steuerliche Behandlung des Lieferantengewinns keine Sorge mehr zu machen brauchen, denn der erwähnte Vereinstag hat bereits folgenden Rat erteilt:

„Um neben der Kapitaldividende eine ungerechte Gewinnverteilung auf die durch die Vereinsläger bezogenen Waren möglichst zu vermeiden: das sogenannte Lieferantengeschäft, wo es noch besteht, nicht durch Zuwendung von Gewinn aus dem eigenen Warengeschäft zu bevorzugen."

Streng durchführen läßt sich der Grundsatz freilich nur bei völliger Trennung des Lieferantengeschäfts vom Warengeschäft. In diesem Sinne sprach sich denn auch der AGT. zu Westerland (1905) aus.

Der Vereinstag zu Plauen stellte ferner den Grundsatz auf, daß mit der *Dividendenverteilung nach Verhältnis des Warenbezuges* der Sparsinn gefördert wird, indem der den Konsumvereinen empfahl:

„einen Reingewinn und eine daraus fließende Dividende zu erstreben, welche ausreicht, den Sparsinn der Mitglieder zu fördern und durch Übertragung auf deren Geschäftsanteile das erforderliche Betriebskapital anzusammeln, ohne die Mitglieder zu erheblichen Bareinlagen heranziehen zu müssen."

Der AGT. zu Leipzig (1907) empfahl den Konsumvereinen,

„auf Erzielung eines *möglichst oftmaligen Umschlages des in Waren angelegten Kapitals*, der für Kolonial- und Materialwaren ein mindestens siebenmaliger sein soll, Bedacht zu nehmen, alljährlich die Umschlagszahlungen nach folgenden Grundsätzen zu ermitteln und in den Geschäftsberichten bekannt zu geben:

1. der Ermittelung ist lediglich der Warenumsatz im eigenen Geschäft zugrunde zu legen;
2. von seiner Summe ist der Betrag des im eigenen Geschäft erzielten Bruttoüberschusses zu kürzen, bevor festgestellt wird, wie oft in ihr die Summe des nach den Einkaufspreisen ermittelten Warenbestandes enthalten ist.

Wer die Geschäftsberichte der Konsumvereine durchsieht, wird nicht immer mit dem Befund zufrieden sein, recht oft wird er die Geschäftsberichte für zu dürftig erklären. Und doch liegen Beschlüsse der AGT. vor, die den Konsumvereinen als Richtschnur dienen sollen.

Der AGT. zu Berlin im Jahre 1899 empfahl den Konsumvereinen:

„innerhalb der einzelnen Unterverbände folgende Grundsätze bei Aufstellung der Geschäftsberichte möglichst zu berücksichtigen:

1. Ein einheitliches Format ist festzusetzen,
2. die Unkosten sind zu spezialisieren und die Kosten des Produktionsbetriebes getrennt zu halten,
3. die Berichte sollen in einem besonderen Abschnitt Mitteilungen über wichtigere Beschlüsse und Vorfälle enthalten,
4. den Berichten ist, wenn nicht alljährlich, so doch in Zwischenräumen, eine Tabelle über die geschäftliche Entwicklung des betreffenden Vereins seit seiner Entstehung anzufügen.“

Der AGT. zu Danzig (1903) empfahl den Konsumvereinen, die Geschäftsberichte nach nachstehendem Muster aufzustellen:

„I. Mitteilungen über allgemeine genossenschaftliche Angelegenheiten.

II. Mitteilungen über Entwicklung des Vereinsgeschäfts im abgelaufenen Jahr und über besondere Einrichtungen der Genossenschaft.

III. Erläuternde Mitteilungen über Mitglieder (Zahl, Bewegung im Laufe des Jahres, Aufstellung nach den Berufsarten) — über die Hauptkonten (Bewegung und Stand) — über die Vorschläge zur Gewinnverteilung.

IV. Kassenumsatz nach den verschiedenen Konten.

V. Bilanz am Jahresschluß.

VI. Gewinn- und Verlustrechnung mit Nachweis der einzelnen Unkosten.

VII. Zahlenmäßige Aufstellung des Vorschlages für die Gewinnverteilung.

VIII. Zahlenmäßige Übersicht über den Verbrauch der Hauptgeschäftsartikel im abgelaufenen Jahre.

IX. Zahlennachweis über die Entwicklung der Genossenschaft seit ihrem Bestehen.

Gleichzeitig werden die Konsumvereine wiederholt darauf hingewiesen, daß die Auslegung einer besonderen Gewinn- und Verlustrechnung notwendig ist.“

Wenn man heute die Männer vom Zentralverband deutscher Konsumvereine über den gemeinschaftlichen Wareneinkauf reden hört, so sollte man glauben, daß dies eine Erfindung der Hamburger Großeinkaufs-Gesellschaft und des Zentralverbandes deutscher Konsumvereine sei.

Dabei sind es die Arbeiten des Allgemeinen Verbandes, auf denen die Organisation des gemeinschaftlichen Einkaufs, so wie sie heute besteht, aufgebaut ist.

Bereits im Jahre 1867 hat sich der AVT. zu Quedlinburg mit dem gemeinschaftlichen Wareneinkauf beschäftigt. Es war der Antrag eingebracht worden, den Vereinen zu empfehlen, daß ein gegenseitiger Austausch über die Bezugsquellen der hauptsächlichsten in- und ausländischen Warengattungen und deren Preise unter den verschiedenen Vereinen veranlaßt und auf gemeinschaftlichen Einkauf geeigneter Artikel hingewirkt werde. Aber mit Rücksicht darauf, daß die Vereine meist in ziemlich großen Entfernungen von einander ihren Sitz haben, wurde davon abgesehen, den gemeinschaftlichen Einkauf anzuraten, es wurde vielmehr nur im Sinne des ersten Antragsteils anempfohlen, die Bezugsquellen und deren Preise gegenseitig auszutauschen. Der Vereinstag deutscher Konsumvereine zu Magdeburg (1869) trat dann nochmals in eine eingehende Diskussion über die Errichtung einer Zentralbezugsstelle resp. einer deutschen Konsum-Großhandlungsgenossenschaft ein.

Der AGT. zu Stettin im Jahre 1893 beschloß:

„In der Erwägung, daß die in Bremen und Hamburg errichteten Großeinkaufs-Gesellschaften, sofern sie nach richtigen Grundsätzen verwaltet werden, zur Förderung des gemeinsamen Warenbezuges der Konsumvereine beitragen,

aber nur dadurch, daß die Konsumvereine derselben Gegend, welche durch die gleichen Bedürfnisse nach Waren beherrscht sind und welche denselben Verkehrsbedingungen unterstehen, zu festeren Vereinigungen zu gemeinsamen Warenbestellungen und gemeinsamem Warenbezug zusammentreten, es gelingen wird,

die Mehrzahl der bestehenden Konsumvereine — insbesondere der Konsumvereine mit kleinerem Geschäftsumsatze — an den großen Vorteilen des gemeinsamen Wareneinkaufs zu beteiligen, beschließt der Allgemeine Genossenschaftstag, den Konsumvereinen dringend zu empfehlen, daß sie

die bestehenden Vereinigungen dieser Art erhalten, weiter ausbauen, und fester organisieren, und überall zu neuen Vereinigungen zu dem gleichen Zwecke zusammentreten, gleichzeitig aber

die Vorstände der Unterverbände des Allgemeinen Verbandes zu ersuchen, daß sie

zur besseren und festeren Organisation der bestehenden und zur Bildung neuer Vereinigungen zur praktischen Ausführung des gemeinschaftlichen Wareneinkaufs die erforderlichen Anregungen geben."

Der AVT. zu Gera (1891) beschloß:

„Die Vorstände der Unterverbände der Konsumvereine werden ersucht, mit Benutzung der ihnen von dem Anwalte zugehenden Formulare von jeder Genossenschaft ihres Verbandes eine möglichst genaue und umfassende Statistik über den Warenverbrauch im Jahre 1891 einzuziehen und die eingegangenen und zusammengestellten Verbrauchslisten dem Anwalte bis spätestens Ende des Monats Februar 1892 einzusenden, damit dieser in der Lage ist, den Vorständen der Konsumvereins-Verbände zur Verhandlung über die Frage des gemeinsamen Wareneinkaufs auf den nächstjährigen Unterverbandstagen Vorschläge zu machen."

Und dann folgten die AGT. zu Neustadt (1898), Berlin (1899), Hannover (1900), auf denen die Grundsätze für den gemeinschaftlichen Wareneinkauf festgelegt wurden. Freilich, der Gewohnheit des Allgemeinen Verbandes getreu, hat man sich stets davor gehütet, einen Sprung ins Dunkle zu machen. Wenn hingewiesen wurde auf die englischen Vorbilder, so wurde mit Recht dagegen geltend gemacht, daß die Verhältnisse in England wesentlich anders wie in Deutschland sind. Wer auch nur einen Blick auf die Karte wirft, wer Gelegenheit nimmt, festzustellen, wie dicht gedrängt die englischen Konsumvereine zusammenliegen, und wer dann andererseits die deutschen Verhältnisse in Betracht zieht, wird sich füglich nicht darüber wundern, daß der gemeinschaftliche Wareneinkauf in Deutschland nicht die gleiche Entwicklung wie in England genommen hat.

Die Hamburger Großeinkaufs-Gesellschaft ist nicht einmal die Erfinderin der Form, denn diese ist entlehnt der von Ludolf Parisius im Jahre 1892 ins Leben gerufenen Genossenschaftlichen Großhandlung, G. m. b. H., in Bremen.

Es ist kein Zufall, wenn sowohl im Westen wie im Osten die Konsumvereine dem gemeinschaftlichen Wareneinkauf fernbleiben, denn die Vorteile, die demselben innewohnen, versagen zum großen Teil dann, wenn die Verkehrsverbindung mit der Zentrale eine umständliche oder kostspielige ist. Freilich haben manche Imponderabilien mitgewirkt, daß gerade im Königreich Sachsen der gemeinschaftliche Wareneinkauf die festeste Stütze gefunden — doch entscheidend ist schließlich gewesen, daß im Königreich Sachsen die Konsumvereine ganz besonders dicht liegen und ihnen die Zufuhrstraße der Elbe offensteht.

Wer ruhig und objektiv heute die Entwicklung des gemeinschaftlichen Wareneinkaufs betrachtet, wird finden, daß die Anschauungen, die auf den Allgemeinen Genossenschaftstagen vertreten wurden, sich als durchaus richtig in der Praxis gezeigt haben.

Und wenn heute soviel Aufhebens von dem Verkehr zwischen Konsumvereinen und landwirtschaftlichen Genossenschaften gemacht ist, so sollte nicht übersehen werden, daß insbesondere der AGT. zu Hannover im Jahre 1900 vorgearbeitet hat.

Die Abwehr! Auch hier kann ich nicht vorbeigehen an den Agitationen des Zentralverbandes deutscher Konsumvereine gegen unsern Verband. Hört man die Männer vom Zentralverband, so sollte man glauben, daß der Allgemeine Genossenschaftsverband bei der Abwehr der auf die Konsumvereine gerichteten Angriffe völlig versagt hat. Und doch, man frage einmal jene, die sich in Angriffen auf den Allgemeinen Verband nicht genug tun können, wer denn in jenen Zeiten, da die Konsumvereine dem schärfsten Ansturm ausgesetzt waren, am wirkungsvollsten die Rechte der Konsumvereine wahrgenommen hat? Damals wußte noch niemand etwas von einem Zentralverband deutscher Konsumvereine, und die „Neuen", die heute im Zentralverband eine so große Rolle spielen, die haben ihre Liebe für das Konsumvereinswesen erst in viel späterer Zeit entdeckt, als die Organisation der Konsumvereine bereits so gefestigt war, daß ihr die Gegner nicht mehr gefährlich werden konnten.

Bereits im Jahre 1879, unter Mitwirkung von Schulze-Delitzsch, hat der AVT. zu Stuttgart beschlossen:

„Angesichts der Agitation, mit welcher an verschiedenen Orten gegen die Tätigkeit der Konsumvereine angekämpft wird, erklärt der Allgemeine Vereinstag:

1. Es ist Pflicht aller Vereine, streng über die gesunde Organisation, tüchtige Verwaltung, Fernhaltung aller Mißbräuche, Beachtung der Beschlüsse der Vereins- und Verbandstage zu wachen, insbesondere aber an dem Prinzip der Barzahlung festzuhalten und jedes Borgsystem auszuschließen.

2. Unter der Voraussetzung, daß diese Pflicht überall anerkannt und erfüllt wird, protestiert der Allgemeine Vereinstag gegen die häufig unterlaufenden Verdächtigungen, als ob durch Ausdehnung der Vereinswarenlager über den engsten Kreis der allernotwendigsten Lebensbedürfnisse hinaus, durch den Beitritt von Mitgliedern aus allen Berufsklassen, durch den Abschluß von Markenverträgen, durch den Verkauf an Nichtmitglieder, durch Festhalten an dem Prinzip der Steuerfreiheit für den Umsatz an Mitglieder usw., Gesetz und Recht und die Grundidee der genossenschaftlichen Verbindung verletzt würde.

3. Der Allgemeine Vereinstag weist die Behauptung, die Tätigkeit der Konsumvereine beruhe auf sozialdemokratischen Prinzipien, als unwürdig und als eine durch die ganze Geschichte des Genossenschaftswesens widerlegte Unwahrheit zurück.

4. Der Allgemeine Vereinstag anerkennt ausdrücklich die Konsumvereine als ein wichtiges Glied in der Kette des deutschen Genossenschaftswesens und spricht deshalb die Erwartung aus, daß sowohl Vorschuß-

und Kreditvereine, als anderen Arten von Genossenschaften dieselben in dem ihnen aufgezwungenen Kampf kräftigst unterstützen."

Und die AGT. zu Stettin im Jahre 1893, Gotha (1894), Augsburg (1895), Wiesbaden (1896), Neustadt (1898) haben in rascher Aufeinanderfolge eine Reihe von Beschlüssen gezeitigt, die alle der Abwehr der gegen die Konsumvereine gerichteten feindlichen Bestrebungen dienen. Es ist Verwahrung dagegen eingelegt worden, daß die Konsumvereine trotz des Alleinverkaufs an Mitglieder den „Gewerbetreibenden" gleichgeachtet und gewerbepolizeilichen Vorschriften der Gewerbeordnung unterstellt werden. Man hat Protest erhoben gegen Versuche einer unbilligen Steuerbelastung. Man hat darauf gedrungen, daß die Vereine durch geeignete Aufklärungen in Wort und Schrift die in weiten Kreisen der Bevölkerung und der Staatsbehörden oft unbekannten oder wenigstens unverstandenen Ziele und Bestrebungen der Konsumvereine in das richtige Licht setzen, und hat den Vereinen dringend empfohlen, mit peinlicher Sorgfalt auf Beachtung aller für den Geschäftsverkehr in Betracht kommenden Gesetze, insbesondere der Arbeiterschutzgesetze, zu halten, stets für die Lieferung nur völlig einwandsfreier Waren Sorge zu tragen und durch regelmäßige Aufwendungen aus dem Reingewinn zu gemeinnützigen und Bildungszwecken ihrer sozialen Aufgabe gerecht zu werden, um so Vertrauen und Ansehen zu gewinnen und zu erhalten und jeder gegnerischen Agitation den Boden zu entziehen.

Der Allgemeine Verband hat auf dem Gebiete des Genossenschaftswesens und so auch auf dem der Konsumvereine stets seine eigenen Wege verfolgt, er hat, vor allem stets streng daran festgehalten, daß das Genossenschaftswesen nicht mit ihm fremden Bewegungen verquickt wurde. Weder mit politischen noch gewerkschaftlichen Bewegungen durften die Konsumvereine sich verbinden. Schulze-Delitzsch hat richtig erkannt, wie nicht nur Zwietracht dadurch in die Genossenschaften hineingetragen, sondern wie sogar die Axt an die Wurzel des Genossenschaftswesens gelegt wird, wenn die rein wirtschaftliche Frage mit irgend einer politischen Bewegung in Zusammenhang gebracht wird. Der Umstand, daß heute das Genossenschaftswesen groß und gefestigt dasteht, ist nicht in letzter Reihe den Bemühungen Schulze-Delitzschs zu verdanken, daß politische Bestrebungen fern gehalten wurden. Wohl wurden hier und dort Versuche zu einer Verbindung gemacht, aber nicht aus den Kreisen, die Schulze-Delitzsch nahestanden; stets zum schweren Schaden der betreffenden Genossenschaften, und die Versuche blieben glücklicherweise vereinzelt.

Die Entwickelung des Genossenschaftswesens hat es geboten erscheinen assen, auf dem AGT. zu Baden-Baden (1901) die folgenden Leitsätze zu beschließen:

1.

„Der Konsumverein als eine Genossenschaft von nicht geschlossener Mitgliederzahl gehört zu den Personalgesellschaften. Seine Aufgabe liegt auf dem wirtschaftlichen Gebiet; er verschafft den minder begüterten Klassen die Vorteile des Wareneinkaufs im großen, und kann, wenn die Grundlagen dafür gegeben sind, mit Hilfe der eigenen Produktion die Wirtschaftsbedürfnisse der Mitglieder befriedigen: das Hineinziehen einer weiteren, mit diesen Aufgaben nicht unmittelbar zusammenhängenden wirtschaftlichen Tätigkeit in den Geschäftsbetrieb der Konsumvereine ist zu widerraten. Die Verfolgung parteipolitischer Zwecke — unmittelbar oder mittelbar — und die Unterstützung von Klassen- und Standesorganisationen steht im Widerspruch mit den Aufgaben des Konsumvereins.

2.

Der Konsumverein stellt eine den heutigen Bedürfnissen und Verhältnissen entsprechende Betriebsform des Kleinhandels bezw. der Produktion dar, deren Entwicklung nur auf Kosten der wirtschaftlich schwächsten Bevölkerungsklassen Hindernisse bereitet werden können.

Das Verlangen der Gegner, die Errichtung eines Konsumvereins abhängig zu machen von der Prüfung des Bedürfnisses, bedeutet für die minderbegüterten Klassen eine Beschränkung in Beschaffung der Lebensmittel und steht im Widerspruch mit den rechtlichen und wirtschaftlichen Grundsätzen des Genossenschaftsrechtes, des Handelsrechtes, der Gewerbeordnung.

3.

Der Verkauf des Konsumvereins zu Tagespreisen führt zur Aufsparung eines Überschusses, der an die Mitglieder als Warendividende zur Verteilung gelangt. Der Verkauf zu Tagespreisen aber liegt auch im Interesse der Kleinhändler, die durch die Konsumvereine schwer geschädigt würden, wenn diese unter Tagespreis verkauften.

4.

Die an die Mitglieder zur Verteilung gelangende Dividende stellt sich dar als durch den gemeinschaftlichen Einkauf der Mitglieder erzielte Ersparnis, und somit nicht durch Entbehrung, sondern durch rationellen Wirtschaftsbetrieb.

Das von den Gegnern der Konsumvereine geforderte gesetzliche Verbot der Dividendenzahlung würde die soziale Wirksamkeit der Konsumvereine beeinträchtigen und den konkurrierenden Kleinhändlern keinen wirtschaftlichen Vorteil bringen, weil er die Vereine zum Verkaufe nach Selbstkostenpreis veranlassen müßte.

5.

Der in den Konsumvereinen gepflegte Grundsatz der Barzahlung erzieht die Mitglieder zur Sparsamkeit, Ordnung und Pünktlichkeit in der Wirtschaft.

6.

Der Konsumverein kann dem Handwerk und der Landwirtschaft für den Vertrieb der Produkte von Nutzen sein.

7.

Der wirtschaftliche Betrieb des Konsumvereins, der nur an seine Mitglieder Waren abgibt, enthält nicht die Merkmale des Gewerbebetriebes; gleichwohl hat die wirtschaftliche Entwicklung die Heranziehung der Konsumvereine zu den Lasten und Beschränkungen der Gewerbetreibenden ergeben.

Den gleichen Pflichten entsprechen gleiche Rechte. Werden den Konsumvereinen die allen Gewerbetreibenden zufallenden Pflichten auferlegt, so gebühren ihnen auch deren Rechte.

8.

Der Konsumverein ist ein Glied der genossenschaftlichen Organisation: die Ausscheidung dieses Gliedes würde notwendigerweise die Schädigung weiterer Teile der genossenschaftlichen Organisation zur Folge haben; — die Anti-Konsumvereinsbewegung führt in ihren Konsequenzen zur Anti-Genossenschaftsbewegung. Es ist ein unhaltbarer Widerspruch, das Genossenschaftswesen staatlicherseits zu fördern und das Konsumvereinswesen zu beschränken. Wer die genossenschaftliche Organisation als einen notwendigen Bestandteil der heutigen wirtschaftlichen Gestaltung anerkennt, kann ihr nicht auf dem Gebiete des Kleinhandels zum Nachteil der Konsumenten entgegentreten.

Die genossenschaftsiche Organisation ist zu einem unentbehrlichen wirtschaftlichen und sozialen Faktor geworden."

Wer so die Geschichte des Allgemeinen Verbandes und die Beschlüsse der AGT. verfolgt, wird zugeben müssen, daß die Geschichte des deutschen Konsumvereinswesens in den Beschlüssen der Allgemeinen Genossenschaftstage zum Ausdruck kommt, und er wird nicht bestreiten können, daß alles, was an Organisation für die Konsumvereine geschaffen ist, seinen Ausgangspunkt in den Beschlüssen der AGT. hat.

Nach dem AGT. zu Kreuznach im Jahre 1902 sind die verschiedenen Auffassungen über die Aufgaben der Konsumvereine scharf in die Erscheinung getreten. Und sie sollen und müssen aufs schärffste betont werden. Wir wollen mit aller Entschiedenheit zum Ausdruck bringen, daß wir in den Konsumvereinen nicht einen Faktor sehen, bestimmt, neue wirtschaftliche Gebilde, eine neue Wirtschaftsordnung zu schaffen — für uns ist der Konsumverein, wie jede Genossenschaft, Selbstzweck: die Genossenschaft soll die ihr eigentümlichen wirtschaftlichen und sozialen Aufgaben erfüllen. Wir bedauern es daher, daß von gewisser Seite die Konsumvereine nur als Mittel zur Sozialisierung der Wirtschaftsordnung aufgefaßt werden, als ein Mittel, durch sie die Konsumtion und durch die Konsumtion die Produktion zu regeln. Eine kleine Etappe auf diesem Wege ist die Bildung von Bezirkskonsumvereinen, deren Errichtung auf eine Zerstörung der Selbständigkeit der lokalen Einzelgenossenschaft hinausläuft. Wir erblicken die Grundlagen aller genossenschaftlichen Arbeit in der Tätigkeit der selbständigen Einzelgenossenschaften, die zwar nach einheitlichen Grundsätzen organisiert und verwaltet und zur gemeinsamen Vertretung ihrer Interessen zusammengefaßt sein sollen, im übrigen aber in der Betätigung persönlicher Initiative und individuellen Strebens ihrer Verwaltungen nicht beschränkt sind.

Wir halten die Heranziehung der Genossenschaftsmitglieder zur Geschäftsführung für das beste Mittel, diese auf dem Boden der Selbsthilfe zur Selbständigkeit und Selbstverantwortung zu erziehen und dadurch echt genossenschaftliches Leben zu wecken und zu fördern (Leipzig 1907). In Verfolgung dieses Grundsatzes hat der AGT. zu Freiburg (1909) folgenden Beschluß gefaßt:

„So sehr der Allgemeine Genossenschaftstag die Zersplitterung der konsumgenossenschaftlichen Bewegung durch Gründung mehrerer Konsumvereine an einem Orte verurteilt, so wenig kann er die planmäßige Ausdehnung einzelner Konsumgenossenschaften über ihre natürlichen wirtschaftlichen Grenzen hinaus und die damit verbundene Aufsaugung oder Unterdrückung an sich lebensfähiger kleinerer Einzelgenossenschaften gutheißen.

Er erblickt in einem solchen Vorgehen einen Verstoß gegen das innere Wesen der Genossenschaft, insbesondere auch gegen den wichtigsten genossenschaftlichen Grundgedanken: Selbständigkeit der Einzelgenossenschaft; er hält dasselbe zudem für nicht mehr mit der gegebenen äußeren Form der Genossenschaft vereinbar.

Er glaubt, daß der zu erstrebende Zusammenschluß der Konsumvereine auf anderen Wegen (Verbänden, gemeinsamer Einkauf, Geschäftsführerversammlungen usw.) zu erreichen sei, als durch ein Aufgehen kleinerer Einzelgenossenschaften in eine große Zentralinstanz."

Für uns ist der Konsumverein eine wirtschaftliche Organisation, die sich auf dem Boden und im Rahmen der heutigen Wirtschaftsordnung zu betätigen hat. Wir bekämpfen mit den Konsumvereinen nicht Handel und Gewerbe, wir sehen nicht in jedem Händler einen profitsüchtigen Menschen, der die anderen ausbeutet und ausnutzt; für uns handelt es sich daher auch nicht um den Kampf gegen den „Gewinn". Wir halten es für eine Phantasterei, wenn behauptet wird, es könnte die Zeit kommen, wo Stadt und Staat, zum großen Konsumverein organisiert, die gesamte Produktion betreibt. Aufs lebhafteste bedauern wir die von den Männern des Zentralverbandes deutscher Konsumvereine beliebten Übertreibungen, mit denen unnötigerweise die Zahl der Gegner der Konsumvereine vergrößert wird. Freilich ebenso bekämpfen wir die Gegnerschaft der Händler gegen die Konsumvereine, die sich heute zum Teil in Forderungen betätigt, die niemals realisiert werden können, ohne daß den Grundsätzen des heutigen wirtschaftlichen Lebens Gewalt angetan wird. Wir bedauern diese Agitation vom Standpunkt der Konsumvereine aus, wir bedauern sie aber auch nicht minder im Interesse der Händler, die durch die unaufhörliche Befeindung der Konsumvereine behindert werden, die richtigen Wege zu beschreiten, um ihre wirtschaftliche Lage zu verbessern, denn natürlich kann der, der den Konsumenten die genossenschaftliche Organisation verboten sehen will, nicht gleichzeitig selbst zur genossenschaftlichen Organisation greifen, um seine wirtschaftliche Lage zu festigen. Schade um alle die Kräfte, die in diesem nutzlosen Kampf aufgerieben werden. Trügen jedoch nicht alle Zeichen, scheint ein Wechsel in den Anschauungen bevorzustehen. Und wir würden es lebhaft begrüßen, wenn die Vertreter des Handels endlich in dem Konsumverein den ehrlichen Konkurrenten erblicken wollten.

Die Gegensätze, die zwischen uns und dem Zentralverband deutscher Konsumvereine bestehen, bewegen sich keineswegs bloß auf dem Gebiet der Theorie, sondern sie kommen auch in der Praxis zum allerschärfsten Ausdruck. Man begnügt sich bei dem Zentralverband deutscher Konsumvereine nicht mit den theoretischen Erwägungen, ob und wie der Handel aus der Welt zu schaffen und durch die Organisation der Konsumenten zu ersetzen ist, man zieht die praktischen Konsequenzen, indem man bestrebt ist, einerseits ohne lange Prüfung auf das Bedürfnis hin Konsumvereine ins Leben zu rufen, andererseits die bestehenden Konsumvereine zu einer möglichst schnellen Entwicklung zu bringen. Die neue Richtung glaubte, sich lossagen zu müssen von den wirtschaftlichen Grundsätzen, die in den Beschlüssen der Allgemeinen Genossenschaftstage niedergelegt sind und die die Richtschnur abgegeben haben für die Ausgestaltung des Konsumvereinswesens im Rahmen des Allgemeinen deutschen Genossenschaftsverbandes; es hieß, der Allgemeine Verband habe nichts für die Ausbreitung des Konsumvereinswesens getan, verknöchert sei die Leitung, es habe der Bildung des Zentralverbandes bedurft, um Leben in die Konsumvereinsbewegung zu bringen. Nur des kurzen Zeitraums weniger Jahre hat es jedoch bedurft, um das Organ des Zentralverbandes deutscher Konsumvereine zu veranlassen, vor einer Überstürzung zu warnen und einer künstlichen Entwicklung der Konsumvereine entgegenzutreten, das heißt, sich auf den Standpunkt zu stellen, der von dem Allgemeinen Verband von jeher eingenommen wurde.

Es ist nicht richtig, daß der Allgemeine Verband ein Gegner der Eigenproduktion, ein Gegner des Erwerbs von Grundbesitz, ein Gegner des gemeinschaftlichen Wareneinkaufs ist — stets jedoch ist im Allgemeinen Verband darauf Wert gelegt, daß die Entwicklung der genossenschaftlichen Organisation gleichen Schritt hält mit der Festigung des Fundaments. *Im Interesse des deutschen Konsumvereinswesens liegt es, daß die von den AGT. in einer sich über Jahrzehnte hinziehenden praktischen Arbeit aufgestellten Grundlehren auch in Zukunft die Richtschnur für Organisation und Entwicklung der Konsumvereine bilden.*

IV.

# Die Beschlüsse der Allgemeinen Genossenschaftstage und die Baugenossenschaften.

In Kreisen der Baugenossenschaften begegnet man vielfach noch einer großen Unkenntnis über die Stellung dieser Genossenschaften zum Allgemeinen Verbande. Es tritt dies insbesondere zutage, wenn die Beiträge für den Allgemeinen Verband eingefordert werden. Vielfach kann man alsdann die Frage hören, wofür derartige Kosten eigentlich aufgewendet würden. Es liegt nicht nur im Interesse des Verbandes, sondern vor allem auch der Baugenossenschaften, daß sie hierüber aufgeklärt werden. Der Allgemeine Verband besteht aus einer großen Anzahl von Genossenschaften jeder Art, welche gleichzeitig in Unterverbände zusammengeschlossen sind. An der Spitze des Unterverbandes steht der Verbandsdirektor, an der Spitze des Allgemeinen Verbandes der Anwalt mit den in seinem Bureau tätigen Hilfsarbeitern. Der Anwalt ist der Berater und Förderer einer jeden Genossenschaft. Was irgend auf genossenschaftlichem Gebiete geschieht, wird von ihm beobachtet und gesammelt. Dies gilt für die juristische Seite, es gilt aber auch für die wirtschaftliche, erwerbliche und steuertechnische. Infolgedessen wird von der Anwaltschaft ein derartig umfangreiches Material genossenschaftlicher Art gesammelt, wie es kein Jurist, und kein Nationalökonom gleichzeitig zusammen bringen könnte Dieses Material wird nun nicht nur schriftstellerisch und durch Zirkular an die Verbände und Vereine, sowie durch Vorträge in den Versammlungen verwertet, sondern vor allem durch Raterteilung an jeden einzelnen Verein. Kostenlos steht jedem Verein das Recht zu, bei dem Anwalt über jede beliebige, seinen Verein berührende Frage Auskunft zu verlangen. Diese Auskunft wird ihm in sachkundigster Weise und in kürzester Zeit gegeben. Es ist auch die beste Auskunft, die ein Verein sich einholen kann, da überhaupt niemand eine solche Erfahrung auf dem umfangreichen Gebiete sammelt, als eben die Anwaltschaft. Daß unter diesen Umständen der Rat der Anwaltschaft ein besonders wertvoller ist, liegt auf der Hand. Wie viele Prozesse allein sind durch diesen Rat schon zum Vorteil der Genossenschaften vermieden oder, wenn sie anhängig waren, zum guten Ende geführt worden. Welche große Summen sind weiter aber auch den Genossenschaften allein dadurch gespart worden, daß zweckdienliche Ratschläge in Steuerangelegenheiten erteilt wurden. Bei einzelnen Vereinen läuft diese Summe allein schon in Tausende von Mark. Jeder Genossenschaft, insbesondere auch jeder Baugenossenschaft, kann hiernach nur dringend empfohlen werden, in allen irgendwie zweifelhaften Dingen die Anwaltschaft in Charlottenburg um Rat zu ersuchen. Ganz ausdrücklich sei hierbei bemerkt, daß ein derartiges Ersuchen seitens des Anwaltes durchaus nicht als eine Belästigung angesehen wird, sondern vielmehr als ein Zeichen dafür, daß seine Tätigkeit anerkannt und gewürdigt wird.

Selbstverständlich wird durch eine derartige Tätigkeit diejenige des Verbandsdirektors nicht ausgeschlossen. Anwalt und Verbandsdirektor arbeiten nebeneinander Hand in Hand. Dem Verbandsdirektor fehlen jedoch manchmal nicht nur die Erfahrung auf einzelnen, ihm oft fern liegenden Gebieten, sondern auch das Material in Literatur und Gesetzgebung, ebenso auch die Hilfskräfte, um die zuweilen doch recht schwierigen Dinge gründlich bearbeiten zu können. Deshalb ist es auch durchaus kein Zeichen des Mißtrauens gegen den Verbandsdirektor, wenn derartige Anfragen nicht an ihn, sondern direkt an die Anwaltschaft gelangen. Hierbei ist außerdem die Einrichtung getroffen, daß die Antwort auf derartige Anfragen auch dem Verbandsdirektor mitgeteilt wird, so daß er von dem Verkehr zwischen Genossenschaft und Anwaltschaft stets genaue Kenntnis hat.

Die Organisation des Verbandes ist nun weiter so gegliedert, daß die sämtlichen Verbandsdirektoren zusammen ein Verwaltungsorgan für sich bilden, nämlich den Gesamtausschuß. Aus den Mitgliedern des Gesamtausschusses und ihrer Stellvertreter ist weiter ein siebengliedriger engerer Ausschuß gewählt worden, da die Zahl der Mitglieder des Gesamtausschusses eine große ist und er darum die gesamten Verwaltungsgeschäfte nur schwerfällig führen könnte.

Ein weiteres wichtiges Glied in der Organisation ist dann der Genossenschaftstag, dessen Bedeutung für die Baugenossenschaften hier näher erörtert werden soll.

Für Beratungen genossenschaftlicher Angelegenheiten sind die Unterverbandstage und die AGT. eingeführt. Die Unterverbandstage sollen die jeden einzelnen Unterverband interessierenden Fragen erörtern und namentlich auch den Organen der einzelnen Vereine die Möglichkeit einer Aussprache geben. Jeder Verein macht in seiner Verwaltung Erfahrungen, die manchmal große Kosten und erhebliche Arbeit verursacht haben. Diese Kosten und die Arbeit können erspart oder wesentlich vermindert werden, wenn durch Aussprechen die Vereine sich hierüber gegenseitig Mitteilung machen. Diese Aussprache unter Mitwirkung des Anwaltes oder seiner Vertreter ist eine

Hauptaufgabe der Unterverbandstage, die wesentlich geeignet sind, die Arbeiten der einzelnen Vereine zu fördern.

Auf den Genossenschaftstagen, welche von Genossenschaften aller Art beschickt werden, treten dagegen die großen grundsätzlichen Fragen in den Vordergrund. Grundsätze genossenschaftlicher, wirtschaftlicher und gesetzgeberischer Art sind es, die hier zur Besprechung kommen. Dabei zeigt es sich namentlich, wie die Genossenschaften der verschiedensten Art doch alle auf einer gemeinsamen breiten Grundlage beruhen. Hier sieht namentlich auch der Baugenossenschafter, wie eng verwandt seine Bestrebungen mit denen der Kreditgenossenschafter und der Konsumvereinler sind und wie die Störung der Tätigkeit auf diesem Gebiete schließlich auch ihn selbst behindert. Derartige allgemeine Verhandlungen sind aber auch geeignet, die Erkenntnis dafür zu fördern, daß jede Genossenschaft in ihrer Tätigkeit auch der Allgemeinheit nützlich ist. So haben namentlich Angehörige anderer Genossenschaftsarten, die gleichzeitig Mitglieder von Hausbesitzervereinen sind, durch unsere Beratungen auf baugenossenschaftlichem Gebiete, denen sie auf den Genossenschaftstagen beiwohnten, erkannt, daß die Baugenossenschaften durchaus keine Feinde der Hausbesitzer sind, sondern daß sich vielmehr die Bestreben beider recht wohl zum Nutzen der Allgemeinheit vereinigen lassen.

Diese gemeinsamen Tagungen und Verhandlungen auf den Genossenschaftstagen haben aber auch gerade das Baugenossenschaftswesen in seiner gesamten Entwickelung erheblich gefördert. In folgendem seien die Beschlüsse, welche in dieser Richtung gefaßt worden sind, kurz erörtert.

Bis zum Jahre 1865 war auf dem Gebiet des gemeinnützigen Wohnungswesens noch wenig geschehen und namentlich noch nichts erreicht. In diesem Jahre haben nun drei verschiedene Kongresse die Wohnungsfrage auf ihre Tagesordnung gesetzt: der Kongreß deutscher Volkswirte, der Vereinstag deutscher Erwerbs- und Wirtschaftsgenossenschaften und der Vereinstag deutscher Arbeitervereine. Hierbei hat insbesondere der AVT. zu Stettin folgenden Beschluß gefaßt:

„Dem Mangel an guten, gesunden Arbeiterwohnungen können in der Regel auf dem Prinzipe der Selbsthilfe beruhende Baugenossenschaften abhelfen, sofern dieselben kleine, für je eine Familie bestimmte Häuser bauen und ihren Mitgliedern gegen ein Kaufgeld, welches durch terminliche, auf eine Reihe von Jahren zu verteilende Raten amortisiert wird, zu ausschließlichem Eigentume überlassen.“

Hiermit war die Erörterung angeregt und wurde nun eifrig weiter geführt. Im Juni 1872 fand dann auf Einladung der Berliner Ortsvereine eine Versammlung im Berliner Handwerkerverein statt, in der Schulze-Delitzsch seine Ansichten über die Beseitigung der Wohnungsnot entwickelte. Als Zweck der Baugenossenschaften stellte er hin: Hinüberleiten der Fragen aus dem Bereiche bloßer Sonderinteressen einiger industrieller Etablissements und aus dem Bereiche humanen Strebens auf das allgemeine wirtschaftliche Feld.

Insbesondere trat er für Heranziehung von Kapitalisten als stille Gesellschafter ein, da die Baugenossenschaft mit großen Kapitalien beginnen müßten, um Erfolge zu erzielen. Er erklärte sich prinzipiell für den Bau kleiner Häuser erkannte aber auch unter Umständen die Notwendigkeit großer Miethäuser an.

Die Wohnungsfrage ist von da ab von der Tagesordnung nicht mehr verschwunden. Die Selbsthilfe auf diesem Gebiet hat aber zunächst wesentliche Fortschritte nicht gemacht. Als namentlich im Jahre 1886 seitens des Vereins für Sozialpolitik eine Enquete über die Wohnungsverhältnisse der ärmeren Klassen in den Großstädten aufgestellt wurde, haben die Referenten die Selbsthilfe der Wohnungsbedürftigen kaum als Hilfe erwähnt.

Wesentlich gefördert wurde das auf der Selbsthilfe beruhende Baugenossenschaftswesen durch die Einführung der beschränkten Haftpflicht für Genossenschaften und durch das Eintreten der Versicherungsanstalten.

Die Baugenossenschaften kamen zum erstenmal zur Erörterung auf dem AVT. zu Stettin 1865, wo der oben angegebene Beschluß gefaßt wurde. Daraufhin wurden auch einige Genossenschaften gegründet, so daß im Jahre 1870 drei und im Jahre 1871 bereits siebzehn vorhanden waren. Mit der Baugenossenschaftsfrage beschäftigte sich dann weiter der AVT. in Breslau 1872. Dort wurde folgender Beschluß gefaßt:

„Der Allgemeine Vereinstag erkennt an, daß die durch die Aufnahme stiller Genossenschafter vermittelte Heranziehung größerer, auf lange Zeit unkündbarer Kapitalien den Baugenossenschaften dauernd dienstbar gemacht und dieselben in den Stand gesetzt werden, das Wohnungsbedürfnis auch der bemittelten Klassen leichter zu befriedigen."

Man befaßte sich damals also nicht nur mit dem Wohnungsbedürfnis der unbemittelten, sondern auch der bemittelten Klassen und erörterte dieselbe Frage, welche bis in die Neuzeit für alle Baugenossenschaften die wichtigste ist, nämlich die der Kapitalbeschaffung. Als weitere Beschlüsse der AGT. in Baugenossenschaftsangelegenheiten seien hier folgende angeführt:

Der AGT. zu Augsburg 1895 beschloß:

„Den Baugenossenschaften wird empfohlen, den Geschäftsanteil dem Zwecke und dem Geschäftsumfange der Genossenschaft entsprechend hoch und in der Regel nicht unter 200 Mk. zu bestimmen, die Erwerbung der Mitgliedschaft nicht abhängig zu machen von der Zugehörigkeit zu einem bestimmten Berufe und besonders bemüht zu sein, Personen aus den vermögenden Kreisen der Bevölkerung zur Erwerbung der Mitgliedschaft zu veranlassen."

Hiermit ist zum Ausdruck gebracht, daß es auch Aufgabe der Baugenossenschaften sein muß, vor allem das eigene Kapital durch Bildung erheblicher Geschäftsanteile zu stärken. Weiter suchte man hiermit die Einseitigkeit zu vermeiden, welche leicht dadurch entstehen kann, daß Baugenossenschaften nur für einzelne bestimmte Berufe gegründet werden.

Auf dem AGT. in Neustadt 1898 wurden zwar bestimmte Beschlüsse über Baugenossenschaftswesen nicht gefaßt, es fanden jedoch eingehende Erörterungen statt über die Verhütung der Trennung der beiden Arten von Baugenossenschaften, nämlich solcher, die Erwerbshäuser und solcher, die Mietshäuser bauen.

Auf dem AGT. in Hannover 1900 kamen folgende Beschlüsse zustande:

„Es wird dem Vorstand des Baugenossenschaftsverbandes anheimgegeben, in Verbindung mit dem Anwalt des Allgemeinen Verbandes zu beraten und Vorschläge zu machen über die Zerlegung des Baugenossenschaftsverbandes in landsmannschaftliche Verbände, sei es als selbständige Unterverbände, sei es als Sektionen des im übrigen bestehen bleibenden Baugenossenschaftsverbandes.

Den Baugenossenschaften ist zu empfehlen, ihren Geschäfsbetrieb auf die Beschaffung von Häusern und Wohnungen für ihre Mitglieder zu beschränken und nicht andere Geschäftszweige einzuziehen.

Den ungerechtfertigten Angriffen der Hausbesitzervereine auf die Baugenossenschaften ist in jedem Fall bestimmt entgegenzutreten, sei es durch Gegeneingaben an die Behörden, sei es durch Gegenerklärungen in der Presse.“

Absatz 1 beschäftigt sich mit der Organisation, insbesondere der Dezentralisation des Verbandes. Absatz 2 warnt davor, daß mit der Baugenossenschaft die Aufgaben anderer Genossenschaften verbunden werden, die hierzu schlecht passen. Man ging davon aus, daß für die verschiedenen Aufgaben des Genossenschaftswesens auch verschiedene Genossenschaften zu gründen seien, daß dagegen verschiedenartige umfangreiche Ziele einer einzigen Genossenschaft gefährlich werden könnten. Absatz 3 war das Ergebnis der Beratung darüber, wie den ungerechtfertigten Angriffen der Hausbesitzervereine zu begegnen sei. Heute kann wohl festgestellt werden, daß die dort angegebene Art der Abwehr richtig war und auch Erfolge gebracht hat.

Auf dem AGT. in Baden-Baden 1901 wurden folgende Beschlüsse gefaßt:

„Den Baugenossenschaften ist zu empfehlen, bei der Aufnahme von Amortisationshypotheken darauf zu achten, daß die vereinbarten Abträge im richtigen Verhältnis zu dem Bedürfnis und der Leistungsfähigkeit der Genossen resp. der Genossenschaft stehen.

Es ist anzustreben, daß der Verband der Baugenossenschaften Deutschlands sich je nach Bedarf in selbständige, auf örtliche Bezirke gegründete Unterverbände teilt“.

Bei dem ersten Beschlusse handelt es sich namentlich darum, die Rückzahlungsbedingungen der Hypotheken in Einklang zu bringen mit der Eigenart der Baugenossenschaften.

Absatz 2 dagegen ist die weitere Förderung der bereits in Hannover angeregten Organisationsfragen. Ohne daß hierüber Beschluß gefaßt wurde, fanden in Baden-Baden auch noch eingehende Erörterungen über Arbeiterwohnungsfragen und Erbbaurecht statt.

Der AGT. zu Danzig 1903 beschloß bezüglich der Baugenossenschaftsangelegenheiten folgendes:

„Den Baugenossenschaften, welche Hypothekendarlehen mit feststehenden Tilgungsquoten aufgenommen haben, ist zu empfehlen, die Abschreibungen vollständig von den Amortisationen getrennt zu behandeln.

Der Allgemeine Genossenschaftstag beschließt, den Baugenossenschaften die Haftpflichtversicherung zu empfehlen und ersucht den Anwalt, in Verbindung mit Herrn Verbandsdirektor Berthold mit Versicherungsanstalten zu verhandeln und einen Versicherungsvertrag abzuschließen."

Außerdem wurde in Danzig eingehend über den Sparkassenverkehr der Baugenossenschaften verhandelt, wobei man davon ausging, daß derselbe für die Genossenschaften nicht ohne Bedenken sei. Zur Fassung eines bestimmten Beschlusses ist es nicht gekommen.

Dagegen wurde vom AGT. in Breslau 1904 diese Angelegenheit wieder aufgenommen und führte zu folgendem Beschluß:

„Es ist den Baugenossenschaften entschieden zu widerraten, zwecks Heranziehung weiterer Betriebskapitalien einen ausgedehnten Sparkassenverkehr einzuführen, weil durch einen solchen der Bestand der Baugenossenschaften gefährdet wird.

In eng begrenztem Umfange erscheint der Sparkassenverkehr zwar ungefährlich, indessen bringt ein so beschränkter Sparkassenverkehr den Baugenossenschaften keine nennenswerten Vorteile.

Neugegründete Baugenossenschaften sollten, wenn sie überhaupt den Sparkassenverkehr einführen, diesen auf die Mitglieder beschränken und auf einen Höchstbetrag für eine Spareinlage von je ein Viertel des bezw. der übernommenen Geschäftsanteile.

In allen Fällen müssen geräumige Kündigungsfristen ausbedungen und muß mindestens ein Drittel des Gesamtbetrages der Spareinlagen in leicht realisierbarer Weise angelegt werden.

Die von den Landesversicherungsanstalten ausreichend finanzierten Baugenossenschaften sollten die Einführung des begrenzten Sparkassenverkehrs nur dann erwägen, wenn es den Genossen in der Tat an einer anderen passenden Gelegenheit zur Anlegung ihrer kleinen Ersparnisse fehlt.

Als Sparkassenverkehr ist nicht aufzufassen die verzinsliche Annahme von a conto-Zahlungen auf die später fälligen Beträge für Mieten und Abträge."

Weiter brachte uns dieser Genossenschaftstag eine eingehende Besprechung des ländlichen Arbeiter-Wohnungsbaues.

Auf dem AGT. in Westerland-Sylt 1905 wurde erörtert, daß sich manche Baugenossenschaften auch mit Kreditgeschäften befassen. Hierüber erging folgender Beschluß:

„Der Allgemeine Genossenschaftstag empfiehlt den Baugenossenschaften, Kreditgeschäfte nicht in den Kreis ihrer Tätigkeit hineinzuziehen."

Weiter wurde eingehend darüber verhandelt, daß die Gründung von Baugenossenschaften nur in Angriff genommen werden dürfe, wenn bestimmte Voraussetzungen vorhanden seien. Der hierüber gefaßte Beschluß lautete folgendermaßen:

„Der Allgemeine Genossenschaftstag empfiehlt die Gründung von Baugenossenschaften zur Erbauung von Wohnungen für gewerbliche Arbeiter nur an solchen Orten vorzunehmen, an denen folgende Voraussetzungen zutreffen: 1. offenbarer Mangel an Kleinwohnungen; 2. eine Industrie, die sich auf verschiedenen Gebieten bewegt; 3. eine genügende Anzahl gut gelohnter Arbeiter; 4. geeignete Personen zur Besetzung der Vereinsorgane."

Weiter führte eine Besprechung über die Organisation des Vorstandes zu folgendem Beschluß:

„Der Allgemeine Genossenschaftstag empfiehlt den Baugenossenschaften, die Zahl der Vorstandsmitglieder auf drei zu beschränken."

Mit der gleichen Frage hat sich ferner der AGT. zu Freiburg (1909) beschäftigt und den Baugenossenschaften empfohlen,

bei Zusammensetzung des Vorstandes sich möglichst an den Vorschlag der Mustersatzungen zu halten, die einen Vorstand von drei Mitgliedern vorsehen und hiervon nur dann abzuweichen, wenn besondere Verhältnisse die Bestellung einer größeren Anzahl von Vorstandsmitgliedern notwendig machen.

Endlich fanden Erörterungen über die Kapitalbeschaffung statt, zu der sich der Genossenschaftstag (1905) dahin schlüssig machte:

„Der Allgemeine Genossenschaftstag empfiehlt den Baugenossenschaften zur Stärkung ihres Betriebskapitals: 1. die Ausgabe von auf Namen lautenden, unkündbaren Schuldverschreibungen; 2. bei der Bemessung des Geschäftsanteils die Herstellungskosten der Vereinswohnungen in Rücksicht zu ziehen; es soll der Geschäftsanteil etwa ein Zehntel der Herstellungskosten einer Wohnung betragen, wobei als Mindestsatz für den Geschäftsanteil der Betrag von 200 Mk. anzunehmen ist; 3. bei der Einziehung der Einzahlungen auf die Geschäftsanteile die statutarischen Vorschriften genau zu beobachten."

Über die Kreditbeschaffung der Baugenossenschaften wurde auf dem AGT. zu Frankfurt a. M. (1908) eingehend verhandelt.

Auch der AGT. in Cassel 1906 brachte eingehende Verhandlungen über Baugenossenschaftsangelegenheiten. Es galt hierbei, Vorsichtsmaßregeln dahin zu treffen, daß die Erwerbshäuser nicht zu spekulativen Zwecken ausgenutzt werden. In dieser Richtung wurde durch Beschluß des Genossenschaftstages den Baugenossenschaften folgender Rat gegeben:

„Denjenigen Genossenschaften, die Häuser zum Eigentumserwerb für die Genossen — sogenannte Erwerbshäuser — bauen, wird empfohlen, die für den Erwerber vielleicht gegebene Möglichkeit, den Eigentumserwerb später in spekulativer Weise auszunutzen, soweit angängig auszuschließen.

Als Ausschließungsmaßregeln können in dieser Beziehung in Betracht gezogen werden: 1. die grundbuchmäßige Eintragung des Wiederkaufsrechts zugunsten der Genossenschaft für die ersten dreißig Jahre nach der Auflassung; 2. die Inanspruchnahme eines Teiles des bei einem späteren Verkaufe erzielten Gewinns für die Genossenschaft. (Zuwachssteuer.)"

Der AGT. in Leipzig 1907 beschäftigte sich bezüglich der Baugenossenschaften zunächst mit Bilanzfragen. Insbesondere wurden die Erfahrungen erörtert, welche mit einem zwei Jahre früher für die Baugenossenschaften ausgearbeiteten Bilanzschema gemacht wurden.

Weiter wurde eingehend über die Hypothekarlebensversicherung verhandelt und im Anschlusse hieran beschlossen:

„Der Allgemeine Genossenschaftstag erblickt in der sogenannten Hypothekarlebensversicherung kein Mittel von allgemeiner Bedeutung zur Tilgung der auf den Eigenhäusern der Arbeiter ruhenden Hypothekenschulden, weil die Zahlung der Prämien neben den Schuldenzinsen den Arbeitern im allgemeinen eine große wirtschaftliche Last auferlegt und überdies die Zahl der zur Lebensversicherung mit der Normalprämie aufnahmefähigen Arbeiter von vornherein beschränkt ist."

Wichtige Grundsätze über die Berechnung der Wohnungsmieten stellte der AGT. zu Frankfurt a. M. (1908) auf. Es wurde den Baugenossenschaften empfohlen:

1. Aus den Wohnungsmieten der Baugenossenschaften müssen aufgebracht werden:

a) die Zinsen für die angeliehenen Hypotheken und sonstigen Anleihen,
b) die Zinsen (Dividenden) für das in den vermieteten Hausgrundstücken angelegte eigene Vermögen der Genossenschaft,

c) die jährlich vorzunehmenden Abschreibungen,
d) die Betriebsunkosten (Reparaturen, Steuern, Abgaben, Versicherungsprämien, Kosten für Beleuchtung und Reinigung usw.),
e) die Geschäftsunkosten (Gehälter der Vorstandsmitglieder, Bureauutensilien, Bureaumieten, Porto, Drucksachen usw.),
f) eine Rücklage zur Bildung angemessener Reserven sowie zur Deckung von Mietausfällen.

2. Die Begriffe „Abschreibung" und „Tilgung" haben an sich nichts miteinander zu thun. Sie stehen aber insofern zueinander in Beziehung, als die Baugenossenschaften die in Form der Abschreibung in die Mietenberechnung eingestellten und infolgedessen durch die Mieten aufkommenden Beträge zur Schuldentilgung zur Verfügung haben. Da die Baugenossenschaften eine andere regelmäßige Einnahmequelle zur Deckung der vertragsmäßigen Tilgungsbeträge nicht haben, ist dahin zu streben, daß die Tilgung seitens der Gläubiger nicht höher festgesetzt wird, als die von der Baugenossenschaft vorzunehmende Abschreibung.

3. Die alljährliche Abschreibung muß mindestens so hoch bemessen werden, daß durch sie die Entwertung der Genossenschaftsbaulichkeiten gedeckt wird.

Um den Baugenossenschaften eine stetige Finanzentwicklung zu sichern, muß die Abschreibung von den Vereinshäusern auf einen bestimmten Prozentsatz der Herstellungskosten der Gebäude bemessen werden. Die durch die Tilgung der Hypotheken ersparten Zinsen können mit zur Abschreibung verwendet werden, so daß die anfangs verhältnismäßig geringen Abschreibungsbeträge durch die zuwachsenden Zinsen allmählich erhöht werden.

4. Bei Veranschlagung der Betriebsunkosten ist damit zu rechnen, daß die Reparaturkosten mit dem Alter der Vereinshäuser zunehmen. Neu gegründete Baugenossenschaften müssen mindestens 1 Proz. des gesamten Anlagewertes ihrer Miethäuser-Grundstücke als Betriebsunkosten in die Mietenberechnung einstellen.

5. Bei Berechnung der Geschäftsunkosten ist namentlich mit der Notwendigkeit einer angemessenen Besoldung der Vorstandsmitglieder zu rechnen.

6. Bei Rückstellungen für den Reservefonds ist auf die Bildung eines Hilfsreservefonds, der zur Deckung der Kosten unvorhergesehener großer Reparaturarbeiten und ungewöhnlicher Verluste (Mietausfälle usw.) zu dienen hat, Bedacht zu nehmen.

7. Eine überschlägige Wohnungsmietenberechnung ist bereits vor Inangriffnahme eines jeden Miethaus-Neubaues an Hand des Kostenanschlages und des Baugrundpreises seitens der beiden Genossenschaftsorgane aufzustellen, wobei als Erfahrungssatz gelten darf, daß die Baugenossenschaften insgesamt mindestens eineinhalb Prozent des Anlagekapitals jährlich für die oben unter den Ziffern 4 bis 6 aufgeführten Unkosten und Rückstellungen

aufzubringen haben. Das Bauvorhaben ist unter normalen Verhältnissen als finanziell gesichert zu betrachten, wenn bei dieser Berechnung ortsübliche bezw. als angemessen zu erachtende Jahresmieten sich ergeben."

Diese Zusammenstellung von Verhandlungen und Beschlüssen unserer Genossenschaftstage in Baugenossenschaftsangelegenheiten beweist, daß der Verband sich mit den Baugenossenschaften stets aufs eingehendste befaßt hat. Die einzelnen Beschlüsse geben aber auch Zeugnis dafür, daß die Beratungen für die Baugenossenschaften von großem Vorteile gewesen sind; denn wohl alle jene Beschlüsse haben sich später in der Praxis als durchaus sachgemäß bewiesen und alle jene Empfehlungen, die sie enthalten, haben jeder einzelnen Genossenschaft sowohl wie der ganzen Organisation erhebliche Vorteile gebracht. Zweifellos kam es hierbei der Sache sehr zustatten, daß auf den Genossenschaftstagen Leute der verschiedensten genossenschaftlichen Richtung an den Beratungen teilnahmen und ihre Erfahrungen mitteilten. Gerade dies dürfte wesentlich dazu beigetragen haben, daß sich das in unserem Verband organisierte Baugenossenschaftswesen von bedenklichen Einseitigkeiten ferngehalten hat. Diese Verbindung mit den anderen Genossenschaften gaben aber auch den baugenossenschaftlichen Bestrebungen einen festen Rückhalt in der Allgemeinheit und trugen die Erkenntnis und Begeisterung für ihre Bestrebungen umgekehrt wieder in Kreise hinein, deren Mithilfe den Baugenossenschaften außerordentlich dienlich ist. Den Baugenossenschaften kann darum nur dringend empfohlen werden, diese Verbindung mit den übrigen Genossenschaften recht eifrig zu pflegen und in möglichst großer Zahl an den Verhandlungen des Genossenschaftstages teilzunehmen. Es wird dies den Baugenossenschaften, es wird dies ebenso aber auch allen anderen Genossenschaften von großem Vorteile sein.

## V.

# Die Beschlüsse der Allgemeinen Genossenschaftstage und die Handwerkergenossenschaften.

Das deutsche Genossenschaftswesen ist aus dem Handwerk hervorgegangen. Schulze-Delitzsch erhielt die wichtigsten Anregungen, als er als Vorsitzender der Kommission für Handel und Gewerbe der Nationalversammlung im Jahre 1848 das umfangreiche Material an Petitionen aus den Kreisen der Handwerker und Gewerbetreibenden zu bearbeiten hatte. In meiner „Einführung in das deutsche Genossenschaftswesen" (S. 42 ff.) berichtete ich hierüber im Anschluß an den Aufsatz „Vor 50 Jahren, Ein Beitrag zur Entstehungsgeschichte unserer Genossenschaften" von Dr. F. Schneider in den Blättern für Genossenschaftswesen 1898 Nr. 46/47 (S. 461 ff., 469 ff.):

Der Handwerkerkongreß in Frankfurt a. M. hatte bei der preußischen Nationalversammlung petitioniert, und die Handwerksdeputierten bei der Kommission hatten sich dem angeschlossen, daß die Nationalversammlung an Stelle der Preußischen Gewerbeordnung vom 17. Januar 1845 ein „Interimistikum" beschließen möge, welches den obligatorischen Befähigungsnachweis als Vorbedingung für die selbständige Ausübung eines Handwerks und ferner den Innungszwang vorschreiben solle. An der Hand der Beschlüsse des Frankfurter Handwerkerkongresses und unter Berücksichtigung der Petitionen wurden die Grundzüge für eine neue Handwerksordnung beraten, und schließlich wurde festgestellt, welche Punkte in dem Interimistikum Aufnahme finden sollten. In dem Protokoll wird erwähnt, daß bei dem Ministerium Anträge eingegangen waren, die auf „die Errichtung von Vorschußkassen für Handwerker" abzielten. Hierzu heißt es: „Zu den Maßregeln, durch welche den Handwerkern der Betrieb ihrer Geschäfte erleichtert werden soll, gehört die Errichtung von Vorschußkassen, aus welchen jeder Handwerker, der wegen augenblicklichen Mangels an Geldmitteln oder Kredit außerstande ist, die ihm zuteil gewordenen Bestellungen auszuführen, nach Maßgabe seines Bedürfnisses ein Darlehen unter billigen Bedingungen und gegen Verpfändung zulässiger Gegenstände einen Vorschuß erhalten kann.

Eine Kommission von Handwerkern würde diese Kasse zu verwalten haben ... Die Tuchmacher in Wittstock machen darauf aufmerksam, daß besonders zur Zeit der Wollschur solche Vorschüsse zum Einkauf der Wolle von Nutzen wären. Alle Antragsteller, zu welchen auch sämtliche Handwerker in Bonn, Herford, Breslau usw. gehören, verlangen, daß der Staat die Vorschußkassen mit dem notwendigen Betriebskapital versehe. Die Tuchmacher in Sommerfeld wünschen die Leitung der Kassen durch die Seehandlung. Auch die hiesige polytechnische Gesellschaft hat auf die Notwendigkeit solcher Vorschußkassen, daneben auch auf die Notwendigkeit, die Wechselfähigkeit aller Handwerker auszusprechen, hingewiesen. Das Bedürfnis einer Diskontokasse zur Verwertung kleiner Wechsel in Zeiten, wo dieselben nicht aufzutreiben sind, wird von den Tuchmachern in Sommerfeld hervorgehoben. Imgleichen ist von verschiedenen Seiten die Errichtung von gemeinschaftlichen Verkaufsstätten (Vereinshallen, Industriehallen) beantragt. Die Gewerbetreibenden in Bonn und in Herford verlangen die Beschaffung des Lokals durch den Staat. — Andere Gewerke wollen aus eigenen Mitteln solche Magazine errichten ... Sie verlangen aber zum Teil eine gesetzliche Bestimmung dahin, daß, wenn die Vereinshalle errichtet sei, niemand neben derselben am Orte ein Warenlager gleicher Beschaffenheit halten dürfe. Selbst die Teilnehmer sollen außer den Vorräten, für die Vereinshalle nur auf Bestellung, nicht auf Verkauf, arbeiten. Der Frankfurter Handwerkerkongreß hatte in seinem Entwurf einer allgemeinen deutschen Gewerbeordnung die Errichtung von Gewerbehallen und von Personalkreditbanken auch berücksichtigt. § 49 daselbst lautet: „An Orten, wo Innungsmagazine (Gewerbehallen) bestehen, dürfen einzelne Meister in ihren eigenen Magazinen nur die in ihren Werkstätten verfertigten Fabrikate verkaufen." Der Frankfurter Gesellenkongreß, der die Tätigkeit der Banken als indirekten Diebstahl bezeichnete, erklärte sich gegen den § 49 der Gewerbeordnung des Frankfurter Handwerkerkongresses, weil er Gewerbehallen auf öffentliche Kosten in jeder Gemeinde errichtet haben wollte, die den Warenumsatz so wohlfeil und bequem gestalten sollten, daß alle Verbote sowohl für Kaufleute als Innungsmeister überflüssig werden würden. In dem betreffenden Entwurf heißt es: „Die Innungen einer Stadt und der daran angrenzenden Kreise vereinigen sich zu der Anlage einer Gewerbehalle und eines Rohstoffmagazins, dem unbemittelten Gewerbetreibenden Arbeit und Absatz, ebenso Rohstoffe zu so billigen Preisen zu liefern, wie sie im Engroseinkauf zu haben sind." In der Denkschrift des Gesellenkongresses sind die Vorschläge spezialisiert, es heißt daselbst u. a.: „Die Verwaltung wird durch einen angestellten Inspektor besorgt. Neben diesem Inspektor stehen sechs unbezahlte Meister, die täglich wechseln und zwar aus den sämtlichen Interessenten der Gewerbehalle. Dann sind einige

Arbeitsleute zur Fortschaffung und Verpackung der verkauften Arbeiten usw. anzustellen. Die Einlieferung der Waren besorgt jeder selbst . . . Durch den Zusammentritt der verschiedenen Gewerbehallen wird der gegenseitige Austausch von Rohstoffen, vermittelst der Kreditscheine, einen stets zirkulierenden Umlauf des Geldes und einen belebenden Verkehr bewirken, der gegen jede Stockung sichert und uns wahrhafte Volksbanken, auf das Prinzip der Arbeit gebaut, verwirklicht." Einige Petitionen verlangen die Errichtung von Handwerkerbanken und Darlehnskassen durch den Staat behufs kleiner Vorschüsse an Handwerker gegen landesübliche Zinsen, eventuell auch gegen Sicherstellung durch Fabrikate oder Vorräte. Wieder andere Petitionen verlangen staatliche Industriehallen zur Ausstellung von Handwerkerprodukten. Dabei bejahte die Kommission die Frage, ob die Einrichtung von Industriehallen zweckmäßig oder notwendig ist; doch erklärte die Kommission die Innungen für verpflichtet, die Industriehallen zu errichten. In einer Denkschrift der Handwerkerdeputierten der Kommission heißt es: „Dem Fabrikwesen gegenüber wird der Handwerker sich nur erhalten können, wenn er sich vereinigt, den Ankauf seiner Rohmaterialien im großen und ganzen herzustellen, wenn er alle Fortschritte der Industrie durch gemeinsame Beteiligung sich aneignen kann; wenn er durch Anlegung von Gewerbehallen, Magazinen usw. seinen Verkauf gemeinsam betreiben, wenn er durch Vereinigung im großen sogar die Wege des Exports finden, bahnen und beschreiten kann. Man glaube ja nicht, daß dies Chimäre sei, sondern wir können es aus Erfahrung bezeugen, daß der Handwerkerstand diese Gedanken vollständig in sich aufgenommen hat und sie eifrig verfolgt. Diese Vereinigung kann aber nur durch die Innung ins Leben gerufen, gefördert, getragen, ja durch sie allein ebenso bewirkt wie erhalten werden. Ja, wenn die Mittel der Handwerker hierzu schwerlich ausreichen, wenn daher hierzu, sei es vom Staat, von der Kommune oder von Privaten Kredite geschaffen werden müssen, wem kann dieser Kredit, soll er den Zwecken angemessen, groß und nachhaltig sein, anders eröffnet werden als den Innungen? Weder einzelne Handwerker noch anonyme Gesellschaften werden ihn erlangen, sondern allein die Innung, weil diese in ihrer Totalität und in ihrer Dauerhaftigkeit alle mögliche Sicherheit bietet. Die Innung allein kann der Träger der notwendigen Vereinigung der Handwerker und zugleich der Träger ihres Kredits sein." Die Kommission beschloß, „daß nur den in der Innung befindlichen Handwerkern ein Kredit durch den Staat in der bereits beschlossenen Weise unter solidarischer Verpflichtung der Innungen eröffnet werden könne."

Das Ergebnis war also, daß der Staat den Innungen als Kreditinstitut Kapital für ihre Mitglieder verschaffen sollte, und die Kommune sollte in Anspruch genommen werden, um die Errichtung von Gewerbehallen zu ermöglichen, wenn die Innungen dazu nicht imstande wären.

„Das unsterbliche Verdienst Schulzes — führt Schneider aus — das uns nur um so deutlicher zum Bewußtsein kommt, wenn wir jene Verhandlungen vor 50 Jahren lesen, war es, daß er für die Vereinigung der Handwerker die rechte Form fand, die das Kapital den Handwerkern dienstbar machte, daß er sich von der alten Innung emanzipierte und in der „Innung der Zukunft", die er die „Genossenschaft" nannte, den Handwerkern und minderbegüterten Volkskreisen den richtigen Weg wies, um auf ihre eigene Kraft gestützt sich die Vorteile der Großindustrie anzueignen und ihre wirtschaftliche Lage zu verbessern, anstatt auf die Hilfe des Staates oder der Gemeinde warten zu müssen."

In einzelnen Fällen hat der Staat damals eingegriffen, er gab z. B. den Innungen in Königsberg ein Darlehen von 1000 Talern zur Errichtung einer Vorschußkasse

Von einer Mitwirkung der Kommunen zur Errichtung von Verkaufsmagazinen ist nichts bekannt geworden. Dem Ruf der Handwerker nach Gründung von Handwerkerbanken, die ihnen das nötige Kapital zur Verfügung stellen sollten, wurde allerdings von einer ganzen Reihe von Städten entsprochen, wo wohlhabende Leute unter der Bezeichnung Darlehnskassenverein, an denen sich zuweilen auch die Kommunen beteiligten, Wohltätigkeitsinstitute ins Leben riefen. Die Leitung lag in den Händen der Gründer, und die Vorschußempfänger standen in keiner weiteren Beziehung zu den Vereinen.

Im Jahre 1853 richtete Schulze-Delitzsch einen Aufruf an das eutsche Handwerk. Wir finden ihn in dem „Assoziationsbuch für deutsche Handwerker und Arbeiter" (S. 50):

„Wohl ist das allgemeine Gefühl, welches den ganzen Handwerkerstand gegenwärtig durchdringt: das Gefühl von der völligen Unhaltbarkeit seiner Stellung gegen die jetzt im Verkehr zur Geltung kommenden Mächte, das Kapital und die Fabrikindustrie, nur allzubegründet. Alle sind darüber einig, daß es anders werden müsse, daß man nicht so stehen bleiben könne. Allein statt vorwärts, jenen neuen Mitteln und Bahnen, deren sich das Gewerbe zu bemächtigen beginnt, zugewendet, will man zurück? — Das ist ebenso verkehrt als unmöglich. Oder könnte denn jemand im Ernste meinen, daß, wenn man wirklich die alten Formen und Ordnungen, bei denen sich die Vorfahren vor bis vor 40 bis 50 Jahren wohl befanden, wieder einführen wollte, dann auch zugleich die früheren Zustände der damaligen Welt wieder mit zurückkehren würden, auf welche jene allein paßten — O nein! Anstatt sich über die Eingriffe der Fabrik und des Handels, über die Übermacht des Kapitals zu beklagen, sollte man sich lieber selbst der Vorteile des fabrikmäßigen, des kaufmännischen Betriebes bemächtigen und sich das Kapital dienstbar machen. Wollt nur und ihr könnt es! — Einer Zeit, in der es vor allem gilt um gleiches Recht und gleichen Raum zu freier Tätigkeit für Alle, der darf man nicht mit dem Geschrei um Schutz und Privilegien entgegentreten, ohne die eigene Unreife zuzugestehen. Aber das ist eben die üble Gewöhnung der langen polizeilichen Bevormundung, welche dem Deutschen anklebt: überall, wo sich ein umsichtiger Mensch selbst zu helfen wissen soll, gleich nach der Polizei zu rufen und den Schutz der Obrigkeit zu verlangen, als sei der eigene Schutzgeist gewichen! Am meisten bedürfte so mancher deutsche Handwerker des Schutzes gegen sich selbst. Den alten Schlendrian abzutun, jenen bequemen Meisterdünkel, der am Ende aller Weißheit angekommen zu sein wähnt, das tut vor allem not! Täglich zuzulernen und sich frisch zu rühren gilt es, um jeden neuen Fortschritt der Gewerksindustrie, jeden Vorteil in Handel und Wandel abzupassen, wenn man jetzt fortkommen will. Ebenso ist es mit den Innungen. Auch dieser Forderung liegt ein richtiges Gefühl zu Grunde, indem ohne Einigung an eine Verbesserung der Zustände nicht zu denken ist. Allein das alte Zunftwesen mit seiner bloß formalen, beschränkenden Tendenz, ist ohne allen Inhalt und tot, und es ist durchaus vergeblich, durch die Gewerbegesetzgebung von außen wieder ein Leben hineinbringen zu wollen, welches nicht aus der inneren Kraft des Organismus selbst hervorquillt. Nicht der Zwang, das eigene Interesse muß den Anschluß hervorbringen und den Verbänden Halt geben, wenn dieselben dauernd auf die Hebung des Arbeiterstandes einwirken sollen. Die Associationen mit der ganzen Macht und Fülle ihres Prinzips sind die Innungen der Zukunft!"

Im Jahre 1896 richtete der preußische Finanzminister v. Miquel einen offenen Brief an die Handwerker in Osnabrück, in dem er sich fast wortgetreu zu den gleichen Grundsätzen bekannte.

Vielversprechend setzte das Handwerkergenossenschaftswesen ein und etwa bis Mitte der 70 er Jahre waren wirkliche Erfolge zu verzeichnen. Dann trat ein Rückschlag ein. Es ist wohl kaum ein Zufall, daß zur gleichen Zeit in den Handwerkerkreisen eine starke Bewegung für Wiederherstellung der Innungen und Einführung des Befähigungsnachweises entstand. Es kam sogar eine Zeit, in der Handwerkertage es ablehnten, die Bedeutung der genossenschaftlichen Organisation für das Handwerk anzuerkennen. Freilich, auch heute noch sind solche Stimmen zu hören.

So sprach sich z. B. gegen die Gründung von Genossenschaften wie der Jahresbericht der Handwerkskammer für Elsaß-Lothringen 1907/08 berichtet — die Handwerkerinnung zu Dornach aus mit dem Hinweis darauf, daß die Innungsmitglieder von der Genossenschaftsbildung zu

Einkaufszwecken nicht beseelt wären. „Der Kaufmannsstand könnte sich an dem nicht so kapitalsicheren Handwerker bitter rächen ...“ —

Doch dies sind erfreulicherweise nur vereinzelte Stimmen. Im allgemeinen wird Interesse und Verständnis für die große wirtschaftliche Bedeutung der Handwerkergenossenschaften immer lebhafter.

Wir wollen diese allgemeinen Betrachtungen schließen mit einem weiteren Zitat aus der „Einführung in das deutsche Genossenschaftswesen“ (S. 192):

> Mehr als bei jeder anderen Genossenschaft ist die Lösung der Schwierigkeiten bei der Handwerkergenossenschaft auf die Personenfrage zurückzuführen. Nach einer Richtung hin haben die Förderungsbestrebungen des letzten Jahrzehnts ganz zweifellos sehr nachteilig gewirkt, wobei wir ganz absehen von Verwirrung, die dadurch hervorgerufen wurde, daß die neue Ära eingeleitet wurde mit schweren Angriffen auf die Schulze-Delitzsch'schen Genossenschaften — man hat dem Handwerkergenossenschaftswesen Ziele gesteckt, die nicht erreicht werden können; man hat die Vorteile des Handwerkergenossenschaftswesens in einer Weise geschildert, daß in den weiteren Kreisen des Handwerks angenommen werden mußte, die wirtschaftlichen Vorteile ergeben sich ganz von selbst, wenn nur die Genossenschaft besteht, und die wirtschaftlichen Vorteile müssen zur Besserung der wirtschaftlichen Lage des Handwerks führen. Es ist vollkommen übersehen, daß die Handwerkergenossenschaft nur eine Hilfsorganisation ist, bestimmt, nach verschiedenen Richtungen hin dem Handwerker wirtschaftliche Vorteile zuzuführen. Die Handwerkergenossenschaft hat nicht die Aufgabe, an und für sich den Gesellen die Selbständigmachung zu erleichtern, sondern sie soll dem selbständigen Meister die Möglichkeit bieten, seinem Betriebe die Vorteile des Großbetriebes zuzuführen, sei es bei dem gemeinschaftlichen Einkauf der Rohmaterialien, sei es bei der Nutzbarmachung von Maschinen, sei es bei der Anpassung des Warenabsatzes an die Bedürfnisse des heutigen Lebens. Selbständig soll nur der Gewerbetreibende werden, der die nötige technische Ausbildung genossen, der über die nötigen kaufmännischen Kenntnisse verfügt, und der auch vor allen Dingen bereits ein genügendes eigenes Vermögen besitzt — nur wenn diese drei Voraussetzungen gegeben sind, soll er sich auf eigene Füße stellen. Wenn dann in der richtigen Weise die genossenschaftliche Organisation bei derartigen lebensfähigen Handwerkern Verwendung findet, werden die großen wirtschaftlichen und sozialen Vorteile, die aus der genossenschaftlichen Organisation fließen, nicht ausbleiben.

Bereits der AVT. zu Halle (1861) beschäftigte sich mit den Handwerkergenossenschaften und zwar mit einer ganz besonders wichtigen Frage, nämlich mit der K r e d i t g e w ä h r seitens der Rohstoffgenossenschaften. Er sprach aus:

„In Erwägung, daß das Kreditgeben bei den Rohstoffgenossenschaften nicht ganz zu umgehen ist, erklärt es der Vereinstag für geboten:

die Gewährung des Kredits prinzipiell zu gestatten und dem Gesamtvorstande der Genossenschaft die Bestimmung eines verhältnismäßigen Betrages für das einzelne Mitglied zuzuweisen;

daß in allen Fällen für den gewährten Kredit ein Zins oder Preisaufschlag in die Vereinskasse gewährt werden muß."

Schon im nächsten Jahre zu, Potsdam (1862), kamen die Genossenschaften auf die Frage zurück und der Vereinstag erklärte es für unbedingt geboten, „die strengsten Vorsichtsmaßregeln anzuwenden und den Kredit mit einem gewissen Prozentsatz zu belasten". Und gleich wieder im nächsten Jahr, zu Görlitz (1863) empfahl mit Bezug auf die Kreditgewährung der AVT.:

„In Bezug auf das Kreditgeben der Rohstoff-Assotiationen an ihre Mitglieder, einen bestimmten Zahltag in jedem Monate festzusetzen, nach dessen Verlauf Alle, welche den Preis der von ihnen aus dem Assotiationslager entnommenen Waren nicht gezahlt haben, ihre Warenschuld entweder landesüblich an die Associationskasse verzinsen oder einen bestimmten Prozentaufschlag über den Preis unnachsichtlich entrichten müssen."

Und als der AGT. zu Breslau (1904) allgemeine Grundsätze für die Handwerkergenossenschaften aufstellte, fehlte dabei nicht der folgende:

„Das Prinzip der Barzahlung ist als eine der wesentlichsten Grundlagen der Handwerkergenossenschaften zu betrachten und durchzuführen."

Die Erfahrungen haben gezeigt, daß die Rohstoffgenossenschaft nur dann wirklich einer sicheren Zukunft entgegensieht, wenn das Prinzip der Barzahlung durchgeführt wird.

Für Schulze-Delitzsch war der Gipfel des Genossenschaftswesens die Produktivgenossenschaft. Er selbst hat schon früh aber die außerordentlichen Schwierigkeiten richtig erkannt, die der Entwicklung der Produktivgenossenschaften entgegenstehen. Heute wird man sich wohl der Ansicht jener anschließen, die behaupten, daß es garnicht das Streben der Arbeiter mehr ist, sich zu kleinen Unternehmern emporzuarbeiten. Der Arbeiter will seine Stellung als solcher verbessern und sichern. Gleichwohl wäre es unrichtig, anzunehmen, daß heute gar kein Boden mehr für die Produktivgenossenschaften ist. Die AGT. haben allgemeine Grundsätze für die Produktivgenossenschaften nicht aufgestellt, weil dies unmöglich ist. Von Fall zu Fall sind die richtigen Grundsätze zu erkunden und festzustellen. Die Produktivgenossenschaft ist ein industrielles Unternehmen, für das sich nur von Fall zu Fall die richtige Basis schaffen läßt. So finden wir unter den Beschlüssen der AGT. denn auch nur einen, den zu München (1875), der sich mit den Produktivgenossenschaften beschäftigt. Er lautet:

„Es ist den Produktivgenossenschaften zu empfehlen, sich bei der Aufnahme von Mitgliedern nicht auf die betr. Gewerksgenossen zu beschränken, sondern auch Mitglieder aus anderen Kreisen, besonders auch aus dem Kaufmannsstande mit heranzuziehen. Ebenso ist die Einführung einer Buchführung notwendig, welche eine stetige genaue Kontrolle und eine klare Übersicht über die Geschäftslage ermöglicht und zur Befriedigung der Ansprüche der Anwaltschaft in Bezug auf die Statistik ausreicht."

Auf der Grenze zwischen Produktiv- und Werkgenossenschaften bewegt sich der Beschluß des AVT. zu Mainz (1864), :

„Erfahrungen über diejenigen Industriezweige zu sammeln, in welchen ein gemeinschaftlicher Geschäftsbetrieb mit Erfolg unternommen werden kann, insbesondere aber in ihren Kreisen die Gründung von Genossenschaften zur Errichtung und Benutzung von gemeinsamen Werkstätten mit Triebkräften und Maschinen zu empfehlen."

Das Material, das damals eingekommen, steht leider heute nicht mehr zur Verfügung.

Ende der 80 er Jahre war das Handwerkergenossenschaftswesen fast bis zu einem gewissen Tiefstand herabgesunken. Da suchte der AGT. zu München (1892) die Handwerker von neuem für diese hochbedeutsame wirtschaftliche Organisation zu interessieren. Er beschloß:

„Den Genossenschaften des Allgemeinen Verbandes und deren Mitgliedern wird empfohlen:

1. Die Errichtung von industriellen Rohstoff-, Magazin-, Werk- und Produktivgenossenschaften überall, wo ein Bedürfnis und die geeigneten Kräfte dazu vorhanden sind, nach Kräften zu fördern und zu unterstützen,

2. an die Errichtung von Produktivgenossenschaften überall nur heranzutreten, wenn das ausreichende Kapital beschafft werden kann, und wenn unter den Genossen das Maß von Einsicht und Geschäftskenntnis, Tatkraft, Fleiß und Ausdauer vertreten ist, welches zur Überwindung der Schwierigkeiten des Gesamtbetriebes erforderlich ist."

Und weiter beschloß der AGT.:

„Die dem Allgemeinen Verbande angehörenden Rohstoff-, Magazin-, Werk- und Produktivgenossenschaften werden wiederholt aufgefordert, zu Unterverbänden zum Zwecke der gemeinsamen Wahrnehmung ihrer besonderen Angelegenheiten zusammenzutreten*) und sich an den Verhandlungen der Allgemeinen Genossenschaftstage mehr als bisher zu beteiligen."

*) Bereits das Jahr vorher, im Jahre 1891, hatten sich einige Magazin-, Rohstoff-, Produktiv- und Baugenossenschaften zu einem Verbande der Magazin-, Rohstoff-, Produktiv- und Baugenossenschaften in Norddeutschland zusammengeschlossen, der sich jedoch im Jahre 1898 wegen zu geringer Mitgliederzahl auflösen mußte. Seine Baugenossenschaften schlossen sich dem 1897 gegründeten Baugenossenschaftsverband an, die übrigen Genossenschaften blieben im Allgemeinen Verband.

Der AGT. zu Augsburg (1895) kam auf die Angelegenheit zurück, indem er auch gleichzeitig die Wege wies, auf denen die Errichtung von industriellen Rohstoff-, Magazin- und Werkgenossenschaften dort, wo ein Bedürfnis und die geeigneten Kräfte vorhanden, gefördert und unterstützt werden könnte. Er empfahl zu diesem Zweck:

„1. Aufklärung der Handwerker über Aufgaben und Zweck der Handwerkergenossenschaften bei Gelegenheit der Generalversammlungen, bei dem unmittelbaren Verkehr der Organe der Genossenschaft mit den Mitgliedern, durch die Lokalpresse und besondere Versammlungen;

2. Befreiung der in den Händen ihrer Lieferanten befindlichen Handwerker zur Wiedergewinnung ihrer wirtschaftlichen Dispositionsfähigkeit beim Einkauf der Rohmaterialien nach Lage des gegebenen Falles ohne Verletzung der wirtschaftlichen Grundsätze der Genossenschaft:

3. Unterstützung der Handwerker bei der Gründung der Handwerkergenossenschaften, unter Heranziehung des Anwaltes des Allgemeinen Verbandes und der Direktoren der Unterverbände;

4. Die Pflege geschäftlicher Beziehungen mit den Handwerkergenossenschaften, soweit deren Kreditwürdigkeit dies gestattet."

In der gleichen Richtung bewegt sich der Beschluß des AGT. zu Hannover (1900):

„Da die Organisation des Handwerks sich im wesentlichen vollzogen hat und die Handwerkskammern sowie deren Unterorgane (Innungen, Gewerbevereine), denen die Befugnisse verliehen wurden, gemeinschaftliche Geschäftsbetriebe einzurichten oder doch derartige Einrichtungen zu unterstützen, in Tätigkeit getreten sind, so hält es der Allgemeine Genossenschaftstag für seine Pflicht, wiederholt auf die hohe Bedeutung des Genossenschaftswesens für die Erhaltung, Förderung und Kräftigung des Handwerks hinzuweisen, und empfiehlt den Vorstandsmitgliedern der Unterverbände und der einzelnen Genossenschaften unseres Verbandes, die Vorstände der Handwerkskammern und der verschiedenen gewerblichen Verbände (Innungen und Gewerbevereine) auf die Aufgaben, den Zweck und die Ziele der Handwerkergenossenschaften hinzuweisen, ihnen bei Bildung von Genossenschaften mit Rat und Tat beizustehen und sie in jeder Weise, auch in geschäftlicher Beziehung tatkräftig zu unterstützen."

Ferner beschloß der AGT. zu Kreuznach (1902):

„In Erwägung, daß für die Besserung der Wirtschafts- und Erwerbsverhältnisse der Gewerbetreibenden aller Art, insbesondere der Handwerker, die genossenschaftlichen Organisation der Beteiligten von der größten Bedeutung ist;

in fernerer Erwägung, daß der Mangel an der nötigen Kenntnis von der Bedeutung und dem Wesen der genossenschaftlichen Organisation, sowie das Fehlen der für die Leitung der Genossenschaften notwendigen kaufmännischen Fähigkeiten in den Kreisen der Handwerker sich als ein Hindernis für die weitere Ausbreitung der Genossenschaften und deren sachgemäße Leitung vielfach gezeigt hat, erklärt der Allgemeine Genossenschaftstag es für ein dringendes Bedürfnis, daß das Genossenschaftswesen und die zu seiner Anwendung in der Praxis erforderlichen Lehrgegenstände in die Lehrpläne aller auf die Fortbildung von Gewerbetreibenden aller Art gerichteten Schulen, Anstalten, Fortbildungs- und Handelsschulen usw. aufgenommen werden."

Die Fundamentalgrundsätze sind dann schließlich durch die AGT. zu Breslau (1904), zu Frankfurt (1908) und zu Freiburg (1909) festgelegt.

Der Beschluß des Breslauer AGT. bezieht sich auf Rohstoff-, Werk- und Magazingenossenschaften, insbesondere auf Rohstoffgenossenschaften. Er lautet:

„Der Allgemeine Genossenschaftstag beschließt, den Genossenschaften des Allgemeinen Verbandes wird empfohlen, bei Gründung und Leitung von Rohstoff-, Werk- und Magazingenossenschaften mit Rat und Tat behilflich zu sein, wobei folgende Grundsätze zu beachten sind:

a) Bei der Gründung ist die Bedürfnisfrage und die Lebensfähigkeit zu prüfen, die Mitwirkung einiger erfahrener, zur Geschäftsleitung geeigneter Personen sicher zu stellen und nur, wenn diese Fragen aller Voraussicht nach bejaht werden können, ist zur Gründung zu schreiten.

b) Es ist nach erfolgter Gründung darauf hinzuwirken, daß namentlich bei Rohstoff-, bei Ein- und Verkaufsgenossenschaften anfänglich der Geschäftsbetrieb innerhalb der durch die tatsächlichen Verhältnisse bedingten Grenzen gehalten wird und erst allmählich Hand in Hand mit dem Wachsen des eigenen Betriebskapitals einen immer größeren Umfang annimmt.

c) Das Prinzip der Barzahlung ist als eine der wesentlichsten Grundlagen der Handwerkergenossenschaften zu betrachten und durchzuführen.

d) Die einzelnen Genossenschaftsarten sind namentlich bei der Gründung streng auseinanderzuhalten.

e) Stets ist zu beachten, daß diese Genossenschaften niemals ihren Geschäftsbetrieb auf die Aufgaben einer Kreditgenossenschaft erstrecken dürfen."

Der Beschluß der Frankfurter AGT. bezieht sich insbesondere auf Verkaufsgenossenschaften. Er lautet:

„Die auf dem Allgemeinen Genossenschaftstage in Breslau im Jahre 1904 zum Beschluß erhobenen Grundsätze für die gewerblichen Genossenschaften erhalten für die Verkaufsgenossenschaften folgende Ergänzungen:

1. Liegt die Notwendigkeit vor, ein geeignet ausgestattetes Verkaufslokal zu unterhalten, so ist auch die Bildung eines möglichst hohen eigenen Kapitals unbedingt notwendig.

2. Erzeugnisse, deren Absatz vom Geschmack des kaufenden Publikums abhängig ist (Möbelbranche), sollen in der Regel nicht käuflich (zu Eigentum) durch die Genossenschaft erworben werden. Der Verkauf der Genossenschaft für die Mitglieder soll vielmehr in Kommission geschehen. Wenn die Verhältnisse es erfordern und die Mittel der Genossenschaft es gestatten, ist eine mäßige Beleihung der eingelieferten Waren zuzulassen.

3. Es ist darauf zu achten, daß nur durchaus gute und gangbare Waren in das Magazin eingeliefert werden. Durch Geschäfts- und Branchekenntnis sowie strengste Unparteilichkeit müssen ganz besonders die Mitglieder der Verwaltung sich auszeichnen, die über die Aufnahme von Waren in das Magazin und Verteilung der Bestellungen unter die Mitglieder zu entscheiden haben.

4. Nach Möglichkeit ist gegen Barzahlung zu verkaufen. Erfolgt der Verkauf auf Kredit, so ist festzustellen, ob die Genossenschaft oder das Mitglied dessen Ware verkauft ist, das Risiko zu tragen hat.

5. In der Geschäftsordnung ist besonders festzustellen:

a) welche Grundsätze bei der Aufnahme der Waren in das Magazin zu beobachten sind; welche Personen über die Aufnahme zu entscheiden haben;

b) welche Bedingungen hinsichtlich der Bezahlung oder der Beleihung der Waren gelten sollen;

c) nach welchen Grundsätzen die Verteilung von Aufträgen, die bei der Genossenschaft eingehen, unter die Mitglieder erfolgt."

Der Freiburger AGT. hatte die W e r k g e n o s s e n s c h a f t e n im Auge. Er beschloß:

„In Ergänzung der von den Allgemeinen Genossenschaftstagen zu Breslau (1904) und zu Frankfurt a. M. (1908) für Einkaufs- und Verkaufsgenossenschaften aufgestellten Grundsätze empfiehlt der Allgemeine Genossenschaftstag zu Freiburg, bei Errichtung und Organisation von Werkgenossenschaften folgende Gesichtspunkte als maßgebend zu betrachten:

Grundsätze für Errichtung und Organisation von Werkgenossenschaften.

1. Der Gründung einer Werkgenossenschaft muß eine Wahrscheinlichkeitsberechnung über die Rentabilität vorausgehen, wobei insbesondere auf Deckung der Betriebskosten und Zinsen sowie auf die notwendigen Abschreibungen Rücksicht genommen werden muß.

2. Bei Einrichtung und Verwaltung der Werkgenossenschaft muß mindestens ein über reiche Erfahrungen verfügender technischer Sachverständiger mitwirken.

3. Erfordert der Betrieb der Werkgenossenschaft Immobilienbesitz, so ist hierauf bei der Kapitalbeschaffung ganz besonders Rücksicht zu nehmen.

4. Nebenzweige, wie der Ein- und Verkauf von Rohmaterialien, Werkzeugen, Halbfabrikaten usw. sollen erst in den Betrieb aufgenommen werden, wenn die Lebensfähigkeit der Werkgenossenschaft gesichert ist. Für den Betrieb von Nebenzweigen ist eine kaufmännische branchekundige Leitung und eine Buchführung notwendig, die die Erträgnisse der einzelnen Geschäftszweige erkennen läßt.

5. Es empfiehlt sich nicht, durch das Statut Nichtmitglieder von der Benutzung der Einrichtungen der Werkgenossenschaft auszuschließen. Es wird aber nach Möglichkeit dahin zu wirken sein, daß die, welche die Einrichtungen der Werkgenossenschaft gebrauchen wollen, auch der Genossenschaft als Mitglieder beitreten.

6. Die für die Benutzung der Werkgenossenschaft festgesetzten Gebühren sind, soweit sie nicht sofort berichtigt werden, monatlich zu zahlen.

7. Besondere Aufmerksamkeit ist der Regelung des Anstellungsverhältnisses des Werkführers zuzuwenden."

Diese Beschlüsse, insbesondere die der zuletzt erwähnten drei AGT., sollten die Grundlage abgeben bei allen Bemühungen und Bestrebungen, die Handwerker für das Genossenschaftswesen zu gewinnen und vor allem bei der Gründung von Handwerkergenossenschaften. Es ist dem Handwerk nicht damit gedient, daß überhaupt nur Genossenschaften gegründet werden, denn die Genossenschaften werden ihren Zweck nur erfüllen, wenn sie lebensfähig und leistungsfähig sind. Und auf die Erreichung dieses Zieles ist nur zu rechnen, wenn bei der Organisation nach den erwähnten Grundsätzen vorgegangen wird.

---

Druck von Otto Walter, Berlin S. 14.

Genossenschaftliche Zeit- und Streitfragen.
Begründet von
Ludolf Parisius und Dr. Hans Crüger,
fortgeführt von
Dr. Hans Crüger.
Heft 10.
Heft 10.

# Grundlehren und Erfahrungen der Handwerkergenossenschaften.

Zusammengestellt
auf Grund der Verhandlungen der Allgemeinen Genossenschaftstage.

Von
Dr. Hans Crüger,
Anwalt des Allgemeinen Verbandes der auf Selbsthilfe beruhenden deutschen Erwerbs- und Wirtschaftsgenossenschaften, e. V.

Berlin 1910.
J. Guttentag, Verlagsbuchhandlung,
G. m. b. H.

# Vorwort.

Die Allgemeinen Genossenschaftstage des Allgemeinen deutschen Genossenschaftsverbandes haben sich wiederholt mit der Organisation der Handwerkergenossenschaften beschäftigt und eine Reihe Grundsätze aufgestellt, die zu den Grundlehren der Handwerkergenossenschaften gerechnet werden können.

In der Entwicklung des Handwerkergenossenschaftswesens war in den 80 er Jahren ein Stillstand eingetreten. Und Stillstand bedeutet Rückschritt. Es ist hier nicht der Platz, die Ursachen festzustellen, auf die der Stillstand zurückzuführen ist. Dem Allgemeinen Genossenschaftstag zu München (1892) lagen Anträge von dem Anwalt und 5 Verbänden vor, die sich mit dem Handwerkergenossenschaftswesen beschäftigten und mittels deren Wege gesucht wurden, um die Handwerker für die Bildung von Handwerkergenossenschaften zu gewinnen — die Handwerkergenossenschaftsbewegung von neuem in Fluß zu bringen. Der Münchener Allgemeine Genossenschaftstag kam zu folgendem Beschluß:

I. „Den Genossenschaften des Allgemeinen Verbandes und deren Mitgliedern wird empfohlen:

1. die Errichtung von industriellen Rohstoff-, Magazin-, Werk- und Produktiv-Genossenschaften überall, wo ein Bedürfnis und die geeigneten Kräfte dazu vorhanden sind, nach Kräften zu fördern und zu unterstützen.
2. an die Errichtung von Produktiv-Genossenschaften überall nur heranzutreten, wenn das ausreichende Kapital beschafft werden kann, und wenn unter den Genossen das Maß von Einsicht und Geschäftskenntnis, Tatkraft, Fleiß und Ausdauer vertreten ist, welches zur Ueberwindung der Schwierigkeiten des Gesamtbetriebes erforderlich ist.

II. Die dem Allgemeinen Verbande angehörenden Rohstoff-, Magazin-, Werk- und Produktiv-Genossenschaften werden wiederholt aufgefordert, zu Unterverbänden zum Zwecke der gemeinsamen Wahrnehmung ihrer besonderen Angelegenheiten zusammenzutreten und sich an den Verhandlungen der Allgemeinen Genossenschaftstage mehr als bisher zu beteiligen."

Beide Teile des Antrages sind zur Ausführung gelangt, wenn auch nicht mit dem erwarteten und erwünschten Erfolg. An „Förderung“ und „Unterstützung“ bei Errichtung von Handwerkergenossenschaften hat es nicht gefehlt, doch die Handwerker selbst blieben teilnahmslos und auch ihre Vertretungen schenkten dem Genossenschaftswesen nur geringe Aufmerksamkeit. Die Hinweise auf die Erfolge alter bestehender Handwerkergenossenschaften waren vergeblich. Erst allmählich haben sich die Vertretungen der Handwerker von der großen wirtschaftlichen Bedeutung der genossenschaftlichen Organisation überzeugen lassen. In den 90 er Jahren stand die Handwerkergenossenschaft wieder im Vordergrund der Debatte, sie war eine der wichtigsten Handwerkerfragen geworden. Die Beobachtungen, die nun bei den Handwerkergenossenschaften gemacht werden konnten, ergaben, daß vielfach bedenkliche Experimente veranstaltet wurden. Es zeigte sich, daß die reichen Erfahrungen des Allgemeinen Deutschen Genossenschaftsverbandes auf dem Gebiete des Handwerkergenossenschaftswesens wenig Beachtung fanden, vielleicht auch unbekannt waren, weil das Material nicht allen den Kreisen, die sich nun mit dem Handwerkergenossenschaftswesen beschäftigten, zugänglich war. So schien es denn geboten, die wichtigsten Organisationsfragen wieder vor die Allgemeinen Genossenschaftstage zu bringen. Der Allgemeine Genossenschaftstag zu Breslau im Jahre 1904 stellte eine Reihe Thesen für Einkaufsgenossenschaften, der zu Frankfurt im Jahre 1908 für Verkaufsgenossenschaften und der zu Freiburg im Jahre 1909 für Werkgenossenschaften auf. Außerdem wurde auf dem Allgemeinen Genossenschaftstag zu Cassel im Jahre 1906 ein Vortrag über „Praktische Erfahrungen mit den Handwerkergenossenschaften“ und zu Freiburg im Jahre 1908 ein Vortrag über die „Handwerkergenossenschaften in Baden“ gehalten.

Auf dem Allgemeinen Genossenschaftstag zu Freiburg erklärte ich, daß ich dieses wichtige Material zusammenstellen und für eine Broschüre verarbeiten wollte, um es auf diese Weise der Allgemeinheit zugänglich zu machen. Das Handwerkergenossenschaftswesen steht heute auf der Tagesordnung der Verhandlungen der Innungen, Handwerkskammern, der Gewerbekammern und Gewerbevereine — aller der Organisationen, die sich mit Handwerkerfragen beschäftigen. Handwerkerkurse werden allenthalben veranstaltet. Auf Fortbildungsschulen und Fachschulen wird das Genossenschaftswesen in den Kreis der Lehrgegenstände einbezogen. Für Lehrer und Lernende ist es von gleicher

Bedeutung, mit dem Material sich vertraut zu machen, das in jahrzehntelangen Erfahrungen gesammelt ist. So glaube ich denn, daß dem Handwerk ein Dienst damit erwiesen wird, daß nun jene wichtigen Beschlüsse der Allgemeinen Genossenschaftstage und die mit ihnen im engsten Zusammenhang stehenden Vorträge und Debatten in Broschürenform herausgegeben werden. An den Vorträgen sind nur redaktionelle Änderungen vorgenommen. Aus den Debatten ist alles herausgestrichen, was nicht unmittelbar die Sache berührt. Die Debatten ganz fortzulassen, schien nicht zweckmäßig, denn sie enthalten eine Fülle von Anregungen aus der Praxis heraus.

Eine kleine statistische Zusammenstellung belehrt den Leser über den heutigen Stand des Handwerkergenossenschaftswesens.

Ganz besonderen Dank möchte ich bei dieser Gelegenheit aussprechen den Männern, die auf den Allgemeinen Genossenschaftstagen durch ihre Teilnahme an den Verhandlungen dazu beigetragen haben, daß die wichtigen Grundlehren aufgestellt werden konnten; hauptsächlich gilt der Dank Herrn Verbandsrevisor Schumacher in Stuttgart und dem Sekretär des Verbandes badischer Handwerkergenossenschaften, Herrn Lohr in Karlsruhe i. B.

Die Zusammenstellung hält sich nicht vollständig an die Zeitfolge. Die beiden Vorträge sind an den Schluß gestellt.

Mögen die Hoffnungen sich erfüllen, mit denen das Material zur Verfügung der Handwerker gestellt wird.

Schließen möchte ich dieses einleitende Wort mit der Wiedergabe des Aufrufes, den wir auf Seite 50/51 des Schulze-Delitzsch'schen „Associationsbuches für deutsche Handwerker und Arbeiter" (1853) finden:

„Wohl ist das allgemeine Gefühl, welches den ganzen Handwerkerstand gegenwärtig durchdringt: das Gefühl von der völligen Unhaltbarkeit seiner Stellung gegen die jetzt im Verkehr zur Geltung kommenden Mächte, das Kapital und die Fabrikindustrie, nur allzu begründet. Alle sind darüber einig, daß es anders werden müsse, daß man nicht so stehen bleiben könne. Allein anstatt vorwärts, jenen neuen Mitteln und Bahnen, deren sich das Gewerbe zu bemächtigen beginnt, zugewendet, will man zurück? — Das ist ebenso verkehrt als unmöglich. Oder könnte denn jemand im Ernste meinen, daß, wenn man wirklich die alten Formen und Ordnungen, bei denen sich die Vorfahren vor 40 bis 50 Jahren wohl befanden, wieder einführen wollte, dann auch zugleich die früheren Zustände der damaligen Welt wieder mit zurückkehren würden, auf welche jene allein paßten? — O nein! Anstatt sich über die Eingriffe der Fabrik und des Handels, über die Uebermacht des Kapitals zu beklagen, sollte man sich lieber selbst der Vorteile des fabrikmäßigen, des kaufmännischen Betriebes bemächtigen, und sich das Kapital dienstbar machen. Wollt nur und ihr könnt es! — Einer Zeit, in der es vor allem gilt um gleiches Recht und gleichen Raum zu freier Tätigkeit für Alle, der darf man nicht mit dem Geschrei um Schutz und Privilegien entgegentreten, ohne die eigene Unreife zuzugestehen Aber das ist eben die üble Gewöhnung der langen polizeilichen Bevormundung, welche dem Deutschen anklebt: überall, wo sich ein umsichtiger Mensch selbst zu helfen wissen soll, gleich nach der Polizei zu rufen und den Schutz der Obrigkeit zu verlangen, als sei der eigene Schutzgeist gewichen! Am meisten bedürfte so mancher deutsche Handwerker des Schutzes gegen sich selbst. Den alten Schlendrian abzutun, jenen bequemen Meisterdünkel, der am Ende aller Weisheit angekommen zu sein wähnt, das tut vor allem not! Täglich zuzulernen und sich frisch zu rühren gilt es, um jeden neuen Fortschritt der Gewerksindustrie, jeden Vorteil in Handel und Wandel abzupassen, wenn man jetzt fortkommen will. Ebenso ist es auch mit den Innungen. Auch dieser Forderung liegt ein richtiges Gefühl zu Grunde, indem ohne Einigkeit an eine Verbesserung der Zustände nicht zu denken ist. Allein das alte Zunftwesen mit seiner blos formalen, beschränkenden Tendenz, ist ohne allen Inhalt und tot, und es ist durchaus vergeblich, durch die Gewerbegesetzgebung von außen wieder ein Leben hineinbringen zu wollen, welches nicht aus der inneren Kraft des Organismus selbst hervorquillt. Nicht der Zwang, das eigene Interesse muß den Anschluß hervorbringen und den Verbänden Halt geben, wenn dieselben dauernd auf die Hebung des Arbeiterstandes einwirken sollen. Die Assoziationen mit der ganzen Macht und Fülle ihres Prinzips sind die Innungen der Zukunft!"

Die Worte können heut nach 50 Jahren noch dem Handwerk in's Stammbuch geschrieben werden. Vor nur zehn Jahren hat Minister von Miquel in einem offenen Brief an die Handwerker in Osnabrück (1898) sich in einem Programm fast wörtlich ebenso ausgesprochen wie im Jahre 1853 Schulze-Delitzsch.

Charlottenburg, im Januar 1910.

Dr. **Hans Crüger.**

# Inhaltsverzeichnis.

I.

# Allgemeine Grundsätze der Einkaufsgenossenschaften.

Der Allgemeine Genossenschaftstag zu Breslau (1904) empfiehlt den Genossenschaften des Allgemeinen Verbandes, bei Gründung und Leitung von Rohstoff-, Werk- und Magazingenossenschaften mit Rat und Tat behilflich zu sein, wobei folgende Grundsätze zu beachten sind:

1. **Bei der Gründung ist die Bedürfnisfrage und die Lebensfähigkeit zu prüfen, die Mitwirkung einiger erfahrener, zur Geschäftsleitung geeigneter Personen sicher zu stellen und nur, wenn diese Fragen aller Voraussicht nach bejaht werden können, ist zur Gründung zu schreiten.**
2. **Es ist nach erfolgter Gründung darauf hinzuwirken, daß namentlich bei Rohstoff-, bei Ein- und Verkaufsgenossenschaften anfänglich der Geschäftsbetrieb innerhalb der durch die tatsächlichen Verhältnisse bedingten Grenzen gehalten wird und erst allmählich Hand in Hand mit dem Wachsen des eigenen Betriebskapitals einen immer größeren Umfang annimmt.**
3. **Das Prinzip der Barzahlung ist als eine der wesentlichsten Grundlagen der Handwerkergenossenschaften zu betrachten und durchzuführen.**
4. **Die einzelnen Genossenschaftsarten sind namentlich bei der Gründung streng auseinanderzuhalten.**
5. **Stets ist zu beachten, daß diese Genossenschaften niemals ihren Geschäftsbetrieb auf die Aufgaben einer Kreditgenossenschaft erstrecken dürfen.**

Berichterstatter Schumacher (Stuttgart): Das Deutsche Genossenschaftswesen hat seinen Anfang genommen unter dem Handwerkerstande, und die ersten Genossenschaften waren Handwerkergenossenschaften.

Schon über ein halbes Jahrhundert redet man von Handwerkergenossenschaften und gar häufig schon haben sich die Allgemeinen Genossenschaftstage mit dieser Genossenschaftsart beschäftigt; zuletzt in eingehender Weise 1892 in München, sodann im Jahre 1900 in Hannover und im Jahre 1902 in Kreuznach.

Dennoch aber sind die Erfolge auf dem Gebiete des Handwerkergenossenschaftswesens keineswegs glänzende.

Was bedeuten für unser deutsches Handwerk etwa 500 Genossenschaften, deren größere Zahl vielleicht noch nicht einmal zu musterhaften Betrieben zu rechnen sind.

Über die Entwicklung des Handwerkergenossenschaftswesens hat auf dem Allgemeinen Genossenschaftstage in München der Herr Anwalt Dr. Crüger referiert; aus jenen wertvollen Ausführungen ist zu entnehmen, daß einen steten Fortschritt das Handwerkergenossenschaftswesen nicht zu verzeichnen hat, daß im Gegenteil einzelne, bezw. eine Reihe von Jahren Rückschritte zu verzeichnen haben.

In den letzten Jahren scheint sich hierin eine wesentliche Änderung vollzogen zu haben. man gewinnt allenthalben den Eindruck einer neuen Entwicklungsperiode für das Genossenschaftswesen im Handwerk; die Zeiten, in denen Großbetrieb und Großkapital als auf das Kleingewerbe verderblich wirkend beklagt wurden, scheinen einer neuen Zeit gewichen zu sein, die sich für das Handwerk die Vorteile des Großbetriebs und des Kapitals durch genossenschaftlichen Zusammenschluß anzueignen weiß; eine stetige Vermehrung der Handwerkergenossenschaften in den letzten Jahren vermag dies zu begründen.

Im Vergleich mit den Kredit- und den landwirtschaftlichen Genossenschaften muß die Ausdehnung der Handwerkergenossenschaften heute noch als recht gering bezeichnet werden. Diese Tatsache ist in den grundverschiedenen Verhältnissen beider Erwerbsstände begründet.

Bei der Landwirtschaft haben wir es durchweg mit einheitlichen Betrieben zu tun, die zueinander überdies keinerlei Konkurrenz ausüben; bei den Kreditgenossenschaften sind alle Berufszweige in einer Genossenschaft vertreten und je verschiedener diese Berufsarten sind, desto besser wird die Kreditgenossenschaft zu arbeiten haben.

Ganz anders bei dem Handwerkerstande. Dieser Stand ist kein einheitlicher und in einer Genossenschaft können niemals verschiedene Berufsarten, es seien denn verwandte Gewerbe wie z. B. Schlosser und Schmiede, Schreiner und Zimmerleute usw., vertreten sein.

Je mehr hier spezialisiert wird, desto übersichtlicher und einfacher wird der Betrieb sich gestalten, und desto sicherer wird die Genossenschaft arbeiten.

Zur Gründung einer Genossenschaft sind ferner mindestens 7 Personen erforderlich und schon aus diesem Grunde lassen sich nicht in allen Handwerkszweigen Genossenschaften errichten; einzelne Branchen können ferner wieder nur in Großstädten genossenschaftlich organisiert werden wie z. B. die Friseure.

Dazu kommt ferner noch, daß, ich darf wohl sagen, fast alle Handwerkszweige übersetzt sind; daß dadurch das Absatzgebiet genau beobachtet, und daß im ständigen Konkurrenzkampf das Gefühl der Kollegialität dem Neide Platz machen muß, ist begreiflich.

Neben vielfacher Abhängigkeit von den Lieferanten, denen die Genossenschaft stets ein Dorn im Auge sein wird, sind schließlich noch die schon oft erwähnten mangelnden kaufmännischen Kenntnisse gar häufig ein Hindernis zum genossenschaftlichen Zusammenschluß.

Der letztere Punkt ist entschieden von der größten Bedeutung für die Entwicklung des Handwerkergenossenschaftswesens; wie häufig hatte ich doch schon selbst Gelegenheit zu sehen, daß in dieser Hinsicht das Wollen größer ist als das Können.

Die Handwerkergenossenschaft ist nichts anderes als ein kaufmännisches Geschäft, das nach kaufmännischen Prinzipien geleitet werden muß, und dieser Leitung dürfen kaufmännische Kenntnisse nicht abgehen. Nicht nur die notwendigsten Kenntnisse in der Buchführung, nein, auch die Fähigkeiten zur Führung einer geeigneten kurzen Korrespondenz müssen der Genossenschaftsleitung eigen sein, soll anders die Genossenschaft nicht ein vorübergehendes unfruchtbares Dasein fristen.

Die Geschicke bezw. die Führung des kaufmännischen Teils einer Genossenschaft in die Hände eines Nichtmitgliedes, eines Kaufmannes, zu legen, scheut man sich häufig; Unordnung im kaufmännischen Teil einer Genossenschaft ist aber mindestens der Beginn des Mißerfolgs. Darauf hinzuwirken, daß in dieser Beziehung dem Handwerker immer mehr geboten wird, bedeutet daher nichts anderes als den genossenschaftlichen Weg zu ebnen. Daß hierin der junge Handwerker durch die Gesellen- und Meisterkurse unseren Vätern vieles voraus hat, brauche ich nicht besonders zu erwähnen.

Es ist begreiflich, daß auch die offizielle Handwerkervertretung, „die Handwerkskammern", sich mit der Frage des Handwerkergenossenschaftswesens befassen; der größte Teil der Handwerkskammern steht dem Genossenschaftswesen im Handwerk fördernd und zum Teil auch unterstützend gegenüber. Der wackere Genossenschafter R o d e g a s t - W e i m a r berichtete sogar auf unserer Tagung vor 4 Jahren in Hannover, daß der Kammer seines Bezirks die Bildung bezw. Anregung zur Gründung von Rohstoffgenossenschaften zur Pflicht gemacht sei.

Im allgemeinen können hierin überall gesunde, dem Handwerkerstande auf dem Wege genossenschaftlichen Zusammenschlusses helfende Prinzipien wahrgenommen werden. In Württemberg betätigten sich bis jetzt besonders die Handwerkskammern in S t u t t g a r t und U l m mit gutem Erfolge. Die Handwerkskammern kennen am besten die Lage der Handwerker, sie sind es, die beurteilen können, ob eine Genossenschaft da oder dort empfohlen, bei ihrer Gründung nützlich wirken kann, d. h. ob die Verhältnisse geeignet sind zur Gründung einer solchen. Ich sage aber auch hier: „Keine Regel ohne Ausnahme".

Daß zwischen Handwerkergenossenschaften und Handwerkskammern ein gutes Verhältnis bestehen muß, ist selbstverständlich. Dagegen erscheint fast unglaublich, daß es in den Reihen der Handwerker selbst an Gegnern des genossenschaftlichen Zusammenschlusses nicht fehlt. Als solche Gegner zeigen sich öfters alte Innungsmänner, die der wirtschaftlichen Seite des Handwerks noch blind gegenüberstehen, statt zu erkennen, daß gerade die Innung eine gute Vorschule für die Genossenschaft, die nichts anderes als wirtschaftliche Erfolge bezweckt, ist.

Ein bekannter Führer der rheinischen Handwerker erklärte auf dem Düsseldorfer Handwerkertag im Jahre 1902: Die Genossenschaften bekämpfen nur die obligatorische Innung. Auch anderwärts hat man Gelegenheit wahrzunehmen, wie die Handwerker ganz mit Unrecht eine Einschränkung des Innungswesens durch die Genossenschaften befürchten.

Gelegentlich einer genossenschaftlichen Tagung in Berlin erklärte ein preußischer Landtagsabgeordneter, daß das Genossenschaftswesen mit Gewalt den Zukunftsstaat bringe und deshalb zu bekämpfen sei.

Alle diese eigenartigen gegnerischen Stimmen vermochten ein vermehrtes Interesse für das Genossenschaftswesen im Handwerk seit etwa einem Jahrzehnt nicht einzudämmen. Obwohl die Handwerkerversammlungen, die sich mit diesen Fragen beschäftigten, keine einheitlichen Pläne entwickelten, zeigte doch schon der häufig gewählte Verhandlungsstoff „Genossenschaftswesen", daß in den Kreisen der Handwerker ein wachsendes Interesse für die Hebung der wirtschaftlichen Seite lebt. Auch die Landstände, die Abgeordnetenkammern, schenkten dieser Frage die gebührende Aufmerksamkeit.

In Bayern verriet der Handwerkertag 1899 tatkräftige Stimmung, nachdem schon im Jahre 1898 die Regierung in Nürnberg eine Halle erbauen ließ, um in derselben Maschinen aufzustellen, mit denen die Handwerker vertraut gemacht werden sollten.

Im Jahre 1900 trat das Zentrum an die Kammer heran mit einem Antrag, wonach um die Notlage des Handwerkerstandes zu verringern, zunächst die Errichtung einer gewerblichen Hilfskasse in Anregung zu bringen sei. — Der Minister des Innern erkannte die Sachlage gar wohl und erinnerte seinerzeit daran, daß nicht mit billigem Kredit etwa allein gedient sei, sondern vielmehr auch Gewicht gelegt werden müsse auf gründliche Ausbildung in Schulen und Meisterkursen, und daß sodann mittels gemeinsamer Benützung von Maschinen im Wege genossenschaftlichen Zusammenschlusses eine Besserung nicht ausbleiben wird. Nach langer Debatte faßte die Abgeordneten-Kammer den Beschluß, die Staatsregierung zu ersuchen, die Bildung gewerblicher Genossenschaften zu fördern und darauf hinzuwirken, daß eine Zentralkasse errichtet werde, sobald eine genügende Zahl von gewerblichen Genossenschaften vorhanden sei.

Die Frage war nun ins Rollen gebracht; und bei den in 1902 bestehenden

7 Handwerker-Kreditgenossenschaften,
20 Rohstoffgenossenschaften,
14 Werkgenossenschaften und
5 Produktivgenossenschaften

regte sich eine weitere Frage, nämlich die Frage, ob es sich empfiehlt, einen eigenen Verband zu gründen, oder bei den bestehenden beiden Verbänden Anschluß zu suchen.

In einer Versammlung vom 26. Januar 1902 zu Nürnberg, der auch die beiden Verbandsdirektoren Trotter und Pröbst, sowie Anwalt Dr. Crüger beiwohnten, wurde beschlossen, den bestehenden Verbänden sich anzugliedern.

Daß dieser Beschluß nicht zur Ausführung kam, ist Ihnen allen bekannt: die Gründe wurden seinerzeit in Nr. 24 der Blätter für Genossenschaftswesen vom 14. Juni 1902 erörtert und über den bekannten Verlauf der Landauer Versammlung wurde auf unseren Allgemeinen Genossenschaftstagen schon früher berichtet.

Werkgenossenschaften leistet das bayrische Gewerbemuseum in Nürnberg durch seinen sachverständigen Rat bei maschinellen Einrichtungen gute Dienste.

In Hessen hat der Genossenschaftsgedanke schon seit mehreren Jahrzehnten Wurzel gefaßt; doch konnte eine besondere Ausbreitung auch hier nicht wahrgenommen werden.

Im Jahre 1897 begann eine lebhaftere Tätigkeit auf diesem Gebiet; zunächst sollten Verträge im Auftrage der Großh. Zentralstelle für die Gewerbe aufklärend wirken; 1901 nahm sich noch die hessische Handwerkskammer der Sache an. Zurzeit bestehen in Hessen 25 Handwerkergenossenschaften. Wegen dieser mangelnden Beteiligung wurde im Juni 1904 eine Zentralgenossenschaft in Form einer Aktiengesellschaft gegründet, die einen Staatskredit bis zu 100 000 Mark genießt und deren Aufgabe es ist, die wirtschaftliche Lage des Handwerks zu heben. Diese Aufgabe sucht die Genossenschaft dadurch zu erfüllen, daß sie dem einzelnen Handwerker und den Genossenschaften die besten Maschinen bei billigstem Preise beschafft und kleine Ratenzahlungen ermöglicht.

Einige dem Allgemeinen Verbande angehörige Schuhmacher-Rohstoffgenossenschaften arbeiten hier mit gutem Erfolge.

In Preußen ist es der Hauptverband gewerblicher Genossenschaften, der dem Handwerk zu dienen sucht und der auch genossenschaftliche Unterrichtskurse eingeführt hat, und daß sich in

Sachsen die Abgeordnetenkammer 1904 mit der Handwerkergenossenschaftsfrage eingehend befaßt hat, ist uns durch die Blätter für Genossenschaftswesen bekannt gegeben worden.

In Baden ist den Handwerkergenossenschaften eine Organisation noch nicht gegeben. Im vorigen Jahr (1903) begann man aber auf Veranlassung des Verbandes badischer Gewerbevereine intensiver aufklärend zu wirken und vor wenigen Wochen (Sommer 1904) brachte das badische Gewerbeblatt eine Notiz, wonach genossenschaftliche Unterrichtskurse in Aussicht genommen seien, die dazu beitragen sollen, das Handwerkergenossenschaftswesen in Fluß zu bringen.

In Württemberg spielt das Kleingewerbe eine ganz besondere Rolle, und schon seit Jahren arbeitet man durch Wort und Schrift an der Hebung und Besserung der wirtschaftlichen Lage des Handwerkerstandes. Durch Gesellen- und Meisterkurse wurde der genossenschaftliche Boden geschaffen, und so bearbeitet, entstanden aus eigener Anregung der Handwerker eine ziemliche Anzahl von Genossenschaften. Die Königliche Zentralstelle für Gewerbe und Handel hat sich der Sache angenommen durch geeignete Vorträge und Belehrungen; neben eingetragenen Genossenschaften, etwa 40 an der Zahl, bildeten sich und bestehen noch viele nicht eingetragene Vereinigungen zwecks gemeinschaftlichen Einkaufs von Rohmaterialien. Sie alle haben bis heute anscheinend günstig gearbeitet. Das Bedürfnis nach einer sachgemäßen Revision, die nicht nur die rein zahlenmäßige Seite zu berücksichtigen hat, sondern auch mit praktischen Ratschlägen fördernd und helfend zu dienen in der Lage ist, machte sich immer mehr geltend. Dieses Bedürfnis zeitigte sodann 1904 die Gründung des Verbandes Württembergischer Handwerkergenossenschaften, dem bei der Gründung sofort 20 Genossenschaften beitraten.

Die erste Arbeit war die Abhaltung eines Kursus in Buchführung, Rechnungswesen und Genossenschaftsrecht für die Geschäftsleiter bestehender Genossenschaften. Den Buchführungsunterricht habe ich erteilt, und ich will nicht unterlassen, auch hier zu bemerken, daß das Interesse aller Teilnehmer ein lebendiges war. Weitere Kurse werden im Auftrage der Königl. Zentralstelle für Gewerbe und Handel folgen.

Die einzelnen neu errichteten Genossenschaften erhalten mäßige Zuschüsse zu den ersten Einrichtungskosten. Die Werkgenossenschaften erhalten aus Staatsmitteln bezw. aus den Mitteln einer Stiftung einen Beitrag von höchstens 25 Proz. der Maschinenanschaffungskosten wobei jedoch die Erfüllung bestimmter Bedingungen, die hier nicht interessieren dürften, vorausgesetzt ist. Gering verzinsliche oder gar unverzinsliche Darlehen werden nicht gewährt. Der Charakter der Selbsthilfe wird daher nach Möglichkeit gewahrt.

Der Allgemeine Verband hat jegliche Staatshilfe stets zurückgewiesen und so kommen wir zu der Frage: hat denn der Allgemeine Verband auf dem

Gebiete des Handwerkergenossenschaftswesens überhaupt schon etwas getan und was hat er noch zu tun?

Der Allgemeine Verband kann auf diese Frage ruhig antworten: „Ich habe mehr getan, als sie alle". Er, der Allgemeine Verband, ist der Ausgangspunkt jeden genossenschaftlichen Zusammenschlusses, seine Lehren und seine Organisation haben selbst im Auslande Nachahmung gefunden, und die von Männern des Allgemeinen Verbandes herausgegebenen Schriften über Handwerkergenossenschaften dienen überall als Führer. Weniger über das, was geschehen ist, will ich mich hier aussprechen, als vielmehr über das, was noch geschehen soll. Die große Anzahl unserer leistungsfähigen Kreditgenossenschaften sind es, die ganz besonders dazu berufen sind, mitzuwirken und mitzuhelfen an der Gründung und Einrichtung von Handwerkergenossenschaften. Sie, die Kreditgenossenschaften, verfügen zu einem großen Teil über diejenigen Kräfte, die geeignet sind, helfend einzugreifen zur Hebung eines Standes, dessen Glieder größtenteils wieder den Kreditgenossenschaften als Mitglieder angehören. Bei Gründung einer Handwerkergenossenschaft wird stets die Absicht verfolgt werden, die wirtschaftliche Lage der Handwerker zu bessern; wird dies erreicht, dann ist auch gleichzeitig die Bonität des Kundenkreises der Kreditgenossenschaft gehoben.

Der Antrag geht daher dahin:

> „Gleich wie der Allgemeine Genossenschaftstag zu München, wolle der Allgemeine Genossenschaftstag beschließen, den Kreditgenossenschaften des Allgemeinen Verbandes wird empfohlen, bei Gründung und Leitung von Rohstoff-, Werk- und Magazingenossenschaften mit Rat und Tat behilflich zu sein."

Es handelt sich dabei aber nicht etwa um reine Gründungen, um Gründungen, die lediglich bewerkstelligt werden, damit eben etwas getan, damit gegründet ist, nein, wir müssen unserer Arbeit bestimmte Grundsätze, die die Erfahrung uns gelehrt hat, vorangehen lassen.

1. Zunächst ist die Bedürfnisfrage und die Lebensfähigkeit zu prüfen, und nur wenn diese Fragen, aller Voraussicht nach zu schließen, bejaht werden können, ist zur Gründung zu schreiten.

Eine der schwierigsten Fragen ist gerade die Bedürfnisfrage; kann die Bedürfnisfrage nicht vorweg aller Wahrscheinlichkeit nach bejaht werden, dann ist natürlich auch die Lebensfähigkeit ausgeschlossen und man kann nichts besseres tun, als die gegebene Anregung zurückzuziehen. In die Augen springende Erfolge will der Handwerker sehen, und so ist es auch leicht erklärlich, daß ein Mißerfolg, der auch durch eine kranke, eine übereilte Gründung hervorgerufen werden kann, mehr schadet, als 100 gute Beispiele nützen.

Bei der Prüfung der Bedürfnisfrage kommen mannigfache Punkte in Betracht. Wir benötigen, wie bereits erwähnt, mindestens 7 Mitglieder; je gleichmäßiger diese in ihren Vermögensverhältnissen beschaffen sind, desto leichtere Arbeit hat man, desto eher kommt man zu einem guten Ziel. — Wir brauchen für eine Genossenschaft vor allen Dingen noch ein Handwerk von innerer Kraft und Selbständigkeit, das den festen Willen in sich trägt, sich selbst zu helfen, und das durch Fleiß und Sparsamkeit zu einem Wohlstand zu gelangen hofft: der genossenschaftliche Zusammenschluß allein ist nicht imstande, all das Viele zu vollbringen, was man häufig hofft.

Zu einem gewissen Wohlstand gelangte Handwerker sind meistens Gegner der Genossenschaften, sie können es nicht sehen, daß dem Kollegen, der Konkurrenz, geholfen werde. So oft auch diese Ansicht widerlegt wird, sie kommt doch immer wieder zum Ausdruck.

Wollen wir die Bedürfnisfrage einer Handwerkergenossenschaft prüfen, dann müssen wir endlich vollständig objektiv urteilen und nur das Interesse des betreffenden Handwerkerstandes im Auge haben. Handelt es sich um eine Schuhmachergenossenschaft, so dürfen wir uns nicht von dem Lederhändler belehren lassen, und handelt es sich um eine Schreinergenossenschaft, dann dürfen wir uns keinen Rat bei dem Möbelfabrikanten erbitten, Auf derartige Gegenagitation müssen wir uns schon von vornherein gefaßt machen.

Kann nun endlich nach Hinwegräumung aller dieser Schwierigkeiten die Bedürfnisfrage bejaht und aller Wahrscheinlichkeit nach die Lebensfähigkeit angenommen werden, dann haben wir nach erfolgter Gründung Punkt 2 zu beobachten, welcher lautet:

2. „Es ist nach erfolgter Gründung darauf hinzuwirken, daß namentlich bei Rohstoff-, bei Ein- und Verkaufsgenossenschaften anfänglich der Geschäftsbetrieb klein gehalten wird und erst allmählich Hand in Hand mit dem Wachsen des eigenen Betriebskapitals einen immer größeren Umfang annimmt."

Das ist ein Grundsatz, der ganz besonderer Beachtung bedarf. Ich hielt es für überflüssig, hier in diesem Kreise auf die einzelnen Vorteile der einzelnen Genossenschaftsarten hinzuweisen, weil diese durch Wort und Schrift alle zur Genüge bekannt sein dürften. Die Rohstoffgenossenschaft gewährt u. a. ihren Mitgliedern einen Vorteil in dem kleineren Warenlager, das der einzelne bedarf. Die Genossenschaft aber, die gleich bei ihrer Geschäftseröffnung mit einem großen Warenlager hervortritt, das die gegebenen Verhältnisse überschreitet, wird kaum eine Zukunft haben. Ich wiederhole, die Genossenschaft ist ein kaufmännisches Geschäft und muß nach rein kaufmännischen Prinzipien geleitet werden. Wohl soll die nötige Auswahl nicht fehlen, aber Artikel, die der Mode unterworfen sind, müssen im Anfang möglichst fern gehalten oder nur in geringen Quantitäten eingekauft werden. Sowohl das Quantum, als auch die Zahl der einzelnen Artikel sollen im Anfang klein sein; erst mit dem Wachsen des eigenen Kapitals kann der Geschäftsumfang allmählich sich vermehren. Schon manche Genossenschaft hat infolge eines ungeeigneten oder zu großen Warenlagers nur ein kurzes Dasein gefristet.

Neben diesen allgemeinen Grundsätzen kommt aber nach erfolgter Gründung noch eine nicht unwesentliche Arbeit in Betracht, nämlich die Einrichtung der Buchführung. Hier ist wieder der Kreditgenossenschaft der rechte Platz zum praktischen Eingreifen gegeben. Wo die Betriebe nicht gar zu groß sind, wird es regelmäßig gelingen, einen Handwerker dabei einzuarbeiten.

3. Selten bleiben einer Handwerkergenossenschaft Verluste erspart, wenn langfristige Warenkredite gewährt werden; hierin liegt das größte Risiko.

Das Prinzip der Barzahlung ist als eine der wesentlichsten Grundlagen der Handwerkergenossenschaften zu betrachten und durchzuführen.

Dieser Grundsatz bedingt, wie bereits ausgeführt, ein lebenskräftiges Handwerk. Ohne Kredit kann kein Geschäft mehr existieren; gibt aber die Handwerkergenossenschaft diesen Kredit, dann ist die schiefe Ebene beschritten. Um seine Rohmaterialien bar zahlen zu können, sollte allerdings der Handwerker selbst seiner Kundschaft gegenüber weniger Rücksicht üben und selbst mehr auf wenigstens kurze Termine hinwirken.

Bei der Werkgenossenschaft ersetzen zum Teil die Maschinen die Gesellen; letztere müssen wöchentlich bezahlt werden; wo dies bei Maschinenmieten nicht mindestens monatlich geschieht, wird gerade die Genossenschaft Ursache werden, den Handwerker in Schulden zu bringen.

Der Handwerkergenossenschaft, das dürfte aus diesen Ausführungen klar hervorgehen, sollte deshalb stets die Kreditgenossenschaft vorangehen, und jedes Mitglied der Handwerkergenossenschaft sollte auch Mitglied der Kreditgenossenschaft sein; freilich kann letztere alle Wünsche auch nicht erfüllen; derjenige Handwerker, der sich, nachdem alle Kreditquellen versiegten, in Zeitungsinseraten Kredit und Geld zu verschaffen sucht, kann allerdings von beiden Genossenschaften nichts mehr erwarten.

Der Mitgliederkreis einer Handwerkergenossenschaft ist gewöhnlich ein eng begrenzter; die Leute kennen einander genau im äußeren, selten aber in der inneren Kreditwürdigkeit, dazu kommt dann noch die durch zu enge Bekanntschaft hervorgerufene Rücksichtnahme, die so weit geht, bis die Genossenschaft in Verlust kommt, und dann ist eine Änderung zu spät. Aus diesen Gründen ist die Barzahlung durchzuführen, berechtigte Kredite dagegen von der Kreditgenossenschaft in Anspruch zu nehmen.

4. „Die einzelnen Genossenschaftsarten sind namentlich bei der Gründung streng auseinander zu halten."

In Punkt 2 habe ich ausgeführt, daß es sich empfiehlt, anfänglich den Geschäftsbetrieb klein zu halten. Das bezieht sich größtenteils auf Ein- und Verkaufsgenossenschaften. Bei der Werkgenossenschaft kommen diese Fragen nicht in Betracht, dort müssen wir die Anschaffung der Maschinen und des

Gebäudes sofort dem ganzen Bedarf anpassen, und deshalb ist hierbei auch stets ein größeres Kapital erforderlich.

Aber so wie wir bei Ein- und Verkaufsgenossenschaften für den Anfang einen kleinen Geschäftsbetrieb und ein kleines Warenlager empfohlen haben, so empfehlen wir hier nicht sofort Werk-, Rohstoff- und Magazingenossenschaften zu vereinigen. Langsam lasse man die Werkgenossenschaft sich entwickeln, erst wenn diese genügend gekräftigt, ein entsprechendes eigenes Kapital gesammelt und ausreichende Abschreibungen gemacht worden sind, denke man an Hinzunahme von Rohstoffen, und erst dann schließlich noch an ein Magazin.

Wo eine Genossenschaft auf diese Weise langsam aus sich selbst herauswächst, ist sie eine gesunde Unternehmung, aber das will ich gleich hier bemerken, wir haben deren nur wenige.

Schwierigkeiten auf Schwierigkeiten türmen sich bei diesem Werdegang. Nehmen wir eine Schreinergenossenschaft als Beispiel. Die Werkgenossenschaft prosperiert ausgezeichnet, man legt noch kleinere Bedarfsartikel an, die guten Absatz finden bei mäßigem Nutzen, ein Beschluß wird gefaßt, wonach auch der Verkauf von Holz in den Geschäftsbetrieb aufgenommen werden soll, und hier sind wir an einem Artikel, der mehr als das ganze Betriebskapital der Genossenschaft absorbiert, und der wegen der hohen Beträge nicht nur das Prinzip der Barzahlung durchbricht, sondern auch noch zu Verlusten führt.

Gerade so schwierig wie das Holzlager ist die sofortige Verknüpfung mit der Magazingenossenschaft; bei ihr zeigt sich die geringe Kollegialität des Handwerkers am deutlichsten; bestimmen die Statuten, daß einzeln nicht mehr inseriert oder geliefert werden darf, so wird dies nicht selten außer acht gelassen und führt ständig zu Unannehmlichkeiten. Aber ganz abgesehen von diesen Schwierigkeiten wird auch die Buchführung durch die verschiedenen Betriebe für den Handwerker zu kompliziert. Eine kaufmännische Kraft ist jedenfalls bei dieser Entwicklung unentbehrlich.

5. Endlich ist zu beachten, was Punkt 5 begehrt, daß diese Genossenschaften niemals ihren Geschäftsbetrieb auf die Aufgaben einer Kreditgenossenschaft erstrecken dürfen.

Wenn die Kreditgenossenschaft ihr Gebiet verläßt und außerhalb der ihr gezogenen Grenzen zu arbeiten sucht, dann bleiben Verluste nicht aus; hierfür haben wir nur zu viele Beispiele. Gerade so verhält es sich auch mit den übrigen Genossenschaften. So segensreich die Handwerkergenossenschaft wirkt, wenn sie in ihrem Rahmen bleibt, so verderblich kann sie wirken, wenn sie auf ihr nicht zukommende Gebiete sich begibt.

Eine neue und vielfach in den letzten Jahren besprochene Art von Handwerkergenossenschaften, nämlich Handwerker-Kreditgenossenschaften, waren schon öfters Anlaß zu Erörterungen. Reine Handwerksbanken, die als Mitglieder nur Handwerker aufnehmen, sind ein Unding. Schon im Eingang meines Referates habe ich erwähnt, daß die Kreditgenossenschaft besser arbeiten wird, je verschiedenartigeren Berufsständen ihre Mitglieder angehören.

Wie kann unter einem Berufsstand ein gesunder Geldausgleich stattfinden?

Auch bei meinen Kreditgenossenschafts-Revisionen habe ich hin und wieder die Wahrnehmung gemacht, daß die Meinung vorherrschte, die Genossenschaft sei für den Handwerker gegründet und müßte deshalb andere Berufsstände, besonders Fabrikanten, fernhalten; überall wo diese Meinung besteht und diese Ansicht auch in der Praxis gepflegt wird, geht sie auf Kosten der Handwerker selbst, weil durch ein solch absichtliches Zurückdämmen kein Ausgleich vorhanden und infolgedessen höhere Zinsen in Ansatz gebracht werden müssen.

Wenn ich Sie nun bitte, die Ihnen vorgelegten Anträge zu genehmigen, dann kann ich nicht unterlassen, Ihnen nochmals zu empfehlen, ernstlich mitzuhelfen an der Förderung des Handwerkergenossenschaftswesens: unter Ihnen sind die Männer, die berufen sind, und die nötigen Erfahrungen und Kenntnisse besitzen, mitzuhelfen auf dem Wege genossenschaftlichen Zusammenschlusses, die wirtschaftliche Lage eines guten Teiles unseres deutschen Mittelstandes, des Handwerkerstandes zu heben und zu bessern. Behandeln Sie ferner diese Genossenschaften als Bruder-Genossenschaften und wirken Sie vor allen Dingen dahin, daß unter dem Handwerkerstande ihrer Heimat der genossenschaftliche Geist wach wird.

Bleiben auch Unannehmlichkeiten nicht erspart, das Wort Schulze-Delitzsch': „Die Genossenschaft ist der Friede", kommt doch zu seinem Recht, das zu sehen haben wir Gelegenheit, bei unsern alten bewährten Handwerkergenossenschaften.

Ruetz (Cassel): Was die Einzelheiten des Antrages betrifft, so möchte ich bemerken, daß, wenn darauf hingewiesen wird, die Kreditvereine seien berufen, hier fördernd zu wirken, es sehr schön wäre, wenn das geschähe. Ich habe auch früher den Glauben gehabt, es könne von hier aus fördernd eingegriffen werden, aber die Erfahrung hat gezeigt, daß die Kreditvereine wenig geneigt sind, hier helfend einzugreifen. Das liegt hauptsächlich daran, daß hier Personen tätig sind, die durch Bildung von Handwerkergenossenschaften in ihren Betrieben geschädigt werden. Diese Mitglieder der Kreditvereine werden kaum geneigt sein, sich selbst Konkurrenten heranzuziehen.

Was nun die einzelnen Punkte 1—5 anbelangt, geht mir der Punkt 1 nicht weit genug; die Voraussetzungen möchte ich schärfer gefaßt haben. Wir haben gehört, daß die Handwerksbetriebe aus einer Vielheit von Gewerbszweigen bestehen, und die Betriebe in den einzelnen Handwerken oder verwandter Gruppen sich nur sachlich zusammenschließen können. Es können deshalb nur Fachmänner in den einzelnen Genossenschaftsarten die führende

Rolle übernehmen, und da stoßen wir auf weitere große Schwierigkeiten, die meiner Ansicht nach noch mehr hemmend wirken. Im Handwerkerstand sind zwei Drittel kleine Betriebe, und nur ein Drittel hat mittlere und Großbetriebe. Dieses eine Drittel ist heute vollständig in der Lage, sich mit alle den Mitteln auszurüsten können, die ihm eine Konkurrenz mit den Großbetrieben ermöglichen, durch seine bessere Schulung aber fast allein berufen, die Führung dieser Handwerkergenossenschaften zu übernehmen. Der kleine Mann, der technisch vielleicht ganz gut vorgebildet ist, ermangelt meist der kaufmännischen Bildung, die allein ermöglicht, mit Erfolg eine Handwerkergenossenschaft leiten zu können. Das war der Grund, der uns in Kreuznach bestimmt hat, dafür einzutreten, daß sowohl in den Fortbildungsschulen wie in den Meisterkursen besonders die Pflege und Kenntnis des Genossenschaftswesens aufgenommen werden sollte, um auch dem kleinen Manne zu ermöglichen, die Leitung einer Genossenschaft zu übernehmen. Der größere Gewerbetreibende, der in der Lage ist, sich maschinelle Einrichtungen anzuschaffen, und billige Rohstoffe zu beziehen, hat nicht die Neigung, seine Kenntnisse dazu zu verwenden, seinen Konkurrenten ebenfalls billige Rohstoffe zu verschaffen. Alle diese Dinge zeigen uns die Schwierigkeiten, der Bildung von Rohstoff-, Magazin- und Werkgenossenschaften, und ich wollte darauf nur hingewiesen haben, um Ihnen vor Augen zu führen, wie wir trotz aller Anstrengungen auf dem Gebiete der Handwerkergenossenschaften bisher so geringe Fortschritte gemacht haben. Das darf uns aber nicht hindern, immer und immer wieder auf die Handwerkergenossenschaften als alleiniges Mittel, den Kleinbetrieb dem Großbetrieb gegenüber konkurrenzfähig zu erhalten, hinzuweisen. Nur, um Mißerfolge zu vermeiden, möchte ich noch etwas weiter gehen, als in Punkt 1 gesagt ist, und hinter den Worten „zu prüfen" noch eingefügt wissen:

„Die Mitwirkung einiger erfahrener, zur Geschäftsleitung geeigneter Personen sicher zu stellen". . . . .

Mit den Punkten 2, 3, 4, 5 in der vorliegenden Fassung kann ich mich einverstanden erklären.

W r a b e tz (Wien), Anwalt des deutsch-österreichischen Genossenschaftsverbandes: Wenn ich zu dieser Frage das Wort ergreife, so habe ich durchaus nicht die Absicht, mich etwa in Gegensatz zu den beiden Herren Vorredner, in Gegensatz zu dem Antrage des Anwalts zu stellen. Ich möchte die Gelegenheit nur benutzen, um Ihnen an der Hand einiger ganz kurzer Beispiele zu zeigen, wie weit wir mit der sogenannten „Gewerbeförderung" in Österreich sind. Auch bei uns hat es eine Zeitlang an Versuchen nicht gefehlt, den Allgemeinen Verband und insbesondere die Kreditgenossenschaften als Gegner dieser Gewerbeförderung hinzustellen. Ich glaube aber: wer den hier vorliegenden Antrag liest, muß zu der Überzeugung kommen, daß er nur die Worte eines wohlwollenden, vorsichtigen und erfahrenen Freundes hört, daß diese

Worte nur vor Täuschungen bewahren und einen allzugroßen Optimismus, der besonders in die Kreise der Handwerker hineingetragen wird, etwas dämpfen sollen. In Österreich besteht die sogenannte Gewerbeförderung seit 12 Jahren. Schon im Jahre 1892 wurde der erste diesbezügliche Versuch gemacht, d. h. der erste Betrag in das Staatsbudget zu diesem Zweck eingestellt. Ich habe von vornherein eine Haltung eingenommen, welche mit der ganzen Aktion sympathisiert, um den Gegnern den Vorwurf zu ersparen, daß der Allgemeine Verband sich gegen diese Sache ausspreche, ja, ich war durch einige Jahre selbst Mitglied des Gewerbeförderungs-Beirats (den das Handelsministerium ernennt), um zu vermeiden, daß diese Bewegung in falsche Bahnen einlenkt, und um zu erreichen, daß die gewerblichen Genossenschaften langsam in unsere Bahnen einrücken. Die Gewerbeförderung in Österreich wird als Schlagwort ausgespielt, ebenso wie der Befähigungsnachweis, von dem man sich so viel versprochen hat, und der gar keinen Erfolg erzielt hat. Bei der Gewerbeförderung ist es etwas anders, sie hat Erfolge erzielt, aber nicht auf dem Gebiete des Genossenschaftswesens; sie hat dort Erfolge erzielt, wo sie als Mittel zur ferneren Bildung des Handwerkers gebraucht wurde, wo sie den Anschauungsunterricht ermöglicht.

Unter das Kapitel der Gewerbeförderung fällt bei uns eine Menge von Dingen. Wir haben eingerichtete Musterwerkstätten im technologischen Gewerbemuseum, welche den Gewerbetreibenden mit den neuesten technischen Errungenschaften und Hilfsmaschinen seines Faches bekannt machen sollen; wir haben Meisterkurse, bei denen den Meistern in der Provinz Subventionen gewährt werden zu ihrem Besuche; sie dauern 14 Tage, 3 Wochen oder 6 Wochen und haben die merkwürdige Erscheinung gezeigt, daß die Meister in der Provinz für diese Kurse mehr Interesse gehabt haben als die Meister von Wien, was lediglich darauf zurückzuführen ist, daß in Wien das Schlagwort mehr dominiert als in den Provinzen. Ferner werden kleingewerbliche Ausstellungen veranstaltet. Wir haben Wanderlehrer und subventionieren andere Körperschaften, welche Wanderredner aussenden. Die Hauptsache ist die Überlassung von Arbeitsbehelfen an Erwerbs- und Wirtschaftsgenossenschaften. Die Gewährung von Subventionen und Darlehnen kommt bei der Gewerbeförderung in Österreich in allerletzter Reihe. Die Versorgung mit Arbeitsbehelfen ist aber eine verhältnismäßig starke. Im großen und ganzen sind die Beträge, welche für diesen Zweck aus dem Staatsbudget votiert werden, außerordentlich geringfügig. Aus den Staatsmitteln sind in diesen 12 Jahren ungefähr 5 Millionen Kronen aufgewendet worden, also ein sehr bescheidener Betrag, mit dem unmöglich dem ganzen Kleingewerbestande Österreichs gedient sein kann. Trotzdem haben die Überlassungen von Arbeitsbehelfen schon ganz gute Erfolge dort erzielt, wo eben auch die richtigen Handwerker zusammengekommen sind. An einzelne Gewerbetreibende werden solche Arbeitsbehelfe nicht überlassen, was ganz natürlich ist, weil der Staat unmöglich einen einzelnen auf Kosten der übrigen Steuerzahler bevorzugen kann. Von den Resultaten der Genossenschaften, die mit Staatsunterstützung gegründet wurden, hört man allerdings sehr wenig. Es sind etwa gegen 200 Handwerkergenossenschaften in diesen 12 Jahren gegründet worden, und trotzdem hat man es bisher unterlassen, durch eine statistische Tabelle oder durch genaue Mitteilungen über die Erfolge derselben zu unterrichten. Es ist das ganz begreiflich; man hat nicht viel zu berichten, man will Ungünstiges nicht berichten, und darum sprechen die Berichte von allem anderen, nur nicht von den Erfolgen der Gewerbeförderung durch Gründung von Erwerbs- und Wirtschaftsgenossenschaften. Die Berichte des Handelsministeriums sprechen sehr ausführlich über die veranstalteten Ausstellungen, aber wie sich die Genossenschaften, die gegründet wurden, entwickelt haben, davon hören wir nichts. Ja, das geht so weit, daß man nicht erfährt, welche Mittel diese Genossenschaften unter ihren Mitgliedern aufgebracht haben. Der Gewerbeförderungsbeirat hat schon vor Jahren auf Grund meiner Anregung Bedingungen aufgestellt, unter welchen Kredit an solche Handwerkergenossenschaften gewährt wird, und eine dieser Bedingungen lautet dahin, daß sie sich mit einem entsprechenden eigenen Kapital an dem Unternehmen beteiligen müssen. Nun wird allerdings sehr oft eingewendet: ja, die Handwerker haben eben zu wenig eigenes Kapital. Aber ich sage: weniger Kapital als die Pioniere von Rochdale gehabt haben, können unsere Handwerker auch nicht haben, und es ist nur mangelndes Vertrauen in die eigene Kraft, wenn man sich mit möglichst wenig eigenem Kapital beteiligt. Dazu kommt noch eine geringe Haftung und niedrige Geschäftsanteile.

Nun will ich Ihnen einige Beispiele von solchen Genossenschaftsgründungen mit öffentlichen Mitteln vorführen. Es sind wohl jetzt 20 Jahre her, daß in Amerika die Mac Kinley-Bill erschien, die den Zoll auf Perlmutterwaren so hoch hinaufschraubte, daß über die Wiener Perlmutterindustrie eine Katastrophe hereinbrach, weil diejenigen aus Amerika, die fertige Waren von Wien bezogen, sich natürlich — das Gesetz ist nicht über Nacht gekommen — in ihrem Bedarf auf lange Zeit vorgesehen hatten, und infolgedessen die Arbeit nachließ. Da war die erste staatliche Aktion in Österreich, daß eine Rohstoffgenossenschaft der Perlmutterdrechsler in Ottakring gegründet wurde. Es sind damals vom Staate 30 000 Gulden und von der niederösterreichischen Handelskammer 6000 Gulden, zusammen rund 60 000 Mark, zu diesem Zweck bewilligt worden. Die Genossenschaft wurde gegründet und hat mit dem Engroseinkauf von Rohperlmutter begonnen. Die Betreffenden, die in der Leitung saßen, mögen gute Drechslermeister gewesen sein, weniger aber waren sie genaue Kenner des Rohmaterials und am allerwenigsten waren sie Kaufleute; denn von diesem ganzen Betrage, mit dem jeder einzelne dieses Faches wahrscheinlich zum reichen Manne gworden wäre, ist heute nichts mehr vorhanden, die Genossenschaft ist in Liquidation. So wird es immer dann kommen, wenn die gewährten öffentlichen Mittel in allzu großem Gegensatz zum eigenen Vermögen stehen, weil das Interesse der Genossenschafter naturgemäß erlahmt; es wird gearbeitet, so gut es geht, und wenn das Geld alle ist, dann hört die Herrlichkeit auf.

Ein zweiter Fall: Die Wäscher in Wien speziell werden immer mehr und mehr, und wenn das Geschäft rationell betrieben werden soll, ist es nötig, daß eine Anzahl solcher Wäscher sich behufs gemeinschaftlicher Maschinenbenützung zu Genossenschaften vereinigt. Eine solche Genossenschaft wurde auch gegründet, aber man hat nie einen Rechnungsabschluß von ihr gesehen, und sie war sehr bald fertig und liquidierte.

Das dritte Beispiel ist die mit großem Aplomb ins Leben gerufene Rohstoff- und Produktivgenossenschaft der Vergolder in Wien. Die Vergolder in Wien behaupten, daß die Rahmenerzeugung in Wien zu schwierig sei, daß man insbesondere gegen die deutsche Konkurrenz nicht bestehen könne, und daß es an den nötigen Maschinen fehle. Es wurde nun eine Produktivgenossenschaft gegründet mit einem Betriebskapital von 26 000 Kronen; sie hatte Maschinen im Werte von 10 000 Kronen vom Staate erhalten, ein Darlehn von 4 000 Kronen vom niederösterreichischen Landesausschuß und 12 000 Kronen von der Handelskammer. Die Vergolder waren nun in der Lage, nichts mehr aus dem Auslande beziehen zu müssen, und es mußte ihnen gut gehen. Die Berichte über diese Genossenschaft bemerken weiter, daß die Genossenschafter selbst „erhebliche Beträge" zum Betriebskapitale beigesteuert haben; über die ziffernmäßige Höhe dieser Beträge hat man sich nicht weiter ausgelassen. Auch diese Genossenschaft ist nach kaum einjähriger Tätigkeit vollkommen fertig geworden. Es hat sich herausgestellt, daß die gepflogenen Erhebungen nicht gründlich genug waren, daß man sich vielfach Illusionen hingegeben hat; kurz und gut, es hat dieser Fall eklatant bewiesen, daß jede Gründung, die auf Schlagworte hin erfolgt, ein Schlag ins Wasser ist und als eine Schädigung des Genossenschaftswesens betrachtet werden muß. Je mehr solche Beispiele angeführt werden, daß Genossenschaften, die mit beträchtlichen Mitteln ausgestattet waren, bald fertig geworden sind, desto lähmender muß das auf die übrigen Handwerker wirken und desto schädlicher das Genossenschaftswesen beeinträchtigen; denn man ist dann in der Regel nur zu leicht geneigt, zu erklären: das Genossenschaftswesen taugt nichts.

Aber in der Regel ist es der Mangel an Zuversicht und am Glauben an den Erfolg der eigenen Kraft, der diesen Unternehmungen das Grab bereitet.

Man ist infolge dieser Vorfälle bei uns schon sehr vorsichtig geworden mit den Gründungen von Genossenschaften und man verwendet jetzt mehr

Sorgfalt darauf, die Handwerker erst eigentlich für die genossenschaftliche Sache zu schulen. So hat man z. B. vor zwei Jahren eine Kreditenquete einberufen, zur Erörterung der Frage, ob dem kleinen Handwerker genügend Kredit zur Verfügung steht, und welche Mittel und Wege eingeschlagen werden können, um gegebenenfalls solchen zu verschaffen. Von der ganzen Enquete, die einige Wochen gedauert und einen umfangreichen Band stenographischer Aufzeichnungen gezeitigt hat, ist nichts anderes herausgekommen als der gute Rat: die kleinen Gewerbetreibenden sollen die Buchführung lernen.

Das haben andere Leute schon früher gesagt. Die Kalkulation der Preise ist die Grundlage jedes einzelnen Betriebes und einer jeden Genossenschaft.

Damit möchte ich jenen Herren, die nur die Lichtseiten der Gewerbeförderung in Österreich kennen — ich will gewiß nicht den Stab über die ganze Einrichtung brechen —, auch einige Schattenseiten vorgeführt haben, welche beweisen, daß trotz aller Unterstützung durch Staat, Land, Handels- und Gewerbekammern u. a. der Glaube an die eigene Kraft vorherrschen muß, um aus solchen Unternehmungen das zu machen, was daraus gewacht werden soll.

Lohr (Mosbach i./Baden): Meine Herren, wenn ich mir gestatte, das Wort zu nehmen, so geschieht es, weil ich schon fast 20 Jahre auf gewerblichem Gebiete tätig bin. Ich werde mich umso kürzer fassen können, als ich mit dem Herrn Referenten im großen und ganzen einverstanden bin. Wenn ich auch von dem Großherzoglich badischen Ministerium des Innern ermächtigt bin, an dieser Tagung teilzunehmen, so bitte ich trotzdem zu beachten, daß meine Äußerungen lediglich meine persönliche Ansicht darstellen.

. . . Der Arbeit, welche die genossenschaftliche Zusammenschließung der Handwerker zum Zwecke hat, fehlt die nötige wissenschaftliche Grundlage. . . .

Welches wäre nun die wissenschaftliche Grundlage? Eine umfassende Handwerker-Statistik, die uns sagt, wo gleiche und verwandte Gewerbe in größeren Gruppen vorhanden sind. . . . Diese Grundlage können die Handwerker nicht durch Selbsthilfe schaffen, sondern die einzelnen Regierungen müssen durch ihre statistischen Ämter dafür sorgen. Das ist eine Form der Staatshilfe, gegen die gewiß der Herr Anwalt nichts einzuwenden hat. — . . . Richtig ist, daß die Kreditgenossenschaften die Stütze und die Grundlage der Handwerkergenossenschaften bilden müssen. Unsere Kreditgenossenschaften in Baden haben sich ganz in den Dienst dieser Genossenschaften gestellt, wenn die Forderung an sie herantrat. Ihre leitenden Persönlichkeiten sind selbst Einkaufsgenossenschaften als Mitglieder beigetreten, und ich halte diese Tatsache für das Gedeihen der Handwerkergenossenschaften für außerordentlich wichtig; denn diese Herren bringen schon einen Fonds genossenschaftlicher Erfahrung mit. Die Bereitwilligkeit, den Handwerkergenossenschaften helfend beizuspringen, ist wohl bei allen Kreditgenossenschaften vorhanden gewesen. Die Geschichte untergegangener Handwerkergenossenschaften zeigt in vielen Fällen, daß sie nicht aus Mangel an Kredit, sondern an zu viel beanspruchtem Kredit und durch übertriebene Kreditgewährung an Mitglieder zugrunde gegangen sind.

Handwerkergenossenschaften für gemeinsamen Einkauf lassen sich nicht nur in großen Städten für gleiche und technisch verwandte, sondern auch auf dem Lande für gemischte Gewerbe errichten. Die Verwandtschaft der einzelnen Handwerke hinsichtlich des Materialverbrauchs ist viel größer, als man gemeinhin annimmt. Der Schreiner, der Tüncher, der Buchbinder und andere Gewerbe brauchen z. B. Leim. Schwieriger gestaltet sich bei einer aus Mitgliedern verschiedener Gewerbe zusammengesetzten Einkaufsgenossenschaft die Verteilung des Gewinnes aus den verschiedenen Waren. Ich selbst habe in einer kleinen Kreisstadt eine Handwerkergenossenschaft gegründet, deren Mitglieder hauptsächlich aus Schreinern und Tünchern bestehen. Nun kamen seinerzeit die Schreiner und sagten: am Holz wird Geld verdient, da brauchen wir die Tüncher nicht zum Mitverdienen. Umgekehrt sagten die Tüncher dasselbe von Bleiweiß und Leinöl. Wir helfen uns, indem wir in den betr. Zirkularen den Genossen für jede einzelne Ware eine Rabattgutschrift brutto angeben. Der endgültig auf eine Ware zu gewährende Rabatt kann natürlich erst nach Fertigstellung der Bilanz genau angegeben werden; denn auch wir können das Fell des Bären doch nicht verteilen, ehe wir ihn haben; außerdem ist die Gewährung eines Gewinnes vor genehmigter Bilanz nach dem Genossenschaftsgesetz unzulässig.

Ich komme nun zu einem andern Punkte, nämlich dem Umstande, daß unserem Handwerkerstande oft die kaufmännische Ader abgeht, sein eigenes Geschäft, geschweige denn eine Genossenschaft kaufmännisch zu leiten. Deshalb kann der Staat auch vom genossenschaftlichen Standpunkte nicht genug für die Vorbildung der Handwerker tun. . . .

Zur Schulung auf kaufmännisch-genossenschaftlichem Gebiete hat man, wie Sie wissen, Lehrkurse für die Handwerker eingerichtet, meines Wissens in Berlin, Stuttgart und Frankfurt a. M. Ich selbst habe den letzteren Kursus in Frankfurt a. M. von A bis Z mitgemacht, um die Sache zu studieren, und ich bin befriedigt von dort zurückgekehrt. Nun meinte der Herr Anwalt in seinem Bericht, diese Kurse müßten für Vorstands- und Aufsichtsratsmitglieder anders eingerichtet sein, als für die Handwerker selbst, die nur Genossen sein wollen. . . .

Ein weiteres Förderungsmittel ist im Badischen Landtage gelegentlich der letzten Session in Vorschlag gebracht worden. Der Abgeordnete Hofmann hat den Wunsch ausgesprochen, die Regierung möchte der Großh. Landesgewerbehalle einen Beamten für das Genossenschaftswesen beigeben, der das Genossenschaftswesen durch und durch kennt, der Vorträge halten und bei Gründung von Genossenschaften an die Hand gehen, sogar die Bücher anlegen könnte. Der Herr Minister, Exzellenz Dr. Schenkel, hat darauf geantwortet, es wäre eine erwägenswerte Frage, ob man nicht an der Landesgewerbehalle eine solche Persönlichkeit anstellen sollte, welche insbesondere auf dem Gebiete der praktischen Wirtschaftspolitik ausgebildet ist. . . .

Wir haben trotzdem in Baden ein pekuniäres Förderungsmittel. Das Ministerium des Innern gibt eine Prämie, wo Handwerkergenossenschaften gebildet werden. Nun ist die Bildung eines eigenen Kapitals eine heilige Aufgabe jeder Genossenschaft; aber selbst, wenn der idealste genossenschaftliche Geist in einer Neugründung wirksam wäre, so ist für den Anfang doch kein eigenes Kapital vorhanden. Um über die ersten Schwierigkeiten hinweg zu kommen, gewährt das Ministerium des Innern eine Prämie und bezeichnet diese Prämie als eine solche zur Aufmunterung. Ob es angezeigt ist, eine größere Aufmunterungsprämie bei uns bis zu 500 Mk. gleich am Anfange zu geben, möchte ich dahingestellt sein lassen. Eine Staatsprämie kann nur der verdienen, der schon etwas geleistet hat, das ist durch die vollzogene Tatsache der Gründung nicht der Fall. Wie sich die Sache weiter entwickeln wird, vermag ich natürlich nicht zu sagen; aber es sind Erwägungen nach dieser Hinsicht angeregt, die auch den auf dem Standpunkte der Selbsthilfe Stehenden befriedigen dürften. . . .

Ich habe Gelegenheit gehabt, an der Einkaufsgenossenschaft einer süddeutschen Zwangsinnung Kritik zu üben. Dort hatte man Anteile von 50 Mark bei einer weiteren Haftsumme von 50 Mark zugelassen, und ein Erwerb von 10 Anteilen, was selten vorkommt, war gestattet. Daß man mit solch niederen Haftsummen keinen den Bedürfnissen der Genossen genügenden Betrieb eröffnen kann, darüber besteht bei der Versammlung wohl kein Zweifel. Bei den Genossen selbst entsteht Unzufriedenheit mit der Genossenschaft, sie machen nicht den einzelnen Fehler, sondern das System verantwortlich. Das bedeutet eine Schädigung für das ganze Genossenschaftswesen. Der Herr Vertreter aus Österreich, Anwalt W r a b e tz , hat vorhin ausgeführt, daß dort die Handwerker bei der Genossenschaftsbildung sich nicht genügend mit eigenem Kapital engagieren wollen. Ihm möchte ich darum zurufen: „Tout comme chez nous!“ Die Vertreter des Handwerks dürfen nicht denken, daß dem Handwerk Fernerstehende dem Handwerkergenossenschaftswesen Vertrauen entgegenbringen, wenn sie selbst es nicht tun. Bezüglich der Bestrebungen der Innungen und anderer gewerblicher Vereinigungen gilt auch der Satz: „Alles fließt“, und auch die Handwerker müssen sich in den Fluß des Geschehens stellen und nach und nach wirtschaftliche Bestrebungen an erste Stelle setzen und in ihre genossenschaftlichen Aufgaben hineinwachsen. Schulze-

Delitzsch hat recht, wenn er seinerzeit sagte: „Die Genossenschaft ist die Innung der Zukunft!“ . . .

Mager (Berlin), Vorsitzender des Hauptverbandes deutscher gewerblicher Genossenschaften: Wenn gerade Ihr großer Verband diese Frage auf die Tagesordnung gesetzt hat, so ist das gewiß sehr zeitgemäß und hoch dankenswert. Ich darf sowohl für mich persönlich wie für den Vorstand des Hauptverbandes deutscher gewerblicher Genossenschaften sagen, daß wir uns bereits am 13. und 14. Mai d. Js. auf diese prinzipiellen Grundsätze, die Sie hier niedergelegt haben, festgelegt haben, und ich darf weiter sagen, daß wir auf die wichtigsten Punkte, die hier in Betracht kommen, Ansprüche, die man an die Selbsthilfe und die Betätigung der Selbsthilfe stellen soll, den allergrößten Wert legen. . . . Auf der Konferenz im Mai 1904 mit den Vertretern der deutschen Handwerks- und Gewerbekammern haben wir diesen Punkt vorangestellt: Ansprüche, die wegen der Einzahlung der Geschäftsanteile gestellt werden müssen, und weiterhin haben wir den Grundsatz vertreten, daß es besonders im Genossenschaftswesen nicht richtig ist, Ansprüche zu stellen, die dahin gehen, vom Staate alles zu verlangen. Ich habe Gelegenheit gehabt, in Handwerkerkreisen auszuführen: die Herren, die für eine Genossenschaft um ein unverzinsliches oder billiger verzinsliches Staatsdarlehn von 2000 Mark petitionieren, mögen sich doch einmal erst ausrechnen, daß z. B. 2 Proz. von 2000 Mark 40 Mark ausmachen, daß also eine Genossenschaft, die vorher existenzberechtigt war, auch existenzberechtigt bleibt, wenn sie diese 2000 Mark Staatsdarlehn nicht bekommt. Meiner Auffassung nach ist es ungeschäftlich und einer Genossenschaft unwürdig, wegen einer so geringen Beihilfe durch viele Instanzen zu petitionieren. Ich glaube, es ist hier wesentlich, daß man in gewissenhafter Weise Aufklärung in die weitesten Handwerkerkreise darüber trägt, was man von der Genossenschaft erwarten kann und darüber, welche Leistungen von den Mitgliedern einer Genossenschaft zu fordern sind, und ich kann sagen, daß ich in meiner kurzen Tätigkeit für eine derartige Auffassung der genossenschaftlichen Grundsätze auch Verständnis in diesen Kreisen gefunden habe. . . .

Ich möchte dann ausdrücklich betonen, daß ich gegen die Resolution des Herrn Anwalts, besonders nach den Ausführungen des Herrn Berichterstatters, nicht den geringsten Einwand erheben kann. . . . Ich möchte vorausschicken, daß, wenn ich von einer Propaganda in bezug auf Handwerkergenossenschaften spreche, ich dreimal Vorsicht dringend empfehle. . . .

Wenn wir auf der ersten Konferenz mit den Vertretern der Handwerks- und Gewerbekammern keine Beschlüsse gefaßt haben, so ist es geschehen, um auch die schwierigsten Punkte zur Diskussion zu stellen und eine spätere präzise Beschlußfassung vorzubereiten. Auch glaube ich annehmen zu dürfen, daß, wenn eine Abstimmung in dieser Konferenz überhaupt in Aussicht genommen gewesen wäre, alle wesentlichen Grundsätze mit überwiegender Mehrheit angenommen worden wären. Gerade auf Ihrer diesjährigen Tagung sind so schöne Berührungspunkte mit Ihnen gefunden worden, und ist so viel Verständnis für Ihre Organisation aus Kreisen bekundet worden, von denen Sie dieses offenbar nicht ohne weiteres erwartet haben. Wenn Sie den Hauptverband so auffassen wollen, daß er genossenschaftlich arbeiten will, so wird das eines Teils keine Mißwirtschaft im Genossenschaftswesen zeitigen, und anderen Teils wird unsere Arbeit darauf hinauslaufen, die Idee der genossenschaftlichen Durchbildung der Massen verwirklichen zu helfen. Wir sind in unseren Auffassungen über Genossenschaftswesen in bezug auf Politik und Konfession ebenso vorurteilsfrei wie Sie, und trotzdem würde manche Genossenschaft, auch wenn unser Verband nicht bestände, nicht zu Ihnen kommen. Hier muß dem Geschmack auch ein klein wenig Raum bleiben. Wenn Sie von solchen Gesichtspunkten aus den Hauptverband der gewerblichen Genossenschaften auffassen wollen, so wird uns das für unser ferneres Arbeiten nur begeistern können.

Hartmann (Görlitz): Gestatten Sie mir als dem Vertreter der Schuhmacher-Rohstoffgenossenschaft in Görlitz, Ihnen einige Erfahrungen mitzuteilen. . . .

Unsere Rohstoffgenossenschaft hat mit geringen Mitteln angefangen. Es waren 7 Mann und würden unter den heutigen Verhältnissen wohl schwerlich mit einem so winzigen Kapital anfangen. Es sind auch immer einige darunter, die nicht aushalten und sich dann zurückziehen. Nun werden auch Waren angeschafft, die nicht immer gleich weggehen, und daher muß darauf hingearbeitet werden, daß das Lager nicht allzu groß wird. Das Eintrittsgeld betrug bei uns 15 Mark, und im Laufe der weiteren Monate mußten 60 Mark eingezahlt werden; diese bildeten den Anteil. Nun traten auch Zeiten ein, wo es nicht immer so vorwärts gehen wollte, und da haben wir uns immer gefragt: was können wir machen, um neues Leben in die Sache hineinzubringen? Wir haben dann den Eintritt so billig wie möglich gemacht, bis auf 3 Mark herabgesetzt, um neue Mitglieder heranzuziehen. Es ist nicht so leicht, mit Handwerkern zu arbeiten, sie sind vielfach schwerfällig und oft der Hemmschuh in der Entwicklung. Nun hatten wir die unbeschränkte Haftpflicht, und es sagten uns manche Kollegen: wir würden gern bei euch eintreten, wenn ihr nicht die unbeschränkte Haftpflicht hättet. Daraufhin haben wir nun unsere Genossenschaft in eine mit beschränkter Haftpflicht umgewandelt und wir bekamen dann frischen Zuzug. Wir gingen dann in den 90 er Jahren in Umsatz wie an der Mitgliederzahl etwas zurück, sind aber in den letzten Jahren wieder höher hinaufgegangen. Wir sind in der Lage gewesen, bis 8 Proz. Einkauf-Dividende zu geben. Das Kapital wuchs und wir sind jetzt in der Lage, nur mit eigenen Mitteln zu arbeiten. Nun wird hier das Prinzip der Barzahlung empfohlen. Es ist ja richtig, der Einkauf der Handwerker soll möglichst bar erfolgen; aber gerade unter den Schuhmachern gibt es sehr viele Unbemittelte, die Borgwirtschaft ist sehr ausgebildet, und der Schuhmacher muß von allen Handwerkern am längsten aufs Geld warten.

Dr. Crüger: Meine Herren, es herrschte eine wohl seltene Einmütigkeit bei der Erörterung der vorliegenden Frage, nicht bloß hinsichtlich der Grundsätze selbst, sondern auch hinsichtlich der Begründung der Grundsätze. Eine solche Einmütigkeit wäre an sich nichts Auffallendes, wenn wir nur unter uns die Ansichten ausgetauscht hätten; aber wir haben von Vertretern anderer Organisationen die gleichen Ansichten vernommen, so insbesondere von Herrn Bankinspektor Mager, dem Vorsitzenden des Hauptverbandes gewerblicher Genossenschaften. . . .

Meine Herren, außerordentlich interessant waren die Ausführungen meines Kollegen und Freundes Wrabetz; sie waren auch außerordentlich wichtig; denn diese österreichische Gewerbeförderungsaktion spukt auch seit 3 Jahren in Deutschland, hervorgerufen durch den Antrag Trimborn im preußischen Abgeordnetenhause. Da glaubten gewisse Leute, es würde uns etwas neues geboten, obgleich wir eine ähnliche Gewerbeförderungsaktion z. B. in Bayern, im Gewerbemuseum in Nürnberg haben. Ich habe mich damals im Abgeordnetenhause in demselben Sinne ausgesprochen, wie es heute von meinem Freunde Wrabetz geschehen ist, ich habe auch betont, daß es für den Staat auf die technische Ausbildung der Handwerker ankomme, das Genossenschaftswesen aber solle man aus der Gewerbeförderungsaktion ausschließen. Es wurde damals viel Aufhebens gemacht von den Erfolgen, die man auf dem Gebiete des Genossenschaftswesens in Österreich durch die Gewerbeförderungsaktion erzielt habe. Ich habe meine Zweifel bestätigt gefunden durch die Lektüre der von Herrn Wrabetz herausgegebenen „Genossenschaft", und heute hören wir es aus seinem eigenen Munde. Einer der Herren hat bei anderer Gelegenheit, bei Schilderung österreichischer Verhaltnisse gesagt: tout comme chez nous, — das gilt auch hier. . . . . .

In einigen Berichten der Handwerkskammern ist zu lesen, daß die Handwerker nicht imstande seien, die Geschäftsanteile von einigen hundert Mark bei der Genossenschaft zu bilden. Mein Urteil über diese Auffassung mag hart klingen, aber ich halte für nötig, es auszusprechen: man glaube doch nicht, daß die Handwerkergenossenschaften für jeden Handwerker ohne Ausnahme passen! Der Handwerker, der nicht imstande ist, die paar Mark zum Geschäftsanteil zu leisten, ist für die Genossenschaft nicht geeignet, dessen wirtschaftliche Selbständigkeit wird durch die Genossenschaft niemals herbeigeführt werden. Es ist das nichts neues; das hat Schulze-Delitzsch schon in den 50er Jahren in seinem Assoziationsbuch dargelegt.

In allen Berichten — es ist das auch auf der Konferenz der Kammern zum Ausdruck gekommen — wird behauptet: nur die Genossenschaft mit beschränkter Haftpflicht kann von den Handwerkern gewählt werden. Weswegen mit einer solchen Bestimmtheit einen derartigen Leitsatz aufstellen! Man sucht sich um die unbeschränkte Haftpflicht herumzudrücken, man scheut das Risiko. Das ist ein Moment, das bei der Förderung des Handwerkergenossenschaftswesens eine große Rolle spielt. Man will die Genossenschaft, scheut sich aber, das Risiko der Genossenschaft auf sich zu nehmen. Und wenn man fragt, weshalb jede Genossenschaften nicht prosperieren, so ist die Antwort außerordentlich einfach: weil man in jenen Kreisen alle Vorteile von der Genossenschaft erwartet, ohne auch die strengen Pflichten als Genossenschafter in den Kauf zu nehmen.

Was wir von Herrn Lohr gehört haben, wollen wir uns merken. So spricht jemand, der den Auftrag der Regierung hat, auf den Allgemeinen Genossenschaftstag zu kommen. Wenn wir solche Grundsätze vertreten, dann heißt es immer in den Kreisen der Handwerker: ihr seid die berufsmäßigen Vertreter der Selbsthilfe, ihr seid Gegner der Staatshilfe, ihr seid veraltet! Ich freue mich, daß wir die Bestätigung unserer Anschauungen durch einen Herrn bekommen haben, der vollständig unabhängig unserer Organisation gegenübersteht, und hoffe, daß seine Worte Beachtung und Berücksichtigung finden werden.

Nun sind eine unglaubliche Menge Schwierigkeiten bezüglich der genossenschaftlichen Organisation unter den Handwerkern in den Vordergrund geschoben worden, daß der Glaube erweckt werden könnte, daß eine solche Organisation keine gute Zukunft haben kann. Ich meine, so groß die Schwierigkeiten auch sind, die Handwerker, für die die Organisation bestimmt ist, werden auch über alle diese Schwierigkeiten hinwegkommen; sie liegen nicht im System, sie liegen in der Sache. Daß diese Schwierigkeiten überwunden werden können, dafür haben wir den Beweis in Dutzenden von Genossenschaften, die nach richtigem System gegründet sind, die heute prosperieren, denen Handwerker als Mitglieder heute eine befestigte Existenz zu verdanken haben.

Es ist ungefähr 12 Jahre her, da haben sich die Handwerkertage direkt gegen die genossenschaftliche Organisation ausgesprochen. Wenn man heute den Bericht über die Konferenz des Hauptverbandes liest, so ist man erstaunt, mit welchen geringen Erfahrungen und Kenntnissen die Handwerker an die Bildung von Genossenschaften herangehen, welche Ausführungen da von berufsmäßigen Vertretern des Handwerks gemacht werden; sie zeigen, daß in jenen Kreisen es an allem fehlt, was man als Vorbedingung einer Genossenschaft ansieht. . . .

Die Staatshilfe auf dem Gebiete der Ausbildung der Handwerker wünsche ich in weitestem Umfange. Der Handwerker muß heute technisch und kaufmännisch ausgebildet sein: hierbei verlangen wir die weitgehendste Staatshilfe. Es ist daher vollkommen falsch, wenn man sagt: wir und speziell meine Wenigkeit wären Gegner der Staatshilfe. Wir sind nicht prinzipielle Gegner der Staatshilfe, wir wollen sie nur nicht am unrichtigen Orte. Aber auf dem Gebiete der Ausbildung der Handwerker in der verschiedensten Weise — die Herren Vorredner haben das schon so vortrefflich ausgeführt —, da mag der Staat mit Subventionen eintreten im weitesten Umfange; da soll man nicht die Last auf die Handwerkskammern abschieben; da soll der Staat mit seinen reichlichen Mitteln einspringen, damit das Handwerk in die Lage versetzt wird, dem heutigen modernen Bedürfnis entsprechend zu produzieren. Herr Ruetz, der Fachmann ist, hat gesagt, wie es heute viele Instrumente gibt, die den Handwerker befähigen zu arbeiten nach der im Großbetriebe üblichen Art. Aber wie lernt dies denn der Handwerker? Wir haben ja ein paar Meisterkurse in Hannover, in Cöln. Die genügen selbstverständlich nicht: man kann nicht vom Handwerker verlangen, daß er von Königsberg nach Hannover reist, um an den Meisterkursen teilzunehmen. Nein, in die östlichen Provinzen muß man derartige Kurse verlegen. Es wird auch gesagt, man solle nicht glauben, daß man damit erhebliches erreicht. Ja, versuche man es aber erst einmal. Es wird ja nicht jeder Handwerker in der Lage sein, mit allem notwendigen Werkzeug kunstgerecht die Werkstatt auszugestalten, ebensowenig wie jeder Handwerker mit Hilfe der Genossenschaft zum Wohlstand gelangt; aber die Möglichkeit muß doch geschaffen werden, daß die Handwerker nach der technischen wie kaufmännischen Seite sich auszubilden imstande sind.

Wir haben in Kreuznach ausgesprochen: wir wünschen, daß Genossenschaftskurse veranstaltet werden, — und heute werden sie veranstaltet. Aber häufig freilich stehen zweifellos nicht die geeigneten Leiter an der Spitze, es werden nicht die richtigen genossenschaftlichen Grundsätze vertreten.

Als ich jenen Antrag in Kreuznach einbrachte, wurde mir von verschiedenen genossenschaftlichen Freunden gesagt: wer weiß, ob die Durchführung jenes Beschlusses überall zu unserer Freude ausfallen wird. Ich habe heute die Empfindung, als wenn es nicht überall so ist, wie es sein sollte; im übrigen freue ich mich aber, daß nach dieser Richtung hin vollständige Übereinstimmung zwischen Herrn Bankinspektor Mager und uns zu bestehen scheint, und ich darf nach dem heutigen Meinungsaustausch annehmen, daß die Grundsätze, wie sie hier von uns vertreten werden, auch in jenen Kreisen zur Verwirklichung gelangen werden. . . .

Schumacher (Stuttgart): . . . Ich möchte ferner noch bemerken, daß jede Gründung, jedes Unternehmen ein Risiko stets in sich trägt, und bei Genossenschaften täuscht man sich gar oft recht sehr. Genossenschaften, die man für weniger entwickelungsfähig hält, entwickeln sich ausgezeichnet, während solche, in die man alle Hoffnungen setzte, zurückbleiben. Hier kommt eben die Tatsache wieder zur Geltung: „Die Genossenschaft ist eine Personenfrage" und aus diesem Grunde habe ich gegen die Einschaltung, wie sie der Herr Vertreter aus Cassel vorschlägt, nichts einzuwenden. . . .

Ich hoffe, daß diese Verhandlungen dazu beigetragen haben werden, daß seitens unserer Kreditgenossenschaften vermehrtes Augenmerk und Wohlwollen dem Handwerkergenossenschaftswesen entgegengebracht wird.

Die einzelnen Punkte des Antrages werden hierauf mit der von Ruetz (Cassel) zu 1 vorgeschlagenen Einschaltung wie folgt einstimmig angenommen:

1. Bei der Gründung ist die Bedürfnisfrage und die Lebensfähigkeit zu prüfen, die Mitwirkung einiger erfahrener, zur Geschäftsleitung geeigneter Personen sicher zu stellen und nur, wenn diese Fragen aller Voraussicht nach bejaht werden können, ist zur Gründung zu schreiten.
2. Es ist nach erfolgter Gründung darauf hinzuwirken, daß namentlich bei Rohstoff-, bei Ein- und Verkaufsgenossenschaften anfänglich der Geschäftsbetrieb innerhalb der durch die tatsächlichen Verhältnisse bedingten Grenzen gehalten wird und erst allmählich Hand in Hand mit dem Wachsen des eigenen Betriebskapitals einen immer größeren Umfang annimmt.
3. Das Prinzip der Barzahlung ist als eine der wesentlichsten Grundlagen der Handwerkergenossenschaften zu betrachten und durchzuführen.
4. Die einzelnen Genossenschaftsarten sind namentlich bei der Gründung streng auseinanderzuhalten.
5. Stets ist zu beachten, daß diese Genossenschaften niemals ihren Geschäftsbetrieb auf die Aufgaben einer Kreditgenossenschaft erstrecken dürfen.

## II.

# Verkaufsgenossenschaften.

Der Allgemeine Genossenschaftstag Frankfurt a. M. (1908) erklärt:

Die auf dem Allgemeinen Genossenschaftstage in Breslau im Jahre 1904 zum Beschluß erhobenen Grundsätze für die gewerblichen Genossenschaften erhalten für die Verkaufsgenossenschaften folgende Ergänzungen:

1. **Liegt die Notwendigkeit vor, ein geeignet ausgestattetes Verkaufslokal zu unterhalten, so ist auch die Bildung eines möglichst hohen eigenen Kapitals unbedingt notwendig.**
2. **Erzeugnisse, deren Absatz vom Geschmack des kaufenden Publikums abhängig ist (Möbelbranche), sollen in der Regel nicht käuflich (zu Eigentum) durch die Genossenschaft erworben werden. Der Verkauf der Genossenschaft für die Mitglieder soll vielmehr in Kommission geschehen. Wenn die Verhältnisse es erfordern und die Mittel der Genossenschaft es gestatten, ist eine mäßige Beleihung der eingelieferten Waren zuzulassen.**
3. **Es ist darauf zu achten, daß nur durchaus gute und gangbare Waren in das Magazin eingeliefert werden. Durch Geschäfts- und Branchekenntnis sowie strengste Unparteilichkeit müssen ganz besonders die Mitglieder der Verwaltung sich auszeichnen, die über die Aufnahme von Waren in das Magazin und Verteilung der Bestellungen unter die Mitglieder zu entscheiden haben.**
4. **Nach Möglichkeit ist gegen Barzahlung zu verkaufen. Erfolgt der Verkauf auf Kredit, so ist festzustellen, ob die Genossenschaft oder das Mitglied, dessen Ware verkauft ist, das Risiko zu tragen hat.**
5. **In der Geschäftsordnung ist besonders festzustellen:**
   a) **welche Grundsätze bei der Aufnahme der Waren in das Magazin zu beobachten sind, welche Personen über die Aufnahme zu entscheiden haben;**

b) **welche Bedingungen hinsichtlich der Bezahlung oder der Beleihung der Waren gelten sollen;**

c) **nach welchen Grundsätzen die Verteilung von Aufträgen, die bei der Genossenschaft eingehen, unter die Mitglieder erfolgt.**

Schumacher (Stuttgart): Mit der Begründung der Ihnen vorliegenden Thesen, die bei Errichtung und Geschäftsführung von Magazingenossenschaften maßgebend sein sollen, begeben wir uns auf das Gebiet der Handwerkergenossenschaften. Wiederholt wurde in den letzten Jahren auf den Allgemeinen Genossenschaftstagen dieses Gebiet behandelt; auf dem Genossenschaftstag in Cassel im Jahre 1906 wurde u. a. in der andauernden Debatte, die mein Referat über Erfahrungen mit den Handwerkergenossenschaften hervorrief, beantragt man solle die Frage der Handwerkergenossenschaften künftig mehr den Unterverbandstagen zur Behandlung überweisen, weil dort stets ein engerer Bezirk vertreten und daher auch die Verhältnisse einheitlichere seien und weil dort die Möglichkeit bestehe, eine größere Anzahl in Kreditgenossenschaften tätiger Männer mit diesen Fragen vertraut zu machen.

Man ging dabei von der ganz richtigen Ansicht aus, daß eben meist ,wo es sich um Handwerkergenossenschaften handelt, von den beteiligten Kreisen bei erfahrenen Genossenschaften Rat und Auskunft eingeholt wird und daß man in erster Linie zu den erfahrenen Genossenschaftern unsere bewährten Leiter der Kreditgenossenschaften zählen muß.

Wenn nun der Herr Anwalt trotzdem die Leitsätze für Magazingenossenschaften auf die Tagesordnung des Allgemeinen Genossenschaftstages gesetzt hat, so soll gewiß damit keineswegs gesagt sein: „Jetzt, deutsches Handwerk erhebe dich und gründe Magazingenossenschaften." Nein, es kann nur Absicht des Herrn Anwalts sein, das Wesen der Magazingenossenschaften und die für die Leitung und Geschäftsführung derselben maßgebenden Grundsätze zur Sprache zu bringen, und so einen Erfahrungsaustausch zu ermöglichen, der eventuell auch Kritik an den bereits vorliegenden Leitsätzen ausübt.

Über Handwerkergenossenschaften im allgemeinen wurde schon oft auf unsern Tagungen referiert; über Magazingenossenschaften im besonderen hat sich noch keiner der Allgemeinen Genossenschaftstage geäußert, und schon deshalb ist es angezeigt, eine Aussprache herbeizuführen; anderseits ist aber auch nicht zu verkennen, daß die Verkaufsgenossenschaften in den letzten Jahren eine gewisse Bedeutung erreicht haben.

Die Blätter für Genossenschaftswesen brachten im Jahre 1907 in Nr. 11, 12, 14, 15 und 17 eine Artikelserie über Magazin- bezw. Verkaufsgenossenschaften; diese Aufsätze behandelten das von Herrn Dr. Crüger bei Verkaufsgenossenschaften eingeholte Material, und beim Studium dieser interessanten Artikel findet man, daß gerade mit jenen Aufsätzen die Leitsätze, die heute zum Beschluß erhoben werden sollen, bereits begründet sind.

Ich will deshalb auf jene gediegenen Aufsätze besonders verweisen und die Begründung der Leitsätze, soweit dies möglich ist, mit Erfahrungen aus der eigenen Praxis durchführen.

Wohl wurden die ersten Versuche genossenschaftlicher Art in Deutschland durch Einkaufsgenossenschaften gemacht, aber dennoch beriet man zu gleicher Zeit, ob es nicht angezeigt wäre, Gewerbehallen, Industriehallen zur Ausstellung und zum Verkauf der Handwerksprodukte in den Städten zu errichten und so einen rentablen Absatz zu erzielen. In einem Beitrag zur Entstehungsgeschichte unserer Genossenschaften hat u. a. Herr Dr. Schneider im Jahre 1898 in den Blättern für Genossenschaftswesen speziell über die Anfangsbewegung in Preußen wertvolle Angaben geliefert. Wir sehen gerade dort, wie im Jahre 1848 unter den mannigfachen Vorschlägen und Petitionen, die der Regierung unterbreitet wurden, behufs Besserstellung des damals bedrohten Handwerks, gerade die Absatzfrage einen großen Raum einnimmt. Die Beschaffung des Lokals zur Ausstellung und zum Verkauf der Erzeugnisse wurde damals teils durch den Staat, teils durch die Gemeinden von den Gewerbebetreibenden begehrt, teils aber auch durch eigene Mittel zu erreichen gehofft. Wieder andere Petitionen wollten die Industriehallen nur durch die Innungen errichtet und geführt wissen; nur wenn diese hierzu außerstande seien, soll der Gewerberat gehalten sein, auf geeignete Art zu vermitteln, daß die Stadtgemeinden, welche an dem Aufblühen der Gewerbe ein großes Interesse haben, hilfreiche Hand leisten.

Nicht anders verhielt es sich in Süddeutschland. Das Material über die ersten Jahre genossenschaftlicher Versuche, das mir speziell aus Württemberg zur Verfügung stand, läßt deutlich erkennen, daß man auch hier zunächst der Absatzfrage das größte Interesse entgegenbrachte, die Anfänge beginnen hier mit der Gründung der Gewerbevereine, die selbst in kleinen Städten Gewerbehallen errichteten und teilweise unterstützten; zum Teil traten auch die Gemeinden unterstützend bei.

Zweck dieser Gewerbehallen war, bezw. ist heute noch, die am Platze verfertigten Waren in einem würdigen Lokale ausstellen und auch absetzen zu können; zu Kaufhäusern sollten sich diese Gewerbehallen entwickeln, in denen die Käufer die verschiedensten Artikel, namentlich in der Möbelbranche, gleich wie in einem Warenhause beisammen finden. Die erhoffte Entwicklung blieb aus; man sah und sieht heute noch, daß es an so vielen Dingen fehlt, die zu einer gedeihlichen Entwicklung nötig sind. Diese ersten Versuche genossenschaftlicher Arbeit bestanden in ihrem Innern aus einem lockeren Gewebe, eingetragene Genossenschaften waren es nicht; sie konnten sich späterhin auch meist nicht entschließen, sich zu einer eingetragenen Genossenschaft zu erheben, und so konnte man bemerken, wie eine Verkaufsvereinigung um die andere langsam verschwindet, man sieht, auch wenn man noch so sehr von der guten

Wirkung des Ratschlages „Verkaufet gemeinsam" überzeugt ist, daß die Absatzfrage eine besonders schwierige und daß zur Leitung von Verkaufsgenossenschaften ganz besonders ausgeprägter genossenschaftlicher Sinn erforderlich ist.

Eine strenge Scheidung der Genossenschaften nach den verschiedenen Zwecken, denen sie dienen, ist nicht möglich; eine Werkgenossenschaft kann sich je nach der Branche und je nach den Verhältnissen neben ihrem Hauptzweck auch noch mit dem Einkauf der Rohstoffe oder mit dem Verkauf fertiger Ware befassen.

Für diese Genossenschaften kommen indes die Leitsätze für Verkaufsgenossenschaften gerade so in Betracht, wie im allgemeinen die in Breslau im Jahre 1904 zum Beschluß erhobenen Thesen für die Handwerkergenossenschaften auch für Magazin- und Verkaufsgenossenschaften Anwendung finden müssen.

Obenan steht bei den Magazingenossenschaften die Möbelbranche. Der Käufer will die Waren fertig sehen, und stehen sie in einem hübschen Lokal, dann kommt die Ware besser zur Geltung, und ist mit einem Wort leichter verkäuflich. Dabei ist allerdings vorausgesetzt, daß der betreffende Platz überhaupt die Möglichkeit bietet, soviel Absatz zu erzielen, daß die Unkosten gedeckt werden. In der Regel täuscht man sich hierin an kleinen Plätzen und man hat dann Gelegenheit, zu konstatieren, daß die Genossenschaft eingegangen ist, ohne aber dadurch das deutsche Genossenschaftswesen erschüttert zu haben.

Bevor an die Errichtung einer Magazingenossenschaft geschritten wird, ist anderseits zu prüfen, ob der voraussichtliche Absatz fertiger Waren von den Mitgliedern auch gedeckt werden kann; namentlich im Sommer während der Bauzeit sind leere Magazine anzutreffen, die Mitglieder sind mit Bauarbeiten beschäftigt, liefern deshalb nichts in das Magazin, die alten Ladenhüter sind die einzigen Repräsentanten des Verkaufslokals und so wird sich bald im Publikum die Genossenschaft keines guten Rufes zu erfreuen haben. Gerade bei solchen Vereinigungen wird stets der Beweis geliefert, daß eine Möbelverkaufsgenossenschaft ein Ding der Unmöglichkeit ist, wenn den Mitgliedern maschinelle Einrichtungen fehlen.

Zweifellos wurden die meisten gesunden Verkaufsgenossenschaften im Metzgergewerbe in den letzten Jahren ins Leben gerufen. Von den Gewerbetreibenden geplant und erwogen aber werden die meisten Verkaufs- bezw. Magazingenossenschaften in der Holzbearbeitungsbranche; meist schließen sich diesen Genossenschaften auch noch die Tapeziermeister an. Ich behandle gerade die Fragen, die sich bei Gründung und Einrichtung von Magazingenossenschaften in dieser Branche sofort aufdrängen deshalb, weil bei keiner anderen Verkaufsgenossenschaft so viele Schwierigkeiten überwunden werden müssen.

In einer Stadt, sagen wir von 40 000 Einwohnern, hatten die Schreinermeister seither vollauf zu tun, eine große Möbelfabrik errichtet in bester Lage ein Magazin und läßt es, nebst vielleicht noch einigen Möbelhändlern, nicht an der nötigen Reklame fehlen. Die Läden sind hübsch eingerichtet, ganze Zimmer sind ausgestellt, das Publikum findet seinen seitherigen Lieferanten in der Nebengasse nicht mehr, er wird allmählich genötigt, seinem Totengräber selbst um billiges Geld zu liefern, und diese Verhältnisse sind es, die zum Denken Anlaß geben, zum Nachdenken über einst und jetzt, und einzusehen, daß nur durch Zusammenschluß mangels des hinreichenden eigenen Kapitals die Möglichkeit gegeben ist, mit der gleichen Waffe zu kämpfen, ebenfalls in guter Lage ein Verkaufslokal einzurichten, das, schon früher eingerichtet, jedenfalls Veranlassung gewesen wäre, eine weitere Konkurrenz abzuhalten.

Ohne schon im Anfang an den Erwerb eines eigenen Hauses zu denken, ist es doch klar, daß gut ausgestattete Verkaufsräume an einem Erfolg in dieser Branche wesentlich mitwirken; ist daher der Anfang auch noch so bescheiden, so empfiehlt es sich doch, den Geschäftsanteil möglichst hoch zu bemessen, daß an der Ausstattung des Lokales keine allzu große Sparsamkeit angewendet werden muß. Selbst wenn z. B. einer Magazingenossenschaft nur Schreinermeister angehören, so dürfen in dem Verkaufslokal doch auch die übrigen zu einer vollen Wohnungseinrichtung nötigen Artikel nicht fehlen, die von diesem Gewerbe nicht angefertigt werden können.

Wir sehen also, daß es sich bei einer Magazingenossenschaft in der Möbelbranche stets um zweierlei Waren handeln wird, und zwar um Erzeugnisse der eigenen Mitglieder und um Handelsware; für den Bezug der letzteren (Spiegel, Stühle usw.) ist sofort Kapital erforderlich, und um hier das Lokal mit nicht zu geringer Auswahl ausstatten zu müssen, ist auf Erreichung eines möglichst hohen Geschäftsanteiles hinzuwirken. Man wird hier einwerfen, der hohe Geschäftsanteil ist doch überall das Steckenpferd des Allgemeinen Verbandes; demgegenüber bemerke ich schon im Voraus, daß ich auch noch an Verkaufsgenossenschaften komme, die nur eines Geschäftsanteils bedürfen, um eben die Vorschriften des Gesetzes zu erfüllen.

Wenn es sich um die Errichtung einer Magazingenossenschaft handelt, dann drängen übrigens, je ungleichmäßiger die Mitglieder in ihren Vermögensverhältnissen und in ihrer Geschicklichkeit sind, noch eine Reihe wichtiger Fragen hervor, die reiflicher Erwägung bedürfen. In der Regel treten zwei Gruppen auf. Die eine glaubt, die Beschaffung eines Verkaufslokals durch die Genossenschaft kann nur dann ihren Zweck erfüllen, wenn diese die Waren käuflich übernimmt, während die kräftigeren Mitglieder sich mit dem Verkauf in Kommission oder eventuell nach Bedarf mit mäßigen Beleihungen begnügen.

Die allerverschiedensten Einrichtungen existieren hier, und die Erfahrung hat gelehrt, daß man wenigstens im Anfang den kommissionsweisen Vertrieb der Waren pflegen und auch Beleihungen möglichst unterlassen soll. Die Mitglieder liefern die Waren ein und erhalten den Gegenwert erst nach Verkauf und nach erfolgter Zahlung, abzüglich eines bestimmten Satzes, der zur Deckung der Geschäftskosten, der Miete vereinbart ist. Auf diese Weise hat die Genossenschaft keinerlei Risiko und benötigt auch kein großes Betriebskapital, obwohl die Mitglieder, denen mit dieser Einrichtung gedient ist, in der Lage wären, auch ein größeres Betriebskapital aufzubringen.

Anders verhält es sich bei wirtschaftlich Schwächeren, die nicht in der Lage sind, ein größeres Betriebskapital aufzubringen, und deren gibt es gerade in der Möbelbranche nicht wenige. In meinem Bezirke sind Städtchen, in denen diese Gewerbe besonders stark vertreten sind; vielfach arbeiten diese Leute nur für den Händler, und kommen zu dem Produzenten Käufer, um auch zu sehen, welche Arbeiten der Meister liefert, dann fehlt irgend welcher Vorrat, irgend welche Muster. Die Leute suchen ihre Erzeugnisse sofort abzusetzen und bringen für diese Möglichkeit lieber ein erhebliches Opfer, als die Waren später, wenn auch besser, zu verkaufen.

An solchen Plätzen tritt der Wunsch nach Errichtung einer Magazingenossenschaft immer wieder hervor, aber jeweils nur in der Form, daß die Genossenschaft die Waren käuflich übernimmt, und sofort bei der Übernahme bezahlt, und diese Einrichtung birgt mannigfache Gefahren in sich. Zunächst ist hierzu sofort ein großes Kapital erforderlich, daß gerade diese Mitglieder nicht aufzubringen vermögen. Sodann ist nirgends mehr, wie bei dieser Branche, für den Absatz der Geschmack des Publikums maßgebend; geringe, billige Ware kann ebenso zu Ladenhütern werden wie ganz vorzügliche Stücke, die wegen zu hohen Preises keine Käufer finden; so entstehen mindestens starke Zinsverluste, die eine Magazingenossenschaft im Anfang nicht ertragen kann. Ein weiterer Umstand ist es, der Anlaß gibt, die käufliche Übernahme erst bei einer erstarkten Genossenschaft einzuführen. Bei aller Vorsicht kommen eben doch auch Verluste vor; ist nun die Genossenschaft Eigentümerin der Waren, deren Verkauf einen Verlust gebracht hat, dann wird konsequenterweise auch die Genossenschaft den Verlust zu tragen haben, während derselbe beim Kommissionsvertrieb dem Mitgliede, dem Verfertiger zur Last fällt. Das ist wenigstens die Regel; teilweise bestehen auch Sonderbestimmungen in der Praxis derart, daß etwaige Verluste geteilt werden zwischen Mitglied und Genossenschaft.

Jedenfalls empfiehlt es sich dringend, bevor eine Genossenschaft die eingelieferten Waren zu Eigentum übernimmt, den Weg mäßiger Beleihungen einzuschlagen.

Mehr als bei allen anderen Genossenschaftsarten muß hier betont werden: „Die ganze Sache ist eine reine Personenfrage." Die Genossenschaft muß darauf achten, daß nur solide Waren in das Magazin aufgenommen werden; das ist unbedingt erforderlich, und weil deshalb bei der ungleichen Geschicklichkeit der Mitglieder der Genossenschaft eine erzieherische Aufgabe zufällt, ist ein Erfolg abhängig von der Besetzung der leitenden Stellen. Der Vorstand einer Magazingenossenschaft in Brünn in Mähren, die ich vor einigen Jahren besuchte, erklärte: Unsere erste Arbeit und unser größter Kampf war die Erziehung zu pünktlicher, sauberer Arbeit; alle nicht flott gearbeiteten Stücke wiesen wir von Anfang an, die Unannehmlichkeit nicht scheuend, zurück und so erzielten wir einen guten Erfolg.

Einerlei, um welche Branche es sich handelt, das Publikum muß wissen, daß die Genossenschaft gar keine unsoliden Waren abgibt; welch schlechten Eindruck macht es, wenn es heißt, die Winzergenossenschaft hat wässerigen Wein, oder die Molkereigenossenschaft blaue Milch geliefert.

Die Geschäftsleiter müssen einsichtige, unparteiische Männer sein, die auch verstehen, Unannehmlichkeiten zu überwinden, Meinungsdifferenzen auszugleichen und dabei volle Branchekenntnis besitzen. Weil diese Eigenschaften vielfach vermißt werden müssen, kann wegen Erledigung der einzelnen Arbeiten eine allgemeine Regel gar nicht aufgestellt werden. Man wird, wenn geeignete Mitglieder zur Entscheidung wichtiger Fragen bezw. zur Schlichtung von Differenzen in den Aufsichtsrat gewählt sind, eine Kommission aus dem Aufsichtsrat hinzu wählen, man wird andernfalls dem Vorstand derartige Entscheidungen übertragen oder unter Umständen kann es sogar nötig werden, daß einem berufsmäßigen Geschäftsführer namentlich über Hereinnahme von Waren die Entscheidung überlassen wird.

Hieraus geht schon hervor, daß bei der Magazingenossenschaft eine Geschäftsordnung nicht umgangen werden kann; überall bestehen andere Einrichtungen, die eben den Verhältnissen angepaßt werden müssen, und deshalb kann auch keine für alle Magazingenossenschaften anwendbare Geschäftsordnung aufgestellt werden. Mit einer Änderung im Personal, sei es im Vorstand oder Aufsichtsrat oder bei den außerhalb der Verwaltung stehenden berufsmäßigen Geschäftsleuten bezw. Verkäufern, ist eventuell auch eine Änderung der Geschäftsordnung nötig. Es ist deshalb ein Fehler, wenn solche Dinge in den Statuten festgelegt werden; eine Änderung würde dann stets eine Statutenänderung herbeiführen, die so umgangen werden kann.

Wenn man Protokolle von Magazingenossenschaften durchliest, sieht man erst, welche Dinge in der Geschäftsordnung festzusetzen nötig sind und wie häufig sich Änderungen erforderlich machen.

Vor allen Dingen muß die Geschäftsordnung feststellen, welche Grundsätze bei Übernahme der Waren in das Magazin maßgebend sind, und welches Organ hier zu entscheiden hat. Dieser Punkt ist weniger schwierig, wenn es sich um Kommissionsware handelt, dagegen recht kritisch, wenn die Ware käuflich übernommen wird; dem Verfertiger einer Ware begreiflich zu machen, daß sein Produkt Mängel hat, ist nicht leicht, und weil in der Regel jeder Meister von der Vollkommenheit seiner Ware überzeugt ist, verursacht gerade dieser Punkt die meisten Unannehmlichkeiten.

In der Geschäftsführung ist ferner festzusetzen, in welcher Weise die Zahlung der eingelieferten Waren erfolgt, welche Sätze eventuell bei Beleihungen der Waren als Vorschüsse gewährt werden und bei Kommissionsware die Höhe des der Genossenschaft beim Verkauf zufallenden Prozentsatzes.

Bei käuflicher Übernahme der Waren zu Eigentum der Genossenschaft spielt namentlich auch die Festsetzung des Preises eine Rolle; entsprechend dem höheren Risiko, das hierbei die Genossenschaft übernimmt, werden in diesem Fall die Preise verhältnismäßig niedriger jeweils anzusetzen sein, wie beim Kommissionsvertrieb. Die Genossenschaft muß bei zu Eigentum erworbenen Produkten unbedingt einen höheren Nutzen erzielen, als den für Kommissionsware angesetzten Satz.

Die Festsetzung des Verkaufspreises spielt bei der Kommissionsware eine untergeordnete Rolle. In der Regel bleibt dies dem Einlieferer überlassen. Die Verkaufspreise aller Waren sind ja den Mitgliedern bekannt und so bildet sich von selbst allmählich ein ziemlich einheitlicher Preis heraus.

Ich habe übrigens die Erfahrung gemacht, daß es gut ist, wenn dem Magazinier, dem Verkäufer, auf den festgesetzten Verkaufspreis ein Spielraum je nach dem Produkt von etwa 10 Proz. abwärts gestattet wird, ohne jeweilige vorherige Genehmigung des Verfertigers. Ich erinnere ferner dabei zugleich noch daran, daß die Entlohnung des Verkäufers, also des Magaziniers, wenigstens zum Teil nach Verhältnis des Verkaufserlöses zu regeln sich aus begreiflichen Gründen sehr empfiehlt.

Wie bei der käuflichen Übernahme der Ware die Festsetzung des Kaufpreises eine wichtige Rolle spielt, so ist beim Kommissionsvertrieb die Platzfrage von einer gewissen Bedeutung, nämlich die Platzfrage innerhalb des Lokals. Eine gute Ware findet einen Käufer, auch wenn ein weniger vorteilhafter Platz zum Ausstellen gewählt wurde, nun wählt man aber für einen günstigen Platz in der Regel auch eine hübsche Ware und so kommt es, daß dem Geschäftsleiter der Vorwurf der Bevorzugung einzelner Mitglieder nicht erspart bleibt; es ist deshalb auch in der Geschäftsordnung darauf Rücksicht zu nehmen, daß in gerechter Weise gewechselt wird.

Nicht immer kann den Wünschen der Käufer sofort entsprochen werden; es werden in dem Magazin auch Bestellungen gemacht, und zwar meist unter irgend welcher Anlehnung an vorhandene Muster oder auch als Nachlieferungen zu früheren Bezügen, und hier hat die Geschäftsordnung festzustellen, in welcher Weise die Verteilung dieser Aufträge erfolgt; kurzer Hand festzusetzen, daß gleichmäßig nach einer bestimmten Reihenfolge diese Aufträge vergeben werden, geht nicht an. Bei einer Nachlieferung oder bei einer Bestellung nach einem vorhandenen Muster wird man der exakten Ausführung wegen, also aus praktischen Gründen, bei derartigen Fällen möglichst den Verfertiger des Musters beauftragen, im übrigen allerdings auf eine gerechte Verteilung bedacht sein.

Auf einen weiteren Umstand sei hierbei aufmerksam gemacht. In kleinen oder sagen wir in mittleren Städten tritt häufig der Fall ein, daß der Käufer — sei es direkt oder indirekt — erfahren hat, wer die von ihm zum Kauf gewählte Ware, die im Magazin aufgestellt ist, gefertigt hat; um die Ware billiger zu erhalten, unterläßt dieser Käufer einen Abschluß im Magazin, geht zu dem betreffenden Meister, bestellt dort die Artikel und erhält dieselben tatsächlich billiger, weil der Lieferant auf diese Weise an die Genossenschaft nichts zu entrichten hat, mithin selbst 5—10 Proz. billiger liefern kann; deshalb ist zu bestimmen, daß die Mitglieder beim Kommissionsvertrieb für direkt und indirekt veräußerte Waren den festgesetzten Satz an die Genossenschaft zu entrichten haben.

Wenn nun so alles wohlgeordnet ist und die hohen Ansprüche, die an die leitenden Personen gestellt werden, erfüllt sind, dann harren die Verkaufsbedingungen noch der Regelung. Wie überhaupt beim Handwerkergenossenschaftswesen das Pumpsystem eine gefährliche Einrichtung ist, so können namentlich Magazingenossenschaften vor Schaden nicht bewahrt bleiben, wenn nicht strenge Barzahlung beachtet wird. Die vielen Gelegenheiten, die in der Möbelbranche geboten sind, ohne jegliche Mittel oder mäßige Anzahlung ganze Einrichtungen zu kaufen, dürfen Magazingenossenschaften nicht verleiten, zu diesem System überzugehen. Eine Magazingenossenschaft ist kein Abzahlungsgeschäft. Sofern die Käufer nicht hinreichend als durchaus kreditwürdig bekannt sind, empfiehlt es sich, keine Ware abzugeben, bevor Zahlung erfolgt ist. Auf jeden Fall aber ist zu regeln, in welcher Weise Verluste gedeckt werden. Als Regel ist eingeführt, daß eigene Waren der Genossenschaft nur auf Risiko derselben abgesetzt werden, und daß Verluste, die durch den Kommissionsvertrieb entstehen, dem Verfertiger der Waren zufallen; dabei ist aber vorausgesetzt, daß der Einlieferer seinerzeit beim Absatz der Waren mit der nicht sofort erfolgten Zahlung einverstanden war.

Alle diese Einzelheiten eingehender in die Leitsätze einzukleiden, hieße Geschäftsanweisungen und Magazinordnungen aufzustellen; das kann nicht der Zweck meiner Begründung sein, und deshalb sind nur die wichtigsten Punkte in die Thesen aufgenommen.

Wie schon eingangs erwähnt, kommen diese Thesen für alle Verkaufsgenossenschaften wohl in Betracht, sind aber besonders anzuwenden in diesem Umfange bei anderen Branchen gar nicht nötig, weil im übrigen meist keine gut ausgestatteten Verkaufsräume erforderlich sind. Bei Erzeugnissen der Hausindustrie, wie namentlich in der Korbwarenbranche, gelangen die Produkte zum Versand und zwar bei mir bekannten Vereinigungen nur gegen Nachnahme; bei diesen Artikeln ist auch die käufliche Übernahme eingeführt; es gibt keine Ladenhüter, die Artikel sind mehr einheitlich und meist nach bestimmten Größen eingeteilt.

Von erheblicher Bedeutung sind indes die Verkaufsgenossenschaften im Metzgergewerbe, die noch vielfach als freie Genossenschaften existieren und die ganz erhebliche Resultate erzielen. Die Interessen dieser Genossenschaften werden vom Verbande deutscher Häuteverwertungs-Vereinigungen mit dem Sitze in Frankfurt a. M. vertreten. Der Verband versendet an seine Mitglieder monatliche Situationsberichte, die Aufschluß über die Marktlage geben, und ist bestrebt, auch die inneren Einrichtungen möglichst einheitlich zu gestalten. Gelegentlich der vorjährigen Generalversammlung in Mannheim wurden deshalb auch die Mitglieder ersucht, all ihre im Gebrauch befindlichen Formulare auszustellen.

Man kann sagen, es haben sich auf diesem Gebiet recht gesunde Prinzipien eingeführt. Die Einlieferung erfolgt meist in Kommission, und nach stattgehabtem Verkauf, der im Wege der Versteigerung durchgeführt wird, darf keine Ware abgegeben werden, bevor der Gegenwert hinterlegt ist; hier genügt ein kleiner Geschäftsanteil, und die Bedingungen für Hereinnahme der Waren wie auch die Verkaufsbedingungen sind überall ziemlich einheitlich geregelt.

Auch zahlenmäßig sind die Verkaufsgenossenschaften dieser Branche von größter Bedeutung. Die neueste Statistik des Verbandes deutscher Häuteverwertungs-Vereinigungen hat das Material von 123 Vereinigungen gesammelt, die einen Verkaufserlös von rund 47 000 000 Mark pro 1907 zu verzeichnen haben.

Es konnte bei Begründung der Leitsätze nicht meine Aufgabe sein, die Vorteile alle aufzuzählen, die eine gut geführte Verkaufsgenossenschaft den Mitgliedern bietet; außerhalb des Rahmens meiner Aufgabe lag es ferner, auf die mannigfachen Schwierigkeiten hinzuweisen, die bei jeder Branche in veränderter Gestalt auftauchen, sobald gemeinsamer Absatz irgend welcher Produkte ins Auge gefaßt wird. Erwähnen möchte ich nur, daß sofern es sich nicht um durchaus einheitliche Ware, wie z. B. bei den bereits erwähnten Häute- und Fellverkaufsgenossenschaften, handelt, die Schwierigkeiten nicht viel geringer sind wie bei den Produktivgenossenschaften, und daß daher auch hier der Wortlaut eines Beschlusses des Allgemeinen Genossenschaftstages in München betreffs Errichtung von Produktivgenossenschaften Anwendung finden kann: „An die Errichtung nur heranzutreten, wenn unter den Genossen das Maß von Einsicht und Geschäftskenntnis, Tatkraft, Fleiß und Ausdauer vertreten ist, welches zur Überwindung der Schwierigkeiten erforderlich ist."

In rein sozialer Hinsicht erinnere ich aber insbesondere daran, daß die Erzeugnisse der Hausindustrie, und hier namentlich der Korbwarenbranche, durch Verkaufsgenossenschaften abgesetzt, dazu beigetragen haben und noch dazu beitragen, daß der Hausierhandel eingeschränkt wird; hier ist noch ein großes Feld genossenschaftlicher Betätigung offen, allein wer in der praktischen Arbeit steht, der weiß, daß sich hier zu den vielen Schwierigkeiten noch ein hindernder Umstand gesellt: Die Beteiligten, denen man helfen möchte, wollen nicht geholfen haben, für sie ist in der Regel eine Ausschaltung des Hausierhandels, auch wenn ein genossenschaftlicher Absatz leicht möglich wäre, der empfindlichste Punkt, und schon deshalb werden Verkaufsgenossenschaften im Hausgewerbe in nur langsamem Tempo sich vermehren.

Herbst (Bützow): . . . Ich stehe in der Agitation für Handwerkergenossenschaften seit langen Jahren, ich habe eine Schuhmacherrohstoffgenossenschaft wiederholt revidiert und bin daher einigermaßen darüber orientiert. Zu Johanni 1908 ist dieselbe eingegangen. Sie ist mit vielem Verständnis geleitet worden, die Leute haben sich viele Mühe gegeben; aber die Allgemeinheit der Schuhmacher wollte sich, trotzdem alles gut ging, nicht anschließen. Die Genossenschaft hatte einige 20 Mitglieder. Da haben die Lederhändler gebohrt und dagegen gewühlt, sie haben beim Entstehen der Genossenschaft ihre Preise heruntergesetzt, haben dann den einzelnen größeren Genossenschaftern extra billige Preise gestellt. Das hat die Leute veranlaßt, in wenig weitsichtiger Weise von den Händlern zu kaufen, und die Genossenschaft blieb mit ihren Waren sitzen. Das Ende vom Liede war nun die Liquidation der Genossenschaft. Der Lagerhalter hatte sich bereit gefunden, alle Vorräte zu übernehmen, und so sind die Genossenschafter, wie man wohl zu sagen pflegt, mit dem blauen Auge davongekommen.

Wenn man die Gründe untersucht, die an dem Untergange dieser Handwerkergenossenschaft schuld sind, so ist es nicht die Organisation; die ist gut gewesen. Wir sehen verhältnismäßig wenig Resultate der Handwerkergenossenschaften. Ich weiß ein Mittel, welches hilft. Man will immer dem Mittelstand helfen, ihn erhalten, ihn hegen und pflegen, und wenn wir das Handwerk erhalten, erhalten wir den Mittelstand. Das beste Mittel, dem Handwerker zu helfen, ist: kauft vom Handwerker! Wenn der Handwerker seine Waren in genügender Weise absetzen kann, dann regelt sich auch die Handwerkergenossenschaft von selbst. Aber wir kaufen ja so gerne in den großen Warenhäusern, weil es sich da angenehmer kauft, die Hausfrau braucht dann nur in ein Geschäft zu gehen. Wenn wir Genossenschafter unseren Frauen sagen: Ihr müßt Euch hauptsächlich angelegen sein lassen, vom Handwerker zu kaufen. . . .

Lohr (Karlsruhe): . . . Was die Magazingenossenschaft anlangt, so ist sie auch nach unseren badischen Erfahrungen mit die schwierigste Genossenschaftsart. . . . Nur einzelnes möchte ich unterstreichen, so ganz besonders die Beleihung von Waren; dort heißt es eine „mäßige“. Ich bitte Sie, drei Striche unter die „mäßige Beleihung“ zu machen. Mancher Handwerker ist leider erst dann ein Genossenschaftsfreund geworden, als er eine mit dem Ruin kämpfende Existenz war, weil er glaubte, seinem auf den Hund gekommenen eigenen Kredit durch die Genossenschaft aufhelfen zu können. Sie sollen einmal sehen, wie ein solcher Handwerker darauf los produziert, wenn er Geld durch Beleihung seiner Waren bekommt. Lassen Sie diese Beleihung lieber ganz weg.

Bei der Magazingenossenschaft spielt ferner die Konkurrenzfrage eine große Rolle. Wir haben in Baden kurzerhand verlangt, daß in eine Magazingenossenschaft nur solche Genossen aufgenommen werden, die keinen Laden gleicher Art haben, so daß durch die eigenen Mitglieder der Genossenschaft keine Konkurrenz gemacht wird. Es ist auch schon gegenüber dem Verband badischer Handwerkergenossenschaften der Wunsch geäußert worden, bei der Gründung von Magazingenossenschaften mitzuwirken. Ich verhehle nicht, mich befällt immer ein leises Frieren, wenn ein solches Ersuchen kommt, im Hinblick auf die Schwierigkeit dieser Genossenschaftsart. Unsere Forderung, daß die Genossen nicht Besitzer von Konkurrenzgeschäften des Genossenschaftsmagazins sein dürfen, war in Donaueschingen seiner Zeit vielleicht mit die Ursache, daß das dortige Magazin nicht eingetragene Genossenschaft geworden ist. Heute nach dem großen Brand, wäre es gewiß gut, wenn die Genossenschaft eingetragen wäre und dadurch die Rechte einer juristischen Person hätte.

Noch ein Wort zu unseren sogenannten Gewerbehallen. Ich stehe nicht an, sie für eine überlebte Betriebsform zu erklären, soweit unsere Verhältnisse in Baden in Betracht kommen. Sie leisten samt und sonders nichts, oder mindestens nicht viel. Sie wollen ihr oft recht klägliches Dasein durch Zuschüsse aus der Staats- und Stadtkasse fristen. Selbst in Mannheim, wo gewiß ein kaufkräftiges Publikum ist, gedeiht die Gewerbehalle nicht. Die Warenauslage ist unbefriedigend. Die Aufstellung von Automaten, bei denen z. B. für 10 Pf. die Wachtparade aufzieht, verbessert die Warenauswahl für das Publikum gewiß nicht. Die Gewerbehallen hatten ihre Zeit (die ersten entstanden bekanntlich in Speyer und in Mannheim), aber heute, wo in den Straßen der Städte geradezu glänzend ausgestattete Magazine jeder Branche zu finden sind, haben sie sich überlebt. Wenn Gewerbehallen gegründet werden, leite man sie auch nach kaufmännischen Gesichtspunkten. Da denke ich an Gengenbach: Dort ist auch eine Gewerbehalle, in die ich mit dem Präsidenten des Verbandes badischer Gewerbe- und Handwerkervereinigungen gelegentlich des Verbandstages der unterbadischen Kreditgenossenschaften vergeblich hineinzukommen versuchte. Der Mann mit dem Schlüssel war nicht zu finden. Wie es bei einem derartigen Betriebe mit dem Kaufen und Verkaufen aussieht, können sie sich lebhaft vorstellen. Die Magazingenossenschaft muß sich zum Handwerkerwarenhaus entwickeln; sie muß ein kaufmännisch geleitetes Ausstattungsgeschäft im vollsten Sinne des Wortes sein, oder sie ist nichts. . . .

Rodegast (Weimar): Ich ergreife das Wort als Leiter von zwei Handwerkergenossenschaften und zwar der Schuhmacher-Rohstoffgenossenschaft in

Weimar und der Weimarschen Schuhfabrik. Ich will mich in der Hauptsache, da es sich heute mehr um Magazingenossenschaften handelt, mit letzterer beschäftigen, weil ich noch niemals Gelegenheit hatte, darüber öffentlich in Genossenschaftskreisen zu sprechen. Die Weimarische Schuhfabrik ist von mir gegründet worden, nachdem ich so gute Erfahrungen mit der Gründung eines Rohstoffvereins gemacht hatte. Die Absicht ging bei uns dahin: wir wollten fabrizieren und die fabrizierten Waren in eigenem Magazin in Weimar verkaufen. Die Fabrikation war vor 12 Jahren noch nicht so scharf entwickelt wie heute, und wir hatten die Idee: die Waren sollten halb Handwerkerarbeit, halb Fabrikarbeit sein, insofern das Material, soweit es zulässig ist, gestanzt und dann von den Mitgliedern in ihrer Behausung fertiggestellt werden sollte. Das wäre auch ganz gut gegangen, aber es stellten sich nun doch verschiedene unangenehme Erfahrungen dabei heraus. Zuerst die allgemeine Klage, daß die Waren, die die Handwerker lieferten, nicht einwandfrei waren, sie waren teilweise so schlecht, daß man sie garnicht in das Magazin bringen konnte. Nun war aber doch unser Material verwandt worden, und wir konnten die Waren nicht zurückweisen. Notgedrungen mußten wir sie verkaufen und haben rechte Not dabei gehabt. Ganz anders war es mit den Fabrikwaren, Kinderschuhen usw. Das ging glatt weg, und was uns nicht paßte, wurde zurückgewiesen. — Ein weiterer Umstand, der uns ganz davon abkommen ließ, für die Folge noch weiter zu fabrizieren, lag darin: wenn z. B. für über 1000 Mark Stanzmesser gekauft waren, so waren sie in einem Jahre vollständig veraltet und konnten in unserem Kleinbetrieb nicht rationell ausgenutzt werden. Wir lenkten rechtzeitig ein und sind mehr zur Magazingenossenschaft übergegangen. In der Hauptsache werden heute nur noch Reparaturen gemacht. Daran ist ja glücklicherweise kein Mangel, so daß die Genossenschaft damit ein recht hübsches Stückchen Geld verdient. Die übrigen Sachen werden fast ausnahmslos bezogen. Als Maßarbeit wird gemacht, was man nicht von der Hand weisen kann, schon der Kundschaft gegenüber. — Wenn in den Anträgen, die vom Herrn Anwalt empfohlen sind, gesagt wird, man solle recht für den Reservefonds sorgen, so ist das bei einer Magazingenossenschaft eine eigene Sache, weil die Erträge nicht so zahlreich sind. Die Rohstoffgenossenschaft hat es viel leichter mit der Beschaffung eigener Mittel, sie verdient ein schönes Geld und hat es in der Hand, je nach dem Aufschlag auf die Waren auch den Reservefonds zu steigern. Wir hatten mit sehr schwierigen Verhältnissen zu rechnen, mit Lagerhaltern, die uns Schwierigkeiten gemacht haben, mit einem nicht genügend geschulten Personal und vor allem mit der Teilnahmslosigkeit der Mitglieder. Wenn ich nach mehreren Jahren mich zur Ruhe setzen will, oder ich werde durch Tod abgerufen, dann weiß ich noch nicht, was aus der Genossenschaft werden wird, denn außer dem Geschäftsführer, der sein Brot damit verdient, ist niemand vorhanden, der Interesse daran nimmt. Es ist ein trauriges Zeichen, aber es muß immer wieder betont werden: die Interesselosigkeit der Handwerker an ihren eigenen Interessen. Was nun unsere Magazingenossenschaft, die den stolzen Titel Weimarsche Schuhfabrik führt, weiter anbetrifft, so sind bei der Gründung ausgegeben 1800 Mark für Maschinen und 1500 Mark für Inventar. Dies beides steht heute noch mit 300 Mark zu Buche. Weiter haben wir 1500 Mark Reserve aufsparen können und haben fast ausnahmslos die ganzen eigenen Mittel der Mitglieder, bestehend in Geschäftsguthaben und Garantiekapital, auch in Dividende, aufbringen können. Es sind 2000 Mark, die sind tatsächlich von der Genossenschaft verdient worden, denn die Mitglieder haben sehr wenig, nur einige haben dazu etwas beigetragen.

Anders sind die Erfolge bei der Rohstoffgenossenschaft. Ich will mich dabei nicht so lange aufhalten. Die Rohstoffgenossenschaften sind eine Wohltat für jedes Gewerbe, das sich damit befaßt, und wenn in verschiedenen Städten Rohstoffgenossenschaften nicht gegründet worden sind, so ist das nur zu bedauern, denn der ganze Verdienst an der Anschaffung der Rohstoffe geht dadurch anstatt in die Hände der Handwerker, in die Hände der Kaufleute. Daß die Waren bei der Rohstoffgenossenschaft trotz der Aufschläge immer noch billiger sind als bei den Detaillisten, den Lederhändlern, dafür ist ein Beweis, daß wir immer noch alljährlich für zirka 3000 Mark, zum Teil auch darüber, an Nichtmitglieder verkaufen. Diese würden ihr bares Geld nicht zu uns bringen, wenn sie nicht Vorteil dabei hätten.

Es kommt nun noch ein neues Moment bei der Schuhmacher-Rohstoffgenossenschaft in Betracht: die Anschaffung von Hilfsmaschinen, die sich das einzelne Mitglied nicht anschaffen kann. Es war in Weimar vor kurzem eine Gewerbeausstellung zum 75 jährigen Bestehen des Weimarer Gewerbevereins. Da lernten wir eine sogenannte Doppelmaschine kennen, die von der Keats-Maschinengesellschaft vertrieben wird. Sie schien uns leistungsfähig zu sein, und wir erfuhren, daß bereits fünf Schuhmacher-Rohstoffgenossenschaften diese Maschine angeschafft hatten. Wir haben uns dahin gewandt und bekamen die beste Auskunft. Wir haben in unserem kleinen Weimar auch die Maschine angeschafft, sie ist vor vier Wochen in Betrieb gesetzt, und ich kann heute schon sagen, daß die Maschine, die 3000 Mark mit Montierung und elektrischem Motor kostet, sich rentieren wird, und daß es nur eine Frage der Zeit sein wird, daß wir noch eine weitere Maschine für unsere Mitglieder anschaffen. Es ist eine rein mechanische Arbeit, sie näht die Sohle an den Rand — das ist die Arbeit, die dem Schuhmacher immer den krummen Rücken gemacht hat, und wenn man das beseitigen kann, ist es als eine Tat zu bezeichnen. Die Maschine macht die Arbeit von früher eineinhalb bis zwei Stunden in einer Minute mit einer Sauberkeit, wie es die Hand nicht besser machen kann, und mit einer Haltbarkeit, wie es die Hand nicht so machen kann, weil die Abnutzung des Fadens, bei der Handarbeit viel größer ist. Wenn die Rohstoffgenossenschaften dadurch ihren Mitgliedern noch mehr Vorteile verschaffen, werden sie noch eine bessere Zukunft haben.

Dr. Crüger (Charlottenburg): ... Auch ich bin ja natürlich durchaus der Meinung, daß für die Absatzgenossenschaft es vor allem gilt, sich kaufmännisch, rein geschäftlich zu organisieren. Sie werden nun vielleicht einen Punkt unter den hier aufgeführten Grundsätzen vermissen, einen Punkt, den Herr Lohr berührt hat, auf den zunächst, so viel ich weiß, der Herr Referent noch nicht eingegangen ist. Er bezieht sich auf die Konkurrenz der Mitglieder gegenüber der Genossenschaft. Es ist absichtlich zu dieser Frage nicht Stellung genommen worden. Ich kann mich z. B. nicht ohne weiteres der von Herrn Lohr vertretenen Ansicht anschließen, daß Handwerker, die noch ihren eigenen Laden haben, für die Magazingenossenschaft nicht in Betracht kämen. Ich vermute, Herr Schumacher steht allerdings auch auf dem Standpunkt, den Herr Lohr hier eingenommen hat. Sie werden aber wahrscheinlich gleich nachher einen Vertreter einer Magazingenossenschaft zu hören bekommen, der den von mir vertretenen Standpunkt einnimmt. Ich war in diesem Jahre auf dem Verbandstag in Kempten. Kempten hat eine sehr gut geleitete Tischlermagazingenossenschaft. Zu ihr gehört so ziemlich jeder Tischlermeister in Kempten. Aber sämtliche dieser Mitglieder haben noch ihre Privatkundschaft, und die Magazingenossenschaft arbeitet neben den Betrieben, die in der eigenen Verwaltung der Mitglieder bleiben. Ich habe dort gefunden, daß aus dieser Art des Betriebes sich sogar außerordentliche Erleichterungen ergeben. Eine meiner Fragen an die Genossenschaft war: wie ist es eigentlich, wenn sich die Genossenschaft an Submissionen beteiligt, wie wird die Submission unter den Mitgliedern zur Verteilung gebracht? Darauf wurde mir die Erwiderung: wir fragen die Mitglieder, die den Wunsch haben, sich an der Submission zu beteiligen. Meine Herren, warum in dieser einfachen Weise, warum keine Streitigkeiten? Weil die Mitglieder dort im Tischlergewerbe alle für sich selbst sehr gut beschäftigt sind, so daß sie gar nicht nötig haben, sich um andere Arbeiten zu reißen. Ganz natürlich ist dadurch eine außerordentlich einfache Geschäftspraxis auch für die Genossenschaft gegeben. Ich möchte daher nicht den Grundsatz zum Ausdruck gebracht sehen, daß die Mitglieder der Magazingenossenschaft keine Konkurrenz machen dürfen. Auch aus der folgenden Erwägung heraus: wenn die Genossenschaftsmitglieder gezwungen sind, ihren eigenen Betrieb, ihre Selbständigkeit, aufzugeben, dann übernimmt damit auch die Genossenschaft die volle Verantwortung, daß die Mitglieder nun durch die Genossenschaft Beschäftigung bekommen, und darin würde ich eine sehr große Gefahr für die Genossenschaft sehen. Damit übernimmt die Genossenschaft eine Verantwortung, der sie nie und nimmer gewachsen ist. Insoweit es daher irgend möglich ist, den privaten Geschäftsbetrieb der Mitglieder nicht zu berühren, glaube ich, wird das sehr erwünscht sein. Aber wir werden uns weder nach der einen noch nach der anderen Richtung hier festlegen können, sondern wir müssen den lokalen Verhältnissen gerecht werden. Das ist ja das außerordentlich wichtige und wesentliche Moment aller dieser Genossenschaften: es ist sehr schwierig, Thesen aufzustellen, die sich für alle Fälle eignen, die Organisation muß stets den lokalen Verhältnissen, den lokalen Bedürfnissen angepaßt werden. Die Thesen freilich, die wir aufgestellt haben, können wir als Grundlage bezeichnen. Die Genossenschaft, die gegen diese Thesen verstößt, wird es früher oder später ganz gewiß sehr bitter bereuen. Und da möchte auch ich wünschen, daß die mäßige Beleihung ganz besonders von den Genossenschaften, so weit sie hierfür in Betracht kommen, berücksichtigt wird. Denn soweit Magazingenossenschaften verloren gegangen sind, meine Herren, ist das fast ausnahmslos darauf zurückzuführen gewesen, daß die Genossenschaft in der Beleihung zu weit gegangen ist. . . .

Gölzer (Kempten): Die Handwerkergenossenschaften sind auch m. E. die schwierigsten Genossenschaften, die je ins Leben gesetzt und betrieben werden können. Ich vertrete hier eine Ein- und Verkaufsgenossenschaft. Aus folgenden Gründen sind wir seinerzeit dazu gekommen, die Genossenschaft zu errichten. Unsere wirtschaftlichen Verhältnisse infolge der Entwicklung anderer Konkurrenzmagazine, infolge der Konkurrenz der großen Fabrikanten und der Möbelindustrie in München und Stuttgart zwangen uns dazu, wenn wir konkurrenzfähig bleiben wollten. Die Verhältnisse waren so, daß, wenn heute eine Verheiratung oder so etwas bevorstand, eine große Fabrik ihren Vertreter hinschickte und uns die Arbeit wegschnappte. Das wird wohl auch in anderen Gegenden so sein. Ein Hauptgrund war auch: das einkaufende Publikum will seine Waren vorher sehen. Es geht einem ja selbst so: wenn man sich etwas anschafft, will man erst sehen, was man kauft. Das war der Fehler bei uns, wir hatten keine Magazine, wir waren nicht in der Lage, dem Publikum etwas zu bieten, und infolgedessen sind wir immer weiter abwärts gekommen, so daß wir nur noch, auf deutsch gesagt, Gefällgkeitsarbeiten von guten Bekannten und Verwandten gehabt haben. Leute, die unabhängig waren, haben einfach die Schreiner nicht mehr berücksichtigt. Dazu kommt dann noch, daß auch die Landwirte vom kaufenden Publikum in der Stadt gelernt haben, und es jetzt gerade so machen. Der Landwirt kommt jetzt nicht mehr soundso viel früher in die Stadt zum Einkaufen, wenn er sich z. B. verheiratet, sondern 8 bis 10 Tage vorher geht er zu einem Magazin, womöglich gleich mit dem Fuhrwerk und nimmt die Sachen mit. Alle diese Dinge haben uns zu unserem Schritte gezwungen.

Um auf die einzelnen Ausführungen der verschiedenen Herren Vorredner zurückzukommen, so wurde gesprochen von eigenen Erzeugnissen der Mitglieder und Handelswaren. Wir stehen auf dem Standpunkt, daß wir in unserem

Magazin solche Waren, die wir einfach nicht mehr in der Lage sind zu produzieren, die Fabrikware sind, Sessel, Sofagestelle, Luxusartikel usw. ganz getrost selbst kaufen und verkaufen, denn wir haben die gleiche Berechtigung dazu, wie jeder andere, und stehen nicht auf dem alten Standpunkt, daß wir sagen, wir müssen jedes Stück selbst erzeugen. — Was die Platzfrage anlangt, so ist hauptsächlich die Gewerbehalle und die Magazingenossenschaft in Betracht gezogen worden. Bei uns ist die Sache so. Wir haben es uns sehr reiflich überlegt, was wir tun, als wir die Genossenschaft gründeten, denn Sie können glauben, wir sind nicht so schnell in die Sache hineingegangen. Wir haben vielmehr einige Jahre vorher uns orientiert, in München usw., und sind dann zu dem Entschluß gekommen, daß wir doch am besten fahren, wenn wir die Waren in eigene Rechnung der Genossenschaft nehmen. Es sind hierüber die Ansichten, man kann kurzweg sagen, der Theoretiker und der Praktiker, grundverschieden. Wir haben die Erfahrung gemacht, daß z. B. in der Gewerbehalle der Konkurrenzneid zu vielen Unannehmlichkeiten führt, wenn die eine Ware mehr verkauft wird als die andere. Bei uns ist das Grundprinzip: Was verkauft wird, ist gleichgültig, die Hauptsache ist, daß recht viel verkauft wird. Da spielt dann die Platzfrage keine Rolle mehr. — Wenn angeführt worden ist, die Handwerkergenossenschaft soll kein Warenhaus sein, — da kommt der Gegensatz von Gewerbehalle und Genossenschaft in Betracht. Das war hauptsächlich der Grund, der uns dazu geführt hat, eine Genossenschaft zu errichten: in der Gewerbehalle, wo alle Handwerker vereint sind, ist es für das kaufende Publikum nicht möglich, die nötigen Waren zu decken, die es braucht. Dagegen im Magazin, wenn da einer erst einmal drin ist und er kauft ein paar Stück, dann kauft er auch mehr. Daher muß in unserem Magazin alles sein, billige Ware und auch die beste. Allerdings haben wir auch schon gelernt, daß verschiedene Sachen nicht gehen. Es gibt eben gewisse Kreise, und das ist bedauerlich im höchsten Grade, die absolut keine Rücksicht auf die Handwerker nehmen. Ob eine Ware am Orte zu haben ist oder nicht, — sie lassen sich einfach von der Großstadt verleiten und beziehen die Waren von dort. Wir sind jetzt zu der Ansicht gekommen, daß der Hauptwert auf die mittleren Waren für den Bürgerstand, die Bauern und den Arbeiterstand zu legen ist; mit großen Waren sind wir jedenfalls auch nicht so konkurrenzfähig wie ein großes Geschäft. Ich war in Darmstadt auf der Ausstellung, das hat meine Auffassung wieder bestätigt: es ist unmöglich, daß Handwerker einer kleinen Stadt gegenüber solch großen Fabrikanten konkurrenzfähig sind. Sie wissen ja, daß die Herren Fabrikanten das größte Interesse daran haben, uns so schnell wie möglich abzumurksen. Daher müssen wir nur Waren führen, die den örtlichen Verhältnissen angepaßt sind. Ich kann auch nicht genug warnen vor übereilter Gründung einer Genossenschaft. In unserer Gegend ist auch leider eine zugrunde gegangen, weil die Mitglieder nicht genügend über das

Genossenschaftswesen aufgeklärt waren und auch nicht genügend finanzielle Unterlagen hatten. Ich habe schon vorher erwähnt, daß wir einige Jahre an der Sache gearbeitet haben, und ich kann heute konstatieren: wenn wir noch zwei Jahre mehr gelernt hätten, hätte uns das jedenfalls nichts geschadet. Gerade über unsere Genossenschaften kann man in praktischen Fragen schwer Aufschluß und Rat erhalten. Vielleicht in theoretischen Fragen, aber Leute, welche praktisch die Arbeit mitgemacht haben, gibt es zu wenige. Daher kann man nicht vorsichtig genug sein. Ich bin auch dafür, daß eine solche Genossenschaft nur richtig geleitet werden kann, wenn sie kaufmännisch betrieben wird und man jederzeit in der Lage ist, nachzuweisen, wie die Verhältnisse stehen. — Zu den Ausführungen des Herrn Anwalts betreffend das Submissionswesen kann ich konstatieren, daß wir uns daran schon mehrere Jahre beteiligen. Bei gemeindlichen Submissionen rufen wir unsere Mitglieder, sobald die Submission ausgeschrieben ist, zur Besprechung zusammen. Erhält die Genossenschaft den Zuschlag, dann sprechen wir nochmals mit unseren Mitgliedern und richten die Arbeit so ein, wie jeder sein Geschäft hat, und wie das Bedürfnis ist. Es läßt sich da nicht ein gewisses Schema aufstellen, wir müssen immer mit den lokalen Verhältnissen rechnen. Dann läßt sich auch auf diesem Gebiet etwas Ersprießliches erzielen, und das ist eine pekuniäre Unterstützung für unsere Genossenschaften gewesen.

III.

# Werkgenossenschaften.

In Ergänzung der von den Allgemeinen Genossenschaftstagen zu Breslau (1904) und zu Frankfurt a. M. (1908) für die Einkaufs- und Verkaufsgenossenschaften aufgestellten Grundsätze empfiehlt der Allgemeine Genossenschaftstag zu Freiburg (1909), bei Errichtung und Organisation von Werkgenossenschaften folgende Gesichtspunkte als maßgebend zu betrachten:

1. **Der Gründung einer Werkgenossenschaft muß eine Wahrscheinlichkeitsberechnung über die Rentabilität vorausgehen, wobei insbesondere auf Deckung der Betriebskosten und Zinsen sowie auf die notwendigen Abschreibungen Rücksicht genommen werden muß.**
2. **Bei Einrichtung und Verwaltung der Werkgenossenschaft muß mindestens ein über reiche Erfahrungen verfügender technischer Sachverständiger mitwirken.**
3. **Erfordert der Betrieb der Werkgenossenschaft Immobilienbesitz, so ist hierauf bei der Kapitalbeschaffung ganz besonders Rücksicht zu nehmen.**
4. **Nebenzweige, wie der Ein- und Verkauf von Rohmaterialien, Werkzeugen, Halbfabrikaten usw. sollen erst in den Betrieb aufgenommen werden, wenn die Lebensfähigkeit der Werkgenossenschaft gesichert ist. Für den Betrieb von Nebenzweigen ist eine kaufmännische branchekundige Leitung und eine Buchführung notwendig, die die Erträgnisse der einzelnen Geschäftszweige erkennen läßt.**
5. **Es empfiehlt sich nicht, durch das Statut Nichtmitglieder von der Benutzung der Einrichtungen der Werkgenossenschaft auszuschließen. Es wird aber nach Möglichkeit dahin zu wirken sein, daß die, die die Einrichtungen der Werkgenossenschaft gebrauchen wollen, auch der Genossenschaft als Mitglieder beitreten.**

6. **Die für die Benutzung der Werkgenossenschaft festgesetzten Gebühren sind, soweit sie nicht sofort berichtigt werden, monatlich zu zahlen.**

7. **Besondere Aufmerksamkeit ist der Regelung des Anstellungsverhältnisses des Werkführers zuzuwenden.**

S c h u m a c h e r (Stuttgart): Seit einigen Jahren schon macht der Herr Anwalt in seinen Jahresberichten darauf aufmerksam, daß die Werkgenossenschaften allmählich an Bedeutung gewinnen und daß die Zahl dieser Genossenschaften von Jahr zu Jahr nicht unerheblich zunehme. Nach dem Jahrbuch bestanden

| | | | | |
|---|---|---|---|---|
| Ende 1905: | 206 | gewerbliche und | 280 | landwirtschaftliche |
| „ 1906: | 341 | „ „ | 321 | „ |
| „ 1907: | 390 | „ „ | 399 | „ |

Werkgenossenschaften. Die Zahlen pro 1908 sind mir noch nicht bekannt, zweifellos ist aber eine weitere Vermehrung zu konstatieren, denn die heutigen Verhältnisse drängen zur Maschinenarbeit und die wirtschaftlichen Verhältnisse der Einzelnen gestatten wohl in vielen, aber nicht in allen Fällen die Beschaffung von Maschinen für eigene alleinige Rechnung.*)

Mit den angeführten Zahlen ist indes die Bedeutung der Werkgenossenschaften nicht vollständig dargetan, denn es dürften wohl mindestens ebenfalls so viele Werkgenossenschaften in anderer Rechtsform, insbesondere als Gesellschaften mit beschränkter Haftung existieren. Diese Gesellschaftsform, die je nach den Verhältnissen anzuwenden sogar empfehlenswerter als die eingetragene Genossenschaft sein kann, bildet nicht selten auch da die Unterlage, wo die Firma W e r k g e n o s s e n s c h a f t angewendet ist.

Die vorliegenden Leitsätze sind natürlich auch für diese Gesellschaftsform zum Teil gleich wichtig und sie müssen vor allen Dingen auch Anwendung finden bei der verwandten Genossenschaft: bei der Produktivgenossenschaft. Die Betriebsarten auf diesem Gebiet sind so verschieden, so wechselnd und so mannigfaltig, daß oft nur schwer oder gar nicht festzustellen ist, in welcher Kategorie die Genossenschaft am besten Unterkunft finden kann. Die Werkgenossenschaft kann zugleich Produktivgenossenschaft, die Produktivgenossenschaft zugleich Werkgenossenschaft sein. Die Werkgenossenschaft kann ferner eine rein gewerbliche, eine rein landwirtschaftliche sein, in vielen Fällen aber sind auf diesem Gebiet Gewerbe und Landwirtschaft aufeinander angewiesen, sie ergänzen sich gegenseitig, sie können nur durch diese Ergänzung, nur durch einige Zusammenarbeit der verschiedensten Berufe die erhofften

*) Das Jahrbuch zählt Ende 1908 447 gewerbliche und 494 landwirtschaftliche Werkgenossenschaften.

Vorteile erzielen. Ich erinnere hier an die Elektrizitäts-, Gas- und Mühlengenossenschaften.

Im Gewerbe stehen die Werkgenossenschaften der Holzbearbeitungsbranche obenan, es folgen sodann die Metzgergenossenschaften, Schlachthausgenossenschaften, Talgschmelzen, Lohmühlengenossenschaften der Gerber, Walkgenossenschaften der Gerber und Tuchmacher, Transportgenossenschaften, Reinigungsgenossenschaften usw.

Die Verhältnisse und verschiedenen Einrichtungen dieser mannigfaltigen Betriebe hier zu besprechen, liegt außerhalb meiner Aufgabe, ich will nur allgemeine Gesichtspunkte, soweit solche für alle Werkgenossenschaften in Betracht kommen, hervorheben.

Mehr oder weniger ist heutzutage jeder Handwerker auf die Benützung der Maschine angewiesen. Der Schuhmacher, der Schneider, der Buchbinder usw. und neuerdings sogar der Bäcker mit der Knetmaschine, sie alle wissen, daß sie die Maschine nicht entbehren können, wenn sie konkurrenzfähig bleiben wollen. Diese kleinen Gewerbe bedürfen auch nur kleiner, nicht besonders teuerer Maschinen, die zum Teil ohne Motorkraft in Bewegung gesetzt werden. Diese Maschinen machen die Errichtung einer Werkgenossenschaft nicht erforderlich; wer eine solche Maschine auf eigene Rechnung nicht beschaffen kann, ist wohl auch zur Selbständigkeit noch nicht reif, und wird beim Einzelbetrieb eine kleine Maschine nicht voll ausgenützt, so spielt dies wegen des geringen Anlagekapitals keine Rolle. Außerdem würde hier der Zeitverlust bei Benützung der Maschinen außerhalb der eigenen Werkstätte den Zinsverlust usw., der durch eigene Beschaffung entsteht, jedenfalls übersteigen.

Ganz anders verhält es sich bei denjenigen Gewerben, die auf Maschinenarbeit angewiesen sind und bei denen die Beschaffung der Maschinen wesentliche Mittel erfordert, bei denen ferner die Maschinen nicht mit der Hand getrieben werden können, bei denen vielmehr unbedingt noch Motore beschafft werden müssen und deren Aufstellung zur bequemen sicheren Arbeit einen entsprechenden Raum erfordert.

Solche Gewerbe, und dahin gehört vornehmlich die obengenannte gesamte Holzbearbeitungsbranche, können die Maschinenarbeit auch in den kleinsten Betrieben nicht entbehren, und gerade bei den kleinen und mittleren Betrieben aber ist die Anlage für einen Einzelnen zu teuer und unrentabel, weil bei kleinen Betrieben die Maschinen nicht vollständig beschäftigt, nicht ausgenützt werden können. Der maschinelle Einzelbetrieb ohne die genügende Rente, eine Folge nicht ausreichender Beschäftigung, führt ferner dazu, daß der Unternehmer sich nach Arbeit umsieht und Engagements über seine Kräfte hinaus eingeht. Er wird in der Regel — um beschäftigt zu sein — die Preise drücken, sich selbst wie auch seine Kollegen schädigen und nichts weniger liefern als

Qualitätsarbeit. Es wird fabriziert, und um die liebe Konkurrenz aus dem Felde zu schlagen, vergißt man zu rechnen.

Die Maschinen in solchen kleinen oder mittleren Betrieben können dann noch rentabel gestaltet werden, wenn der Eigentümer gegen eine angemessene Mietsentschädigung seinen Kollegen die Benützung gestattet; geschieht dies aber nicht, dann bleibt dem Nachbar gar nichts anderes übrig, als sich ebenfalls auf eigene Rechnung eine maschinelle Einrichtung zu beschaffen, der Konkurrenzkampf wird dadurch nicht gemildert, die Rentabilität aber noch mehr in Frage gestellt und jetzt kommt der Unsegen, das Verderbliche der Maschinenarbeit, die Überproduktion durch gegenseitiges Forcieren des Geschäftes und der Kampf um die Existenz. Diese Verhältnisse werden wir hauptsächlich dort treffen, wo durch billige elektrische Kraft die Maschinenbeschaffung insofern erleichtert ist, als nur diese einen Raum erfordern, der Motor hingegen überall leicht untergebracht werden kann und auch weniger Anschaffungskosten erfordert als alle anderen Motore. Diese Verhältnisse veranlaßten alte Zunftväter, die sich nicht in die neue Zeit zu schicken vermögen, zur Vertretung eines Universalmittels: „Die Maschinen sollten verboten werden."

Heutzutage ist sich hingegen jeder Handwerker bewußt, daß die Maschine zum unentbehrlichen Werkzeug geworden ist, die Maschine ersetzt die von Jahr zu Jahr durch die Lohnsteigerungen hervorgerufene teuere Handarbeit, die Leistungen der Maschinen ermöglichen dem Unternehmer eine prompte Erledigung der Aufträge und die Maschinen machen ferner den Unternehmer weniger abhängig von seinem Hilfspersonal, ein Umstand, mit dem heute bekanntlich sehr gerechnet werden muß, namentlich in der Bauschreinerei. Vielfach fallen den Maschinen gerade die Arbeiten zu, die mit der Hand verrichtet, große Anstrengungen erfordern, und so kommt es, daß nicht selten der Arbeiter, der Geselle, seinen Eintritt vom Vorhandensein der Maschinen abhängig macht, und endlich sei noch darauf hingewiesen, daß eine Reihe vom Handwerker begehrter Artikel gar nicht in der Gleichmäßigkeit und pünktlichen sauberen Ausführung ohne Maschine hergestellt werden können, ganz abgesehen von den höheren Herstellungskosten durch Handarbeit.

Sollen nun die zuerst erwähnten Nachteile der Maschinenarbeit, der unrationellen Maschinenarbeit, die manchen Kleinbetrieb schon zu Grabe getragen hat, vermieden und sollen aber alle Vorteile der Maschinenarbeit dem kleinen Betrieb zugänglich werden, dann bleibt nur ein Ausweg: „Die Vereinigung, die Genossenschaft."

Nun sind aber mit der Errichtung einer Werkgenossenschaft noch lange nicht alle Nachteile der unrationellen Maschinenarbeit beseitigt und alle Vorteile geschaffen; zahlreiche Beispiele beweisen das. Bei der Errichtung einer Werkgenossenschaft, wie auch der Geschäftsführung muß nach bestimmten Grundsätzen gehandelt werden, nach Grundsätzen, deren unbedingte Beachtung praktische Erfahrungen fordern, und werden diese Grundsätze nicht gewürdigt, dann kann es auch der Werkgenossenschaft nicht anders gehen, wie dem einzelnen Handwerker, der ohne genügende Berechnung wohl eine Zeit lang stolz sein kann auf seine große Anlage, der aber eines schönen Tages wahrnehmen muß, daß mit dem Besitz der Maschinen allein noch lange nicht gedient ist. In seinem Vorwort zum Jahrbuch pro 1908 hat der Herr Anwalt auf ein solches Beispiel hingewiesen.

Wir treffen die Werkgenossenschaft hauptsächlich da, wo keine elektrische Kraft zugänglich oder diese zu teuer ist; wir finden die Werkgenossenschaft ferner an Plätzen, wo eine Reihe kleiner Betriebe einer Branche vorhanden sind. Wir finden die Mühlengenossenschaften an Orten, denen die billigste Kraft für diesen Betrieb, die Wasserkraft, fehlt, wir finden die Elektrizitätsgenossenschaften, die Überlandzentralen, überall dort, wo das Privatkapital sich zu diesem Zweck fernhielt, mit einem Wort, wir finden die Werkgenossenschaft überall dort, wo der Privatunternehmer, der Kapitalist, an einer ausgiebigen Rente zweifelt.

Eine Ausnahme hierin dürfte nur bei den Metzgergenossenschaften, bei den Schlachthausgenossenschaften bestehen, bei denen am wenigsten an einer Rentabilität gezweifelt werden kann; die Gebühren müssen so hoch angesetzt werden, daß der ganze Aufwand an Betriebskosten, Zinsen und Abschreibungen Deckung findet. Dieser Aufwand wird naturgemäß in der genossenschaftlichen Verwaltung geringer sein als im städtischen Betrieb, und deshalb werden auch Genossenschaften geringere Gebühren anzusetzen in der Lage sein. Überdies kann auch hier von einer Konkurrenz keine Rede sein; der Schlachthauszwang, der gesundheitspolizeilichen Vorschriften entspringt, hindert die Benutzung einer nichtöffentlichen Anlage.

Bei allen anderen Gewerben erfordert die Errichtung einer Werkgenossenschaft sorgsamere Berechnungen; hervorragend günstige Umstände, die einer Werkgenossenschaft zweifellos das Wort reden, sind überhaupt eine Seltenheit. Es handelt sich aber auch nie wie bereits ausgeführt, um Erzielung einer hohen, Rente, sondern vielmehr um die Schaffung der Möglichkeit, zu annehmbaren Sätzen die Maschinen zu benützen. In den meisten Fällen wird man heute zur Errichtung einer Werkgenossenschaft dort schreiten, wo man die Maschine als ein notwendiges Übel betrachtet und wo man einsieht, daß durch gemeinsame Beschaffung und Benützung nicht nur die Vorteile Gemeingut der Mitglieder, sondern auch eventuell nachteilige Folgen der Maschinenarbeit (die zwar gerade durch die Vereinigung sehr verringert werden) auf breite Schultern verteilt werden.

Man sollte daher füglich glauben, daß bei einer Werkgenossenschaft von einer schlechten Rentabilität gar nicht gesprochen werden könnte. Die Unternehmer, die Mitglieder, die sich durch Errichtung der Werkgenossenschaft die Benützung der Maschinen ermöglichten, müssen eben einfach für diese Benützung

Gebühren in der Höhe entrichten, daß die Betriebskosten, die Zinsen und geordnete Abschreibungen für Abnützung gedeckt werden können. Das ist der natürlichste, der ganz selbstverständliche Weg. Wenn der einzelne Handwerker sich allein die Maschinen beschafft, dann zahlt er ganz unbewußt mitunter eine enorm hohe Miete, die in gar keinem Verhältnis zu dem Nutzen steht, der aus der Maschinenarbeit entspringt. Anders verhält sich das aber bei einer Genossenschaft. Die Mitglieder sind sich wohl bewußt, daß die Gebührensätze die Rentabilität erbringen müssen, aber in der Regel weigert sich alles, wenn die mangelnde Rente Sätze verlangt, die die gewöhnlich in flotten Betrieben angewendete Höhe überschreiten; man muß schon im Voraus damit rechnen, daß die Mitglieder nicht, wie dies sein sollte, die Genossenschaft als ihr eigenes Geschäft betrachten; man rechnet nur mit Vorteilen und stellt nicht selten Anforderungen, die zu erfüllen niemals möglich sind.

1. Eine Wahrscheinlichkeitsberechnung über die Rentabilität unter Ansatz der normalen Gebühren muß immer der Gründung vorangehen. Diese Berechnung kann nicht immer ein völlig zutreffendes Bild geben: sie ist namentlich dann schwierig, wenn seither noch keinerlei Maschinen an dem betreffenden Platze verwendet wurden, wenn infolgedessen die Interessenten ihren voraussichtlichen Bedarf nur sehr ungenau angeben können. In solchen Fällen können als Anhaltspunkte dienen: Die Zahl der seither beschäftigten Gesellen und die Arbeiten, die dem Platze mangels ausreichender Leistungsfähigkeit seither entzogen werden mußten; hier kommen namentlich Bauarbeiten in Betracht. Auch die voraussichtliche Benützung durch Nichtmitglieder spielt bei den Einnahmen eine Rolle; bei Metzgergenossenschaften kann ohne weiteres mit voller Sicherheit die Benützung durch Nichtmitglieder in der Rentabilitätsberechnung berücksichtigt werden, weil, wie bereits bemerkt, der Schlachthauszwang dies bedingt. Bei Aufstellung der ungefähren Einnahmen sind Täuschungen sehr naheliegend, und zwar nach zwei Richtungen. Drängt z. B. in der Holzbearbeitungsbranche infolge reger, aber nicht anhaltender Bautätigkeit die momentane Lage nach Errichtung einer Werkgenossenschaft, dann ist meist eine weniger gute Rente bei normalen Gebühren bemerkbar; die Leute denken bei Aufstellung der Rentabilität nur an das besonders günstige Jahr und bauen auf demselben alle Pläne auf, bei rückgängiger Baulust bedingt dann die Deckung aller Kosten usw. höhere Gebühren. Andererseits ist aber auch oft zu bemerken, daß die wirklichen Einnahmen der Gebühren den in der Wahrscheinlichkeitsberechnung seinerzeit angesetzten Betrag von Jahr zu Jahr mehr übersteigen. An und für sich leistungsfähige Gewerbe mit tüchtigen Meistern verstehen die teuere menschliche Arbeitskraft wo nur möglich durch mechanische Kraft zu ersetzen und so kann sowohl die einfache Berechnung wie auch naturgemäß die Annehmlichkeit, harte Arbeiten jetzt auf die Maschine abwälzen zu können, Ursache einer steigenden Benutzung sein.

Leichter als die Einnahmen sind die Ausgaben im voraus festzustellen. Die Zinsen aus dem Anlagekapital, die Betriebskosten, Steuern, Löhne, Versicherungsbeiträge und Abschreibungen für Abnützung sind die Auslagen, die zu berücksichtigen sind und die ohne Schwierigkeiten mit annähernder Sicherheit im voraus festgestellt werden können. Die Abschreibungen verursachen in der Praxis am meisten Schwierigkeiten; bestimmte Sätze in den Statuten für Abschreibungen vorzusehen, dürfte sich nicht durchweg empfehlen. Die Werkgenossenschaft ist wie jede Industrie und wie jedes Gewerbe abhängig von der Konjunktur. Es werden daher je nach dem Geschäftsergebnis größere oder kleinere Abschreibungen vorgenommen werden. Hauptsache ist, daß die durchschnittliche Abschreibung auch der Abnützung entspricht, andernfalls wird die Zeit nicht ausbleiben, die eine Erneuerung der Anlage erfordert, ohne daß die alte Einrichtung amortisiert ist. Das ist gleichbedeutend mit dem Ende oder unter Umständen dem Ende mit Schrecken. Es mag dabei weiter in Frage gestellt sein, ob es sich nicht empfiehlt, geregelte Abschreibungen, die der Abnützung entsprechen, ohne Rücksicht auf das Geschäftsergebnis vorzunehmen und denjenigen Teil der Abschreibungen, den der Betriebserlös nicht zu decken vermag, in den Aktiven als Verlust einzustellen, das ist eine Frage, die besondere Behandlung verdient. Ich pflege diese Art der Buchung bei allen denjenigen Genossenschaften durchzuführen, die bestimmte Sätze für Abschreibungen in den Statuten vorgesehen haben.

Im Wesen und Zweck der Werkgenossenschaft liegt es, daß wohl kaum irgendwo auf einen Gewinn hingearbeitet wird, der zur Verteilung an die Mitglieder in Betracht käme. Daß auf Bildung eines Reservefonds hingewirkt wird, ist selbstverständlich; die Bildung eines Reservefonds wird ohnehin im Gesetz begehrt. Im übrigen aber werden in der Regel die Gebührensätze so gestellt, daß eine Gewinnverteilung nur selten in Betracht kommt. Der nach Verteilung einer normalen Dividende und nach Deckung der Abschreibungen verbleibende Gewinn ist gleich wie bei den Rohstoffgenossenschaften nach Verhältnis der Warenbezüge, hier nach Verhältnis der entrichteten Gebühren für Maschinenbenützung an die Mitglieder zu verteilen. Dabei ist vorausgesetzt, daß die Statuten diese Bestimmung enthalten. Je nach den Verhältnissen kann es aber auch empfehlenswert sein, im Statut eine derartige Gewinnverteilung überhaupt auszuschließen und nach § 29 des GG. zu bestimmen, daß der ganze Gewinn den Reserven überwiesen werden muß. Im Ansatz der Gebühren ist ein Regulator gegeben, der die Gewinnverteilung nach Verhältnis der Maschinenbenützung außer Frage stellt.

Die Rentabilitätsberechnung einer kleinen Werkgenossenschaft der Holzbearbeitungsbranche aus meinem Verbandsbezirk entnommen, mag als Beispiel dienen. Erforderlich sind folgende Maschinen: Bandsäge, Abrichthobelmaschine, Dickenhobelmaschine, Kreissäge, Bohrmaschine, Dekupiersäge und

Drehbank. Voraussichtlich ist Beschäftigung für 300 Arbeitstage vorhanden; es wird daher ein maschinenkundiger Werkführer angestellt. Ein 12 PS.-Sauggasmotor liefert die Kraft.

| | | |
|---|---|---|
| Der Aufwand beträgt für Motor und Maschinen nebst Riemen und Transmissionen rund | 12 000 | Mark |
| Gebäude und Bauplatz | 10 000 | " |
| | 22 000 | Mark |

Dieser Aufwand erfordert pro Jahr

| | | | | |
|---|---|---|---|---|
| 4 | Proz. | Zinsen | 880 | Mark |
| 10 | " | Abschreibung an Maschinen | 1 200 | " |
| 2 | " | " " Gebäuden von 8 000 Mark | 160 | " |
| Öl, Kohlen, Gas usw. | | | 800 | " |
| Werkführer-Gehalt | | | 1 500 | " |
| Steuern, Porti, kleine Kosten | | | 300 | " |
| | | | 4 840 | Mark. |

Es müßten also jährlich ohne Einrechnung der Reservefondszuweisungen mindestens 4 840 Mark Maschinen-Miete erzielt werden, wenn das Unternehmen auf gesunden Füßen stehen soll.

2. Wie bei allen Genossenschaften. so sollte auch bei Errichtung und bei der kaufmännischen Organisation einer Werkgenossenschaft ein erfahrener Genossenschafter mitwirken. Daneben ist aber eine technisch-sachverständige Beratung unerläßlich. Diese technische Beratung sollte sich, wenn die Erstellung eines Gebäudes erforderlich wird, nicht nur auf den maschinellen Teil, sondern auch auf das Gebäude erstrecken. Der Bausachverständige und der maschinentechnische Sachverständige müssen hier Hand in Hand arbeiten. Mehr oder weniger werden die Handwerker, die eine Werkgenossenschaft errichten, mit der Bedienung der Maschinen vertraut sein, aber sowohl bei Erstellung des Gebäudes wie bei Aufstellung der Maschinen, Motore, Dampfanlagen, Transmissionen usw. wird es an Erfahrung mangeln. Durch eine ungeschickte Einrichtung in dieser Art werden Fehler begangen, die unter Umständen dauernd schädlich wirken und die nur mit erheblichen Kosten zu beseitigen sind. An diesem Punkte große Sparsamkeit angewendet, rächt sich bitter und geradeso verhält es sich, wenn auf einmal die Sache nach jahrelanger Ruhe große Eile hat, wenn man alles das will, was am rascheſten geliefert werden kann, oder wenn man eine momentan teurere Anlage, die aber im Betriebe am billigsten ist, scheut. Auch örtliche Rücksichten können unter Umständen schädigen. Der Bausachverständige des betreffenden Platzes, der vielleicht im Interesse der Sache noch Mitglied der Werkgenossenschaft wird, verfügt nicht immer über hinreichende Erfahrungen auf dem Spezialgebiet der Werkstättegebäude und der Fabrikanlagen; die Werkgenossenschaft ist aber mindestens ein fabrik-

ähnliches Unternehmen in dieser Hinsicht. Wer sich bei Einrichtung von Werkgenossenschaften in dieser Lage befindet, der beauftrage den Bausachverständigen, gleiche oder verwandte Betriebe zu besichtigen, um an den Fehlern bestehender Einrichtungen zu lernen. Namentlich bei weniger verbreiteten, weil in kleinen Städten ganz unmöglichen Einrichtungen, wie z. B. den Talgschmelzen, spielt die Besichtigung solcher Betriebe durch den Baumeister eine wichtige Rolle.

Der maschinentechnische Sachverständige hat sich vor allen Dingen mit der Frage zu befassen: Welche Kraft die geeigneste und die billigste; Dampf, Sauggas, Leuchtgas, Benzin, Wasser und Elektrizität und vielleicht auch noch der Wind kommen dabei in Betracht. Nach welchen Gesichtspunkten bei der Entscheidung hierüber gehandelt werden muß, hier auszuführen, sei mir erlassen, das würde zu weit führen, ich will dies den technischen Sachverständigen, der ich nicht bin, in jedem einzelnen Fall überlassen. Sie werden schon dafür sorgen, daß die Werkstätte nicht licht- und luftarm ist, daß das Gebäude einen Platz erhält mit geschickter Zufahrt und auch eine eventuelle Erweiterung nicht ausschließt, daß das Wasser bei der Dampf- oder der Sauggasanlage usw. vorhanden ist und daß alle die Vorschriften wegen Unfallverhütung erfüllt werden.

In den meisten deutschen Bundesstaaten sind vom Staat Beratungsstellen eingerichtet, auf die ich besonders hinweisen möchte, weil in ihnen eine unabhängige Beratung geschaffen ist. Es ist ganz selbstverständlich, daß jeder Lieferant seine Fabrikate empfiehlt, und so kommt es, daß der Verkäufer von Gasmotoren diesen, und der Verkäufer von Elektromotoren der Verwendung von Elektromotoren entschieden den Vorzug gibt. Aus diesem Grunde sei ganz besonders auf die staatlichen Beratungsstellen hingewiesen.

Große ausgedehnte Genossenschaften, wie z. B. die Elektrizitätsgenossenschaften, werden übrigens in die Geschäftsleitung technische Sachverständige aufnehmen, mindestens aber zum Beamtenpersonal zählen müssen.

3. Die Werkgenossenschaft benötigt zu ihrem Geschäftsbetrieb fast ausnahmslos ein Gebäude. Mir sind eine Reihe von Werkgenossenschaften bekannt, die von der Gemeinde den Bauplatz zu außergewöhnlich billigem Preise erworben haben. Wenn die Gemeinde über einen geeigneten Bauplatz verfügt und auch nur einiges Entgegenkommen zeigt, dann ist eine Hauptfrage, die gewöhnlich die ersten Differenzen zeitigt, am besten geregelt. Auch Städteverwaltungen, die passende Räume zur Aufstellung von Maschinen unentgeltlich oder gegen mäßige Miete bereit stellten, sind mir bekannt. Wo das zutrifft, ist die Rentabilität auch in ungünstigen Zeiten weit weniger in Frage gestellt, als bei Erstellung eines Gebäudes durch die Genossenschaft. Auf jeden Fall aber benötigt die Werkgenossenschaft sofort ein größeres Kapital, welches allerdings dann noch größer sein muß, wenn nicht nur Maschinen beschafft,

sondern auch ein Gebäude erstellt werden muß. Auf die Kapitalbeschaffung ist daher bei Werkgenossenschaften in erster Linie Rücksicht zu nehemn. Eine Werkgenossenschaft mit wenig eigenem Kapital und dazu vielleicht auch noch mit wenig Mitgliedern steht auf schwankenden Füßen. Entsprechend hohe Geschäftsanteile, die auch möglichst rasch eingezahlt werden müssen, sind unerläßlich. Das ist erforderlich, um einerseits einem gesunden Unternehmen das erste Kapital zuzuführen und um ferner auch bei einem Kreditgesuch kreditwürdig zu erscheinen. Bei Werkgenossenschaften mit meist wenig Mitgliedern spielt weder die Haftpflicht noch die Haftsumme eine Rolle; für Darlehen müssen in der Regel die Mitglieder samtverbindlich unterschreiben, so daß also auch bei beschränkter Haftpflicht die unbeschränkte Haftpflicht Anwendung findet.

Bei ausgedehnten Genossenschaften hingegen mit stärkerer Mitgliederzahl muß auch die Haftsumme den Erfordernissen des Betriebs angepaßt sein, sofern nicht die unbeschränkte Haftpflicht gewählt wird.

Das eigene Kapital muß sich nicht unbedingt aus Einzahlungen auf Geschäftsguthaben-Konto bilden, es kann auch zum wesentlichsten Teil aus Reserven bestehen, welche durch Eintrittsgelder gebildet werden. Bei Schlachthausgenossenschaften z. B. ist es fast durchweg üblich, daß der Geschäftsanteil ganz klein, bis herab zu 2 Mark, das Eintrittsgeld hingegen sehr groß ist und bis zu 1000 Mark beträgt. So oft auch diese Bestimmung schon kritisiert wurde, ist sie dennoch gut und im Interesse der Genossenschaft gelegen. Der Reservefonds ist für die Genossenschaft das sicherste eigene Kapital, das auch nicht beim Austritt, wie der Geschäftsanteil, entzogen werden kann, und Mitglieder, welche ein solch hohes Eintrittsgeld bezahlt haben, werden der Genossenschaft nicht untreu. Im allgemeinen diese Maßnahme aber zu empfehlen, wäre zwecklos, weil sich dies nur für vereinzelte Fälle eignet und auch nur in Ausnahmefällen durchgeführt werden kann.

Je mehr Kapital aus dem eigenen Mitgliederkreise beschafft werden kann, sei es als Geschäftsanteile oder als Anlehen, um so sicherer und unabhängiger vermag die Genossenschaft ihre Aufgabe zu erfüllen, und je weniger leicht fremde Kredtie gewährt werden, um so sicherer ist es, daß die Werkgenossenschaft in der Ausdehnung nicht über ihre Verhältnisse und die der Mitglieder hinausgeht. Mit Beispielen, die dies bekräftigen, ist nicht schwer zu dienen.

4. Solange die Werkgenossenschaft bei ihrem eigentlichen Zwecke bleibt, ist meist die Geschäfts- und Buchführung durchaus einfach, und ist es ein kleiner Betrieb, dann kann auch ein Laie mit einigem guten Willen und Verständnis ganz leicht eingearbeitet werden. Die Gebühren für Maschinenbenützung werden von dem Werkführer nach einem bestimmten, in der Werkstätte meist angeschlagenen Tarife auf Abriß- oder Durchschlagszetteln, die gebunden und mit fortlaufenden Nummern versehen sind, notiert und monatlich zusammengestellt. Der Kassierer hat in diesen Zetteln seine ersten Buchungsunterlagen,

alles läuft über Kasse, die Buchungen nehmen daher die denkbar einfachste Form an.

Diese einfache und daher auch für jedermann leicht übersichtliche Form der Buchungen kann aber aus dem Grunde nicht überall angewendet bezw. von einem Laien, der vielleicht eine Schnellpresse von einigen Tagen durchwandert hat, ausgeführt werden, weil die wenigsten Werkgenossenschaften sich lediglich mit der Beschaffung von Maschinen zwecks Benützung durch ihre Mitglieder befassen. Die Einrichtung der Werkgenossenschaft reizt geradezu zur Aufnahme von Nebenzweigen. Dieser Reiz kann begründet sein in Erzielung einer besseren Rentabilität oder auch ausschließlich in der Erkenntnis, daß durch jede geordnete genossenschaftliche Arbeit Vorteile zu erzielen sind.

In der Werkgenossenschaft der Holzbearbeitungsbranche sind Nebenzweige aller Art eingeführt: Der Einkauf von Fournieren, Holz, die Herstellung von Spezialartikeln, wie Türbekleidungen, Küchenmöbeln, für die Mitglieder zum Wiederverkauf usw. Diese Einrichtung wird namentlich getroffen, um bei schleppendem Geschäftsgang das Personal zu beschäftigen. Nebenzweige bilden ferner: Ausstellung und Verkauf der fertigen Erzeugnisse der Mitglieder; die Metzgergenossenschaft übernimmt gewöhnlich den Bezug von Salz, Kohlen und eventuell auch von Geräten; die Gerbergenossenschaft befaßt sich neben dem Betrieb der Walke mit dem Einkauf von Häuten und exotischen Gerbstoffen; die Mühlengenossenschaft, die anfangs nur das ihr zugeführte Getreide verarbeitete, kauft späterhin Getreide und verkauft die fertigen Produkte; die Elektrizitätsgenossenschaft betreibt als Nebenzweig den Verkauf von Motoren und Beleuchtungskörpern. Alle diese Nebenzweige, die in außerordentlich vielseitiger Gestalt auftreten, setzen bei ihrer Aufnahme eine gewisse Entwicklung voraus; bei der Werkgenossenschaft ist, wie bereits bemerkt, ohnehin sofort ein erhebliches Kapital erforderlich, werden dazu noch sofort diese Nebenzweige aufgenommen, dann setzt dies mindestens eine gute Kapitalkraft voraus, und eine tüchtige, branchekundige Leitung darf aber für alle Fälle nicht fehlen.

Bei normaler Entwicklung wird z. B., wenn es sich um gemeinsamen Einkauf handelt, ein Bezug bewerkstelligt, der die Bücher der Genossenschaft gar nicht durchläuft; die Waren werden nach ihrem Einlauf sofort verteilt und bezahlt, und hat sich dies bewährt, dann schließen sich bei gesunden Unternehmungen allmählich weitere Bezüge auf Rechnung der Genossenschaft an. Wer in dem Betrieb von Nebenzweigen so rasch vorgeht, daß Erfahrung, Kapital und vielleicht auch noch Branchekenntnisse und die Einrichtung der Buchführung nicht mit dem Forcieren des Geschäftsbetriebes im Einklang bleibt, der wird Enttäuschungen nicht entgehen; die Bäume wachsen nicht in den Himmel!

Andererseits aber darf der Werkgenossenschaft eine gewisse Beweglichkeit, eine gewisse Elastizität nicht abgehen. Vielerorts ist z. B. auf Wunsch der Mitglieder die Einrichtung getroffen, daß in dem Genossenschaftsgebäude besondere Werkstätten eingerichtet sind, um dieselben an einzelne Mitglieder zu vermieten. Man muß aber schon im voraus damit rechnen, daß dieses Vermieten nicht auf ewige Zeiten abgeschlossen ist. Diese Werkstätten können unter Umständen, wenn sie unbesetzt sind, die Genossenschaft sehr belasten. Dies wird namentlich dann der Fall sein, wenn diese oder jene Mitglieder sich später selbst Maschinen beschaffen und damit nicht nur selbst der Genossenschaft den Rücken kehren, sondern auch noch als Konkurrenz auftreten. Alles schon dagewesen! In solchen Fällen ist eine Elastizität erforderlich, die ohne großen Kostenaufwand in diesen Räumen Veränderungen schaffen läßt, daß eventuell auch zu anderen Zwecken die überschüssige Kraft verwendet werden kann. Eine gewisse Beweglichkeit muß überhaupt die ganze Einrichtung zulassen; eine Metzgergenossenschaft muß eine Kühlanlage späterhin noch errichten können; ich kenne Werkgenossenschaften in der Holzbearbeitungsbranche, die eine Obstmühle, und andere, die Fleischhackmaschinen aufgestellt haben. Das sind Nebenzweige, welche einerseits der Genossenschaft eine bessere Rentabilität sichern, andererseits auch solchen Leuten Bequemlichkeiten bringen, welche auf alleinige Rechnung sich Motor und Maschine nicht hätten beschaffen können; mir ist ferner eine Werkgenossenschaft bekannt, welche eine Wasserpumpstation als Nebenzweig eingerichtet hat.

Daß die Buchführung die Erträgnisse der Nebenzweige so weit als möglich erkennen lassen muß, ist selbstverständlich. Ich kann mir daher über diesen Punkt weitere Ausführungen ersparen.

5. Jede Genossenschaft wird von Mitgliedern für Mitglieder errichtet. Das Gesetz macht zur Benützung verschiedener Einrichtungen von Genossenschaften bekanntlich die Mitgliedschaft zur Bedingung und auch unser ganzes Streben geht dahin, möglichst ausschließlich dem Mitgliederkreise zu dienen. Dieses Prinzip kann bei der Werkgenossenschaft nur insofern eingehalten werden, als wir darauf hinwirken, daß alle Interessenten die Mitgliedschaft erwerben. Nichtmitglieder aber vom Gebrauch der Einrichtungen ausschließen, oder gar in den Statuten dies festzulegen, wird nur in vereinzelten Fällen keine nachteiligen Folgen haben. Das Gesetz hat deshalb richtigerweise hier auch keine Schranken gezogen. Bei Schlachthausgenossenschaften z. B. wäre eine Ausschließung der Nichtmitglieder von dem Gebrauch der Anlagen überhaupt nicht angängig wegen des Schlachthauszwanges. Dagegen aber zahlen in der Regel Nichtmitglieder höhere Gebühren. In dem bekannten Prozeß der Metzgergenossenschaft Göppingen hat das Reichsgericht entschieden, daß bie Nichtmitgliedern die Gebühren mit einem Zuschlag von 50 Prozent der Mitgliedergebühren in Ansatz gebracht werden dürfen. Sobald die Mitglieder bei den Gebührensätzen im Vorteil sind, bedarf es keinerlei Einwirkung auf die Nichtmitglieder zum Erwerb der Mitgliedschaft. Die Gebührenregelung allein bewirkt die Beitritte.

Bei der Werkgenossenschaft der Holzbearbeitungsbranche hingegen empfiehlt es sich aber auch dann in den meisten Fällen, nicht nur Mitgliedern die Benützung zu gestatten, wenn die Gebühren für diese schon derart angesetzt werden müssen, daß eine Erhöhung für Nichtmitglieder gar nicht in Aussicht genommen werden kann. Warum soll man kleine, vielleicht auch schwache Betriebe, denen es schwer wird, die Einzahlungen auf den Geschäftsanteil zu leisten, ganz ausschließen? Im Interesse der Rentabilität, also gerade im Interesse der Mitglieder wird es liegen, die Nichtmitglieder zuzulassen. Vielfach werden die Einrichtungen der Werkgenossenschaften von den Bewohnern der Umgegend mitbenützt; regelmäßige Kunden sind das nicht, sie wollen schon deshalb bezw. wegen des kleinen Bedarfs nicht Mitglied werden.

Ich hatte es schon mit Werkgenossenschaften zu tun, bei deren Errichtung die Mitglieder eine Benützung in Aussicht stellten, die eine flotte Rente verbürgte, die Leute schätzten ihren Bedarf übermäßig hoch ein und die Gebühreneinnahmen von Nichtmitgliedern überstiegen sodann diejenigen von Mitgliedern. Welche Wirkung in solchen Fällen ein Ausschluß von Nichtmitgliedern hätte, bedarf keiner weiteren Erwähnung.

Die Mitgliedschaft läßt sich nur erzwingen, wenn die Bedürfnisse, denen die Genossenschaft dient, anderweitig nicht befriedigt werden können. Man muß sich auch hier ganz den Verhältnissen anpassen. Tatsache aber ist, daß bei sämtlichen Werkgenossenschaften durchgerechnet die Zahl der Nichtmitglieder, die die Einrichtungen benützen, weit größer als die der Mitglieder sein dürfte, und deshalb ist es auch unrichtig, wenn wir bei der Beurteilung der Bedeutung der Werkgenossenschaften oder der Handwerkergenossenschaften überhaupt bei der Mitgliederzahl einen Maßstab anlegen.

6. Recht verschieden sind die Einrichtungen hinsichtlich der Gebührenzahlungen; kleine Gebühren von solchen Leuten, die nicht regelmäßig kommen und denen deshalb kein Konto angelegt wird, sollten jeweils sofort bereinigt werden. Wo das nicht durchgeführt wird, bleiben bei einem späteren Einzug Widerwärtigkeiten nicht aus. Die Zahlung sämtlicher Gebühren sofort nach der Benützung gehört wohl zu den Seltenheiten; ich kenne nur eine Genossenschaft, die das gerne durchführen möchte, der es aber nicht gelingt, die Rückstände voll zu beseitigen. Im übrigen werden die Gebühren wöchentlich, halbmonatlich, monatlich und vierteljährlich erhoben. Eine zu lange Stundung der Gebühren ist für beide Teile, für die Genossenschaft wie für die Mitglieder, schädlich. Im allgemeinen sind Rückstände, die einen Monat überschreiten, als ungesund zu betrachten. So wie der Arbeiter, der Geselle, seinen Lohn begehrt und wohl kaum einen Rückstand zuläßt, so sind auch die Mitarbeiter, die Maschinen zu befriedigen. Ungesund ist dieser Zustand monatelanger Rückstände auch dann, wenn Sicherheit geleistet wird. Die Werkgenossenschaft ist nicht der Platz zum Pumpen; die Gefahr unrationeller Arbeit, vor welcher die Ge-

nossenschaft ihre Mitglieder doch auch möglichst schützen soll, liegt bei monatelangen Rückständen so nahe, daß nicht genug an regelmäßige Regulierung erinnert werden kann. Noch gefährlicher kann dieser Zustand dann werden, wenn durch Nebenzweige, die ich bereits berührt habe, noch Gelegenheit gegeben ist, die Verpflichtungen der Mitglieder der Genossenschaft gegenüber zu erhöhen. Man bedenke immer, daß die Genossenschaft Unmögliches nicht leisten kann; daß pünktlich zahlende Mitglieder gegenüber säumigen Zahlern nicht in Nachteil kommen, läßt sich leicht einrichten durch Gewährung von Skonto bezw. Berechnung von Zinsen, aber es ist damit die ungesunde Wirkung rückständiger Gebühren keineswegs beseitigt.

7. Gleichsam die Seele einer Werkgenossenschaft ist der Werkführer. Von ihm ist das Wohl und Wehe einer Genossenschaft vielfach direkt abhängig. Es spielt daher nicht nur das Anstellungsverhältnis, wie in den Leitsätzen hervorgehoben, sondern auch die Wahl, die persönliche Wahl, eine wichtige Rolle.

Der Werkführer muß nach jeder Hinsicht ein zuverlässiger Mann sein. Er muß sich auf Behandlung der Maschinen verstehen und soll kleine Reparaturen selbst ausführen können. Er muß auf Ordnung und Sauberkeit halten und Gewähr dafür bieten, daß die ersten Notizen für die Zeit der Maschinenbenützung gewissenhaft vollzogen werden. Der Werkführer darf keiner Bestechung zugänglich sein und soll mindestens mit der Höflichkeit ausgestattet sein, daß die Leute sich nicht fürchten, wenn sie die Werkstätte zu besuchen genötigt sind. Ich halte es für gut, wenn der Werkführer an pünktlichem Aufschrieb der Maschinenbenutzung, sorgfältiger Behandlung der Maschinen und geordnetem Umgang im persönlichen Verkehr, also am ganzen Betrieb dadurch interessiert wird, daß ihm neben einem Fixum eine Tantieme nach Verhältnis der Gebühren oder des Gewinns zugesichert wird.

Wenn zwischen Vorstand und Aufsichtsrat, also zwischen Verwaltung, oder sagen wir zwischen Genossenschaft und Werkführer Zwistigkeiten eintreten, dann ist es in der Regel das beste, möglichst rasch eine Änderung herbeizuführen. Selbstverständlich setze ich voraus, daß der Werkführer im Unrecht ist. Dem Werkführer werden mitunter auch von den Mitgliedern Dinge zugemutet, gegen die er auftreten muß; namentlich der Gebührenaufschrieb ist eine etwas empfindliche Arbeit.

Man achte ferner darauf, daß eine sofortige Stellvertretung jederzeit ohne weiteres möglich ist, um nicht in ein direktes Abhängigkeitsverhältnis zu geraten. Die Mitglieder sollten überhaupt je nach der Branche mehr oder weniger mit der Bedienung der Maschinen vertraut sein.

Ich habe ferner die Erfahrung gemacht, daß der Werkführer der Genossenschaft als Mitglied nicht angehören sollte. Ich habe dabei natürlich nur solche Genossenschaften im Auge, deren Betriebe täglich laufen und die einen berufsmäßigen Werkführer anzustellen in der Lage sind. Die vermeintliche Wahrung der Interessen der Genossenschaft durch die Mitgliedschaft ist geringer wie die Wirkung der Rechte des Werkführers durch die Mitgliedschaft, wenn es sich darum handelt, den Werkführer zu korrigieren.

Auf einen weiteren Punkt, der je nach den Verhältnissen von besonderer Wichtigkeit sein kann, sei noch hingewiesen. Wir sind bei den Kreditgenossenschaften gewohnt, im Statut die kürzeste Kündigungsfrist, die das Gesetz zuläßt, mit drei Monaten festzusetzen. Wer also bei einer Genossenschaft, deren Geschäftsjahr mit dem Kalenderjahr läuft, am 30. September seinen Austritt erklärt, scheidet am 31. Dezember aus und hat Anspruch auf seine eingezahlten Geschäftsanteile nach der ordentlichen Generalversammlung, die innerhalb sechs Monaten nach Schluß des Geschäftsjahres abgehalten werden muß. Der durch Austritte veranlaßte Rückzug von Geschäftsanteilen kann in einem Betriebe, dessen Aktiven festliegen bezw. bei der Werkgenossenschaft festliegen müssen, ganz empfindlich wirken. Je nach den Verhältnissen wird es sich daher empfehlen, in den Statuten eine längere, eventuell die gesetzlich am längsten zulässige Zeit von zwei Jahren bei Kündigungen zu bedingen.

Sowohl in den Leitsätzen selbst wie in deren Begründung habe ich nur auf die wesentlichsten Gesichtspunkte Rücksicht genommen. Von der Erläuterung einer Geschäftsordnung blieb ich ganz weg. Diese wird natürlich bei jeder Genossenschaft in veränderter Form erforderlich werden. Die schriftliche Niederlage der Geschäftsordnung ist aber auch nur von nebensächlicher Bedeutung. Man kann auch hier wie bei allen Genossenschaftsarten die eingehendsten Geschäftsordnungen und Dienstanweisungen aufstellen und trotz alledem will der Apparat nicht funktionieren, und umgekehrt kann eine andere Genossenschaft ohne besondere Geschäftsordnung und Dienstanweisungen vorzüglich arbeiten; nicht Geschäftsordnungen und Dienstanweisungen, sondern vor allen Dingen einsichtige und verträgliche Menschen sind es, die, wenn die übrigen Verhältnisse dies nicht hindern, die Werkgenossenschaft zu einer nützlichen, guten Einrichtung gestalten.

Dr. Crüger (Charlottenburg): Zweifellos sind Sie mit mir durchaus einverstanden, wenn ich Herrn Schumacher herzlichen Dank ausspreche für den Vortrag, mit dem gewissermaßen ein Cyklus von Vorträgen zum Abschluß gekommen ist. Sie finden in der Einleitung dieses Antrages hervorgehoben: 1904 Breslau Einkaufsgenossenschaften, 1908 Frankfurt a. M. Verkaufsgenossenschaften. Dem gliedert sich jetzt der Vortrag über Werkgenossenschaften an. Damit ist der Cyklus erledigt, denn Handwerker-Produktivgenossenschaften in den Kreis unserer Betrachtungen hineinzuziehen, scheint mir bis auf weiteres gar keine Veranlassung vorzuliegen. Wir wollen keine Erwartungen erwecken, von denen wir doch ganz genau wissen, daß die bitterste Enttäuschung nicht ausbleiben kann.

Nun hoffe ich, daß Herrn Schumacher in den Wintermonaten Zeit nicht fehlen wird, diese drei Vorträge einer nochmaligen Durchsicht und Bearbeitung zu unterziehen, sodaß wir sie in den Schriften des Allgemeinen Verbandes zur Ausgabe bringen können. Ich glaube, daß wir den Handwerkern in ganz Deutschland einen wesentlichen Dienst mit der Publikation dieser Vorträge erweisen werden, denn es handelt sich hier nicht um theoretische Deklamationen, sondern es handelt sich um die Ergebnisse langjähriger, praktischer Erfahrungen, um die Beobachtung der intensivsten Arbeit nicht bloß in einem Lande, in Württemberg, sondern in ganz Deutschland. Wenn Herr Schumacher auch seine Erfahrungen hauptsächlich aus Süddeutschland geholt hat, so bin ich doch sicher, daß die Herren, die aus Norddeutschland hier sind, mir zugeben werden, daß, was wir von ihm auf Grund süddeutscher Verhältnisse gehört haben, bis auf das J-Tipfelchen auch zutrifft für norddeutsche Verhältnisse. Freund Wrabetz nickt mit dem Kopf, er will damit wahrscheinlich besagen, auch auf österreichische Verhältnisse.

Selbstredend werde ich nicht den Ausführungen des Herrn Schumacher in allen Einzelheiten folgen, aber ich möchte doch einige Gedanken hier herausgreifen, die nach meinem Dafürhalten eine ganz besondere Beachtung verdienen, womit ich freilich nicht sagen will, daß die anderen Bemerkungen weniger bedeutungsvoll sind. Gerade bei den Handwerker-Genossenschaften kann man vielleicht behaupten, daß vieles, wenn nicht alles von den sogenannten Imponderabilien abhängt. Ich erinnere an den Schlußsatz des Herrn Schumacher: verträgliche Menschen brauchen wir. Ja, verträgliche Handwerker können wir durch keine Instruktion schaffen, und beim saubersten Statut wissen wir nicht, ob die Leute sich vertragen werden. Und doch, die Entwicklung der Genossenschaft hängt davon ab. Allerdings, wir wissen — und da haben wir den wundesten Punkt getroffen — es ist nicht bloß die Verträglichkeit im landläufigen Sinne des Wortes, sondern es kommt das böse Wort Konkurrenz hier in Betracht. Wenn ich böses Wort sage, so bin ich noch keineswegs ein Gegner der Konkurrenz, sondern ich erkenne das Belebende der Konkurrenz an. Aber hier handelt es sich darum, Leute, die sich draußen im Konkurrenzkampf gegenüber stehen, zusammenzuführen, zu einer gemeinschaftlichen Arbeit, zu einer Arbeit, bei der sie wesentlich vergessen müssen, daß sie sonst sich als Konkurrenten bekämpfen, bei der sie sich erinnern müssen, daß sie auf einem gemeinschaftlichen Boden gemeinsame Ziele zu verfolgen haben. Es war mir nun — doch ich lasse alle diese Nebendinge hier außer Spiel, obgleich ich wohl weiß, daß gerade von diesen Nebendingen möglicherweise das meiste abhängt. Aber ein Gedanke, meine Herren, den Herr Schumacher hier hineingeworfen hat, erfordert ganz besondere Beachtung, und vielleicht nicht bloß für Werkgenossenschaften, sondern für sämtliche Handwerkergenossenschaften, nämlich der Gedanke, zu brechen mit der kurzen Kündigungsf r i s t bei diesen Genossenschaften. Ich glaube, es wird tatsächlich gut sein, bei den Genossenschaften, bei denen die Gefahr besteht, daß die Fahnenflucht allzu bedenkliche Folgen haben kann, soweit es möglich ist, ihr einen Riegel vorzuschieben und zwar durch das Erstrecken der Kündigungsfrist. Wir wollen nicht über das Notwendige hinausgehen, aber die dreimonatliche Kündigungsfrist erscheint auch mir nach den Beobachtungen, die wir gemacht haben, zu kurz.

Nun, der weitere Gedanke, ob wir vielleicht bei den Werkgenossenschaften der Frage näher zu treten haben, dürfte möglicherweise die Gesellschaft mit beschränkter Haftung unter gewissen Voraussetzungen den Vorzug verdienen vor der eingetragenen Genossenschaft. Ich will die Frage hier nur aufgeworfen haben, weil Herr S c h u m a c h e r hervorhob, es gebe eine Anzahl von Werkgenossenschaften in der Form der G. m. b. H. und dann weiter hinzufügte, aber gleichzeitig solidarische Haftung der Mitglieder. Das kommt hinaus auf die unbeschränkte Haftpflicht. Es ist möglich, daß die Mitglieder der Genossenschaft leichter bereit sind, die solidarische Bürgschaft dem Kreditinstitut gegenüber zu übernehmen, als ein Statut auf der unbeschränkten Haftpflicht beruhend zu unterschreiben. . . . Wir brauchen deswegen selbstredend der eingetragenen Genossenschaft nicht den Rücken zu kehren — und gerade auch unter einem anderen Gesichtspunkt — Herr S c h u m a c h e r legt Wert darauf, und mit Recht, daß Werkgenossenschaften möglichst wenig mit Nichtmitgliedern arbeiten, sie sollen danach streben, die Nichtmitglieder in die Genossenschaft hineinzubekommen. Da versagt die G. m. b. H., vollkommen. Die G. m. b. H. steht viel unpersönlicher den Mitgliedern gegenüber, als die Genossenschaft. Das ist einerseits ein Nachteil der G. m. b. H., es hat aber den großen Vorzug daß die G. m. b. H. das Kapital dauernd behält, daß das Kapital ihr, weil die „Mitglieder" davongehen wollen, nicht entzogen werden kann. Die G. m. b. H. hat keine Mitglieder wie die Genossenschaft, ihr fehlt das persönliche Band, und auf dies persönliche Band dürfte der größte Wert gerade auch bei diesen Genossenschaften gelegt werden.

Es wird sich für uns also darum handeln, den Weg zu finden, auf dem wir die Vorteile der G. m. b. H. überführen auf die Genossenschaft und daneben dann all die Vorteile der Genossenschaft für die Organisation behalten.

. . . Herr S c h u m a c h e r ist dann zu sprechen gekommen auf einen Artikel über die E l e k t r i z i t ä t s g e n o s s e n s c h a f t e n. Er wird in den Genossenschaftsblättern erscheinen.*) Herr S c h u m a c h e r wird dann allerdings finden, daß ich mir erlaubt habe, zu diesem Artikel redaktionelle Bemerkungen zu machen. Ich stehe nämlich den Elektrizitätsgesellschaften in der Form der genossenschaftlichen Organisation mit ganz außerordentlicher Skepsis gegenüber. Ich glaube, daß für die Elektrizitätsgesellschaften sich

*) Ist inzwischen in den Nr. 34/35 von 1909 erschienen.

allerdings die Form der Gesellschaft, die Form der kapitalistischen Gesellschaft besser eignet. Die Dinge sind ja nicht in erster Reihe jetzt untersucht für die Handwerker, sondern für die Landwirte, und es ist mir doch aufgefallen, daß ein preußischer Minister, der sonst keineswegs das unterschreibt, was Sie oder Ihr Anwalt in genossenschaftlicher Beziehung äußern, der preußische Finanzminister von Rheinbaben, mit Bezug auf die Elektrizitätsgenossenschaften für die Landwirtschaft durchaus unseren Standpunkt teilt, daß die genossenschaftliche Organisation hier wohl kaum am Platze sein dürfte. Bei den Handwerkern liegen die Dinge doch nun überdies auch so, daß sie in den allermeisten Fällen wohl das Glück haben werden, Anschluß nehmen zu können an ein städtisches Elektrizitätswerk, und daß sie nicht nötig haben werden, sich selbst mit der außerordentlich dornenvollen Aufgabe zu befassen, noch ein Elektrizitätswerk zu gründen. Die Gründung eines Elektrizitätswerks liegt im Interesse der Kommune, da müssen sie alle heran. Ob die Kommune oder mit Hilfe der Kommune die Privatindustrie, lasse ich hier vollständig ununtersucht, aber dem Handwerk sollen wir diese Aufgabe nicht auferlegen, sondern ihm die Möglichkeit geben, den Nutzen aus der Elektrizität des Elektrizitätswerks zu ziehen. Da möchte ich bei dieser Gelegenheit aber doch an einen Gedanken erinnern, der freilich nicht ganz neu ist, er stammt aus dem Jahre 1886. Der Vater dieses Gedankens ist der berühmte Naturforscher von Siemens, der auf der Deutschen Naturforscherversammlung im Jahre 1886 ausführte:

„Der Maschinentechnik wird es unfehlbar gelingen, das Hindernis der Rückkehr zur konkurrenzmäßigen Handarbeit zu beseitigen durch die Zuführung billiger mechanischer Arbeitskraft in den kleineren Werkstätten" — und dann wies er darauf hin: „. . . wo es die Natur der Dinge verlangt, den Betrieb gemeinsamer Arbeitsstätten durch Arbeiterassoziationen zu regeln."

Ich glaube, darauf muß auch, wenn wir über die Werkgenossenschaften sprechen, sehr großer Wert gelegt werden.

Hier kommen wir auf eine Genossenschaft, die auch unter der Firma Werkgenossenschaft läuft, die aber doch wesentlich verschieden ist von dieser Werkgenossenschaft, bei der es sich nicht darum handelt, gemeinschaftliche Betriebsstätten zu errichten, sondern im wesentlichen darum, durch die genossenschaftliche Organisation auf bestem Wege zuverlässige Maschinen den Handwerkern zuzuführen. Derartige Genossenschaften bestehen zu meinem lebhaften Bedauern bisher in ganz minimaler Zahl. Lauf bei Nürnberg hat eine solche Genossenschaft. Sie hat sich außerordentlich gut bewährt.

Und von dieser Genossenschaft möchte ich nun wieder übergehen zu einem Gedanken, den Herr Schumacher hier hineingeworfen hat, die Errichtung von Beratungsstellen. Solche objektiven Beratungsstellen, das heißt Beratungsstellen, an deren Spitze Männer stehen, die vollständig uninteressiert den Handwerkern gegenüberstehen, auf die lege auch ich den allergrößten Wert, und wenn der Staat nach dieser Richtung hin den Handwerkern helfen will, dann glaube ich, können wir das nur auf das lebhafteste begrüßen. Das ist eine außerordentlich wirksame Unterstützung, die den Handwerkern zuteil werden kann. Alles das, was Herr Schumacher ausgeführt hat, das trifft auch nach meinen Beobachtungen vollständig zu, und es kann den Nachteilen, die sich heute vielfach bei dem Kauf von Maschinen gezeigt haben, nur entgegengewirkt werden, wenn die Handwerker derartige Beratungsstellen zur Verfügung haben.

Herr Schumacher ist dann auf eine Genossenschaft zu sprechen gekommen, die im Vorwort zum Jahrbuch besondere Berücksichtigung erfahren hat, die Konstanzer Werkgenossenschaft. Ich glaube, ich habe bei der Gelegenheit im Vorwort hervorgehoben, daß es doch ein merkwürdiges Ding mit den Handwerkergenossenschaften sei; es gibt kaum eine Genossenschaftsart, die so unzugänglich ist für Ratschläge, wie die Handwerkergenossenschaft. Es ist förmlich, als wenn sie alle erst durch eigenen Schaden klug werden wollen. Ich habe vor ein paar Tagen gelegentlich der Sitzung des Gesamtausschusses auch über entsprechende Beobachtungen aus der Praxis berichtet. Die Konstanzer Werkgenossenschaft ist ein außerordentlich lehrreiches Beispiel hierfür. Vor Jahren hat man bereits in den Revisionsberichten darauf aufmerksam gemacht: das sind eure Schwächen, das sind eure Schäden. Statt aber die bessernde Hand anzulegen, nein, förmlich als wenn man sich in einer Sackgasse befand und nun blindlings immer weiter darauf los lief, so hat man in Konstanz gehandelt. Ich würde es sehr begrüßen, wenn es uns gelingen möchte, vor allem die Handwerkskammern und die Gewerbekammern dafür zu gewinnen, daß sie den Handwerkern für die Gründung und Organisation von Genossenschaften die Lehren mit auf den Weg geben, die in den Beschlüssen der Allgemeinen Genossenschaftstage niedergelegt sind. Was ich von den Vorträgen des Herrn Schumacher vorhin sagte, gilt ja von allen unseren Beschlüssen. Sie sind nicht Ergebnisse theoretischer Betrachtungen, sondern die Beschlüsse basieren auf Erfahrungen, die in der Praxis gemacht worden sind. Und aus diesen Erfahrungen heraus mußte ich eben leider feststellen, wie sehr unzugänglich die Handwerker gegenüber solchen Anregungen sind.

Dann endlich hat Herr Schumacher mir eine Frage vorgelegt über die Behandlung der Abschreibungen. Es ergibt sich ja sein Standpunkt aus den Thesen, die er aufgestellt hat, denn die Thesen sind sein Werk. Wenn auch darüber steht: Antrag des Anwalts, so ist das nur die Firma, unter welcher der Antrag erscheint, die Thesen sind das Werk des Herrn Schumacher. Aber da er nicht antragsberechtigt ist, und ich durchweg die Thesen billige, habe ich sie hier eingebracht. Ich kann ihm nur darin beitreten, daß die Gebührenkalkulation von vornherein so zu bemessen ist, daß mit möglichst hohen Abschreibungen gerechnet werden kann, und diese Abschreibungen müssen vorgenommen werden. Was für jeden Privatbetrieb gilt, das gilt in allererster Reihe für den Betrieb der Werkgenossenschaft. Im Betriebe der Werkgenossenschaft können die Maschinen genau ebenso schnell veralten, können durch neue technische Erfindungen ebenso schnell unverwendbar werden, wie in der Privatindustrie.

Die Privatindustrie, die nicht in der Lage ist, dann einfach ihre Maschinen als altes Eisen zu verkaufen und durch neue zu ersetzen, kommt ins Hintertreffen, und die Werkgenossenschaft der Handwerker, die nicht so bilanziert, nicht so gerechnet hat, daß sie im entscheidenden Augenblick all ihre veralteten Maschinen durch neue ersetzen kann, hat einfach ihren Zweck verfehlt. Daraus ergeben sich auch mit zwingender Notwendigkeit die Schlüsse, die Herr Schumacher selber gezogen hat. Ich habe — ich glaube, ich habe es Herrn Schumacher damals schriftlich noch mitgeteilt — allen Respekt vor jener Werkgenossenschaft, die einen Strich durch ihre Geschäftsguthaben macht, um die nötigen Abschreibungen vorzunehmen. Die Mitglieder jener Werkgenossenschaft zeigen, daß sie die Sache verstanden haben und daß sie bereit sind, im Augenblick auch ein finanzielles Opfer zu bringen, wenn sie sich sagen, daß sie damit imstande sind, die Genossenschaft auf die Dauer zu erhalten. Würde man dort nicht Abschreibungen vorgenommen haben, so würde sehr wahrscheinlich die Werkgenossenschaft hingesiecht sein. Ich kann mich also selbstredend nur den Empfehlungen, die Herr Schumacher nach der Richtung hier gegeben hat, anschließen. Aber allerdings mit den Empfehlungen allein ist es nicht getan, da brauchen wir auch ganz besondere Handwerker, ein ganz besonderes Mitgliedermaterial, und da kommen wir wiederum auf die große Schwierigkeit zurück, von der wir ja bei der Erörterung dieser Frage ausgegangen sind

Gestatten Sie, wenigstens mit einem Worte hier die Frage der finanziellen Förderung zu streifen: Unsere Handwerkergenossenschaftsbewegung hat nicht ihr Fundament in der finanziellen Frage, sondern mehr noch, wie jede andere Genossenschaftsbewegung in der Personenfrage.

Über die finanziellen Schwierigkeiten da kommt jede Handwerkergenossenschaft hinweg, wenn sie nur aus dem richtigen Menschenmaterial besteht.

Wie ich schon häufig auf Genossenschaftstagen ausgesprochen habe: wir haben es hier mit keinem Allheilmittel zu tun, es handelt sich nicht um die genossenschaftliche Organisation für das Handwerk, sondern um die genossenschaftliche Organisation für die Handwerker, die die Fähigkeit in sich besitzen, aus der genossenschaftlichen Organisation den entsprechenden Nutzen zu ziehen. Um dies Menschenmaterial zu gewinnen, kann nur eingesetzt werden mit Belehrung und Aufklärung. Da appelliere ich an die Handwerkskammern, an die Gewerbevereine, an die Meisterkurse. All diese Organe mögen dahin wirken, daß die Handwerker reif werden für die genossenschaftliche Organisation. Das ist eine der wesentlichen Voraussetzungen für die nutzbringende Tätigkeit der Handwerkergenossenschaften.

Es ließe sich selbstredend noch unendlich viel im Anschluß an die Ausführungen des Herrn Schumacher sagen. Ich will mich auf diese wenigen Bemerkungen beschränken. Ich glaube allerdings, daß ich die springenden Punkte in seinem Referat getroffen habe. Ich hoffe, daß wir dann im Laufe des Winters den Genossenschaften und nicht bloß diesen, sondern den Handwerkern überhaupt, auf Grund der Vorträge, die Herr Schumacher gehalten hat, ein Material unterbreiten werden, das für die Gründung und den Ausbau der Handwerkergenossenschaften im allgemeinen wird benutzt werden können.

Mager (Berlin): . . . Ein kleiner Unterschied zwischen den speziell württembergischen oder süddeutschen Verhältnissen ist, glaube ich, in Punkt 4 gegenüber norddeutschen Verhältnissen zu finden. Unter diesem Punkt wird empfohlen, Nebenzweige der Werkgenossenschaften nur mit großer Vorsicht einzuführen. Innerhalb des Hauptverbandes gehen wir umgekehrt vor. Im Schuhmacherhandwerk kommen wir eigentlich mit recht netten Erfolgen von der Rohstoffgenossenschaft zu einer, ich möchte sagen, stückweisen Werkgenossenschaft. Die gut reüssierende Rohstoffgenossenschaft, die alle Vorsichtsmaßregeln beachtet, sammelt Vermögen an und kauft dann eine Maschine nach der anderen. Im Genossenschaftswesen hat sich der alte Satz doch allgemein gut bewährt: vom Kleinen zum Großen überzugehen. Besonders für unsere nicht kapitalkräftigen Handwerker erscheint mir der Vorschlag des Herrn Schumacher etwas bedenklich. Wir haben eigentlich vor den Werkgenossenschaften doch beinahe ähnliche Bedenken, wie der Herr Anwalt vor den Produktivgenossenschaften. Wir gehen jedenfalls mit großer Vorsicht vor. Erst wenn die Leute sich schon als Genossenschafter etwas bewährt haben, wenn sie auch bereit sind, zu zahlen, — bereit und fähig — haben wir eigentlich den Mut, die Werkgenossenschaft zu empfehlen. Die Frage der Abschreibungen auf Immobilien, Geschäftsmobiliar, Utensilien usw. hängt aufs innigste mit den Punkten zusammen, die ich schon berührt habe. Eintrittsgeld, Abschreibungen auf Vermögenswerte, Abschreibungen der Geschäftsguthaben, haben alle denselben Zweck: Kapital zu binden. . . .

Wrabetz (Wien): . . . Bei uns gelten im allgemeinen die Fleischhauer als die bestsituierten Gewerbetreibenden. Wir haben nicht weniger als drei Fleischergenossenschaften, welche jede mit einem eigenen Kapital bis zu einer halben Million Kronen arbeiten. Das sind schon nicht mehr die kleinen Gewerbetreibenden, denen Schulze helfen wollte; die können sich hohe Eintrittsgelder erlauben.

Was nun den Punkt 4 bezüglich der Nebenzweige anlangt, so stimme ich vollständig mit Herrn Schumacher überein und glaube nur, daß der Herr, der zu Punkt 4 gesprochen hat, eigentlich nicht gegen die Sache gesprochen hat. Ich glaube, es wird immer von lokalen Verhältnissen abhängen, von den Verhältnissen der betreffenden gewerblichen Branche, ob man zuerst die Werkgenossenschaft oder zuerst die Rohstoffgenossenschaft gründet. Die Mitglieder der betreffenden Branche werden wissen, was ihnen zunächst am Herzen liegt. Auch ist es unstreitig, daß eine Rohstoffgenossenschaft mit kleineren Mitteln gegründet werden kann als eine Werkgenossenschaft, und es hat der Vorschlag etwas für sich, daß eine Rohstoffgenossenschaft langsam anstrebt, an die Gründung einer Werkgenossenschaft zu gehen. Da kann man vorgehen, wie man will. Richtig aber scheint mir — und das liegt hauptsächlich in Punkt 4 — man soll nicht auf Nebenzweige greifen, solange der Hauptzweck nicht floriert Man soll seine Kräfte nicht zersplittern, man soll den Hauptzweck erst zu erreichen suchen, dann kann man, wenn die Genossenschafter genügend geschult sind, und das nötige Kapital vorhanden ist, auf einen Nebenzweck greifen.

Zum Schluß möchte ich noch reagieren auf die Bemerkung des Herrn Schumacher bezüglich der Werkgenossenschaften in Österreich. Das Geheimnis kann ich Ihnen verraten, warum in Österreich eine Anzahl von Werkgenossenschaften zugrunde gegangen sind: sie sind zugrunde gegangen an der Unterstützung des Staates; der Staat hatte ihnen vom ersten Moment an zu reichliche Mittel zur Verfügung gestellt. Wir hatten z. B. eine Werkgenossenschaft der Vergolder, der der Staat drei große Werkstätten eingerichtet hatte, ohne an die Mitglieder zu appellieren, daß sie entsprechendes Kapital beistellen sollten. So drillt der Staat bei uns die Genossenschaften auf die Staatshilfe ein. Was war die Folge? Wie die Leute gesehen hatten, daß sie nun eingerichtet seien, sagten sie sich: nun brauchen wir kein Geld mehr. Solche Werkgenossenschaften werden bei uns häufig mit großer staatlicher Unterstützung gegründet; kleine Unterstützungen will ich mir gefallen lassen. Wir sind nicht mehr so streng in dem Punkte wie früher. Insbesondere, wenn materielle Mittel zur Verfügung gestellt wurden, war immer das erste, daß die drei Vorstandsmitglieder sich sehr hohe Gehälter votierten. Wir haben da in der letzten Zeit eine Geschichte erlebt, die ohne Beispiel dasteht, wo eine Genossenschaft, die vom Staate eine Subvention bekommen hat, ein eigenes Haus für 54 000 Kronen fast ohne Mittel erworben hat. Kann man sich unter solchen Umständen wundern, wenn unter Verleugnung aller geschäftlichen Grundsätze und unter Ignorierung aller geschäftlichen Erfahrungen und bei vollständig mangelnder Opferfähigkeit der Mitglieder, aus Eigenem etwas hinzuzutun, eine solche Genossenschaft zugrunde geht?

Wir haben andererseits aber auch Werkgenossenschaften, die florieren: da sind die richtigen Leute zusammengekommen. Aber da tritt zumeist ein anderer Fall ein; wenn die Unternehmung floriert, lassen sie niemanden mehr zu, dann werden sie eine kapitalistische Gesellschaft. Eine Werkgenossenschaft zählte sieben Mitglieder; sobald diese gesehen hatten, daß die Sache hübsche Erträgnisse abwirft, haben sie kein weiteres Mitglied mehr aufgenommen. Man kann sie zur Aufnahme von Mitgliedern nicht zwingen. Aber das ist ein Mißbrauch der staatlichen Unterstützung zum Nachteil der gesamten Gewerbetreibenden der betreffenden Branche. Derartige Dinge werden immer vorkommen, solange die menschliche Natur keine andere geworden ist: in erster Linie Egoist, in letzter Linie Genossenschafter.

Ruetz (Cassel): Bis jetzt haben alle Redner auf die großen Schwierigkeiten hingewiesen, die sich bei der Errichtung von Werkgenossenschaften zeigen. Wie ich schon bei früheren Gelegenheiten ausgeführt habe, stehe ich den Werkgenossenschaften gegenüber auf dem Standpunkt, den der Herr Anwalt bei den Produktivgenossenschaften einnimmt, indem er vor deren Errichtungen warnt. Es sollte vor allem versucht werden, dem Zweig der Werkgenossenschaften, den auch der Herr Anwalt empfohlen hat, der sich mit der Beschaffung von Kleinmaschinen für die Handwerker befaßt, eine viel größere Aufmerksamkeit zuzuwenden. . . . Bei der Werkgenossenschaft geht immer ein Stück Selbständigkeit der Einzelnen verloren, was der Errichtung dieser Genossenschaften stets hinderlich sein wird. Den vom Herrn Anwalt angeführten Siemensschen Ausspruch sollten wir sehr beherzigen und versuchen, Werkgenossenschaften zu gründen, die den Verkauf von Maschinen vermitteln. Die Technik ist heute in der Lage, allen Anforderungen an Kleinmaschinen zu genügen und jedem Handwerker das für seinen Bedarf zweckmäßigste Werkzeug zu liefern.

IV.

# Praktische Erfahrungen mit den Handwerkergenossenschaften.

## Vortrag

gehalten auf dem Allgemeinen Genossenschaftstag im Jahre 1906 zu Cassel

von Verbandsrevisor Schumacher-Stuttgart.

---

Wir haben uns im Jahre 1904 das letzte Mal auf dem Allgemeinen Genossenschaftstage in Breslau mit dem Handwerkergenossenschaftswesen beschäftigt. Die Leitsätze bei der Gründung und Einrichtung von Handwerkergenossenschaften wurden damals in Form eines Antrages dem Genossenschaftstag unterbreitet und zum Beschlusse erhoben.

Entgegen unserer allgemeinen Gepflogenheit, bestimmte Anträge zu begründen und Beschlüsse zu fassen, will ich heute nur direkt aus der Praxis über Erfahrungen mit den Handwerkergenossenschaften referieren. Wird dann hieran anschließend auch kein Beschluß gefaßt, so hoffe ich doch über eine Frage einige Klarheit geschaffen zu haben, die selbst in Genossenschaftskreisen recht verschieden beurteilt wird. Der eine sagt, das Genossenschaftswesen und nur das Genossenschaftswesen kann das Handwerk retten, der andere warnt und sagt, bleibe weg, das ist eine ganz gefährliche Einrichtung, die dir nichts nützen kann, du kannst höchstens dein Geld verlieren. Diese verschiedene Meinung zu hören, habe ich selbst gerade bei Handwerkern nicht selten Gelegenheit gehabt.

Nun denke man aber nicht, daß mit meinen Ausführungen das ganze Gebiet erschöpft sein soll, das dürfte überhaupt nie möglich werden, denn man macht, wenn man, wie ich, mitten in der Arbeit des Kredit- und Handwerkergenossenschaftswesens steht, täglich neue Erfahrungen, und bei jeder Versammlung, bei der es sich um eine ernste Aufklärung handelt, hört man neue Ansichten, die geeignet sind, sich mit dem Denken und Fühlen im Handwerkerstande wohl vertraut zu machen. Freilich beziehen sich meine Ausführungen nicht etwa nur auf den von mir vertretenen Bezirk und Verband allein; so oft nur neue Schwierigkeiten auftreten, die ohne Mühe und ohne Opfer lediglich durch Einigkeit ferngehalten werden könnten, wächst das Interesse an der Sache; man will wissen, ob das und jenes denn nur hier so ist, oder ob mißliebige Vorkommnisse auch in anderen Genossenschaften, in anderen Verbänden, in anderen Ländern im Bereich der Möglichkeit liegen. Und siehe da: es ist überall gleich; die Handwerkergenossenschaften bestehen eben aus Mitgliedern, die meist als Konkurrenten einander gegenüberstehen; die menschlichen Eigenschaften üben in dem meist kleinen Kreise eine die Genossenschaftssache wenig fördernde Wirkung aus und diese Tatsache erschwert die Arbeit sehr auf diesem Gebiet.

Wollen wir den Handwerkergenossenschaften das Wort reden, dann müssen auch die Erfolge hierzu ermunternd wirken; das ist das beste Agitationsmittel; ich gebrauche zwar das Wort „Agitation" nie gerne, weil es den Eindruck erweckt, als wolle man damit nichts anderes, als eben eine große Zahl künstlicher Gebilde schaffen. Eine Agitation, oder sagen wir eine Gelegenheit zu Aufklärungen, muß dem Handwerker gegeben werden. Man irrt sich, wenn man glaubt, der Handwerker sei genügend informiert. Das ist absolut nicht der Fall, und ich widerspreche hier auch einer Handwerkerzeitung, einer reinen Fachzeitung, die vor einigen Jahren schrieb, man könne sich dieses Thema ganz ersparen, der Handwerker sei hierin vollständig auf dem laufenden, namentlich wenn er die geeigneten Fachschriften und die Literatur verfolgt. Ich frage nun, welcher Handwerker besitzt denn diese Fachschriften und die genossenschaftliche Bibliothek, und wenn er sie besitzt, liest er sie auch? Wir können hier gar keine Vergleiche mit Kreditgenossenschaften anstellen; bei ihnen halte ich eine Agitation, oder sagen wir einen Aufklärungsdienst, für überflüssig; die Kreditgenossenschaften blühen in ganz Deutschland dermaßen, daß die Entwickelung eine reine Selbstentwickelung sein kann, es sind so unendlich viele Vorgänge als Beispiele da, daß sich diese wichtigste Genossenschaftsart ganz von selbst empfiehlt, und daher mag es auch kommen, daß die Allgemeinen Genossenschaftstage sich stets nur mit der G e g e n a g i t a t i o n und noch nie f ü r eine Agitation beschäftigt haben. Einen festen Kitt hat die Kreditgenossenschaft schon in dem Umstand, daß in der Regel sofort eine geschulte Kraft angestellt werden kann, und daß durch die verschiedenartige Zusammensetzung der Mitglieder aus allen Berufsklassen keine Sonderinteressen, keine Fachinteressen mitspielen. Das alles trifft bei der Handwerkergenossenschaft nicht zu, obwohl sie unter demselben Gesetze steht; aber dennoch vermag die Handwerkergenossenschaft unendlich viel zu leisten, direkte und indirekte Vorteile zu bieten, sofern die Sache, sofern der gute Gedanke und die Mitglieder sich in wahrem genossenschaftlichem Geiste vereinen zu einiger, ersprießlicher Tätigkeit.

Es mag sein, daß in den 35 Genossenschaften, welche noch dem jungen Verbande Württembergischer Handwerkergenossenschaften angehören, noch nicht durchweg das Leben pulsiert, das man wünscht; aber dennoch, sage ich, leisten diese Genossenschaften ihren Mitgliedern nicht unbedeutende Dienste. Ich habe vor wenigen Tagen die Ergebnisse von 31 Genossenschaften zusammen gestellt; das Resultat befriedigte mich durchaus. 14 Werkgenossenschaften, 13 Einkaufs- und 4 Verkaufsgenossenschaften mit rund 1100 Mitgliedern haben per Ende 1905 137 000 Mk. Geschäftsanteile eingezahlt und 181 000 Mk. Reserven gesammelt. Der Verkaufserlös beziffert sich auf 2 300 000 Mk. Nach Abschreibung von 25 000 Mk. verbleibt noch ein Gewinn von 31 000 Mk., von denen 13 000 Mk. als Dividende verteilt, 8000 Mk. den Reserven überwiesen und 10 000 Mk. teils als Vortrag auf neue Rechnung, teils als Belohnungen, teils zu außerordentlichen Abschreibungen verwendet wurden.*) Ich bin kein Optimist, aber ich glaube mit Recht auf Grund dieser Zahlen, freilich unter Beachtung der vor zwei Jahren festgesetzten Grundsätze, dem deutschen Gewerbestand zuzurufen: schenkt dem Genossenschaftswesen mehr Beachtung; hört nicht nur schöne Vorträge, sondern verwirklicht auch den Gedanken, der nun schon seit 50 Jahren in den Kinderschuhen steckt.

Jahrelang beabsichtigt man eine Gründung, es treten mißliebige persönliche Verhältnisse ein, die Sache schläft wieder ein; sie wacht nach Verlauf weiterer Jahre wieder auf und auf einmal eilt die Sache unendlich, man berechnet den Fehler, den Schaden, den man durch diese Lässigkeit sich zugefügt: auswärtige große Geschäfte verdrängen den weniger leistungsfähigen einheimischen Handwerker, und erst, wenn dies geschehen, kommt die Tat: nur schnell eine Werkgenossenschaft, die möglichst schon übermorgen im Gange ist: wird man in solchen Fällen noch um Rat angegangen, dann ist es noch gut, dann kann man wenigstens ein Unglück verhüten. Meistens fallen solche Leute von einem Extrem ins andere; der Betrieb wird dann, fast könnte man meinen, um das Versäumte nachzuholen, größer als nötig angelegt und bleibt so unrentabel. Ich hatte im letzten Jahre einen Fall, wo 20 Jahre lang die Gründung einer Werkgenossenschaft im Gange war!

Man rechne überhaupt bei Handwerkergenossenschaften nie auf einen raschen Erfolg. Ich habe die Wahrnehmung gemacht, daß einige Jahre der Beratung nach vorausgegangener Belehrung fast immer erforderlich sind, bis eine Gründung erfolgt, und ich kann Ihnen weiter mitteilen, daß solche Gründungen meist die besten sind; bei ihnen hat man beraten und geprüft nach jeder Richtung. Gefährlich halte ich jede rasche Gründung; erst rechnen und überlegen, ob die Mitglieder auch zusammen harmonieren, aber ja nie denken: jetzt ist das Eisen warm, jetzt nur rasch schmieden. Das Eisen muß solange

*) Wegen Entwicklung bis Ende 1908 siehe Blätter für Genossenschaftswesen Jahrgang 1910 Nr. 2, S. 26 ff.

warm bleiben, daß ein rasches Eingreifen gar nicht nötig ist. Was hilft es, wenn im richtigen Augenblick geschmiedet wird und bei Beginn der eigentlichen Geschäftseröffnung zerschellt der Amboß. Selbstverständlich ist dies auch möglich bei reiflicher, jahrelanger Überlegung und dies namentlich bei Werkgenossenschaften; Handwerker, die noch nie oder selten auf Maschinen gearbeitet haben, schätzen ihren Bedarf an Kraft höher ein, als die nachherige Abnahme ergibt. Das ist auch begreiflich; wer noch nie auf Maschinen gearbeitet hat, kennt eben auch die hohe Leistungsfähigkeit derselben nicht.

Auch bei reiflicher Überlegung kann im letzten Augenblick eine nützliche Einrichtung scheitern. Von einem solchen Fall vermag ich ebenfalls aus meiner Praxis zu berichten; es handelte sich um eine glatte Rohstoffgenossenschaft, die nur große Bezüge bewerkstelligen sollte, ohne ein Lager zu halten; alle Interessenten waren überdies noch Leute, die nicht in den geringsten Verhältnissen sich befinden, die noch über einige Kraft verfügten. Der Vorstand jener gewerblichen Vereinigung hatte den Anstoß dazu gegeben und er war auch als Geschäftsführer ausersehen. Dieser Umstand gab der Sache den Todesstoß. „Jawohl, der möchte jetzt ein Pöstle, daß er nichts mehr schaffen muß, nein, das gibt es nicht!" So verzichteten hier die Handwerker aus Pöstles-Neid einstweilen auf eigene Vorteile.

Ein altes Sprüchwort sagt: „Aufgeschoben ist nicht aufgehoben". So schön das auch klingt, in punkto Handwerkergenossenschaften ist dies Sprichwort leider nicht immer ein wahres Wort. Und hierfür diene folgendes Beispiel: Vor etwa 12 Jahren begann eine Bewegung, die ihren Ursprung in Bayern hatte und die sich als Ziel „den genossenschaftlichen Großeinkauf ohne Gebietsbeschränkung oder eventuell auch die eigene Fabrikation" steckte. Rein persönliche Verhältnisse hatten den Untergang des Planes zur Folge. Weil heute noch Verhandlungen in dieser Sache schweben, nenne ich absichtlich die Branche nicht. Vor etwa eineinhalb bis zwei Jahren tauchten in diesem ganz bedeutenden Gewerbe die Pläne des Großeinkaufs wieder auf; es hatte auf einmal recht große Eile; aber dennoch war es schon zu spät. Das längst geplante Syndikat kam unterdessen zustande, damit ist die freie Konkurrenz ausgeschaltet, die Preise werden einfach diktiert, der Verkauf der Waren erfolgt nicht direkt ab Fabrik, er geht durch eine Zwischenhand: Die Verkaufsstelle, die das Monopol in Händen hat und der es gar nicht einfällt, etwa großen Abnahmen Vergünstigungen einzuräumen. Ja, die Ringbildungen, die Kartelle, die Syndikate, diese großkapitalistischen Gebilde, sie treffen auch den Handwerker immer mehr; in zahlreichen Artikeln ist den Produzenten das Monopol bereits gesichert, eine ganze Reihe der nötigsten Bedarfsartikel, nicht zum wenigsten aus der Lebensmittelbranche, drohen dem gleichen Schicksal anheimzufallen; was kann hiergegen der einzelne Handwerker machen? Könnte er nicht auch ein Wort mitreden, wenn seine Bezüge gruppiert wären, und er so direkt durch die

Genossenschaft mit dem Produzenten in Verbindung stände? Gerade mit dieser Frage befaßte sich vor etwa 2 Monaten eine zahlreich besuchte Versammlung aus ganz Süd- und Mitteldeutschland. Überzeugend schilderte der Redner, ein Handwerker und wahrer Genossenschafter daneben, die Schäden, die in diesen Bestrebungen dem Handwerk drohen, und empfahl, durch Genossenschaften den Einfluß des Handwerks geltend zu machen; mit allem war man einverstanden; einstimmig nahm man eine diesbezügliche Resolution an. Das Thema war längst verlassen, als ein Teilnehmer sich erhob und riet, keine Genossenschaften zu bilden, da könne man sein Geld verlieren; ihm folgte ein zweiter, der sogar einmal gehört habe, daß eine Kreditkasse verkracht sei. Wer will nun da noch behaupten, das Thema „Genossenschaftswesen" sei genügend erörtert, nein, in jeder Handwerkerversammlung sollte diese Frage angeschnitten und Aufklärung gegeben werden.

In seiner Begrüßungsansprache hat der Präsident der hiesigen Handelskammer ebenfalls auf die Wirkungen der Syndikate und Kartelle hingewiesen und die Genossenschaften als ein Mittel zur Abschwächung dieser modernen Strömung bezeichnet, und, ich glaube, wir können mit diesen Worten alle einig gehen.

Weiter aber übersehe man auch nicht, daß namentlich an kleineren Plätzen, wo entweder noch keine Organisation besteht, oder wo der Handwerker sich zunächst zurückhält und an Handwerkerfragen kein Interesse zeigt — in der Regel sind es doch nur einzelne, die die Handwerkerfragen im Auge behalten — Verwirrungen und Begriffsverwechselungen insbesondere unter dem alten Geschlecht entstehen, die geeignet sind, nur Mißtrauen zu zeitigen. Der eine predigt, gründet nur Gewerbevereine, der andere empfiehlt, dem alten Gewerbeverein den Namen Gewerbe- und Handelsverein beizulegen, ein Dritter empfiehlt reine Handwerkervereinigungen und endlich erklärt ein weiterer Handwerkerfreund: das ist alles nichts, ihr braucht eine Fachorganisation, gründet doch eine Innung, und bei alledem kommt die reine wirtschaftliche Organisation, die Innung der Zukunft, „die Genossenschaft", gewöhnlich schlecht weg. Wir müssen die Handwerkerorganisation haben; sie ist ja meistens die Vorstufe zur Genossenschaft, aber wir müssen auch die verschiedenen Zwecke und Ziele von Handwerkervereinigungen und Handwerkergenossenschaften bei jeder notwendigen Gelegenheit zunächst klären. Man denke auch nicht, daß es genügt, wenn man in einer Versammlung zwecks Besprechung genossenschaftlicher Fragen nur antworten kann auf spezielle Fragen dieser Art; nein, man muß wenigstens einigermaßen mit den gesamten Handwerkerfragen vertraut sein. Eine gewisse Unklarheit hat zur Folge, daß in der Regel in diesen Versammlungen noch Fragen gestellt werden betr. Gewerbefreiheit, Befähigungsnachweis, Lehrlingswesen, Meisterprüfungen, Aufgaben der Handwerkskammern usw. usw.

Weil die Absicht bestand, eine Schneidergenossenschaft zu gründen, zog ein Schneidermeister bei verschiedenen Genossenschaften über deren Erfolge Erkundigungen ein; auch an einen seiner Kollegen schrieb dieser Schneidermeister, weil er glaubte, jener sei Mitglied einer Genossenschaft. Der Anfragende erhielt darauf eine Antwort, die ich Ihnen zur Kenntnis bringen will:

„Lieber Freund! Auf deine Anfrage betr. der Genossenschaft muß ich dir mitteilen, daß du in einem kleinen Irrtum bist; ich erzählte dir zwar davon, aber Mitglied derselben war ich „Gott sei Dank" nicht. Mit den Genossenschaften hat es seine Licht- und Schattenseiten. Wer etwas besitzt, muß für den andern haften. Bei uns bestand eine solche Gesellschaft unter der Firma Deutscher Schneiderverband mit dem Sitze in H. Gedacht war die Sache ja gut, aber der Verband litt schon von vornherein an einem großen Herzfehler, und wenn das Herz nicht gesund ist, so stirbt das andere Leben auch bald, so ging es auch hier. Die Herren waren weder kaufmännisch gebildet noch eingerichtet und hatten teilweise Löcher in der Hosentasche; die christlichen Linsen fehlten. Das Eintrittsgeld betrug 3 Mk., der Geschäftsanteil war auf 200 Mk. festgesetzt. Bei Vermeidung einer Konventionalstrafe von 1000 Mk. mußte jedes Mitglied seinen ganzen Bedarf bei der Genossenschaft decken. Alles wurde per Nachnahme versandt und die Schneider hatten doch kein Geld. Das Schönste aber ist, daß die Leute als Geschäftsführer einen Ziegelfabrikanten angestellt hatten, welcher den Löwenanteil mit 14 Proz. einsteckte und der die Herren so schön gebunden hatte, daß, wenn sich der Verband in den ersten 5 Jahren auflöste, an ihn selbst 20 000 Mk. als Entschädigung zu zahlen waren. Im ersten Jahr ging es soweit gut, im zweiten Jahre sehr schlecht, der Verband wurde liquidiert und erklärte im dritten Jahre Konkurs, nun gings ans Schwitzen, Prozesse auf Prozesse, Kosten auf Kosten, bis der liebe Herr seine Entschädigung von 14 000 Mk. hatte, welche die armen Schneider bluten mußten, deshalb will ich von allen Genossenschaften n i ch t s wissen."

Daß unter solchen Umständen eine Genossenschaft nicht gedeihen kann, ist doch selbstverständlich; sofort beim Durchlesen dieses Briefes fallen dem Genossenschafter die Fehler auf, die die Mitglieder selbst gemacht haben. Wo soll das Risiko liegen, wenn wie hier Barzahlung eingeführt war; lediglich in der Lösung der Personenfrage und in dem ungeschickten Vertrag!

Ich komme durch meine Tätigkeit auch als Gast, als Zuhörer in viele Handwerkerversammlungen und ich muß sagen, durch die mannigfachen Widersprüche, die man auf dem Gebiete des Genossenschaftswesens hört, kann sich niemand ein Urteil über den Nutzen der Handwerkergenossenschaften bilden, wenn er nur e i n e Versammlung einmal besucht hat; da kann es vorkommen, daß man heute den allereinseitigsten Pessimismus und morgen denselben einseitigen Optimismus zu hören bekommt. Und ich muß sagen, für den Praktiker schadet dies gar nichts; der Pessimismus ermahnt stets zu recht vorsichtiger

Arbeit, während der Optimismus wieder dafür sorgt, daß der Arbeitsmut für diese soziale Tätigkeit nicht erlahmt.

Der Staat sollte einfach ein Gesetz schaffen — so hörte ich kürzlich einen Vorschlag zur Lösung der Handwerkerfrage — daß jedes Pumpen verboten und strafbar sei und daß derjenige, der nicht sofort bezahlte, gleich einem Zechpreller behandelt werde, dann brauche man keinen Kredit und auch keine Genossenschaften.

Wenige Tage später war der deutsche Glasertag in Stuttgart versammelt, der sich ebenfalls mit dem Thema: „Genossenschaftswesen" beschäftigte. Der Referent, der Vorsitzende der Glasergenossenschaft in Berlin, schilderte in überzeugenden Worten die Einrichtungen und guten Erfolge seiner Genossenschaft und bezeichnete diese als ein Segenswerk für das Glasergewerbe, für dessen Errichtung Kinder und Kindeskinder noch dankbar sein werden; weitere ähnliche Stimmen folgten. Solche Worte, die man eben doch auch nicht selten hört und die direkt praktischen Erfolgen entspringen, geben Ansporn einzugreifen, wenn es sich darum handelt, wirtschaftliche Vorteile dem Kleingewerbetreibenden zuzuführen. Diese Vorteile liegen aber nach meiner Erfahrung nicht nur direkt in billiger Beschaffung der Rohmaterialien, in der Möglichkeit der Maschinenbenutzung oder in besserem Absatz, nein, daneben laufen ganz stillschweigend noch andere wohl beachtenswerte Faktoren. Die Genossenschaft wird immer, wenn solide geführt, erzieherisch wirken, sie wird den Sparreiz anregen. In einer Schuhmachergenossenschaft wollte ich den Geschäftsanteil erhöhen; ich stieß auf Widerstand, die Mitglieder könnten eine Mark monatlich nicht weiter aufbringen; es bedurfte nur der Erinnerung daran, daß diese Beiträge nicht wie beim Gesangverein a fonds perdu, sondern als Ersparnisse zu betrachten seien, und nun gehen diese Beiträge recht prompt ein, und wo sie nicht eingehen, werden sie abgeholt.

Die Leute, die seither nur als Konkurrenten einander begegneten, werden zuweilen durch diesen Zusammenschluß so vernünftig in der Wahrung ihrer Interessen, daß der Konkurrenzkampf recht ersprießlichen Erfolgen im Submissionswesen weichen muß.

Ohne daß die Satzungen hierüber etwas bestimmen, kann ich zwei Beispiele anführen, wo die Leute aufrichtig rechnen und die Arbeit entsprechend verteilen; freilich will ich nicht gerade behaupten, daß dieser Zustand dauernd sein wird; ein Streithahn genügt, um diese schöne Einigkeit zu durchbrechen.

In verschiedenen Punkten weicht man von den Beschlüssen der Allgemeinen Genossenschaftstage ab und dabei habe ich die Wahrnehmung gemacht, daß dies unter Umständen nicht immer schädlich ist. In den Statuten der Rohstoffgenossenschaften ist überall der Verkauf zum Marktpreise vorgesehen. Das wird aber nicht immer eingehalten. Die Mitglieder wollen eben im voraus schon etwas billiger einkaufen; zwei ganz bedeutende Genossenschaften, bei denen allerdings alles gegen Kasse läuft und die infolgedessen gar keine Außenstände haben, bedienen ihre Mitglieder derart, daß nur für Geschäftsanteil-Dividende und den Reservefonds etwas übrig bleibt; im übrigen fließt alles den Mitgliedern beim Verkauf sofort zu. Wohl ist dadurch die Dividendenberechnung erspart, aber es geht damit auch der Dividendenreiz, der bei Rohstoffgenossenschaften eine Rolle spielt, verloren. Man kann daher nach meiner Ansicht die Handwerkergenossenschaften nach ihren Gewinnresultaten auch nicht beurteilen. Der Verkauf an Nichtmitglieder ist nicht durchweg ausgeschlossen.

Eng verwandt ist die Arbeiter- und die Werkgenossenschaftsfrage; wo nicht mit Maschinen gearbeitet wird, bleibt einfach kein Arbeiter mehr; in Landstädten fehlen im Winter die Gesellen nicht, das Frühjahr aber lockt zur Wanderschaft in die großen Städte, wo bequemer zu arbeiten ist. So kann der Handwerker auch in kleinen Städten ohne Maschinen nichts mehr leisten. Mit der Elektrizität ist allerdings eine bequeme Kraft geschaffen, aber sie ist die Ursache, daß sich in vielen Fällen an kleinen Plätzen eine Anzahl von Holzhandwerkern vollständig maschinell einrichten und die Maschinen stehen unrentabel da. Weit richtiger und wirtschaftlicher wäre in solchen Fällen eine Werkgenossenschaft.

Warnen möchte ich kraft meiner Erfahrung vor der reinen Produktivgenossenschaft, bei der die Mitglieder ihre selbständigen Einzelbetriebe aufgeben und eventuell mit fremden Hilfskräften auf gemeinsame Rechnung arbeiten. Ich habe an einer solchen Genossenschaft, die zwar außerhalb des Verbandes steht, nur zu deutlich gesehen, daß nicht etwa die Geldfrage oder unbefriedigende geschäftliche Erfolge, sondern einzig und allein die in den meisten Fällen mangelnde Einigkeit dieses Wort reden müssen.

Doch hierfür noch ein Beispiel. Einige Handwerker, die mangels hinreichender Mittel ihren eigenen Herd aufgeben mußten, nebst einigen noch nicht selbständigen jüngeren Leuten kamen zu mir, um über die beabsichtigte Gründung einer Produktivgenossenschaft zu unterhandeln. Zu dem Betrieb sind ebenfalls Maschinen erforderlich und ohne gemeinsame Werkstätte haben diese Maschinen keinen Wert; ich riet ernstlich ab, legte das Buch „Häntschke, gewerbliche Produktivgenossenschaften in Deutschland“ vor und erklärte den Leuten, wie für wichtiger hierfür Einigkeit und gegenseitige Verträglichkeit sei, als ein großes Kapital. Ich weigerte mich, bei einer Gründung mitzuwirken. Wiederholt wurden Rücksprachen gepflogen mit der Versicherung, daß sie als wohlorganisierte Leute niemals zu den Streitsüchtigen zu zählen sein werden. Die Leute begannen trotz meiner Abwehr das Geschäft, aber in einer andern Gesellschaftsform, arbeiteten ein Vierteljahr ganz gut zusammen und nun liegen sie im Streit; jeder will der erste sein; die Erfolge sind ganz befriedigend, aber höchst schädlich und überflüssig ist die liebe Uneinigkeit.

Gerade umgekehrt scheint die Sache in Österreich zu liegen; ich hatte im vorigen Jahre Gelegenheit, eine Reihe österreichischer Genossenschaften zu besuchen. In Wien durften wir uns — mein Begleiter und ich — der Führung des uns allen bekannten Anwalts des deutsch-österreichischen Verbandes, des Herrn Wrabetz, erfreuen. Und da waren gerade die Produktivgenossenschaften die ältesten und kräftigsten Vereinigungen.

Auf unseren Genossenschaftstagen sind Männer versammelt, die mitten in der praktischen Arbeit stehen, Männer, die wir als die Pioniere des deutschen Genossenschaftswesens bezeichnen dürfen, und so dürfte es im Interesse der Sache liegen, wenn ich noch ein wenig eingehe auf die verschiedenen Vorarbeiten bei einer beabsichtigten Gründung. Gerade über diesen Punkt gingen mir auch verschiedene Anfragen von Genossenschaftern zu. Die betreffenden gewerblichen Vereinigungen verlangen in der Regel einen Vortrag, und dazu gibt es kein Schema a und b, man muß wissen, wo die Leute der Schuh drückt und muß sich informieren, ob die Interessenten schon irgend eine Ahnung von einer Genossenschaft haben; danach muß man seine Rede einrichten. Dabei wirkt immer gut, wenn nicht nur die guten bestehenden Genossenschaften und ihre zahlenmäßigen Erfolge angeführt werden, nein, man erzähle auch von Beispielen, an denen man sieht, wie man es nicht machen soll. Namentlich aber fordere man zur Diskussion auf; dadurch hört man dann die verschiedenen unrichtigen Ansichten und man kann — wo es nötig ist — belehrend eingreifen.

Jede Handwerkerversammlung in der das Thema „Genossenschaftswesen" behandelt wird, hat ein anderes Gesicht, es kommt sogar vor, daß direkte Gegner einer Genossenschaft anwesend sind und das können unter Umständen selbst Handwerker sein. Ich sage deshalb vorweg in jeder derartigen Versammlung in der Einleitung: „Meine Herren, Sie haben einen Vortrag über Genossenschaftswesen in Ihrem Gewerbe gewünscht; jede Vereinigung hat ihre Gegner und ich zweifle gar nicht daran, daß auch unter Ihnen sich solche Gegner befinden. Ich selbst bin der letzte, der Ihnen sagt, gründet ja eine Genossenschaft, dann sind alle Übel beseitigt, aber wenn durch die neue Vereinigung Ihnen die und die Vorteile gesichert sind und Sie scheuen aus Gründen der Unkollegialität zurück, dann kann ich Ihnen auch nichts nützen." Handelt es sich um die Ausstattungsbranche, dann wird in der Regel auch an den kleinsten Plätzen eine Magazingenossenschaft beantragt werden, und da heißt es dann: nur tüchtig bremsen. Mit der Magazingenossenschaft an einem kleinen Platze ist eben das Absatzgebiet noch lange nicht vergrößert.

Ja, diese ersten Versammlungen, sagen wir der erste Aufklärungsdienst, ist häufig ausschlaggebend für die Zukunft und wird leider oft recht ungeschickt angefaßt. So berichtet man mir in letzter Zeit aus einer größeren Stadt Deutschlands, daß, weil die Rohmaterialien immer teurer werden, die Absicht bestehe, eine Glasergenossenschaft zu gründen. Die Arbeiten würden trotz der Teuerung nicht besser bezahlt werden, von den Arbeitern werde ein starker Druck ausgeübt, mit zwei Gesellen sei man noch Meister, benötige man aber drei, dann könne der Meister gehen, dann wird ihm schon alles diktiert. Auf indirektem Wege höre ich sodann, daß die Versammlung stattgefunden, daß es aber zu einem Beschlusse nicht kam — der Glashändler führte am Schlusse den Vorsitz. —

Eine ziemliche Verbreitung haben in Württemberg neben den eingetragenen Genossenschaften die freien Vereinigungen, das ist die nicht rechtsfähige Gesellschaft im Sinne des BGB. Es kommt daher auch in der Regel diese Gesellschaftsform anzuwenden in Vorschlag; ja sie imponiert den Leuten recht gut, weil man mit dem Gerichte nichts zu tun hat und auch keine Revision braucht! So lange es sich nur um Lieferungsverträge handelt, genügt diese Form: für einen entwickelten Betrieb ist jedoch dieser unsichere Rechtszustand untauglich.

Ich habe weiter die Erfahrung gemacht, daß es immer gut ist, wenn der Genossenschaft wenigstens ein Mann angehört, der mit dem betreffenden Gewerbe gar nichts zu tun hat; er ist dann gewissermaßen stets der unparteiische Schiedsrichter. Diesen Mann zu den Versammlungen zu berufen, darf natürlich nicht versäumt werden. In der Regel kann hier die Kreditgenossenschaft die besten Dienste leisten.

Und hier noch eine Erfahrung. Sie wissen ja, daß in Württemberg der Verband der Handwerkergenossenschaften wohl ganz selbständig, daß er aber an den Verband der Kreditgenossenschaften insofern angelehnt ist, als Personalunion besteht. Und das hat sich recht gut bewährt. Wo nur irgend eine Anregung gegeben wird, setze ich mich mit der Kreditgenossenschaft in Verbindung und häufig sind diese es auch, die den Anstoß zu einem Zusammenschluß geben. Personen- und Kreditfrage, und letztere in vernünftigen Grenzen, sind auf diese Weise besser zu regeln. Verfehlt wäre eine völlige Verschmelzung. Die Kreditgenossenschaften verursachen nur die Kosten der Revision, während bei den Handwerkergenossenschaften noch die Belehrung, die Instruktion eine große Rolle spielt und auch die Revision höhere Kosten verursacht; Besuche in zweijährigen Zwischenräumen genügen in der Regel nicht und deshalb ist wenigstens eine abgesonderte Berechnung nötig.

Ich wiederhole, was ich Ihnen bereits mitgeteilt habe, meinen Ausführungen wollen keinen Anspruch auf eine erschöpfende Behandlung machen; es sind der Erfahrungen, die man im Laufe der Jahre auf diesem Gebiete macht, so viele, daß eine einzelne Genossenschaft und ihr Werdegang allein Stoff genug bietet, um den Rahmen eines Vortrags auszufüllen. Ich blieb weg von allgemeinen Grundsätzen, die wir schon früher behandelt haben, ich nahm davon Abstand, einzelne Beispiele anzuführen, wer sich dafür interessiert, dem stehen meine Berichte, denen auch die Bilanzen beigefügt werden, zur Verfügung. Alles in allem habe ich die Erfahrung gemacht, daß bei all dem schwierigen Gebiet eben doch Erhebliches geleistet werden kann. wo die Leute zusammen harmonieren. Wer mit dem Handwerk in Fühlung kommt, wird sich bald klar werden, daß bei einem großen Teil mit der Kreditbefriedigung vieles, aber noch nicht alles geleistet ist, was der Handwerker erstrebt. Je mehr sich das Großkapital konzentriert, ein desto besseres und dankbareres Feld verbleibt den Kreditgenossenschaften, umsomehr werden sie die Volksbanken des gesamten Mittelstandes werden. Je mehr sich aber das Großkapital in Handel und Industrie betätigt, in eine umso schwierigere Stellung wird der Kleingewerbetreibende getrieben; ihm die Existenz durch genossenschaftlichen Zusammenschluß, wenigstens wo dies möglich, sichern zu helfen: Das sei mein Appell an den Casseler Genossenschaftstag.

Rueß (Cassel) empfiehlt, die Errichtung von Handwerkergenossenschaften auf den Verbandstagen zur Sprache zu bringen und so für die Sache zu wirken: . . . Wir müßten doch einmal untersuchen, fährt er fort, was zu tun ist — was wir machen können — um auf diesem Gebiete etwas vorwärts zu kommen. In allen den Gewerben, wo die Waren in handwerksmäßigem Betriebe hergestellt werden, sei es nun fabrikmäßig, sei es Kundenarbeit, wird die Sache immer viel schwieriger sein als in den Gewerben, wo es sich um die Verwertung von Nebenprodukten handelt, hauptsächlich kommt dies bei der Nahrungsmittelbranche in Betracht. Hier werden Sie immer bessere Erfahrungen machen als in den anderen Gewerben. Was nun die Genossenschaftsarten betrifft, so haben wir es nicht nötig, in verschiedenen Gewerbszweigen Werkgenossenschaften zu gründen, denn die Fortschritte der Technik ermöglichen es ihnen, mit den Großbetrieben in bezug auf die Erzeugung der Waren in Wettbewerb zu treten; es sei denn, daß es sich um Beschaffung von Maschinen für die Einzelbetriebe handelt. Bei Errichtung von Rohstoff- oder Magazingenossenschaften liegt der Hauptgrund des Versagens darin, daß dort, wo der kleine Handwerker in der Werkstatt selbst mitarbeitet, die Verhältnisse ganz anders liegen, als bei denen, die zwar auch handwerksmäßig arbeiten, deren Betrieb sich aber schon dem Fabrikbetrieb nähert, die nicht in der Werkstatt selbst mit tätig sein können. Diese Handwerker, die an derartigen Einrichtungen kein Interesse haben, die vor allem aber befähigt wären, derartige Handwerkergenossenschaften zu leiten, haben gar keine Ursache, den kleinen Handwerker zu unterstützen, um sich Konkurrenten heranzubilden. Hierin liegt die Hauptschwierigkeit der Schaffung lebensfähiger Handwerkergenossenschaften. Wo es sich aber in den vorerwähnten Betrieben um die Verwertung von Nebenprodukten, beispielsweise Fell- und Häuteverwertung usw. im Fleischergewerbe handelt, da werden immer bessere Resultate erzielt, da hier auch die größeren Betriebe geschäftlich gezwungen sind, sich dieser Einrichtungen zu bedienen. Hier ist eine besondere Unterstützung kaum nötig. . . .

Dr. Alberti (Wiesbaden) verspricht sich von dem Vorschlage des Herrn Rueß, die Verhandlungen über diese Frage auf die Unterverbandstage zu verlegen, keinen Erfolg.

Dr. Crüger: ... Wir dürfen nicht übersehen, daß in den Kreisen der Kaufmannschaft die Abneigung gegen die Rohstoffgenossenschaft der Handwerker genau ebenso groß ist wie gegen die Konsumvereine und die landwirtschaftlichen Genossenschaften und daß, wenn die Kreditgenossenschaft auch an und für sich bereit ist, sich für die Handwerkergenossenschaft zu interessieren und ihr über die ersten Schwierigkeiten hinwegzuhelfen, doch immer im Vorstand und jedenfalls im Aufsichtsrat eine ganze Anzahl Personen sich finden, die durchaus gegen die Gründung einer derartigen Genossenschaft sind. Herr Schumacher hat meines Erachtens den springenden Punkt ganz scharf bezeichnet: es ist der Konkurrenzneid, der Konkurrenzneid unter den Handwerkern und der Konkurrenzneid aller derjenigen Stände, die durch die Gründung der Genossenschaft irgendwie berührt werden, ob nun diese Genossenschaft so heißt oder anders, ist ganz egal.

Die Kreditgenossenschaft ist eigentlich die einzige Genossenschaftsart, die unangefochten von jeder Konkurrenz dasteht oder jedenfalls nur eine Konkurrenz hat, mit der sie jederzeit in Wettbewerb treten kann und den Konkurrenzkampf durchzufechten imstande ist. ...

Als wir im Jahre 1892 in München auf dem Allgemeinen Vereinstag, nach dem von mir gehaltenen Referat nicht etwa neu hineinsprangen in die Handwerkerbewegung, sondern nur wieder das in Erinnerung riefen, was Schulze-Delitzsch Jahrzehnte vorher schon vorausgesagt hatte, da waren wir eigentlich zunächst einmal wieder Pioniere auf diesem Gebiete, denn dank einer sehr eigenartigen Handwerkerbewegung war das Genossenschaftswesen vollständig zurückgedrängt in den Handwerkerkreisen. Inwieweit dabei Stimmungen mitgesprochen haben, die ich in meinem Berichte näher kritisiert habe, wie sie der Vorsitzende des Ausschusses des Hauptverbandes der gewerblichen Genossenschaften im Preußischen Abgeordnetenhause näher dargelegt hat, will ich hier dahingestellt sein lassen. Ich glaube allerdings, daß hier politische Strömungen mit im Spiele gewesen sind, daß man meinte, der Allgemeine Deutsche Genossenschaftsverband solle, um es deutsch zu sagen, eine Hochburg des Fortschrittes sein und daß man die Handwerker im zünftlerischen Lager halten und von dieser sogenannten Hochburg des Fortschritts fernhalten wollte. Daß man aber den Handwerkern, indem man den Allgemeinen Deutschen Genossenschaftsverband in jenen Kreisen derart verdächtigte, — anders kann ich es nicht bezeichnen — daß man gerade dem Handwerkerstande damit den denkbar schlechtesten Dienst erwiesen hat, darüber werden heute auch alle diejenigen Kreise im klaren sein, die sich mit dieser Frage beschäftigt haben. ...

Auf keinem Gebiete rächen sich verfehlte Experimente so, wie auf dem Gebiet des Genossenschaftswesens, dem die kleinen Handwerker schon mit einem großen Mißtrauen entgegentreten: denn es ist die Haftpflicht, die sie fürchten. Wenn derartig trübe Erfahrungen mit der Genossenschaft gemacht werden, dann ist es erklärlich, daß in weiten Kreisen des Handwerks eine gewisse Beunruhigung Platz greift, wenn sie hören, sie sollen an die Genossenschaft Anschluß suchen.

Ich habe auch in meinem Bericht auf die unglückliche Experimentiererei aufmerksam gemacht. Im Königreich Sachsen ist z. B. beschlossen worden, eine Handwerkergenossenschaft ins Leben zu rufen, wenn als Grundstock ein Kapital von 1 Million Mark angesammelt ist. Die Handwerker sollen eine Mark wöchentlich beisteuern, um eine Million aufzubringen! Das wird durch die Organe der Handwerkskammer im Königreich Sachsen verbreitet. Nun frage ich Sie: was sollen wir derartigen Bestrebungen gegenüber unternehmen? Die Handwerker im Königreich Sachsen warten zunächst auf die eine Million, dann werden sie die Genossenschaft gründen. Ich habe in meinem Bericht darauf hingewiesen, wie man im Schneidergewerbe bestrebt ist, eine Zentral-Einkaufsstelle ins Leben zu rufen. Erst sollte man Genossenschaften gründen, dann wird sich vielleicht die Zentral-Einkaufsstelle ganz von selbst ergeben — wenn ein Bedürfnis vorhanden ist. . . .

Herbst (Bützow): Ich habe auch seit Jahren die Bewegung auf dem Gebiete des Handwerkergenossenschaftswesens verfolgt und bin vielfach in Mecklenburg, meiner Heimat, für Gründung von Handwerkergenossenschaften tätig gewesen. Wir hatten vor Jahren eine Agitation mit Hilfe des Herrn Anwalts eingeleitet, welcher Vorträge gehalten hat, und wir haben auch gesehen, daß einige Früchte gezeitigt worden sind. So sind in Wismar, in Schwerin und in Güstrow Schuhmacher-Rohstoffgenossenschaften gegründet worden, auch sind ein paar Schneidergenossenschaften entstanden, die recht gut gehen. Bei uns in Mecklenburg ist in Innungskreisen eine Wandelung nach der Richtung hin eingetreten, daß diese sich jetzt sehr dem Genossenschaftswesen zuneigen. . . . Ich halte für das beste Agitationsmittel den folgenden Weg: In Mecklenburg hat die Handwerkskammer für Schuhmacher und Schneider je einen Meisterkursus in der Weise veranstaltet, daß die Teilnehmer in der neuesten Methode Maß zu nehmen unterrichtet und mit sonstigen Neuerungen und Fortschritten in ihrem Gewerbe bekannt gemacht wurden. Nun meine ich, es wäre gut, wenn in ähnlicher Weise genossenschaftliche Kurse abgehalten würden, und zwar am Orte einer gutgehenden Rohstoffgenossenschaft. Es könnten dann die Handwerker eines größeren Umkreises zur Teilnahme veranlaßt werden, dorthin zu kommen; auch könnten die Innungen geeignete Mitglieder auswählen, und wenn dann die Handwerkskammern und die Regierungen für diese Kurse und zu Reisestipendien für die Teilnehmer Mittel bewilligten, so würden diese Kurse sicher den besten Erfolg haben. Denn wenn dem hingeschickten Manne die Vorzüge der Genossenschaft praktisch vorgeführt werden, dann wird er für die Sache interessiert, und wenn er dann nach Hause kommt und seine Erfahrungen mitteilt, so werden auch die anderen Handwerker für die Sache gewonnen; dann ist sicher viel mehr Gewähr dafür gegeben, daß das Samenkorn auf fruchtbareren Boden fällt, als wenn in den verschiedenen Orten Vorträge gehalten werden, welche die Leute wohl anhören, mit denen sie aber in der Praxis nichts anzufangen wissen. Ich wiederhole: wenn in der von mir angeführten Weise die Leute aufgeklärt würden, so wäre das die wirksamste Agitation.

Conrad (Speyer): Die Mitteilungen des Herrn Herbst zeigen uns, daß es zwar sehr schwierig ist, auf dem Gebiete des Handwerkergenossenschaftswesens etwas zu tun, daß aber doch etwas geschehen kann.

Die Ausführungen des Herrn Berichterstatters haben mir namentlich in einem Satz recht gut gefallen, in dem er sagte: nur nicht gleich hingehen und eine Genossenschaft gründen, lieber zuwarten und sich die Sache näher überlegen. Daraus geht das eine positiv hervor, wie schwierig die Sache ist. Aus den Mitteilungen, die er daran geknüpft hat, ist aber auch ersichtlich, wieviel Unklarheit und Konfusion noch auf diesem Gebiete herrscht. Ich darf Ihnen verraten, daß mir die Ehre eines Generalgeschäftsführers in dem pfälzischen Schneiderverbande zugedacht war; man stellte mir eine hübsche Geldsumme in Aussicht, nur hätte ich natürlich aus meinem Berufe auszuscheiden gehabt. Ich ließ mir das Statut zeigen, muß aber gestehen: mir war es verwunderlich, daß hier eine Genossenschaft als solche zur Eintragung gelangte. . . .

Es ist jetzt einmal die Zeit der Genossenschaftsgründungen, man könnte das gegenwärtige Jahrhundert das Jahrhundert der Genossenschaften nennen. Und doch dürfen wir uns nicht ganz zur Seite stellen, wo in Wirklichkeit etwas zu machen ist. Hier hat mir Herr Herbst die Gedanken weggenommen. Auch ich wollte darauf hinweisen, daß wir doch eine stille, vorsichtige Arbeit nicht ablehnen dürfen, wo wir die Überzeugung gewinnen können, daß in einem gegebenen Orte eine Handwerkergenossenschaft möglich ist; wo also der vom Herrn Anwalt gezeichnete Geschäftsneid nicht vorhanden ist und ein auch von uns anzuerkennendes Bedürfnis besteht. . . .

Nolte (Lüdenscheid): . . . Es sieht sich Herr Ruetz nach einer Stelle um, die in besonderer Weise dazu berufen wäre, das Genossenschaftswesen innerhalb des Handwerks zu unterstützen und zu fördern. Und da möchte ich darauf hinweisen, daß eine derartige amtliche Stelle ja schon längst geschaffen ist, und zwar in den Handwerkskammern. Ich habe bei Gelegenheit meines vorjährigen Referats über die Stellungnahme der Handwerkskammern zu den Konsumvereinen eine große Zahl Handwerkskammerberichte durchstudiert und habe mich gefreut, zu sehen, in welch nachdrücklicher Weise dort immer wieder auf die Vorteile des genossenschaftlichen Zusammenschlusses, auf die Bildung von Handwerkergenossenschaften hingewiesen wird. Und doch haben leider fast sämtliche Handwerkskammern trotz aller Bemühungen nur über ein negatives oder doch nur wenig erfreuliches Resultat dieser Bemühungen berichten können. . . . Wenn nun aber etwas geschehen soll, so kann es nur geschehen auf Grund des von Herrn Herbst gemachten Vorschlages, indem Meisterkurse und genossenschaftliche Kurse ins Leben gerufen werden. Diese anzuregen und zu pflegen ist vor allem Sache der Handwerkskammern, die ihre Sekretäre und ihre Kommissionen für das Genossenschaftswesen haben, deren Mitglieder auf die verschiedenen Städte des Kammerbezirks verteilt sind und die in den Kreisen des Handwerks die beste Fühlung haben.

Peter (Karlsruhe): Gestatten Sie mir, Ihnen auch meine Erfahrungen aus dem Großherzogtum Baden mitzuteilen. Da muß ich feststellen, daß die Bedeutung des Handwerkergenossenschaftswesens für den gewerbetreibenden Mittelstand in immer weiteren Kreisen anerkannt wird, und daß die Handwerker selbst das Bedürfnis haben, sich genossenschaftlich zusammenzutun. So sind bei uns in Karlsruhe in den letzten 10 Jahren nicht weniger als fünf Handwerkergenossenschaften entstanden, teils Einkaufsgenossenschaften, teils Werkgenossenschaften und Magazingenossenschaften. Bei Gründung dieser Handwerkergenossenschaften hat die Vereinsbank mit Rat und Tat zur Seite gestanden. Sie hat ihnen vor allen Dingen auch Kredit gegeben in der Weise, daß er gegen Bürgschaft der Vorstands- und Aufsichtsratsmitglieder gewährt wurde. Es hat sich allerdings auch das gezeigt, was der Herr Berichterstatter ausgeführt hat, daß die Entwicklung dieser Handwerkergenossenschaften eine langsame ist, aber vorwärts sind sie gekommen. Insbesondere hat sich eine vor sechs Jahren entstandene Genossenschaft, eine Vereinigung der Wagner von Karlsruhe, in den letzten Jahren gut entwickelt. Es ist eine Werkgenossenschaft, die sich eine neue Maschine angeschafft hat; da war es im Anfange neben anderen Gründen wohl auch der Konkurrenzneid der betreffenden Handwerkergenossen, der sie abhielt, sich dieser Maschine zu bedienen, trotzdem sie eminente Vorteile bot. So haben wir ferner ein Möbelmagazin vereinigter Schreinermeister, welches Möbel herstellt, teils gegen Bestellung, teils solche auf Lager hält. Auch diese Genossenschaft ist sehr gut vorwärts gekommen. Ferner eine Genossenschaft der Tapezierer usw. Und da muß ich sagen, gerade dadurch, daß die Vereinsbank diese Genossenschaften unterstützt hat, waren sie in der Lage, die genossenschaftlichen Grundsätze zur Geltung zu bringen, und aus Feinden sind Freunde geworden. Diese Unterstützung ist aber auch der Kreditgenossenschaft zum Vorteil geraten, sie hat in diesen Handwerkergenossenschaften nicht schlechte Kunden bekommen. Was in Karlsruhe ausgeführt werden konnte, kann auch, meine ich, in anderen Orten geschehen. Im übrigen bin ich mit dem Herrn Anwalt der Ansicht, daß nur dort eine Genossenschaft gegründet werden darf, wo die Voraussetzungen dazu gegeben sind; eine künstliche Züchtung ist ein Unding.

Rumpf (Wiesbaden): Wenn mir die Frage vorgelegt wird, wie Handwerkergenossenschaften gegründet werden sollen, damit sie sich lebensfähig erhalten, so kann ich mich in der Antwort nur dem anschließen, was der Herr Referent gesagt hat. . . .

Es veranstaltet die Handwerkskammer Vorträge über Buchführung und Genossenschaftswesen. Es sind dafür schon Tausende Mark ausgegeben worden. Diese Vorträge finden in allen Teilen unseres Vaterlandes statt, in Frankfurt, Berlin, Hannover, Fragen Sie aber die Herren — ich kenne verschiedene, die die Kurse mitgemacht haben — was sie dort gelernt haben: in vier Wochen wissen sie gar nichts mehr.

Ich will nicht sagen, daß es keine Ausnahmen gibt, aber ein ganz großer Teil weiß gar nichts mehr davon. Hier ist ein Vorschlag gemacht worden, den ich nur als praktisch begrüßen kann, daß nämlich die Handwerkskammern und auch der Verband Leute dorthin schicken soll, wo eine Genossenschaft gut geleitet wird, um sie praktisch dort ein oder zwei Monate ausbilden zu lassen. Dann können diese Leute ihren Genossen mehr sagen, wie es dort zugeht, sie werden dann einsehen, daß sich nichts mit Gewalt aus der Erde stampfen läßt, sondern daß alles erst nach und nach Nutzen bringt; sie werden dort Einsicht nehmen in alle Verhältnisse. Nur so kann man weiter kommen. . . . Ich bin also der Ansicht, wenn Sie praktisch vorgehen wollen, schicken Sie Ihre Handwerker nach einzelnen gut geleiteten Genossenschaften; da werden sie am meisten lernen.

Luber (München): . . . Der Bayrische Genossenschaftsverband hat neben seinen Kreditgenossenschaften eine Reihe von Rohstoffgenossenschaften, Baugenossenschaften und allen möglichen anderen Arten vereinigt.

Dr. Harnier (Cassel) wirft die Frage auf, ob es nicht richtig sei, wenn die Unterverbände ihr Statut dahin ändern, daß sie auch Handwerkergenossenschaften aufnehmen. . . . . Eine weitere Frage allerdings sei, ob ein Unterverband von Vorschußvereinen, der sich so entwickelt hat, wie der unsrige, einer solchen Handwerkergenossenschaft das Nötige bieten kann. . . . Ein allgemeiner Unterverband von Handwerkergenossenschaften als Unterverband in unserm Allgemeinen Verband, ähnlich wie der Verband der Baugenossenschaften, der sich über das ganze Vaterland erstreckt, möchte doch seine großen Bedenken haben aus anderen praktischen Gründen. Es wird kaum möglich sein, da Unterverbandstage zusammenzubringen. Ich wollte wenigstens diese Fragen in die Diskussion hineinwerfen.

Kurz (Stettin): . . . An mich als Verbandsdirektor ist von neuzugründenden Genossenschaften wiederholt die Bitte gerichtet, ihnen in dieser oder jeder Frage zur Seite zu stehen. Ich habe in einem Falle sogar einen Herrn aus dem Vorstande der Stettiner Bank, E. G. m. b. H., gebeten, dieser Genossenschaft zunächst einmal die Bilanz zu fertigen. Der Herr hat sich der Mühe gern unterzogen und hat der Genossenschaft auch nachher noch ihre Bücher vollständig eingerichtet. Wir haben eine andere Genossenschaft gehabt, die sich von mir Rat und Vorschläge geholt hat für die Statuteneinrichtung, und wie sie alles genossen hatte, dann sagte sie danke schön und ging ihrer Wege.

Im übrigen waren wir nicht mehr für sie da. Ich muß nun andererseits auch sagen, daß gerade bei uns in Stettin, abgesehen von einigen Rohstoffgenossenschaften, die zwar klein sind, und sich langsam entwickeln, aber doch entwickelt haben, die übrigen Handwerkergenossenschaften bisher absolut nicht floriert haben. Vor Jahren bestand bei uns eine Werkgenossenschaft, sie ist in Konkurs geraten; vor zwei Jahren, glaube ich, wurde eine Magazingenossenschaft gegründet, sie liquidiert jetzt schon wieder. Derartige Erfahrungen sprechen natürlich nicht dafür. Aber das hat die Stettiner Bank nicht abgehalten, ihrerseits zur Förderung des Handwerks in eigenartiger Weise beizutragen. Wir haben uns im letzten Jahre von der Generalversammlung 1000 Mark bewilligen lassen, die der Handwerkskammer überwiesen wurden zur Förderung des Handwerks in Stettin. Wir werden abwarten, wie diese 1000 Mark verwandt werden und werden dann versuchen, in Zukunft Einfluß auf die weitere Verwendung der etwa der Handwerkskammer zu überweisenden Beträge zu gewinnen. Dabei denken wir selbstverständlich in erster Reihe daran, daß wir auch für Belehrung über das Genossenschaftswesen unter den Handwerkern gewirkt wissen wollen. Wenn das Geld, das wir dort hingeben, nutzbringend angewandt wird, dann glauben wir auch für unsere Genossenschaft einen großen Vorteil davon zu erringen, denn uns, die wir in der Hauptsache auf die Handwerker und die kleinen Kaufleute angewiesen sind, muß daran liegen, diese Handwerker so ausgebildet zu sehen, daß sie ihren Betrieb in der richtigen Weise handhaben können. Wenn das der Fall ist, dann werden wir durch die Geschäfte, die wir mit den Handwerkern wieder in unserer Kreditgenossenschaft machen, für die 1000 oder 2000 Mark, die wir hier hingeben, reichlich Ersatz haben.

M e l l e r (Frankfurt a. M.-Bockenheim): Ich will mich bei der vorgerückten Zeit sehr kurz fassen. Es ist ohne Zweifel klar, daß, wenn seinerzeit Schulze-Delitzsch die Produktivgenossenschaften empfohlen hat, er von dem Standpunkte ausgegangen ist, daß sie zu damaliget Zeit gerechtfertigt waren. Wenn er heute Genossenschaften gründen würde, können Sie überzeugt sein, daß er den Produktivgenossenschaften nicht mehr so freundlich gegnüberstehen würde aus dem einfachen Grunde, weil die Großindustrie durch die maschinellen Vervollkommnungen solch außergewöhnliche Fortschritte gemacht hat, daß der handwerksmäßige Betrieb in einzelnen Zweigen nicht mehr mitkommen kann. Ich lasse gelten, was auch Herr Rumpf hervorgehoben hat, Einkaufsgenossenschaften und Verkaufsgenossenschaften, die können prosperieren, wenn Sie aber den Einzelbetrieb, den Großbetrieb in die Hand nehmen wollen auf genossenschaftliche Weise, rate ich Ihnen entschieden davon ab. Ich tue das deshalb, weil ich mir sage, daß, wenn eine derartige Genossenschaft, sie mag Produktivgenossenschaft heißen oder sonst wie, zusammenbricht, dadurch immer ein Schatten auf unsere gesamte Genossenschaftsbewegung geworfen wird. Vor 5 Jahren fragten in Frankfurt — ich war früher Schuhfabrikant — eine Anzahl Schuhmachermeister mich um Rat wegen der Errichtung einer Produktivgenossenschaft; sie wollten die Sache im Großbetriebe mit allen maschinellen Einrichtungen machen. Ich habe den Herren, obgleich ich ein warmer Freund des Genossenschaftswesens bin, ganz entschieden abgeraten, habe ihnen die Schattenseiten vor Augen geführt und ihnen klar gelegt, daß es mit dem maschinellen Betriebe allein nicht getan ist, habe sie darauf aufmerksam gemacht, daß erstens die Uneinigkeit unter den betreffenden Handwerkern solche Sache nicht aufkommen läßt, daß in zweiter Linie die Kenntnisse in der Kalkulation, daß drittens die kaufmännische Leitung fehlt und daß es viertens schwierig ist, Autorität und Disziplin in einer derartigen Produktivgenossenschaft aufrecht zu erhalten. Daran scheitern die meisten dieser Genossenschaften. Ich habe ihnen also entschieden abgeraten. Sie sagten aber: daß wir 50 Praktiker die Fabrikation nicht besser verstehen sollen, wie Sie als Kaufmann, das werden Sie uns nicht weismachen können. Man hatte auch durchblicken lassen, daß ich ihre Konkurrenz fürchtete, ich sagte aber, Ihre Konkurrenz brauche ich nicht zu fürchten. Sie werden bald aufhören. Sie haben dann das Lokal sehr billig von der Stadt bekommen, weil nun einmal die Strömung für Genossenschaften ist, sie haben sich für 20 000 Mark Maschinen gekauft, haben angefangen zu produzieren, aber alsbald ist Uneinigkeit unter den einzelnen entstanden, in zwei Jahren war der Zusammenbruch da, sie haben aufhören müssen; die Gelder waren alle, die Maschinen wurden verschleudert und jeder einzelne hat schwer bluten müssen. — Ein Herr aus Mecklenburg hat die Genossenschaftskurse hervorgehoben. Auch die Stadt Frankfurt hat vor zwei, drei Jahren Handwerkerkurse angeregt, sie sind nicht zur Ausführung gekommen, weil es an der genügenden Teilnahme der Handwerker fehlte. . . .

Oppermann (Magdeburg): Meine Herren, in den beinahe 10 Jahren, wo ich an der Spitze des Verbandes stehe, habe ich viele Handwerkergenossenschaften entstehen und vergehen sehen, ich habe also einige Erfahrung in dieser Frage. In einigen Städten bestanden gleich drei, vier derartige Genossenschaften. Nun fragt es sich: wie fördern wir die Sache? Da ist das Hauptgewicht auf das Halten von Vorträgen gelegt worden. Meine Herren, das Wort verhallt, und die Auffassung der verschiedenen Leute ist manchmal so schwach, daß dabei niemals etwas Gutes herauskommt. Nun ist hier ein Herr aufgetreten, der den richtigen Weg gezeigt hat. Es sagte, da, wo gute Handwerkergenossenschaften bestehen, soll man sich informieren. Das ist das Richtige.

. . . . . . . . . . . . . . . . . . . . . . . . . . . . . . . . . . . . . . . .

Schnabel (Bischofsburg): . . . Die Handwerkskammer im Regierungsbezirk Königsberg hatte sich, da sie in meinem Heimatsstädtchen kein geeignetes Organ besitzt, an mich gewandt, um Teilnehmer für die Meisterkurse zu sammeln und ein Lokal und Lehrer zu beschaffen, und es ist kein Zufall, daß die Lehrer, die ich der Handwerkskammer dafür besorgen konnte, unter den Vorstandsmitgliedern unserer Genossenschaft zu finden waren. Der Erfolg dieser Kurse ist nicht unbedeutend gewesen. Die Handwerker haben mich später noch angesprochen und mir ihre Befriedigung ausgedrückt über das, was sie gelernt haben in Sachen der Buchführung und Gesetzeskunde und last not least des Genossenschaftswesens. . . .

Dr. Alberti (Wiesbaden): . . . Ich möchte nun noch antworten auf die Anfrage des Herrn Justizrats Harnier. Ich kann nur sagen, das Statut unseres Unterverbandes am Mittelrhein ist derartig, daß wir solche Genossenschaften aufnehmen können. Wir haben solche Genossenschaften gehabt, die sehr gut arbeiten. Ich möchte auch dringend bitten, daß in denjenigen Verbänden, wo die Statuten irgend ein Hindernis in dieser Richtung bieten, eine Abänderung erfolgt, denn ich halte es für außerordentlich wertvoll, daß solche Genossenschaften in unsere Verbände hineinkommen, wenn wir auch Kreditgenossenschaftsverbände sind. Wir haben ein Interesse dafür und sind bereit, die Leute zu unterstützen; wir haben dann in diesen Verbänden auch mehr Lokal- und Personalkenntnis. Es ist natürlich vorbehalten, daß, wenn die Bewegung recht groß werden sollte, man spezielle Verbände gründen könnte. Nicht empfehlen würde ich einen Verband, der sich über ganz Deutschland erstreckte; denn dazu fehlt nachher die Personalfühlung, die bei einem solchen Verbande durchaus notwendig ist.

V.

# Die Handwerkergenossenschaften in Baden.

## Vortrag

gehalten auf dem Allgemeinen Genossenschaftstag im Jahre 1908 zu Frankfurt a. M.

Von Verbandssekretär Lohr-Karlsruhe i. B.

---

Als Ihr Herr Anwalt mich aufforderte, hier vor Ihrer Versammlung bei diesem Jubiläumsverbandstag über das badische Handwerkergenossenschaftswesen zu sprechen, habe ich diese Aufforderung sehr gern angenommen, schon deswegen, weil ich erwarten durfte, daß Ihre Kritik unter Umständen da, wo wir vielleicht im Begriffe waren, einen Fehler zu machen, mit tötlicher Sicherheit einsetzen werde. Es darf mit Vergnügen festgestellt werden, daß unserer Aufforderung zum Besuch der heutigen Verhandlungen des Allgemeinen Verbandes seitens der Handwerker zahlreich Folge geleistet worden ist. Seit Zeidler in seiner Geschichte des deutschen Genossenschaftswesens geschrieben hat: „Für die speziellen gewerblichen Genossenschaften haben Schulze und seine Freunde stets eine theoretische Vorliebe gehabt, welche aber die Entwickelung je länger je weniger gerechtfertigt hat, sodaß man ihre praktische Bedeutungslosigkeit endlich anzuerkennen nicht umhin konnte", wird in diesem Sinne immer wieder das Handwerkergenossenschaftswesen und die diesbezügliche Tätigkeit des Allgemeinen Verbandes beurteilt. Wenn man die tatsächlichen Erfolge der Handwerkergenossenschaften in Vergleich stellt mit der vielen, vielen Arbeit auf den jetzt 50 Verbandstagen, so muß man sagen: die Erfolge sind nicht gerade ermutigend. Aber der Allgemeine Verband arbeitet doch für die Zukunft, und da kann ich Ihnen mit Vergnügen das Zugeständnis machen, daß die Beschlüsse des Allgemeinen Verbandes uns in Baden Richtlinien gegeben haben für die Arbeit auf diesem Gebiete. Wir richten uns sogar sehr danach und sind dem Allgemeinen Verbande außerordentlich dankbar, daß er kaum einen Verbandstag hat vorübergehen lassen, ohne daß aus der Praxis, nicht aus theoretischen

Erwägungen heraus, geflossene Leitsätze festgestellt worden sind, als Richtlinien für das Weiterarbeiten. Ich denke, auch die anderen gewerblichen Genossenschaftsverbände haben diese Erfahrung gemacht.

Eine intensive Arbeit auf dem Gebiete des Handwerkergenossenschaftswesens hat im Großherzogtum Baden eingesetzt mit der Schaffung des Landesgewerbeamts und der von diesem herausgegebenen Denkschrift über die Förderung des Handwerkergenossenschaftswesens.

Die darin niedergelegten Anschauungen und Grundsätze haben der Reihe nach die Billigung des Landesgewerberats, des Großherzogl. Ministeriums des Innern und der Badischen Landstädte in der Session 1905/06 erhalten. Die Denkschrift darf als der Ausgangspunkt für die zielbewußte äußere Verbreitung des genossenschaftlichen Gedankens und für die sachgemäße Bildung von Handwerkergenossenschaften im badischen Handwerke angesehen werden. Die vorhergegangenen Arbeiten auf diesem Gebiete trugen mehr zufälligen Charakter. Zwar konnte die Denkschrift 16 eingetragene gewerbliche und Handwerkergenossenschaften mit einem Mitgliederbestand von 520 Mitgliedern namhaft machen, von denen 6 erst im Laufe des Jahres 1905 entstanden waren; aber mehrere der älteren litten an Organisationsfehlern und unkaufmännischer Geschäftsführung, alle am Mangel einer sachgemäßen Beratung und Revision; außerdem fehlte der Zusammenschluß, welcher den so wichtigen gegenseitigen Austausch der Erfahrungen ermöglicht. Zunächst galt es, die Mängel in der Organisation und Geschäftsführung auszumerzen. Ein Beamter des Landesgewerbeamts ging den bestehenden und neu sich bildenden Genossenschaften, die einen dahingehenden Wunsch äußerten, mit Rat und Tat an die Hand. Buchführungshefte, die unentgeltlich zur Verfügung gestellt wurden, erleichterten die Anleitung zu einer kaufmännischen Geschäftsführung. Trotzdem konnte nicht verhindert werden, daß 3 von den 16 genannten Genossenschaften sich auflösten. Eine derselben lehnte alle auf eine Reorganisation hinzielenden Bestrebungen ab, bei den beiden anderen war die Ursache Mangel an genossenschaftlichem Geist.

Bei den Verbandstagen des Allgemeinen Verbandes wurde wiederholt die Tatsache öffentlich besprochen, daß es bei der sogenannten amtlichen Revision der Genossenschaften um diese gewöhnlich recht wenig befriedigend bestellt ist. Abgesehen davon, daß die Registergerichte nicht selten in Verlegenheit sind, weil ihnen keine Person zur Verfügung steht, die auch den bescheidensten an eine Genossenschaftsrevision zu stellenden Anforderungen genügt, sind die wenigsten Berufs- und Bücherrevisoren geeignete Genossenschaftsrevisoren. Eine geeignete Persönlichkeit kann sich nur ein Revisionsverband im Sinne des § 54 des Genossenschaftsgesetzes sichern, welcher auch durch seine Verbandstage die Möglichkeit des gegenseitigen Austausches der gemachten Erfahrung bietet.

Schon der Allgemeine Genossenschaftstag in München 1892 beschloß:

„Die dem Allgemeinen Verband angehörenden Genossenschaften werden wiederholt aufgefordert, zu Unterverbänden, zum Zwecke der gemeinsamen Wahrnehmung ihrer besonderen Angelegenheiten, zusammen zu treten."

Um der durch einen Verband gebotenen Vorteile teilhaftig werden zu können, fanden sich auf Einladung des Großherzogl. Landesgewerbeamtes am 10. Dezember 1906 im Sitzungssaal des Großherzogl. Bezirksamtes Karlsruhe 18 bevollmächtigte Delegierte badischer gewerblicher Genossenschaften zusammen, um auf der Grundlage eines vom Landesgewerbeamt ausgearbeiteten Satzungsentwurfes über die Gründung eines Verbandes badischer Handwerkergenossenschaften zu beraten. Mit beratender Stimme war unter anderen auch der Direktor des Verbandes der unterbadischen Kreditgenossenschaften, Stadtrat Wilser-Karlsruhe, anwesend. Die vorgelegten Satzungen wurden mit einigen Abänderungen und Zusätzen angenommen und die Bildung eines Verbandes als eingetragener Verein im Sinne des § 21 des Bürgerlichen Gesetzbuches einstimmig beschlossen.

Der Zweck des Verbandes ist in § 3 der Satzungen festgelegt. Seine Aufgaben sind:

1. Anregung und Anleitung zur Errichtung und zum Anschlusse neuer gewerblicher Genossenschaften an den Verband zu geben. Dabei wird keine Agitation getrieben; — denn unser oberster Grundlatz ist: „Lieber wenige, aber gesunde Genossenschaften;" — aber es wird mit allem Nachdruck bei jeder sich bietenden Gelegenheit für Erweiterung der Erkenntnis in genossenschaftlichen Dingen im Handwerke gesorgt.
2. Vornahme der gesetzlichen Revisionen gemäß § 53 des Genossenschaftsgesetzes.
3. Vervollkommnung der Einrichtungen und der Geschäftsführung der Genossenschaften durch sachverständige Beratung. Der Verband enthält sich jedes Eingriffes in die Selbstverwaltung der Genossenschaften, weist aber die Genossenschaftsorgane und die Genossen auf den Ernst der Selbstverantwortung hin.
4. Wahrung und Vertretung gemeinsamer Interessen der Genossenschaften.

Als Verbandsdirektor wurde der Vorsitzende der Handwerkskammer Karlsruhe, Herr Karl Moser, als Verbandssekretär der Referent gewählt. Verbandsrevisor wurde auf Vorschlag des Verbandsvorstandes Kassenbevollmächtigter Gustav Günther, damals bei der Vereinsbank Karlsruhe, jetzt Verbandsrevisor Ihres thüringischen Verbandes. Wir freuen uns, mit dem Allgemeinen Verband durch den Verbandsrevisor in einer Art Personalunion zu stehen.

Die Gründung, Einrichtung und Führung des Verbandes war nur dadurch möglich, daß die Großherzogl. Regierung im Budgetnachtrag für 1905/06 4000 Mark für Förderung des Genossenschaftswesens angefordert und von den Landständen genehmigt erhalten hatte.

Der Verband faßte bei Neugründungen seine Aufgabe dahin auf, daß er überall da, wo die Verhältnisse und ganz besonders die Menschen für eine Genossenschaft noch nicht reif erscheinen, deren Bildung zu verhindern sucht. Im übrigen waren bei seinem Vorgehen jedenorts die von den Allgemeinen Genossenschaftstagen aufgestellten Grundsätze maßgebend, deren Richtigkeit die Entwickelung des Handwerkergenossenschaftswesens in Baden bestätigt hat. Auch die in Baden gemachten Erfahrungen beweisen, daß die Handwerkergenossenschaften wichtige Mittel sind, die Leistungsfähigkeit der lebensfähigen Handwerksbetriebe zu steigern, indem sie ihnen den Groß- und Bareinkauf ermöglichen, die Beteiligung an Submissionen erleichtern, die Gelegenheit zur Verwendung von Maschinenkraft bieten und den Verkauf von Handwerkserzeugnissen, den neuzeitlichen Anforderungen des Verkehrs entsprechend, gestatten. Wir sagen lebensfähige Handwerksbetriebe, weil auch wir der von Dr. Crüger in Kreuznach 1902 ausgesprochenen Ansicht sind, daß Handwerke, die bereits dem Untergang verfallen sind, mit Hilfe der genossenschaftlichen Organisation nicht mehr zu leistungsfähigen Gewerben in die Höhe gebracht werden können.

Werkgenossenschaften wurden seit dem Bestehen des Verbandes nicht gegründet. Und doch hätte sich gerade ein Vorzug dieser Genossenschaftsart in den verflossenen Jahren stillen Geschäftsganges gezeigt: die Kosten stillstehender Maschinen wären gemeinsam und darum leichter getragen worden. — Mancher Vorstand einer Kreditgenossenschaft weiß davon zu erzählen, daß dies oder jenes Handwerkermitglied geschäftlich krank ist, seit von ihm Maschinen für sich allein beschafft wurden. — Was gegründet wurde, waren ausschließlich Rohstoffgenossenschaften, sowie Rohstoff- und Magazingenossenschaften. Zur Statistik des Allgemeinen Verbandes konnten auf Grund der Statistik des Verbandes badischer Handwerkergenossenschaften für 1908 die nachfolgenden Angaben gemacht werden:

I. Gewerbliche Rohstoffgenossenschaften.

| | | | |
|---|---|---|---|
| 1. Zahl der Rohstoffgenossenschaften des Verbandes . . . . . | = | 25 | |
| 2. Zahl der berichtenden Rohstoffgenossenschaften . . . . . . | = | 22 | |
| 3. Zahl der Mitglieder (von 25 Genossenschaften) . . . . . | = | 1 235 | |
| 4. Verkaufserlös für Rohstoffe . . . . . . . . . . | = | 933 372,38 | Mk. |
| 5. Aktiva, Summe . . . . . . . . . . . . | = | 648 601,34 | „ |
| 6. Geschäftsguthaben der Mitglieder | = | 183 268,97 | „ |
| 7. Gesamtbetrag der Reserven . . . . . . . . . | = | 28 363,94 | „ |
| 8. Angeliehene fremde Gelder . . . . . . . . . | | 333 403,59 | „ |

Die eigenen Mittel (Ziffer 6 u. 7) machen somit 37,8 Proz. des gesamten Betriebskapitals (Ziffer 6, 7 u. 8) aus.

Am zahlreichsten vertreten ist das Gewerbe der Schuhmacher mit 8 Genossenschaften, die mit den Genossenschaften in Ulm und Würzburg zu der „Süddeutschen Schuhmacher-Zentraleinkaufsgenossenschaft, Sitz Mannheim," mit einem Gesamtbedarf an Waren von 200 000 Mk., zusammengetreten sind. Für Maler, Schreiner, Bäcker bestehen je 3 Genossenschaften. Bei den Malergenossenschaften zeigen sich ebenfalls Zentralisationsbestrebungen, indem die Genossenschaften von Mannheim, Karlsruhe, Mainz, Wiesbaden und Frankfurt a. M. gemeinsam Kursartikel ihres Gewerbes (Bleiweiß und Leinöl) einkaufen. Diese Zusammenlegung des Bedarfs ist eine wirtschaftliche Notwendigkeit, da die meisten Handwerkerwaren syndiziert sind. Durch die Zentraleinkaufsgenossenschaften wird den Syndikaten gegenüber ein einigermaßen gleichwertiger Kontrahent bei Abschluß des Lieferungsvertrages geschaffen. Voraussetzung für das Gedeihen einer Zentraleinkaufsgenossenschaft ist, daß sie sich aus lebenskräftigen Einzelgenossenschaften zusammensetzt.

II. Gewerbliche Magazingenossenschaften, sowie Rohstoff- und Magazingenossenschaften.

| | | |
|---|---|---|
| 1. Zahl der Magazingenossenschaften des Verbandes | = | 5 |
| 2. Zahl der berichtenden Magazingenossenschaften | = | 3 |
| 3. Zahl der Mitglieder (von 5 Genossenschaften) | = | 498 |
| 4. Verkaufserlös der durch die Genossenschaften verkauften Waren (einschließlich Rohstoffe) | = | 3 345 975,32 Mk. |
| 5. Verkaufserlös der durch die Genossenschaften verkauften Rohstoffe (enthalten in Ziffer 4) | | |
| 6. Aktiva, Summa | = | 691 399,26 „ |
| 7. Geschäftsguthaben der Mitglieder | = | 69 754,19 „ |
| 8. Gesamtbetrag der Reserven | = | 36 027,38 „ |
| 9. Angeliehene fremde Gelder | = | 53 161,79 „ |

Die eigenen Mittel (Ziffer 6 und 7) machen somit 66 Proz. des gesamten Betriebskapitals (Ziffer 7, 8 und 9) aus.

Die größten dieser Genossenschaften sind die Häuteverwertungsgenossenschaften der Metzger; wesentlich kleinere Umsätze hat eine Möbelhalle der Schreiner und Tapezierer und eine Ein- und Verkaufsgenossenschaft der Schreiner, welch letztere sich mit Erfolg bei Submissionen beteiligt und für über 27 000 Mk. Aufträge ihren Mitgliedern zuweisen konnte. Es ist die Ein- und Verkaufsgenossenschaft der Schreinerinnung Freiburg.

Aus der Statistik des Verbandes badischer Handwerkergenossenschaften e. V. für das Jahr 1907 und 1908 sei Folgendes angegeben:

Zahl der Genossenschaften 1907 = 21; 1908 = 30.

Zur Statistik haben berichtet 1907 = 14; 1908 = 25.

| | Mitgliederbewegung: Zugang | Abgang | Zahl der Mitglieder | Gesamthaftsumme | Gesamteinnahmen aus: Warenverkauf | Maschinenbenutzung | Magazinbenutzung | Verluste | Gewinn aus Waren | Gewinn aus Zinsen und Provisionen |
|---|---|---|---|---|---|---|---|---|---|---|
| 1908 = | 286 | 92 | 1 733 | 455 910.— | 4 279 347.70 | 12.— | 165.— | 3 916.14 | 262 944.04 | 12 638.76 |
| 1907 = | — | — | 1 229 | 313 050.— | | | | | | |
| Unterschied = | | | 504 + | 142 860.— + | | | | | | |

| | Verwendung des Reingewinns für: Dividenden auf Geschäftsanteile | | Dividenden auf Wareneinkäufe | | Abschreibungen | Sonstiges | Geschäftsunkosten: Bezahlte Zinsen und Provision | Verwalt.-Kosten persönliche | Verwalt.-Kosten sachliche | Sonstige | Gesamtsumme |
|---|---|---|---|---|---|---|---|---|---|---|---|
| 1908 = | 4814.43 | 4,5 | 15898.58 | 3,86 | 19467.95 | 7714.76 | 23589.42 | 61543.45 | 94331.24 | 2223.30 | 178655.88 |

**Aktiva**

| | Kasse | Banken | Schuldner Debitoren | Waren | Fahrnisse und Maschinen | Liegenschaften Immobil. | Durchlauf. Posten und Verluste |
|---|---|---|---|---|---|---|---|
| 1908 = | 26 647.71 | 72 061.46 | 667 603.83 | 199 935.95 | 34 791.89 | 332 113.50 | 3 614.76 |
| 1907 = | 25 920.75 | 97 975.01 | 445 843.46 | 151 419.64 | 40 832.44 | 308 000.— | 1 224.— |
| Unterschied = | 726.96 + | 25 913.55 — | 221 770.37 + | 48 516.31 + | 6 040.55 — | 24 113.50 + | 2 390.76 — |

**Passiva.**

| | Eigene Kapitalbildung: Geschäftsanteile | Reservefonds | Anlehen und Banken | Gläubiger Kreditoren | Durchlaufende Posten | Reingewinn | Schlußsumme der Aktiven bzw. der Passiven |
|---|---|---|---|---|---|---|---|
| 1908 = | 253 023.16 | 64 390.32 | 386 565.38 | 542 597.15 | 952.83 | 90 770.26 | 1 340 000.60 |
| 1907 = | 175 489.16 | 49 215.72 | 266 220.96 | 479 894.03 | 3 930.19 | 69 774.25 | 1 044 524.31 |
| Unterschied = | 77 534.— + | 15 175.60 + | 120 344.42 + | 62 703.12 + | 2 977.36 — | 20 996.01 + | 295 476.29 + |

Es dreht sich bei unseren Umsätzen nicht um Millionen, die einen schwindeln machen; aber sie sind trotz der Anfangszeit eine Illustration des Schlagworts: „Viele Wenige machen ein Viel!“

Diese statistischen Angaben dürften zeigen, daß das badische gewerbliche Genossenschaftswesen in einem zwar langsamen, im ganzen aber gesunden Vorwärtsschreiten begriffen ist. Ist das Erreichte im Vergleich zu dem, was erreicht werden muß und kann, auch noch bescheiden, so dürfen wir deshalb den Mut nicht sinken lassen. Klein angefangen hat auch das deutsche Genossenschaftswesen in allen seinen Zweigen. Dieses kleine Büchlein ist der Bericht, den Schulze-Delitzsch für das Jahr 1859 über das gesamte deutsche Genossenschaftswesen erstattete, und wie gewaltig ist sein Aufschwung in den verflossenen 50 Jahren gewesen? Zum Vorwärtskommen auf dem einmal beschrittenen Weg bedürfen wir in erster Linie der Mitarbeit der Handwerker selbst. — Wenn der gewerbliche Mittelstand mit Kraft und Rührigkeit auf dem Gebiete des Genossenschaftswesens arbeitet, so können die wirtschaftlichen Erfolge für alle seine Glieder nicht ausbleiben. — Die Verbandsleitung wird dem Vorbilde Schulze-Delitzschs folgen und mit dem fortschreitenden Erfolg vorsichtiger arbeiten.

Es ist leicht begreiflich, daß die Handwerkergenossenschaften allen denen ein Dorn im Auge sind, welche in ihnen eine Konkurrenz oder einen Hemmschuh gegen die Durchführung ihrer oft unlauteren Geschäftspraktiken, wenn nicht gar eine Bedrohung ihrer Existenz sehen. Leider sind in den wenigsten Fällen diejenigen gerichtlich faßbar, welche aus den geschilderten Beweggründen heraus gegen die gewerblichen Genossenschaften wühlen, weil die Furcht vor gerichtlichem Zeugnis bei manchen Handwerkern zu groß ist. Bis jetzt sind zwei Verurteilungen erfolgt und eine Klage wurde durch Vergleich erledigt, wobei der Genossenschaftsgegner die Kosten zu tragen hatte. Um unseren Mitgliedern von Einkaufsgenossenschaften und weiteren Handwerkerkreisen die Augen zu öffnen, muß hier öffentlich gesagt werden, wie's gemacht wird. Dem größeren Meister sagt man: „Sie kaufen bei Ihrem Verbrauch bei uns genau so billig und auch besser wie bei einer Genossenschaft. Es hat darum keinen Zweck, eine solche zu gründen. Genossenschaften haben schon infolge der Haftpflicht Verluste gebracht. Eine Genossenschaft ist schädlich für Ihr Geschäft, weil jeder kleine Meister sich dann rühmt, daß er das gleiche Material wie Sie verarbeitet. Jetzt können Sie noch von sich behaupten, daß Ihre Mittel und Ihre Branchekenntnisse Ihnen die besten Bezugsquellen erschlossen haben. Wollen Sie wirklich mit Ihrem Geld der Konkurrenz auch noch auf die Beine helfen?" Beim kleinen Meister heißt es: „Eine Genossenschaft ist nichts für Sie, weil Sie keinen so großen Verbrauch haben, daß die Dividende, wenns überhaupt eine gibt, nicht ins Gewicht fällt. Bei der Genossenschaft müssen Sie bar oder in kürzerer Frist zahlen. Wir dagegen können warten und haben auch schon gewartet. — Durch die Genossenschaft sind Sie gezwungen, Ihren Konkurrenten Einblick in Ihre Verhältnisse zu gewähren. Wollen Sie bei einer Genossenschaft infolge der Haftpflicht Ihr Geld verlieren?" — Selbst den Frauen wird mit der Haftpflicht gruseln gemacht. Wirtschaftliche Humanität nach dem Grundsatz: „Leben und leben lassen!" wird gepredigt. die selbst nicht beachtet wird und auch bei unseren wirtschaftlichen Verhältnissen nicht beachtet werden kann. Kommt eine Genossenschaft trotzdem zustande, so ist das Bestreben darauf gerichtet, die Ein- und Verkaufspreise herauszubekommen. Eine unserer Genossenschaften hatte eine Preisliste herausgegeben, welche sofort unterboten wurde. Die Einkaufspreise sind geschäftsordnungsmäßig als Geschäftsgeheimnis zu behandeln. Sie dürfen nicht mitgeteilt werden, weil ein zu großer Prozentsatz der Genossen dann fast zum Einkaufspreis kaufen und am Ende vom Jahr auch noch einen großen Reingewinn haben will. Bewahren die Mitglieder des Vorstandes und Aufsichtsrats, bezw. der Einkaufskommission pflichtgemäß die Einkaufspreise als Geschäftsgeheimnis, so wird unter den Genossen verbreitet, man wolle sie bevormunden. In einer Genossenschaft hat es durch Anzettelungen recht lebhafte Debatten gegeben, ja es ist sogar gelungen, auf diese Weise die Einkaufspreise in einzelnen Fällen herauszubekommen. Was war die Folge? Sie wurden sofort unterboten, ob auf Kosten der Qualität sei dahingestellt. Sicher wollte damit bewirkt werden, daß die Mitglieder nicht mehr bei der Genossenschaft kaufen und sich diese infolgedessen auflösen muß. Ist dieses Ziel erreicht, so wird aus dem betr. Gewerbe 10- und 20fach herausgeholt was vorher geopfert wurde. Daß es beschränkte oder selbstsüchtige Menschen gibt, die das nicht einsehen oder nicht einsehen wollen, darf die weiter blickenden nicht abhalten, selbst dann bei der Genossenschaft zu kaufen, wenn ein solcher, leicht zu durchschauender Konkurrenzkniff billigere Einkäufe außerhalb der Genossenschaft ermöglicht. Wir müssen natürlich verlangen, daß die Genossen ihrer Genossenschaft treu sind und möglichst ihren ganzen Bedarf bei ihr decken; denn je öfter das Warenlager umgesetzt wird, desto besser die Resultate. DasAusharren bei der Genossenschaft in solch kritischen Zeiten ist in der Zukunft nicht allein für sie selbst, sondern für ihr ganzes Gewerbe von Vorteil. Abwägender Geschäftsgeist und selbstlose Begeisterung für ihr Gewerbe muß bei unseren Genossenschaftern vorhanden sein, dann wird jeder Gegner besiegt und die Erfolge bleiben nicht aus.

Unsere Genossenschaften erhalten zu den ersten Kosten ihrer Einrichtung Staatsbeihilfen. Eine Übersicht für 1908 gibt die nachstehende Zusammenstellung:

| Genossenschaft Gewerbe | Sitz | Einbezahlte Geschäftsanteile am 31. Dezbr. 1908 | Staatszuschuß | Kosten der ersten Einrichtung | Bemerkungen |
|---|---|---|---|---|---|
| Bäcker | Pforzheim | 12 020.— | 150 | 257.50 | 1 Genossenschaft durchschnittlich 245 Mk. Die Kosten sind deswegen so gering, weil größere Lager nicht einzurichten sind und die Innungsräumlichkeiten mitbenützt werden können. |
| „ | Heidelberg | 6 000.— | 150 | 244.60 | |
| „ | Mannheim | 4 690.— | 150 | 229 46 | |
| Buchbinder | Karlsruhe | 2 990.— | 425 | 744.67 | 25 Mk. für Abgabe von Drucksachen zu Propagandazwecken. |
| Friseure | Karlsruhe | 18 876.— | 275 | 385 52 | 25 Mk. wie vorher. |
| Maler | Karlsruhe | 9 776.— | 740 | 1 660.84 | 1 Genossenschaft durchschnittlich 1700 Mk. 40 Mk. wie vorher. |
| „ | Mannheim | 16 370 — | 640 | 1 752.62 | Maschinenanlage für in Oel abzureibende Farbwaren kostete 584,30 Mk. |
| „ | Tauberbischofsheim | — | 250 | 409.05 | |
| Schreiner | Eppingen | 2 222.48 | 250 | 440.— | |
| Schuhmacher | Konstanz | 1 581.57 | 250 | 306.80 | 1 Genossenschaft durchschnittlich 595 Mk. |
| „ | Tiengen | 1 497.50 | 250 | 502.30 | |
| „ | Säckingen | 3 149.— | 250 | 637.75 | |
| „ | Offenburg | 787.— | 250 | 432.80 | |
| „ | Mannheim | 8 668.26 | 250 | 1 080.10 | |
| Versch. Gewerbe (Flüssige Maschinenkraftstoffe) | Karlsruhe | 1 833.— | 300 | 364.35 | Hauptbezugsartikel ist Motorbenzin |
| Zusammen: | 15 Genossenschaften | 90 460.81 | 4 580 | 9 448.— | Staatszuschuß 48 %. |
| Durchschnittlich | 1 Genossenschaft | 6 460.— | 305 | 630 — | |

Bekanntlich sind die Ansichten der Genossenschafter über diese Form der Staatshilfe geteilt. In Österreich denkt man schon milder darüber, wie wir vorhin von Herrn W r a b e tz gehört haben. Es ist mir interessant, zu erfahren, wie heute Ihr Anwalt darüber denkt. Während die einen die Staatsbeihilfen als schädlich für die Grundpfeiler des Genossenschaftswesens: S e l b s t h i l f e, S e l b s t v e r w a l t u n g und S e l b s t v e r a n t w o r t u n g, zum mindesten für unnötig erklären, treten andere — darunter wir — dafür ein, obschon auch wir auf dem Standpunkte stehen, daß G e n o s s e n s c h a f t e n, w e l c h e d i e K r a f t u n d d e n M u t n i c h t h a b e n, s i c h s e l b s t z u h e l f e n, n i c h t w e r t s i n d, u n t e r s t ü t z t z u w e r d e n. Wenn auch heute noch kein abschließendes Urteil über den Wert und Unwert dieser Zuschüsse gefällt werden kann, weil noch nicht genügend Erfahrungen vorliegen, so darf doch gesagt werden, daß die Staatszuschüsse bei uns nie eine Genossenschaft veranlaßt haben. Man will damit den genossenschaftlichen Gedanken nur fördern und hinaustragen. Sie werden nach den gemachten Erfahrungen als eine Anerkennung, ein Fleißzettel der Regierung für die genossenschaftlichen Bestrebungen aufgefaßt und bedeuten darum bei den auftretenden inneren und äußeren Schwierigkeiten eine nicht zu unterschätzende moralische Stütze. Daß die Selbsthilfe durch die Staatsbeihilfen (zusammen 4570 Mk.) nicht zurückgedrängt wurde, dürfte die Tatsache beweisen, daß die damit bedachten 15 Genossenschaften bis 31. Dezember 1908: 90 460,81 Mk. aus eigenen Mitteln als Geschäftsanteil eingezahlt haben; wie auch die weitere, daß die Häuteverwertungsgenossenschaften der Metzger, die zu unseren leistungsfähigsten zählen, auf diese Beihilfen verzichtet haben. Das unbestreitbar Gute haben diese Staatsbeihilfen, daß sie die Möglichkeit bieten, auf Grund der vorgelegten Rechnungen bezw. Quittungen feststellen zu können wie teuer die Einrichtung der oder jener Genossenschaft kommt. Diese Angaben werden dann mit besonderem Interesse entgegengenommen werden, wenn eine Gründung beabsichtigt wird.

Dagegen ist der Verband badischer Handwerkergenossenschaften gegen die Gewährung unverzinslicher oder geringverzinslicher staatlicher Darlehen an Handwerkergenossenschaften, weil diese Darlehen erfahrungsgemäß den Handwerkergenossenschaften schädlich sind. Leider ist für unsere Genossenschaften Geld oft nur zu leicht zu erhalten. Hätte die Schreinerwerkgenossenschaft Konstanz nicht so sehr leicht Geld bekommen können, so wäre sie nicht ins ungesunde Wachstum hineingekommen, das schließlich zur Katastrophe führen mußte. — Glücklicherweise wurde die Sache durch Vergleich erledigt, so daß größeres Unheil verhindert wurde. Es erübrigt sich, hier näher auf die Sache einzugehen, da eine Darstellung dieses lehrreichen Falles auf Grund der Akten in den „Blättern für Genossenschaftswesen“ erscheinen soll.

Unsere sämtlichen Genossenschaften sind den Kreditgenossenschaften angeschlossen und sämtliche Zahlungen laufen über diese, so daß es ihnen nie an dem nötigen Betriebskredit gefehlt hat Auch Ihr Anwalt Dr. Crüger dürfte gegen diese Zugehörigkeit der Genossenschaften zu Genossenschaften nichts zu erinnern haben. Die Vorstandsmitglieder der Kreditgenossenschaften sind auch in der Lage, bei der Lösung der so wichtigen Personenfrage mitzuwirken. Allzuleicht geht dem Handwerker bei seiner intensiven körperlichen und geistigen Arbeit im eigenen kleinen Kreis die Fühlung mit den allgemeinen wirtschaftlichen Vorgängen verloren. Als eifriger Besucher der Generalversammlungen seiner Kreditgenossenschaft, als Mitglied des Aufsichtsrates derselben, kann bei ihm der Sinn für die großen Zusammenhänge nicht verloren gehen. Aus allen diesen Gründen legen wir den größten Wert auf möglichst enge Beziehungen zwischen unseren badischen Kreditgenossenschaftsverbänden, dem unter- und oberbadischen. Aber auch die Fühlung mit dem Konsumverband der landwirtschaftlichen Genossenschaften ist uns sehr wertvoll. Ist er doch Konsument gewerblicher Erzeugnisse. Es sei nur an die Holzwarengenossenschaft Bernau erinnert. Unsere Metzgergenossenschaften sind bereit, mit den landwirtschaftlichen Viehverwertungsgenossenschaften zusammenzutreten und unsere badische Brauereieinkaufsgenossenschaft ist Konsument für landwirtschaftliche Erzeugnisse. Stehen wir auch erst in den Anfängen, so zeigt sich doch schon deutlich, daß gewerbliches und landwirtschaftliches Genossenschaftswesen in der Lage ist, vereint zu schlagen.

Als wichtigste Genossenschaftsförderung wird in Baden die genossenschaftliche Durchbildung des Handwerkers angesehen, denn die beste Gewerbeförderung ist und bleibt der gründliche gewerbliche Unterricht. Die zur Unterweisung des Handwerkerstandes berufenen Gewerbelehrer werden im Genossenschaftswesen unterrichtet. Freilich genügen einige Vorträge darüber nicht. Die Forderung, „das Genossenschaftswesen und die zu seiner Anwendung in der Praxis erforderlichen Lehrgegenstände" in die Lehrpläne aller gewerblichen Schulen aufzunehmen, ist vom Allgemeinen Verband in Kreuznach 1902 erhoben und dazu die Gesichtspunkte angegeben worden, nach denen die Lehrmethode sich richten müsse. Die Vorschläge verdienen die größte Berücksichtigung beim notwendigen weiteren Ausbau dessen, was man in Baden schon hat. — Sicher ist, daß kein genossenschaftlicher Unterricht besser ist, als seine Erteilung durch Lehrer, welche den großen Schwierigkeiten, die er bietet, gewachsen sind. In den badischen Gewerbeschulen wird auf das Genossenschaftswesen aufmerksam gemacht. Was für Lehrer und in Schulen bereits geschieht, bedarf nur noch des weiteren Ausbaues. Vorträge über Genossenschaftswesen veranstaltet das Großherzogl. Landesgewerbeamt und der Verband.

Schon vor der Gründung des Verbandes, in der Zeit vom 11.—13. Juni 1906, veranstaltete das Großherzogl. Landesgewerbeamt einen Genossenschaftskursus. Derselbe hatte den Zweck, einen Stamm von Personen zu gewinnen, die in großen Zügen über die Bedeutung des genossenschaftlichen Gedankens für das Handwerk unterrichtet sind und bei der Bildung und Führung von Genossenschaften den Beamten des Verbandes ratend zur Seite stehen können. Die stärkste Beteiligung erfolgte aus den Reihen der Gewerbelehrer. Von den insgesamt 43 Teilnehmern waren 27 Gewerbeschulvorstände, Gewerbelehrer und Gewerbeschulkandidaten, dann folgten der Zahl nach Oberamtmänner, Amtmänner und Referendare, 4 Handwerkskammersekretäre und je 1 Bezirkssteuerinspektor, Rechtsanwalt, Amtsrevident, Hauptlehrer, Hilfslehrer, Chefredakteur, Bäcker-, Schreiner- und Schuhmachermeister. Der Unterricht erfolgte in Form von Vorlesungen, welche die Herren Ministerialrat Dr. Stoll, Professor Dr. v. Zwiedineck-Südenhorst von der technischen Hochschule Karlsruhe, Bankdirektor Peter von der Vereinsbank und zwei Beamte des Landesgewerbeamts, Ingenieur Bucerius und Bibliothekar Lohr übernommen hatten.

Schon damals wurde in dem Ausschreiben des Großherzogl. Landesgewerbeamtes ein Genossenschaftskursus für Personen in Aussicht gestellt, die bei bestehenden Handwerkergenossenschaften praktisch tätig sind. In der Zeit vom 10.—22. August vorigen Jahres hat ein Kursus für Einkaufsgenossenschaften speziell der Schuhmacher in Karlsruhe stattgefunden, an dem sich aber auch Mitglieder anderer Einkaufsgenossenschaften beteiligt haben. Die Teilnehmer erhielten als Reisekostenentschädigung die Her- und Rückfahrkarte 3. Klasse vergütet und ein Tagegeld von 7 Mk., wenn sie auswärts und von 3,50 Mk., wenn sie in Karlsruhe wohnhaft waren. Die Kosten für die Reise und 4 bezw. 2 Mk. Tagegeld trägt die Staatskasse. Der Rest des Tagegeldes wird von der Handwerkskammer bestritten, aus deren Bezirk der betr. Teilnehmer kommt.

35 Interessenten hatten sich gemeldet, 22 wurden zugelassen: 18 Schuhmacher, 2 Schreiner und je ein Konditor und Maler. Das Alter schwankte zwischen 26 und 55 Jahren. Der Hauptwert wurde auf die Buchführung gelegt. Bei der kurzen Zeit ließen sich natürlich die Teilnehmer nicht zu fertigen Genossenschaftsbuchhaltern ausbilden; aber das Verständins für die Buchungen und Abschlüsse ist doch so weit gediehen, daß diejenigen Kursisten, welche das Erlernte sofort bei der heimischen Genossenschaft verwerten mußten (13), leichter den an sie herantretenden Anforderungen genügen konnten, was vom Verbandsrevisor auch konstatiert wurde. Es wird damit auch eine Forderung erfüllt, die Dr. Crüger auf dem Allgemeinen Genossenschaftstage zu Hannover 1900 aufstellte, indem er sagte: . . . „Auch den Meistern muß kaufmännischer und genossenschaftlicher Unterricht erteilt werden und nicht allein der heranwachsenden Handwerkergeneration!" — Der Kursus hatte den folgenden Aufwand verursacht:

a) Staatsbeihilfen:

| | | | |
|---|---|---|---|
| 1. für Reisekostenvergütung und Zehrungsbeihilfen . . . . | = | 896,40 Mk. | |
| 2. für Lehrmittel . . . . . . . . . . | = | 227,47 „ | |
| 3. für Lehrkräfte . . . . . . . . . . | = | 80,— „ | |
| 4. für den Schuldiener . . . . . . . | = | 20,— „ | 1223,87 Mk. |

b) Beihilfen der Handwerkskammern:

| | | | |
|---|---|---|---|
| 1. Konstanz an 3 Teilnehmer für 10 Tage je 3 Mk. . . . . . . . . . . . . | = | 90,— Mk. | |
| 2. Freiburg an 8 Teilnehmer für 10 Tage je 3 Mk. . . . . . . . . . . . . | = | 240,— „ | |
| | | Zu übertragen . . | 1223,87 Mk. |

| | | | |
|---|---|---|---|
| | Uebertrag | | . . 1223,87 Mk. |
| 3. Karlsruhe an 4 Teilnehmer für 10 Tage je 1,50 Mk. . . . . . . . . . . . . | = | 60,— Mk. | |
| Karlsruhe an 1 Teilnehmer für 10 Tage je 3 Mk. . . . . . . . . . . . . . | = | 30,— „ | |
| 4. Mannheim an 5 Teilnehmer für 10 Tage je 3 Mk. . . . . . . . . . . . . . | = | 150,— „ | 570,— „ |
| | Zusammen . . | = | 1793,87 Mk. |

Für Spätjahr 1909 ist ein Genossenschaftskursus für Bäcker geplant. — Die Genossenschaftskurse sind eine Form der Staatshilfe, welche in das Gebiet der genossenschaftlichen Durchbildung des Handwerkerstandes fällt. — Hier wir den Teilnehmern am nachdrücklichsten zum Bewußtsein gebracht, daß Genossenschaften „Geschäfte" sind und daß darum alle kaufmännisch-geschäftlichen Regeln auf sie ohne weiteres zutreffen. —

Die Zahl der in Baden genossenschaftlich organisierten Handwerker ist im Verhältnis noch außerordentlich gering, wenn man bedenkt, daß das Großherzogtum Baden rund 60 000 Handwerksmeister, der Verband aber nur 1733 Mitglieder zählt. Dabei ist aber zu berücksichtigen, daß der Verband erst im 3. Jahre arbeitet. Es darf ruhig behauptet werden, daß es die geistige Elite des Handwerkerstandes ist, die für sich und ihre Berufsgenossen die in der praktischen Betätigung des genossenschaftlichen Gedankens liegenden Vorteile sichert. — Den heute noch teilnahmslos beiseite stehenden Handwerkern sei das Wort Schulze-Delitzschs aus seinem Assoziationsbuch für deutsche Handwerker und Arbeiter vom Jahre 1853 zugerufen: „Den alten Schlendrian abzutun, jenen Meisterdünkel, der am Ende aller Weisheit angekommen zu sein wähnt, das tut not! Täglich zuzulernen und sich froh zu rühren gilt es, um jeden neuen gewerblichen Fortschritt, jeden Vorteil abzupassen, wenn man fortkommen will." Keine Organisationsform hat aber, wie sehr richtig Anwalt Dr. Crüger auf dem vorjährigen Verbandstage in Frankfurt a. M. ausführt, dem Handwerke so leicht nachweisbaren positiven Nutzen gebracht, als die Genossenschaft.

Dr. Crüger: . . . . Ein paar Tage, ehe ich zum Allgemeinen Genossenschaftstage fuhr, bekam ich den Geschäftsbericht der badischen Handwerkskammer Freiburg zugeschickt. Aus diesem Berichte hat mich ganz besonders interessiert das Referat, das der Handwerkskammerpräsident Bea-Freiburg über die Schuhmacher-Einkaufsgenossenschaft dort gehalten hat. Er ist leider verhindert, der Tagung heute beizuwohnen und wird jedenfalls nichts dagegen einzuwenden haben, wenn ich den Bericht hier für uns benutze, ein

Bericht, der sich in seinen Tendenzen vollkommen deckt mit dem, was Herr Lohr uns hier eben vorgetragen hat. Herr Bea hat ausgeführt:

„Nicht freie, nicht Zwangsinnungen, weder kleiner noch großer Befähigungsnachweis, nicht Staatshilfe können allein dem Handwerk wieder zum goldenen Boden verhelfen, sondern tüchtige Fachkenntnisse, kaufmännischer Geist, Fleiß und Vertrauen auf die eigene Kraft, mit einem Wort: Selbsthilfe ist es, die den Handwerker vorwärts bringt, und da, wo die eigene Kraft nicht ausreicht, muß der Zusammenschluß Gleichgesinnter, die Genossenschaft, helfend eingreifen. Billiger Kredit, vorteilhafter Rohstoffbezug und günstige Verkaufsgelegenheit sind die Hauptwaffen der Großindustrie; nur durch gemeinsames Vorgehen kann der Handwerker die letztere mit gleichen Waffen bekämpfen."

Herr Lohr hat Bezug genommen auf das Schulze-Delitzschsche Assoziationsbuch aus dem Jahre 1853. Das, was Schulze-Delitzsch 1853 in seinem Aufruf an die deutschen Handwerker ausführte, das könnte heute geschrieben sein, und das ist auch im wesentlichen hier wiedergegeben von dem Handwerkskammerpräsidenten Bea. Ich möchte eine kleine historische Reminiszenz, da wir einmal heute in der Historie drinstecken, anfügen. Im Jahre 1896 hat der verstorbene preußische Finanzminister von Miquel einen offenen Brief an die Handwerker von Osnabrück gerichtet, in dem er den Handwerkern in Osnabrück auf das wärmste die genossenschaftliche Organisation empfiehlt. Als ich diesen offenen Brief zuerst las, kam ich wirklich auf die Vermutung, daß Miquel aus dem Assoziationsbuch vom Jahre 1853 den offenen Brief abgeschrieben hat, denn in den maßgebenden Wendungen deckte sich der Brief vollkommen. Die Handwerker sind nun mal ein eigenes Völkchen. Solange nicht aus ihren eigenen Kreisen heraus ihnen die Lehren vorgetragen werden, glauben sie nicht daran. Wir stehen ihnen, so glauben sie wenigstens vielfach, vollständig fremd gegenüber, wir gehören nicht zur Zunft, wir sind Theoretiker, wir Akademiker, was verstehen wir davon, wo den Handwerker der Schuh drückt! Deshalb sagte ich schon vorhin: wir brauchen die Handwerkskammern, die Gewerbevereine. Wenn die sich auf den Boden stellen, wenn die das weiter übertragen in die Kreise des Handwerks, was bei uns in den Beschlüssen der Allgemeinen Genossenschaftstage festgelegt ist, dann wird man dem Beachtung schenken, dann glaube ich, wird für die Handwerker, die überhaupt in Betracht kommen können, eine bessere Zeit beginnen. Ich stimme Herrn Lohr vollständig bei, der zum Schluß hervorhob: es handelt sich um die Elite der Handwerker. Aber ist denn in irgend es einem Berufe schließlich anders, ist es nicht immer die sogenannte Elite, die vorwärts kommt? Immer sind es doch selbstredend nur die, die die nötigen Kenntnisse, die nötigen Fähigkeiten mit sich bringen. Und bei den genossenschaftilchen Organisationen, ja, da handelt es sich eben um Hilfsmittel, die aus den wirtschaftlichen Verhältnissen heraus entstanden sind: billiger Kredit, gemeinschaftlicher Einkauf. Der billige Kredit und der günstige gemeinsame Wareneinkauf machen selbstverständlich noch nicht den wohlhabenden Mann, sondern er muß die Fähigkeit mitbringen, und wenn er dann diese Hilfsmittel entsprechend benutzt, wird er auch vorwärts kommen.

Es hat mich dann weiter aus dem Bericht des Freiburger Handwerkskammerpräsidenten noch folgende Stelle interessiert:

> „Daß in anderen Bundesstaaten große Barmittel zur Beschaffung billiger Kapitalien für die Genossenschaften aufgewendet wurden, ist bekannt, ebenso bekannt ist aber, daß z. B. die Kreditgenossenschaften, die auf Selbsthilfe aufgebaut sind, gar nicht danach verlangt daben, daß es vielmehr größtenteils die landwirtschaftlichen Kreditkassen sind (System Raiffeisen), allerdings auch Handwerker-Einkaufsgenossenschaften und die zur Beschaffung von Maschinen u. a., welchen diese Mittel zugeführt wurden. Ob die vielen Millionen, die von der preußischen und bayerischen Zentral-Genossenschaftskasse u. a. den verschiedenen Genossenschaften geliehen wurden, wirklich zum Segen derselben gereichen, bleibt abzuwarten. Tatsache ist, daß ein großer Teil dieser Kapitalien festgefahren ist und daß von den betr. Volksvertretungen stets neue Millionen verlangt werden mußten."

. . . Es ist die Frage angeschnitten der Zugehörigkeit der Handwerkergenossenschaft zur Kreditgenossenschaft. Damit kein Mißverständnis entsteht aus den Ausführungen meiner Festrede von heute morgen: selbstredend stimme ich Herrn Lohr darin bei und unterschreibe die Thesen. Im übrigen hat die Frage auch den Hauptverband der gewerblichen Genossenschaften, glaube ich, im vorigen Jahre beschäftigt und es ist einer seiner Geschäftsführer gewesen, der den Handwerkergenossenschaften gerade geraten hat, nicht die Mitgliedschaft bei der Zentralkasse zu erwerben, sondern bei Kreditgenossenschaften, weil sie da besser aufgehoben sind; ganz und gar meine Meinung. Die Zentralgenossenschaften, die ich heute morgen kritisiert habe, das sind ganz andere Gebilde. Das sind Zentralen gleichartiger Genossenschaften, die sich zusammentun, um sich gegenseitig den Kredit zu garantieren, die Genossenschaft a schließt sich an b an und b an a usw. Das kommt ungefähr heraus auf die wechselseitige Bürgschaft der Mitglieder bei Kreditgenossenschaften, die dort bekämpft wird und die wir selbstverständlich auch unter den Genossenschaften nicht haben wollen. Daß die Handwerkergenossenschaft einen Stützpunkt haben muß in der Kreditgenossenschaft, ist richtig, und ich möchte wünschen, daß die Kreditgenossenschaften gerade nach der Richtung hin die Handwerkergenossenschaften unterstützen, die Herr Lohr hier bezeichnete. . . .

Es wurde mir vorhin noch von Herrn Schumacher eine Anregung gegeben zu einer Abänderung der Position IV „die Gewährung unverzinslicher oder gering verzinslicher staatlicher Darlehen an Handwerkergenossenschaften ist den Handwerkergenossenschaften schädlich". Herr Schumacher teilt mir aus seinen Erfahrungen in Württemberg mit, er hätte Anstoß an dieser Fassung genommen, weil die württembergischen Kreditgenossenschaften bestrebt seien, den Handwerkergenossenschaften ganz besonders günstige Kreditbedingungen zu bewilligen. Ich möchte ausdrücklich hervorheben, daß an diese besonders günstige Kreditbewilligung hier selbstverständlich nicht gedacht ist. Ich kann es durchaus verstehen, daß eine starke Kreditgenossenschaft, die ja überhaupt doch schon mit einer verschiedenen Zins- und Provisionsskala arbeitet, die Neigung haben wird, einer solchen Handwerkergenossenschaft die günstigsten Zins- und Provisionsbedingungen zu gewähren, über die sie überhaupt verfügt. Ich hielt für es notwendig, das hier ausdrücklich zum Ausdruck zu bringen, damit nicht vielleicht Herr Schumacher, der nun nicht in der Lage ist, weil er an einer anderen Sitzung teilnehmen muß, seinen Standpunkt hier selbst zu vertreten, die Ansicht mit fortnimmt, daß diese Position etwa auch gegen diese Geschäftspraxis der württembergischen Kreditgenossenschaften verstößt. Herr Lohr ist, wie er zu erkennen gibt, vollkommen der gleichen Meinung. Es ist deshalb wohl nicht notwendig, daß wir in dieser Position eine Änderung vornehmen.

Mager (Berlin): Der Herr Anwalt konnte heute auf der Jubiläumstagung feststellen, daß die Verbände in Deutschland sich mit der Zeit haben besser verstehen lernen. Ich, als Vertreter des Hauptverbandes deutscher gewerblicher Genossenschaften, habe auf der letzten Tagung des Hauptverbandes im Juni in Berlin unsere besondere Freude darüber ausgesprochen, daß Ihr Allgemeiner deutscher Genossenschaftsverband uns zum ersten Male und gerade zu Ihrer Jubiläumstagung eingeladen hat. Wir haben uns ferner gefreut, daß Ihr Allgemeiner Verband auf unserer Tagung vertreten war, weil wir der Ansicht sind, daß auf dem schwierigen Gebiete des Handwerkergenossenschaftswesens eine Verständigung über die großen Gesichtspunkte eine geradezu dringende Notwendigkeit ist. Ich glaube, darin sind alle Kenner der Verhältnisse einer Meinung: was tut am meisten not? — Es ist hier von berufener Seite wieder ausgeführt worden: gegen die Gleichgültigkeit im Handwerk und gegen die Unwissenheit in genossenschaftlichen Dingen anzukämpfen. Es soll das keine Anschuldigung sein. Die Genossenschaftssache ist ja eine Spezialsache, und der Handwerker, der in seinem Fach sehr tüchtig sein kann, braucht ja nicht unbedingt die genossenschaftlichen Grundsätze zu kennen. Ich glaube, alle Genossenschaftsverbände haben großen Anlaß, wo es sich nur irgend tun läßt, zusammenzugehen auf diesem schwierigen Gebiete. . . . Glauben Sie ja nicht, daß der preußische Staat einfach den Handwerkern diese billigen Darlehen so dringend offeriert. Der Herr Referent hat aus Baden mitgeteilt, daß es ziemlich lange dauert, bis die Beihilfe von der Regierung kommt. Das geht mit den staatlichen Darlehen bei uns gar nicht anders. Es werden verschiedene Gutachten gefordert, es wird ganz besonders geprüft, ob die Voraussetzungen der Selbsthilfe gewahrt sind. Bei allem Verständnis, welches ich für die Absichten habe, die dieser Punkt verfolgt, muß ich doch sagen, daß ich aus eigener Wahrnehmung weiß, daß ein billiges Staatsdarlehen nicht unbedingt schädlich wirken muß. Das wird im Ernst eigentlich auch niemand behaupten wollen. Es kann sehr wohl schädlich wirken, wenn es falsch aufgefaßt wird, besonders, wenn es den Anreiz zur Gründung bieten soll. Da bin ich genau der Auffassung, wie Herr Bibliothekar Lohr, und habe in der Praxis stets danach gehandelt. Vor Jahren habe ich schon gesagt: wenn eine Genossenschaft gegründet würde, weil sie eine Beihilfe zu den Kosten der ersten Einrichtung oder etwa ein billiges Darlehen bekommen soll, das wäre das allerverkehrteste. Das ist heute auch die Praxis des Hauptverbandes. Ich gestehe Ihnen ganz offen: in einer Beziehung kommt uns Ihre scharfe Fassung sogar gelegen, weil wir daran sind, wenn irgend möglich, die billigen Staatsdarlehen zu vermeiden und uns auf den rein geschäftlichen Standpunkt zu stellen. Ich möchte aber zur Erwägung geben, daß nicht überall im deutschen Reiche so vorzügliche Kreditgenossenschaften bestehen, wie im Großherzogtum Baden. Wir haben absolut nicht überall die Kreditgenossenschaften, welche die Handwerkergenossenschaften in verständnisvolle Beratung und in Kundschaft nehmen können, und wir können sie auch unmöglich so rasch gründen, als wir doch zum Teil die Handwerkergenossenschaften haben möchten. Auch von diesem Gesichtspunkt aus, glaube ich, kann es doch sehr wohl berechtigte Ausnahmen geben. Ich stelle mich auch auf den Standpunkt, daß man einen vollkommen notleidenden Zweig des Handwerks nicht durch Genossenschaften halten kann. Aber ich erinnere doch an einzelne Branchen, die finanziell sehr schwach gestellt sind und die sehr wohl, wenn sie sonst die Grundsätze der Selbsthilfe betätigen, u. a. nach Kräften Einzahlungen auf die Geschäftsanteile leisten, ein billiges Staatsdarlehen ohne jede Gefahr nehmen können. Mancher Handwerker könnte diesen Punkt Ihrer Resolution feindschaftlich gegen sich auffassen. Er könnte glauben, es soll ihm da absolut etwas entzogen oder vorenthalten werden. Nur aus diesem Gesichtspunkt wollte ich mir erlauben, unsere Praxis im Hauptverbande bezüglich der billigen Staatsdarlehen mitzuteilen.

Dr Crüger (Charlottenburg): Da stehen wir nun allerdings vor einer prinzipiell verschiedenen Auffassung. Ich habe mich ja insbesondere mit unverzinslichen Darlehen, die den Handwerkergenossenschaften in Preußen gewährt werden, vor einer Reihe von Jahren beschäftigt. Ich kenne übrigens die Wirkung dieser unverzinslichen Darlehen nicht bloß aus Preußen, sondern auch aus Bayern. Es ist möglich, daß einmal hier und da keine ungünstigen, sondern günstige Erfahrungen gemacht sind, aber das sind Ausnahmen. Im allgemeinen sind die Erfahrungen keineswegs günstig. Wir haben gerade jetzt in unserem Verbande einige bayerische Handwerkergenossenschaften verloren, wo ganz zweifellos die Mißwirtschaft zurückzuführen ist auf die unverzinslichen Darlehen, die man aus Staatsfonds bekommen hat, wo die

Dinge sich genau so abgespielt haben, wie Herr Lohr das hier aus seinen Erfahrungen vorgetragen hat. Er hat z. B. auf die Genossenschaft in Konstanz hingewiesen. Diese Genossenschaft ist kaput gegangen an der viel zu leichten Befriedigung des Kredits, wie sie sich bei ihr gestaltet hat. — Dann aber muß ich auch noch gegen diese Unterstützungen Stellung nehmen aus den Erwägungen heraus, die ich vorhin vom Standpunkt des konkurrierenden Handels aus angestellt habe. Alle Stände haben ihre Existenzberechtigung in unserem deutschen Vaterlande. Ich frage mich: wie kommt der Staat dazu, einem Berufszweig, der mit einem anderen Berufszweig in Konkurrenz treten will, nun in der Weise dabei zu helfen, wie es hier verlangt ist? Darin erblicke ich eine einseitige Parteinahme, die unter allen Umständen böses Blut erregen muß. Ich empfehle Ihnen — Sie haben sie zum großen Teil wahscheinlich schon gelesen — die Lektüre der Fachorgane der verschiedenen Geschäftsbranchen, in denen Stellung genommen wird gegen die Handwerkergenossenschaften, vor allem immer unter dem Gesichtspunkt der finanziellen Subvention seitens der Regierung. Also auf der einen Seite sehe ich nicht den geringsten Vorteil wenigstens für die große, große Mehrheit, und auf der anderen Seite eine ganze Menge unmittelbar schädlicher Wirkungen, und dazu noch eine ganze Anzahl mittelbar schädlicher Nebenwirkungen. — Nun sagt Herr Bankinspektor Mager: es gibt aber notleidende Branchen, wo der Staat beizuspringen verpflichtet ist. Ja, die sind selbstverständlich ganz anders zu behandeln. Ich kann mir sehr wohl denken, daß infolge technischer Veränderungen ein bestimmtes Gewerbe in einem bestimmten Bezirk notleidend wird. Da sind überhaupt außerordentliche staatliche Maßnahmen notwendig. Da würde ich gar nicht einmal sagen, daß gerade mit Hilfe der genossenschaftlichen Organisation vorzugehen sei. Damit haben wir uns hier überhaupt nicht zu beschäftigen, sondern dazu müßten wir unter ganz anderen Gesichtspunkten Stellung nehmen. Ich glaube, daß insbesondere auch der Vortrag des Herrn Lohr keine Veranlassung bietet, uns heute mit dieser Frage zu beschäftigen. Ob wir vielleicht später einmal zu dieser Frage Stellung nehmen sollen, steht vollständig dahin, jedenfalls aber selbstverständlich aus ganz anderen Gesichtspunkten als aus denen heraus, die für die Tätigkeit der Genossenschaften maßgebend sind. Ich muß also von meinem Standpunkt aus, wenn ich auch in bezug auf die Einrichtungskosten unter Umständen bereit bin, ein gewisses Entgegenkommen zu zeigen, dort, wo ich ganz genau weiß, daß kein Mißbrauch damit getrieben wird, doch sagen: hier handelt es sich um einen unserer fundamentalsten Grundsätze. Herr Mager sagte, wird man nicht in dieser Position eine feindliche Stellung in den Kreisen des Handwerks finden? Ich habe in meinem Bericht ausgeführt, daß es ja allerdings möglicherweise bei den Handwerkern einen viel günstigeren Eindruck macht, wenn man ihnen Geschenke präsentiert — und es sind Geschenke, nichts weiter — als wenn man ihnen sagt: verlaßt euch auf die eigene Kraft, setzt die ein, dann wird es mit Hilfe dieser eigenen Kraft gehen. Ich würde mich in Widerspruch setzen mit dem, was ich tausend Mal ausgeführt habe, mit dem Assoziationsbuch Schulze-Delitzsch's von 1853, wenn ich auf diesem Gebiete Konzessionen machen würde. Da handelt es sich um fundamentale Grundsätze und zwar um solche, die auf der Praxis beruhen! Ich würde es außerordentlich bedauern, wenn man in den Kreisen des Handwerks meinen sollte, daß wir mit dieser Erklärung eine feindselige Haltung gegen das Handwerk einnehmen. Nein, wir meinen es gut mit dem Handwerk, wenn wir ihm sagen: verlaßt euch nicht auf die unverzinslichen und billigen Staatsdarlehen, verlaßt euch auf die eigene Kraft, das ist die zuverlässigste. Organisiert diese eigene Kraft, dann braucht ihr nicht unverzinsliche Staatsdarlehen, dann braucht ihr euch nicht zu bedanken, keine krummen Buckel zu machen, braucht nicht hier und dort herumzulaufen, um freundliche milde Gaben zu bitten. Das sind milde Gaben, mit denen demoralisiert man das Handwerk! Ich bedauere es außerordentlich, daß man diese Taktik solange betrieben hat und ich möchte dringend wünschen, daß man in den maßgebenden Kreisen mit dieser Praxis endlich bricht und sich davon überzeugt, daß die eigene Kraft immer auch die zuverlässigste ist. In den breiten Kreisen des Handwerks liegt noch sehr viel gesunde wirtschaftliche Kraft; wenn sie nur richtig organisiert wird, so wird das Handwerk schon seinen eigenen Weg finden. Hüten wir uns, in den Kreisen des Handwerks Erwartungen zu erwecken, denen die allerbitterste Enttäuschung folgen muß. Unverzinsliche Staatsdarlehen oder solche zu außerordentlichen Bedingungen können nichts anderes als Enttäuschungen im Handwerk zur Folge haben. Denn es glauben eben die Handwerker: gründen wir eine Genossenschaft, dann kommt das Staatsdarlehen. Da wird die Genossenschaft nicht ins Leben gerufen, um die eigene Kraft zu organisieren und auszubauen, sondern um das Staatsdarlehen zu bekommen. Halten wir daher auch in dieser Beziehung fest an unseren Grundsätzen. Wir würden es bedauern, wenn man uns mißversteht, aber ich habe das Zutrauen zu den Handwerkern, und kann es heute um so mehr haben, als wir ja auch die wärmste Unterstützung heute bereits bei Handwerkskammervertretern finden, daß die Kreise des Handwerks diesen Satz nicht mißverstehen werden, sondern sich sagen werden, der Satz ist hervorgegangen aus fünfzigjährigen Erfahrungen im Allgemeinen deutschen Genossenschaftsverbande, die nicht bloß gesammelt sind in einem Bundesstaate, sondern in dem gesamten deutschen Vaterlande, die ihre volle Billigung gefunden haben auch von dem österreichischen Anwalt, der uns hier markante Beispiele vorgeführt hat, wie österreichische Genossenschaften gerade kaput gegangen sind an jenen Subventionen.

Feldheim (Burg): Ich möchte nur kurz feststellen: es gibt in Norddeutschland fast in jeder Stadt Kreditgenossenschaften, die jederzeit in der Lage sind, dem Handwerk zu helfen und ihm zu einem billigen Zinssatz Kredit zu geben. Studieren Sie doch das Jahrbuch unseres Herrn Anwalts, welches vollständig darüber den Nachweis gibt und in jeder Beziehung, meine ich, beweist, daß auch die Kreditgenossenschaften Norddeutschlands in der Lage sind, den Handwerkergenossenschaften da, wo es notwendig ist, zu helfen.

Rumpf (Wiesbaden): Ich kann das fast wörtlich unterschreiben, was Herr Lohr über die Genossenschaften gesagt hat. Wir haben unsere Genossenschaft der Schuhmacher im Jahre 1900 gegründet, haben den Geschäftsanteil auf 600 Mark festgesetzt, die Haftsumme auf 1000 Mark, mit der Grundlage, daß der Geschäftsanteil nach und nach, mindestens wöchentich 1 Mark, einzuzahlen wäre. Wir sind mit dieser Grundlage sehr gut gefahren und haben im vergangenen Jahre einen Umsatz von ungefähr 110 bis 112 000 Mark mit 15 000 Mark Bruttoverdienst und 7000 Mark Nettoverdienst gehabt. Das haben wir derart verteilt, daß wir zirka 2500 bis 3000 Mark dem Reservefonds, der heute beinahe 11 000 Mark beträgt, zuführten, den Geschäftsanteil mit 5 Prozent verzinsten und eine Einkaufsdividende von 6 Prozent zahlten. Diese 6 Prozent Einkaufsdividende zahlen wir bereits seit sechs oder sieben Jahren, und unser Geschäft ist, wie gesagt, von Jahr zu Jahr gestiegen. Ich habe Veranlassung gehabt, mit anderen Genossenschaften mit sogenannter staatlicher Unterstützung in Verbindung zu treten. Ich habe dort gefunden, daß den Leuten vielfach die Belehrung fehlt. Der allgemeine Standpunkt der Handwerker geht ja dahin, zu glauben, mit staatlicher Unterstützung wäre das Genossenschaftswesen viel leichter einzurichten, und manche Handwerker glauben fälschlich, der Staat wird fortwährend helfen. Ich war Zeuge, daß einer Handwerkergenossenschaft, die nicht im Sinne des Staates gewirtschaftet hat, so, wie in irgend einem Punkt der Staat oder der betreffende Vertreter des Staates es von ihr verlangt hat, sofort gesagt wurde: Wenn Sie das und das nicht tun, wird Ihnen binnen vierzehn Tagen das vom Staate gewährte Kapital entzogen. Es war, wenn ich nicht irre, in Düsseldorf vor mehreren Jahren. Die betreffende Genossenschaft hatte ja nach meinem Standpunkt durchaus nicht recht, denn es handelte sich um die Revision. Ich betrachte die Revision als den wichtigsten Punkt bei einer Genossenschaft. Ein Revisor muß nicht allein die Rechnung prüfen, sondern auch praktische Anleitung geben, wie die Genossenschaft weiter arbeiten kann. Diese Genossenschaft war aus dem Revisionsverband ausgetreten, weil ihr der Beitrag zu hoch erschien. Sie sagte: Wir verdienen bloß 4000 Mark und müssen 48 Mark als Beitrag zu den Verbandskosten bezahlen. Das ist uns zu viel, wir bekommen einen staatlichen Revisor für 12 Mark gestellt, der tut genau dieselben Dienste. Darauf hat der Vertreter erklärt, wenn sie dort austrete, werde ihr das Kapital von 2000 Mark gekündigt. Ich war kürzlich auf einem Verband auch von gewerblichen Genossenschaften eingeladen. Da hat ein Revisor 13 Genossenschaften revidiert und bei sämtlichen nichts zu erinnern gefunden. Darauf habe ich gedacht: da wird es gemacht, wie es nicht gemacht werden sollte. Wir sind sehr froh, wenn unser Revisor etwas findet. Wir sind den Anweisungen unseres Revisors nachgekommen und haben alles erfüllt, was gewünscht wurde, haben es auch in der Generalversammlung vorgelesen, was er gesagt hat. Das steht ja auch im Geschäftsbericht unseres Verbandes. Eine Genossenschaft muß ihren Mitgliedern gegenüber reine Wäsche haben; sie muß alles, wenn es auch mal ein bischen gefährlich aussieht, doch nicht auf die lange Bank legen, sondern ihren Mitgliedern sofort zur Kenntnis bringen und dafür sorgen, daß es geändert wird. Mit diesem Standpunkt, nichts zu verheimlichen, sondern immer das, was nach unserer Ansicht unsere Mitglieder in der Kenntnis des Genossenschaftswesens bereichern könnte, ihnen alljährlich vorzutragen, fahren wir am besten. Kommen Einwendungen, so kann man antworten: Wir haben mit der Selbsthilfe die besten Erfahrungen gemacht. Infolge der Fortschritte, die die Genossenschaft gemacht hat, dachte man bei uns daran, ein Haus zu kaufen. Ich habe aber gesagt: ihr müßt 10 bis 15 000 Mark dazu aufbringen außerhalb der Genossenschaft. Unsere Geschäftsanteile sind gestiegen auf 24 304 Mark, unsere Reserven auf beinahe 11 000 Mark; im Vorschußverein haben wir einen Kredit von 6000 Mark; allerdings haben wir ziemlich bedeutende Ausstände. Daran ist eigentlich der Revisor schuld. Wir haben alljährlich am 15. Januar die Abrechnung geliefert und bis zum 15. gehen uns gewöhnlich noch 10 000 Mark ein. Das hat er gerügt, und so haben wir 10 000 Mark Ausstände mehr. Wir schließen jetzt unser Geschäftsjahr am 31. September. Da sieht die Bilanz etwas gefährlich aus, aber in der Sache blieb sich das ja gleich. Wir haben unsere Mitglieder eingeschätzt je nach ihren persönlichen Verhältnissen. Der eine bekommt für 1000 Mark gepumpt, der andere nur für 600 Mark, wenn er seine Einlage voll hat. Auch die neu Eintretenden werden alljährlich eingeschätzt. Wenn einer oder der andere mal darüber kommt, kann man auch nicht so scharf sein. Wir suchen natürlich die Ausstände im Laufe der Zeit zu verringern; das wird unsere nächste Aufgabe sein. Mit dem Hausankauf ist infolge meines Widerspruchs nichts geworden; das hat noch ganz schöne Zeit. Wenn wir vielleicht den Reservefonds auf 25 000 Mark erhöht haben, dann kann man auch daran denken, ein eigenes Heim zu errichten. Also man muß klein anfangen und weiter fortarbeiten, dann kommt man auch zu was großem.

VI.

# Genossenschaften der Kaufleute.

Beziehen sich die Ausführungen in den vorstehenden Kapiteln auch auf Handwerkergenossenschaften, so dürfte es den Leser doch auch interessieren zu erfahren, wie es mit den Genossenschaften der Kaufleute steht. Der AGT. zu Hannover (1900) beschloß:

„Für den Stand der Kleinkaufleute empfiehlt sich neben der erforderlichen kaufmännischen Vorbildung der Anschluß an Kreditgenossenschaften und die Bildung von Einkaufsgenossenschaften, um die Vorteile zu verwerten, welche die genossenschaftliche Organisation insbesondere für die Beschaffung des Betriebskapitals und den gemeinschaftlichen Wareneinkauf bietet."

Mit diesem Beschluß ist die genossenschaftliche Organisation unter den Kaufleuten nicht etwa erst eingeleitet, sondern es sollte der Kleinhandel in seiner Gesamtheit auf die wirtschaftliche Bedeutung der Genossenschaften hingewiesen werden. Und der Beschluß hat zweifellos eine nicht zu unterschätzende Wirkung gehabt. Gewisse separatistische Bestrebungen haben zunächst einen recht unheilvollen Einfluß gehabt. Der nun aber seit 2 Jahren bestehende Verband deutscher kaufmännischer Genossenschaften ist für die Bewegung von besonderer Bedeutung gewesen; er hat eine durchaus günstige Wirkung auf die Organisation ausgeübt.

Der Verband hat den Versuch gemacht, eine Statistik über die Tätigkeit der Einkaufsgenossenschaften zusammenzustellen, doch wie er selbst in der „Vorbemerkung" zu dem Bericht über den II. Verbandstag sagt, ist die Statistik sehr mangelhaft und es lassen sich Zusammenstellungen kaum gewinnen. An der Statistik haben sich 51 Genossenschaften mit 3079 Mitgliedern beteiligt. Der Gesamtumsatz dieser Genossenschaften belief sich auf $27\frac{1}{2}$ Millionen Mark.

## VII.

# Statistisches.

Die nachstehenden statistischen Angaben sind dem Jahrbuch des Allgemeinen Verbandes der auf Selbsthilfe beruhenden deutschen Erwerbs- und Wirtschaftsgenossenschaften für 1908*) und den von diesem Verband geführten Listen entnommen — vgl. die umstehende Tabelle.

Danach hat das Genossenschaftswesen bei den Handwerkern am meisten Eingang gefunden im Holzgewerbe (Tischler — Schreiner usw.), die in allen Handwerker-Genossenschaftsarten fast gleich stark mit der genossenschaftlichen Organisation vertreten sind. Es folgen dann die Schuhmacher — Bäcker — Schneider — Schlächter usw.

In der Rubrik „Sonstige" sind enthalten:

bei den Rohstoffgenossenschaften je eine Genossenschaft für Tierärzte — Handschuhfabrikanten — Fuhrherren — Fahrradhändler — Kartonnagefabrikanten — Fischer,

bei den Magazingenossenschaften je eine Genossenschaft für Farbwaren- bezw. Droguenhandel — drei verschiedenartige Glasfabrikationsgenossenschaften,

bei den Rohstoff- und Magazingenossenschaften zwei Weidenverwertungsgenossenschaften — eine Genossenschaft der Brauberechtigten,

bei den Werkgenossenschaften 11 Genossenschaften der vereinigten Handwerker, bei denen aus der Firma nicht zu entnehmen ist, welcher Genossenschaftsgattung sie zuzuzählen sind — je eine Wäschereigenossenschaft — Tuchwalke — zwei Dienstmannsgenossenschaften — zwei Genossenschaften für Tuchmacher.

Die Beteiligung der Handwerkergenossenschaften an der Statistik ist verhältnismäßig gering. Die folgenden Zusammenstellungen — Tabellen Seite 117 — sind entnommen dem Jahrbuch des Allgemeinen Verbandes für 1908 und der Geschäftsstatistik des Hauptverbandes deutscher gewerblicher Genossenschaften für 1908.

*) Verlag von J. Guttentag, G. m. b. H., Berlin W.

Am 1. Januar 1909 bestanden an Handwerkergenossenschaften:

| Art der Genossenschaften | Gesamtzahl | Darunter Genossenschaften für: Schuhmacher | Schneider | Schreiner, Holzbearbeitung | Bäcker, Müllerei | Häute- u. Fell-Verw., Talgschmelze, Schlachthäuser | Metallgewerbe | Korbmacher | Maler, Anstreicher | Fensterreinigung, Leitergerüste pp. | Tapezierer, Sattler | Töpfer, Ziegelei | Barbiere, Friseure | Buchbinder | Gärtnerei | Bauhandwerker, Dachdecker | Glaser | Weber | Uhrmacher | Gastwirte | Elektrizitäts-Genossenschaften | Transport-Genossenschaften | Abfuhr-Genossenschaften | Eishäuser | Wasserleitungs-Genossenschaften | Gerber | Sonstige |
|---|---|---|---|---|---|---|---|---|---|---|---|---|---|---|---|---|---|---|---|---|---|---|---|---|---|---|---|
| Rohstoff-Genossenschaften | 349 | 85 | 46 | 36 | 68 | 6 | 17 | 4 | 15 | — | 7 | 7 | 24 | 2 | 4 | 7 | 4 | 2 | 2 | 7 | — | — | — | — | — | — | 6 |
| Magazin-Genossenschaften | 96 | — | 1 | 31 | — | 46 | 2 | — | — | — | 2 | 8 | — | — | — | — | — | — | — | — | — | — | — | — | — | 1 | 5 |
| Rohstoff- und Magazin-Genossenschaften | 127 | 17 | 30 | 28 | 1 | 1 | 12 | 31 | — | — | — | — | 1 | — | — | 1 | — | 1 | — | — | — | — | — | — | — | 1 | 3 |
| Werk-Genossenschaften | 447 | 3 | 4 | 38 | 24 | 21 | 2 | — | — | 12 | — | — | — | — | — | — | — | 3 | — | — | 130 | 35 | 20 | 10 | 127 | 1 | 17 |
| **Summe** | **1 019** | **105** | **81** | **133** | **93** | **74** | **33** | **35** | **15** | **12** | **9** | **15** | **25** | **2** | **4** | **8** | **4** | **6** | **2** | **7** | **130** | **35** | **20** | **10** | **127** | **3** | **31** |

## Gewerbliche Rohstoff- und Magazingenossenschaften.

| Zahl der berichtenden Genossenschaften | | Zahl der Mitglieder | Verkaufserlös der Rohstoffgenossenschaften Mk. | Verkaufserlös der Magazingenossenschaften für durch die Genossenschaft verkaufte Waren Mk. | Aktiva Mk. | Geschäftsguthaben der Mitglieder Mk. | Reservefonds Mk | Angeliehene fremde Gelder Mk. |
|---|---|---|---|---|---|---|---|---|
| 1. Rohstoffgen. | 225 | 10 494 | 26 827 534 | — | 10 602 865 | 3 013 682 | 800 284 | 4 378 064 |
| 2. Magazingenossenschaft. | 30 | 4 061 | — | 17 923 943 | 5 371 814 | 563 645 | 264 762 | 3 207 201 |
| 3. Rohstoff- u. Magazingenossenschaft. | 6 | 177 | — | *) 326 336 | 146 353 | 32 344 | 24 662 | 73 138 |

*) Einschließlich für Rohstoffe

## Gewerbliche Werkgenossenschaften.

| Zahl der berichtenden Genossenschaften | Zahl der Mitglieder | Betriebserlös Mk. | Aktiva Mk. | Geschäftsguthaben der Mitglieder Mk. | Reservefonds Mk. | Angeliehene fremde Gelder Mk. |
|---|---|---|---|---|---|---|
| 69 | 4 977 | 5 897 946 | 6 335 100 | 779 230 | 478 564 | 4 063 644 |

Druck von Otto Walter, Berlin S. 14.

Genossenschaftliche Zeit- und Streitfragen.
Begründet von
Ludolf Parisius und Dr. Hans Crüger,
fortgeführt von
Heft 11. Dr. Hans Crüger. Heft 11.

# Die Deutsche Genossenschafts-Bank
## von Soergel, Parrisius & Co.

und

# der Giroverband der Deutschen Genossenschaften.

Ein Beitrag zu den Fragen des genossenschaftlichen Großbankkredits und der genossenschaftlichen Zentralkassen.

Von

**F. Thorwart.**

Berlin 1911.
J. Guttentag, Verlagsbuchhandlung,
G. m. b. H.

# Vorwort.

Die nachstehenden Ausführungen waren ursprünglich auf Veranlassung des Mr. Henry W. Wolff in London, Vorsitzenden des Internationalen Genossenschaftskongresses in Budapest — 1904 — geschrieben, auf dessen Tagesordnung die Frage der Errichtung genossenschaftlicher Zentralkreditinstitute stand. Sie sind auch auszugsweise in den Mitteilungen über den Kongreß — Berlin 1905, Puttkammer & Mühlbrecht — zum Abdruck gelangt. Der Wunsch, die inzwischen mit dem Zentralkassenwesen innerhalb der Genossenschaftsbewegung gemachten Erfahrungen im Zusammenhang dargestellt zu sehen, hat den vorliegenden Wiederabdruck des stark vermehrten Manuskriptes veranlaßt.

Frankfurt a. M., Anfang Juli 1911.

# Inhaltsverzeichnis.

I.

# Die Deutsche Genossenschafts-Bank von Soergel, Parrisius & Co., 1865 bis 1904.

## 1. Die Jahre der Vorbereitung.

Die ersten deutschen Dahrlehnskassen, meistens in den Jahren wirtschaftlicher und politischer Bedrängnis 1847, 1848 und 1849 gegründet, borgten unter wohldenkenden Männern kleine Beträge auf, um sie an bedürftige Handwerker wieder auszuleihen. Dr. Bernhardi-Eilenburg und nach ihm Schulze-Delitzsch schufen durch Erhebung regelmäßiger Beiträge der Mitglieder unter deren gleichzeitiger solidarischer Haftung für die von ihnen eingegangenen Verpflichtungen das System der Geschäftsanteile, wodurch jenen Unterstützungskassen ein neuer privatrechtlicher Charakter aufgeprägt und sie zu Genossenschaften erhoben wurden. Ihren Aufgaben konnten sie nach wie vor nur mit Hilfe fremder Gelder gerecht werden, da die Ansammlung des eigenen Vermögens begreiflicherweise sehr langsam vor sich ging. Den ersten Bericht über Vorschußvereine besitzen wir aus dem Jahre 1854; vier Jahre später betrugen bei 25 Vereinen die Mitgliederguthaben erst 171282 M., die aufgenommenen Anlehen dagegen 652269 M. In dem Maße aber, in welchem die Kreditgenossenschaften in den gewerblichen und kaufmännischen Kreisen sowie innerhalb der Landwirtschaft Fuß zu fassen wußten, genügten die bisher zur Verfügung stehenden Mittel nicht mehr; die Annahme von Spareinlagen wurde systematisch organisiert und zugleich suchte man bei anderen Geldinstituten Quellen für die Zeiten besonderen Bedarfs zu erschließen. Zunächst zeigten sich vielfach die lokalen Sparkassen willfährig; von diesen wandte man sich an Banken. Indessen war es nicht leicht, bei ihnen Gehör zu finden, da die mangelnde Rechtsfähigkeit die Eingehung von Verbindlichkeiten erschwerte. Mußten doch die Vorstands- oder

Aufsichtsratsmitglieder unter ihrem eigenen Namen als Schuldner auftreten, wenn ihnen auch der Verein durch Ausstellung eines Reverses Sicherung vor Schaden zusagte. Deshalb war bereits auf dem ersten Genossenschaftstag in Weimar — Juni 1859 — die Errichtung einer Zentralgenossenschaftsbank angeregt worden; man ging aber über den Antrag als verfrüht zur Tagesordnung über. Trotzdem ließen die stets erneut auftretenden Schwierigkeiten den Gedanken nicht zur Ruhe kommen. Gerade in jenen Tagen hatte die Preußische Bank dem Direktor des Vorschußvereins in Luckenwalde zur Befriedigung der Kreditgesuche einiger Mitglieder ein Darlehen von 650 Talern auf drei Monate zu 6 Prozent Zinsen gewährt; als er jedoch einige Tage darauf ein weiteres Darlehen begehrte, antwortete das Hauptbankdirektorium in Berlin, daß hierauf nur dann eingegangen werden könne, „wenn Sie nachweisen, daß Sie desselben und zu welchem Zwecke dringend bedürfen; es muß Ihnen hiernach überlassen bleiben, Ihre Anträge schriftlich oder persönlich unter Vorlage der Beweise der Dringlichkeit zu machen“*). Dies scheint auch mit Erfolg geschehen zu sein, denn die Bank bewilligte ein neues Darlehen von 1250 Talern. Aber die zu erfüllenden Vorbedingungen und die zu beobachtenden Formalitäten waren doch zu groß um die regelmäßige Beschreitung dieses Weges verlockend erscheinen zu lassen.

Schon vorher — Februar 1859 — hatte die Vorschußkasse zu Luckau in ihrem Rechenschaftsberichte ausgeführt, welche Schwierigkeiten dem kleinen Gewerbetreibenden zur Ausnützung des nötigen Kredits entgegenständen. „Es ist dies namentlich das Gesetz, welches gegen den Wucher wie gegen Gespenster kämpft und das doch vollkommen dazu angetan ist, daß es mit den Hexenprozessen zugleich hätte verschwinden können. Der Staat gibt in seinen Schuldverschreibungen 4½ Prozent Zinsen; wer sonst 10 Taler auf einen Wechsel auf einen Monat verborgen will, soll nur anderthalb Silbergroschen Zinsen nehmen dürfen, das sind 4 Pf. mehr als ich vom Staate in bequemster Weise erhalten kann. Wird sich aber denn nun jemand finden, der die Arbeit übernimmt, dergleichen kleine Leihgeschäfte zu besorgen?“ Deshalb sei es gerade die Aufgabe der Vorschußvereine, durch Schaffung geeigneter Einrichtungen dieses „Detailgeldschäft“ zu pflegen; „nichts würde indessen wohltuender auf die ganze Entwickelung der Kassen

*) Akten des Vorschußvereins Luckenwalde.

sein und seine Einwirkung auf den ganzen Gewerbestand üben, als wenn die Kassen zu einer Vereinigung schritten, die vielleicht die Errichtung einer Zentralhandwerkerbank in Berlin möglich machte. Die Vorteile, welche durch eine solche Vereinigung erzielt würden, sind so in die Augen fallend, daß wir es wohl unterlassen können, solche noch erst auseinanderzusetzen." Es konnte daher nicht wundernehmen, daß ein Jahr darauf die Direktoren der Luckauer Vorschußbank, Zapp, und der Berliner Darlehnskasse Bezirk 102, Bensemann, dem zweiten Genossenschaftstag in Gotha — 1860 — den Statutenentwurf einer Zentralhandwerkerbank vorlegten, über welchen sich auch eine eingehende Diskussion entspann; sie führte jedoch wiederum zur Ablehnung des Antrags. Namentlich Schulze-Delitzsch machte geltend, „daß die noch immer andauernde Stockung des Verkehrs bei den drohenden Kriegsaussichten die Eröffnung eines derartigen Geschäfts um so weniger rätlich und dringend erscheinen lasse, als unsere Vereine bei solchen Konjunkturen selbst bei weitem mehr Ursache zur Einschränkung als zur Ausbreitung ihrer Geschäfte hätten ... Ferner müsse vor allem daran festgehalten werden, daß es dabei niemanden in den Sinn gekommen sei, mittelst einer solchen Organisation den Vereinen denjenigen Zufluß an Barschaft verschaffen zu wollen, welcher sie zur Eröffnung des Vorschußgeschäfts überhaupt erst in Stand setzt. Vielmehr müssen die eigentlichen Geldquellen für jeden Verein innerhalb seines Kredit- und Geschäftsbereichs liegen, und welcher es nicht versteht, sie sich zu eröffnen, das Vertrauen des in nächster örtlicher Berührung mit ihm stehenden Publikums zu gewinnen, dem fehlt es eben an der rechten Grundlage, der steht, sofern er Aushilfe dazu von anderswoher in Anspruch nehmen muß, gar nicht auf dem Prinzip der Selbsthilfe. Worauf also die Wünsche unserer Vereine in dieser Beziehung sich beschränken müssen, ist die Möglichkeit einer zeitweiligen Verstärkung ihrer Fonds bei plötzlich eintretendem oder periodisch, z. B. bei Messen u. ä. wiederkehrendem Bedürfniß ... Doch sehe man sich dabei wie in allem hauptsächlich auf sich selbst angewiesen, da man auf ein besonderes Entgegenkommen der Bankiers und Geldinstitute, denen man bereits eine so fühlbare Konkurrenz zu machen beginne, natürlich nicht rechnen könne ..." Dagegen wurde das unter Leitung Schulzes stehende Zentralkorrespondenzbureau aufgefordert, Unterhandlungen mit Bankgeschäften in Leipzig und Berlin behufs Erwirkung von Kredit an die Vorschußvereine anzuknüpfen.

Dies geschah auch mit Erfolg bei der Allgemeinen Deutschen Kreditanstalt zu Leipzig, welche sich bereit erklärte*), „den einzelnen Vereinen, sobald nur das Verhältnis ihres eigenen Vermögens zu den aufgenommenen fremden Geldern einigermaßen angemessen erscheint, d. h. etwa 10 bis 20 Prozent erreicht, ein Kontokorrente gegen 5 Prozent jährlichen Zins und 1/3 Prozent halbjährige Provision unter solidarischer Haft der Vereinsmitglieder und insbesonders der Vorstände und Ausschüsse bis zu einem gewissen Belang (1000 bis 2000 Taler) zu eröffnen, wobei die von den Vereinen selbst eingelegten Gelder, soweit sie die Vorschüsse der Bank übersteigen, mit 4 Prozent von der letzteren verzinst werden." Bis zu Ende des Jahres 1860 hatte die Kreditanstalt 2250000 M. solcher Kredite hinausgegeben**). Ihre Bedingungen werden Mitte 1862 mit 5 Prozent Zinsen und 1/3 Prozent halbjährlicher Provision, dagegen für Guthaben mit 3 1/2 bis 4 Prozent angegeben***).

Ferner konnte das Korrespondenzbureau die preußischen Vereine darauf aufmerksam machen, „daß die Preußische Bank zu Berlin und ihre Kommanditen in den Provinzialstädten mehreren Vereinen im Wechselverkehr ohne Provision und gegen 4 Prozent Diskonto Gelder bis zu namhaften Beträgen übermittelt haben ... Die Bank wählt aus dem eingereichten Mitgliederverzeichnis diejenigen Personen aus, deren Wechsel sie diskontiert, und es wird alsdann der Wechsel von einer derselben (in der Regel dem Vereinsvorsitzenden) ausgestellt und von einem anderen Gewählten, den der Verein durch einen Revers sicherstellt, akzeptiert, alsdann aber vom Aussteller an die Bank giriert, worauf sofort die Zahlung mit dreimonatlicher Frist erfolgt bis zur Höhe eines zwischen der Bank und den einzelnen Vereinen zu vereinbarenden Betrags." Schulze erwähnte dabei, daß auf Grund solcher Bedingungen die Vorschußbanken zu Halle a. S. und Sangerhausen mit der Bankkommandite in Halle in Geschäftsverbindung getreten seien. Indessen war auch dies nicht allenthalben zutreffend. Denn als Luckenwalde im August des gleichen Jahres unter Berufung auf jene Vorgänge bei der Berliner Hauptbank einen Wechselkredit nachsuchte, wurde ihm eröffnet, daß „wir mit dem Vereine als solchem, da

*) Zirkular des Korrespondenzbureaus in Delitzsch, Ende Juli 1860.

**) „Innung der Zukunft", Jahrg. 1861, Nr. 1.

***) Schulze-Delitzsch: „Vorschuß- und Kreditvereine als Volksbanken". Leipzig, E. Keil. Dritte Auflage. 1862.

derselbe keine Korporationsrechte besitzt, nicht in Geschäftsverkehr treten können. Für den Fall, daß etwa Mitglieder des Vereins sich veranlaßt sehen möchten, Anträge auf Diskontierung von Wechseln an uns zu richten, stellen wir anheim, denselben zu eröffnen, daß sie zunächst über ihre Verhältnisse und die der übrigen Verbundenen näheren Aufschluß zu gewähren haben würden."

Das Rundschreiben des Korrespondenzbureaus hatte noch auf einen dritten Weg zur Geldbeschaffung hingewiesen: „Bereits von zwei Vereinen sind — sagte Schulze dort — Offerten überflüssiger Gelder an mich gelangt im Betrage von mehreren tausend Talern, und fordere ich die geldsuchenden Vereine auf, mir bei Übermittelung ihrer Gesuche zugleich jedesmal ihre Statuten, ihren letzten Quartals- oder Monatsabschluß nebst Bilanz und ein vollständiges Mitgliederverzeichnis mit Namen und Stand der Einzelen einzusenden . . . Bei Prokurierung von Anleihen der Vereine untereinander ist nach Bestimmung des Engeren Ausschusses eine nicht über $^1/_6$ Prozent ein für allemal betragende Provision an das Bureau zu zahlen, sofern das Geschäft wirklich zustande kommt." Wieder ist es Luckenwalde, welches sofort von diesem neuen Geschäftsverkehr Gebrauch macht. Schon am 12. Juni unterhandelte es mit dem Vorschußverein Delitzsch wegen Hingabe müssiger Gelder in Höhe von 2000 Taler und am 11. Oktober wendete es sich an das Korrespondenzbureau mit der Bitte, 4000 Taler bei anderen Vereinen unterzubringen, da der Vorstand beschlossen habe, „den auf die hohe Summe von 10 000 Taler angestiegenen Kassenbestand zum Teil zinsbar anzulegen". Schulze antwortete: „Senden Sie umgehend 3000 Taler an mich, die ich zu 5 Prozent und gegen dreimonatliche Kündigung dem höchst soliden und trefflich geleiteten Leipziger Vorschußverein selbst schleunig und in Person überbringen will, da die Messe völlig in dessen Kasse aufgeräumt hat. Dem Verein ist von der sächsischen Regierung wegen seiner demokratischen Richtung der offene Beitritt zu uns untersagt; er gehört aber zu uns, und es ist mir besonders lieb, gerade ihm rasch entgegenzukommen. Ich selbst hätte das Geld sonst bei der Kreditgesellschaft in Leipzig für den Verein aufgenommen und Rat geschafft." Luckenwalde stattete darauf „für die gütige Besorgung unseres Antrages besten Dank" an Schulze ab, der im Dezember noch ein Darlehen von 3000 Taler an den Vorschußverein Schwedt zu 5 Prozent vermittelte, dabei jedoch erwähnte: „Bei der großen

Überfüllung des Geldmarktes, wie sie sich jetzt aller Orten geltend macht, ist zur Placierung von Kapitalien zu 5 Prozent fast gar keine Aussicht und Nachfrage. Indessen würde sich fragen, ob Gelder vielleicht zu 4 1/2 Prozent belassen werden können, indem dann die Unterbringung eher möglich sein könnte." Worauf Luckenwalde erwiderte: „Für die bewiesene Freundlichkeit in betreff Überweisung des bewußten Schwedter Geldgeschäftes unseren besten Dank. Sollten Kapitalien wieder disponibel sein, werden wir unser Gesuch erneuern und auf den angebotenen Zinsfuß von 4 1/2 Prozent gerne eingehen." Wie rasch bei den Vereinen aber Geldbedarf und Geldüberfluß wechselte, geht aus dem Briefwechsel Schulzes mit Gardelegen hervor. Ende August hatte der dortige Verein 2000 Taler nötig und im Oktober schon wollte er Geld ausleihen. „Um Ihr Geld unterzubringen — antwortete Schulze — frage ich zuerst an, ob ich es zu 4 1/2 Prozent erhalten kann? Ist dies der Fall, so werden mehrere unserer trefflich fundierten Schuhmacherassoziationen es nehmen, wenn Sie es zu vierteljährlicher Kündigung, jedoch auf ein Jahr sicher, lassen können. Denn bei kürzerer Frist macht es den Leuten zuviel Kosten."

Bis Ende 1861 gehen die Einträge des Zentralkorrespondenzbureaus bezüglich des Geldverkehrs unter den Vorschußvereinen, bei denen es sich manchmal um ganz geringfügige Beträge — bis zu 300 Taler herab — handelt. Interessant sind die Begründungen einiger Gesuche. So wollte Jauer ein Darlehn mit bestimmten Kündigungsfristen aufnehmen, „um dem täglichen Kündigungsrecht unserer jetzigen Bankverbindung in Liegnitz zu entgehen". Roßwein hielt es für geboten, „sich aus Anlaß der bevorstehenden Wollschur bzw. der Wollmärkte rechtzeitig um Hilfe umzusehen", ebenso Schkeuditz, „weil der Verein von seinen Mitgliedern, die zur Leipziger Messe gehen werden, sehr in Anspruch genommen wird". Ein Ansuchen Marienbergs i. S. um 2000 Taler wird mit dem Zusatz versehen „ohne jedoch Ew. Wohlgeboren im geringsten zunahezutreten." Den Schluß bildet eine Zuschrift des Verschußvereins Stendal: „Geld ist uns schon viel mehr angeboten worden, als wir gebrauchen können." In so kurzer Zeit hatte sich die bekannte Prophezeiung Schulzes bewahrheitet: „Geld und Kredit im Überfluß für die Handwerker und kleinen Gewerbetreibenden! Kann denn niemand von ihnen Geld brauchen?"*)

*) H. Schulze-Delitzsch' Schriften und Reden. Bd. I, S. 186. Berlin 1909, J. Guttentag.

Indessen ruhten die Bestrebungen zur Errichtung einer selbständigen Zentralkassenstelle behufs „Regulierung des Geldangebots und der Geldnachfrage zwischen den einzelnen Vereinen" nicht. 1861 wurde von Fröhner-Wechselburg auf dem Verbandstage der Sächsischen Vereine ein hierauf gerichteter Antrag eingebracht, „da die Benutzung der Kreditanstalt in Leipzig mit Kosten verknüpft sei", ein Antrag, der auch mit Stimmenmehrheit Annahme fand. Die Zentralkasse sollte den den einzelnen Vereinen zu gewährenden Kredit bestimmen sowie den zu zahlenden Zinsfuß festsetzen. Gegen dieses Projekt wandte sich mit aller Schärfe wiederum Schulze (Innung der Zukunft 1862, Nr. 10): „Es liegt ein großes Bedenken darin" — sagte er — „daß eine solche Zentralbank für Rechnung sämtlicher dabei beteiligten Vereine geführt werden muß, welche Gefahr und Gewinn davon übernehmen, daß man also auf diese Weise den einzelnen Verein noch außer dem eigenen in das Risiko eines zweiten Bankgeschäfts verwickelt. Ohne ein dringendes Bedürfnis, welches auf eine andere Weise nicht befriedigt werden kann, dürfte die Gründung eines solchen Instituts also kaum rätlich erscheinen, und daß sich die Notwendigkeit davon bisher wirklich herausgestellt hätte, kann unmöglich zugestanden werden .... Es hat unseren Vereinen bisher noch nie an Geld gefehlt, da fast alle die eigentliche Aufgabe, sich in ihrem nächsten Kreise die nötigen Geldquellen zu eröffnen, wohl erkannt und mit ebenso großem Geschick als Erfolg durchgeführt haben .... Für Fälle aber, wo plötzlicher Bedarf eintritt, .... also wirklich eine Hilfe von auswärts wünschenswert erscheint, ist die Verbindung mit einem soliden großen Bankgeschäft entschieden vorzuziehen, indem dadurch eben fremde Mittel außerhalb des Bereichs der Vereine, also ein eigentlicher Zuwachs von dritter Stelle, zu ihrer Verfügung gestellt werden." Nicht minder widersprachen Nizze-Rostock (Innung der Zukunft, 1863, Nr. 3) und Soergel-Eisleben (daselbst Nr. 5) dem Vorschlage. Unausführbar erschienen dem ersteren „vor allem jene Bestimmungen schon deshalb, weil nicht ersichtlich ist, welche Sicherheit die Zentralkasse für die ihr übergebenen Gelder zu bieten vermag, so daß kein Verein ihr irgendwelche Kapitalien wird anvertrauen dürfen". Als einen der Gründe für die Errichtung der Zentralkasse hatte man angeführt, daß dadurch den Vereinen für ungewisse Zeitverhältnisse, bei denen es schwieriger sei, bei fremden Geldinstituten Hilfe zu finden, Sicherheit gewährt werde. Soergel antwortete darauf: „Bis dahin, daß erwiesen ist, die Vorschußvereine seien in schweren Krisen besser im Stande als große und auf Kosten eigenen Kapitals gegründete Geldinstitute und mehr gewillt, Hilfe zu gewähren, dürfte die Vorsicht gebieten, das Wort „Sicherheit" mit dem Wort „Hoffnung" zu vertauschen . . . Der enge Verbreitungsraum des sächsischen Verbandes und die verhältnismäßig große Gleichartigkeit der wirtschaftlichen Verhältnisse macht es unwahrscheinlich, daß im Falle einer schweren Krise und dem dann eintretenden Geldbedürfnisse einzelner Vereine Sachsens die anderen fähig sind, Hilfe zu leisten, wenn sie auch vom besten Willen beseelt wären . . . Herr Fröhner konstituiert in der Zentralkasse ein eigenes Geldinstitut mit selbständigem Willen und von außen unbegrenzter Disposition. Damit wird das Risiko auf die Zentralkasse übertragen. Nun haben aber für etwaige Verluste die hinter der Zentralkasse stehenden den Verband bildenden Vereine solidarisch einzustehen. Wie soll aber ein einzelner Verein, der vielleicht niemals oder doch nur vorübergehend die Hilfe der Zentralkasse in Anspruch nimmt, ein unter Umständen so außerordentlich großes Risiko übernehmen? . . . Jedes einzelne Mitglied der sächsischen Vereine müßte sich auch wohl fragen, ob er seiner solidarischen Haft eine so enorme Verpflichtung auflegen will für Geschäfte, die er nur durch eine mehrmalige indirekte Wahl oberflächlich zu kontrollieren imstande ist und die sich seinem eigenen Auge vollständig entziehen. Unsere Vorschußvereine sollen und werden sich langsam zu wahren Volksbanken umgestalten. Aber sie sollen und werden nur dem Lokalbedürfnisse zu dienen haben. Dem Angebote und der Nachfrage des großen Geldmarkts Genüge zu leisten, sind die großen Zettel- und Depositenbanken berufen und durch mächtige eigene Fonds . . . befähigt. Und über ihnen steht die Börse mit ihrem Ozean, in den alle Bäche des Überflusses münden und aus dem der Bedarf schöpft . . . Statt mit der Zentralkasse das vorübergehende Übel des Geldüberflusses oder -mangels zu einer beständigen Verbildung der Organe zu machen, sollten wir uns bestreben, die Ursachen und den Sitz des Übels zu erkennen und unsere besten Kräfte aufwenden, mit den Ursachen das Übel zu beseitigen."

Wahrscheinlich infolge dieser Bedenken ist der Beschluß der sächsischen Vereine nicht praktisch geworden: wohl aber war in der Zeit der Polemik Schulze einen Schritt weiter gekommen: er hatte neben der Allgemeinen Deutschen Kreditanstalt auch das Bankhaus August

Siebert & Co. in Frankfurt a. M. und die Elbinger Diskontogesellschaft Philipps & Co. in Elbing dafür gewonnen, daß diese „auf die von der Anwaltschaft befürworteten Gesuche der nach richtigen Prinzipien operierenden Genossenschaften angemessenen Kredit bewilligten, für dessen Höhe das Verhältnis des eigenen (in Reserve- und Mitgliederanteilen) zum fremden Kapital im Betriebsfonds entscheidend ist, besonders aber die statutenmäßige Gesamthaft der Mitglieder für die Vereinsschulden als eigentliche Kreditbasis vorausgesetzt wird“ *). Die Bedingungen waren 5 Prozent, in Elbing 6 Prozent jährliche Zinsen und $^1/_6$ bis $^1/_3$ Prozent vierteljährliche Provision; Guthaben wurden mit $2^1/_2$ Prozent verzinst. Die rechtliche Grundlage des Geschäftsverkehrs ward durch folgende Bestimmung geregelt (Innung der Zukunft, 1863, Nr. 7):

„Für alle der (Allg. Deutschen Kreditanstalt) aus dem Kreditvertrag mit dem Vorschußverein zu ..... entstehenden Anforderungen und Berechtigungen, namentlich die pünktliche Zahlung der Zinsen und Rückerstattung der Vorschüsse, haften die unterzeichneten Vertreter des Vorschußvereins solidarisch einer für alle und alle für einen mit ihrem gesamten Vermögen wie für eine von ihnen persönlich und zu ihrem eigenen Nutzen aufgenommene Schuld, gestehen einem notariell oder gerichtlich beglaubigten oder in Ermangelung dieser Beglaubigung eidlich von der (Allg. Deutschen Kreditanstalt) zu bestärkenden Auszuge des betreffenden Kontos ihres Vereins volle Beweiskraft gegen sich und den Verein zu, gleichviel, ob derselbe mit vorgetragenem Saldo beginnt oder nicht, und entsagen allen den Korrealschuldnern und Bürgen zustehenden Rechtswohltaten und Vergünstigungen als der Teilung, Vorausklage und Klagezession.

Überdies aber verpflichten dieselben hiermit kraft des nach dem Grundgesetz des Vereins ihnen übertragenen Rechts die sämtlichen gegenwärtigen und zukünftigen Mitglieder des Vorschußvereins, in derselben Weise für den eröffneten Kredit samt allem Zubehör solidarisch, einer für alle und alle für einen, zu haften, wie diese Haftung von den unterzeichneten Vertretern des Vereins für ihre Person übernommen worden ist.

---

*) Mitteilungen auf dem Allg. Vereinstage in Potsdam, Juni 1862.

Im geschäftlichen Verkehr mit der (Allg. Deutschen Kreditanstalt) namentlich bei Vollziehung von Quittungen über die dem Verein zu leistenden Vorschüsse wird letzterer durch die gemeinschaftliche Unterschrift der Herren:

Direktor, Kassierer, Schriftführer

verpflichtet."

Seine grundsätzlichen Anschauungen über den von den Vorschußvereinen aufzusuchenden Großkredit brachte Schulze in dem Jahresbericht des Allgemeinen Verbandes für 1862 nochmals ausführlich zum Ausdruck:

„. . . Daß Banken überhaupt — sagte er hier —, um das Geldbedürfnis im größeren Maßstabe zu vermitteln, sich selbst als Mittelpunkte zum Zusammenströmen fremden Kapitals zu behaupten verstehen müssen, ist selbstverständlich, indem ein solches Institut niemals auf den Fonds seiner Unternehmer allein sich wird beschränken können. Eben eine Menge von Kapitalien, welche Anlage suchen und ohne eine solche Gelegenheit dem Verkehr verloren gehen würden, demselben zugänglich zu machen, ist eine ihrer Hauptaufgaben. Es gilt daher, wie für die Nachfrage so für das Angebot von Kapital sich einen bestimmten Kundenkreis zu sichern, für Abzug gleichmäßig wie für Zufluß seine regelmäßigen Kanäle sich zu eröffnen. Was insbesondere die letzteren betrifft, so müssen dieselben auf das unmittelbare Bedürfnis, auf die Kapitalisten selbst berechnet sein, denen es um Unterbringung ihrer überflüssigen Gelder zu tun ist, nicht etwa bloß auf Verbindungen mit ähnlichen gleichfalls nur auf die geschäftliche Vermittelung des Kapitalbedürfnisses angewiesenen Geldinstituten. Eine Bank, die nur in anderen Banken ihre Kreditquellen suchen wollte, wäre schlecht fundiert, und dieselben würden ihr gerade da versagen, wo sie ihrer am meisten bedürfte, in Kreditkrisen z. B. Denn in allen solchen Fällen, in denen jedes solche Institut seine ganzen Mittel zusammenzunehmen, seine Kredite möglichst einzuziehen hat, wird es naturgemäß mit den Kündigungen immer eher seine Konkurrenten als seine eigentlichen Kunden treffen. Wie es die letzteren schon der mit eingreifenden persönlichen Beziehungen halber möglichst schont, wird es sich um die ersteren, wo eben nur das Geschäft dem Geschäft gegenübersteht, viel weniger kümmern sondern ihnen überlassen, mit Verwickelungen fertig zu werden, mit denen es ja selbst genug zu kämpfen hat. Gilt dies Prinzip aber für alle Banken ganz allgemein, so werden wir es in noch höherem Maße auf unsere Vorschuß- und Kreditvereine anzuwenden haben. Dieselben sind überhaupt eine neue Verkehrsform, müssen sich die Anerkennung, eine feste Stellung auf dem Geldmarkt erst verschaffen. Dazu kommt, daß sie in den weniger bemittelten Klassen ihre Hauptträger haben, nicht gleich zureichend mit eigenem Kapital ausgestattet sind und den Kredit daher anfangs in ausgedehnterem Maße in Anspruch nehmen müssen, als es sonst Geschäftsbrauch ist. Wie sollen dieselben allen geschäftlichen Anforderungen genügen, kommt ihnen nicht die Sympathie der sogenannten kleinen Leute, deren Interesse sie dienen und die ihnen deshalb ihre Ersparnisse überlassen, kommt ihnen nicht das Vertrauen ihrer näheren Umgebung entgegen, welche Gelegenheit hat, sich von der Zweckmäßigkeit ihrer Einrichtungen, von der Ordnung und Sorgsamkeit ihrer Verwaltung, der Geschicklichkeit und Rechtlichkeit ihrer Leiter persönlich zu überzeugen? — Nur wenn sie sich auf diese Weise den benötigten Kredit, die erforderlichen Geldzuflüsse in erster Linie in ihrem nächsten lokalen Umkreise verschafft haben, mögen sie daran denken, den der größeren Bankinstitute, sekundär, als außerordentliches Hilfsmittel bei plötzlichem und vorübergehendem Bedürfnis in Anspruch zu nehmen oder allenfalls noch, unter gewissen Beschränkungen, in der ersten Zeit nach ihrem Entstehen, ehe sie Zeit und Gelegenheit hatten, auf die angedeutete Weise festen Fuß zu fassen. Und so ist denn auch, bewußt oder unbewußt, von unseren Genossenschaften bisher verfahren worden, indem dieselben fast ohne Ausnahme es wohl verstanden haben, sich die lokalen Kreditquellen zu eröffnen. Man wird daher in der Regel nicht leicht irre gehen, wenn man annimmt: daß, wo eine Genossenschaft selbst nach mehrjährigem Bestehen nicht dazu gelangt, sich ihren Betriebsfond der Hauptsache nach in der angedeuteten Art zu verschaffen, vielmehr dauernd des Großbankkredits als Hauptquelle dazu bedarf, in deren Einrichtung und Geschäftsoperationen, in der Solidität ihrer Leiter oder Mitglieder oder sonst irgendwie Anstände vorhanden sein müssen, welche nachteilig auf das öffentliche Vertrauen einwirken.

„Daß indessen, wenn eine solche gesunde Kreditgrundlage vorhanden ist, die Eröffnung des Großbankkredits in den bezeichneten Schranken für unsere Genossenschaften höchst vorteilhaft ist, steht fest.

Zunächst wird schon die Geschäftsverbindung mit so angesehenen Firmen als Anerkennung der Lebensfähigkeit und Bedeutung unserer Vereine ihre Stellung vor dem Publikum heben, wie denn auch dadurch die unabweisliche Nötigung an sie herantritt, sich in ihrer Geschäftsführung und Geschäftseinrichtung die erprobten kaufmännischen und bankmäßigen Bräuche immer mehr zu eigen zu machen, um keiner Bemängelung dabei ausgesetzt zu sein. Sodann ergeben sich aber auch andere sehr erhebliche Vorteile daraus. Insofern nämlich unsere Vereine durch Akkreditierung bei einer Großbank darauf rechnen können, ihre Kassenmittel bei plötzlich eintretendem oder vorübergehendem Bedürfnis ergänzt zu sehen, verringert sich die Notwendigkeit für sie, auf allzugroße stets bereite Barbestände für solche extraordinäre Vorkommnisse zu halten, wenn sie nicht in die Lage kommen wollen, eintretenden Falles gute und sichere Geschäfte abweisen zu müssen . . ."

Um es aber nicht bei diesen theoretischen Auseinandersetzungen bewenden zu lassen, war Schulze bemüht, einen neuen Weg ausfindig zu machen, auf welchem die Geldbedürfnisse der Vereine befriedigt werden konnten, ohne daß diese auf den guten Willen einzelner Bankhäuser angewiesen blieben. Er hatte eine Anzahl von Kapitalisten in Berlin gewonnen, welche zu einem „Bürgschaftsverein" zusammentraten, dessen Zweck es war, „den auf Selbsthilfe beruhenden deutschen Erwerbs- und Wirtschaftsgenossenschaften der Handwerker und Arbeiter gegen die gewöhnlichen Zinsen und Provisionen die nötige Barschaft unter der Garantie seiner Mitglieder zu verschaffen". Das Bankhaus Delbrück, Leo & Co. in Berlin fand sich bereit, den durch den Bürgschaftsverein sichergestellten Kreditgesuchen zu entsprechen; die Namen der Mitglieder des Bürgschaftsvereins sind nicht mehr zu ermitteln, indessen werden es wahrscheinlich im wesentlichen dieselben Männer gewesen sein, welche später als Gründer der Deutschen Genossenschaftsbank auftraten. Ihre Kapitalbeteiligung gab Schulze 1864 auf dem Verbandstage der Norddeutschen Genossenschaften in Greifswald mit 66000 Talern an*).

---

*) Aus dem Statut des Bürgschaftsvereins („Innung der Zukunft", Jahrg. 1863, Nr. 7) seien hier einige Paragraphen hervorgehoben:

§ 1. Die Unterzeichneten vereinigen sich zu dem Zwecke, den auf Selbsthilfe beruhenden deutschen Erwerbs- und Wirtschaftsgenossenschaften der Handwerker und Arbeiter gegen die gewöhnlichen Zinsen und Provisionen die nötige Barschaft auf

Die Wirksamkeit des Bürgschaftsvereins begann im Juli 1863; auch hierüber fehlen nähere Angaben, jedoch war ihr Umfang nicht

Schuldschein, Wechsel oder in laufender Rechnung vorerst unter ihrer Garantie zu verschaffen.

§ 2. Die Wirksamkeit des Vereins erstreckt sich auf alle in Deutschland bestehenden Genossenschaften der bezeichneten Art, insofern sie den nachstehenden Bedingungen genügen.

§ 3. Es müssen dieselben, um mit ihren Kreditgesuchen von dem Vereine berücksichtigt zu werden:

a) dem Verbande der Anwaltschaft Deutscher Erwerbs- und Wirtschaftsgenossenschaften angehören und

b) durch Aufbringung eines eigenen Fonds an Reserve und Geschäftsanteilen ihrer Mitglieder und durch die Solidarität der letzteren wie überhaupt durch ihre Organisation und Verwaltung die nötigen Garantien einer soliden Geschäftsgrundlage bieten.

Über das Vorhandensein dieser Erfordernisse ist von der Anwaltschaft ein Gutachten zu erfordern, welchem Statut, Mitgliederverzeichnis und die letzte Bilanz des Vereins beizulegen sind.

§ 4. Wegen Effektuierung der Zahlungen wird der Verein mit einem Berliner Bankhause in Geschäftsverbindung treten. Dieses Bankhaus schießt den betreffenden Genossenschaften auf Anweisung und Garantie des Vereins die Gelder auf die mit dem Verein vereinbarten Bedingungen vor und sorgt für deren Wiedereinziehung mit der Wirkung:

daß es in allen Stücken selbständig als Gläubiger der beliehenen Genossenschaften eintritt und der Verein nur für erlittene Ausfälle bei Einziehung der fraglichen Forderungen demselben bürgschaftlich zu vollem Ersatz sich verpflichtet.

§ 5. Die Mitglieder des Vereins haften für die vom Verein gegen das betreffende Bankhaus übernommene bürgschaftliche Garantie, ein jedes einzeln nur bis auf Höhe der von ihm gezeichneten Summe.

Damit es bei vorkommenden Garantiefällen an den bereiten Zahlungsmitteln behufs schleuniger Abwickelung der Sache nicht fehlt, muß jedes Mitglied zwei von ihm akzeptierte Wechsel, je auf den 20., zusammen also auf den 10. Teil der gezeichneten Garantiesumme in der Vereinskasse deponieren.

§ 6. Bei allen dem Bankhause durch die auf Anweisung des Vereins gewährten Kredite erwachsenden Verlusten müssen die Vereinsglieder die Ersatzsumme gemeinschaftlich nach Verhältnis ihrer Zeichnungen und nach einer demgemäß vom Vorstande gemachten schriftlichen Umlage unverzüglich unter sich aufbringen.

§ 9. Die Mitgliedschaft des Vereins wird durch Zeichnung einer Garantiesumme von mindestens 200 Taler erworben und bindet sich jedes Mitglied fest auf 2 Jahre von der Zeichnung des Statuts ab.

§ 10. Die Auflösung des Vereins erfolgt durch einfachen Mehrheitsbeschluß mit der Folge:

daß das betreffende Bankhaus zur unverweilten Kündigung und Einziehung der unter Garantie des Vereins ausgeliehenen Gelder sowie Einstellung weiterer Kreditierungen angewiesen wird.

groß, wie aus der Mitteilung auf dem Allgemeinen Vereinstag in Mainz — 1864 — hervorgeht, daß der Verein bereits wieder aufgelöst sei, „da die Genossenschaften fast nie in dem Falle waren, seiner Mitwirkung bei ihren Kreditoperationen zu bedürfen".

In dem Bürgschaftsverein sollte, wie Schulze in dem Begleitworte zu dessen Statut sagte, „der Keim der künftigen Zentralgenossenschaftsbank enthalten sein, d. h. eines auf der Basis der Großbanken errichteten, mit den Mitteln einer solchen ausgestatteten Instituts, welches speziell dem Bankkredit der Genossenschaften zu dienen bestimmt ist. Jedenfalls werden die vom Vereine in seiner jetzigen Gestalt zu machenden Erfahrungen über den Verkehr mit den Genossenschaften eine schätzenswerte Unterlage für die Einrichtung der künftigen Zentralbank bieten . . ."

Denn letzteres Projekt drängte jetzt immer mehr und mehr nach Verwirklichung. Die Wolken, welche die Schleswig-Holsteinische Erbfolgefrage am politischen Himmel heraufbeschwor, machten sich in dem Verkehr der Genossenschaften mit den ihnen Kredit gewährenden Banken bemerkbar. „Schon an sich gehört der Verkehr — so führte Schulze in der Innung der Zukunft, Jahrgang 1864, S. 19 aus*) —, wie ihn die Genossenschaften suchen, im allgemeinen für die Banken, mit denen sie ihre Geschäfte machen, nicht zu den sehr lukrativen und bequemen, weil die beanspruchten Kredite meist auf längere Fristen und geraume Kündigung gestellt werden müssen, was den Bankier am raschen Umschlag des bei ihm angelegten Kapitals hindert, in welchem sein Hauptvorteil liegt. Treten nun zu dieser Rücksicht noch die Vorzeichen einer herannahenden Krise, welche die Kapitalisten überhaupt zurückhaltender machen, insbesondere aber die Scheu des Bankiers vor einer längeren Anlage seiner Gelder vermehren, so kann es nicht fehlen, daß dies sofort ungünstig auf den Verkehr mit den Genossenschaften zurückwirkt, wie sich dies in einzelnen Fällen bereits jetzt geäußert hat. Trotzdem, daß noch niemals eines der mit unseren Vereinen in Geschäftsverbindung stehenden Bankhäuser in die Lage gekommen ist, auch nur einen Pfennig bei ihnen zu verlieren, werden bei Eröffnung neuer Verbindungen dennoch Schwierigkeiten erhoben und nur die bereits eingegangenen festgehalten." Und auf dem Mainzer

*) Man vergleiche auch: „H. Schulze-Delitzsch's Schriften und Reden". Band 1, S. 529 ff. Berlin 1909, J. Guttentag.

Genossenschaftstag — 1864 — fügte er hinzu, „das Bedürfnis nach Bankkredit sei schon bei vielen Vereinen hervorgetreten; aber die Anwaltschaft habe es bis dahin immer dadurch befriedigen können, daß sie den Vereinen bei anderen Vereinen oder bei Großbanken Kredit eröffnete. Die in diesem Frühjahr drohende Krise habe jedoch gezeigt, daß dieser Großbankkredit einer wirklichen Krise gegenüber nicht Stich halten möchte. Denn schon damals haben die Banken den Vereinen den gewährten Kredit entzogen oder sich doch bestimmt geweigert, ihnen noch weiteren Kredit zu eröffnen. Eine rühmliche Ausnahme haben nur gemacht die Häuser Siebert und Sonnemann in Frankfurt a. M., während sich die Banken in Leipzig, Elbing und Berlin zurückgezogen haben. Da sei es klar geworden, daß die Genossenschaften Selbsthilfe üben und sich ein Institut für ihre Zwecke schaffen und auch in der Hand behalten müssen ... Zwar sollte der Großbankkredit von den Vereinen nur bei besonderen Fällen wie bei Krisen in Anspruch genommen werden; aber dann komme es gerade darauf an, den Vereinen für solche außergewöhnliche Ereignisse bei der Bank einen sicheren Rückhalt zu schaffen ... Maßgebend sei auch die Erwägung, daß, wenn die Bank gute Geschäfte machen solle, sie nicht von den Genossenschaften allein leben könne. Die Geschäfte mit diesen werden vorerst sehr beschränkt sein. Daher müsse man mit dem genossenschaftlichen Geschäft noch einen lohnenden Verkehr verbinden, das sei der Platzverkehr ... Nun sei in Berlin gerade jetzt ein Platz frei, der sonst sehr bald besetzt werden würde. Früher sei die Diskontogesellschaft dazu gegründet worden, die Bank für die mittleren Gewerbetreibenden, deren Kundschaft auch gerade sehr sicher sei, abzugeben; sie habe sich aber zu einem großartigen Bankgeschäft erweitert. Die Klasse der mittleren Gewerbetreibenden sei daher gern bereit, an dem Unternehmen sich zu beteiligen, und sie werden ihm ihre ganzen Geschäfte zubringen ... Einer der Hebel der Genossenschaftsbewegung bestehe darin, daß den Genossenschaften bisher alles gelungen sei, was sie unternommen; das Scheitern dieses Unternehmens würde deshalb eine sehr bedenkliche Niederlage sein. Die Aufgabe selbst sei auch großartig; sie übersteige weit die in Zahlen zu veranschlagende Erleichterung des Kredits für die Genossenschaften, vielmehr reihe sich dies Unternehmen ebenbürtig in den großen Verkehr ein. Die Genossenschaften zeigen, daß sie durch ihren Zusammenhalt sich eine Stellung auf dem Geldmarkt erzwingen können; es sei ein Bresche schießen in das tatsächlich bestehende Monopol des Großkapitals, dem die Genossenschaften zurufen: Du sollst auch mit uns verkehren müssen, denn wir können aus uns heraus eine Großbank schaffen!" Indem Schulze nun den Antrag einbrachte:

„Der Vereinstag wolle sämtlichen Erwerbs- und Wirtschaftsgenossenschaften, besonders den Vorschußvereinen und deren Mitgliedern, eine möglichst rege Beteiligung an der gegenwärtig in Berlin zu gründenden Deutschen Genossenschaftsbank mittelst Zeichnung von Aktien empfehlen"

schloß er mit dem Hinweis, daß die Vorschußvereine nicht nur wünschen sondern auch wollen und durchführen möchten, was sie mit Bedacht und wohlerwogen in die Hand genommen hätten. Der Antrag fand nach einer kurzen Debatte einstimmig Annahme.

Zuerst hatte Schulze das Kapital der neuen Bank mit hundert- bis zweihunderttausend Taler in Aussicht genommen, auszugeben in Aktien zu 200 Taler. In Mainz nannte er schon 250000 Taler und er meinte, daß selbst diese Summe manchem sehr klein erscheinen werde: „aber wollte man bei dem jetzigen Stand der Genossenschaften an sie herantreten und von ihnen fordern, eine Viertelmillion Taler aus ihren Fonds herauszuziehen, so werde man gewiß auf viele Schwierigkeiten stoßen. Man müsse daher noch andere Leute zu dem Unternehmen heranziehen . . . Lasse man die Bank ein paar Jahre operieren, so sei es dann unendlich leichter, eine Million unterzubringen, als jetzt eine Viertelmillion."

Die Annahme jenes Mainzer Beschlusses war jedoch nicht von der erwarteten Aktienzeichnung begleitet gewesen. Schulze faßte daher im Herbst des gleichen Jahres (Innung der Zukunft 1864, S. 45) alle Gründe, welche für die alsbaldige Errichtung der Bank sprachen, nochmals zusammen. „Daß wir uns den Großbankkredit — sagte er dort — in den für unsere Vereine erwünschten Formen und Maßen nicht wohl anders auf die Dauer werden sichern können als durch Gründung eines dazu besonders bestimmten und organisierten Instituts, davon haben wir in den letzten Monaten Proben erlebt, wo uns bei einer nur erst drohenden Kreditkrisis und bei sehr mäßiger Erschütterung des Geldmarkts selbst solche Bankhäuser im Stich zu lassen sich anschickten, mit denen wir bisher in geregelten Geschäftsverhältnissen standen. Stellen wir uns daher auch hier auf den Boden der Selbsthilfe, auf das eigenste Feld, dem wir alle unsere bisherigen Erfolge danken, und es wird nicht fehlen, daß wir in dieser neuen Schöpfung uns einen Rückhalt schaffen, wie ihn die weitere Entwickelung des Genossenschaftswesens auf den Bahnen, welche dieselben eingeschlagen, durchaus nötig macht, um dem Großkapital auf dem Geldmarkt als ebenbürtige Macht an die Seite zu treten ... Also die Vorbereitungen sind vollendet, die Bahn gebrochen ... Da wäre es ja das erstemal, wenn ein Unternehmen, welches die Genossenschaften wohl bedacht mit ihrem Anwalt in die Hand genommen hätten, nicht zum guten Ende geführt würde! Nur sich selbst, ihrer Schlaffheit, dem Mangel an Verständnis von der außerordentlichen Wichtigkeit der Sache in bezug auf die Sicherung der großartigen Entwickelung, der sie entgegengehen, würden sie das Mißlingen zuzuschreiben haben. Sie haben ihren Anwalt vielfach zu dem Unternehmen gedrängt; dennoch hat er sich nicht unvermittelt in dasselbe gestürzt ... Aber nun die Dinge so weit gediehen sind, wird er auch mit der Energie, die sie an ihm gewöhnt sind, gerade auf das Ziel losgehen, und nur ein einziger Umstand könnte ihm dabei Halt gebieten: von den Genossenschaften selbst im Stich gelassen zu werden! — Möge der gute Geist, der sie bis daher beseelt, der Geist der Selbsthilfe und des Selbstvertrauens, die ganze so hoffnungsvolle Bewegung davor gerade in einer Angelegenheit behüten, die sehr bald sich als Lebensfrage für sie geltend machen wird. Unsere Volksbanken vermögen den schwierigsten Teil der Kreditfrage, das Bedürfnis der weniger Bemittelten, zu lösen; sie können sich auch durch eigene Kraft eine Großbank schaffen. Hier zu scheitern wäre eine Niederlage, die unsere Stellung auf dem Geldmarkte wesentlich erschütterte!"

Neben den Genossenschaften suchte Schulze auch seine politischen Freunde und durch Vermittelung der Mitglieder des Bürgschaftsvereins die Berliner Kaufmannschaft zu Aktienzeichnungen zu gewinnen*); trotzdem dauerte es doch bis zum 10. Dezember 1864, bis die jetzt in Aussicht genommene Summe von 270000 Taler zusammengebracht war. Um die Sache zu Ende zu führen, hatte Schulze sich schon vorher erboten, Aktien aus der ihm von den Genossenschaften seinerzeit dargebrachten Ehrengabe, die er bekanntlich zu einem mit juristischen

*) „Heute verhandle ich nochmals in Berlin — schrieb er am 5. März 1864 an Soergel — mit einigen Kapitalisten, die mir allgemeine Zusagen gemacht haben, bei einem Diner. Wehe den Kerls, wenn ich sie erst beim Champagner habe so leicht sollen sie sich nicht loswinden!"

Korporationsrechten ausgestatteten und im Interesse des Genossenschaftswesens zu verwaltenden „Stiftungsfonds" umgewandelt hatte, derart als Eigentum zu erwerben, daß die Aktien später an andere Käufer wieder abgegeben werden sollten: es war nunmehr nicht mehr nötig, hiervon Gebrauch zu machen. Aber für den dringenden Wunsch, die Bank unter Dach und Fach zu bringen, spricht der Umstand, daß die konstituierende Generalversammlung am 5. Oktober 1864 stattfand, bevor das gesamte Kapital gezeichnet war. Auch die während mehrerer Monate fortgesetzten Bemühungen, für die Leitung der Bank, welche als Kommanditgesellschaft auf Aktien und mit einer auf 15 Jahre begrenzten Zeitdauer in das Leben trat, neben dem schon von Anfang an als persönlich haftenden Gesellschafter erkorenen Soergel-Eisleben eine zweite mit den Verhältnissen des Berliner Platzes vertraute Persönlichkeit zu gewinnen, waren noch nicht von Erfolg gekrönt gewesen. An der Berliner Börse hatte man kein besonderes Vertrauen auf die Zukunft des Instituts, teils nahm man an der ausgesprochen politischen Parteistellung der Gründer Anstand. Erst am 9. November d. J. trat Kreisgerichtsrat Rudolf Parrisius aus Brandenburg, ein politischer Freund Schulzes, neben Soergel als persönlich haftender Gesellschafter ein. Der erste Aufsichtsrat bestand aus M. Bensemann, Adalb. Delbrück, A. Elster, Leonor Reichenheim und Stadtgerichtsrat Twesten aus Berlin, Fröhner aus Wechselburg und Schulze-Delitzsch. Twesten, der sich um das Zustandekommen der Bank sehr große Mühe gegeben hatte, wurde zum Vorsitzenden gewählt; er schied aber aus beruflichen Gründen noch am Ende desselben Jahres aus und an seine Stelle trat von Unruh-Berlin*).

## 2. Die Jahre der Organisation.

Daß an die Spitze der Genossenschaftsbank Soergel trete, war für Schulze eine selbstverständliche Bedingung: „für ihn — rühmte er — bedarf es wohl bei keinem der Teilnehmer unserer Vereinstage wie bei keinem Leser der „Innung der Zukunft" eines Wortes der Empfehlung ... Außer der Solidität und entschiedenen Geschäftsbefähigung,

*) Mit dem Vorsitz im Aufsichtsrat wurden später betraut Magnus (1867 bis 1882), Halske (1883—1889), F. Reichenheim (1890—1900), Dr. Langenhans (1901), Hermes (1902) und Dr. Crüger (1903 und 1904).

welche demselben nach dem übereinstimmenden Zeugnis aller, die ihn kennen, in hohem Maße beiwohnt, ist bei der Auswahl seiner Person noch außerdem die Rücksicht auf seine genaue Bekanntschaft mit dem deutschen Genossenschaftswesen maßgebend."

Alwin Soergel*), der verdienstvollste Gehilfe und zuverlässigste Freund Schulzes, geboren 1815, hatte schon 1854 in Eisleben den viertältesten Vorschußverein in Deutschland gegründet, der allenthalben als eine der bedeutendsten und bestgeleiteten Kreditgenossenschaften galt. In deren Kreisen ward allgemein anerkannt, daß Soergel nicht nur an seinem Wohnort durch frühzeitige Einführung des Wechsels an Stelle des Schuldscheins und durch Eröffnung des Laufenden-Rechnung-Verkehrs sondern auch durch seine außerordentlich klaren und gemeinverständlichen Aufsätze in der „Innung der Zukunft" zur Ausgestaltung eines streng kaufmännischen Betriebes bei den übrigen Volksbanken ganz wesentlich beigetragen habe. In der Tat kann man wohl sagen, daß die Kreditgenossenschaften ihm in gleichem Maße wie Schulze für die Entwickelung und Vertiefung ihrer rein geschäftlichen Tätigkeit für alle Zeiten zu Dank verpflichtet sind.

Als Zweck der Genossenschaftsbank war im ersten Paragraphen des Statuts angegeben: „Betrieb von Bank- und Kommissionsgeschäften aller Art; jedoch ist es insbesondere ihre Aufgabe, dem Bedürfnis der auf Selbsthilfe beruhenden deutschen Erwerbs- und Wirtschaftsgenossenschaften nach Bankkredit so viel als möglich entgegenzukommen." Ob Soergel für die Bank ein bestimmtes Programm ausgearbeitet hat, nach welchem diese ihre Geschäfte führen würde, läßt sich nicht feststellen. Aber schon im Mai 1864 hatte er an seinen Freund Otto Meißner, welcher später die Leitung der Eislebener Diskontogesellschaft übernahm, geschrieben: „Trotz der schlimmen Zeiten für neue Unternehmungen hoffen doch die Herren in Berlin, ihr Projekt durchzubringen. Bei den Genossenschaften findet die Sache viel Anklang und diese haben den Gedanken schon seit langer Zeit bei sich herumgetragen. Es liegt auf der Hand, daß bei einer freundlichen Verbindung von 300 bis 400 norddeutschen Städten für Berlin etwas abfallen muß. Freilich muß dieser Teil des Geschäfts erst herangebildet werden. In Berlin soll noch Raum für ein rentables

*) Vgl. L. Parisius: „Schulze-Delitzsch und Alwin Soergel." Berlin 1899, J. Guttentag.

Platzgeschäft sein, wie die Herren behaupten, die mitten darin stehen. Meine eigene durch das Projekt wahrscheinlich gewordene Übersiedelung nach Berlin hat doch auch ihre bedenkliche Seite. Ich bin, wie Sie wissen, nicht mehr jung und so viel in der Welt herumgeschuppt, daß ich hoffen konnte, in Mansfelder Erde den letzten Standort zu finden. Ich fühle mich aber allerdings noch kräftig genug, um mich nochmals in neue Verhältnisse einzuarbeiten und mich unter ganz fremden Personen zur Geltung zu bringen, und so will ich es versuchen."

Ausführlicher äußerte er sich indessen an Delbrück: „Ich habe kein großes Vertrauen auf einseitig basierte Geschäfte. Man muß sich zwar auf einen Artikel beschränken, um etwas zu leisten; aber die Kundschaft darf nicht zu eng begrenzt sein, wenn man nicht von der Kundschaft selbst oder von Zufälligkeiten abhängig und gelegentlich außer Verdienst gesetzt sein will. Von diesem allgemeinen Gesichtspunkt ausgehend, habe ich die Gründung einer ausschließlich für die Genossenschaften bestimmten Bank für einigermaßen gewagt gehalten und angenommen, daß von dem Überfluß und Mangel der Genossenschaften kein hinlänglicher Verdienst errungen werden könne, um über die Kosten der Verwaltung hinaus eine entsprechende Dividende zu behalten .... Hiernach lassen Sie mich ein Geschäft, wie ich es für möglich und rentabel halte, skizzieren:

1. Eigenes festes Kapital, Beteiligung der Genossenschaften;
2. Depositen mit entsprechenden Kündigungsfristen;
3. Platzgeschäft in Berlin durch Kreditgewährung an Handwerker und Kleingewerbetreibende unter Beteiligung derselben am Gewinn und Verlust und folglich bei der Kreditgewährung;
4. Annahme von Depositen und Kreditgewährung an deutsche Genossenschaften auf laufender Rechnung;
5. Kommissionsweiser Ein- und Verkauf von Effekten; hierzu sollen die Genossenschaften in Nord- und Mitteldeutschland behilflich sein;
6. Inkassogeschäft für ganz Deutschland vermittelst der Genossenschaften, Ausgleichung durch Giroübertragung oder monatlich oder quartaliter."

Für das unter Punkt 3 genannte Berliner Platzgeschäft schwebte Soergel die Organisation vor, auf Grund deren ursprünglich die Diskontogesellschaft von Hansemann ins Leben gerufen worden war. In einem im April 1865 dem Aufsichtsrat vorgelegten Aufsatz regte Soergel an, stille Gesellschafter aufzunehmen, denen Kredit in zehnfacher Höhe des von ihnen eingezahlten Kapitals gewährt werden solle. Die Aufnahme der stillen Gesellschafter und die Festsetzung der Kreditsumme hätten durch eine von ihnen selbst zu wählende Kommission zu geschehen; als Höchstsumme der zu gewährenden Kredite waren zunächst 100 000 Taler vorgesehen. Das Projekt scheint jedoch nicht weiter verfolgt worden zu sein.

Im Dezember 1864 nahm Soergel nochmals Veranlassung, sich in einer Zuschrift an Schulze über den Verkehr der Bank mit den Genossenschaften auszulassen: „Wir eröffnen denjenigen, welche darum nachsuchen, eine laufende Rechnung. Der Betrag derselben kann, im Verhältnis zu unseren eigenen Mitteln, nur klein sein, beispielsweise 1000 Taler. Für die größeren Geschäfte und für solche, welche verhältnismäßig viel Aktien gezeichnet haben, muß der Betrag entsprechend größer sein. Auf diesem Konto darf natürlich nicht ein stabiler Debet etabliert werden, sondern es müssen darauf Beträge ein- und ausgehen. Es können hierauf Beträge bar gefordert und es kann darauf trassiert werden von seiten der Vereine. Soll das Konto in seinem Debet überschritten werden, haben die Vereine von ihrem Wechselportefeuille einzusenden, und diese Wechsel werden abzüglich Diskonts gutgeschrieben und so das Konto auf den verabredeten Betrag zurückgeführt. Das Diskontieren von ihren eigenen Wechseln macht sich deshalb nötig, um außer dem Verein noch zwei Verpflichtete hinter sich zu haben, und dann hauptsächlich, um ihre Kundschaft und Geschäfte kennen zu lernen und auf passende Weise kontrollieren zu können. Auf diesen laufenden Rechnungen können die Vereine auch im Kredit sein. Die Zinsen für Guthaben der Vereine sind natürlich entsprechend geringer als die für ihr Debet, und dazu wird die übliche Provision berechnet. Die Debet- und Kreditzinsen können natürlich nicht nach ihren Sätzen und nach ihrem Verhältnis untereinander stabiliert werden. Den Bewegungen des Marktes kann man sich durchaus nicht entziehen. Ist ein Verein in der Lage, Gelder auf Kündigung oder auf bestimmte Fristen uns anzubieten, würden wir imstande sein, ihm einen höheren Zinssatz als auf laufender Rechnung zu gewähren. Und die Billigkeit fände ihren Ausdruck wohl am besten im Wegfall der Provision oder 1/2 Prozent Zinsen mehr, je nachdem die Kündigung oder Frist kürzer oder länger bemessen wäre.

„Das Diskontieren von Vereinswechseln ließe sich dann fest begründen, wenn die Zusicherung von Präsident Dechend*), unser Unternehmen unterstützen zu wollen, sich bewahrheitet. Dann könnten wir den Vereinen den Diskontkredit weiter bemessen von vornherein als sonst, weil wir eine nicht versagende Reserve fänden.

„Im allgemeinen müssen wir ganz konform dem Verfahren beim Entstehen von Vereinen mit einem kleinen Kredit anfangen und Schritt vor Schritt fortschreiten. Wollten wir zu große Versprechungen machen, würden wir und unsere Kunden vielleicht in Gefahr geraten, die Versprechungen nicht mehr halten zu können.

„Selbstverständlich ist, daß den Vereinen der Kredit gekündigt werden kann. Ich habe jetzt wieder einige Sachen erlebt, die bei einigen zu großer Vorsicht mahnen. Die Einsendung von Bilanzen und Mitgliederverzeichnissen muß verlangt werden.

„Wieviel wir den einzelnen Vereinen Wechsel diskontieren wollen, muß von dem Gebahren des Vereins und von unseren eigenen disponiblen Mitteln abhängen, natürlich innerhalb von Grenzen, welche zwischen den persönlich haftenden Gesellschaftern und dem Aufsichtsrat als interne Angelegenheit verabredet werden."

Daß solche Verabredungen getroffen worden sind, ist aus den Protokollen des Aufsichtsrats nicht zu ersehen; nirgends ist darin die Rede hiervon: man wird die Festsetzung wohl der Leitung der Bank selbständig überlassen haben. Daß diese dabei nicht allen Wünschen gerecht wurde, ist begreiflich. So wandte sich nach einiger Zeit ein Vorschußverein, „als Gesellschafter mit einer Aktie zu 200 Taler beteiligt", an den Aufsichtsrat, weil ihm gewisse Kundenwechsel nicht diskontiert worden seien, wodurch sich der Verein „von dem Gesichtspunkt ausgehend, daß wo Pflichten geübt werden, auch Rechte erwachsen müssen, in diesem einseitig und höchst ungerechtfertigten Verfahren seitens der Genossenschaftsbank nicht nur tief gekränkt fühlt sondern auch beschwerdeführend an den Aufsichtsrat die Aufforderung richtet, die Gründe dieser eigenmächtigen und gesetzwidrigen, keinesfalls zu billigenden Handlungsweise näher zu motivieren. Eventuell aber der Verein als für Kredit unbefähigt erachtet werden sollte, reklamiert er die sofortige Erstattung der von ihm eingezahlten 200 Taler, widrigenfalls sich der Verein im Interesse anderer bei der Genossenschaftsbank beteiligter Vereine veranlaßt sieht, schonungslos in die

---

*) Präsident der damals Preußischen späteren Reichsbank.

Öffentlichkeit überzugehen und diese inhumane, tief verletzende, nicht zu billigende Handlungsweise dem gesunden Urteil des Publikums anheimzugeben."

Ernsthaftere Klagen über die Genossenschaftsbank als diese wurden aber im Jahre 1865 auf mehreren Unterverbandstagen laut und sie gelangten auf dem im gleichen Jahr in Stettin abgehaltenen Allgemeinen Vereinstag zur Verhandlung. Man tadelte, daß die Bank nicht gegen gewöhnlichen Schuldschein auf dreimonatliche Kündigung Geld ausleihe, sondern daß sie Wechsel und zwar mit guten Unterschriften fordere, sowie daß sie hierbei die wechselmäßige Verpflichtung der Vereinsvorstände und der Mitglieder des Ausschusses beanspruche. Ferner wurde verlangt, daß die Bank insbesondere den jungen Vereinen laufenden Kredit durch Übernahme von Bürgschaften, bei den den Vereinen zunächst sich befindenden Bankinstituten vermittele. Über die Berechtigung oder Nichtberechtigung der Beschwerden und Wünsche gingen die Meinungen der Versammlung weit auseinander. Während die Vertreter der ost- und westpreußischen Vereine drohten, bei Festhaltung an jenen Bedingungen Geschäfte mit der Bank nicht machen zu können, rühmten andere Vereine, und zwar solche kleineren Umfangs, deren Entgegenkommen. Schulze führte u. a. aus: „Man müsse sich vor allen Dingen über die Grundsätze der Kreditvermittelung, welche überall dieselbe Gestaltung hätten, klar werden. Was wolle denn überhaupt eine Bank? Angebot und Nachfrage von Kapital vermitteln. Man müsse Kunden haben, die Geld bringen, und solche haben, die Geld brauchen; man müsse in seinem lokalen Umkreise den nötigen Kredit sich zu beschaffen wissen, sonst werde der Kredit ein ungesunder. Unterstütze man einen solchen ungesunden Kredit, so sei schließlich bei vorkommenden Verkehrsstockungen oder Verwickelungen die Verlegenheit um so größer. Man müsse nur ja nicht den Vereinsleitern die Beschaffung von Geld gar zu sehr erleichtern; es möge ihnen gewiß manchmal Kopfschmerzen machen, den nötigen Betriebsfonds herbeizuschaffen. Das sporne aber zur Tätigkeit an und veranlasse die Vorsteher zu ernsten Bemühungen, in ihren Lokalkreisen Kreditquellen zu eröffnen. Eine Bank aber, die sich das nötige Geld immer nur wieder von einer anderen Bank beschaffe, verfehle ihren Zweck; denn sie vermittele nicht Nachfrage und Angebot von Kapital, sie sei unselbständig und mehr eine Agentin der Bank, von welcher sie sich Geld holt." Und Soergel fügte hinzu: „Wenn einige

Vereine sagen, sie könnten mit der Bank keine Geschäfte machen, nun, so gehe es eben nicht; andere Vereine könnten aber mit ihr Geschäfte machen, das beweisen die verschiedenen Konten in dem in der „Innung der Zukunft“ mitgeteilten ersten Semesterabschluß ... Die Vereine, die mit der Bank in Verkehr stehen, haben eben eine höhere geschäftliche Entwickelung, welche sich die anderen erst aneignen müssen. Wolle man die Bank von dem allgemeinen Verkehr abschließen und sie in einen Vereinsteich verwandeln, so beschließe man es. Man werde aber dann stagnierendes Wasser erhalten, während es seiner Ansicht nach gerade darauf ankomme, die Vereine in den Strom des großen Verkehrs hineinzuführen und die Vorteile desselben auf die ihnen angehörenden Klassen der Bevölkerung, welche derselben bisher nicht teilhaftig geworden, herabzuleiten. Daß nur die geschäftliche Entwickelung der Vereine die Schuld trage, wenn sie sich der Bank nicht bedienen können, zeige sich z. B. auch daran, daß in Berlin sieben Vereine, darunter auch wenig bedeutende, mit der Bank Geschäfte machen, während die anderen behaupten, es gehe nicht.“

Schließlich wurde mit 33 gegen 16 Stimmen der Beschluß gefaßt:

„I. Bei dem geringen Betriebskapital, welches der Genossenschaftsbank zurzeit zur Disposition steht, kann der Vereinstag das bisherige den Genossenschaften gegenüber beobachtete Verfahren der Bank nicht tadeln sondern nur den Wunsch aussprechen, daß die Bank durch eine angemessene Vermehrung ihres Aktienkapitals in den Stand gesetzt werden möge, den Anforderungen der einzelnen Vereine, soweit sie sich auf richtig geschäftlichem Boden bewegen, mehr zu entsprechen als bisher.

II. In Erwägung, daß die Deutsche Genossenschaftsbank ein von den Vorschußvereinen gegründetes Institut ist, mit dem bestimmt ausgesprochenen Zwecke, den Vorschußvereinen möglichst viele Vorteile zu bieten, beschließt die Versammlung:

1. Die Deutsche Genossenschaftsbank solle für die bei ihr Kredit nehmenden Vereine den Provisionssatz je nach den Umsätzen und zwar derart normieren, daß bei mehrmaligem Umsatz des gewährten Kredits die Provision ermäßigt wird.
2. Die Deutsche Genossenschaftsbank hat Übertragungen vom Konto des einen auf das Konto des anderen Vereins provisionsfrei zu besorgen;

3. Die Deutsche Genossenschaftsbank ist aufzufordern, für den Verkehr mit Süddeutschland eine Filiale in Frankfurt a. M. zu errichten und dieses so zu beschleunigen, daß nach Abschluß des Rechnungsjahres das Geschäft in Frankfurt a. M. so bald als möglich eröffnet werden kann."

Auch Soergel stimmte zu, allerdings unter dem Vorbehalte zu dem ersten Absatze des zweiten Antrages, „die Bank habe auch schon in einzelnen Fällen danach verfahren; ganz unmöglich aber sei es, ein für allemal feste Sätze zu bestimmen, denn dabei komme es auf die Deckung an, die der Verein gewähre, ob er leicht verkäufliche Wechsel schicke, so daß die Bank das Geld gleich wieder in Umlauf bringen könne, oder ob er Papiere schicke, die nur schwer weiter gegeben werden können".

Auch andere Sorgen blieben Soergel nicht erspart. „Es hat sich hier in Berlin" — schrieb er schon im Januar 1865 an Meißner — „ein verdammtes Schwindelgeschäft ‚Englisch-Deutsche Genossenschaftsbank' aufgetan." Indessen hören wir später nichts mehr davon.

Wohl aber ward auf dem Vereinstage in Stettin mit der Kreditvermittelung der Vereine untereinander auf Grund der neuerdings gemachten Erfahrungen gebrochen. „Nicht wenig Vereine" — so berichtete Schulze — „sind in der günstigen Lage, anderen Vereinen, die noch nicht aus ihrer lokalen Umgebung die für ihren Bedarf ausreichenden Kapitalien an sich zu ziehen wissen, ihre überschüssigen Gelder in Beträgen von vielen Tausenden von Talern darzuleihen. Stets habe die Anwaltschaft vor einer Benutzung des Kredits bei anderen Vereinen zum Zweck der dauernden Erhöhung des Betriebskapitals des anleihenden Vereins gewarnt. Mit welchem Rechte, zeigten die im Laufe des verflossenen Jahres eingetretenen Ereignisse. Sogleich bei Beginn der Krisis wurden den Vereinen die ihnen von anderen Vereinen geliehenen Kapitalien ganz oder doch größtenteils gekündigt, weil diese, unter dem Einfluß der Krisis selbst an Geldmangel leidend, derselben nun für ihre eigenen Mitglieder bedurften und sie dadurch, zumal sie überdies noch von ihren heimischen Gläubigern zahlreiche Kündigungen erfuhren, trotz des bedeutenden eigenen Kapitals, das mehrere von ihnen besaßen, in die ernsteste Verlegenheit gebracht, die bei längerer Dauer der Krisis vielleicht nicht nur mit ihrer eigenen Insolvenz sondern auch mit der Insolvenz derjenigen Vereine geendet hätte, welche große Summen bei anderen Vereinen angelegt hatten. Es ist eine ungesunde Entwickelung, die auf die Dauer nur zur Schädigung des Vereins führen kann, einen großen Teil der fremden Gelder von Banken oder anderen Vereinen aufzunehmen und mit Hilfe dieses unsicheren Kredits das Geschäft zu einer schnellen Blüte emporzutreiben."

In gleicher Weise sprach sich der im Jahre darauf in Kassel zusammengetretene Genossenschaftstag auf Antrag Schulzes von neuem dahin aus:

> „Es ist den Vorschuß- und Kreditvereinen zu empfehlen, sich des Bankkredits nur mit äußerster Zurückhaltung und nur für Fälle außerordentlichen und vorübergehenden Bedürfnisses, nicht aber zur dauernden Verstärkung ihres Betriebsfonds zu bedienen, vielmehr ihren Geschäftsumfang im angemessenen Verhältnisse mit der Kapitalansammlung der Mitglieder sowie mit den ihnen aus ihrem nächsten Umkreise zu Gebote stehenden Zuflüssen von Anlehen und Spareinlagen von Privaten zu halten."

Der Ausbruch des Preußisch-Österreichischen Krieges stellte die Leitung der Genossenschaftsbank auf harte Proben. Sie wußte aber sie zu bestehen. „An der Börse" — schrieb Soergel an Meißner im April 1866 — „schwankt die Friedensseligkeit und die Kriegsfurcht noch immer stark und wird voraussichtlich für längere Zeit noch schwanken. Es ist jetzt sehr gefährlich, irgend etwas zu unternehmen ... Solange ich in Eisleben war, habe ich immer sofort stark und forciert verkauft, wenn irgendwo eine Gewitterwolke drohte. Die ersten Verluste sind gewöhnlich die kleinsten. Hier haben wir keine eigenen Papiere, weil man es ja nicht braucht. Und das ist eine sehr angenehme Sache, sich so leicht zu fühlen." Und ebenso Anfang Mai des gleichen Jahres: „Feste Zusicherungen, wechselmäßige Verpflichtungen kann man jetzt nur mit dem großen Risiko, sie vielleicht nicht erfüllen zu können, übernehmen, d. h. man darf sie gar nicht übernehmen. Glücklicherweise ist die Katastrophe hereingebrochen in einer Zeit, in welcher die Obligos am kleinsten sind. Wir haben bei der Preußischen Bank an Wechseln laufen nur 17422 Tlr.; weiter haben wir keine Wechsel an die Bank gegeben, alle übrigen haben wir noch in der Tasche. Wir haben allerdings tägliche Verpflichtungen in Höhe von 96000 Tlr. und Akzepte mit 56000 Tlr., demgegenüber stehen Kasse, Effekten usw. mit 55000 Tlr. und das Wechselportefeuille mit 174000 Tlr.; hiervon verfallen 57000 Tlr. noch im Mai. Hiernach würden, wenn wir alles, was wir schulden, ausbezahlen müssen und keine neuen Dispositionen kommen, von den im Juni verfallenden Wechseln unsere im Juni oder später verfallenden Akzepte zu decken sein. Sie sehen, daß wir uns in der letzten Zeit sehr beschränkt haben, und das ist eine sehr angenehme Sache in so schauderhaften Zeiten . . . Der Ausbruch des Krieges kann meiner Meinung nach noch immer vermieden werden. Man muß sich aber so vorbereiten, als wäre er ganz unvermeidlich."

So brachte das Jahr der Bank nur einen geringfügigen Verlust von 1466 Tlr. (im Vorjahr 2208 Tlr.); aber der Umsatz war von 10244600 Tlr. im Jahre 1865 auf 14255200 Tlr. gestiegen, die zur Verteilung gelangende Dividende von 4 Prozent auf 5 1/4. Auch das Jahr 1867 zeigte eine weitere Vergrößerung des Umsatzes auf 21011700 Tlr. und eine Dividendenerklärung von 6 1/6 Prozent. Dagegen hatte bisher der schon in Stettin geäußerte Wunsch, daß die Genossenschaftsbank in Süddeutschland Fuß fasse, zurücktreten müssen. Jetzt beschloß — Frühjahr 1868 — die Generalversammlung der Bank, das Kapital durch Ausgabe neuer Aktien auf 500000 Taler zu erhöhen und außerdem die Errichtung einer Niederlassung an einem passenden Rheinischen-Gulden-Platz Süddeutschlands vorzunehmen, vorausgesetzt, daß die zu deren Fundierung erforderlichen Aktienzeichnungen in genügender Höhe aus den beteiligten süddeutschen Unterverbänden selbst beschafft werden, wobei man 150000 Taler hierfür in das Auge faßte. Aber während die für das Berliner Geschäft geforderten 230000 Taler vollgezahlt wurden, gingen aus Süddeutschland Zeichnungen von 34 Kreditgenossenschaften und 52 Privatpersonen in Höhe von nur 61400 Taler ein, so daß das Projekt der Frankfurter Filiale abermals verschoben werden mußte. Indessen ergriffen im Herbst 1869 die süddeutschen Vereine auf Veranlassung von Schenck (Wiesbaden) selbst die Initiative zur Beschaffung eines für die Filiale ausreichenden Kapitals, und dieses Mal kamen die nötigen 150000 Taler zusammen; 52600 Taler waren in dem Mittelrheinischen Verband, 40000 Taler im Pfälzischen, 16400 im Oberbadischen und 6000 im Fränkischen Verbande gezeichnet worden; der Rest verteilte sich auf kleinere Summen. „Unserer Ansicht nach — schrieb Soergel daraufhin an den Aufsichtsrat — ist dieses Kapital zwar hinlänglich, um das Interesse der süddeutschen Genossenschaften an dem Zustandekommen der Frankfurter Filiale zu bezeugen und ihre Kundschaft dauernd daran zu fesseln. Es ist aber zu gering, um der Filiale eine hinlängliche kapitale Grundlage zu geben. Aus dieser Erwägung hatte man früher in Aussicht genommen, die von den süddeutschen Genossenschaften zu unserem jetzigen Geschäftskapital geflossenen Summen zur besseren Dotierung der Frankfurter Filiale zuzuwenden, wodurch man auf ungefähr 200000 Taler gekommen wäre. Wir beantragen, von dieser Absicht nunmehr abzustehen, dagegen den alten Aktionären auf je 3 ihrer Aktien eine neue zum Nennwert zur Verfügung zu stellen und die Frankfurter Filiale mit 300000 Taler auszustatten, das etwa überzeichnete Kapital aber für das Berliner Stammgeschäft in Verwendung zu nehmen." Die im März 1870 hierzu berufene Generalversammlung genehmigte zwar die Anträge, die Zeichnungen gingen auch in genügender Höhe ein und mit der Leitung des neuen Geschäfts ward Otto Meißner, der Nachfolger Soergels in Eisleben, betraut, der von letzterem mit den Worten empfohlen worden war: „er ist uns als ein zuverlässiger Charakter und als ein geschickter, besonnen fortschreitender Geschäftsmann bekannt." Der Ausbruch des Deutsch-Französischen Krieges machte jedoch die Eröffnung der Filiale zunächst unmöglich. Erst im Sommer 1871 konnte sie, nachdem Meißner in der Generalversammlung vom 3. April 1871 als dritter persönlich haftender Gesellschafter gewählt worden war, ihre Geschäfte unter der Firma „Deutsche Genossenschaftsbank von Soergel, Parrisius & Co., Kommandite Frankfurt a. M." beginnen.

Anfänglich hatte der Aufsichtsrat der Bank auch für Frankfurt zur Bedingung gemacht, daß hier mit der Leitung gleichfalls zwei persönlich haftende Gesellschafter betraut werden sollten. Die Zahl der Personen, welche sich dazu meldeten, war Legion; aber sie wurden entweder zu leicht befunden oder das Engagement zerschlug sich aus anderen Gründen*). Nach langem Sträuben erklärte sich der Aufsichtsrat damit einverstanden, daß ein Prokurist bevollmächtigt werde, mit Meißner die Kommandite rechtskräftig zu vertreten.

---

*) Auskunft über die Bewerber, welche sich aus Frankfurt selbst meldeten, zog Schulze bei dem Vertreter Frankfurts im Reichstage, Freiherrn Mayer Karl von Rothschild ein; eine der von diesem gegebenen Antworten lautete: daß über die pekuniären Mittel des Betreffenden, der selbst Inhaber eines Bankgeschäfts war, „nichts Zuverlässiges bekannt ist; doch sollen sie immer noch bedeutender als seine Fähigkeiten sein".

## 3. Die geschäftliche Tätigkeit der Bank.

Das Kapital der Bank betrug nunmehr infolge der letzten Erhöhung 850000 Taler gleich 2550000 M.; weitere Vermehrungen fanden statt

| | | | | | | | | | |
|---|---|---|---|---|---|---|---|---|---|
| im | November | 1871 | mit | 3450000 | M. | zum | Kurse | von | 108 Prozent, |
| „ | April | 1872 | „ | 3000000 | „ | „ | „ | „ | 115 „ |

(hiervon wurden 50 Prozent sofort, die zweiten 50 Prozent Ende 1880 eingezahlt),

| | | | | | | | | | |
|---|---|---|---|---|---|---|---|---|---|
| im | November | 1887 | mit | 6000000 | M. | zum | Kurse | von | 118 Prozent, |
| „ | „ | 1889 | „ | 6000000 | „ | „ | „ | „ | 120 „ |
| „ | April | 1897 | „ | 7000000 | „ | „ | „ | „ | 113½ „ |
| „ | „ | 1899 | „ | 8000000 | „ | „ | „ | „ | 113½ „ |

so daß von diesem Zeitpunkt ab das Gesamtkapital der Bank, deren Gesellschaftsvertrag nach seinem Ablauf im Jahre 1880 auf unbestimmte Zeit verlängert worden war, 36000000 M. betrug. In der Generalversammlung vom 28. August 1902 wurde eine Verminderung des Kapitals um 6000000 M. durch Rückkauf zu 102 Prozent beschlossen; das Kapital war demnach von da ab 30000000 M. groß.

Von den persönlich haftenden Gesellschaftern verstarben A. Soergel im Jahre 1875 und O. Meißner im Jahre 1894, während R. Parrisius infolge seines hohen Alters im Jahre 1901 ausschied. Schon vorher waren S. Weill-Berlin am 27. April 1872 in das Berliner Geschäft, F. Thorwart-Bremen am 27. Februar 1877 und Dr. Konr. Meißner-Frankfurt a. M. am 20. März 1897 in das Frankfurter Geschäft, Carl Siebert-Osnabrück am 5. Februar 1890 in das Berliner Geschäft als Gesellschafter eingetreten; letzterer trat im Jahre 1902 freiwillig zurück; die Leitung der Bank lag nunmehr in den Händen von S. Weill, F. Thorwart und Dr. K. Meißner.

Das ursprüngliche Statut der Genossenschaftsbank hatte als deren Sitz ausschließlich Berlin bezeichnet; durch die Errichtung der Niederlassung in Frankfurt a. M. wurde eine Statutenänderung dahin nötig, daß die Bank auch an anderen Orten Zweigniederlassungen gründen sowie sich bei anderen Bankgeschäften als Kommanditistin oder stille Gesellschafterin beteiligen könne. Die Generalversammlung vom 27. April 1872 beschloß entsprechend. Aber die dabei geplante Ausdehnung der Bank auf Plätze außerhalb Berlins und Frankfurts hat sich nicht verwirklicht. Zwar Wünsche dieserhalb wurden wiederholt laut. Namentlich die sächsischen Genossenschaften hatten bereits früher die Errichtung einer Niederlassung in Leipzig als dringend erforderlich bezeichnet. Soergel blieb jedoch dabei, daß an deren Gründung nur dann zu denken sei, wenn die beteiligten Kreise das wenigstens für den Anfang notwendige Betriebskapital selbst aufbringen wollten, ein Standpunkt, welchen er auch bei den süddeutschen Genossenschaften s. Z. mit Nachdruck vertreten hatte. Er hielt erst dann das Gedeihen der Niederlassung gesichert, wenn deren Befürworter ihre eigene Haut dabei zu Markte zu tragen gewillt seien. Private Anfragen an die maßgebenden Persönlichkeiten in Sachsen blieben indessen ganz erfolglos. „Zur Aktienbeteiligung an einem neuen Unternehmen getraue ich mir hier in unserem reichen Bezirk jetzt nicht 1000 Taler aufzubringen, und wenn es hier so aussieht, ist in anderen Städten Sachsens, vielleicht mit Ausnahme von Leipzig und Dresden, gar nichts zu machen. Wenn nur unter der Bedingung der Aktienbeteiligung die Errichtung einer Filiale in Leipzig erreichbar ist, dann muß man sich dazu noch Zeit nehmen" lautete eine Antwort. „Auf das werktätige Entgegenkommen der sächsischen Vereine möchte ich nicht allzuviel bauen — sagte eine zweite Stimme —. Braucht ein Verein keine Vermittelung in Leipzig, so verhält er sich passiv; braucht er eine, so ist ihm nicht unbekannt, daß die dortigen Filialen der thüringischen Notenbanken ihm ohne Provision und ohne Zeichnung einer Summe zu helfen bereit sind, denn diese haschen nach jeder Gelegenheit, ihre Papiere über das Land zu streuen. Meiner Schätzung nach dürfte von den neunzig sächsischen Vereinen kaum ein Drittel zur Zeichnung für die Filiale bereit sein." „Die Errichtung einer Filiale der Genossenschaftsbank in Leipzig — schrieb der Leiter eines dritten Vereins — halte ich allerdings für wünschenswert, glaube aber nicht, daß es gegenwärtig möglich sein wird, 100000 Taler zu deren Förderung zu beschaffen." „Die Frage, ob Aussicht vorhanden sei, die von Ihnen angegebene Summe zusammenzubringen — lesen wir an einer vierten Stelle — möchte ich verneinen. Zu dem schlechten Geschäftsgang, der sich in Sachsen ganz besonders fühlbar macht, kommt noch die Panik mehrerer großer Fallimente, von denen man nicht weiß, wie viele noch nachkommen werden. Man sollte die Frage auf den nächsten Unterverbandstag bringen, um die Ansicht der hauptsächlichsten Vereine zu hören und um dabei zu begründen, welche Vorteile wir von einem derartigen Zentralpunkte zu erwarten haben."

Nach diesem Mißerfolg entschloß sich die Genossenschaftsbank zwar, sich mit bestimmten Kapitalbeträgen an Bankgeschäften in Osnabrück, der späteren Osnabrücker Bank, und in Koblenz, der aus dem Vorschußverein daselbst hervorgegangenen Mittelrheinischen Bank, zu beteiligen; indessen ward man damit dem ursprünglichen Plane doch nur in sehr geringem Maße gerecht und gab die Beteiligungen später wieder auf. Dagegen schritt die Bank Ende 1872 zur Gründung eines „Stadtgeschäfts" in Berlin und zwar durch Konstituierung einer selbständigen Aktiengesellschaft unter dem Namen „Stadtbank" mit einem Kapital von 500000 Talern. Die neue Bank sollte mit der Genossenschaftsbank dauernd derart verbunden werden, daß letztere das gesamte Kapital übernahm und sich den Einfluß auf die Geschäftsführung und die Sicherung des Kapitals durch die Zusammensetzung des Aufsichtsrats wahren wollte. Das Geschäft wurde in den Parterreräumen des von der Genossenschaftsbank eigentümlich erworbenen Hauses Charlottenstraße 35a eröffnet; „die vorteilhafte Lage unseres Hauses — so sagte die Begründung — und der stark anwachsende Reichtum vieler Bewohner Berlins sowie der große Aufschwung, den Handel und Gewerbe genommen haben, sind eine aussichtsvolle Grundlage für ein naturwüchsiges und vorteilhaftes Stadtgeschäft." Aber kaum eröffnet, mußte auch die Stadtbank, die man als die erste der später mit so großem Erfolge tätigen Wechselstuben und Depositenkassen ansehen kann, der im Frühjahr 1873 von Wien ausgehenden großen Börsenkrisis ihren Tribut zahlen, und als ihr Abschluß eine Unterbilanz zeigte, „zögerten wir nicht — schreibt die Genossenschaftsbank in dem Geschäftsbericht für 1874 —, sie zur Liquidation zu bringen, da die nächste Zukunft keine Aussicht auf das Wiedereintreten eines flotten Effektengeschäfts gewährt. Die Liquidation ist heute durchgeführt; das Kapital befindet sich bis auf die im Gewinn- und Verlustkonto voll beglichene Unterbilanz von 45100 Taler wieder in unseren Händen und ist in zinstragenden Papieren angelegt." Eine gleiche Tätigkeit hat die Genossenschaftsbank auf diesem Gebiete nicht mehr entfaltet. Wohl aber hatte sie in der gleichen Zeit die Aktien verschiedener industrieller Unternehmungen im Auftrage deren Gründer an die Berliner Börse gebracht — Aktienbrauerei Königstadt und Aktiengesellschaft Admiralsgartenbad in Berlin, Zuckerfabrik Körbisdorf, Hallesche Maschinenfabrik und Eisengießerei —, welche sich später zum Teil glänzend entwickelten, damals aber die Ungunst der Zeit des allgemeinen wirtschaftlichen Niederganges gleich so vielen anderen erfuhren. Daß diese Enttäuschungen Soergel sehr nahe gingen und an ihm gesundheitlich zehrten, darüber hat der sonst so verschlossene Mann seinen näheren Freunden gegenüber kein Hehl gemacht; er starb, sechzig Jahre alt, am 16. November 1875. „Von ihm — rühmte der Geschäftsbericht der Bank am 6. März 1876 — ging die Idee der Begründung unseres Instituts aus und er hat mit großer Energie und Umsicht diese Idee ausgeführt und mit unermüdlichem Eifer seine ganze Kraft der Leitung und Fortentwickelung unserer Bank gewidmet. In einem mehr als elfjährigen Zeitraum haben sich für unsere Geschäftsführung feststehende, durch die Erfahrung bewährte Grundsätze entwickelt, welche eine Fortführung des Geschäfts im Sinne des Verstorbenen wesentlich erleichtern und uns mit der Zuversicht erfüllen, daß es uns gelingen werde, das Vertrauen, welches man unserem Institute bisher entgegenbrachte, zu erhalten und dessen gedeihliche Entwickelung unbeeinträchtigt zu sehen." Schulze-Delitzsch aber widmete dem dahin geschiedenen Freunde in den Bl. f. Genossenschaftswesen einen warm empfundenen Nachruf.

Entsprechend den Bedingungen, an welchen Soergel bei der Errichtung der Frankfurter Filiale festgehalten hatte, war diese mit einem bestimmten Teile des der Bank zustehenden Aktienkapitals ausgestattet worden; sie verwaltete es selbständig und bildete ihren eigenen Reservefonds. Über die Entwickelung der Geschäfte in Berlin und Frankfurt a. M. von Beginn ihrer Tätigkeiten 1865 bzw. 1871 bis Ende 1903 siehe die Tabelle auf Seite 33.

Die Zahlen machen ersichtlich, daß sich die Genossenschaftsbank vom ersten Tag ihres Bestehens an neben dem Geschäftsverkehr mit den Vorschußvereinen auch sämtlichen anderen bankgeschäftlichen Zweigen gewidmet hat. Soergel hatte dies — wie schon oben hervorgehoben — ganz ausdrücklich als im Interesse des Geschäfts notwendig erklärt und in der Vermeidung jeder Einseitigkeit eine Hauptstütze für den gesunden Bau der Bank erblickt. Fast mit Heftigkeit wiederholte er dies auf die Anfrage eines Berliner Börsenblattes, welches aus der Firma auf einen freiwillig begrenzten Wirkungskreis geschlossen hatte. „Die Deutsche Genossenschaftsbank" — so antwortete er — „ist keines-

## Berliner Geschäft.

| Jahr | Kapital in Mark | Umsätze auf einer Seite des Hauptbuchs: Gesamtumsatz in Mark | Umsätze mit Vorschußvereinen*): in laufender Rechnung in Mark | Umsätze mit Vorschußvereinen*): auf Girokonto in Mark | Umsätze mit Vorschußvereinen*): Zusammen in Mark | Umsätze anderer laufender Rechnungen und auf Scheckkonten in Mark | Saldi am Jahresschlusse: Guthaben der Vorschußvereine in laufender Rechnung in Mark*) | Forderungen an Vorschußvereine in laufender Rechnung in Mark*) | Diskontierte Vorschußvereinswechsel im Portefeuille in Mark | Forderungen an Vorschußvereine in laufender Rechnung und diesen diskontierte Wechsel in Mark |
|---|---|---|---|---|---|---|---|---|---|---|
| | 1 | 2 | 3 | 4 | 5 (3 und 4) | 6 | 7 | 8 | 9 | 10 (8 und 9) |
| 1865 | 810 000 | 30 733 710 | 3 055 140 | — | 3 055 140 | 9 882 246 | 131 745 | 96 456 | 347 938 | 444 394 |
| 1868 | 1 453 200 | 72 198 768 | 11 467 119 | 1 446 765 | 12 913 884 | 16 648 080 | 373 491 | 239 640 | 676 836 | 916 476 |
| 1873 | 5 500 000 | 620 564 166 | 70 979 202 | 13 016 595 | 83 995 797 | 92 089 152 | 1 052 802 | 965 025 | 2 541 186 | 3 506 211 |
| 1878 | 5 500 000 | 464 748 444 | 38 422 253 | 22 935 512 | 61 357 766 | 76 345 876 | 590 876 | 678 810 | 2 578 277 | 3 257 087 |
| 1883 | 6 250 000 | 978 030 146 | 142 095 193 | 35 176 634 | 177 271 827 | 114 782 177 | 4 163 012 | 2 073 520 | 3 078 716 | 5 152 236 |
| 1888 | 10 500 000 | 1 446 287 787 | 188 298 102 | 60 392 436 | 248 690 538 | 205 737 345 | 4 754 416 | 1 519 535 | 4 274 133 | 5 793 668 |
| 1893 | 15 000 000 | 1 495 600 734 | 198 618 265 | 66 222 915 | 264 841 180 | 246 421 224 | 3 260 690 | 5 345 399 | 4 741 785 | 10 087 184 |
| 1898 | 19 000 000 | 1 864 959 791 | 244 774 549 | 100 541 542 | 345 316 091 | 281 601 582 | 5 463 047 | 8 296 573 | 5 857 668 | 14 154 241 |
| 1903 | 20 000 000 | 1 822 746 000 | 202 450 000 | 136 881 000 | 339 331 000 | 222 876 000 | 7 344 614 | 6 214 446 | 6 109 304 | 12 323 750 |

## Frankfurter Geschäft.

| Jahr | 1 | 2 | 3 | 4 | 5 | 6 | 7 | 8 | 9 | 10 |
|---|---|---|---|---|---|---|---|---|---|---|
| 1871 | 1 425 000 | 81 914 480 | 10 292 489 | 838 350 | 11 130 839 | 11 602 950 | 272 230 | 1 042 989 | 241 542 | 1 284 531 |
| 1873 | 2 000 000 | 280 377 217 | 34 552 636 | 11 775 426 | 46 328 062 | 38 285 142 | 421 739 | 2 189 569 | 365 528 | 2 255 097 |
| 1878 | 2 000 000 | 275 360 624 | 30 618 349 | 17 311 005 | 47 929 354 | 34 626 099 | 325 729 | 2 873 855 | 521 721 | 3 395 576 |
| 1883 | 2 750 000 | 590 680 137 | 63 644 379 | 31 463 243 | 95 107 622 | 91 622 868 | 2 580 698 | 3 132 090 | 973 889 | 4 105 979 |
| 1888 | 4 500 000 | 883 868 792 | 72 941 281 | 53 774 743 | 126 716 024 | 118 752 615 | 1 458 540 | 5 026 465 | 849 060 | 5 875 525 |
| 1893 | 6 000 000 | 875 670 389 | 89 308 214 | 61 235 263 | 150 543 477 | 137 267 080 | 1 236 477 | 5 541 732 | 1 027 133 | 6 568 865 |
| 1898 | 9 000 000 | 1 148 121 645 | 94 229 147 | 93 107 065 | 187 336 212 | 174 237 817 | 1 317 028 | 6 166 624 | 1 207 571 | 7 374 195 |
| 1903 | 10 000 000 | 1 271 488 477 | 91 905 770 | 128 049 643 | 219 955 413 | 154 080 374 | 1 635 620 | 4 426 984 | 1 423 903 | 5 850 887 |

*) In dem Verkehr mit den Vorschußvereinen, deren Guthaben und Verbindlichkeiten (Kolonne 3, 7, 8 und 10 sind die Ziffern der aus Genossenschaften hervorgegangenen Aktienbanken, in Berlin auch diejenigen anderer Aktienbanken enthalten.

wegs auf die Geschäftsverbindung mit den Vorschußvereinen beschränkt. Sie ist ein Bank- und Kommissionsgeschäft, errichtet für alle Zweige des Bankgeschäfts und es kann ihr nur im höchsten Grade erwünscht sein, mit soliden Geschäftsleuten in Verbindung zu treten. Die Bank diskontiert Wechsel von Genossenschaften und Privaten, besorgt den Ein- und Verkauf von Staatspapieren, Aktien, Prioritäten und Wechseln auf das Ausland, eröffnet Genossenschaften und Privaten laufende Rechnungen und nimmt Gelder in Depot. Es umfaßt also ihre Tätigkeit alles, was zu einem Bank- und Kommissionsgeschäft gehört." Aber wenn die Genossenschaftsbank auch diese sämtlichen Geschäfte pflegte und sich im Laufe der Jahre auch außerhalb der Vorschußvereine einen wertvollen Kundenkreis zu verschaffen wußte, so mußte sie doch dauernd darauf Bedacht nehmen, daß darunter die Interessen der Genossenschaften nicht litten. Sie sah sich gezwungen, ihren Kredit stets für sie in Bereitschaft zu halten, gleichgültig ob er begehrt werden würde oder nicht, was bedingte, auf diesem Gebiete anderen Firmen gegenüber Zurückhaltung zu üben, auch wenn sie von der Kreditgewährung die Übertragung ihrer sonstigen Bank- und Börsengeschäfte abhängig machten. Denn es wäre in der Tat nicht angängig gewesen, daß die Bank den Vorschußvereinen gesagt hätte, sie könne ihnen keinen Kredit einräumen, weil sie ihn an Bankiers und Gewerbetreibende vergeben habe. Anderseits konnte sie die Vereine nicht zwingen, den ihnen zugestandenen Kredit auszunützen, wenn sie seiner nicht bedurften; ja dadurch, daß sie die Genossenschaften unausgesetzt mahnte, ihr eigentliches Betriebskapital in den Kreisen ihrer Mitbürger aufzubringen, machte sie ihren eigenen Kredit selbst recht häufig überflüssig. Trotzdem mußte sie natürlicherweise darauf verzichten, eine Entschädigung für jene Kreditreserve zu beanspruchen, denn kein Verein hätte sich darauf eingelassen. Noch in einer zweiten Beziehung stand sie sich bei ihrem Verkehr mit den Genossenschaften ungünstiger als bei demjenigen mit ihrer sonstigen Bankierskundschaft. Denn diese zeigte sich ohne weiteres bereit, der Bank für den von ihr bewilligten Kredit auch ein entsprechendes Maß anderer provisionspflichtiger Geschäfte zuzuweisen. Eine gleiche Bedingung konnte jedoch die Bank den Vereinen nicht auferlegen, die vielleicht solche Geschäfte überhaupt nicht machten oder die nicht zu bewegen waren, daß sie ausschließlich mit ihr arbeiteten. So hielt sich die Bank jederzeit gebunden, ihre Dienste den Vereinen zur Verfügung zu stellen; aber sie mußte abwarten, ob man davon Gebrauch machen wollte oder nicht, und sie war nicht imstande, die Werbung außenstehender Kundschaft mit Nachdruck zu betreiben. Die Gründe, aus denen gar manche Genossenschaft sich nicht entschließen wollte, ihre Geschäfte der Genossenschaftsbank zu übertragen, waren mannigfacher Natur. Die Gewohnheit, mit einer schon bestehenden Bankverbindung weiter zu arbeiten, die Dankbarkeit für bei dieser früher in den Zeiten der Kriegsläufte oder einer wirtschaftlichen Krisis genossenen Kredit, die geographische Entfernung von Berlin oder Frankfurt, ein streng ausgebildetes partikularistisches Heimatsgefühl — alle diese Momente kamen dabei in Betracht. Wohl aber fanden die Vereine stets den Weg zur Genossenschaftsbank, wenn es galt, Rat oder Auskunft über geschäftliche und organisatorische Fragen zu erbitten. Es ist hierfür durchaus bezeichnend, daß der Vorort des unterbadischen Genossenschaftsverbandes, die Gewerbebank Buchsal, in einem Zirkular an die mit ihr verbundenen Vereine — August 1871 — die Mahnung richtete: „Es möge nicht aus den Augen gelassen werden, daß die Genossenschaftsbank ebensosehr verpflichtet ist, das Wohl der Genossenschaften zu fördern, als es Aufgabe der letzteren ist, die erstere in ihrem Bestreben zu unterstützen. Eines bedingt das andere und es wäre verkehrt, wenn die Genossenschaften lediglich das Entgegenkommen der Genossenschaftsbank abwarten, selbst aber die Hände in den Schoß legen wollten."

Auch aus späterer Zeit mag noch eine charakteristische Äußerung des Leiters des Landsberger Kreditvereins erwähnt werden (Blätter für Genossenschaftswesen, Jahrg. 1910, Nr. 52): „Gegen die Fusion der Genossenschaftsbank mit der Dresdner Bank — 1904 — ist seinerzeit kein Widerspruch laut geworden, weil Widersprechende mit Recht den Nachweis fürchten mußten, daß sie außer im Giroverkehr gar keine Geschäfte mit der Genossenschaftsbank machten ... Auch ich mußte mir sagen, daß die von mir geleitete Genossenschaft wie alle anderen an dem Untergang der Genossenschaftsbank mitschuldig war, weil die einträglichen Geschäfte nicht bei ihr sondern anderweit abgewickelt worden waren."

Die nun folgenden zwanzig Jahre — 1875 bis 1895 — zeigen bei der Genossenschaftsbank eine gleichmäßige Ausdehnung ihrer Geschäfte auf den verschiedensten Gebieten. Sie erhöhte in diesem Zeitabschnitt ihr Kapital von 7 500 000 M. auf 21 000 000 M. und die Umsätze wuchsen von 881 883 000 M. auf 2 492 134 000 M., diejenigen im Vorschußvereinsgeschäft von 69 932 047 M. auf 298 954 746 M. Die Ausstände in laufender Rechnung bei den Kreditgenossenschaften hatten sich von 2540900 M. auf 9611800 M. gehoben, ein Zeichen, in welchem Maße die Genossenschaftsbank das Kreditbedürfnis der Vorschußvereine zu befriedigen wußte. Hierbei ist aber noch zu beachten, daß die nord und mitteldeutschen Genossenschaften die ihnen zugestandenen Kredite durchweg durch Diskontierung von Wechseln in Anspruch nahmen; der Bestand in letzteren ist also den hinausgegebenen Krediten hinzuzurechnen. Unterstützt wurde die Genossenschaftsbank bei der Ausdehnung ihres Geschäftsverkehrs durch die persönlichen Beziehungen zu den Leitern der Vorschußvereine, wozu ihr die Jahresversammlungen der genossenschaftlichen Unterverbände Gelegenheit gaben, die sie in Süddeutschland von jeher, in Nord- und Mitteldeutschland von Jahr zu Jahr regelmäßiger besuchte. Dort wurde sie mit den Wünschen und Beschwerden der Vereine bekannt, lernte ihre guten und schwachen Seiten kennen und nahm an den Fragen ihrer inneren Einrichtungen und deren Verbesserung auf Grund ihrer geschäftlichen Erfahrungen teil, wobei ihr guter Rat stets gerne gehört wurde. Die Ausgestaltung und Ausbreitung des schon im Jahre 1867 gegründeten Giroverbandes, dem wir eine besondere Darstellung widmen, war in dieser Zeit Gegenstand ihrer unausgesetzten Aufmerksamkeit und damit ging auch die Vermehrung der Vereinskundschaft in laufender Rechnung Hand in Hand.

In gleicher Weise wußte die Genossenschaftsbank den Verkehr mit ihren außerhalb der genossenschaftlichen Kreise stehenden Freunden zu pflegen. Neben dem regelmäßigen Kommissions- und Kontokorrentgeschäft mit diesen zog sie die Übernahme von Aktien und Obligationen von Aktiengesellschaften — Banken und industriellen Unternehmungen — und deren Einführung an der Börse in das Bereich ihrer Tätigkeit. Von den emittierten Papieren hat die Mehrzahl ihren Erwerbern gute Rente gebracht, ein Teil die auf sie gesetzten Hoffnungen nicht erfüllt. Mit großem Erfolg wirkte die Bank bei der Gewährung von Darlehen an Kreise und Stadtgemeinden und dem Verkaufe der dagegen ausgestellten Anleihescheine mit, wie sie auch im Jahre 1887 als Mitglied in das sog. Preußenkonsortium eintrat, d. h. in die Vereinigung der großen Berliner Banken, welche sich zur Übernahme der Anleihen des Deutschen Reiches und des Königreichs Preußen gebildet hatte.

Anderseits blieb die Bank auch nicht von Verlusten, zumal bei Aktienbanken, frei, welche die frühere genossenschaftliche Form bei Einführung der gesetzlichen Revisionspflicht abgestreift hatten aber, weil innerlich schon lange faul, trotz der Umwandlung dem Zusammenbruch nicht entgehen konnten. Von ihnen sei besonders der Naumburger Bankverein genannt, aus dessen Masse die Genossenschaftsbank die Mehrzahl der Kuxe des Bergwerks Kyffhäuser übernahm, ein Erwerb, der ihr später noch große Sorgen bereitete.

Zum Schlusse dieses Zeitabschnittes — am 16. Mai 1894 — war der seit Errichtung der Frankfurter Niederlassung der Genossenschaftsbank an deren Spitze stehende Gesellschafter O. Meißner gestorben. „Seinem weiten Blick — sagte der Wochenbericht der Niederlassung —, seiner ungewöhnlichen Arbeitskraft und seltenen Hingebung an die ihm anvertrauten Interessen verdankt die Bank die Stellung, deren sie sich heute innerhalb der süddeutschen Bankenwelt erfreut."

## 4. Die Zentralkassenbewegung.

In das letzte Jahrzehnt der Selbständigkeit der Genossenschaftsbank — 1895 bis 1904 — fällt die große Entwickelung des deutschen Bankgeschäfts, die gewaltige Kapitalvermehrung der Aktienbanken und deren Konzentrationsprozeß, der auch heute noch nicht abgeschlossen zu sein scheint. Für die Genossenschaftsbank ist die Zeit aber doppelt interessant, weil in ihr die Agitation für genossenschaftliche Zentralkassen praktische Bedeutung gewann und durch die Errichtung der staatlichen Preußischen Zentralgenossenschaftskasse ein ganz neues Element in die Genossenschaftsbewegung hineingetragen wurde.

Schon in den Jahren 1871 und 1872 waren, da angeblich die Genossenschaftsbank für das vorhandene Kreditbedürfnis der Vereine nicht ausreichte, auf Veranlassung Berliner Genossenschaften und der Genossenschaften in der Rheinprovinz die „Zentralbank für Genossenschaften" in Berlin und die „Rheinisch-Westfälische Genossenschaftsbank" in Köln in Form von Aktiengesellschaften errichtet worden, um ihren Gründern als Zentralkassen zu dienen. Bezüglich der ersteren schrieb Schulze an den Verbandsdirektor der Pommerschen Vorschußvereine in Stettin — März 1871 —: „Ich nehme zu der neuen Zentralbank eine ganz unparteiische Stellung ein, indem ich zwar an der Beratung über das Statut teilgenommen habe, aber sonst der Sache ganz fern geblieben bin, weil ich in meiner Stellung als Anwalt des Verbandes vom letzteren erst das Mandat dazu erhalten müßte, tätig mich an der Gründung der neuen Bank zu beteiligen. Die an der Spitze stehenden Personen gelten als geschäftskundige und geachtete Kaufleute, die ihrer Aufgabe gewachsen sind, so daß das Unternehmen wohl gelingen kann und dann, insofern der Genossenschaftsbank eine Konkurrenz daraus erwüchse, den Vereinen eher Nutzen als Schaden bringen dürfte." Indessen ward die Zentralbank bereits im Jahre 1874 mit ansehnlichem Verlust wieder liquidiert; die Rheinisch-Westfälische Genossenschaftsbank wurde von Anfang an ihres Lebens nicht froh und nahm später ein unrühmliches Ende. Ebenso hatte der Verbandstag der Vorschußvereine in der Provinz Sachsen und dem Herzogtum Anhalt im Jahre 1873 eine Kommission niedergesetzt, um die Errichtung eines Geldvermittelungsinstituts zwischen den Vereinen des Verbandes herbeizuführen, welche auch nach längerer Beratung damit den Allg. Spar- und Vorschußverein zu Halle a. S. betrauen wollte. Wie zwölf Jahre früher gegen den Fröhnerschen Vorschlag, so nahm auch jetzt wieder Schulze gegen dieses Projekt mit Entschiedenheit Stellung (Bl. f. Genossenschaftswesen 1874 Nr. 22*). Von neuem betonte er die Gefahren, welche die Verbindung einer Geldausgleichstelle mit einer bestehenden Kreditgenossenschaft mit sich führe, indem er zugleich auf die Unmöglichkeit hinwies, den Geldzufluß und Geldabfluß nach den Wünschen der beteiligten Vereine zu dirigieren, wodurch schon allein dem Gedanken die Ausführbarkeit genommen sei. „Sollten die Vereine des Unterverbandes das Bedürfnis einer Geldvermittelungsstelle in ihrem Bereiche fühlen, so müssen sie diese selbständig und bankmäßig dotieren und organisieren, d. h. eine Provinzialgenossenschaftsbank gründen. Können sie sich zu diesem Behufe vielleicht mit benachbarten Genossenschaften vereinigen, so würde sich ein mäßiges Aktienkapital wohl ohne Schwierigkeit aufbringen lassen. Durch eine Anzahl von den Genossenschaften gegründeter Banken wird diejenige Konkurrenz geschaffen, welche den Geschäftsverkehr zu möglichst billigen Bedingungen herbeiführt und die Vereine erst zu einem sicheren Urteil über die bei der Deutschen Genossenschaftsbank in Berlin üblichen Sätze befähigt ... Nur ein Vorgehen, welches dem Bedürfnis durch wirklich lebensfähige Schöpfungen entgegenkommt, hat

*) Vgl. H. Schulze-Delitzschs Schriften und Reden. Berlin 1909, J. Guttentag, Bd. I, S. 539 u. f.

das Recht, sich als die weitere Konsequenz des genossenschaftlichen Prinzips, hervorgegangen aus der gemeinsamen Triebkraft der Selbsthilfe, geltend zu machen ... Versteht man es nicht, in dieser Hinsicht die bessernde Hand an das Projekt zu legen, so kann es geschehen, daß einmal die durch eine solche unvollkommene Veranstaltung geplante Selbsthilfe in eine Selbstschädigung umschlägt."

Schon vorher — 1872 — hatte Schulze gelegentlich der Gründung der ostpreußischen Grundkreditgesellschaft gleichfalls der Vereinigung der Vorschußvereine zu einem neuen Unternehmen auf genossenschaftlicher Grundlage widersprochen und dieser die Errichtung einer Aktienbank empfohlen*). Eine andere Gelegenheit gab ihm späterhin Veranlassung, sich wiederum nachdrücklich über die Bedeutung und den Umfang des Bankkredits gegenüber den Vorschußvereinen auszusprechen. Die Frankfurter Niederlassung der Genossenschaftsbank hatte sich im Oktober 1878 in einem Rundschreiben erboten, Gelder mit vierteljährlicher Kündigungsfrist zu einem Zinsfuß von vier Prozent entgegenzunehmen, um sie unter ihrer Haftung, „vorzugsweise denjenigen kleinen Vereinen zur Verfügung zu stellen, welche noch keine bankmäßige Entwickelung haben und denen es infolgedessen schwer wird, die Anforderungen zu erfüllen, welche an Gewährung eines bankmäßigen Kredits gestellt werden müssen ... Diejenigen Vereine, welche an einem zeitweisen Geldüberfluß leiden, aber zu einer ganz bestimmten Frist ihr Geld wieder greifbar haben müssen, werden durch unser Angebot eine willkommene Gelegenheit finden, diese Gelder zu einem annehmbaren Zinsfuße nutzbar zu machen, ohne Gefahr zu laufen, das Geld zur bestimmten Frist nicht zurückzuerhalten, während auf der anderen Seite die große Anzahl der kleinen Vereine, welche aus gedachten Gründen bisher von uns abgewiesen werden mußten, nunmehr ihr Kreditbedürfnis unter den nötigen Voraussetzungen befriedigt erhalten können." Damit war Schulze aber durchaus nicht einverstanden. „Der Begehr der größten Anzahl von Vereinen nach Kündigungsdarlehen — schrieb er am 26. November 1878 nach Frankfurt — läuft auf eine dauernde Verstärkung des Betriebsfonds hinaus, weil es bisher nicht gelungen ist, sich aus den nächsten Umgebungen den nötigen Zufluß zu schaffen und die in dem lokalen

---

*) Vgl. H. Schulze-Delitzschs Schriften und Reden. Berlin 1909, J. Guttentag, Bd. I, S. 545 u. f.

Wirkungskreise müßig liegenden Gelder an sich zu ziehen, wie dies doch wesentlich die Aufgabe jeder Bank ist. Mehr wie je ist nötig, den Leuten beizubringen: daß nur zu vorübergehender Aushilfe, für besondere Zeiten, wie Messen, Märkten u. dgl. oder bei außergewöhnlichen Veranlassungen unsere Vereine sich des Bankkredits wie der Anlehen von anderen Vereinen bedienen sollen, niemals aber zu dauernder Verstärkung des zum regelmäßigen Geschäftsbedarf erforderlichen Betriebsfonds. Vielmehr soll man den Bedarf hierin durch die eigenen Mittel und den damit im Verhältnis stehenden Zufluß fremder Gelder aus festen Kundenkreisen zu decken suchen, welche man zu diesem Zwecke an sich zu ziehen suchen muß ... Die Vereine, welche Gelder hergeben werden, kommen wiederum gegenwärtig meist selbst in die Lage, auf pünktlicher Rückzahlung bestehen zu müssen; daß die letztere dann in vielen Fällen seitens der Schuldner nicht innegehalten werden kann, ist gewiß. Freilich treten Sie dann nach dem Projekt zugunsten des Darleihers ein; aber wie Sie demnächst mit dem Schuldner, der des Darlehens in seinem Geschäft dauernd bedarf, fertig werden wollen, ist eine andere Frage ... Vom Standpunkt der kreditsuchenden Vereine geht das Verlangen nach Kündigungskapitalien in den allermeisten Fällen davon aus, daß man so ein dauerndes Bedürfnis nach erhöhtem Betriebskapital zu decken sucht, um dauernd mehr Geschäfte zu machen, als die wirklichen Mittel des Vereins erlauben. Um vorübergehenden Mehraufwand zu decken, dazu würde der Bankkredit mittelst Diskontierens der Mitgliederwechsel genügen. Nun werden Sie, sobald man die Ihnen in diesem Konto anvertrauten Kapitalien kündigt, dieselbe Kündigung auch gegen die betr. Schuldner stattfinden lassen. Daß Sie dann aber — und zwar in vielen Fällen — das gekündigte Geld nicht pünktlich sondern statt dessen weitere Fristgesuche erhalten werden, steht in meinen Augen fest ..." Unter dem Eindrucke der aus solchem Munde kommenden Bedenken verzichtete die Genossenschaftsbank auf die weitere Verfolgung ihres Plans.

Zur Frage der Vereinigung von Genossenschaften zu Zentralkassen nahm Schulze zum letzten Male im Jahre 1883 das Wort, indem er in seiner Schrift „Materialien zur Revision des Genossenschaftswesens" den Antrag begründete, den er zwei Jahre zuvor dem Reichstage unterbreitet hatte: „Eingetragene Genossenschaften können einer anderen eingetragenen Genossenschaft nicht beitreten." Zur Befürwortung berief er sich darauf, daß „der Ausschluß des Beitritts einer eingetragenen Genossenschaft in eine dergleichen schon 1877 von der Kommission des Reichstags beschlossen worden sei."

Trotzdem ward nur kurze Zeit nach dem Tode Schulzes — 29. April 1883 — die Notwendigkeit der Errichtung von Zentralkassen von neuem in Vorschußvereinskreisen zur Diskussion gestellt. „In der Provinz Hannover — schrieb Glackemeyer (Bl. f. Genossenschaftswesen Jahrg. 1887, S. 143) — schießen die Vereine nach Raiffeisen wie die Pilze aus der Erde, meist auf dem platten Lande, namentlich in Kirchspieldörfern. Schwierigkeiten machen diese Gründungen anscheinend nicht . . ., da den Gründern aus einer Zentralkasse gewisse Gelder zu Gebote stehen. Die Vereine nach Schulze haben es immer und zu ihrem eigenen Besten verschmäht, Gelder anzunehmen, die den Charakter einer Unterstützung an sich trugen; die Vereine wollen eben auf eigenen Füßen stehen. Und doch wären Gründungen nach Schulze viel leichter, sofern auch uns eine Zentralkasse in dem Sinne zu Gebote stände, daß neue Vereine in der ersten Zeit ihres Bestehens gegen genügende Sicherheit Darlehen aus dieser Zentralkasse bekommen könnten . . . Wir müssen, wie die neuen Kassen nach Raiffeisen eine Zentralkasse haben, bei der neue Vereine, sofern sie die nötige Sicherheit zu bieten imstande sind, von erster Stunde an momentan Vorschüsse erhalten können. Gerade in der ersten Zeit nach der Gründung ist das Bedürfnis nach zeitweiligen Vorschüssen vorhanden; hat ein solcher Verein erst Zeit und Gelegenheit gehabt, sich das volle Vertrauen seiner Umgebung in den breiten Schichten zu erwerben, so fehlt es ihm an Geldmitteln nicht . . ." Da im Zusammenhang mit diesen Ausführungen der Genossenschaftsbank der Vorwurf gemacht worden war, daß sie jungen Vereinen nicht genügend entgegenkomme, so antwortete Meißner darauf (ebenda S. 159): „Junge Vereine sollen allerdings ihre Lebensfähigkeit erst bewiesen haben, ehe sie einen Bankkredit in Anspruch nehmen; gebieten aber die Verhältnisse dennoch die Inanspruchnahme solcher Mittel, so darf wohl von der Genossenschaftsbank die Stellung einer Sicherheit verlangt werden, die nach der Natur der Sache in persönlichen Garantien zu suchen sein wird, weil die in der Neubildung begriffenen Vereine selten über andere Sicherheiten werden verfügen können . . . Wo die Willfährigkeit eines solchen persönlichen Eintretens für die Verbindlichkeiten eines jungen oder aus anderen Gründen schwachen Vereins vermißt wird, kann von der Genossenschaftsbank nicht verlangt werden, daß sie den Verein mit Kredit unterstützt, denn es liegt nahe, daß das Vertrauen in die pünktliche Erfüllung der Verbindlichkeiten eines Vereins in erster Reihe denjenigen Personen innewohnen muß, welche zu seiner Leitung berufen sind. Sind die Vereine genügend erstarkt und haben sie bereits ein eigenes Kapital von Stammanteilen und Reserven angesammelt, so steht ihnen jederzeit, wie das hinlänglich bekannt ist, seitens der Genossenschaftsbank ein diesem Kapital entsprechender Kredit zur Verfügung, ohne daß ein persönliches Eintreten der Mitglieder des Aufsichtsrats verlangt wird"*).

Dem Glackemeyerschen Drängen nach Zentralkassen kam Freiherr von Broich mit seinen sozialreformatorischen Bestrebungen, die gleichfalls eine Zentralgenossenschaftsbank in ihr Programm eingeschlossen hatten, zu Hilfe, wobei auch er auf die landwirtschaftlichen und Raiffeisenschen Zentralkassen exemplifizierte, ohne sich den Unterschied klarzumachen, der zwischen diesen und den für die Vorschußvereine geforderten Geldvermittelungsstellen bestand. Aber die Frage ward auf ein anderes Gebiet in dem Augenblick geschoben, in welchem die preußische Regierung die beabsichtigte Errichtung einer staatlichen

*) Daß Theorie und Praxis nicht dasselbe sind, dafür lieferte schon wenige Jahre später gerade die inzwischen von Glackemeyer gegründete Niedersächsische Zentralkasse in Hannover ein sprechendes Beispiel. Auf dem fünfzehnten Verbandstage der Genossenschaften des Niedersächsischen Verbandes — 1896 — brachte der Vorschußverein Vorsfelde zur Sprache, daß die Niedersächsische Zentralkasse ihm ein Darlehen ohne Unterlage von Sicherheiten nicht habe geben wollen, wogegen ein Bankhaus dem Verein unbedenklich 100000 M. ohne Unterlagen geborgt habe. Verbandsdirektor Glackemeyer entgegnete, daß die Zentralkasse keinen Blankokredit geben könne; daß man vorsichtig sei sowohl bei der Belegung wie bei der Kreditierung von Geldern, sei für alle Fälle notwendig. Maaß-Bergedorf glaubte, die Zentralkasse hätte auch gegen einen Primawechsel dem Vorsfelder Verein Geld geben können, da sie diesen Wechsel bei Geldmangel bei der Reichsbank diskontieren könne. Der Verbandsdirektor bezeichnete diese Auffassung als irrig. In solchen Fällen verlange die Reichsbank weitere Sicherheiten. (Bl. f. Genossenschaftswesen, Jahrg. 1896, S. 375.) Als letztere im Herbste 1898 ihren Zinsfuß auf $5^1/_2$ Prozent setzte, erhöhte auch die Niedersächsische Zentralkasse ihren Wechselzinsfuß auf 6 Prozent, ihren Lombardzinsfuß auf $6^1/_2$ Prozent, „doch müssen wir uns bei anhaltender Geldknappheit vorbehalten, auch diesen Zinsfuß von Fall zu Fall ändern zu können."

Genossenschaftsbank bekanntgab. Schon im Jahre 1866 war im preußischen Herrenhause befürwortet worden, zur Förderung des Genossenschaftswesens eine Staatsbank mit dem Kapital von zwei Millionen Talern in das Leben zu rufen. Der Antrag, dessen Spitze gegen Schulze aus Anlaß seiner politischen Tätigkeit gerichtet war, ward von der Staatsregierung selbst zu Fall gebracht. Aber in konservativen Kreisen hatte man nicht aufgehört, die Schulze-Delitzschen Genossenschaften als Träger politisch-liberaler Anschauungen zu verdächtigen; Versuche, sie aus eigener Kraft zu bekämpfen, wurden wiederholt gemacht, hatten aber keinen Erfolg. Nun brachte im Frühjahr 1895 der konservative Abgeordnete von Mendel-Steinfels im preußischen Abgeordnetenhause den Antrag ein:

„die Königliche Staatsregierung aufzufordern, einen Betrag bis zu 20 Millionen Mark zur Verfügung zu stellen zwecks Befriedigung des Kreditbedürfnisses landwirtschaftlicher Genossenschaften (besonders ländlicher Darlehenskassen) und zwar zu einem entsprechend niedrigen, $2^1/_2$ Prozent nicht übersteigenden Zinsfuß."

Diesem Antrag wurde ein solcher der freikonservativen Abgeordneten Arendt und Genossen entgegengestellt, welcher die Gründung einer staatlichen Zentralkreditanstalt forderte, der die Aufgabe zuzuweisen sei, „die Kreditbedürfnisse der produktiven Gewerbe, insbesondere des kleineren Grundbesitzes und des Handwerkerstandes zu möglichst billigem Zinssatz zu befriedigen und zu diesem Zweck auch die von kommunalen Korporationen ins Leben gerufenen Kreditanstalten sowie die auf dem Prinzip der Selbsthilfe und der Selbstverwaltung beruhenden Kreditgenossenschaften durch Gewährung möglichst niedrig verzinslicher Darlehen zu unterstützen." Beide Anträge wurden zurückgezogen, als die Regierung die Erklärung abgab, daß sie mit der Ausarbeitung eines Gesetzes bezüglich der Errichtung eines staatlichen Zentralkreditinstituts für den Mittelstand in Stadt und Land beschäftigt sei, das aber nicht Einzelpersonen oder einzelnen Darlehnskassen sondern nur an Kreditverbände Kredit gewähren solle. „Es wird — so sagte Finanzminister Miquel in seiner Rede — sich lebhaft beschäftigen müssen mit der Verwaltung der Verbände selbst; wenn es in enger Kenntnis der Verwaltung derselben bleibt, so wird es durch Einwirkung auf die Organisation, durch Ratschläge usw. auf den Fortgang der genossenschaftlichen Kreditentwickelung nützlich einwirken können." Gleichzeitig berief der Finanzminister eine Konferenz zur Besprechung der

Frage auf den 18. Mai 1895 nach Berlin, in welcher die Grundzüge des in Ausarbeitung begriffenen Gesetzes vorgelegt wurden. Nur der Vertreter des Schulze-Delitzschschen Allgemeinen Verbandes verneinte die Notwendigkeit einer solchen staatlichen Anstalt. Den von namentlich agrarischer Seite geäußerten recht ausschweifenden Forderungen zur Gewährung recht hoher Darlehen zu recht niedrigen Zinsen auf recht lange Zeit traten selbst die Regierungsvertreter entgegen. Der Zinsfuß müsse sich — antworteten diese — nach dem Geldmarkt richten und sich bei längeren Fristen erhöhen; es sei auf Kontokorrentkonto ein regelmäßiger Umschlag herbeizuführen und mit Strenge jedweder Realkredit, auch der verdeckte, auszuschließen. Das weitere Schicksal der Angelegenheit ist bekannt. Die „Preußische Zentralgenossenschaftskasse" wurde mit einem vom Staat in dreiprozentigen Schuldverschreibungen zum Nennwert hergegebenen Kapital von 5000000 M. errichtet und ihr u. a. die Aufgabe zugewiesen, zinsbare Darlehen an solche Vereinigungen und Verbandskassen eingetragener Erwerbs- und Wirtschaftsgenossenschaften zu gewähren, welche unter ihrem Namen vor Gericht klagen und verklagt werden können, sowie Gelder von diesen zur Verzinsung anzunehmen. Charakteristischerweise war in der Begründung des im Juni 1895 ausgearbeiteten Gesetzentwurfs zur Illustration der angeblich in den Handwerkerkreisen herrschenden Kreditnot auf die in Delitzsch vor Gründung des ersten Vorschußvereins im Jahre 1850 (!!) geltenden Zinssätze verwiesen worden. Im Weiteren wurde ausgeführt, daß der genossenschaftlichen Organisation eine Zentralausgleichstelle fehle, „welche im Bedarfsfalle den einzelnen Vereinigungen bzw. Verbandskassen und durch diese den Genossenschaften zu billigen Bedingungen Geldmittel gewährt und auf der anderen Seite die zeitweise überschüssigen Bestände von den Vereinigungen und durch diese wiederum von den Genossenschaften annimmt und möglichst nutzbringend anlegt. Die Vereinigungen und Verbandskassen sind jetzt vielfach genötigt, die für ihre ausgleichende Tätigkeit erforderlichen Mittel sich von Banken oder sonst auf dem privaten Geldmarkt zu verschaffen, und haben dafür schon ihrerseits einen verhältnismäßig hohen Zinssatz zu entrichten, während sie sich anderseits bei der Unterbringung der zeitweise überschüssigen Bestände oft mit einer geringen Verzinsung begnügen müssen . . . Es darf erhofft werden, daß, wenn eine solche Zentralanstalt errichtet wird, die für den ganzen Bereich der Monarchie ausgleichend und befruchtend wirkt und durch die Kanäle der mehrgenannten Vereinigungen den Einzelgenossenschaften billigen Kredit zuführt, der gedachte Zweck erreicht wird."

Der Regierungsentwurf, der nachher in fast unveränderter Form zum Gesetz erhoben wurde, unterschied sich in zwei wesentlichen Punkten von den Mendel-Steinfelsschen Anregungen. Während diese Kredit nur für die landwirtschaftlichen Genossenschaften verlangten, wollte man jetzt zur Befriedigung der Geldbedürfnisse auch der städtischen Kreise schreiten. Indessen wurde bedungen, daß sich die Vereine zu Verbandskassen zusammenschließen und daß sich der Geschäftsverkehr des Staatsinstituts lediglich mit letzteren vollzieht. Ihnen bleibt überlassen, die Geldnachfrage und das Geldangebot der einzelnen Kassen zu regeln, welch letzteren also der unmittelbare Verkehr mit der Zentralgenossenschaftskasse nicht gestattet ist.

Natürlich konnte es nicht fehlen, daß von den verschiedensten Seiten der Segen der neuen Geldquelle in das hellste Licht gesetzt und behufs deren Ausnützung zur Gründung von Zentralkassen aufgefordert wurde. Bedurfte es doch hierzu nur der Vereinigung von sieben Mitgliedern, welche zudem durch die in dem Gesetze von 1889 zugelassene Rechtsform der beschränkten Haftpflicht außerordentlich erleichtert wurde.

Die Genossenschaftsbank stand der Zentralkassenbildung ganz unparteiisch gegenüber. Sie nahm weder an der Errichtung solcher Kassen teil, noch trat sie ihr entgegen. Die Frankfurter Kommandite hatte den landwirtschaftlichen Zentralkassen in Darmstadt, Wiesbaden und Kassel, seitdem diese in das Leben getreten waren, Kredit gewährt und der erste Geschäftsbericht der letzteren rühmte ausdrücklich: „Für die unserer Kasse seitens Frankfurts entgegengebrachten Sympathien sowie für das im Laufe des Geschäftsverkehrs bewiesene Entgegenkommen halten wir uns verpflichtet, an dieser Stelle gebührenden Dank auszusprechen." Ihre Stellung zu den Kassen war eine rein geschäftsmäßige und konnte auch keine andere sein; für sie kam nur deren Kreditwürdigkeit in Frage. Als aber übereifrige Befürworter der Kassen von ihnen eine neue Epoche der gesamten Genossenschaftsbewegung voraussagten und sich bemühten, die schon bestehenden Vereine der Schulze-Delitzschschen Richtung unter die Fittige der Preußischen Zentralgenossenschaftskasse zu treiben, sah sich der Leiter der Frankfurter Kommandite veranlaßt, das Für und Wider der ganzen Angelegenheit einer prinzipiellen Untersuchung zu unterziehen*). Zwei Momente waren es, die dabei in Betracht kamen: können die Zentralkassen selbständig bestehen und können sie geschäftlich mehr leisten, als es der Genossenschaftsbank möglich war? Denn auch auf den Verbandstagen der Schulze-Delitzschschen Genossenschaften waren Stimmen laut geworden, welche aus dem Zusammenschluß zu Zentralkassen eine Verbilligung des Geldverkehrs erwarteten. Die Genossenschaftsbank konnte in der Tat die ihr dadurch angedrohte Konkurrenz um so ruhiger abwarten, als sie niemals ein Monopol innerhalb der Vorschußvereine angestrebt hatte sondern stets dem Wettbewerb anderer Banken ausgesetzt war. Für sie handelte es sich also nur um sachliche Gründe bei der Beurteilung der Frage. Die teilweise Wiedergabe jener Auseinandersetzung mag um so gerechtfertigter sein, als darin die für die Geschäftsführung der Genossenschaftsbank maßgebenden Grundsätze mehrfach berührt wurden.

„An und für sich — hieß es nun dort — scheint nichts einfacher als die Gründung genossenschaftlicher Geldausgleichstellen, der sog. Zentralkassen. Der Vorschußverein, welcher für seinen Geldvorrat keine Verwendung besitzt, sendet seinen Überfluß dahin, der zweite Verein, der an Geldmangel leidet, nimmt ihn in Empfang; beiden ist geholfen und es ist nichts natürlicher, als daß der Zinsfuß, zu dem der erste Verein sein Geld ausleiht und der zweite es anleiht, den denkbar kleinsten Unterschied aufweisen wird. Mit anderen Worten: verglichen mit den Zinsfüßen, welche heute die Vorschußvereine bei ihren Bankverbindungen für die eingezahlten Guthaben erhalten oder für die in Anspruch genommenen Kredite zahlen müssen, wird der Zinsfuß der Zentralkasse für erstere ein viel höherer, für letztere ein viel niedrigerer sein können.

„Mit dem Einwande gegen landschaftlich organisierte Zentralkassen, daß sie eine gedeihliche Wirksamkeit nicht werden entfalten können, weil innerhalb eines bestimmten Himmelsstriches die wirtschaftlichen Verhältnisse stets gleichartige sind, daß also Vorschußvereine in gewissen Zeiten durchweg zuviel Geld besitzen, in anderen durchweg über Geldmangel klagen, halte ich mich nicht weiter auf. Man kann ja an die Gründung einer Zentralkasse für ganz Deutschland denken, zumal nach dem anwaltschaftlichen Jahresbericht die

*) Blätter für Genossenschaftswesen, Jahrgang 1895, S. 322.

Vereine, welche dort ihre Bilanzen veröffentlicht haben, Ende 1893 17 106886 M. Guthaben bei Banken besaßen und gleichzeitig 15 638513 M. an Banken*) schuldeten**). Sollte es nicht ein Leichtes sein, Einrichtungen zu treffen, durch welche die letzteren ihr Kreditbedürfnis bei ersteren befriedigen?

„Aber diese Schlußfolgerung ist deshalb falsch, weil die Überschüsse jener Genossenschaften keine regelmäßigen stets sich gleichbleibenden sondern nur zeitweilige und dem Wechsel unterworfene sind, die Geldansprüche der zweiten Vereine sich aber weder nach Betrag noch nach Fristen mit den Wünschen der ersteren decken. Es geht nicht an, zu sagen: „ich habe 50000 M. auf drei Monate zu verborgen und verlange die Rückzahlung nicht einen Tag früher und nicht einen Tag später"; darauf wird sich kein Verein, und sei er noch so geldbedürftig, einlassen. Selbst wenn er bei der Wiederausleihung der aufgenommenen fremden Gelder an seine Mitglieder die gleichen Fristen ausbedingen wollte: wer bürgt ihm dafür, daß seine Schuldner Wort halten werden? Er würde nur zu rasch in recht peinliche Verlegenheit geraten und seinen Gläubiger, welcher auf Rückzahlung des Geldes gerechnet hat, nicht minder in solche versetzen.

„Dieser Widerstreit der Interessen der zwei Vereinskategorien — derjenigen, welche ihre Gelder nur auf ganz bestimmte Zeit ausleihen wollen, und derjenigen, die Geld für die ganze Zeit ihrer Bedürfnisse suchen — macht die Tätigkeit einer ausschließlich den Geldausgleich pflegenden Zentralkasse von vornherein illusorisch. Es kommt noch ein anderes hinzu. Die Vereine verlangen und zwar mit Recht von ihrer Bankverbindung, mag diese Zentralkasse oder sonstwie heißen, daß sie ihre während des ganzen Jahres auftretenden Kreditbedürfnisse befriedigt. Sie würden schlecht dabei fahren, wenn sie wohl einmal eine gewisse Summe entleihen könnten, beim nächsten Male aber hören müßten, daß die Kasse nunmehr

*) Die Summen waren Ende 1909 57 357011 M. bzw. 29 942792 M. groß.

**) Mit Recht machte die Redaktion der Blätter für Genossenschaftswesen darauf aufmerksam, daß zu den von Banken und Vereinen entnommenen Krediten auch noch die 15 347202 M. — Ende 1909 37 276576 M. — Giroverbindlichkeiten aus bei Banken und Vereinen weiter diskontierten Wechseln gerechnet werden müssen.

4*

kein Geld habe. Und ebensowenig werden die an Geldüberfluß leidenden Vereine damit zufrieden sein, mit ihrem Vorrat so lange warten zu müssen und Zinsen zu verlieren, bis ein anderer Verein als hilfesuchender sich meldet. Hieraus folgert, daß das Mittelglied, welches dem Verkehr zwischen den beiden Vereinen dienen will, das Risiko der Verwertung der überflüssigen Gelder des einen und deren Verleihung an den zweiten Verein auf seine Rechnung nehmen muß. Es wird also genügend großer eigener Mittel oder die Anlehnung an ein anderes kapitalkräftiges Bankgeschäft nötig haben. Ganz in Übereinstimmung hiermit sagt der im Mai d. J. erstattete Bericht des Aufsichtsrats der Zentralgenossenschaftskasse für den Regierungsbezirk Kassel: „Um den Ausgleich des Geldüberschusses und des Geldbedarfs der in unserem Verbande vereinigten Genossenschaften bewirken bzw. den Geldbedarf der einzelnen Genossenschaften stets decken und die Überschüsse dieser jeweils unterbringen zu können, also die der Zentralgenossenschaftskasse gestellten Aufgaben ganz und voll erfüllen zu können, mußte die Verbindung mit einem größeren Bankinstitute angeknüpft werden."

„Wie wenig aber die Befriedigung der kreditbedürftigen Vereine durch Überschüsse kapitalreicher Genossenschaften innerhalb bestimmter Landesteile Deutschlands stattfindet, zeigen die bei der Frankfurter Kommandite der Deutschen Genossenschaftsbank gemachten Erfahrungen. Diese hatte laut ihren Rechenschaftsberichten am Jahresende 1890 bis 1894 einschließlich durchschnittlich bei Vereinen ausstehen 4 957 900 M.; hierzu treten noch den Vereinen diskontierte Wechsel mit durchschnittlich 1 150 000 M., zusammen also mit 6 107 900 M. Dagegen hatten die Vereine in der gleichen Zeit durchschnittlich gut 1 661 000 M. Es waren danach die Forderungen der Frankfurter Kommandite an Vereine fast viermal so groß als ihre Schulden an Vereine; aber diese Verhältniszahl von 4 zu 1 hat sich im Zeitraum des Bestehens der Kommandite von 1871 ab manchmal auf 5, ja 6 und 9 zu 1 — letzteres allerdings bei kleinerem Umfange des Geschäfts als heute — gesteigert. Bleiben wir indessen nur bei den vorhin genannten Ziffern: jene Differenz zwischen 6 107 900 M. und 1 661 000 M., also 4 446 900 M., hat die Kommandite den Vereinen aus ihren eigenen Mitteln zur Verfügung gestellt, der Geldausgleich hat hierbei also nur in sehr beschränktem Maße Platz greifen können. Aber wie sehr die

Forderungen und Schulden der Kommandite an Vereine durch den herrschenden Zinsfuß beeinflußt werden, mag folgende Gegenüberstellung zeigen: sie hatte den Vereinen Kredit gegeben und schuldete den Vereinen bei einem Reichsbanksatze von

| | | | | | |
|---|---|---|---|---|---|
| 4 % | Ende | 1892 | 5 178 000 M. | bzw. | 1 505 300 M. |
| 5 % | „ | 1893 | 6 434 700 „ | „ | 1 236 500 „ |
| 3 % | „ | 1894 | 5 319 900 „ | „ | 1 979 600 „ |

Man sieht: als das Geld bei 5 % Diskont am teuersten war, Ende 1893, hatte die Kommandite aus eigenen Mitteln 5 198 200 M., bei 4 % Diskont Ende 1892 3 672 700 M., bei 3 % Ende 1894 3 340 300 M. vorgeschossen. Und dies bietet eine sehr charakteristische Lehre; je höher der Reichsbankdiskontsatz ist, um so mehr versagt der Geldausgleich — natürlich, denn dann braucht jedermann sein Geld, und in welch unerträgliche Lage würde alsdann eine Zentralkasse kommen, von welcher die hergeliehenen Gelder zurückverlangt würden, die aber diese von den schuldenden Vereinen nicht nur nicht einziehen kann sondern von den letzteren sogar noch um weitere Hilfe angesprochen wird!

„Nun werden die Freunde der Zentralkassen sagen, daß die 1 600 000 M., welche durchschnittlich die Kommandite an Vereine schuldete, von letzteren unmittelbar an andere geldbedürftige Genossenschaften ausgeliehen werden könnten und daß hierzu die Vermittelung des Bankiers nicht vonnöten sei. Aber dem widerspricht der Umstand, daß die Vereine ihre Gelder nur dahin verborgen wollen, wo sie sicher sind, jene auf erstes Anrufen wieder zurückzuerhalten, daß diese Gewißheit jedoch viel eher bei einem Bankier als bei einer Zentralkasse oder bei anderen Vereinen vorhanden ist. Nicht weniger will auch der Bankier mit einer dauernden Kundschaft rechnen, nicht aber gleichsam als Lückenbüßer angesehen sein. Er muß sich auf den Geldüberfluß und den Geldbedarf der regelmäßig jahraus jahrein mit ihm arbeitenden Kundschaft einrichten und danach seine Dispositionen treffen. Es gehört nur eine geringe Spanne Zeit dazu, um zu lernen, wann alljährlich aus diesem oder jenem Landesteile eine ungewöhnlich große Geldnachfrage, ein das übliche Maß überschreitendes Geldangebot sich einstellen werden. Der Bankier wird jedoch außerstande sein, auf diese Perioden Gelder flüssig zu machen oder Verwendung für Gelder zu suchen, wenn er nicht vorher mit einiger Sicherheit weiß, ob sie von ihm verlangt bzw. bei ihm angelegt werden. Er wird es mit Recht ablehnen, nur dann in Tätigkeit zu treten, wenn die Zentralkasse den an sie gestellten Ansprüchen nicht mehr gerecht werden kann. Er wird es aber auch schon deshalb ablehnen, weil er verlangen muß, daß seine Kunden ausschließlich mit ihm ihre Geldgeschäfte machen; er kann nicht zugeben, daß jene eine zweite oder gar eine dritte Kreditverbindung unterhalten, sondern er will dadurch, daß alle geldlichen Manipulationen durch seine Hände gehen, einen dauernden Einblick in die Geschäftsgebahrung des Kunden gewinnen und daraus seine Schlüsse über dessen größere oder geringere Kreditwürdigkeit ziehen.

„Es ist das auch genau dasselbe, was unsere Vereine gegenüber ihren Mitgliedern tun; auch sie sind nicht damit einverstanden, daß das Mitglied sich zwei oder drei Kreditquellen erschließt, um mit Hilfe der ersten die Gelder bei der zweiten und dank dem Entgegenkommen der zweiten seine Verbindlichkeiten bei der dritten zu tilgen. Einem solch vielseitigen Kunden wird der Verein das Konto schließen, und ebenso wird der Bankier mit den Vereinen verfahren, wenn sie nicht nur mit ihm sondern auch noch mit einer Zentralkasse oder einem anderen Bankgeschäfte in Verbindung stehen: er wird also den Vereinen die Wahl lassen, ob sie mit ihm oder der Zentralkasse arbeiten wollen — mit ihm, der Tag für Tag seine geschäftlichen Einrichtungen und sein Eigenvermögen in den Dienst der Vereine stellt, oder mit der Zentralkasse, die nur gelegentlich, wenn sie von auswärts alimentiert wird, und nur für bestimmte Zeiten den Vereinen zu Hilfe kommen kann.

„Die Freunde der Zentralkassen legen einen besonderen Wert darauf, daß diese billiger sein können als der Bankier, weil sie nicht auf den Verdienst angewiesen seien. Aber dafür ist der Bankier auch wesentlich leistungsfähiger, welcher mit großem eigenen Vermögen arbeitet und der die Vereine an den Vorteilen seines Kredits wiederum teilnehmen läßt. Indessen ist auch hier zu beachten, daß die Form, in welcher dieser Kredit gegeben wird, keineswegs in allen Teilen Deutschlands die gleiche ist. In einzelnen Landstrichen Nord- und Mitteldeutschlands ist es ganz allgemein üblich, daß der Bankier seinen Kredit derart gewährt, daß er auf den Kunden Wechsel zieht, diesen diskontiert und den Erlös nach Abzug seiner Provision dem Schuldner auszahlt. In

Süddeutschland ist dieser Gebrauch so unbekannt, daß der Bankier gar nicht wagen könnte, an seinen Kunden eine solche Zumutung zu stellen. Hier trassiert der Geldnehmer auf den Geldgeber und diskontiert dessen Akzept. Indessen ob Diskontkredit, ob Akzeptkredit: jedenfalls sind beide billiger, als wenn der Verein gezwungen ist, ausschließlich bares Geld zu entleihen und dieses zu verzinsen.

„Daß es daneben Vereine gibt, denen kein Bankier und — wie ich gleich hinzufüge — keine Zentralkasse Kredit gewährt oder von denen die Rückzahlung des bewilligten Kredits vergeblich in Güte gefordert wird: daß diese Vereine es sind, welche in der Öffentlichkeit nachher über die angebliche Kreditnot der gesamten Genossenschaften ein Zetergeschrei erheben, das ist ganz selbstverständlich, gerade wie in jedem Verein dieses oder jenes Mitglied um Kredit nachsucht und im Weigerungsfalle über das ganze Genossenschaftswesen die Schale seines Zornes ausgießt.

„Aber selbst wenn das Geld des Bankiers zeitweise auch wirklich teuerer sein sollte: wird denn die Sicherheit, jeden Tag über die deponierten Gelder und den zugestandenen Kredit verfügen zu können, für nichts gerechnet? . . . An bestimmten Zahlungsterminen, zu Johanni, Martini u. a., ziehen die Vereine nicht nur ihre bei dem Bankier hinterlegten Gelder zurück sondern borgen auch noch die größten Summen auf. Hierfür muß der Bankier gerüstet sein, und er wird, wenn er Vorsicht walten läßt, sich mit einem Stock erstklassiger Wechsel versehen sowie Geld auf kurze Kündigung an der Börse verleihen. Die Frankfurter Kommandite der Genossenschaftsbank hat regelmäßig einen solchen Bestand erstklassiger Wechsel von durchschnittlich mindestens sechs Millionen Mark liegen, welcher ihr im vorigen Jahre nicht einmal zwei Prozent Zinsen eingebracht hat, heute noch weniger einbringt. Und doch muß sie ihn halten; denn erfahrungsgemäß kommen in jedem Jahre Perioden vor, in denen innerhalb vierzehn Tagen sie davon zwei Millionen Mark und noch mehr zur Befriedigung der Ansprüche der Vereine flüssig machen muß. Und zwar ist regelmäßig alsdann der Zinsfuß, zu welchem sie ihre Wechsel verkauft, erheblich höher als deren Einkaufspreis. Trotzdem kann sie nicht sagen, daß sie Zahlungen erst dann leisten werde, wenn sie ihre Ausstände bei anderen Vereinen eingezogen habe: die geldbedürftigen Vereine verlangen nicht nur ihre Guthaben sofort und ohne Zeitverlust zurück sondern sie nehmen auch den zugestandenen Kredit zum vollen in Anspruch, und die Bank würde mit Recht ihr Ansehen einbüßen, wenn sie gerade in diesen Zeiten nicht leistungsfähig wäre. Aber niemand denkt daran, daß die Bank in geldschwierigen Perioden, gerade wenn sie am meisten in Kontribution gesetzt wird, von ihren Schuldnern am wenigsten Geld einbekommt, daß sie sich im Gegenteil auf Ansuchen oder stillschweigend mit der Verlängerung ihrer Ausstände einverstanden erklären muß. Daß der Bankier gezwungen ist, sich für den Zinsenausfall bei seinen flüssigen Mitteln — Mittel, welche er eben im Interesse seiner Kundschaft bereit hält — bei der Kreditgewährung wieder zu erholen, wird wohl jeder Verständige begreifen."

Als diese Worte niedergeschrieben wurden, bestanden in Deutschland 13 Zentralkassen; ihre Zahl ist inzwischen auf 65 gewachsen und es ermöglicht sich, auf Grund der uns vorliegenden Statistiken zu prüfen, inwieweit sich inzwischen jene Ausführungen als zutreffend erwiesen haben.

Auch die größten der Zentralkassen haben durch Anschluß an Banken — die meisten an der Preußischen Zentralgenossenschaftskasse — eine Stärkung ihrer Position gesucht; sie sind wohl ohne Ausnahme nicht imstande, ohne finanziellen Rückhalt an einer Bank ihre Geschäfte zu führen. Keineswegs, daß alle ohne Unterschied Schuldner von Banken sind; einige besitzen beträchtliche Guthaben bei solchen; aber auch sie sind zu deren Verwertung auf die Mithilfe von Banken angewiesen. Denn — und dies ist besonders lehrreich — der erwartete Geldausgleich innerhalb der einzelnen Zentralkassen hat sich fast nirgends verwirklicht, er ist sogar bei dem Zentralinstitut der Zentralkassen, der Preußischen Zentralgenossenschaftskasse, nicht eingetreten. Natürlich ist es nicht angängig, die Bilanzen aller Zentralkassen zusammenzuwerfen und ihre Endzahlen miteinander zu vergleichen, man muß vielmehr die Ziffern jeder einzelnen Zentralkasse prüfen; erst dann sieht man, inwieweit die bei ihnen zusammengeflossenen Einlagen ihrer Mitglieder mit ihren Guthaben bei diesen übereinstimmen oder voneinander abweichen. Dagegen ist der Aufbau allenthalben der gleiche: die Geldgeschäfte des Einzelgenossen werden von der heimischen Darlehenskasse erledigt, welche sich an die provinzielle Zentralkasse anlehnt, und letztere steht wieder mit der

Preußischen Zentralgenossenschaftskasse oder einer anderen Großbank in Verbindung. Der Gedanke, welcher s. Z. der Deutschen Genossenschaftsbank gegenüber vielfach ausgespielt wurde und gelegentlich auch jetzt wieder auftaucht, daß die Vereine durch Gründung einer Zentralkasse aus eigener Kraft und ohne Benutzung einer Bank ihren Geldbedarf und Geldüberfluß regeln können, hält vor der Wirklichkeit nicht Stand. Die größte der Zentralkassen ist bekanntlich die früher in Neuwied, seitdem in Berlin domizilierende Landwirtschaftliche Zentraldarlehens- (Raiffeisen-) Kasse mit einem Aktienkapital von jetzt 8580000 M.; sie umfaßt etwa 4500 Darlehenskassen aus ganz Deutschland, und da diese statutarisch gebunden sind, ihre sämtlichen Geldgeschäfte bei ihr zu machen, so müßte hier gerade die Lösung jenes Problems an den Tag treten. Was sehen wir aber? In den Jahren 1899 bis 1908 einschließlich — die späteren Detailzahlen sind uns nicht zur Hand — überragen die Ausstände bei Darlehenskassen deren Einlagen

| | | | |
|---|---|---|---|
| 1899 | um | 12975900 | Mark, |
| 1900 | „ | 13897200 | „ |
| 1901 | „ | 8579600 | „ |
| 1902 | „ | 1766900 | „ |
| 1903 | „ | 4817800 | „ |
| 1904 | „ | 5075900 | „ |
| 1905 | „ | 12701800 | „ |
| 1906 | „ | 19221900 | „ |
| 1907 | „ | 29125300 | „ |
| 1908 | „ | 2445600 | „ |

Nun beachte man einmal dieses Auf und Ab: seit 1906 wächst der Unterschied zwischen den Ausständen und Einlagen innerhalb zweier Jahre um fast 10 Millionen Mark, um dann wieder um mehr als 26 Millionen zu fallen! Auch die früheren Schwankungen in den Jahren von 1900 bis 1902 und wieder später sind bezeichnend genug. Daß man hierbei nicht auf eine rückendeckende Bank verzichten kann, ist ohne weiteres einleuchtend. In der Tat hat auch die Preußische Zentralgenossenschaftskasse die notwendigen entsprechend hohen Kredite gewährt, bis es ganz neuerdings zum Bruch zwischen beiden Instituten gekommen ist. Sofort hat aber die Landwirtschaftliche Zentraldarlehenskasse mit einer anderen Großbank, der Dresdner

Bank, eine Geschäftsverbindung angenüpft, um hier Ersatz für den bisher bei der Preußischen Zentralgenossenschaftskasse genossenen Kredit zu finden.

Bei den sonstigen Zentralkassen ist es ganz ebenso. Auch bei ihnen übersteigen heute die Guthaben bei den angeschlossenen Einzelvereinen deren Einlagen, ist morgen das Gegenteil der Fall. In die Millionen von Mark gehen die Summen, welche in dem einen Jahr von Banken angeliehen, welche im nächsten Jahre bei Banken oder in Wechseln und Wertpapieren zinsbar angelegt werden müssen*). Daß daneben eine ganze Reihe von namentlich jungen Zentralkassen ihre Geschäfte jahrelang fast ausschließlich dank dem genossenen Bankkredit betrieben haben, der gelegentlich gleichfalls bis zu mehreren Millionen von Mark stieg, sei nur nebenher bemerkt**). Dabei kann man manchmal sein Erstaunen nicht unterdrücken, daß es ihnen möglich war, solche Riesenkredite zu erlangen.

Und wie steht es schließlich bei der Preußischen Zentralgenossenschaftskasse selbst? Ist bei ihr die ihr 1895 in den Motiven zu dem betreffenden Gesetzentwurf zugewiesene „ausgleichende Tätigkeit" eingetreten?

*) Für den Wechsel des Mehr- oder Minderbetrages (+ oder —) zwischen Einlagen und Guthaben der Zentralkassen seien hier nur einige Zahlen mitgeteilt: Berlin I 1901 — 1 372 700 M.; 1906 + 1 206 000 M. Bonn 1903 + 617 400 M.; 1905 — 931 000 M. Breslau I 1901 — 3 236 700 M.; 1904 + 3 727 200 M. Köln I 1903 — 1 909 800 M.; 1908 + 797 900 M. Danzig 1907 + 1 182 500 M.; 1908 — 483 300 M. Darmstadt 1904 + 1 293 400 M.; 1906 — 1 283 400 M.; 1907 + 867 800 M. Güstrow 1900 — 118 800 M.; 1907 + 101 400 M.; Halle 1899 — 2 972 300 M.; 1904 + 3 992 500 M.; 1908 + 7 419 900 M. Hannover 1907 — 1 510 300 M.; 1908 + 618 000 M. Wormditt 1906 + 1 337 400 M.; 1907 — 1 882 200 M.; 1908 — 2 589 800 M.

**) Schulden bei Banken und Privaten ohne nennenswerten Bestand an Wechseln und eigenen Wertpapieren: Neiße 1908 2 937 700 M. Ludwigshafen 1905 4 516 300 M.; 1906 4 480 600 M.; 1907 4 039 200 M.; 1908 4 037 600 M. Nürnberg 1906 1 221 400 M.; 1908 1 120 900 M. Wiesbaden II 1905 2 543 800 M.; 1906 1 831 500 M.; 1907 1 731 000 M. Königsberg 1905 2 128 100 M. (dagegen Wechsel und Wertpapiere 86 600 M.); 1906 3 068 700 M. (dagegen Wechsel und Wertpapiere 166 800 M.): 1907 1 741 600 M. (dagegen Wechsel und Wertpapiere 514 100 M.); 1908 2 165 400 (dagegen Wechsel und Wertpapiere 216 900 M.). Posen II 1905 5 753 200 M. (dagegen Wechsel und Wertpapiere 825 500 M.); 1906 5 819 300 M. (dagegen Wechsel und Wertpapiere 726 600 M.); 1907 7 449 400 M. (dagegen Wechsel und Wertpapiere 1 196 400 M.); 1908 5 370 700 M. (dagegen Wechsel und Wertpapiere 353 700 M.). Breslau II 1905 1 384 400 M.; 1906 1 098 400 M.; 1907 1 240 100 M.; 1908 1 553 000 M.

Es betrugen bei Verbandskassen eingetragener Erwerbs- und Wirtschaftsgenossenschaften

| Ende des Geschäftsjahrs | die Ausstände der Pr. Zentralgenossenschaftskasse in laufender Rechnung, Lombardforderungen, Aval- und Akzeptkrediten sowie in diskontierten Wechseln: | gegenüber den Guthaben der Verbandskassen bei ihr in laufender Rechnung*) |
|---|---|---|
| 1901 | 29436100 M., | 3395300 M., |
| 1902 | 30803400 „ | 5102100 „ |
| 1903 | 28233400 „ | 5576000 „ |
| 1904 | 24133400 „ | 8125700 „ |
| 1905 | 49054200 „ | 2237800 „ |
| 1906 | 50907800 „ | 2433100 „ |
| 1907 | 74360600 „ | 3322700 „ |
| 1908 | 41313200 „ | 20258800 „ |
| 1909 | 45738200 „ | 6734600 „ |
| 1910 | 44106400 „ | 6566300 „ |

Der Wechsel der Zahlen von einem Jahresende zum anderen ist nicht weniger als vorhin in die Augen springend: Erhöhung der Ausstände von 1904 bis 1905 um 25 Millionen Mark, von 1906 bis 1907 um fast 24 Millionen, deren Abstieg von 1907 bis 1908 um 33 Millionen; ebenso die Vermehrung der Verbindlichkeiten von 1907 bis 1908 um 17 Millionen, deren Verringerung von 1908 bis 1909 um fast 14 Millionen! Daß die Preußische Zentralgenossenschaftskasse solche Verschiebungen nur vertragen kann, weil sie ein sehr großes eigenes Kapital besitzt (bis 1896 5000000 M., bis 1898 20000000 M., bis 1909 50000000 M., seitdem 75000000 M.), liegt auf der Hand. Was ist die Folge? Daß sie, während sie zu Zeiten den Lombardkredit der Reichsbank in erheblichstem Maße — Ende 1907 angeblich mit fast 68 Millionen Mark — neben dem Diskontierungskredit in Anspruch nimmt, zu anderen Zeiten, um ihre von den Zentralkassen nicht verbrauchten Gelder zu beschäftigen, Bank- und Geldgeschäfte betreibt, wie jede andere Großbank, so daß

*) Die Bilanz der Preußischen Zentralgenossenschaftskasse führt unter den Passiven auch Depositen auf, welche aber anscheinend nicht aus genossenschaftlichen Kreisen stammen; jedenfalls entfällt bei ihnen die größere Hälfte auf Spar- und Kommunalkassen. Zur Vollständigkeit seien indessen auch diese Beträge hier angegeben: 1901 33 296 900 M.; 1902 28 315 000 M.; 1903 27 413 700 M.; 1904 40 032 600 M.; 1905 23 749 200 M.; 1906 32 329 200 M.; 1907 50 955 200 M.; 1908 70 575 300 M.; 1909 95 740 300 M.; 1910 79 281 800 M. Auch hier sind die großen Schwankungen überaus bemerkenswert.

darunter ihr ursprünglicher Zweck der Regelung der landwirtschaftlichen Kreditverhältnisse gelegentlich selbst in den Hintergrund tritt.

„Den Einzelgenossenschaften billigen Kredit zuzuführen" war eine der Preußischen Zentralgenossenschaftskasse zugewiesene hauptsächlichste Aufgabe; ein Erwerbsinstitut im eigentlichen Sinne sollte sie von vornherein nicht sein, weshalb nach Vornahme der nötigen Rücklage zum Reservefonds und der Abschreibungen auf Gebäude und Inventar die Verzinsung des ihr vom Staate überlassenen Grundkapitals bisher nicht über 3 Prozent hinausging. Auch dieser Ertrag ist aber in mehreren Jahren nicht herausgewirtschaftet worden dank der von ihr beobachteten Zinspolitik. Denn sie hat von Anfang darauf gehalten, daß sie, unbekümmert um die Schwankungen auf dem Geldmarkte, ihre Zinssätze für Forderungen und Guthaben in laufender Rechnung und im Wechselverkehr bei denjenigen Zentralkassen, welche ihren gesamten Geschäftsverkehr ihr übertrugen und ihre Kreditbedürfnisse ausschließlich bei ihr zu befriedigen versprachen, auf längere Zeit im voraus festsetzte. Sie berechnete diesen an sogenannten Vorzugszinsen durchschnittlich:

| | In laufender Rechnung | | im Wechselverkehr | bei einem Durchschnittsdiskont der Reichsbank, nach deren Verwaltungsberichten *) |
|---|---|---|---|---|
| | im Debet % | im Kredit % | % | % |
| 1895 | 3 | 2,50 | — | 3,14 |
| 1896 | 3 | 2,50 | 3,79 | 3,66 |
| 1897 | 3 | 2,50 | 3,74 | 3,81 |
| 1898 | 3,50 | 2,75 | 4,57 | 4,27 |
| 1899 | 3,50 | 3 | 5,18 | 5,04 |
| 1900 | 3,50 | 3 | 4,85 | 5,33 |
| 1901 | 3,50 | 3 | 3,59 | 4,10 |
| 1902 | 3,50 | 3 | 3,33 | 3,32 |
| 1903 | 3,50 | 3 | 3,70 | 3,84 |
| 1904 | 3,50 | 3 | 3,82 | 4,22 |
| 1905 | 3,50 | 3 | 3,89 | 3,82 |
| 1906 | 3,50 | 3 | 4,38 | 5,15 |
| 1907 | 3,50 | 3 | 5,38 | 6,03 |
| 1908 | 3,50 | 3 | 3,67 | 4,76 |
| 1909 | 3,50 | 3 | 3,66 | 3,93 |
| 1910 | 3,50 | 3 | 3,97 | 4,35 |

*) Die in den Berichten der Preußischen Zentralgenossenschaftskasse wiedergegebenen Zahlen weichen hiervon wiederholt ab, ohne daß wir dafür eine Erklärung finden.

Erläuternd wird in den Geschäftsberichten der Zentralgenossenschaftskasse bemerkt, daß bis zum Herbst 1902 die Zinssätze in den einzelnen Zweigen des Geld- und Kreditverkehrs einheitliche waren, seitdem aber Zinssätze zu Vorzugsbedingungen und ohne Vorzugsbedingungen in Anwendung kommen. Indessen findet eine solche Scheidung im Lombardverkehr auch weiterhin nicht statt; hier wird stets der Lombardzinsfuß der Reichsbank berechnet. Im Wechselverkehr wird bei Vorzugsbedingungen der Diskontsatz der Reichsbank mit einem Abschlag von 1/4 bis 1/2 Prozent in Ansatz gebracht. Bei den Zentralkassen, welche Bankverbindungen neben der Zentralgenossenschaftskasse unterhalten, sind für Kredite in laufender Rechnung sowie für Diskont- und Lombardkredite der Wechseldiskontsatz und der Lombardzinsfuß der Reichsbank maßgebend. Es ist daher von Interesse, die gewährten Kredite in ihren Einzelheiten zu verfolgen. Sie schieden sich in:

| | Lombardkredite ℳ | Laufende Rechnung ℳ | Avale ℳ | Wechselbestand ℳ | Zusammen ℳ |
|---|---|---|---|---|---|
| 1901 | 147 700 | 10 846 000 | 1 130 000 | 17 312 400 | 29 436 100 |
| 1903 | 228 500 | 12 003 100 | 1 225 200 | 14 776 600 | 28 233 400 |
| 1905 | 368 000 | 22 379 300 | 1 784 800 | 24 522 100 | 49 054 200 |
| 1907 | 6 461 400 | 24 838 400 | 1 327 400 | 41 743 400 | 74 360 600 |
| 1909 | 1 184 200 | 17 473 100 | 3 601 200 | 23 479 700 | 45 738 200 |
| 1910 | 2 622 200 | 15 532 100 | 3 877 600 | 22 074 500 | 44 106 400 |

Man sieht also, daß die Beträge, für welche der teurere Wechseldiskont zu zahlen war, die Summen der billigeren laufenden Rechnung regelmäßig übersteigen. Dies ist aber deshalb von Bedeutung, als die Kredite in laufender Rechnung auf zehn Prozent des nachgewiesenen und ermittelten Vermögens der Mitglieder der Einzelkassen beschränkt sind. Darüber hinaus kann nur Diskontierungs- oder Lombardkredit in Anspruch genommen werden. Unter den diskontierten Wechseln haben wir aber wohl solche zu verstehen, welche die einzelnen Darlehnskassen ihren Zentralkassen für die ihnen von diesen eingeräumten Kredite hinterlegen müssen. Die Zentralkassen übernehmen es, die Wechsel bei Fälligkeit selbst wieder einzulösen, so daß den Darlehnskassen hieraus keine Sorgen erwachsen sollen, auch wenn jene an die Preußische Zentralgenossenschaftskasse indossiert sind.

Die Errichtung der letzteren und ihre Ausrüstung mit Staatsmitteln findet nur in dem Umstand ihre Rechtfertigung, daß sie ihren Kredit der landwirtschaftlichen Bevölkerung zu Zinssätzen zur Verfügung stellt, welche hinter dem allgemein gültigen Geldwert zurückbleiben — vorausgesetzt, daß man sich überhaupt mit der Einwirkung des Staates auf die wirtschaftliche Entwickelung bestimmter Gesellschaftskreise einverstanden erklärt. Indessen kommen die niedrigen Zinssätze in ihrer Reinheit den Einzelkassen durchaus nicht zugute. Denn sie sind zu deren Ausnützung auf das Mittelglied der Zentralkassen angewiesen. Da diese für ihr Dazwischentreten einen Zuschlag zu dem Zinsfuß oder eine Provisionsgebühr, vielleicht auch beides, erheben müssen, schon um ihre Kosten sowie die notwendigen Beträge für Rücklagen und mögliche Verluste — Abschreibung auf Wertpapiere u. a. m. — zu decken, so stellen sich die Sätze für die Einzelkassen schließlich doch so hoch, daß sie von den von anderen Stellen berechneten Sätzen kaum mehr abweichen werden. Genauere Untersuchungen hierüber sind bei dem Mangel sicherer Grundlagen nicht möglich. Wohl aber haben wiederholt einige Zentralkassen in ihren Geschäftsberichten über die Höhe der Zinssätze der Zentralgenossenschaftskasse Klage geführt.

Ohne weiteres muß zugegeben werden, daß das landwirtschaftliche Genossenschaftswesen die Zentralkassen nicht entbehren kann. Das Jahrbuch des Reichsverbandes der deutschen landwirtschaftlichen Genossenschaften für 1909 verzeichnet 12161 Darlehnskassen mit 1111174 Mitgliedern, welche im Jahre 1908 in laufender Rechnung und im Darlehnsverkehr 739966101 M. an ihre Mitglieder hinausgegeben, 633020816 M. von ihnen vereinnahmt hatten. Der Gesamtkassenverkehr in beiden Zweigen beläuft sich also in der Ausgabe auf 60847 M. bei dem Einzelverein, auf 666 M. bei dem Einzelmitglied. Daß eine Großbank den Geldverkehr mit solchen Zwergorganisationen — so verdienstlich sie auch für ihre Heimatgemeinden sind — nicht pflegen kann, bedarf keiner eingehenden Begründung*).

*) Gleiche Zahlen ergeben sich, wenn man den Umsatz der einzelnen Darlehnskassen mit ihren Zentralkassen feststellt, wobei allerdings Neuwied außer Betracht bleiben muß, da die landwirtschaftliche Zentraldarlehnskasse ihren Umsatz mit den Einzelkassen in jenen Geschäftszweigen nicht angibt. Danach hatten 35 Zentralkassen in 1908 mit 10549 Einzelvereinen im Kontokorrent- und Kündigungsgeldverkehr 1345852577 M. in Einnahme und Ausgabe zusammen, also auf einer Seite der Konti 672926289 M. oder 63789 bei dem Einzelverein umgesetzt.

Dagegen betrugen die von 914 Schulze-Delitzschschen Vorschußvereine mit 579741 Mitgliedern im Jahre 1909 gewährten Kredite 3693173198 M. also 4040671 auf den Einzelverein und 6370 M. auf das Einzelmitglied. Man sieht, diese Vereine sind stark genug, um auch ohne Dazwischentritt einer neuen Organisation Bankkredit zu erlangen, und so hat sich denn auch der Präsident der Preußischen Zentralgenossenschaftskasse 1907 auf dem Genossenschaftstage in Leipzig selbst dahin geäußert: „Ich nehme gar keinen Anstand, in dieser Versammlung hier zu erklären, daß nach meiner Überzeugung für eine ganze Reihe Schulze-Delitzschscher Genossenschaften eine Vereinigung zu Verbandskassen keinen erheblichen Zweck hätte; sie kann eben nicht die wirtschaftlichen Vorteile bringen, die man erhofft, wenn auch die Vorteile, die man doch haben kann, nicht geringe sind.“ In der Tat existieren in dem Allgemeinen Verbande nur zwei Zentralkassen, in Allenstein (Ostpreußen) und in Heide (Schleswig-Holstein). Ihre Umsätze beliefen sich in 1909 auf 55525091 M. bei 63 Mitgliedern bzw. 24342484 M. bei 25 Mitgliedern. Beide haben wieder Anschluß an Großbanken gesucht.

Neben den geschäftlichen Gründen, welche für die Schulze-Delitzschschen Vereine in ihrer ablehnenden Haltung zu der Zentralkassenbewegung maßgebend waren, kamen noch die alten Grundsätze des Festhaltens an der Selbsthilfe in Betracht. Mochte sich die staatliche den Darlehnskassen gebotene Hilfe immerhin nur in der Gewährung billiger außer Verhältnis zu dem allgemein gültigen Preise an dem großen Geldmarkt stehender Zinssätze äußern — die Schulze-Delitzschschen Vereine wollten auch hiervon nichts wissen. Sie fühlten ausreichende Kraft in sich, ihre wirtschaftlichen Aufgaben ohne Inanspruchnahme von Ausnahmebedingungen zu erfüllen. Denn schließlich waren auch diese nur ein Ausfluß der Staatshilfe, von welchen ein durchaus konservativer Mann, Minister Graf Zedlitz-Trützschler sehr zutreffend gesagt hat, daß sie einen Akt des Mitleids und der Gnade darstelle. Noch bedenklicher war aber, daß Finanzminister Miquel bei Empfehlung des Gesetzes der Errichtung der Preußischen Zentralgenossenschaftskasse ausdrücklich betont hatte, sie könne „durch Einwirkung auf die Organisation, durch Ratschläge usw. auf den Fortgang der genossenschaftlichen Kreditentwickelung nützlich einwirken“. Dieser von der Regierung von vornherein in das Auge gefaßten Einwirkung gegenüber erinnerten sich die Vorschußvereine, daß Schulze-Delitzsch stets daran festgehalten hatte, den Genossenschaften wohl Ratschläge zu erteilen, deren Befolgung aber ihnen selbst zu überlassen. Unvergessen war, wie er in Anlehnung an das bekannte Wort Lessings 1864 auf dem Genossenschaftstage in Mainz gemahnt hatte: „Es ist besser, ein Verein irrt einmal aus eigener Erfahrung, als daß er nicht irrt, weil er bevormundet wird.“ Deshalb stellte die Anwaltschaft des Allgemeinen Verbandes schon im Herbste 1895 auf dem Allgemeinen Genossenschaftstage in Augsburg den Antrag, welcher auch zum Beschluß erhoben wurde:

„Den Genossenschaften des Allgemeinen Verbandes in Preußen kann nicht empfohlen werden, Zentralkassen zu dem Zweck zu errichten, um mit der Preußischen Zentralgenossenschaftskasse in Geschäftsverbindung treten zu können.“

Ähnlich lautende Anträge waren von den Verbänden der Erwerbs- und Wirtschaftsgenossenschaften am Mittelrhein und der Provinz Posen eingegangen.

Ohne auf die dortige Diskussion im einzelnen einzugehen, sei aus ihr hervorgehoben, daß allseitig die Befürchtung ausgesprochen wurde, die Zentralkassenbewegung könne die Forderung des Rechts auf Kredit zeitigen; aber bei dem Recht auf Kredit fehle jede Kontrolle darüber, was mit dem hingeborgten Gelde gemacht werde. Und weiter wurde darauf hingewiesen, daß die Genossenschaften den zu ihren Geschäftsbetrieb erforderlichen Großbankkredit schon bisher erhalten hätten und ihn ohne die Hilfe der Preußischen Zentralgenossenschaftskasse ferner erhalten würden, somit dieser staatlichen Bank nicht bedürften. „Aber auch hiervon abgesehen — sagte Anwalt Schenck — weisen wir die durch die Zentralgenossenschaftskasse gebotene Unterstützung zurück, weil wir die Überzeugung haben, daß jede solche Einmischung des Staates in die Angelegenheiten der Genossenschaften der Entwickelung des Deutschen Genossenschaftswesens schaden muß, und weil wir festhalten wollen an den Grundsätzen der Selbsthilfe, der Selbstverwaltung und der Selbstverantwortung.“

Zwar hat später der Präsident der Preußischen Zentralgenossenschaftskasse — auf dem Genossenschaftstage 1907 in Leipzig — mit Nachdruck dem Vorwurf widersprochen, daß sein Institut die ihm angeschlossenen Zentralkassen irgendwie beeinflusse. Damit stimmt aber doch das Bestreben der Zentralgenossenschaftskasse nicht überein, daß die Zentralkassen ausschließlich mit ihr ihren Geschäftsverkehr pflegen und sie als ihren alleinigen Kreditgeber anerkennen sollen und daß sie ihnen zwar hierfür besonders günstige Vorzugsbedingungen im Vorschußgeschäft einräumt, anderseits aber auch die Überlassung ihrer überschüssigen Gelder zu einem häufig unter dem Marktpreise des Geldes stehenden Satze verlangt. Der ganz neuerdings eingetretene Bruch der Zentralgenossenschaftskasse mit der Neuwieder Zentraldarlehnskasse ist darauf zurückzuführen, daß Neuwied sich durch die letztere Bedingung benachteiligt glaubte, außerdem fernerhin an der früher abgegebenen Ausschließlichkeitserklärung nicht festhalten wollte. Denn dieser war von der Zentralgenossenschaftskasse eine Auslegung gegeben worden, welche Neuwied als „Aufforderung zur Selbstvernichtung" ansah und von der die Zentraldarlehnskasse sagte, daß sie es „mit ihren Pflichten gegen ihre Aktionäre, die Raiffeisenvereine, nicht habe vereinbaren können, auf die ihr gestellten, weit über das Maß der zulässigen geschäftlichen Regelung hinausgehenden Bedingungen einzugehen". Neuwied bezeichnete das Vorgehen der Preußischen Zentralgenossenschaftskasse mittelbar als nicht viel weniger als den Versuch der Verstaatlichung des landwirtschaftlichen Genossenschaftswesens, und ähnlich wird in der Frankfurter Zeitung, welche dem Zerwürfnis eine eingehende Besprechung widmete, die Frage aufgeworfen, ob die Preußische Zentralgenossenschaftskasse überhaupt die Zentralinstitute auszuschalten suche, auch wenn sie lebensfähig seien. „So scheint es. Es scheint, daß die Preußenkasse Selbsthilfeorganisationen nur noch bis zum Provinzverbande wünscht, während die einzige Verbindung dieser Provinzverbände und damit die Krönung des genossenschaftlichen Aufbaus allein sie selbst sein will — das Staatsinstitut als einzige oberste Spitze der genossenschaftlichen Pyramide" (Frkftr. Ztg. Nr. 143 vom 24. Mai d. J.)*).

Im Zusammenhang hiermit mag noch an die Äußerung des der konservativen Partei angehörenden Berichterstatters, Pfarrer Meyen-

*) Man höre auch den energischen Protest des Verbandsausschusses landwirtschaftlicher Genossenschaften Raiffeisenscher Organisation für Brandenburg, Pommern und beide Mecklenburg Ende Juni d. J.: . . . „Die von der Preußischen Zentralgenossenschaftskasse gestellten Bedingungen laufen dem Lebensinteresse der Landwirtschaftlichen Zentraldarlehnskasse direkt entgegen und deren Annahme wäre gerade entwürdigend für unser altes und um die Entwickelung des Genossenschaftswesens hochverdientes Zentralgeldinstitut gewesen. Mit aller Entschiedenheit weist der Verbandsausschuß schließlich jede Einmischung der Preußischen Zentralgenossenschaftskasse in die inneren Angelegenheiten des Verbandes zurück . . ."

schein, über den betr. Etatstitel im preußischen Abgeordnetenhause im Februar 1906 erinnert werden, welche jedenfalls zeigt, wie man wenigstens in diesen Kreisen den Eintritt der Zentralgenossenschaftskasse in die Genossenschaftsbewegung beurteilt. „Die Gefahren — sagte er — die dem Staate daraus entstehen können, daß sich hunderttausend seiner Bürger nicht nur persönlich zusammenschließen sondern auch wirtschaftlich zusammentun und dadurch eine nach Milliarden zählende Geldmacht darstellen, sind dadurch verhütet, daß der Staat selbst in der Preußischen Zentralgenossenschaftskasse sich in die Reihen dieser Genossenschaften gestellt hat und daß er sich selbst als der größte Geldgeber daran beteiligt." Das war aber derselbe Redner, welcher bekannte, daß die Blüte des deutschen Genossenschaftswesens in die Zeit vor dem Beginn der staatlichen Förderung falle.

Mit wenigen Worten sei noch darauf hingewiesen, daß der Preußischen Zentralgenossenschaftskasse zwar die Befriedigung des Kreditbedürfnisses sowohl der landwirtschaftlichen als auch der städtischen Verbandskassen gesetzlich zur Aufgabe gestellt wurde, ihr Geschäftsverkehr mit letzteren aber nur ein bescheidener geblieben ist. Sie stand Ende 1910 in Verbindung mit:

| | | | |
|---|---|---|---|
| 19 städt. Verbandskassen mit | 560 Genossensch. u. | 165643 Mitgl. und | |
| 33 ländl. „ | „ 11802 „ | „ 1174345 „ | *) |

Ihr Verkehr in laufender Rechnung und im Diskontierungsverkehr war groß:

| | bei ländlichen Verbandskassen | bei städtischen Verbandskassen |
|---|---|---|
| in 1906: | 34753353 M. | 8318327 M. |
| 1907: | 55812485 „ | 9919725 „ |
| 1908: | 39288915 „ | 9209555 „ |
| 1909: | 21835657 „ | 9073022 „ |
| 1910: | 21930681 „ | 9794199 „ |

* * *

Um zum Schlusse zum Ausgangspunkte der ganzen Untersuchung zurückzukommen, so muß die Antwort, ob selbständige Zentralkassen den Anforderungen der Genossenschaften genügen können, nur verneinend ausfallen. Allenthalben hat sich ergeben, daß sie der

*) Inzwischen ist Neuwied mit 4463 Genossenschaften und 423985 Mitgliedern ausgeschieden.

Anlehnung an ein großes starkes Bankinstitut bedürfen. Selbst Kapitalien von mehr als 8 Millionen Mark waren, wie man bei Neuwied gesehen hat, nicht ausreichend, um aus eigenen Mitteln dem Geldbegehren der angeschlossenen Vereine zu genügen. Besteht aber die Notwendigkeit für die Zentralkassen, sich ihrerseits die Hilfe einer anderen Bank zu sichern, so ist außerdem die Zins- und Provisionsverteuerung für das aufgenommene Darlehen, bis es auf dem Wege von der Großbank zur Zentralkasse, von dieser zur Genossenschaft und endlich zu deren Einzelmitgliedern kommt, so unvermeidlich, daß die Hoffnung auf ausnahmsweise billiges Geld sich als illusorisch erweist. Damit fallen aber gerade die zwei hauptsächlichsten Momente weg, mit denen s. Z. die Forderung nach Zentralkassen innerhalb des Kreises der Schulze-Delitzsch'schen Genossenschaften begründet wurde.

## 5. Die Kreditgewährungen der Genossenschaftsbank.

Es war naturgemäß, daß auf dem Augsburger Genossenschaftstage gelegentlich der Diskussion über das Zentralkassenprinzip auch die Stellung der Genossenschaftsbank zu den Schulze-Delitzsch'schen Vereinen und ihre Grundsätze bei der Kreditgewährung zur Sprache kamen. Hier mußte nun zunächst auf die Verschiedenartigkeit aufmerksam gemacht werden, mit welcher der Kredit in Norddeutschland und in Süddeutschland seitens der Vereine ausgenützt wurde. Dort gewährten die letzteren ihren Mitgliedern durchweg Kredit durch Diskontierung von Geschäftswechseln oder von Vorschußwechseln und sie reichten den Bestand ihrer Wechselportefeuilles bei der Genossenschaftsbank zur Rückdiskontierung ein. Oder der Verein übergab sein eigenes Akzept, gezogen von den Vorstandsmitgliedern, der Genossenschaftsbank zur Diskontierung. Indem diese infolgedessen neben dem Giro des Vereins noch andere Sicherheiten durch die Unterschriften der zweiten Wechselverpflichteten erhielt, konnte sie den Girokredit begreiflicherweise ansehnlich ausdehnen und sie ist dabei häufig bis zur gesamten Höhe des eingezahlten Vermögens des betreffenden Vereins gegangen. Anders sind die Gewohnheiten in Süddeutschland. Hier ist bei den Vereinen mancher Gegenden der Vorschußwechsel ganz unbekannt: die Vorschüsse werden gegen Schuldscheine gegeben. Für die Diskontierung der Geschäftswechsel finden die Vereine in den Privatnotenbanken willige Abnehmer und endlich ist es durchaus ungebräuchlich, daß der Kreditnehmer zugunsten des Kreditgebers unter Akzept tritt. Der Kreditverkehr zwischen den süddeutschen Vereinen und der Frankfurter Niederlassung der Genossenschaftsbank vollzog sich daher hauptsächlich derart, daß jene entweder von dieser bares Geld borgten oder sich von ihr ein Dreimonatsakzept geben ließen, das sie zu Geld machten. Es waren also meistens Blankokredite, welche in Frankfurt gewährt wurden und für deren Höhe die dortige Niederlassung prinzipiell die Hälfte des angesammelten eigenen Vereinsvermögens festsetzte. Dieser Betrag hat auch fast immer zur Befriedigung des Kreditbedürfnisses der Vereine ausgereicht; er wurde natürlich in besonderen Fällen und zwar manchmal recht erheblich überschritten, z. B. bei bestimmtem vorübergehenden Bedarf, bei Saisonansprüchen, bei der Zeit der großen Futternot in Süddeutschland 1893, zur Zeit der Verwertung besonders reichlicher Ernten in Getreide, Tabak und Wein usw. Hier konnte selbstverständlich jener Satz nicht maßgebend bleiben und mit Bezug darauf durfte der Vertreter der Frankfurter Niederlassung auf dem Augsburger Genossenschaftstag wohl sagen: „Ich behaupte, daß zu mir nach Frankfurt noch kein Verein gekommen ist, dessen Kreditbedürfnis in dem Rahmen seines Geschäfts ich nicht vollauf befriedigt habe. Ich fordere jeden einzelnen Verein auf, der hier vertreten ist und auch außerhalb dieses Saales, zu erklären, ob ich ihm nicht den Kredit eingeräumt habe, dessen er würdig war.“ Erleichtert wurde die Gewährung des Akzeptkredits seitens der Genossenschaftsbank, daß die Reichsbank die Ziehungen der Vereine auf jene nicht unter die sog. Finanzwechsel einbezog, das heißt Wechsel, ausgeschrieben von Bankiers auf Bankiers, die sie bekanntlich vom Ankauf ausschließt. Sie betrachtete sie im Gegenteile, nachdem sie von den von der Genossenschaftsbank beobachteten Grundsätzen der Kreditbemessung Kenntnis genommen hatte, als Tratten, ausgeschrieben von den Vorschußvereinen als den Vertretern ihrer kreditbedürftigen Mitglieder.

Man muß sich den bei der Berliner und bei der Frankfurter Abteilung der Genossenschaftsbank herrschenden Unterschied in der Kreditgewährung vor Augen halten, um den Geschäftsverkehr beider mit den Vorschußvereinen richtig zu beurteilen. Wollte man nur die Berliner Forderungen in der oben Seite 33 mitgeteilten Tafel zum Vergleich heranziehen, so käme man zu einer durchaus unzureichenden Ziffer. Leider hat Berlin die den Vereinen diskontierten Wechsel vorseinem sonstigen Wechselgeschäfte nicht getrennt verbucht. Ein Überschlag, welcher den Tatsachen entsprechen wird, nimmt an, daß mindestens die Hälfte seines Wechselportefeuilles aus diskontierten Vorschußwechseln besteht, diese also unter die gewährten Kredite einzurechnen wären. Für Frankfurt liegt eine die Jahre 1890 bis 1894 umfassende Statistik vor; nach dieser betrugen die den Vereinen diskontierten Geschäftswechsel etwa ein Viertel des Portefeuilles. Beide Zahlen sind unter Kolonne 9 und 10 unserer Tafel aufgenommen.

Der Umstand, daß das Akzept der Genossenschaftsbank überall zu dem billigen Privatdiskontsatz zu verwerten war, legte es den süddeutschen Vorschußvereinen nahe, diese Art der Kreditausnützung dem teureren Bargeldkredit, für welchen die Genossenschaftsbank meistens den Reichsbanklombardzinssatz berechnete, den Vorzug zu geben. In den Jahren 1891 bis 1903 wurden die in Frankfurt gewährten Kredite durchschnittlich mit 37,1 Prozent in barem Geld und mit 62,9 Prozent im Akzept gegeben*).

Es ist dies für die Frage des Werts der Geldvermittelung durch Zentralkassen von Wichtigkeit, da diesen kein Akzeptkredit zur Verfügung steht, sie vielmehr nur mit barem Geld bzw. Wechseldiskontkredit wirtschaften können. Daher ist auch nicht außer acht zu lassen, daß der Privatdiskontsatz, zu welchem die Vereine ihre Trassierungen auf die Genossenschaftsbank verwerteten, nicht unerheblich niedriger war als der Zinsfuß, den die Preußische Zentralgenossenschaftskasse bei ihren Wechseldiskontierungen, wie oben erwähnt, berechnete.

---

*) Es betrugen:

| | die in Akzepten hinausgegebenen Kredite | Der Reichsbankdiskontsatz im Jahresdurchschnitt | Der Frankfurter Privatdiskontsatz im Jahresdurchschnitt |
|---|---|---|---|
| in 1891: | 67,5 Prozent | 3,77 Prozent | 3,13 Prozent |
| 1894: | 61 " | 3,12 " | 1,79 " |
| 1897: | 62,8 " | 3,82 " | 3,18 " |
| 1900: | 64,6 " | 5,33 " | 4,45 " |
| 1901: | 61,7 " | 4,10 " | 3,18 " |
| 1902: | 66 " | 3,32 " | 2,31 " |
| 1903: | 65,7 " | 3,84 " | 3,10 " |

Bemerkenswert hierbei ist, daß der höhere oder niedrigere Diskontsatz einen Einfluß auf die Trassierungen nicht auszuüben scheint.

Nun wäre es aber irrtümlich, zu glauben, daß der Frankfurter Niederlassung der Genossenschaftsbank das Akzeptgeschäft willkommener als das Bargeldkreditgeschäft gewesen wäre. Nichts weniger als dies. Denn der Nutzen, der ihr aus den Reserven erwuchs, die sie für die von ihr akzeptierten Wechsel meist in deren voller Höhe in Primawechseln erstklassiger Banken und Bankhäuser hielt, ging auch nicht über den Privatdiskontsatz hinaus, so daß sie mit ihren Akzepten selbst unter Hinzuziehung der gezahlten Provision, wie aus den mitgeteilten Sätzen hervorgeht, durchaus kein rentables Geschäft erzielte. Da aber dies die in ganz Süddeutschland gebräuchlichste Form der Geldbeschaffung war, so konnte sie sich ihr nicht entziehen, wollte sie hinter ihrer Konkurrenz nicht zurückbleiben*). Anderseits mußte das rapide Anwachsen der von den Vorschußvereinen aus ihren Bevölkerungskreisen aufgenommenen Anleihen und Spareinlagen**) auf den Geschäftsverkehr der Genossenschaftsbank mit diesen ihren Einfluß ausüben; eine ganze Anzahl von Vereinen, welche früher mit großen Summen den Kredit der Genossenschaftsbank in Anspruch nahmen, waren inzwischen zu deren Geldgebern geworden. Sie überließen ihr alsdann bestimmte Beträge, welche sie auf längere Zeit entbehren zu können glaubten, zur Verzinsung im sog. Börsenreportgeschäft, um daraus

*) Es war dies ein Kapitel, das zwischen den Leitern der Berliner und der Frankfurter Niederlassung wiederholt zu Kontroversen geführt hatte. In Berlin war das Akzeptgeschäft namentlich in den früheren Jahren nur wenig in Gebrauch und man war mit dem vielen „Querschreiben" in Frankfurt gar nicht einverstanden. „Der große Pump an Vereine" — schrieb Soergel schon zwei Jahre nach Eröffnung der Frankfurter Kommandite an Meißner — „nimmt mit jedem Monatsabschluß, den wir von Ihnen erhalten, in raschen Schritten zu und Ihre Akzeptverbindlichkeiten mehren sich in beunruhigender Weise." Auch späterhin blieben die in Frankfurt gegebenen Akzeptkredite nicht nur dem Verhältnis sondern auch dem Betrage nach wesentlich höhere als in dem größeren Berliner Geschäft.

**) Nach dem Jahrbuch der Anwaltschaft betrugen die Anleihen von Privaten und Bareinlagen der Schulze-Delitzsch'schen Kreditgenossenschaften:

| | | | | | |
|---|---|---|---|---|---|
| 1873 | bei | 834 | Vereinen | 267 110 838 | M. |
| 1878 | „ | 948 | „ | 329 046 940 | „ |
| 1883 | „ | 922 | „ | 379 489 552 | „ |
| 1888 | „ | 901 | „ | 413 762 464 | „ |
| 1893 | „ | 1038 | „ | 420 126 011 | „ |
| 1898 | „ | 962 | „ | 540 525 286 | „ |
| 1903 | „ | 1016 | „ | 790 769 596 | „ |
| 1908 | „ | 1022 | „ | 1 028 801 775 | „ |
| 1909 | „ | 1011 | „ | 1 097 413 590 | „ |

einc höhere Rente als im Kontokorrentgeschäft zu schöpfen. So besaß Frankfurt an solchen Geldern von Vorschußvereinen, die, wie ausdrücklich hervorgehoben sei, in unserer oben mitgeteilten Tabelle unter den Vereinsguthaben nicht aufgenommen sind, seit mehreren Jahren unausgesetzt einen Betrag, der ein Mehrfaches der Guthaben der Vereine in laufender Rechnung ausmachte. Natürlich war dessen Höhe, da er vollständig von dem Reportzinsfuß abhing, ein von Monat zu Monat schwankender.

Für die Bemessung des von der Genossenschaftsbank den Vorschußvereinen gewährten Kredits war, wie wir schon oben gesehen haben, deren angesammeltes eigenes Vermögen — Mitgliederguthaben und Reservefonds — maßgebend. Daß die Preußische Zentralgenossenschaftskasse im Gegensatze hierzu ihre Kredite auf Grund der ermittelten Vermögen der Mitglieder der in den Zentralkassen vereinigten einzelnen Darlehnskassen ausschlägt, ist gleichfalls bereits früher erwähnt. Wieder anders verfährt die Neuwieder Landwirtschaftliche Zentraldarlehnskasse, welche ihre geldbedürftigen Kassen zwingt, sich an ihrem Aktienkapital zu beteiligen, und alsdann für jede erworbene Aktie von 1000 M. Kredit für 5000 M. bewilligt. Das Verfahren der Genossenschaftsbank war augenscheinlich das am wenigsten populäre und sie mußte sich dieserhalb auch manche Vorwürfe gefallen lassen. Namentlich gefielen sich junge Vereine gelegentlich darin, die, kaum gegründet und ohne eigenes Vermögen, glaubten, sofort lediglich mit Unterstützung des Bankkredits alle möglichen Geschäfte — Gewährung von Vorschüssen, Eröffnung laufender Rechnungen, Diskontierung von Wechseln, Ankauf von Güterzielern usw. — machen zu sollen. Die Genossenschaftsbank ließ sich, schon im eigensten Interesse der Vereine selbst, hierdurch nicht beirren. Wohl aber hat sie anderseits nicht gesäumt, gefährdeten Vereinen in Fällen der Not mit sehr großen Summen zu Hilfe zu kommen, wenn sie glaubte, dies vor ihren Aktionären verantworten zu können. Schenck wies zur Beleuchtung dessen schon in Augsburg auf den Vorschuß- und Sparverein Weimar hin, dem die Genossenschaftsbank, nachdem dort eine Unterbilanz von mehr als 3 Millionen Mark erwachsen war, mehr als 850 000 M. behufs seiner Forterxistenz darlieh: „keine Großbank in Deutschland und keine Zentralkasse hätte solchen Kredit gewährt! Aber abgesehen hiervon bleibt immer als Grundsatz bestehen: eine Genossenschaft kann von einer Großbank nur Kredit beanspruchen bis zum Betrage ihrer Kreditwürdigkeit." Dem Weimarer Beispiele könnten aus der Folgezeit noch mehrere angereiht werden, in denen durch das Eingreifen der Genossenschaftsbank der Zusammenbruch von Vorschußvereinen mit all seinen schweren Folgen verhütet wurde, und von denen wir in Süddeutschland nur Kappelrodeck nennen.

* * *

Als im Jahre 1900 wieder einmal auf süddeutschen Verbandstagen die Errichtung von Geldausgleichungskassen angeregt wurde, ließ die Frankfurter Niederlassung der Genossenschaftsbank die Fluktuationen der Konten ermitteln, welche in ihrem Geschäftsverkehr mit den Vorschußvereinen in laufender Rechnung während des Jahres verglichen mit den sich Ende Dezember zeigenden Bilanzzahlen regelmäßig wiederkehrten. Es ergab sich dabei — bis zum Jahre 1903 fortgesetzt — nebenstehendes Bild (s. die Tabelle auf Seite 69).

Aus der Gegenüberstellung ist interessant, zu sehen, wie die Guthaben der Vereine von ihrer Jahresdurchschnittshöhe am Jahresende sinken, mit anderen Worten, wie jene ihr Geld zu diesem Zeitpunkt von der Genossenschaftsbank wegziehen. Allerdings ist der von ihnen zum Jahresschluß in Anspruch genommene Kredit auch wiederholt kleiner als derjenige des Jahresdurchschnitts; aber wie sehr bleiben diese Zahlen hinter den ersteren zurück! Die Forderungen der Frankfurter Niederlassung der Genossenschaftsbank an die Vereine überragten deren Guthaben durchschnittlich während der Jahre 1891 bis 1903 um 208 Prozent; die Summe wächst jedoch am Jahresende durchschnittlich auf 327 Prozent der Vereinsguthaben. Dieses Kreditbegehren mußte gedeckt werden durch Diskontieren des Wechselbestands, der naturgemäß am Jahresschluß eine erhebliche Abnahme gegenüber dem Jahresdurchschnittsbestand aufweist. Die Wechselankäufe waren jedoch vorher zu dem billigen Privatdiskontsatz bewirkt worden, die Verkäufe geschahen zum Reichsbanksatz, und zwar als dieser am teuersten war!

Endlich muß noch beachtet werden, daß unter den Debitoren 63 Prozent Akzeptschuldner sind, deren Beträge also mit Forderungen der Vereine nicht ausgeglichen werden konnten.

Übersieht man alle diese Momente, so leuchtet wiederum auch aus ihnen ein, daß solchen Schwankungen nur Zentralkassen gerecht

| | Der im Jahresdurchschnitt in Anspruch genommene Kredit betrug in Prozenten des am Jahresschluß gewährten Kredits | Das durchschnittliche Guthaben der Vereine betrug in Prozenten des Guthabens am Jahresschlusse | Der in Anspruch genommene Kredit betrug das Wievielfache der Guthaben | | Der Diskontosatz der Reichsbank betrug | | Der Privatdiskontsatz betrug | | Der Wechselbestand war am Jahresschluß groß verglichen mit dem Jahresdurchschnittsbestand, dieser = 100, in Prozenten |
|---|---|---|---|---|---|---|---|---|---|
| | | | durchschnittlich | am Jahresschluß | durchschnittlich % | am Jahresschluß % | durchschnittlich % | am Jahresschluß % | |
| 1891 | 99 | 174 | 2,0 fach | 3,6 fach | 3,77 | 4 | 3,13 | 3,27 | 86,7 |
| 1892 | 134 | 202 | 1,8 „ | 3,6 „ | 3,21 | 4 | 1,89 | 2,81 | 70,3 |
| 1894 | 137 | 170 | 1,8 „ | 3,0 „ | 3,12 | 3 | 1,79 | 1,64 | 77,1 |
| 1897 | 94 | 170 | 2,1 „ | 3,5 „ | 3,82 | 5 | 3,18 | 4,53 | 97,3 |
| 1900 | 95 | 166 | 2,4 „ | 4,0 „ | 5,33 | 5 | 4,45 | 4,54 | 99,8 |
| 1901 | 88 | 145 | 2,4 „ | 3,9 „ | 4,10 | 4 | 3,18 | 3,06 | 85,1 |
| 1902 | 120 | 127 | 2,7 „ | 2,9 „ | 3,32 | 4 | 2,31 | 3,50 | 80,3 |
| 1903 | 111 | 132 | 2,3 „ | 2,7 „ | 3,84 | 4 | 3,10 | 3,60 | 72,1 |

werden können, welche entweder ein großes eigenes unkündbares, also in Aktienform aufgebrachtes Kapital besitzen oder sich an eine große Bank anlehnen, die ihnen in den Zeiten des Geldbedarfs und des Geldüberflusses zur Seite steht und den Rücken deckt.

## 6. Die Beteiligungsgeschäfte der Genossenschaftsbank.

Schon oben ist erwähnt worden, daß die Genossenschaftsbank in Verbindung mit einigen Freunden aus dem Konkurs des Naumburger Bankvereins den Besitz der Gewerkschaft „Kyffhäuser" in Artern erworben hatte. Ihre Beteiligung hieran gestaltete sich gleich derjenigen bei den Akkumulatorenwerken „Watt" in Berlin und bei dem Braunkohlenbergwerk „Helenensglück" in Vetschau durch große, im Laufe der Jahre stets wachsende Kreditgewährungen überaus verlustreich. Der Grund, daß diese Geschäfte so verhängnisvoll abschlossen, ist ohne Ausnahme darin zu suchen, daß ihre Leitung in den Händen nicht genügend sachkundiger Personen lag, welche nicht den Mut hatten, den Minderwert der Unternehmungen einzugestehen, nachdem er zutage getreten war. Die Direktion der Genossenschaftsbank glaubte jenen Mangel ersetzen zu können, indem sie selbst in die Leitung eingriff und neue Geldmittel hingab; die Hoffnung, damit die Unternehmungen in rentbaren Stand zu setzen, erwies sich schließlich jedoch als trügerisch. Die Genossenschaftsbank hatte eben den alten Erfahrungssatz vergessen, daß, wenn man selbst ein guter Bankier sein mag, man doch deshalb nicht ohne weiteres ein sachverständiger und von Erfolg gekrönter Großindustrieller wird.

Als weiterer Fehler ergab sich, daß das Interesse Dritter bei jenen Geschäften verglichen mit denjenigen der Bank nur ein kleines war, so daß die wünschenswerte Kontrolle ihrer Geschäftsführung seitens mitbeteiligter Personen mangelte. Für die bei der Abwickelung der drei Unternehmungen sich ergebenden Verluste mußten im Sommer 1902 nicht weniger als 3270000 M. abgeschrieben werden, wozu noch eine Absetzung von 200000 M. für Verluste trat, welche die Frankfurter Niederlassung aus dem Konkurse des Landwirtschaftlichen Kreditvereins für Mittelfranken in Ansbach und der Heilbronner Gewerbebank, Akt.-Ges. in Heilbronn, erlitten hatte. Die Verluste wurden durch Aufopferung der im ersten Halbjahr 1902 erzielten Gewinne und durch eine Entnahme aus dem Reservefonds in Höhe von 2670000 M. gedeckt, so daß letzterem alsdann noch ein Betrag von 2000000 M. verblieb.

So berechtigt die dieserhalb der Genossenschaftsbank gemachten Vorwürfe waren, so schossen sie doch über das Ziel hinaus, wenn man ihre Beteiligungsgeschäfte als solche verurteilte. Sie lagen durchaus in dem Rahmen der Aufgaben der Bank, wie sie seinerzeit auch schon Soergel in das Auge gefaßt hatte, als er aussprach, daß diese sich nicht einseitig auf einzelne Geschäftsgebiete beschränken dürfe. Hatte die Bank doch auch unter seiner Leitung eine Reihe industrieller Gründungen vorgenommen. Es war nur falsch, in jene neueren Unternehmungen immerfort Geld hineinzustecken, ohne eine gewissenhafte Prüfung darüber anzustellen, ob überhaupt hier noch etwas zu retten sei.

Selbstverständlich wirkten diese betrübenden Erscheinungen auf die Organisation und den weiteren Geschäftsverkehr der Genossenschaftsbank. Zunächst wurde die nicht mehr zeitgemäße Form der Kommanditgesellschaft auf Aktien mit derjenigen der reinen Aktiengesellschaft mit Wirkung vom 1. Juli 1903 vertauscht. Die Leitung der neuen Aktiengesellschaft verblieb den bisherigen persönlich haftenden Gesellschaftern Weill und Meißner in Berlin und Thorwart in Frankfurt a. M., welch letzterem H. Malz (Berlin) zur Seite trat.

Ferner gestand die Genossenschaftsbank freimütig, aus den gemachten Erfahrungen die Lehre geschöpft zu haben, „daß es für ein Institut von dem Umfang des unserigen nicht unbedenklich ist, das Konsortial- und Beteiligungsgeschäft in seiner bisherigen Ausdehnung zu pflegen. Wir haben uns — sagte sie in ihrem Geschäftsbericht — daher entschlossen, in Zukunft unsere Tätigkeit auf diesem Felde einzuschränken und uns in erhöhtem Maße der Pflege unseres eigentlichen Geschäftsgebiets, dem Verkehr mit den Genossenschaften, zuzuwenden. Für diesen Zweck ist indessen der Betrag unseres gegenwärtigen Aktienkapitals zu hoch bemessen. Und da bei dem bescheidenen Nutzen, den das reine Kontokorrentgeschäft abwirft, die Rente von einem Kapital, das höher ist als dem absoluten Bedürfnis entspricht, eine zu geringe sein würde, so haben wir in Aussicht genommen, unser Aktienkapital durch Rückkauf von Aktien auf 30 Millionen Mark herabzusetzen . . . Das verminderte Kapital wird ausreichen, bei der Beschränkung unseres Arbeitsfeldes allen Ansprüchen unserer Kundschaft gerecht zu werden und uns die erforderliche Bewegungsfreiheit zu verschaffen . . . Wir geben uns der sicheren Erwartung hin, daß es uns bei Durchführung dieser Maßnahmen gelingen wird, unseren Aktionären in Zukunft eine angemessene und stetige Rente herauszuwirtschaften, nachdem wir durch die umfangreichen Rückstellungen für eine durchgreifende Sanierung der Bilanz Sorge getragen haben." Die Generalversammlung beschloß auch diesem Antrage entsprechend.

## 7. Die Fusion der Genossenschaftsbank mit der Dresdner Bank.

Sehr rasch zeigte sich indessen, daß die Genossenschaftsbank mit einem Kapital von 30 Millionen Mark*) die Stellung, welche sie sich in der deutschen Bankwelt erworben hatte, nicht aufrechterhalten konnte, selbst wenn sie lediglich das Kreditvermittelungs- und Kommissionsgeschäft betreiben wollte. Zudem schmolzen die Erträgnisse aus diesen Geschäftszweigen mehr zusammen, als vorauszusehen war, während sich eine Ermäßigung der Unkosten nicht herbeiführen ließ. Der Bank mußte sich daher der Gedanke aufdrängen, ob es zweckmäßig für sie sei, noch länger außerhalb des Konzentrationsprozesses, der in den letzten Jahren unter den deutschen Banken immer stärkere Wurzeln schlug, zu bleiben, und so nahm sie einen ihr nach dieser Richtung gemachten Antrag der Dresdner Bank an. Die hierfür in Betracht kommenden Gründe hat die Bank in den Nrn. 24 und 25 des Jahrgangs 1904 der Blätter für Genossenschaftswesen zusammengefaßt.

„Die Entwickelung des Bankgeschäfts in Deutschland — so heißt es dort — hat im Laufe der letzten Jahrzehnte den Gang genommen, daß die Banken hauptsächlich Unternehmergeschäfte großen Stiles geworden sind. Gegenüber dem Gewinne, welchen die Banken aus

*) Die Aktienkapitalien der großen Berliner Banken betrugen:

| | damals (1904) | jetzt |
|---|---|---|
| Berliner Handelsgesellschaft . . . . . | 100 000 000 M. | 110 000 000 M. |
| Darmstädter Bank . . . . . . . . . . | 132 000 000 „ | 160 000 000 „ |
| Deutsche Bank . . . . . . . . . . . | 190 000 000 „ | 200 000 000 „ |
| Diskontogesellschaft . . . . . . . . | 170 000 000 „ | 200 000 000 „ |
| Dresdener Bank . . . . . . . . . . | 160 000 000 „ | 200 000 000 „ |
| A. Schaaffhausenscher Bankverein . . . . | 125 000 000 „ | 145 000 000 „ |

diesem Geschäftszweige erzielen, sind die Erträgnisse des regulären Bankgeschäfts mehr und mehr in den Hintergrund getreten. Beweis dafür ist die Tatsache, daß, wie die Statistik zeigt, bei allen Banken, seien sie nun groß oder klein, die Provisionsergebnisse nicht mehr imstande sind, die Unkosten zu decken. Dies liegt einerseits daran, daß infolge der Konkurrenz die Provisionssätze auf ein ungemein niedriges Niveau herabgedrückt worden sind, während anderseits die Unkosten in Gestalt von Gehältern, Steuern usw. eine ständig wachsende Richtung zeigen*).

„Da nun die Zinsgewinne, welche eine Bank zu erzielen in der Lage ist, an und für sich nicht ausreichen, um für das Aktienkapital eine genügende Rente abzuwerfen, so sind die Banken darauf angewiesen, aus anderen Einnahmequellen das Fehlende zu ergänzen, und diese Erträgnisse liefert ihnen das Beteiligungs- und Emissionsgeschäft . . .

„Es liegt aber auf der Hand, daß die Pflege des Unternehmergeschäfts nur für Banken einer gewissen Größe, welche mit den erforderlichen Einrichtungen versehen sind und die nötigen sachverständigen Kräfte zur Verfügung haben, ratsam erscheint. Daher liegt in dieser Gestaltung des Bankgeschäfts schon an sich ein innerer Grund für die stetige Tendenz zur Vergrößerung.

„Anderseits wird durch diese Verhältnisse die Lage der Banken, welche sich auf reine Kredit- und Kommissionsgeschäfte beschränken, eine um so weniger günstige . . . Daher hat sich im letzten Jahrzehnt der Konzentrationsprozeß auf dem Bankengebiete mit einer Schnelligkeit vollzogen, wie sie in der Wirtschaftsgeschichte vielleicht einzig dasteht. Nicht nur, daß die großen Banken unter ständiger Vermehrung ihrer Betriebskapitalien allenthalben Zweig-

*) Bei der Genossenschaftsbank – aber nur im Berliner Geschäft — betrugen z. B.

| | | die Provisionseinnahmen: | die Unkosten: |
|---|---|---|---|
| | 1893 | 332 500 M. | 305 600 M. |
| | 1896 | 376 500 „ | 328 500 „ |
| | 1899 | 426 000 „ | 428 400 „ |
| | 1900 | 426 300 „ | 450 300 „ |
| | 1901 | 419 100 „ | 465 000 „ |
| | 1902 | 386 200 „ | 505 000 „ |
| Januar bis Juli (sechs Monate.) | 1903 | 162 700 „ | 229 600 „ |

niederlassungen errichtet haben, sie haben es auch verstanden, durch das System der sogenannten Interessengemeinschaft ihre Einflußsphäre auf Institute auszudehnen, die an sich ihre juristische Selbständigkeit behielten, aber dadurch, daß das Aktienkapital ganz oder zum größten Teile in die Hände der Großbank überging, in völlige wirtschaftliche Abhängigkeit von dieser gerieten.

„Den außerhalb eines solchen Konzerns stehenden Banken wurde durch diese Entwickelung je länger je mehr der Kreis der Kundschaft eingeengt. Besonders empfindlich mußte sich dieser Übelstand bei einer Bank wie der Genossenschaftsbank zeigen, welche, abgesehen von ihrem Verkehr mit den Genossenschaften, auf lebhafte und gute Beziehungen zu ihrer Kundschaft in der Provinz angewiesen war. Da sie von Anfang an als gleichberechtigter Konkurrent der übrigen Berliner Banken auftrat, so war es natürlich, daß sie zu keinem dieser Institute in näheren Beziehungen stehen konnte. Auf der anderen Seite hinderte sie die spezielle Aufgabe, die sie sich gestellt hatte, mit gleicher Beweglichkeit den Übergang zur Emissionsbank großen Stils mitzumachen. Nachdem sie nun aber vor zwei Jahren grundsätzlich erklärt hatte, sich im wesentlichen von diesem Geschäftszweig fernzuhalten . . ., ließ sich nicht verkennen, daß die Erträgnisse ihres Geschäfts nur bescheidene sein und bleiben würden. Von der Höhe der Erträgnisse aber ist in letzter Linie der Aktienkurs abhängig, und der Stand des letzteren ist schließlich von maßgebender Bedeutung für die Beurteilung der geschäftlichen Situation und des Kredits der Bank.

„Dazu kommt, daß die großen Banken mit ihren weitverzweigten Filialnetzen und Niederlassungen im Auslande in vielen Fällen der Kundschaft derartig vorteilhafte Bedingungen zu gewähren in der Lage sind, daß ihre Konkurrenz sich auf dem eigensten Arbeitsgebiet der Genossenschaftsbank empfindlich fühlbar machte.

„Alle diese Gründe ließen es wünschenswert erscheinen, daß die Bank in irgendeiner Form Anschluß an eine der bestehenden großen Bankgruppen finden möchte. Daß ein solcher Anschluß nur in einer Form durchgeführt werden durfte, welche den besonderen Aufgaben der Bank auf dem Gebiete des Genossenschaftswesens gerecht würde, war dabei selbstverständliche Voraussetzung. Demgemäß ist auch bei den Abmachungen, welche die Bank mit der Dresdner Bank nunmehr getroffen hat, in erster Linie das Hauptgewicht darauf gelegt worden, die Funktionen der Bank als Zentralkreditinstitut der Genossenschaften zu erhalten und dauernd zu sichern . . . Die Dresdner Bank wird nämlich in Berlin und Frankfurt a. M. besondere Genossenschaftsabteilungen einrichten und sich zum Zwecke der Organisation mit den Organen des Allgemeinen Verbandes ins Einvernehmen setzen . . . Sie wird ferner die Ausdehnung ihres Geschäftsbetriebes auf die Pflege des Genossenschaftswesens durch eine dementsprechende Änderung ihrer Statuten zum Ausdruck bringen und dadurch betätigen, daß sie diese Pflege des Genossenschaftswesens und besonders die Befriedigung der berechtigten Bedürfnisse der Genossenschaften nach Bankkredit als eine ihrer dauernden Aufgaben ansieht . . .

„Es wird endlich jeder genossenschaftlichen Abteilung ein Beirat aus 4—5 Vertretern der Genossenschaften an die Seite treten. Diese Beiräte sollen dazu dienen, die Bankleitung in enger Fühlung mit den Genossenschaften selbst und dem Allgemeinen Verbande zu halten. Sie werden in allen genossenschaftlichen Fragen und allen die Kreditgewährung an Genossenschaften betreffenden Angelegenheiten zu Rate gezogen werden und auch sonst auf die Geschäftsführung der Abteilungen einen maßgebenden Einfluß auszuüben in der Lage sein.

„Die Hoffnung ist daher wohl nicht unberechtigt, daß diese Organisation geeignet ist, den Genossenschaften größere und wertvollere Dienste zu leisten, als es bisher die Genossenschaftsbank allein zu tun imstande war. Denn es läßt sich nicht verkennen, daß der Rückhalt an einer so großen und kapitalkräftigen Bank, wie es die Dresdner Bank ist, für die Funktionen eines Zentralkreditinstituts der Genossenschaften von unschätzbarem Wert ist und daß anderseits auch bei der Pflege des reinen Kommissionsgeschäfts den Genossenschaften größere Vorteile in Aussicht stehen, als dies in vielen Fällen bisher möglich war.

„Zwar ist vielfach die Befürchtung ausgesprochen worden, daß eine so große Bank dem Verkehr mit den Genossenschaften nicht die nötige Aufmerksamkeit werde zuwenden können und daß die Gefahr bestehe, über kurz oder lang die Interessen der Genossenschaften in den Hintergrund gedrängt zu sehen. Diese Befürchtung erscheint zwar begreiflich, ist indessen nichts weniger als gerechtfertigt. Denn eine Bürgschaft nach dieser Richtung ist in der geschaffenen Organisation selbst gegeben, die sich ohne Zweifel ebenso lebensfähig erweisen wird wie bisher bei der Deutschen Genossenschaftsbank . . .

„Es sind sonach alle Vorbedingungen erfüllt, die für eine gedeihliche Entwickelung einer Zentralbank der Genossenschaften wünschenswert erscheinen können. Daß dabei das von den Genossenschaften selbst geschaffene Institut seine selbständige Existenz verliert und der altgewohnte Name verschwindet, wird manchem seiner genossenschaftlichen Freunde und nicht zum wenigsten der Verwaltung der Bank selber schmerzlich sein. Indessen heißt es doch, den Bedürfnissen der Zeit Rechnung tragen und sich nicht aus Gründen der Empfindsamkeit gegen eine wirtschaftliche Entwickelung stemmen, die der einzelne aufzuhalten außerstande ist."

In den Generalversammlungen vom 3. und 25. Juni 1904 nahmen die Aktionäre den Antrag an, die Genossenschaftsbank mit der Dresdner Bank derart zu verschmelzen, daß das Vermögen der ersteren als Ganzes unter Ausschluß der Liquidation an die letztere Bank übergehen sollte. Für 1800 M. Genossenschaftsbankaktien mit Zinsen vom 1. Juli 1903 wurden 1200 M. Dresdner-Bank-Aktien mit Dividendenberechtigung vom 1. Juli 1904 und außerdem 225 M. bar hingegeben, worin eine Zinsvergütung von 4 Prozent auf die Genossenschaftsbankaktien für das abgelaufene Jahr enthalten sein sollte.

Endlich traten von den an der Spitze der Genossenschaftsbank stehenden Personen der Vorsitzende des Aufsichtsrats Anwalt Dr. H. Crüger (Berlin) und F. Thorwart (Frankfurt a. M.) in den Aufsichtsrat, die Direktoren Dr. K. Meißner (Berlin) und H. Malz (Frankfurt a. M.) an die Leitung der genossenschaftlichen Abteilungen der Dresdner Bank.

* * *

Übersieht man die Geschichte der Genossenschaftsbank, so kann man wohl von ihr sagen, daß sie den ihr bei der Gründung gestellten Aufgaben durchaus gerecht geworden ist. Sie hat nicht nur der Kreditvermittelung der deutschen Genossenschaften in ausreichendem Maße gedient sondern auch an deren Organisation erfolgreich mitgewirkt. Unter vollständiger Würdigung der Selbständigkeit der Vereine hat sie, indem sie an deren eigenem Vermögen ihre Kredite bemaß, sie auch ihrerseits veranlaßt, der Kapitalansammlung die unausgesetzte Aufmerksamkeit zu widmen, und sie ist nicht müde geworden, stets zu betonen, daß die Vereine ihr Betriebskapital aus Spareinlagen beschaffen müssen und den Bankkredit nur als dessen vorübergehende Ergänzung betrachten sollen. In dem Giroverband, dem eine selbständige Darstellung vorbehalten bleibt, hat die Genossenschaftsbank eine Einrichtung zum Wechselaustausch und Wechseleinzug geschaffen, wie weder die Genossenschaften in anderen Ländern noch selbst die Großbanken in Deutschland oder in dem Ausland sie besitzen; durch ihre Bemühung um die Ausdehnung und die Konzentration des Scheckverkehrs ist sie für die gesamte Bankenwelt unseres Vaterlandes vorbildlich geworden. Den Genossenschaften hat sie aber jederzeit weit über das gewöhnliche Maß des rein geschäftlichen Verkehrs zur Seite gestanden; von den leider nicht wenigen Fällen, wo sie in Bedrängnisse geratenen Genossenschaften mit Rat und Tat zu Hilfe kam, braucht man wieder nur an Weimar und Kappelrodeck zu erinnern. Aber auch hier ist sie der Schulze-Delitzschschen Forderung: „Leistung gegen Leistung!“ nicht untreu geworden: sie hat, wo immer es war, verlangt, daß die Vereine selbst die Hände regten. Nur wenn in den kritischen Momenten die Genossenschaften sich auf den Wert der Selbsthilfe besannen und demgemäß handelten, dann hat auch die Genossenschaftsbank mit ihrer Hilfe nicht gezögert; aber indem sie es ablehnte, dabei irgendwie als Wohltäterin aufzutreten, sondern den rein geschäftlichen Standpunkt einnahm, hat sie selbst dann die Selbstverwaltung der Vereine nie angetastet. So wird man ohne Widerspruch Zustimmung zu der Behauptung finden, daß die Genossenschaftsbank ihre Zugehörigkeit zu den deutschen Genossenschaften nie vergessen und sich mit diesen stets eins gefühlt hat.

* * *

Die von der Genossenschaftsbank verteilten Dividenden betrugen:

| | | | | | |
|---|---|---|---|---|---|
| 1865 | 4 | Prozent | 1884 | 8 | Prozent |
| 1866 | $5\frac{1}{4}$ | " | 1885 | $6\frac{3}{4}$ | " |
| 1867 | $6\frac{1}{6}$ | " | 1886 | $6\frac{2}{3}$ | " |
| 1868 | 7 | " | 1887 | 7 | " |
| 1869 | 7 | " | 1888 | $7\frac{1}{2}$ | " |
| 1870 | $6\frac{2}{5}$ | " | 1889 | 8 | " |
| 1871 | $10\frac{3}{4}$ | " | 1890 | 7 | " |
| 1872 | $10\frac{2}{3}$ | " | 1891 | 6 | " |
| 1873 | 3 | " | 1892 | $4\frac{5}{6}$ | " |
| 1874 | 6 | " | 1893 | 5 | " |
| 1875 | $5\frac{1}{2}$ | " | 1894 | 5 | " |
| 1876 | $5\frac{1}{2}$ | " | 1895 | 6 | " |
| 1877 | $5\frac{1}{2}$ | " | 1896 | 6 | " |
| 1878 | $5\frac{1}{2}$ | " | 1897 | 6 | " |
| 1879 | 7 | " | 1898 | 6 | " |
| 1880 | $7\frac{3}{4}$ | " | 1899 | 6 | " |
| 1881 | 8 | " | 1900 | 5 | " |
| 1882 | $7\frac{1}{2}$ | " | 1901 | 3 | " |
| 1883 | $7\frac{1}{2}$ | " | | | |
| | Erstes Semester | | 1902 | 0 | " |
| | | Juli | 1902/03 | 4 | " |
| | | " | 1903/04 | 4 | " |
| | Durchschnitt . . . | | | 6,17 | Prozent |

# Der Giroverband der deutschen Kreditgenossenschaften, 1868–1903.

## 1. Die ersten Jahre des Verbandes.

Als die deutschen Genossenschaften im Juni 1859 zum ersten Male in Weimar zur Besprechung ihrer gemeinschaftlichen Angelegenheiten zusammenkamen, beschlossen die vertretenen 29 Vereine, sich gegenseitig das Inkasso ihrer Wechsel gegen eine Provision von $^1/_6$ Prozent, jedoch nicht unter 5 Silbergroschen zu besorgen. Außerdem sollten noch die erwachsenden Unkosten aufgerechnet werden. Aus dem kurzen Bericht über die Versammlung wird zur Begründung des Beschlusses mitgeteilt, daß er „hauptsächlich für die Vereine berechnet sei, welche Wechsel ihrer Mitglieder diskontieren, um die kostspielige Vermittelung der Bankiers zu ersparen; er wurde aber auch für alle anderen ersprießlich und für keinen lästig erachtet, da die allenfallsige Mühewaltung entsprechend vergütet werden sollte". Auf dem fünften Allgemeinen Genossenschaftstage — 1863 in Görlitz — kam der Gegenstand von neuem zur Sprache. Hier wurde es jedoch für wünschenswert erklärt, „daß die dem Gesamtverband der Deutschen Genossenschaften angehörenden Vereine das Wechselinkasso, abgesehen von den Nebenkosten, gegenseitig provisionsfrei besorgen;" man wollte also die in Weimar zugebilligte Provision von $^1/_6$ Prozent fallen lassen. Aber noch im Jahre 1869 auf dem Vereinstage in Neustadt a. d. H. war es notwendig, diesen Beschluß mit dem charakteristischen Zusatz zu wiederholen: „Der Vereinstag erklärt sich dagegen, daß das Inkasso von Wechseln, welche einem Verein von einem anderen übersandt werden, als ein Privatgeschäft des Vereinskassierers behandelt werde; er hält es vielmehr für notwendig, daß dieses Geschäft vom Verein als solchem besorgt wird." Es waren 202 Vereine, welche sich ausdrücklich verpflichteten, dem Beschlusse nachzukommen; ein Verein bat, „ihn mit Inkassoaufträgen ganz zu verschonen, da seine Verhältnisse nicht geeignet seien, sich mit dergleichen befassen zu können".

Das provisionsfreie gegenseitige Inkasso war von Anfang an von Soergel eifrig befürwortet worden; schon vor der Gründung der Deutschen Genossenschaftsbank hatte er als eine der von ihr zu lösenden Aufgaben „das Inkassogeschäft für ganz Deutschland vermittelst der Genossenschaften und die Ausgleichung der vereinnahmten Beträge durch Giroübertragung oder monatlich oder quartaliter" bezeichnet. Dementsprechend forderte die Genossenschaftsbank unmittelbar nachdem sie in das Leben getreten war — im Jahre 1865 —, in einem Rundschreiben die Vorschußvereine auf, sich zur gegenseitigen Besorgung der Einziehung von Wechseln zu billigen Sätzen zu vereinigen. Die Anregung blieb ohne Erfolg; von 450 Genossenschaften antworteten nur 40 und diese nicht einmal alle zustimmend. Aber die Genossenschaftsbank ließ sich hierdurch nicht abschrecken. Schon zwei Jahre später legte sie den Vereinen die Grundzüge einer zu errichtenden „Girogenossenschaft" vor, und dieses Mal fand der Plan mehr Anklang. Kaum 40 Vereine waren es zwar nur, welche sich bereit erklärten, „die Forderung oder Schuld des einen Vereins auf den anderen mittelst einer von der Genossenschaftsbank in Berlin zu bewirkenden Buchung kostenfrei übertragen zu lassen. Ferner soll die Girogenossenschaft das Inkasso von Wechseln auf Bankplätze und solche Orte, an denen Girogenossen wohnen, regeln, die Arbeit nach Möglichkeit durch Konzentration mindern und die Kosten auf ein Minimum einschränken, indem durch die Zentralisation die gegenseitige Abrechnung gestattet wird. Jede einzelne dem Giroverbande beigetretene Kreditgenossenschaft hat für alle übrigen Girogenossen nur ein einziges Konto in Berlin zu führen, braucht, wenn sie für andere Inkassos besorgt hat, nur zweimal monatlich an bestimmten Tagen nach Berlin zu schreiben, und wenn sie ins Debet gekommen oder die einkassierten Wechsel nicht auf ihr Guthaben an die Genossenschaftsbank in Anrechnung bringen will, nur zweimal monatlich an die Genossenschaftsbank — nicht an die einzelnen Girogenossen — zu remittieren."

Der Zusammenschluß jener 40 Vereine zu dem Giroverbande gegenüber der ablehnenden Haltung der überwiegend großen Mehrheit der Kreditgenossenschaften zwei Jahre zuvor wird wohl wesentlich durch die Erfahrungen des Jahres 1866 gefördert worden sein. Man vergegenwärtige sich, daß damals Norddeutschland nach Talern, Süddeutschland nach Gulden, Bremen nach Goldtalern, Hamburg nach Bankomark, Lübeck und Schlesweg-Holstein nach Kurantmark rechnete, der verschiedenartigen Abteilungen der Scheidemünze in Norddeutschland — des Talers in 30 Silbergroschen bzw. 24 Groschen, des Groschens in 12 bzw. 10 Pfennig — nicht zu gedenken. Zudem war Mitteldeutschland das Umlaufsgebiet der sog. „wilden Scheine", der Noten der thüringischen Privatnotenbanken und des kleinstaatlichen Papiergeldes. Zwar hatte die preußische Regierung schon im Jahre 1857 die Zahlungsleistung mit Noten der außerpreußischen Banken innerhalb der Grenze der Monarchie verboten unter drastischer Aufzählung der Mißstände, welche bei der Ausgabe der Noten seitens der kleinstaatlichen Banken zutage getreten seien. „Es werden — so hieß es in der damaligen Denkschrift des preußischen Ministeriums — durch Agenten an den Börsen Wechsel zu einem erheblich niedrigeren als dem allgemein üblichen Zinsfuße unter der Bedingung angekauft, daß der Betrag in den fremden Noten angenommen werden muß. Agenten, welche für die Unterbringung der Noten Provision erhalten, bieten dieselben zu solchen Geschäften durch Zeitungsannoncen und Zirkular aus. Auf den Messen werden die Noten geradezu als Ware verkauft." Die Verdrängung der Mittelstaatlichen Banknoten aus dem preußischen Staatsgebiete schränkte deren Umlaufsgebiet zwar wesentlich ein; indessen gelangten sie, abgesehen von ihrer engeren Heimat, auch in den Grenzbezirken stets von neuem in den Verkehr und die „wilden Scheine" bildeten den Schrecken bei jeder Zahlung.' Das war jene schöne Zeit, in welcher der Leiter eines der angesehensten Bankinstitute, Schottler, Direktor der Danziger Privatbank, nicht ohne Humor die Bankkassierer in Deutschland als verdrießliche alte Herren schilderte, die sich tagsüber mit allen möglichen Münzsorten aus aller Herren Ländern herumschlagen mußten. Suchte nun schon in gewöhnlichen Tagen jedermann der fremden Noten und des kleinstaatlichen Papiergeldes — der zerrissenen und von Schmutz starrenden Eintaler- und Einguldenscheine — sich möglichst rasch zu entledigen, so wuchs dieser Wunsch, sobald wirtschaftliche oder politische Krisen Zweifel in die Zahlungsfähigkeit der ausgebenden Banken aufkommen ließen. Dann waren die Noten nur mit großem Verlust an den Mann zu bringen, wohl auch zeitweise gar nicht zu verwerten. Naturgemäß stauten sich die Noten in den thüringischen Ländern, wo die Banken von Dessau, Gera, Gotha, Meiningen, Sondershausen und Weimar ihren Sitz hatten, diejenigen von Bautzen, Chemnitz und Leipzig nicht sehr entfernt waren — die Talerscheine der Leipzig-Dresdener Eisenbahnkompanie nicht zu vergessen. So war es begreiflich, daß unmittelbar vor dem Ausbruch des Preußisch-Österreichischen Krieges — am 23. Mai 1866 — eine Anzahl thüringischer Vorschußvereine in Artern zusammentraten, um über die Begründung einer Auswechselungskasse für die verschiedenen Noten und das Staatspapiergeld zu beraten. Aber die Versammlung erkannte, daß die Verwirklichung des Gedankens unausführbar sei, teils weil es an Silber und vollgültigem kleinen Papiergeld mangelte, teils weil eine solche Kasse der Spekulation in ausländischem Papiergeld Vorschub leisten werde. Fast gleichzeitig wandte sich ein hannoverscher Vorschußverein an die Genossenschaftsbank mit einem Vorschlage zur Lösung der Frage: „Alle Vereine schicken ihr ausländisches Papiergeld an die Genossenschaftsbank, welche dasselbe sortiert und, indem eine Ausgleichung unter den verschiedenen Geldsorten stattfindet, jedem Verein Papiergeld seines Staates zurückschickt. Ebenso sollte es auch mit den Wechseln auf fremde Plätze gehalten werden: wenn auch diese der Genossenschaftsbank eingeschickt würden, so könnte sie dieselbe sortieren und jedem Vereine meist Wechsel auf seinen Platz remittieren. Die Genossenschaftsbank berechnet dafür eine feststehende Provision und macht die Arbeit für sich nutzbringend, die Vereine nützen damit auch ihren Kunden.“ Die Genossenschaftsbank erachtete indessen den Austausch der fremden Noten für unmöglich. „In den jetzigen Zeiten — sagte sie (Bl. für Genossenschaftswesen, Jahrg. 1866, S. 117) — wo das Angebot und die Nachfrage sog. wilde Scheine mit 97 bis 98 Prozent valutiert, werden freilich viele Leute das Bedürfnis und das Verlangen haben, dieselben Noten zu 100 zu verwerten; es werden sich aber nur wenig Leute finden, welche Noten mit 100 bezahlen, die sie mit 97 bis 98 haben können. Und dann haben manche Städte, ja manche kleine Länder und alle Notenbanken durchaus ein Interesse dagegen, daß ihre Noten schnell zurückfließen. Sie bezahlen vielmehr dafür, daß man sie an möglichst fernen Orten wieder ausstreut. Würden z. B., um allerdings ein Extrem anzuführen, alle die 500000-Taler-Noten nach Bückeburg zurückfließen, welche die dortige Bank ausgibt, so würde Bückeburg darin ersticken und die Bank einen großen Teil ihrer Geschäfte liquidieren müssen. Hierbei sind alle Bückeburger Bürger gleichmäßig beteiligt und sie werden sich hüten, zu einer für sie so nachteiligen Maßregel die Hand zu bieten. Ein ganz gleicher Fall ist es mit den anhaltischen Staats- und Banknoten und vielen anderen. Fände aber auch der Austausch auf Gegenseitigkeit allgemeinen Anklang, . . . so würde doch die Ausführung in der Praxis sehr erhebliche Schwierigkeiten finden. Die Theorie setzt nämlich einen sofortigen und gänzlichen Umtausch voraus und das trifft in der Praxis nicht zu. Es hat keineswegs jedes Land und jede Stadt mit einer Notenbank so viel bar zu bezahlen, wie sie bar zu empfangen hat, und noch viel weniger hat jedes Land und jede Stadt jeden Tag, jede Woche, noch jeden Monat so viel bar zu empfangen, wie bar zu bezahlen und noch viel weniger hat sie jeden Tag so viel Geld oder mag sie so viel hergeben, als ihr möglicherweise von außen zum Umtausch angeboten wird oder angeboten werden kann, und schließlich ist zu bedenken, daß keineswegs durch die Hände aller Kreditgenossenschaften so viel Geld fließt, als möglicherweise einzelnen von ihnen behufs Umtausch ihrer Vorräte von fremden Noten wünschenswert sein mag."

So war die geplante Austauschstelle für nichtpreußische Talernoten schon vor ihrer Geburt durch den Widerspruch der Genossenschaftsbank endgültig zu Grabe getragen; indessen gaben dieser die mehrfach geäußerten Wünsche nach Errichtung einer solchen erneute Veranlassung, ihre frühere Anregung behufs Austausches der Wechsel auf Orte, an welchen Vorschußvereine tätig waren, zu wiederholen, und dieses Mal, wie wir schon gesehen haben, mit besserem Erfolge als zwei Jahre früher. „Sehr bescheiden und schüchtern" — um mit den Worten des ersten Berichtes der Girogenossenschaft zu reden — war allerdings der Anfang; aber als im Sommer 1868 auf dem allgemeinen Vereinstage zu Leipzig die Angelegenheit besprochen wurde, betrug die Zahl der Mitglieder schon 60 und Schulze-Delitzsch empfahl den Anschluß der noch außenstehenden Vereine in nachdrücklichster Weise. „Mit dem Giroverkehr der Genossenschaftsbank — sagte er — haben wir einen wichtigen Schritt vorwärts getan.

Wir haben schon manches erreicht und wollen dahin kommen, eine Großmacht im Verkehr zu werden." Diese Mahnung verfehlte ihre Wirkung nicht. Am Ende des Jahres hatten sich 93 Vereine dem Verbande angeschlossen, welche Wechsel im Betrage von 320000 Talern zum Austausch nach Berlin gesandt hatten, und die Genossenschaftsbank konnte mit Recht aussprechen, „daß die Einrichtung ihre Lebensfähigkeit und ihre Vorteilhaftigkeit für die Beteiligten bewiesen hat".

Das darauffolgende Jahr brachte einen mehr als doppelt so großen Wechseleingang — 707 714 Taler — und der erstattete Bericht nahm schon für die nächste Zukunft ein sicheres Fortschreiten des Verbandes in Aussicht. „Durch die bevorstehende Gründung einer Filiale unseres Geschäfts in Frankfurt a. M. wird der Giroverkehr einen weiteren Aufschwung nehmen und ein bisher noch fast nicht bebautes Feld gewinnen, indem die Filiale in Frankfurt für die nach rheinischen Gulden rechnenden Kreditgenossenschaften einen ausgleichenden und geschäftsvermittelnden Punkt bilden und demselben damit eine vorteilhafte Gelegenheit bieten wird, sich dem bisher nur für Norddeutschland wirksamen Giroverbande anzuschließen. Indem unser Berliner Haus mit dem Frankfurter die auf Girokonto eingehenden Gulden- und Talerwechsel austauscht, wird es den süddeutschen Genossenschaften ermöglicht werden, ihren Kunden die Talerwechsel auf Bank- und Vereinsplätze ohne Kurs- und Valutenverlust abzunehmen und den norddeutschen Genossenschaften, ihren Kunden die Guldenwechsel ebenfalls ohne Kurs- und Valutenverlust einzuziehen. So wird der Giroverband seinerseits und für seine Mitglieder die Nachteile der leider immer noch fortbestehenden Verschiedenheit des deutschen Münzfußes mildern und nach seinen Kräften den Verkehr zwischen Nord und Süd erleichtern und beleben."

Nachdem die Frankfurter Kommandite der Genossenschaftsbank in das Leben getreten war, wandte sich auch diese im Juli 1871 an die süddeutschen Vorschußvereine, um sie für den Giroverband zu gewinnen: „Durch die Solidarität ihrer Interessen, durch ein enges Zusammenstehen in geschlossenen Verbänden — heißt es in ihrer Ansprache — haben die Genossenschaften bisher erreicht, was sie groß und stark gemacht hat. Nur durch den Beitritt aller Vereine wird auch der Giroverkehr zu einer Institution heranwachsen, welche die geistige Verbindung der Genossenschaften zu einer äußerlich praktischen Tat von gleicher Bedeutung gestalten wird. Je mehr die Vereine ihre Verkehrsbeziehungen zueinander und zu uns pflegen, um so früher und vollkommener werden wir imstande sein, den berechtigten Erwartungen zu entsprechen, welche sich an die Wirksamkeit unseres aus der Initiative der Vereine heraus geschaffenen Unternehmens knüpfen. Möge jeder Verein erwägen, daß er mit seinem Anschlusse eine Sache fördert, welche sich durch ihren echt genossenschaftlichen Charakter den Interessen der Vereine wie keine zweite dienstbar macht, deren wohltätige Folgen früher oder später sich auch auf die kleinsten Vereine erstrecken werden."

In demselben Jahre war der Giroverband zum zweiten Male Gegenstand einer Verhandlung auf dem Allgemeinen Verbandstage. Der Verband der Genossenschaften am Mittelrhein hatte in Nürnberg den Antrag eingebracht: „den Genossenschaften zu empfehlen, dem Giroverkehr beizutreten." Alle Redner sprachen zugunsten des Antrags, nur der Vertreter Münchens verhielt sich ablehnend, indem er ausführte, daß Vereine, welche hauptsächlich kleinere Gewerbetreibende zu ihren Mitgliedern zählen, keinen Nutzen aus dem Verbande ziehen können, die wohlhabenderen Gewerbetreibenden aber trotz des Vorteils des provisionsfreien Inkassos den Genossenschaften nicht beitreten wollen. Diesen Ausführungen trat Schulze-Delitzsch energisch entgegen. „Wenn auch die gegenwärtigen Mitglieder — sagte er — noch keine Gelegenheit zur Benutzung dieser Einrichtung haben, so helfen sie doch damit den Verkehr heben und das kann auf den Fortgang des Vereins nur die günstigste Rückwirkung ausüben. Wenn man das in München versucht, werden auch die Großhäuser die Einsicht gewinnen, daß unsere Verbindungen auch für sie höchst wertvoll, weil bis in die kleinsten Orte hinein verzweigt, sind. Wir können mit Hilfe des Giroverbandes in bezug auf das Inkasso weit mehr leisten als die Preußische Bank, weil diese nur an den bedeutenderen Plätzen Kommanditen oder Agenturen hat. Wer es ernst meint mit dem Genossenschaftswesen, darf sich gegen diese letzten Konsequenzen unserer Prinzipien nicht sträuben; stehen uns nicht dieselben Kapitalien wie den Großbanken zu Gebote, so bilden wir durch unsere weitverzweigte Verbindung miteinander eine enggeschlossene Phalanx, welche uns wohl befähigt, die Konkurrenz mit ihnen aufzunehmen. Wer sich vor dieser Vervollkommnung unserer Organisation scheut, steht nicht auf der Höhe des Prinzips, darum müssen Sie, sträuben sich ihre Mitglieder auch gegen die Sache, dieselbe immer und immer wieder vorbringen: endlich dringen Sie doch durch."

## 2. Die Organisation des Verbandes.

Wenn auch schon aus der vorstehenden Darstellung die Organisation des Giroverbandes erhellt, so sei doch noch ein Zirkular der Genossenschaftsbank auszugsweise mitgeteilt, das die näheren Einzelheiten angibt.

„Der Giroverband bezweckt, die seinen Mitgliedern eingehenden Wechsel auf die dem Verbande angehörenden Plätze untereinander auszutauschen und kostenfrei einzuziehen, und zwar senden die einzelnen Vereine alle Wechsel auf die Verbandsplätze an die Genossenschaftsbank nach Berlin oder Frankfurt a. M., wo sie sortiert und bei Verfall zum Einzuge nach den Bestimmungsorten überwiesen werden. Nach Eingang steht den Mitgliedern das Geld in Berlin oder Frankfurt a. M. zur Verfügung und sie können dasselbe in bar sich senden lassen oder Wechsel und Schecks darüber ausschreiben. Die Einfachheit der Einrichtung spricht für sich selbst. Während bisher beispielsweise ein Verein, welcher zwölf Wechsel auf zwölf verschiedene Städte einzuziehen hatte, dieserhalb jeden einzelnen Wechsel nach dem betreffenden Zahlungsorte schicken, also zwölf Briefe schreiben, zwölf Beantwortungen fordern, zwölfmal Hin- und Rückporto zahlen mußte, sendet er jetzt alle zwölf Wechsel in einem einzigen Briefe an die Genossenschaftsbank; seine Arbeit ist auf ein kaum nennenswertes Maß verringert, die Portoauslagen, die einzigen Kosten, welche belastet werden, haben sich auf $^1/_2$ Promille des Wechselbetrags ohne Berechnung eines Minimums ermäßigt. Und während ihm vorher vielleicht noch Inkassospesen gekürzt wurden und er auf die pünktliche Übersendung des Wechselbetrags keineswegs überall rechnen konnte, geschieht die Einziehung im Giroverbande kostenfrei und der Verein braucht nicht auf die Übermittelung des Gegenwerts zu warten, sondern dieser wird ihm sofort an einem der zwei größten Geldplätze unseres Vaterlandes — Berlin oder Frankfurt a. M. — zur Verfügung gestellt.

„Die Pflichten, welche den Mitgliedern des Giroverbandes obliegen, bestehen darin, daß sie bei der Genossenschaftsbank ein Guthaben von 300 M. unterhalten, welches ihnen mit 4 Prozent verzinst wird*), daß sie die ihnen von der Genossenschaftsbank oder von den verbundenen Vereinen eingesandten Wechsel kostenfrei einziehen, darüber wöchentlich einmal Anzeige machen und den Betrag durch Girowechsel, welche den Verbandsbedingungen entsprechend gutgeschrieben werden, oder Barsendung an die Genossenschaftsbank auf deren Kosten abführen. Endlich haben sich die Mitglieder zu verpflichten, für ordnungsgemäße Protesterhebung im Falle der Nichtzahlung aufzukommen."

Obgleich aber die Bedeutung des Giroverbandes für die Kreditgenossenschaften auch auf den Genossenschaftstagen in Breslau 1872 und Konstanz 1873 nochmals dargelegt wurde, wobei Schulze-Delitzsch stets von neuem als Befürworter auftrat, blieb doch die Beteiligung der Vorschußvereine hinter den Erwartungen zurück. Die Genossenschaftsbank wies daher auch auf die idealen Vorteile hin, die der Verband seinen Mitgliedern neben den materiellen biete. „Die Vorschußvereine werden — schrieb sie — durch den Verband befähigt, ihren geschäftstreibenden Mitgliedern die Wechsel auf andere Orte zu billigeren Bedingungen abzunehmen, als dies irgend ein Privatbankier tun kann. Daß infolgedessen der Geschäftsumfang und das Gewinnkonto der Vereine erheblich wachsen wird, ist selbstverständlich und bedarf keiner weiteren Ausführung. Ja, diese Vorteile sind erheblich genug, um den Vereinen neue Mitglieder aus den Geschäftskreisen zuzuführen, welche, wenn sie auch anfänglich nur dieses Nutzens halber beitreten, durch die Natur der Sache bald ihre geschäftlichen Beziehungen zu den Vereinen in den verschiedensten Zweigen ausdehnen werden. Das Ansehen der Vereine, die Erkenntnis ihrer Bedeutung, die Würdigung ihres Charakters als Volksbanken im besten Sinne des Wortes kann nicht wirksamer gesteigert werden, als wenn sie den geschäftstreibenden Einwohnern ihrer Orte als Vermittler des Wechselverkehrs erscheinen, wenn jeder an ihrem Platze zahlbare Wechsel von der betreffenden Genossenschaft zur Zahlung vorgelegt, jeder auswärts zahlbare Wechsel ihr zum Einzug übergeben wird. Die Vereine werden dadurch den ganzen Geschäftsverkehr beherrschen; sie gewinnen den genauesten Einblick in alle sie interessierenden Verhältnisse, sie können beobachten, von wem der einzelne seine Roh-

*) Diese Bedingung ist später im Wegfall gekommen.

stoffe bezieht, an wen er seine Fabrikate, seine Gewerbeerzeugnisse, seine Waren absetzt, von wem er Kredit genießt, wem er Kredit gewährt. Wie wertvoll die Kenntnisse dieser Dinge ist, und von welchen Erfolgen sie begleitet wird, geht daraus hervor, daß es dem Giroverbande gelungen ist, eine ganze Reihe von Kellerwechselfabrikanten zu entdecken und unschädlich zu machen, auf deren absolut wertlose Papiere unter dem Scheine von Geschäftswechseln zum Teile von den Vereinen Vorschüsse gegeben worden waren. Nur durch den Zusammenfluß der Wechsel in dem Giroverbande war es möglich, den Ursprung und die sich stets erneuernde Wiederkehr jener Kellerwechsel zu konstatieren und durch rasche Warnung an alle Beteiligten die Vereine vor Schaden zu hüten. So bringt denn die Teilnahme an dem Giroverbande den Mitgliedern der Girogenossen sonst nicht gebotene Vorteile, den Vereinen Zuwachs an Geschäftsumfang und Gewinn, an Mitgliedern und an äußerem Ansehen, der Allgemeinheit selbst Nutzen."

Aber auch dieser Appell war noch nicht von dem gewünschten Erfolge begleitet. Die Genossenschaftsbank nahm daher im Juli 1874 die bevorstehende Einführung der einheitlichen Markwährung für ganz Deutschland zum Anlaß, abermals zum Eintritt in den Verband aufzufordern. Sie sagte in einem an die Genossenschaften versandten Rundschreiben:

„Die zum 1. Januar 1875 bevorstehende Einführung der Reichsmark und die unausweichliche Emanierung eines die Notenausgabe regulierenden Vereinsgesetzes liefert den Beweis, daß das Reich und die Staaten nach Möglichkeit bestrebt sind, die Hindernisse und Unzulänglichkeiten zu beseitigen, welche bisher den allgemeinen Geschäftsverkehr hemmten, und dahin zu wirken, daß alle vorhandenen Kräfte dem Wohl des Ganzen und der Einzelnen nutzbar gemacht zu werden vermögen.

„Dies ist wohl eine passende Zeit für jeden Geschäftsmann in Erwägung zu nehmen, ob er nicht auch seinerseits etwas tun könne, das Bestreben des Staats zu fördern. Wir benutzen diese Zeit, den Geldgeschäfte treibenden Genossenschaften, welche sich bisher dem von uns begründeten Giroverbande noch nicht angeschlossen haben, die Einrichtungen desselben nochmals zu unterbreiten und sie auf die Vorteile für sie selbst, für ihren Ort und für die Mitglieder des Allgemeinen Genossenschaftsverbandes aufmerksam zu machen.

„Der Hauptvorteil des Giroverbandes besteht darin, daß seine Mitglieder die untereinander ausgeführten und auszuführenden Geschäfte in Geld an einer gemeinschaftlichen Kasse ausgleichen können ohne Kosten und ohne das Geld einen Augenblick zinslos zu machen, indem von uns in Berlin oder bei unserer Kommandite in Frankfurt am Main das Guthaben des einen Mitglieds auf das Konto eines oder mehrerer anderen kostenlos und ohne Zinsverlust übertragen werden kann.

„Das Guthaben auf Giro-Konto kann angeschafft werden durch Übertragung von einem anderen bei uns geführten Konto, durch Zahlungen von Dritten, durch Wechsel auf preußische Bankplätze oder auf Giroplätze oder auch durch Übersendung von barem Gelde, welches letztere Mittel durch die Herabsetzung des Portos sehr erleichtert worden ist.

„Die Abhebung des Guthabens kann nach den Bedingungen erfolgen durch beorderte Barsendung, durch Übertragung auf ein anderes bei uns geführtes Konto oder an Dritte — Mitglieder des Verbandes oder andere — oder durch kurze auf uns gezogene Anweisungen oder Wechsel.

„Somit kann jedes Mitglied sein Guthaben vermehren, stehen lassen oder vermindern; je nach seinem Belieben hat das Mitglied Geld verfügbar und erhält einen mäßigen Zins dafür.

„Eine weitere Bestimmung des Giroverkehrs ist die gegenseitige provisionsfreie und möglichst wenig Kosten und Mühe verursachende Einziehung der Wechsel auf Giroplätze und preußische Bankplätze. Letztere Wechsel auf preußische Bankplätze ziehen wir hier und in Frankfurt am Main durch die Preußische Bank ein unter den Bedingungen derselben und ohne Provision oder anderen Nutzen für uns. Die Beträge sind nach erfolgtem Eingang bei uns verfügbar und bringen dem Mitgliede den festgesetzten Zins, wenn sie in unserer Nutzung verbleiben. Wechsel auf Giroplätze sammeln wir in unserem Portefeuille und versenden sie wöchentlich oder wenn es nötig öfter an die Mitglieder des Giroverbandes zum Inkasso. Die Mitglieder sind verpflichtet, die Einziehung nach den Vorschriften der deutschen Wechselordnung frei zu besorgen. Da jedes Mitglied nur ein Giro-Konto unter unserer Firma führt und die

Wechsel aller übrigen Mitglieder des Giroverbandes darauf allein notiert werden, auch die Rimesse nur an uns und nur wöchentlich einmal erfolgt, vermindert sich für jedes einkassierende Mitglied die Arbeit und Mühe auf das Geringste, welche Mühe gewiß jede Genossenschaft den übrigen Genossenschaften umsonst leisten kann selbst dann, wenn die übrigen für sie wenig oder keine Wechsel einzuziehen haben, weil ihr Ort keine Wechsel auf andere Plätze erhält oder weil sich ihr Geschäft noch nicht dahin entwickelt hat, daß sie solche Wechsel aus ihrer Kundschaft erhielte. Indem solche Vereine allen übrigen durch ihren Beitritt zum Giroverbande die Möglichkeit schaffen, Wechsel auf ihren Wohnort mit den geringsten Spesen einzuziehen, erweisen sie weniger den übrigen Vereinen und und deren Kunden als vielmehr ihren Mitbürgern und Mitgliedern einen Dienst, den zu erweisen sie sich wohl verpflichtet halten dürfen, da sie von jenen Geld zur Ausnutzung erhalten und an diese Geld zur Ausnutzung ausgeben und an beiden Gewinne erzielen. Mit einem Worte, durch den Beitritt heben und fördern die Vereine die Interessen ihres Wohnortes, freilich auch nebenher die Interessen anderer Genossenschaften, was ihnen aber doch nicht schwer fallen sollte, zumal wenn sie bedenken, welche große Mühe und wie große Kosten und Verantwortlichkeit wir der Sache zum Opfer bringen.

„Es ist leider wahr, daß jeder Einzelne nicht erheblich zum Wohle des Ganzen und nicht viel in die Augen Springendes zu tun vermag, aber dies wenige zu tun, ist er doch verpflichtet, wenn das allgemeine Wohl bestehen und der Fortschritt gefördert werden soll. Der Zusammentritt der Einzelnen zur Förderung eines gemeinsamen Interesses und Zweckes hat ja doch in jeder einzelnen Genossenschaft gezeigt, was Erkleckliches zu leisten er imstande ist. Auch unser Giroverband hat den beigetretenen Genossenschaften und ihren Mitgliedern schon nicht unerhebliche und jedem erkennbare Vorteile gebracht. Möchten die jetzt noch fern Stehenden sich doch den seit Jahren tätigen Genossen anschließen und die den Beamten entstehende geringe Mühewaltung als mit dem Vorteile des Allgemeinen und dem ihrer Mitbürger und Mitglieder aufgewogen erachten. Möchten wir als Genossenschaften dem Beispiel der Staaten folgen und unsererseits dem Interesse des Ganzen dasjenige gewähren, was zu leisten wir mit Leichtigkeit vermögen."

Für die Geschäftsentwickelung zur Zeit der Gründung des Giroverbandes ist bezeichnend, daß damals die auf Girokonto versandten Wechsel auf Berlin und Frankfurt a. M. nach Eröffnung der Niederlassung daselbst Wert 2 Tage nach Verfall, auf alle anderen Giroplätze, soweit sie am 1. bis 12. des Monats fällig waren, Wert den 15. des Monats, diejenigen, welche am 12. bis 26. des Monats verfielen, Wert Ende des Monats, diejenigen, welche am 27. bis 31. des Monats fällig wurden, Wert den 15. des folgenden Monats gegenseitig gutgeschrieben und belastet wurden. Ein im Jahre 1871 auftauchender Vorschlag, diese Verfalltage auf den 5. und 20. des Monats zu verlegen, fand nicht den Beifall der Girogenossen. Erst im Jahre 1874 wurden die zwei Abrechnungstage außer Kraft gesetzt und bestimmt, daß — abgesehen von den Wechseln auf Berlin und Frankfurt — alle im Laufe einer Woche fällig werdenden Wechsel auf den Mittwoch der nächsten Woche valutiert werden sollten, so daß an Stelle der bisherigen 24 Valutierungstage im Jahre nunmehr 52 treten.

Vom Beginn des Verbandes an fühlten sich einzelne Vereine dadurch benachteiligt, daß ihrer Meinung nach das Maß der ihnen aus dem Einzug von auswärts zugehender Wechsel erwachsenden Arbeit außer Verhältnis zu den ihnen gebotenen Vorteilen des Inkassos ihrer Wechsel auf andere Plätze stehe; sie verlangten nicht nur eine Entschädigung dafür sondern ließen auch durchblicken, daß der Giroverband von der Genossenschaftsbank als Gewinnquelle ausgenutzt werde. Das erstere Begehren wies der Breslauer Genossenschaftstag 1873 als dem Wesen der Organisation widerstreitend zurück; zur Widerlegung des zweiten Vorwurfs zählte die Genossenschaftsbank in dem Jahresbericht für 1874 die ihr durch die Führung der Verbandsgeschäfte erwachsenden Arbeitslasten und Kosten auf und fügte hinzu: „Wenn wir diese Verhältnisse hier zur Sprache bringen, geschieht es nicht, um unsere Verdienste bei einer genossenschaftlichen Angelegenheit zu preisen, sondern um bei den Genossenschaften den Gedanken abzuschneiden, sie erwiesen mit ihrem Beitritt *uns* eine große Gefälligkeit und stifteten *uns* erheblichen Nutzen. Es geschieht eben nur im Interesse der bereits zum Verbande gehörigen Genossenschaften, wenn wir die noch immer fernstehenden hier nochmals auffordern, beizutreten und sich ihrerseits bei der gemeinsamen Arbeit zu beteiligen, deren Nutzen die Genossenschaften selbst und allein ernten."

Diese Auseinandersetzung hatte zunächst einen nicht beabsichtigten

Erfolg: unmittelbar nach Aussendung des Jahresberichts machte der Leiter eines großen mitteldeutschen Vorschußvereins, „um der Unzufriedenheit mit den bestehenden Einrichtungen zu begegnen und an der Wegräumung größtenteils auf theoretischer Engherzigkeit und Kurzsichtigkeit beruhenden Einwendungen teilzunehmen", den Vorschlag, einen Ausschuß aus den Girogenossen zu wählen, der in Verbindung mit der Genossenschaftsbank „die Bedürfnisse, Wünsche und Beschwerden zu prüfen und zu erledigen hätte". Ziemlich unwirsch antwortete darauf Soergel: „Ein Ausschuß der Mitglieder kann keinen praktischen Zweck haben oder praktische Ziele erreichen. Soll derselbe etwa beraten und beschließen, was ich außer den von mir bereits offerierten Geschäften, die eben genau in den Bedingungen präzisiert sind, noch etwa für weitere provisionsfrei besorgen soll? Es ist selbstverständlich, daß eine solche Offerte nur von mir ausgehen und von den Mitgliedern akzeptiert werden könnte. Alles, was ich verständigerweise umsonst tun kann, tue ich bereits. Ein Mehreres tue ich nicht. Will der Ausschuß etwa beraten und beschließen, ich solle für Guthaben mehr Zinsen zahlen? Ich zahle schon mehr als ich sollte, und ein Gewinn am Giroverkehr ist für mich bereits unmöglich. Soll ich vielleicht noch Geld oben draufgeben? Praktische Ergebnisse kann der Ausschuß also nicht haben und prinzipiell ist derselbe ganz und gar unzulässig. Um die Freiheit der Aktion — die wirtschaftliche Lebensluft — zu erhalten, muß ich das unbeschränkte Recht der Feststellung der Bedingungen haben, und die Mitglieder ihrerseits die Freiheit der Entschließung, beizutreten oder nicht oder auszuscheiden, wenn es ihnen gefällt, sowie Geschäfte auf dem Girokonto zu machen, soviel als es ihnen beliebt und zu Zeiten, die sie für sich vorteilhaft halten.

„Die Rheinisch-Westfälische Genossenschaftsbank hat ja einen solchen wirtschaftlichen Wechselbalg geschaffen und man sieht daran, was er genützt hat ... Dort hat der Ausschuß die Verpflichtung, darauf zu sehen, daß das im Giroverkehr einkommende Geld sicher und gut angelegt wird. Dies ist faktisch freilich unausführbar, weil nicht gewisse Gläubiger sagen können, ein bestimmter Teil der Aktiven sei ihnen besonders gehörig. Er hat auch nicht gehindert, daß dort in gewissen Zeiten die Mitglieder ihre Guthaben nicht erhalten konnten. Wie dem aber auch sei: die Aktionäre der Genossenschaftsbank, deren Aufsichtsrat und vorzüglich die persönlich haftenden Gesellschafter würden sich gehorsamst bedanken, wenn andere Leute, denen unsere Geschäfte gar nichts angehen, über die Gelder verfügen wollten, so löblich auch deren Absicht sein möge. Wenn ich das Geld bei der Verfügung disponibel haben und es verzinsen soll, muß meine Disposition unbeschränkt sein. Wenn die Mitglieder des Giroverbandes Befürchtungen haben, müssen sie ihr Geld im eigenen Kasten aufheben." Damit war der geplante Ausschuß begraben.

Eine im Jahre 1877 erneut an die Vorschußvereine ergangene Aufforderung sich dem Verbande anzuschließen, brachte diesmal nicht nur eine ansehnliche Vermehrung der Mitglieder, sondern es gelang auch, etwa 200 Vereine aus allen Teilen Deutschlands zu bestimmen, das Inkasso der ihnen von der Genossenschaftsbank zugehenden Wechsel provisionsfrei zu besorgen. „Damit ist der erste und wichtigste Schritt getan, — so begleitete die Genossenschaftsbank die Mitteilung hiervon an die Girogenossen — diese Vereine, welche dem Verbande bisher entweder gänzlich fern standen oder sich noch abwartend verhielten, für die Sache zu gewinnen, und wir dürfen wohl die begründete Hoffnung aussprechen, daß sie sich in nicht zu ferner Zeit bereitfinden werden, die geringen weiteren Zugeständnisse zu machen, welche mit dem Eintritt in den Verband verknüpft sind und auf welche derselbe im Interesse der Sicherung und Regelung eines so großen, eng ineinandergreifenden Verkehrs nur ungern verzichten würde. Im wesentlichen bleiben nur noch zwei Punkte von Gewicht zu erfüllen: der erste ist die Übernahme der Verpflichtung, im Nichtzahlungsfalle rechtzeitigen Protest beizubringen, der andere verlangt die Einziehung auch derjenigen Wechsel der Mitglieder, welche diese wegen zu kurzer Verfallzeit nicht an uns senden können. Das erstere werden die Vereine ausnahmslos auch ohne bestimmt übernommene Verpflichtung schon heute pünktlich besorgen und die geringe Mühe, welche mit der direkten Korrespondenz mit den Mitgliedern verknüpft ist, dürfte die Vereine wohl kaum abhalten, sich in die Liste der Mitglieder des Giroverbands formell einreichen zu lassen." Letztere Hoffnung ist in der Tat von Jahr zu Jahr mehr und mehr in Erfüllung gegangen, wenn es auch stets erneuter Werbung dazu bedurfte.

Die nächsten Jahre des Verbandes sind nicht nur mit Bemühungen auf diesem Gebiete sondern auch mit Bestrebungen angefüllt, die Valutierung der eingehenden und ausgehenden Wechsel günstiger zu gestalten und die auf dem Verband lastenden Portokosten zu ermäßigen. Ersteres gelang, indem vom Januar 1884 ab alle Wechsel in Höhe von 600 M.

und mehr auf sämtliche Plätze des Verbandes, abgesehen von Berlin und Frankfurt a. M., Wert drei Tage nach Verfall gutgeschrieben und belastet wurden; um das Zweite zu erreichen, mußten vom Juli 1885 ab alle Wechsel, mit Ausnahme derjenigen auf Berlin und Frankfurt, ein Stückporto von 5 Pfennig zahlen, welche Steuer in ihrer Gesamtsumme von den allgemeinen Portokosten in Abzug gebracht wurde. Dies bedeutete allerdings eine geringfügige Verteuerung des Einzugs der Wechsel in Beträgen bis zu 100 M.; der Portoanteil verbilligte sich dagegen bei allen anderen Wechseln, die auf höhere Summen lauteten. Trotzdem verwirklichte sich die Erwartung, hierdurch die letzteren Wechsel in größerer Anzahl als bisher von den Vorteilen des Giroverbandes Gebrauch machen zu sehen, nur in unvollkommenem Maße, obgleich der Portoanteil — neben dem Stückporto von 5 Pf. — von 33 1/3 Pf. schon im Jahre 1886 allmählich auf 16 Pf. für 1000 M. Wechselbetrag herabsank.

### 3. Der Scheckverkehr.

Einen weiteren Vorteil bot die Genossenschaftsbank den Girogenossen im Jahre 1897, indem sie sich bereit erklärte, die auf letztere ausgeschriebenen Schecks an ihren Kassen kostenfrei zur Verbuchung auf ihr Girokonto einzulösen, um hierdurch auch ihrerseits zur Ausbreitung des Scheckverkehrs in Deutschland beizutragen. Die Schecks mußten mit dem Vermerk versehen werden:

> „Dieser Scheck wird nach Prüfung der Ordnungsmäßigkeit und falls in Ordnung auch in Berlin und Frankfurt a. M. bei der Deutschen Genossenschaftsbank von Soergel, Parrisius & Co. ausbezahlt."

Die an diesen Kassen präsentierten Schecks wurden den bezogenen Vereinen zugesandt, welche mit Wendung der Post entweder die Genossenschaftsbank zur Zahlung des Schecks ermächtigen oder ihn, wenn er nicht in Ordnung ging, zurückgeben mußten. Voraussetzung der Zahlung war, daß der bezogene Verein auf Girokonto ein genügend großes verfallenes Guthaben besaß. Hierdurch wurde der Kundschaft des Girogenossen in dem Scheck ein nicht nur an dessen Wohnsitz sondern auch in Berlin und Frankfurt a. M. kostenlos zahlbares Papier eingehändigt, und die Benutzung zeigte, wie sehr die Genossenschaftsbank damit einem augenscheinlichen Bedürfnis entgegenkam.

Es wurden auf Girogenossen gezogene Schecks an den Kassen der Genossenschaftsbank eingelöst:

| | in Berlin | | in Frankfurt a. M. | | Zusammen | |
|---|---|---|---|---|---|---|
| | Schecks | im Betrage von | Schecks | im Betrage von | Schecks | im Betrage von |
| 1899 | 14 919 St. | 7 500 000 M. | 7 185 St. | 3 866 505 M. | 22 104 St. | 11 366 505 M. |
| 1901 | 27 726 „ | 12 234 020 „ | 13 430 „ | 6 515 885 „ | 41 156 „ | 18 749 905 „ |
| 1903 | 38 591 „ | 18 121 199 „ | 17 822 „ | 7 871 738 „ | 56 413 „ | 25 992 937 „ |
| 1904*) | 40 003 „ | 21 701 325 „ | 19 985 „ | 10 282 463 „ | 59 961 „ | 31 983 788 „ |
| 1906 | 55 336 „ | 24 675 000 „ | 31 223 „ | 16 587 400 „ | 86 559 „ | 41 262 000 „ |
| 1908 | 87 723 „ | 35 190 000 „ | 46 949 „ | 19 522 000 „ | 134 672 „ | 54 712 000 „ |
| 1909 | 92 767 „ | 36 478 000 „ | 47 600 „ | 19 174 000 „ | 140 467 „ | 55 652 000 „ |
| 1910 | 83 075 „ | 37 460 000 „ | 36 078 „ | 17 649 000 „ | 119 153 „ | 55 109 000 „ |

Die nachteiligen Folgen der Scheckbesteuerung treten in dem Rückgang der eingelösten Schecks in dem letzten Jahre deutlich hervor.

Daß damit die Genossenschaftsbank von neuem eine recht große Arbeit durch die Annahme, Verbuchung, Versendung und Auszahlung der Schecks im Interesse der Girogenossen ohne jedes Entgelt sich aufbürdete, liegt auf der Hand.

Behufs Einbürgerung der Scheckeinlösung an den Kassen der Genossenschaftsbank empfahl der Allgemeine Genossenschaftstag in Wiesbaden 1896 den Kreditgenossenschaften:

„1. Dem von der Deutschen Genossenschaftsbank von Soergel, Parrisius & Co. in Berlin und Frankfurt a. M. geleiteten Giroverbande beizutreten.

2. Zur Ausbildung des Scheckverkehrs sich des von der Deutschen Genossenschaftsbank gemachten Anerbietens zu bedienen, wonach diese die auf die Vorschußvereine gezogenen Schecks nach vorhergegangener Prüfung kostenfrei in Berlin und Frankfurt am Main zur Verrechnung auf dem Girokonto des Bezogenen auszahlen wird.“

Ebenso war auf dem Neustadter Genossenschaftstag 1898 der Giroverband Gegenstand von Vorträgen, gehalten von Lorenzen (Speyer) und Finckh (Karlsruhe), in denen auf dessen Vorteile in Verbindung mit der Scheckeinlösung wiederum nachdrücklich aufmerksam gemacht wurde; im Jahre 1900 erklärte sich die Genossenschaftsbank auch noch bereit, Gutschriften kostenfrei über Girokonto laufen zu

*) Seitdem bei den Genossenschaftsabteilungen der Dresdner Bank.

## Die Entwickelung des Giroverbandes.

| Jahr | Zahl der Giroplätze | Der ausgetauschten Wechsel | | Durchschnittsbetrag des Wechsels in Mark | Gesamtumsatz des Giroverbandes in Mark | Der Umsatz wurde ausgeglichen durch | | Guthaben der Girogenossen bei der Genossenschaftsbank am Jahresschluß in Mark*) | Forderungen der Genossenschaftsbank an die Girogenossen in Mark*) |
|---|---|---|---|---|---|---|---|---|---|
| | | Zahl | Betrag in Mark | | | Überweis. u. Barsendung. in Proz. | Gegenrechnung in Proz. | | |
| 1868 | 93 | ? | 961 728 | ? | 1 446 762 | 38 | 62 | 307 968 | 25 431 |
| 1869 | 130 | 8 436 | 2 123 142 | 252 | 3 570 039 | 37 | 63 | 426 957 | 48 540 |
| 1874 | 270 | 67 256 | 22 372 238 | 333 | 34 428 897 | 25 | 75 | 1 629 839 | 456 067 |
| 1879 | 554 | 134 923 | 31 358 007 | 232 | 46 349 938 | 24 | 76 | 1 589 219 | 278 697 |
| 1884 | 629 | 210 266 | 53 389 228 | 254 | 81 513 557 | 21 | 79 | 2 757 257 | 385 347 |
| 1889 | 839 | 312 647 | 82 836 589 | 265 | 124 093 581 | 22 | 78 | 3 088 398 | 811 540 |
| 1894 | 814 | 362 553 | 90 337 227 | 249 | 136 961 387 | 26 | 74 | 4 451 414 | 759 320 |
| 1899 | 1088 | 436 054 | 127 843 277 | 293 | 225 177 655 | 25 | 75 | 5 172 098 | 1 595 955 |
| 1903 | 1222 | 516 434 | 156 632 512 | 303 | 283 198 347 | 26 | 74 | 6 425 142 | 1 493 600 |
| 1907 **) | 1787 ***) | 688 580 | 269 590 000 | 393 | 650 091 000 | ? | ? | 7 627 082 | 1 905 594 |
| 1910 **) | 1903 ***) | 792 916 | 297 503 000 | 375 | 748 138 000 | ? | ? | 9 006 028 | 3 614 484 |

*) Diese Beträge sind in Kolonne 7 und 8 der ersten Tafel Seite 33 nicht enthalten.
**) Zahlen der Genossenschaftsabteilungen der Dresdner Bank.
***) Einschließlich der deutschen Notenbankplätze, welche nicht zugleich Giroplätze sind (389).

lassen, welche sich aus der gegenseitigen Scheckeinlösung der der Scheckvereinigung angehörenden Genossenschaften ergaben.

Bereits mit Beginn des Giroverbandes hatte die Genossenschaftsbank alle Wechsel auf Reichsbankplätze, welche nicht zugleich Giroplätze waren, zu Girobedingungen gutgeschrieben, späterhin traf sie Verabredungen mit der Bayerischen Notenbank, der Sächsischen Bank, der Württembergischen Notenbank und der Badischen Bank, welche ihr bezüglich deren Plätze das gleiche ermöglichte. Das bedeutete, daß die Mitglieder des Giroverbandes ihre Wechsel nicht nur auf dessen Plätze sondern auch auf noch etwa 300 außerhalb desselben stehenden Orte zu Girobedingungen einziehen und verrechnen lassen konnten.

* * *

Ende 1869 betrug die Zahl der Giroplätze 130, Ende 1903 dagegen 1222; die Zahl der eingezogenen Wechsel damals 8436, Ende 1903 dagegen 516 434; der Gesamtumsatz des Giroverbandes damals 3 570 039 M., Ende 1903 dagegen 283 198 347 M.: man braucht beides nur gegenüberzustellen, um das Wachstum und die Bedeutung des genossenschaftlichen Giroverkehrs zu veranschaulichen.

Eine erhebliche Vergrößerung endlich hat dieser unter der Leitung der Genossenschaftsabteilungen der Dresdner Bank seitdem weiterhin erfahren.

Nebenstehende Tafel gibt die wichtigsten Zahlen der Entwickelung des Verbandes wieder.

Druck von A. W. Hayn's Erben (Curt Gerber), Potsdam.

FSC
www.fsc.org
MIX
Papier | Fördert gute Waldnutzung
FSC® C083411

Kolibri 360 GmbH
Ferdinand-Jühlke-Straße 7
99095 Erfurt, Deutschland
produktsicherheit@kolibri360.de